마르크스의 부활

핵심 개념과 새로운 해석

The Marx Revival

핵심 개념과 새로운 해석

마르크스의
부활

Key Concepts and New Interpretations

마르셀로 무스토 편저

정구현·조영태·정성진 옮김

한울
아카데미

The Marx Revival: Key Concepts and New Interpretations
Edited by Marcello Musto

* 이 번역서는 2021년 대한민국 교육부와 한국연구재단의 지원을 받아 수행된 연구임
  (NRF-2021S1A3A2A02096299).

차례

서문

경멸적 무시와 도를 넘은 적대감, 오만한 묵살과 교육과정상의 미미한 채택, 선별적 이용과 선별적 검열, 이는 200년 전 트리어에서 출생한 사상가의 도전에 맞서 수년간 기득권 지식인이 취한 전략의 일부이다. 그러나 이제 우리는 21세기 세 번째 10년의 시작점에 있으며, 카를 마르크스의 진정한 사상이 오늘날처럼 화제가 되고 존경과 관심을 불러일으킨 적은 없었던 것 같다.

자본주의의 위기가 발생한 가장 최근의 해인 2008년 이후, 마르크스는 다시 유행하고 있다. 그를 오랫동안 잊히게 했던 베를린장벽 붕괴 이후의 예측과는 달리, 마르크스의 사상은 다시 한번 분석, 발전, 토론의 대상이 되었다. 종종 '현실 사회주의'와 잘못 동일시되었다가 1989년 이후로는 퉁명스럽게 무시되었던 이 사상가에 관해, 많은 이들이 새로운 질문을 던지기 시작했다. 폭넓은 독자를 보유한 권위 있는 일간지와 잡지는 마르크스를 매우 화제적이며 선견지명 있는 이론가로 묘사했다. 그는 이제 거의 모든 곳에서 대학 과정 및 국제적 학술대회의 주제가 되었다. 재인쇄하거나 새 판본으로 출간한 그의 저술이 서점 진열대에 다시 등장했고, 그의 저작에 관한 연구는 사실상 20년간의 침묵을 끝낸 후 점점 더 탄력을 얻었으며 때로는 중요하고 획기적인 결과를 낳기도 했다. 2017, 2018년에는 각각 『자본(Capital)』 출간 150주년, 마르크스 탄생 200주년과 관련된 전 세계의 수많은 계획 덕분에 '마르크스의 부활'이 더욱 강렬하게 나타났다.

마르크스 전작을 전반적으로 재평가하는 데 있어 특히 가치 있는 것은 1998년, 마르크스와 엥겔스 전 작품에 대한 역사비평 판본인 『마르크스, 엥겔스 전집(Marx-Engels-Gesamtausgabe, MEGA^2)』의 출판 재개였다. 이미 28권이 출간되었고, 나머지는 준비 중에 있다. 이 책에는 [『독일 이데올로기(The German Ideology)』와 같은] 마르크스 저작 일부의 새로운 판본, 1857년부터 1881년까지 『자본』의 모든 초고, 그가 생전에 주고받은 모든 서신, 그가 독서를 통해 발췌한 것과 이에 관한 의견을 담은 약 200권의 노트가 포함된다. 마지막으로 언급한 노트에는 마르크스의 비판이론 작업이 담겨 있으며, 이는 마르크스 사상의 복잡한 여정과 그가 자신의 사상을 발전시키는 데 이용한 자료를 보여준다.

(다수가 독일어로만 이용 가능하며, 따라서 여전히 소규모 연구자 집단에게만 한정되어 있는) 이렇게 귀중한 MEGA² 판본은 수많은 비평가들 또는 자칭 지지자들이 오랫동안 제시해 온 인물과는 매우 다른 저자로서의 마르크스를 보여준다. 이전에 알려지지 않았던 마르크스 자료 출판은 그의 저작에 관한 혁신적 해석과 함께 새로운 연구 지평을 열었고, 글로벌 규모에서 그리고 자본과 노동 간 갈등을 넘어서는 영역에서 자본주의사회의 모순을 검토한 그의 능력을 과거보다 더욱 분명하게 증명했다. 정치·경제·철학 사상의 위대한 고전적 학자 중에서 마르크스는, 21세기의 첫 수십 년 동안 인물평이 가장 많이 변한 인물이라고 해도 과언이 아니다.

연구의 발전은, 변화된 정치적 상황과 함께 마르크스 사상 해석의 쇄신이 운명적으로 계속될 현상임을 시사한다. 최근의 출판물은 마르크스가 오늘날 정치적 의제에서 결정적으로 중요해진 많은 문제(이 중 일부는 마르크스 저작을 연구하는 학자들에 의해 과소평가되거나 심지어 무시되기까지 했다)를 깊게 연구했음을 보여주었다. 이 문제 중에는 생태 문제, 이주, 민족주의 비판, 경제 영역과 정치 영역에서 개인의 자유, 젠더 해방, 기술의 해방 잠재력, 국가가 통제하지 않는 집단적 소유의 형태가 있다.

게다가 마르크스는 유럽 외부 사회에 관해 철저한 연구를 착수했고, 식민주의가 미치는 참화에 대한 반대를 분명하게 표현했다. 또한 유럽적 맥락의 고유한 범주를 세계의 주변부 지역 분석에 사용하는 사상가들을 비판했다.

그는 현상 간의 필연적 차이를 관찰하지 못하는 이들에 대해 경고했으며, 특히 1870년대 이론적으로 진전을 보인 이후에는 서로 완전히 다른 역사적 영역과 지정학적 영역을 가로질러 해석적 범주를 가져다 쓰는 것을 매우 경계했다. 특정 학계에서 여전히 유행하는 회의주의에도 불구하고, 오늘날 이모든 것은 더욱 명백하게 나타난다. 따라서 베를린장벽이 붕괴한 지 30년이 지난 지금, 그토록 오랫동안 떠돌아다니던 도그마적·경제주의적·유럽중심주의적 사상가와는 매우 다른 마르크스를 읽어내는 것이 가능해졌다.

물론 생산력 발전이 자본주의적 생산양식의 해소로 이어지고 있다고 시사하는 수많은 서술을 마르크스의 방대한 문헌 유산에서 발견할 수 있다. 그러나 사회주의의 도래는 역사적 필연성이라는 어떠한 사상도 그의 탓으로 돌리는 것은 잘못된 일일 것이다. 사실 마르크스 사상에서 사회변혁의 가능성은 노동계급에게, 그리고 투쟁을 통해 세계를 변화시킬 수 있는 그들의 능력에 달려 있었다.

마르크스 사후에 발생한 변화에 비추어 재고해 보면, 그의 사상은 자본주의사회를 이해하는 데 매우 유용하다는 것을 증명했을 뿐만 아니라, 20세기 사회주의 실험의 실패도 해명한다. 마르크스에게 자본주의는, 인류가 정의 및 공평을 보장할 수 있는 공정한 법적 기준으로 보호받으면서 진정한 자유를 누리며 완성된 민주주의에서 사는, 그러한 사회를 조직하는 것이 아니다. 현실에서 인류는 상품생산 및 타인을 위한 이윤 생산을 주요 기능으로 하는 단순한 대상으로 전락한다. 그러나 공산주의가 사회의 더 고차원적 형태를 지향한다면, 그것은 '각 개인의 완전하고 자유로운 발전'을 위한 조건을 촉진해야만 한다. 다수의 '공산주의 국가'가 선전을 통해 신봉했듯 공산주의를 '프롤레타리아 독재'와 동일시하는 것과는 달리, 마르크스는 공산주의사회를 '자유로운 인간들의 연합'으로 정의했다는 점을 다시 살펴볼 필요가 있다.

국제적으로 저명한 학자들의 글을 담고 있는 이 책은 21세기 사회주의의 지배적 흐름에서 익숙한 것과는 여러 면에서 다른 마르크스를 제시한다. 이 책의 이중적 목표는 비판적·혁신적 방식으로 마르크스 사상의 고전적 주제에 관한 논의를 재개하는 것, 그리고 지금까지 상대적으로 거의 관심을 기울이지 않았던 특정 문제를 보다 심층적 분석으로 발전시키는 것이다. 따라서 마르크스의 작업에 관해서는 더 이상 쓸 것이 없다고 생각하는 이들과 마르크스의 저술을 아직 진지하게 대면해 보지 못한 새로운 세대의 독자들 모두가 마르크스에게 더 가까이 다가가는 데 이 책이 도움이 되기를 바란다.

오늘날의 우리가, 150년 전 마르크스가 쓴 것에 단순히 의존할 수 없음은 말할 필요도 없다. 그러나 우리는 그의 분석이 지닌 내용과 명료성을 대수롭지 않다는 듯 경시해서도, 자본주의 대안 사회에 대한 새로운 사고에 있어서 그가 제공한 비판적 무기를 취하는 데 실패해서도 안 될 것이다.

마르셀로 무스토

감사의 글

편집자는 편집에 도움을 준 바박 아미니(Babak Amini)와 조지 컴니넬(George Comninel)에게 감사를 표하고 싶다. 또한 나는 2장을 교열해 준 패트릭 캐밀러(Patrick Camiller)와 색인을 준비해 준 에마 윌러트(Emma Willert)에게도 감사를 표하고 싶다.

또한 편집자와 출판사는 이 작업에 재정적 지원을 해준 캐나다 토론토 요크 대학교의 교양 및 전문 학부에도 감사를 표한다.

문헌 정보

　일반적으로 마르크스의 글은 50권 분량의 『마르크스-엥겔스 저작집(*Marx Engels Collected Works*, MECW)』(Moscow/London/New York: Progress Publishers/ Lawrence and Wishart/International Publishers, 1975~2005)에서 인용했다. 『요강(Grundrisse)』 그리고 『자본』 세 권에서 인용한 것은 때에 따라서 펭귄판에서 가져왔다. 또한 영어로 번역되었으나 MECW에 포함되지 않은 단일 저술은 독자에게 따로 언급했다.

　아직 영어로 번역되지 않은 글은 계획된 114권 중 현재 67권까지 출판된 『마르크스, 엥겔스 전집』(Berlin: Dietz/Akademie/De Gruyter, 1975~)을 참고한다. 소수의 경우에, 저자는 MEGA^{2}로 아직 출판되지 않은 저술의 독일어 단행본을 인용했다.

　2차 문헌과 관련해, 영어로 출판되지 않은 저서 및 논문의 인용은 이 책에서 번역했다. 모든 저널 및 신문 명칭은 우선 영어 번역명으로 표기하며, 그 뒤에 원어명을 대괄호 안에 표기했다. 저자 및 역사적 인물의 생몰년은 각 장에서 처음 언급될 때 표기했다.

1 자본주의
미하엘 크레트케

1.1 자본주의와 그 역사

오늘날 마르크스는 자본주의에 대한 최고의 이론가로서 또 그 가장 통렬한 비판자로서 세계적 명성을 누리고 있다. 하지만 자본주의라는 용어 그 자체는 마르크스의 저작에 거의 등장하지 않는다. 1840년대와 1850년대 프랑스의 사회주의자들이 이미 자본주의라는 용어를 사용했다. 하지만 그들은 오늘날 우리가 자본주의로 이해하는 것의 단지 특정한 측면을 지칭하기 위해 그 용어를 사용했다. 피에르 르루(Pierre Leroux, 1797~1871)가 정치경제학을 비판하는 자신의 팸플릿 『맬서스와 경제학자들, 혹은 빈민은 항상 존재할 것인가?(Malthus and the Economists, or Will There Always Be Poor People?)』(1848)에서 자본주의에 관해 말할 때, 자본가들 특히 근대 시기 산업가들의 미증유의 권력을 강조했다.[1] 루이 블랑(Louis Blanc, 1811~1882)은 자신의 저서 『노동의 조직(TheOrganization ofWork)』(1850)의 여러 판본에서 간혹 이 용어를 사용했는데, 이는 "어떤 사람들이 다른 사람들을 배제하고 자본을 전

---

1   다음을 참조하라. P. Leroux, *Malthus et les économistes, ou y aura-t-il toujours des pauvres?* (Boussac: Imprimerie de Pierre Leroux, 1849), p.179.

유하는 것"[2]을 가리켰다. 그리고 피에르 조제프 프루동(Pierre Joseph Proudhon, 1809~1865)도 『19세기 혁명의 일반 이념(The General Idea of the Revolution in the Nineteenth Century)』(1851)에서 같은 취지로 파리 주택시장에서 자본가들의 권력을 지적했다.[3]

독일에서는 고전파 정치경제학에 대한 맹렬한 비판자인 요한 카를 로트베르투스(Johann Karl Rodbertus, 1805~1875)가 "사회 체제"라는 의미의 "자본주의"에 관한 글을 처음 썼다.[4] 자유주의 보수 정치경제학 교수이자 초기 "강단 사회주의자(Kathedersozialisten)"의 한 사람인 알베르트 셰플(Albert Schäffle, 1831~1903)은 자신의 책 제목 『자본주의와 사회주의(Capitalism and Socialism)』(1870)에서 처음으로 자본주의와 사회주의를 대치시켰다. 그는 마르크스를 언급하며 사회주의자들이 옳았음을 인정했다. "현재의 경제는 자본주의적 생산양식에 의해", 즉 "자본주의"의 헤게모니에 의해 "특징지어졌다".[5]

애덤 스미스(Adam Smith)와 데이비드 리카도(David Ricardo)와 같은 고전파 시기 정치경제학자들에게 자본과 자본가라는 단어는 오래전부터 친숙했지만, 자본주의라는 단어는 그렇지 않았다. 마르크스는 "자본주의"를 지나가는 식으로 다섯 번만 사용했으며, 그것도 자신의 생애 동안 출판하지 않은 초고에서만 사용했다. 「1861~1863년 경제학 초고(Economic Manuscript of 1861~1863)」에서 "자본주의"는 딱 한 번 나오는데, 자본가들이 끝없이 치부하고 더 많은 자본을 만들려는 충동 혹은 자본축적의 총과정을 표현하는 데 사용했다.[6] 1865년에 쓴 『자본』 2권 제1초고에서 마르크스는 "자본주의의

---

2   L. Blanc, *L'Organisation du Travail*(Paris: Bureau du nouveau monde, 1850), p.162.

3   P.-J. Proudhon, *The General Idea of the Revolution in the Nineteenth Century*(New York: Haskell Hause Publishers, 1969), p.223.

4   J.K. Rodbertus, *Zur Erklärung und Abhülfe der heutigen Creditnoth des Grundbesitzes* (Berlin: Verlag von Hermann Bahr, 1868), p.XIV.

5   A. Schäffle, *Kapitalismus und Socialismus*(Tubingen: Verlag der H. Laupp'schen Buchhandlung, 1870), p.116.

충동(Trieb des Kapitalismus)"이 "(자본주의적) 생산양식의 기초 위에서만 완전하게 발전한다"라고 썼다.[7] 마르크스가 여기에서 말하려고 한 바는 분명한데, 자본주의의 충동은 자본가들이 부를 소비하고 기업가적 활동의 전리품을 즐기는 것이 아니라, 모든 한계를 넘어 자본을 축적하려는 경향이라는 것이다. 즉 더 많은 양의 자본을 창조하고, 생산 규모를 확대하고 노동생산성을 증대시키고, 끊임없이 증대하는 상품의 "과잉생산"을 잠재적으로 초래하는 충동이다.[8] 마르크스는 1877년에 작성한 노트[이것은 엥겔스가 『자본』 2권(1885)에 포함시켰다]에서 "자본주의적 생산"을 언급하면서, 혹은 "개인적 소비"와 대립되는 자본가들의 치부를 위한 "강박적 동기"를 가리키는 데 자본주의라는 단어를 다시 사용했다.[9]

완전히 다른 맥락으로 쓴, 1875년 "바쿠닌의 『국가주의와 무정부성』에 대한 노트(Conspectus of Bakunin's *Statism and Anarchy*)"에서 "자본주의"를 오늘날 통상적인 의미로, 즉 그가 근대 경제를 특징짓기 위해 늘 사용한 용어인 "자본주의적 생산양식"[10]의 약어로 사용했다. 마르크스는 1877년 러시아의 ≪조국 잡지(Otechestvennye Zapiski)≫ 편집부에 보낸 편지 — 이는 마르크스 사후 엥겔스가 출판했다 — 에서, 러시아 추종자들이 『자본』 1권 '본원적 축적' 장을 독해하는 방식을 정정하려 했다. 이 장은 "서유럽에서 자본주의 생성에 관한 역사적 스케치" 이상의 것을 제시한 것이 아니라고 하면서, 이 장을 "일반적 발전의 역사철학적 이론"[11]으로 간주하는 논객에게서 자신을 방어

---

6 다음을 참조하라. K. Marx, *Zur Kritik der politischen Ökonomie*(Manuskript 1861~1863), MEGA², vol. II/3.3, p.1114.

7 K. Marx, 'Das Kapital, Zweites Buch. Der Cirkulationsproze β des Kapitals. [Manuskript I]', MEGA², vol. II/4.1, p.358.

8 다음을 참조하라. 같은 책.

9 다음을 참조하라. K. Marx, *Capital*, volume II, MECW, vol. 36, p.125.

10 K. Marx, 'Conspectus of Bakunin's *Statism and Anarchy*', MECW, vol.24, p.499.

11 K. Marx, 'Letter to Otechestvenniye Zapiski', MECW, vol.24, pp.199~200.

했다. 1881년 러시아의 사회주의자 베라 자술리치(Vera Zasulich, 1849~1919)에게 보낸 편지 초고에서는 "자본주의 체제"라는 표현을 사용했지만(마르크스는 『자본』 1권 프랑스어판 및 독일어 2판에서도 간혹 이 표현을 사용했다), 자본주의라는 용어는 사용하지 않았다.[12]

자본주의라는 용어가 경제체제의 단지 특정한 측면들만을 가리키는, 주로 도덕적 의미로 사용됨으로써 훼손되었다고 생각한 이유를 쉽게 이해할수 있다. 마르크스의 목적은 자본주의적 생산양식의 근본, 기본 요소, 핵심과정을 식별하고 설명하는 것이었다. 근대 산업경제에서 현저한 일부 측면을 조명하거나 규탄하는 것에 만족하지 않고, 그 발전의 전체 틀, "내적 구조"와 "운동 법칙"을 분석하길 원했다. 마르크스의 이론은 자본주의 체제의 전체 및 구성 부분을 포괄해 근대 (서구) 경제사회의 기원과 장기적 발전을 추적할 수 있도록 의도되었다.

독일어권에서는 베르너 좀바르트(Werner Sombart, 1863~1941)가 자신의 저서 『근대 자본주의(Modern Capitalism)』(1902)에서 자본주의라는 용어에 대해학술적 개념의 존엄과 비중을 부여했다.[13] 좀바르트는 이를 마르크스 저작의 우호적 계승으로 간주했는데, 이는 학계에 상당한 센세이션을 불러일으키면서 이 용어가 일상어로 자리 잡는 결정적 계기가 되었다. "자본주의"라는 용어는 프랑스어 및 독일어 사전에는 일찍이 1860년대와 1870년대에 등장하지만, 영어권에서는 좀 꾸물대다가 1880년대에 이르러 널리 사용되기 시작했다.[14]

---

12 K. Marx, 'Drafts of the Letter to Vera Zasulich', MECW, vol.24, pp.349, 353, 357 및 'Letter to Vera Zasulich', MECW, vol.24, p.370.

13 다음을 참조하라. 특히 pp.1~64를 보라. W. Sombart, *Der moderne Kapitalismus. Historisch-systematische Darstellung des gesamteuropäischen Wirtschaftslebens von seinen Anfängen bis zur Gegenwart*(Munich: DTV, 1987).

14 다음을 참조하라. 후자는 자본주의라는 용어의 역사와 용례에 관한 최초의 연구이다. M.E. Hilger, 'Kapital, Kapitalist, Kapitalismus', in O. Brunner et al.(eds.), *Geschichtliche*

1.2 자본주의라는 말에는 무엇이 담겨 있는가?

1840년대 마르크스가 경제학과 막 친숙해졌을 때 그는 자신의 연구 대상을 부르주아적 생산양식, 부르주아적 생산관계, 부르주아지의 생산양식이라고 지칭했다. 『요강』에서는 "자본에 기초한 생산양식", "자본에 의해 지배되는" 생산양식, "자본의 생산양식"이라고 명명했다. 1861년부터 마르크스는 자본주의적 생산양식, 자본주의적 생산관계, 심지어 간단히 자본주의적 생산이라는 용어를 사용했다. 『자본』 1권에서 마찬가지로 "자본주의적 생산양식"을 언급했다. 1장 모두(冒頭) 문장에서는 자신의 연구 대상이 자본주의경제일 뿐만 아니라, 더 폭넓은 틀의 "자본주의적 생산양식이 지배하는 사회"[15]임을 분명히 했다. 이로부터 우리는 근대 자본주의에 대한 마르크스의 경제 분석이 단지 "생산관계" 혹은 "교환관계"만이 아니라 그보다 훨씬 많은 것을 다루고 있음을 알 수 있다. 마르크스는 다양한 실천(혹은 행동과 상호작용) ─ 다양한 노동의 형태, 교환 형태, 조직 형태, 경쟁 형태 ─ 뿐만 아니라 자본주의에서 살고 있는 실천의 주체와 과학적 관찰자(정치경제학자들)가 공유하는 기본 범주를 규정하는 다양한 사유 형태도 집중적으로 연구했다. 『자본』과 기타 저작에서 개요가 제시된 마르크스의 자본주의 이론은 다른 어떤 경제이론보다도 폭이 넓다. 그것은 자본주의에서 "생산양식" 혹은 "생산관계"보다 훨씬 많은 것, 전적인 경제체제보다 훨씬 많은 것, 즉 더 광범위한 근대 "부르주아" 사회구조, 개별 기업, 가계, 시장 수준에서 구성원들 간의 사회적 관계, 그들의 지배관계와 권위, 갈등과 투쟁, 협동과 경쟁의 관계를 다루고 있다. 이 모든 것이 마르크스가 구상한 자본주의의 일반 이론에 속

Grundbegriffe, vol.3(Stuttgart: Klett-Cotta, 1982), pp.339~454; R. Passow, *Kapitalismus. Eine begrif-flich-terminologische Studie*(Jena: Gustav Fischer, 1918).

15   K. Marx, *Capital*, volume I(London: Penguin, 1976), p.125.

한다. 실제로 마르크스의 자본주의 비판이론은 그가 엥겔스와 함께 쓴 『독일 이데올로기』에서 제시한 연구 프로그램에 의해 고무되고 구상되었다. 자본주의경제는 그들이 "유물론적 역사관"이라고 지칭한 것에 조응해 근대 사회를 불가피하게 주조하고 침투해 들어가며, 모든 것을 포괄하는 "자본주의 체제"를 만들어낸다.

고전파 경제학자들에게 근대 사회의 큰 계급(자본가, 지주, 노동자)은 시장, 화폐, 매뉴팩처, 은행처럼 주어졌다. 하지만 마르크스에게 근대 사회의 계급구조는 이전의 사회 불평등 구조와는 달랐으며, 그 색다른 특징은 당연하게 받아들여질 것이 아니라 주의 깊게 연구되어야 했다. 『자본』 3권 미완성된 마지막 장의 한 문단에서 우리는, "무엇이 계급을 구성하는가?"라고 그가 명시적으로 제기한 물음을 발견한다.[16] 마르크스가 하지 못한, 이 물음에 대한 답은 매우 복잡할 것이다. 왜냐하면 그는 "근대 사회의 계급"이 "자본주의적 생산양식"에 기초하고 있다고 보았기 때문이다.[17] 첫째, 이 생산양식의 모든 본질적 양상을 이해할 필요가 있다. 그런 다음에야 우리는 이 문제에 답할 수 있고 이러한 양상 간의 관계와 상호작용("계급투쟁"의 유형을 포함해)을 설명할 수 있을 것이다.

1840년대부터 마르크스는 자신의 자본주의적 생산양식의 이론을 "정치경제학 비판"이라고 불렀다. 마르크스는 1840년대 초의 초고에서 1880년대 초 마지막으로 쓴 원고에 이르기까지 자신의 경제학적 저술 전체를 통해서 고전파 정치경제학자들에 대한 최초의 그리고 가장 두드러진 비판을 벼려냈다. 마르크스가 강조하고 칭송했던 약간의 예외를 제외하면 고전파 정치경제학자들의 역사 감각은 결여되어 있었고 자본주의적 생산양식을 경제 현상의 자연적 질서, 혹은 "인간 본성"에 가장 합치되는 경제 질서로 보곤 했

---

16   K. Marx, *Capital,* volume III, MECW, vol.37, p.871.

17   같은 책, p.872.

다. 마르크스는 이런 관점과 정반대로 자본주의를 역사적으로 특수한 경제 질서, 즉 시작이 있으며 결국 끝나게 되어 있는 경제체제로 간주했다. 모름 지기 자본주의에 관한 진정한 이론이라면 경제사회 질서로서 그것의 역사 적 특수성을 드러내고 논증하는 것이 되어야 한다. 또 자본주의에 대한 비 판은 자본주의 시대, 또 그 시대의 특수한 것에 초점을 맞추어야 한다.

그래서 마르크스는 생산, 노동, 교환 일반을 다루는 것을 삼갔으며, 그렇 게 하는 것에 몰두한 경제학자들 – 특히 독일의 경제학자들 – 을 조롱했다. "모든 생산단계에서 공통적인" 몇몇 특징을 설명하는 것은 공허한 일반성과 "추상적" 계기만을 제공할 뿐인데, 이것으로는 어떤 "현실적인 역사적 생산 단계도 파악할 수 없다".[18] 그와 같은 전개 방식은 근대 자본주의의 역사적 특수성을 모호하게 할 뿐이며 결국 부정한다. 그런데 이러한 특수성을 명확 하게 부각하려면 명백한 난점을 극복할 필요가 있다. 그것은 자본주의적 생 산양식에 고유한 기본 범주 – 토지 소유, 부동산, 신용, 은행은 물론 상품, 교환, 화 폐, 시장, 무역, 심지어 자본과 임금노동까지 – 가 근대 자본주의 시대 오래전부 터 사용되었고, 관련된 경제적 관계도 이런저런 형태로 전부터 존재했다는 것이다. 실제로 근대 시대와 동일한 형태나 조합은 아니라 할지라도 다양한 조합으로 존재했다. 따라서 근대 자본주의를 이론화하는 과제는 자본주의 경제 사회질서에서 이런 관계 및 그에 조응하는 범주에 고유한 것을 구명하 는 것이다.

『자본』에서 가장 유명한 예 두 가지를 언급하자면, "상품 그 자체" 및 "화 폐 그 자체"에 대해 마르크스는 간략하게 다루었다. 마르크스는 또 인간 노 동 일반의 과정에 대해 약간의 사유를 제시했다. 그러나 마르크스의 서술과 논의의 진정한 요지는 항상 경제적 범주가 "역사적 각인을 띤다"[19]라는 것이

---

18 K. Marx, *Grundrisse: Foundation of the Critique of Political Economy*(London: Penguin, 1973), p.88.

다. 마르크스는 이 점을 염두에 두면서 상품, 화폐, 시장 교환, 임금노동, 생산, 소비, 경제성장 등이 근대 자본주의에서 취하는 특수한 (심지어 고유한) 특징을 식별하고 이론화하려 했다. 모종의 인과적·기능적 "법칙"이 없는 자본주의 이론은 존재할 수 없다. 그러나 마르크스에게 그와 같은 법칙·경향은 자본주의 역사 전체를 통해서 또 자본주의 시대가 지속되는 한에서 자본주의 세계경제에서 모든 유형의 자본주의에 대해 타당하다는 의미에서만 일반적일 수 있다. 자본주의경제 질서의 일반적 "법칙"은 역사적 법칙으로서, 초역사적·비역사적인 "자연 법칙" 혹은, 많은 고전파·신고전파 경제학자들이 염두에 두는 "자연적" 경제 질서나 경제생활의 "자연 상태"와 대조적이다.

1.3 근대 자본주의의 기본적 특징

마르크스는 『자본』에서 경제체제로서 자본주의의 결정적 특징이 무엇인지에 관해 나름대로 짧은 요약을 제시했다. 『자본』 3권 마지막 편 "수입과 그 원천"에서 자본주의를 다른 모든 역사적 "생산양식"과 구별하는 주요 요소에 대해 간략하게 묘사했다. 그가 강조했던 첫 번째 특징은 생산이 모두 상품생산이라는 점이다. 즉 모든 생산물은 상품으로 생산되고 상품 형태를 취한다는 것이다. 상품생산 자체는 자본주의보다 훨씬 오래전부터 있었고 자본주의보다 더 넓게 확산되어 있다. 하지만 "생산물의 지배적이고 규정적인 특징은 곧 상품이라는 것"이 자본주의를 특징짓는다.[20] 자본주의적 생산양식에서는 어떤 생산에서든 기본적인 생산수단과 생산 조건이 일단 상품

---

19   Marx, *Capital*, volume I, p.273.

20   Marx, *Capital,* volume III, p.866.

으로 전환되면, 모든 생산물이 상품으로 전환되며, 모든 종류의 생산이 상품생산으로 전환된다. 여기에서 결정적인 역할을 하는 것은 인간 노동력이다. 일단 상품으로 전환되면, 인간 노동의 모든 생산물은 잠재적인 상품이된다. 자본주의에서는 상품생산이 "일반적 생산 형태"[21]로 보편화된다.

이런 마르크스의 요약에서 유의할 점은 마르크스가 "상품"의 생산과 "자본의 생산물로서 상품"을 분명하게 구별했다는 것이다. 양자는 모두 자본주의적 생산양식에서 공존하는 것으로 보이며, 생산양식으로서 자본주의의특수성을 파악하는 데 모두 필수적이다. 『자본』 1권의 최초 원고 마지막 장에서 마르크스는 "자본의 생산물로서 상품"의 특수성을 더 상세하게 설명했다. 그런 상품은 다음과 같은 점에서 다르다. ① 대량 생산물이며 단일한 생산물이 아니다. 분명히 대규모로 조직된 사회적 노동의 생산물이다. ② 단일한 고객이 아니라 대중시장을 위해 생산되었다. ③ 생산에서 사용된 자본의 가치와 같은 과정에서 창조된 잉여가치의 합을 표시한다. 이 상품이 생산자와 소유자들에게 중요한 것은 상품이 시장에서 실현되어야 할 특정량의 가치와 잉여가치가 있는 한에서이다.[22] 따라서 근대 자본주의의 가장 정확한 공식은 "상품에 의한 상품의 생산"이 아니라 "자본의 생산물로서 상품을 이용한 자본의 생산물로서 상품의 생산"이다. 상품 그리고 자본의 생산물로서 상품은 시장에 들어가서 유통과정을 통과해야 한다. 마르크스가 말했듯이, "생산물이 특정한 사회적 특징을 취하면서 거쳐야 하는"[23] 생산물을 자본의 생산물로서 상품으로 전환시키는 몇몇 특정한 과정이 존재한다.

자본주의적 생산양식을 규정하는 두 번째 특징은 자본가들의 지배와 구별되는 자본의 지배이다. 모든 상품생산은 자본주의에서 그리고 자본주의

---

21   같은 책, p.869.

22   다음을 참조하라. Marx, *Capital*, volume I, pp.949~970.

23   Marx, *Capital,* volume III, p.866.

에서만 지배적이고 압도적인 목적, 즉 잉여가치의 생산을 위한 수단일 뿐이다. 이것은 "생산의 직접적 목적이며 규정적 동기"[24]이다. 마르크스가 강조했듯이, 자본 혹은 자본/임금노동 관계는 자본주의에서 지배적인 생산관계이다. 자본주의적 생산은 모두 가치의 생산, 특히 잉여가치의 생산이다. 잉여가치는 일단 생산되고 실현되면 새로운 자본의 형성을 허용하고 강제한다. 최종적으로 자본이 자본을 생산하며 더 많은 자본을 생산한다. 그리하여 마르크스는 자신의 요약 두 번째 부분에서 역사적으로 특수한 생산관계로서 자본의 개념을 간략히 정리한다. 그가 자신의 걸작에서 강조했듯이 자본은 "사물이 아니라 사물을 통해서 매개되는 인간들 간의 사회적 관계이다".[25]

마르크스가 자신의 요약에서 환기한 인간들 간의 관계는, 자본과 임금노동의 관계 혹은 자본의 담지자 및 소유자로서 자본가와 임금노동의 담지자, 즉 자신들의 유일한 상품인 노동력의 소유자로서 임금노동자 간의 관계이다. 자본은 자본이 되고 자본으로 남아 있기 위해서 가치 증식을 해야만 한다. 즉 그 가치가 향상되고, 그 양이 증가해야 한다. 따라서 자본은 사물로서 이해되어서는 안 되며, 시간과 공간에서 진행 중인 과정, 잉여가치의 생산 및 전유, 실현의 과정, 자본축적의 과정, 잉여가치의 새로운 자본으로의 전환 과정(사회적 규모에서 자본의 확대재생산)으로 이해되어야 한다. 임금노동자로서 임금노동자의 재생산은 이러한 생산 전반의 필수적 부분이다.[26]

마르크스의 요약은 매우 짧다. 우리가 여기에 안주한다면, 마르크스의 자본주의 개념은 단지 두 가지 구성 요소인 상품생산과 자본/임금 노동 관계로 낙착될 것이다. 그러나 물론 그보다 더 많은 것이 있고, 마르크스의 요약

---

24   같은 책, p.867.

25   Marx, *Capital*, volume I, p.932.

26   다음을 참조하라. Marx, *Capital*, volume III, pp.868ff.

은 실제로 그의 근대 자본주의 이론의 적절한 이해를 위해, 많은 핵심 포인트로 우리를 인도한다.

1.4 가치, 화폐, 경쟁

마르크스가 우리에게 말했듯이, 만약 자본주의가 상품생산의 "절대적 형태"[27]가 되는 경향이 있다면, 그것은 "완전히 가치에 기초한"[28] 생산양식으로 전환될 것이다. 자본주의에서만 생산과 교환의 관계 (혹은 시장 관계), 원리적으로 모든 경제적 관계가, 마르크스가 "가치" 관계라고 지칭한 경제적으로 활동적인 인간들 간의 특수한 관계에 의해 완전하게 침투되고 지배된다. 마르크스에게 가치는 기본 개념이다. 가치 없이 상품교환, 화폐, 자본은 상상도 할 수 없다. 가치 없이 우리는 잉여가치 개념을 파악할 수 없다. 마르크스의 이론에서 가장 놀라운 것은 가치와 자본주의 간의 연계이다. 마르크스가 『자본』 세 권 전체에서 주장하듯이, 가치형태는 단순히 상품의 시장 교환을 통해서 존재할 수 있다. 그러나 가치의 진정한 실체 ─ 사회적으로 타당한 추상으로서 사회적 노동 (혹은 "추상 노동") ─ 는 특징적으로 자본주의적 생산양식 및 방법의 발전 덕분으로만, 즉 공업의 대량생산 체제에서만 완전하게 존재할 수 있고 실제로 경제적 적합성을 획득할 수 있다. 게다가 다수의 자본이 항상 모든 곳에서 서로 자유롭게 경쟁하고 산업 간에 자유롭게 이동할 수 있는 경우에만, 모든 상품의 가치는 마르크스가 가정했듯이 모든 산업에 지배적인 평균적 기술 조건에서 그 상품을 재생산하는 데 필요한 사회적 노동의 평균량에 의해 결정될 것이다.

---

27   같은 책, p.630.

28   같은 책, p.839.

다수의 고전파 경제학자들과 달리 마르크스는 가치 관계의 극성기가 자본주의 이전 시대였고, 근대 자본주의 조건에서 그 중요성을 상실한다고 주장하지 않았다. 마르크스의 견해로는 자본주의 양식이 모든 생산 영역을 정복한 다음에야 "가치법칙"이 상품 및 자본의 생산물로서 상품을 포함한 모든 시장 거래에 완전히 타당하게 된다.

저 유명한 가치형태 — 마르크스가 『자본』 1권 1장에서 분석한 단순한 가치형태로부터 화폐 형태에 이르기까지 — 가 근대 자본주의의 성립 훨씬 이전에 출현했고 심지어 완전하게 발전한 것은 사실이다. 하지만 근대 자본주의에 와서야 그것들은 모든 사람들의 사유와 행동에 침투하고 "사회생활의 자연적 형태의 고정성"을 취하고, 혹은 범주로서 "사회적으로 타당하고 따라서 객관적인"[29] 사유 형태라는 성격을 획득하게 된다. 오직 근대 자본주의에서만 상품을 생산하는 인간 노동의 이중성 — 즉 한편에서는 유용물 혹은 사용가치를 생산하는 구체적 유용노동, 다른 한편에서는 모든 시장 생산자들의 사회적 동등성에 기초해 교환을 위한 사물, 혹은 가치를 생산하는 추상적 사회적 노동 — 이 지배적으로 된다. 일단 가치와 사회적 노동의 가치생산 성격이 확립되면, 시장을 위해 상품을 생산하는 사적 생산자들 간 분업의 역사적 형태에서 사회적 분업은 모든 전통적 한계를 넘어 확장되고 강화될 수 있다. 이제 조절적인 가치법칙은, 시장 교환의 모든 우연성과 불규칙적 변동에도 불구하고, 독립생산자들 간의 사회적 응집을 결과시킨다.

가치가 지배할 때 그리고 가치가 지배하는 곳에서는 화폐도 지배한다. 자본주의에서만 사회적 관계로서 화폐가 지배적이다. 자본주의는 모든 상품교환이 만개한 "상품유통" 과정 — 이는 궁극적으로 "화폐유통"[30]에 의해 지

---

29 Marx, *Capital,* volume I, pp.168~169.

30 『자본』 1권 1편에서 '단순 유통'의 분석은 그가 나중에 『자본』 2권과 3권에서 계속 수행한 분석의 최초의 단계임을 염두에 두어야 한다. 단순 유통은 사라지는 것이 아니라, 자본이 지배하는 일반적 유통의 한 계기로 축소한다.

배된다 — 으로 전환되는 최초의 역사적 경제질서 및 최초의 사회질서이다. 경제적 상호작용은 완전히 화폐화되며, 항상 화폐적 거래에 의해 매개된다. 시장 행동을 훨씬 넘어선 일상생활도 경제적 행동의 수단과 동기로서 화폐에 의해 침투된다. 자본주의사회에서 모든 사람은 화폐 소유자와 화폐 사용자가 된다. 화폐는 모든 사회적 관계의 신경이다. 다른 한편, 자본주의는 그 초기 단계에서 조우했던 화폐제도를 주어진 것으로 받아들였지만 그것과 다른 역사적 발전을 추동했다. 첫째, 그것은 만개한 화폐제도를 낳았는데, 여기에서 화폐는 궁극적으로 신용에 의해 점차 대체되었다. 그리하여 역사상 최초로 완전한 신용 제도가 성립했으며, 자본주의는 모든 측면에서 신용경제로 전환되었다. 둘째, 화폐유통은 자본의 운동이 지배했다. 자본의 유통 — 혹은 더 구체적으로는 자본의 순환과 회전 — 은 자본주의경제에서 화폐의 유통을 규정하며, 유통하는 화폐는 점점 단지 자본의 또 다른 형태, 즉 화폐자본으로 전환된다. 『자본』 2권은 대부분 이러한 변화와 그 함의를 분석하는 데 바쳐졌다.

자본주의는 모든 측면에서 화폐가 지배하는 최초의 경제 질서이며, 자본의 운동은 화폐로 시작해서 화폐로 끝난다. 자본은 그 가장 초보적이며 피상적인 형태에서는 어떤 양의 화폐가 시간에 걸쳐 증대된 양의 화폐로 나아가는 과정으로 간주될 수 있다($M - M'$). 이와 같은 증대의 원천이나 이유가 무엇이든 말이다. 마르크스가 『자본』 1권에서 서술했듯이, 이 과정은 시장의 용어로는 일련의 교환으로 나타난다. 즉 화폐가 상품으로, 상품은 화폐, 더 많은 화폐로 교환되는 과정, $M - C - M'$으로 나타난다. 이 과정은 이 초보적 형태에서 이미 자본의 두 가지 현저한 특징을 보여준다. ① 하나의 가치형태, 상품에서 다른 하나의 가치형태, 즉 화폐로의 연속적인 "변태" 및 반대 방향으로의 변태, ② 가치량의 변화이다. 자본주의 전에도 자본가들은 치부와 자기 자본 가치의 증대를 추구했다.

하지만 근대 자본주의에서만 이런 치부 행위가 체계적이며 원리적으로 끝이 없는 사업이 된다. 개별 자본가들은 모두 파산할 수 있으며, 자신의 가치를 상실하고 소멸할 수 있다. 그러나 사회적 관계로서 자본, 자본 일반은 가치 증식 과정 ― 즉 자본가들의 치부 행위 ― 이 지속되는 한 계속 존재할 것이다. 일단 화폐가 완전하게 발전해 특정한 상품과 연관된 특정한 교환과 독립적으로 존재하게 되면, 또 일단 화폐가 "화폐로서의 화폐"의 성격을 획득하게 되면,[31] 부의 추구도 변화한다. 치부에 열중하는 이들은 이제 추상적인 사회적 부(가치)를 추상적이고 내구적인 형태(화폐)로 획득할 수 있게 된다. 이러한 추상적 부의 축적에는 한계가 없다. 그래서 부의 추구, 계속 증대하는 양의 추상적 부의 화폐 형태로의 획득은 그 자체 목적으로 되며, 어떠한 내적 척도나 목표도 없는 무한 과정이 된다. 자본가들은 자신들의 경제적 행동에 대해 새로운 기준 및 대단히 중요한 동기를 갖게 되는데, 그것은 자본의 가치 증식, 주어진 양의 화폐 형태로의 부를 추상적 부 혹은 가치의 향상과 성장을 수반하는 무한 운동으로 전환시키는 것이다.

근대 자본가들과 재산을 축적하고 치부하려는 다른 모든 사람들 사이의 다른 점은 무엇인가? 그들은 가치 창조 과정에 성공하기 위해 노력한다. 즉 상품의 생산과정을 통제하고 보다 많은 가치를 생산하기 위해 다른 사람의 사회적 노동을 명령하려고 노력한다. 따라서 자본 소유자의 통제와 명령하에 상품생산과 가치 창조 과정은 특수하게 자본주의적인 생산과정으로 전환된다. 이런 종류의 생산에서 목표는 원래의 자본의 무한한 증식인데, 이는 자본을 대규모의 더 많은 자본으로 전환시키기 위해 가치와 끝없이 더 많은 가치를 생산하는 것이다. 즉 자신의 자본 가치를 증식시키기 위해 상품생산을 하는 자본가들은 끝없이 증가하는 상품량 및 가치량의 무한 생산을 추구하며, 끝없이 커지는 생산과정을 통제하고 끝없이 증가하는 사회적 노동량을 지배하려 한다.

---

31   Marx, *Capital*, volume I, pp.227ff.

1.5 착취와 축적

어떻게 해서 상품생산은 자본의 가치를 지속적으로 증대시키는 가치 증식 과정으로 전환될 수 있는가? 마르크스는 잉여가치 개념과 임금노동자의 착취 과정에서 해답의 열쇠를 발견했다. 현행 임금을 지불하고 그들을 속이지 않는 자본가에게 고용된다면, 임금노동자들은 ─ 적어도 특정한 생산성 수준 이상에서는 ─ 자신의 노동력에 대한 통제를 자본가에게 양도한 시간 중에 자신들의 임금의 가치보다 더 큰 가치를 생산할 수 있을 것이다. 모든 임금노동자들이 상품을 그 사회적 가치대로 생산하고 그들의 임금이 노동력의 가치와 같다고 가정하면, 매일 혹은 매주 노동의 가치생산물의 상당 부분은 잉여가치가 될 것이다. 그 잉여가치를 전유하기 위해서 (그래서 자신의 자본 가치 증식을 위해서) 모든 자본가들은 자신의 특정 분야 및 부문에서 가능한 한 효과적이고 효율적으로 상품생산 과정을 조직해야 한다. 모든 자본가들은 자신이 고용한 임금노동자들을 가능한 한 효과적이고 효율적으로 노동시켜야 한다. 임금노동자들의 잉여가치 생산과 증대를 위해 자본가는 노동과정 전체를 변화시켜야 한다. 첫째, 노동자들이 장시간 노동하고 동일한 시간에 더 많은 노동 ─ 혹은 더 큰 강도 혹은 복잡도의 노동 ─ 을 수행하도록 한다. 둘째, 임금노동자들의 노동생산성을 제고해서 동일한 시간에 더 많은 양의 상품을 생산하게 한다. 여기에서 보듯이 자본 체제하 생산과정에 대한 마르크스의 분석은 피고용자들의 잉여가치 생산 증대 방법에 초점을 맞춘다. 이런 "절대적", "상대적" 잉여가치 생산 방법을 끝없이 더 영악하고 체계적인 방식으로 발견하고 적용하면서 자본가들은 상품생산 세계를 변화시킨다. 자본은 "산업자본"이 되고, 임금노동자들은 공업 혹은 공장노동자들의 근대적 노동자계급이 된다.

잉여가치 생산을 증대시키고 임금노동자들을 더 효율적으로 착취하려는 자본가들의 충동은 새로운 공업 생산양식, 즉 제조업과 대공업, 공장제도의 세계를 낳는다. 그들은 모든 것을 극단으로 발전시킨다. 즉 노동자들과 도구의 특화, 매뉴팩처 내 및 공장 내 분업, 기계의 사용, 기계의 특화, 공장의 전체 공업 단지 및 공업지구로의 발전 등이다. 자본가들은 노동일을 체계적으로 연장하며, 노동 강도를 모든 한계를 넘어 강화하고 가능한 모든 수단을 동원해 노동생산성을 높인다. 그들은 발명가가 되고 혁신가가 되며, 근대과학과 기술의 통찰을 이용하며, 과학과 기술을 공업 체제에 통합하기 시작하며, 생산과정을 끝없이 광적으로 조직하고 재조직한다. 공장 체제의 공업대량생산은 역사적으로 특수한 생산양식으로서 자본주의에 대한 마르크스의 이해에 중심적이다. 마르크스는 근대 대공업이 모든 전통 수공업과 매뉴팩처, 가내공업에 미친 "혁명적 충격"에 매료되었으며, 자동화와 농업의 기계화 경향을 예견했다.

마르크스의 견해에 따르면, 산업자본주의의 미증유의 역동성은 다음 두 가지 추진력에 기인한다. 첫째는 노동자들을 가능한 한 효율적으로 착취하려는 자본주의 고용주와 이와 같은 노동력 착취의 극대화 충동에 대해 가능한 모든 수단을 동원해 저항하는 임금노동자들 간의 현재 진행 중인 투쟁이다. 이 투쟁은 부분적으로는 새로운 발명, 새로운 기계의 적용, 노동과정의 재조직, 모든 종류의 기계 자동 장치에 의한 노동자들의 숙련과 경험의 대체를 통해 수행된다. 둘째는 자본가들이 상호 간에 벌이는 투쟁으로서 시장 및 시장을 넘어서 계속 격화되는 경쟁 과정이 그것이다. 마르크스는 경쟁에 대한 동시대 비판자들의 합창에 동참하지 않았지만, 경쟁의 미덕을 찬양하는 이들을 따르지도 않았다. 자본 일반과 자본가계급 그 자체가 현실성이 있다 할지라도, 자본은 다수 자본가들이 소유한 다수 자본으로서만 존재할 수 있기 때문에, 자본 간의 경쟁은 불가피하다.

공업 체제의 기술적·조직적 변화의 진전을 위해 산업자본가들 간의 끝없는 경쟁이 결정적으로 중요하다. 누구든지 노동자 착취, 혁신적·선진적 기술의 도입과 적용, 모든 생산 시설과 공장의 신속하고 영리한 재조직을 더 잘하는 이들이 승자가 된다. 누구든 시장에서 최상의 성과를 내고 더 많은 양의 자본을 산업 부문 간에 가장 신속하게 이동시킬 수 있는 이들이 승리한다.

자본가들과 임금노동자들 간의 갈등 및 자본가들 간의 경쟁 덕분에 근대 산업자본주의는 역사상 가장 역동적·휘발적이며, 혁신적·진보적인 생산양식이 될 뿐만 아니라, 가장 분열적이며 모든 측면에서 가장 파괴적이다. 자본주의의 역동성이 일단 사회적 생산을 전 범위와 깊이에서 장악하게 되면, 이를 공업 대량생산으로 전환해 시장을 정복하고 변혁한다. 이것이 마르크스의 자본주의 이론의 핵심적 통찰이다. 그것은 자본주의 고유의 압도적 역동성, 즉 미증유의 규모와 속도로 경제적·사회적 변화를 추동하는 "혁명적" 성격을 정의한다. 산업자본의 역동성의 완전한 충격이 어디에서 오는지를 보는 것은 쉽다. 가치 증식 과정의 결과는 산업 생산에 참여하는 자본가들이 전유하는 잉여가치량이다. 이들은 증가한 부를 다른 방식으로 사용한다. 마르크스에 따르면 자본가들의 선택은 명확하다. 그들은 추가적 부를 써버리고 자본가로서 행동을 중지하거나, 아니면 자본가로 행동해서 자신들이 획득한 잉여가치를 추가 자본으로 전환해야 한다.

잉여가치를 새로 축적된 자본으로 전환하는 것이 가치 증식 과정의 논리적 결과이다. 그래서 자본주의에서 추상적 부의 추구는 무한하고 끝없는 자본축적 과정이 되며, 자본은 끝없이 더 많은 자본을 낳는다. 축적은 산업자본의 물질적 구성 요소와 투자된 화폐의 재생산뿐만 아니라 사회적 관계로서 자본의 재생산도 포함한다. 자본가들은 이 과정을 거쳐 더 부유하고 강력한 행위자가 되어 더 많은 자본을 소유하게 되는 반면, 임금노동자는 이 과정을 거쳐 이전처럼 무일푼 무소유 상태로 일자리와 소득을 자본가계급에 의존하며, 끝없이 커지는 자본의 지배하에 놓인다. 자본가들에게 자본축적은 그 자체의 고유한 목적이나 척도가 없다. 충분히 큰 자본은 있을 수 없다. 자본가가 보유할 수 있는 자본의 양에 대해 있을 수 있는 유일한 외적 척도는 경쟁자들이 휘두르는 자본의 규모이다. 모든 자본가가 경쟁자의 축적 속도에 발맞추기 위해 축적하는 만큼, 축적은 가속화된다. 이러한 "가속화된" 축적 과정에서 모든 자본가들은 자신들이 통제하는 생산과정을 재조직하고 서로 앞서려는 경주를 벌이며, 계속 빨라지는 속도로 자신들의 공장에 신기술을 도입하고 기계를 대체한다. 이것이 『자본』 1권에서 축적 과정에 대한 마르크스의 분석의 (계획된) 정점이다.[32] 이 과정에서 자본은 계속 더 확대된 규모로 재생산될 뿐만 아니라 기술과 가치를 단위로 측정 가능한 변화를 항상 겪게 된다.

두 가지 획기적 변화가 근대 자본주의에 고유한 동학에서 추가로 나타난다. 자본가는 더 많은 추상적 부를 계속 추구하면서 모든 경계를 넘어 나아가고 모든 전통적 한계를 무시, 해체하며 자신의 길을 막는 것은 모두 분열시키고 파괴한다. 예상되는 이득 — 잠재적 이윤율 — 이 높으면 높을수록 자본가는 자본 운동에 대한 모든 장애를 더 무자비하게 때려 부순다. 자본과 자본가는 전방위로 뻗어 나가면서 시장과 생산의 범위를 확대하며 새로운 생산 영역에 진입하고 자연 자원, 토지, 노동력을 발견하는 족족 전유한다. 마르크스가 『요강』에서 근대 자본주의에 내재한 "선전적 경향"이라고 지칭했던 것은 자본주의적 생산양식이 한 지역·영토에서 다른 지역·영토로 팽창하면서 세계시장을 형성하는 것으로 구현된다. "**세계시장을 창조하는 경향은 자본 그 자체의 개념에 직접 주어져 있다.**"[33] 자본은 가능한 한 최대 수준으로, 세계 전체를 대상으로 생산하고 세계의 모든 자원을 이용하려 한다. 다수 국가의 경쟁하는 자본가들은 시장과 생산의 범위를 모든 지역적 및 국가적 경계를 넘어서 확장한다. 그리하여 자본주의를 세계 체제로 — 무역과 교환뿐만 아니라 궁극적으로는 생산과 재생산의 세계 체제로 — 전환시키며, 이

---

32   Marx, *Capital*, volume I, pp.711ff.
33   Marx, *Grundrisse*, p.408.

것은 결국 지구 전체를 포괄해 모든 인민과 국가를 동일한 질서의 부분으로 전환시킨다. 기존의 시장을 확대하고 새롭고 더 큰 시장을 개척하며 새로운 산업 부문과 지역으로 진출하려는 영속적 충동은 노동생산성을 증대하고 인간 노동력을 착취하는 고유한 충동에 계속 박차를 가한다.

자본주의는 역사적으로 특수한 운동 형태이며 역사적으로 특수한 발전 궤도를 따른다. 이런 운동 형태 중 많은 것을 마르크스가 처음으로 묘사하고 연구했다. 그 가장 놀라운 사례는 『자본』 2권에서 발견할 수 있는데, 마르크스는 여기서 자본순환의 상이한 형태와 주기적 회전 형태 및 메커니즘을 분석했다.[34] 이러한 운동의 특수한 형태들은 모든 개별적 산업자본에 고유한 것이다. 사회적 자본 전체 – 예컨대 한 국가 전체의 자본 – 에 대해서 마르크스는 또 하나의 역사적으로 특수한 형태인 근대적 경제순환 혹은 경기순환을 발견했으며, 이를 그는 산업순환이라고 명명했다.

이 현상은 1840년대 말 이후 마르크스가 광범위하게 연구했는데, 근대 산업자본주의에서 가장 중요한 양상의 하나로 강조된다. 이러한 특수한 운동 형태를 만들어내는 것은 공장 체제와 그것이 촉박하게 주문해도 생산 규모를 엄청나게 확대할 수 있는 능력 및 세계시장에 대한 점증하는 의존이다. 『자본』 1권에서 마르크스는 "산업의 생명은 일련의 중위적 활황, 번영, 과잉생산, 공황 및 정체의 시기로 이루어진다"[35]라고 주장했다. 이와 같은 산업 생산과 시장의 급속한 팽창, 과잉 및 수축의 순환은 무한히 반복된다. 근대 공업의 이와 같은 특징적 경로는 "10년 주기(이는 더 작은 동요들에 의해 중단된다)의 형태를 취하며"[36] 많은 전제 조건에 의존한다. 산업예비군 – 실업 혹은 불완전취업 노동자들의 과잉인구 – 의 형성 및 항상적 재형성 혹은 신용

---

34 다음을 참조하라. Marx, *Capital,* volume II, pp.31~155.

35 Marx, *Capital,* volume I, p.580.

36 같은 책, p.785.

제도의 발전 — 이것은 개별 자본가들이 자력으로 실현할 수 있는 축적의 속도 및 양과 독립적으로 사회적 총자본의 일부를 사용할 수 있게 한다 — 이 그것이다. 따라서 산업순환의 특징적 형태는, 마르크스가 살펴보았듯이 고용 및 실업의 순환뿐만 아니라 신용과 투자의 순환과도 밀접하게 연관되어 있다. 마르크스에 따르면 자본주의는 이와 같이 특이한 유형의 주기적 성장을 통해 전진하는 최초의 역사적 생산양식이다. 전체로서 자본주의는 이와 같은 주기적 순환 속에서 운동한다. 왜냐하면 자본주의는 상품의 부분적일 뿐만 아니라 일반적인 과잉생산과 자본의 과잉 축적을 낳기 때문이다. 일반적 공황 — 이것은 우리 시대와 마찬가지로 마르크스의 시대에도 논란이 되었던 현상이다 — 은 산업순환의 결정적이며 규정적인 계기이다. 자본주의가 공황에서 공황으로 운동하기 때문에, 또 공황이 계속 더 증대된 규모로 발생하고 "세계시장공황"으로 전환되기 때문에, 산업순환은 공황 순환으로 다루어져야 한다.

마지막으로 (하지만 그렇다고 덜 중요한 것은 아니다), 『자본』 3권에서 마르크스는 자본주의를 "요술에 걸린 왜곡된 세계[verzauberte und verkehrte Welt]"[37]라고 묘사했다. 왜냐하면 여기에서 경제 주체들은 매우 특이한 형태의 렌즈를 통해 세계를 보기 때문이다. 그들은 이상한 종류의 물신주의 혹은 여러 가지 "미친", "황당한", "환상적인" 사고의 "형태"에 사로잡혀 있다. 경제적 사유의 매우 세속적 형태가 정치경제학의 범주로 다시 나타나며, 현실의 자본가들과 노동자들은 물론 정치경제학자들도 신비화의 마법에 걸린 채 살고 있다. 마르크스는 처음부터, 즉 그의 유명한 상품 세계의 물신성 분석에서부터 자본주의의 경제적 상호작용 형태에 내재한 신비한 특징을 해독하려고 애썼다. 그 유명한 사례는 — 마르크스에게는 당혹스럽게도 그의 추종자들이 대체로 무시하고 있지만 — 임금 형태가 노동력 상품의 가치와는 아주 다른 어떤 현상, 즉 노동의 가치 혹은 노동의 가격이라는 현상을 부여한다는 것이

---

37   Marx, *Capital,* volume III, p.814.

다. 이 형태에서 그리고 자본가들과 노동자들이 공유하는 경제적 어법과 사유에서, 착취라는 사실 자체가 모호해지며 그와 관련된 당사자들의 의식에서 실제로 사라진다. 상품 형태 혹은 가치형태로부터 화폐 형태, 기타 많은 것에 이르는 신비적 형태들이 "신비화"의 세계를 구성한다.

마르크스는 『자본』 1권 1장의 상품 물신성 분석에 만족하지 않고 『자본』세 권 전체를 통해 이런 시도를 계속했다. 특히 마르크스는 왜 그리고 어떻게 근대 자본주의에서 지배적인 생산관계인 자본이 현실의 경제 주체들은 물론 정치경제학자들도 이해하기 어려운 매우 신비한 "사물"로 전환되는지를 보이려고 애썼다. 마르크스는 이미 상품유통과 화폐에서 나타나는 자본에 대한 최초의 분석에서 자본을 "자본 물신" 혹은 "가치를 창조하는 가치"[38] 혹은 심지어 "자동 주체"[39]로서 해독했다. 그리고 『자본』 3권 마지막 부분에서 마르크스는 신비적 형태와 현상에 대한 자신의 분석을 총괄하면서 그것을 근대 자본주의에 특유한 일상생활이라는 종교의 요소들로 제시했다. 즉근대 자본주의의 생산과 분배 관계를 자본 이윤, 토지 지대, 노동임금의 상호작용으로 요약한 이른바 삼위일체 공식에서 마르크스는 근대 자본주의에만 존재하는 일상생활의 종교 혹은 이데올로기의 핵심을 포착했다. 즉 "사회적 인물임과 동시에 그냥 사물이기도 한 자본 나리(Monsieure le Capital)와 토지 마님(Madame La Terre)에 홀린 요술에 걸려 왜곡되고 전도된 세계"[40]에서 말이다. 이러한 허위 현상, 반복해서 나타나는 관계의 "사물화"와 사물의 "인격화" 및 신비화의 세계는, 마르크스가 보았듯이 근대 자본주의의 핵심 그 자체이다.

---

38   Marx, *Capital*, volume III, p.968.

39   Marx, *Capital*, volume I, p.255. 이와 같은 정식화를 글자 그대로 받아들이는 것, 그럼으로써 자본 물신의 허위 현상을 비판하기보다 재생산하는 것은 최근 마르크스에 대한 일부 이른바 재해석의 특징이다.

40   Marx, *Capital*, volume III, p.969.

1.6 자본주의의 역사적 출현과 발전

마르크스의 자본주의 이론은 일반 이론으로 의도되었지만, 마르크스는
그것을 시간과 공간을 넘어서는 순수 자본주의의 이론으로 개념화하지는
않았다. 마르크스는 『요강』에서 이미 자본주의의 "전사(前史)"와 "동시대의
역사"를 구별했고, 이 중 후자에 집중하기로 결정했던 것은 사실이지만, 우
리는 마르크스의 『자본』에서 수많은 역사적 요소를 발견하는데, 이들은 결
코 곁길로 새어 나간 논의이거나 예시인 것만은 아니다. 자본주의경제 사회
는 그 고유한 역동성으로 인해, "수정처럼 견고한 것"으로서가 아니라 "변화
할 수 있고 항상 변화 과정 중에 있는 유기체"[41]로서 간주되어야 한다. 자본
주의는 정말 급속한 발전을 겪어왔으며, 때로는 진정한 변혁을 겪어왔다.
자본주의의 동시대 역사는 동일한 기본 구조들이 무한 반복되는 재생산 및
확대재생산의 과정으로는 간주될 수 없다. 마르크스가 자본주의 시대에 대
해 정식화한 많은 일반 법칙이 단지 "운동 법칙"일 뿐만 아니라 발전과 변화
의 법칙인 것은 이 때문이다.

마르크스는 자본주의가 자연의 상태도 아니라면 자신의 전제 조건과 필
요 구성 요소를 창조하는 자동 생산 체제로 이해될 수도 없다고 주장했다.
화폐, 시장, 분업, 심지어 세계무역, 임금노동 및 토지 소유조차도 모두 자본
주의 훨씬 이전부터 존재했던 자본주의의 전제 조건들이다. 따라서 일반이
론은 적절하게 구성된다 할지라도, 자본주의 역사를 연구하기 위한 단초 혹
은 최초의 정식화만을 제공할 뿐이다. 그리고 역사적 성찰은 근대 자본주의
의 특질을 파악하기 위해 항상 필요하다.

『자본』 1권 "소위 본원적 축적"에 관한 장에서 서유럽 자본주의의 출현에
관한 마르크스의 역사적 스케치는 해설의 형식이 아니라, 그의 일반 이론에

---

41   Marx, *Capital*, volume I, p.93.

제시된 기본 논리를 따르면서 그 예를 드는 형식을 취하고 있다. 자본주의는 그 핵심적 제도의 하나로서 자본/임금노동 관계를 전제한다. 이 관계의 성립을 위해서는, 생산자 혹은 노동자는 그들을 독립적 생산자로서 존속할 수 있게 하는 모든 생산수단 및 생존 수단에서 분리되어야 하며, 이 생산수단과 생존 수단은 자본 소유자 계급 및 토지 소유자 계급의 수중에 전유되고 독점되어야 한다. 마르크스는 주로 잉글랜드 및 스코틀랜드의 사례를 사용해 이것이 고전파 경제학자들과 근대 자본주의의 변호론자들의 전설이 아니라 현실에서 어떻게 일어났는지를 보이려 했다. 그것은 불법과 구래의 법률, 전통 및 관습의 절멸에 기초한 폭력, 약탈, 범죄의 역사였다.[42]

우리는 『자본』에서 서유럽 자본주의의 기원과 역사적 발전에 관한 많은 생각을 발견한다.[43] "상업자본", "이자 낳는 자본과 금융시장", "토지 소유와 지대"[44]에 관한 편들은 모두 상업자본, 신용과 은행, 토지 소유, 농업의 성립과 변혁에 관한 길거나 짧은 역사적 스케치를 제공한다. 여기서 마르크스의 목적은 상업·신용·농업의 구래적 형태를 근대적 자본주의적 형태에서 구별하는 것이 무엇인지를 구명하고, 상업·신용·농업을 근대 자본주의 경제 체제로 통합하기 위해서 어떤 변혁이 필요했는지를 식별하는 것이었다.[45]

마르크스는 가장 선진적인 자본주의 나라들에서 발생한 변화뿐만 아니라 그 시대 자본주의의 다양성을 잘 알고 있었다. 산업자본주의의 발상지인 잉글랜드는 마르크스의 산업 발전 연구의 모델이었으며 "덜 발전한 나라들에 대해 자신의 미래상"[46]을 보여주는 가장 발전한 나라였다. 그러나 1860년

---

42 같은 책, pp.873ff.

43 특히 1864~1865년 마르크스가 『자본』 2권과 3권의 최초 원고로서 집필했던 장과 그 후 이 책을 위해 쓴 초고를 보라.

44 이 세 편은 각각 『자본』 3권 16~20장, 21~36장, 37~47장에 해당한다.

45 실제로 1864~1865년에 쓴 초고로 구성된 이 장의 원고는 당시 마르크스의 지식수준을 반영할 뿐이다. 마르크스는 그 후에도 자본주의의 역사 연구를 계속했는데 이는 그의 이후 초고들과 노트에서 발견된다.

대 이후 산업 발전은 세계의 다른 지역에서 빠르게 진전되기 시작했으며, 세계시장에서 영국의 패권에 도전했다. 마르크스는 『자본』의 이후 판본에서 미국을 최고도의 자본주의 발전의 사례로서 다룰 예정이었다. 즉 잉글랜드가 아니라 미국이 미래의 자본주의 발전의 "모범 국가"가 될 것이었다.[47] 자본주의 생산의 발전이 불완전한 상태로 머물러 있는 한, 그 법칙과 경향은 지배적일 수 없다.

　『자본』세 권 전체에서 마르크스는 자본주의의 다양한 법칙과 경향을 정식화했다. 『자본』 1권에서 이는 주로 근대적 매뉴팩처와 공장 체제의 대량생산에 고유한 산업발전의 법칙과 경향이었다. 이어서 마르크스는 자본주의적 축적에 관한 몇 가지 법칙과 고유한 경향을 확립했다. 끝에서 마르크스는 이 모든 것을 총괄해 자본주의적 축적의 일반 법칙을 확립했다. 이 법칙은 『자본』 1권에 서술된 마르크스이론의 정점으로서 1867년 이후 많은 논쟁의 주제가 되었다. 이것은 정말이지 꽤 복잡한 법칙으로서 많은 경향의 요약이며, 사회적 부의 양과 성장, 자본의 성장 혹은 축적의 "정도와 에너지", 프롤레타리아트(현역 노동자와 산업예비군 및 피구휼 빈민을 포함하는 임금노동자 계급)의 발전을 모두 연결시킨다. 그래서 우리가 발견하는 것은 마르크스가 하나의 단일한 "법칙"으로 조립한 한 묶음의 상호 연관된 경향 같은 것이다. 하지만 "자본주의적 축적의 절대적 일반적 법칙"은 많은 유보와 단서와 함께 정식화되었다. 마르크스는 "다른 모든 법칙처럼" "이 법칙은 많은 상황에 의해 그 작용이 수정되는데, 그것을 분석하는 것은 여기에서 우리의 관심사가 아니다".[48] 그러나 마르크스의 언급 하나가 가장 큰 관심을 끌었으며, 가장 많은 비판을 받았다. 마르크스는 다음과 같이 썼다. "자본이 축적

---

46 Marx, *Capital*, volume I, p.91.

47　마르크스는 남북전쟁 시기 미국을 연구하면서, 동일한 지리적 및 정치적 맥락에서 최소한 세 종류의 갈등하는 자본주의가 공존하고 있다는 점을 알게 되었다.

48　Marx, *Capital*, volume I, p.798.

됨에 따라 노동자의 상태는 그의 급여가 높든 낮든 점점 악화된다."[49] 다시 말해 자본가와 노동자 간의 사회경제적 불평등 및 노동자들의 의존과 자본의 지배에의 예속, 즉 사회적 권력의 불평등이 자본주의 발전 과정에서 증대된다. 지속적인 임금 상승도 자본의 성장이 그것을 앞지르는 한 마르크스의 이 주장과 완전히 양립 가능하다. 하지만 유감스럽게도 마르크스는 이 주장에 다시 또 하나의 짧은 공식을 추가하면서, "부의 축적"은 필연적으로 "빈곤의 축적"[50]과 병행할 것이라고 주장했다. 그리고 이 주장은 많은 사람들로 하여금 그의 법칙을 "궁핍화의 법칙"으로 오해하게 했다.

다른 한편 마르크스는 주기적으로 재발견되고 매체의 인기를 끄는데, 이는 그가 연구한 경향 중 다수가 실제로 다시 또 다시 재현되었기 때문이다. 예컨대 마르크스는 자본의 "집적과 집중" 경향(그는 이것을 그의 축적 이론에서 관찰하고 그것에 포함시켰다), 공장 체제의 발전 및 자동화 경향, 농업의 공업화와 세계화의 확산 및 자본주의 세계경제의 형성, 연합한 자본의 성장과 경영자의 성장, 유통의 가속화, 기술혁명, 금융시장과 근대 신용 제도의 성장을 발견하고 최초로 분석한 사람으로 되풀이해서 인정받고 있다.

1.7 마르크스의 근대 자본주의 비판

마르크스의 자본주의 비판의 강점과 약점을 평가함에 있어서 우리는, 많은 사람들에게 놀랍겠지만, 그가 자본주의적 생산양식의 성취를 찬양하는 것을 주저하지도 중단하지도 않았다는 사실을 상기해야 한다. 자신들의 협소한 이익을 광적으로 추구하면서 상업, 산업 및 금융 세계를 성공적으로 변

---

49   같은 책, p.799.
50   같은 책, p.198.

화시켰던 현실 기업가들에 대해 마르크스는 경탄을 감추지 않았는데, 이는 당시 사회주의자들에 지배적이었던 정서와 극명하게 대조된다. 다음과 같은 『공산당 선언(Manifesto of the Communist Party)』의 말을 보자. "부르주아지는 역사적으로 가장 혁명적인 역할을 수행했다."[51] 그것은 "거대한 생산력을 창조했는데, 이는 이전 세대들이 창조했던 것을 모두 합친 것보다 더 많다".[52] 또 그것은 "생산도구와 생산관계 및 사회관계 전체를 항상적으로 변혁하지 않고서는 존재할 수 없다".[53] 마르크스의 견해에 따르면 자본주의는 혁신과 기술 발전, 조직 변화 및 과학적 발견의 "발전소"이다. 마르크스는 자본주의적 생산양식에 내재한 "문명화 경향" 칭송하기를 중지한 적이 없다. 물론 마르크스는 1848년에도 그 이후처럼 자본주의적 생산양식의 지배가 인간과 자연에 가한 사회악과 파괴, 타락을 결코 무시하거나 부정하지 않았다.

마르크스가 분명하게 거부했던 것은 정치경제학(과 자본주의)에 대한 동시대의 "허위 비판", 수많은 영역에서 지배적이었던 가지각색의 낭만적이고 반동적인 혹은 유토피아적이고 순진한 반자본주의였다. 마르크스는 자본주의를 정의롭지 못한 체제라고 비판하거나 모든 악의 원천이라고 규탄하지 않았는데, 이는 당시 널리 유행했던 도덕적 비판과 날카롭게 대조된다. 마르크스는 자본주의를 인류로 하여금 "진정한" 목적지로부터 멀어지게 하는 잘못된 길이 아니라, 인류 역사에서 필연적이며 전반적으로 진보적인 단계라고 보았다. 그렇다면 터무니없이 엄청난 이윤, 치솟는 소득과 부의 불평등, 계속 반복되는 불안정, 화폐와 금융의 통제되지 않은 권력, 제한 없는 성장, 전통적 사회 세계를 황폐화하는 맹렬한 세계화, 혹은 모든 사람들을

---

51   K. Marx and F. Engels, *Manifesto of the Communist Party*, MECW, vol.6, p.486.

52   같은 책, p.489.

53   같은 책, p.487.

바닥을 향한 경주로 몰아세우는 끝없이 더 가혹해지는 경쟁 등에 초점을 맞추는 자본주의 비판 방식을 마르크스가 지지했을 것 같지는 않다.

마르크스는 물론 이 양상을 명확하게 인식했으며, 이는 자본주의 발전의 불가피한 귀결이라고 간주했다. 하지만 마르크스의 자본주의 비판은 이와 다른 수준에서 전개되었다. 그의 일반 이론에서 최강의 주장은 경제체제로서 자본주의의 내적 논리가 자신의 존재의 전제 조건 그 자체를 약화시키고 결국 파괴한다는 것이다. 자본주의는 자기 파괴로 향한 자신의 내재적 경향 때문에 종말을 맞이하게 된다. 마르크스는 이 점을 확신했다. 그가 이런 종말이 어떻게 찾아올지에 대해 추측하거나 자본주의 체제의 임박한 붕괴를 가정한 적은 결코 없었지만 말이다. 마르크스는 『자본』에서 자주 인용되는 문장에서 대공업의 발전과 진행 중인 농업의 공업화에 대해 언급하면서 이 점에 관해 다음과 같이 말했다. "자본주의적 생산은 …… 모든 부의 원천인 지구와 노동자를 동시에 약화시킴으로써만 기술과 생산의 사회적 과정의 결합 정도를 발전시킬 수 있다."[54]

자본주의적 생산양식의 내적 "모순"은 어떤가? 우리는 자본주의의 "내적 모순" — 가장 단순하며 가장 일반적인 것(상품의 두 측면으로서 사용가치와 교환가치의 "모순" 같은 것)에서 가장 복잡한 것까지 — 을 폭로하려 했던 마르크스 같은 이들은 그것을 그 구조의 핵심적인 취약점 혹은 급소라고 간주했을 것이라고 생각할지도 모르겠다.[55] 꼭 그렇지는 않다. 마르크스의 다른 저작처럼 『자본』에서도 저 유명한 "모순"이라는 용어는 자본주의의 내적 동학을 포착 파악하고 현재 진행되는 변화의 기원을 지적하기 위해 사용되었다. 현실적 모순은 — 적어도 상품교환 혹은 자본주의의 기존 틀 내에서는 — 폐지될 수 없으며

---

54   Marx, *Capital*, volume I, p.638.

55   다음을 참조하라. D. Harvey, *Seventeen Contradictions and the End of Capitalism*(London: Profile Books, 2015).

그것들은 혹은 관련된 갈등하는 당사자들은 "운동할 여지가 있는 형태"[56]를 발견하거나 새로 창조한다. 자본주의의 모순은 발전해야 하고 또 발전할 것이다. "주어진 역사적 생산 형태에서 모순의 발전은 그것이 해소될 수 있는 유일한 방식이다."[57] 그리고 바로 이런 내재적 모순의 발전을 마르크스는 자신의 분석 도구로 사용했다.

마르크스는 자본주의가 자신의 내재적 논리를 여러 지점에서 따르면서 어떻게 해서 궁극적으로 자신의 토대를 허무는지를 보이려고 노력했다. 마르크스는 이미 『요강』에서 자본주의 발전 법칙의 하나인 이윤율의 경향적 저하 법칙에 특별한 지위를 부여했다. 이 법칙은 "역사적 관점에서 가장 중요한 법칙"[58]인데, 왜냐하면 (산업) 자본주의가 어떻게 그리고 왜 자신의 토대를 허무는지를 보여주기 때문이다. 자본은 가차 없이 모든 생산력을 발전시키지만, "자본 자신의 역사적 발전은, 그것이 특정 지점에 도달하면, 자본의 자기실현을 조정하는 것이 아니라 중지한다. 생산력의 발전은 특정 지점을 넘어서면 자본에 대한 장애물이 된다".[59] 왜냐하면 일반적 이윤율의 저하가 자본축적을 점차 질식시켜, 축적과 혁신, 신기술 도입의 광란이 고사할 것이기 때문이다. 마르크스는 (1857~1858년, 1864~1865년 및 그 후) 몇 차례의 시도에도 불구하고, 이윤율의 저하를 산업자본이 계속 밀어붙이는 기술 진보와 연계된 법칙으로 논증하는 데 실패했다. 엥겔스가 시사했듯이, 마르크스가 정말 저 유명한 법칙을 결함 없이 논증했다면, (마르크스 자신이 말했듯이) 자본가들은 기술 진보의 충동을 잃어버리고, 경쟁도 격렬함을 잃고, 축적률과 성장은 둔화되면서 자본주의는 장기 침체로 빠져들었을 것이다.

---

56   Marx, *Capital*, volume I, p.98.
57   같은 책, p.619.
58   Marx, *Grundrisse*, p.748.
59   같은 책, p.749.

이와 비슷한 주장을 공황과 순환의 현상 및 마르크스가 그것을 취급한 방식에서 도출할 수 있다. 마르크스는 계속 재발하는 공황에 대해, 자본가들이 항상적으로 쏟아내는 생산력과 시장력을 다루거나 지배할 수 없으며, 경제사회 체제로서 자본주의가 자본주의 "지배계급"을 비롯한 모든 사람들의 통제에서 벗어난 것을 보여주는 강력한 증거라고 보았다. 자본가들은 자본주의를 운영하지 못하며, 경쟁도, 특히 세계시장에서 벌어지는 글로벌 경쟁은 더욱 관리하지 못한다. 주기적으로 자본주의 체제 전체가, 그것이 창조한 엄청난 생산력 때문에 혼란과 무질서 상태로 빠져들며, 이로 인해 노동자들과 사회 전체 그리고 자연은 막대한 비용을 치른다. 다른 한편 마르크스는 자본주의에서 공황을 필수적인 정화의 계기로 간주했다. 즉 공황 국면에서 자본의 감가와 파괴는 새로운 공간을 창출하고 새로운 시작을 가능하게 한다는 것이다. 따라서 공황이 반드시 자본주의의 멸망을 의미하는 것은 아니다. 비록 그것이, 마르크스가 가정했듯이 장기적으로 점차 심각해지고 갈수록 더 큰 파괴를 초래한다고 할지라도 말이다. 자본주의의 내적 모순은 이 두 측면 모두에서 현상을 파악하기 위한 분석적 단서로서의 역할을 수행한다.

마르크스에서 우리가 발견할 수 있는 자본주의 체제에 대한 가장 근본적인 비판은 그것의 자기 파괴 경향에 대한 그의 주장과는 다르다. 하지만 이것은 앞의 주장을 지지하는데, 왜냐하면 이런 경향은 인간 존재의 사회생활에 대한 관계 왜곡의 결과로서만 전개되기 때문이다. 자본주의에서 자본가를 비롯한 모든 사람들은 자본의 지배하에서, 혹은 대부분의 사람들이 경험하듯이 무지막지한 경쟁의 압력을 통해 자신을 관철하는 "시장 법칙"의 체제하에서 살아간다. 모든 사람들은 이런 압력에 굴복해 폭력, 즉 자연의 폭력은 분명 아니지만 "가치법칙"과 같은 사회의 폭력에 복종한다. 자본주의 시대에서 인간 자신이 생산하고 주조한 것 ─ 시장 체제, 화폐, 자본 ─ 에 의한 인간의 행동과 사고의 이런 종류의 지배는 자본주의가 낳은 일상생활의 종교를 지배하는 신비화에 의해 더 심화된다. 이 때문에 자본주의는 단지 인격적 및 비인격적인 자본의 지배일 뿐만 아니라, 하나의 질서 — 여기에서는 아무도 통제할 수 없는 사실적 및 현실적 제약들이 모든 사람들의 삶과 정신을 짓누르고 있다 — 는 막스 베버(Max Weber)식으로 표현하면 보편적이고 비인격적인 굴레의 "철창"60이다.

---

60 Max Weber, *The Protestant Ethic and the Spirit of Capitalism* (London: Routledge, 1992), p.181.

참고문헌

Blanc, Louis(1850), *L'Organisation du Travail*, Paris: Bureau du nouveau monde.

Harvey, David(2015), *Seventeen Contradictions and the End of Capitalism*, London: Profile Books.

Hilger, Marie-Elisabeth(1982), 'Kapital, Kapitalist, Kapitalismus', in O. Brunner et al.(eds.), *Geschichtliche Grundbegriffe*, vol.3, Stuttgart: Klett-Cotta, pp.339~454.

Kocka, Jürgen(2016), *Capitalism: A Short History*, Princeton, NJ: Princeton University Press.

Kocka, Jürgen, and Marcel van der Linden, eds.(2016), *Capitalism: The Reemergence of a Historical Concept*, London: Bloomsbury.

Leroux, Pierre(1849), *Malthus et les économistes, ou y-aura-t-il toujours des pauvres?*, Boussac: Imprimerie de Pierre Leroux.

Marx, Karl(1973), *Grundrisse: Foundations of the Critique of Political Economy(Rough Draft)*, London: Penguin.

_____(1976), *Capital*, volume I, London: Penguin.

_____(1978), *Zur Kritik der politischen Ökonomie(Manuskript 1861~1863)*, MEGA^2, vol.II/3.3.

_____(1997), *Capital*, volume II, MECW, vol.36(1998), *Capital*, volume III, MECW, vol.37.

_____(1989), 'Conspectus on Bakunin's *Statism and Anarchy*', MECW, vol.24, pp.485~526.

_____(1989), 'K. Marx: Drafts of the Letter to Vera Zasulich', MECW, vol.24, pp.346~369.

_____(1989), 'K. Marx: Letter to Vera Zasulich', MECW, vol.24, pp.370~371.

_____(1989), 'Letter to Otechestvenniye Zapiski',MECW, vol.24, pp.196~201.

_____(2011), 'Das Kapital, Zweites Buch. Der Cirkulationsproze β des Kapitals. [Manuskript I]', MEGA^2, vol.II/4.1, pp.139~384.

Marx, Karl, and Engels, Friedrich(1976), *Manifesto of the Communist Party*, MECW, vol.6, pp.477~517.

Passow, Richard(1918), *Kapitalismus. Eine begrifflich-terminologische Studie*, Jena: Gustav Fischer.

Proudhon, Pierre-Joseph(1969), *The General Idea of the Revolution in the Nineteenth Century*, New York: Haskell Hause Publishers.

Rodbertus, Johann Karl(1868), *Zur Erklärung und Abhülfe der heutigen Creditnoth des Grund-besitzes*, Berlin: Verlag von Hermann Bahr.

Schäffle, Albert(1870), *Kapitalismus und Socialismus*, Tubingen: Verlag der H. Laupp'schen Buchhandlung.

Sombart, Werner(1987), *Der moderne Kapitalismus. Historisch-systematische Darstellung des gesamteuropäischen Wirtschaftslebens von seinen Anfängen bis zur Gegenwart*, Munich: DTV.

2 공산주의
마르셀로 무스토

2.1 초기 사회주의자들의 비판이론

프랑스혁명 이후, 혁명이 해결하지 못한 사회정의에 대한 요구에 대응하고 산업혁명의 확산으로 인한 극적인 경제 불균형을 바로잡으려는 수많은 이론이 유럽에서 유통되기 시작했다. 바스티유 함락 이후의 민주주의 확산은 귀족들에게 결정적인 타격을 가했지만, 대중과 지배계급 사이 부의 불평등은 거의 변하지 않았다. 군주제의 쇠퇴와 공화국의 수립은 프랑스의 빈곤을 줄이는 데 충분하지 않았다.

이것이 바로 카를 마르크스와 프리드리히 엥겔스(Friedrich Engels, 1820~1895)가 『공산당 선언』(1848)에서 정의했듯이, 사회주의의 "비판적 유토피아적" 이론[1]이 두각을 나타내게 된 배경이었다. 두 가지 이유로 그들은 "유토피아주의자"[2]라고 간주되었다. 첫째, 이론의 주창자들은 서로 다른 방식

---

[1]   K. Marx and F. *Engels, Manifesto of the Communist Party*, MECW, vol.6, p.514.

[2]   이 용어는 마르크스와 엥겔스 이전에도 다른 사람들이 사용했다. 예컨대 다음을 보라. J.-A. Blanqui, *History of Political Economy in Europe*(New York: G.P. Putnam and Sons, 1885), pp.520~533. 또한 다음의 저술은 이 세 사람(생시몽, 샤를 푸리에, 로버트 오언)을 근대 사회주의의 범주로 분류한 최초의 저술이다. M.L. Reybaud, *Études sur les Ré formateurs contemporains ou socialistes modernes: Saint-Simon, Charles Fourier, Robert*

으로 기존의 사회질서에 반대하고 "노동자계급 계몽을 위한 가장 가치 있는 요소"[3]라고 믿었던 것을 포함하는 이론을 제시했다. 둘째, 대안적 형태의 사회조직은 노동자계급의 구체적인 투쟁을 통해서가 아니라, 단순히 새로운 사상과 원칙의 이론적 확인을 통해서만 달성될 수 있다고 주장했다. 마르크스와 엥겔스에 따르면 사회주의 선구자들은 다음과 같이 믿었다.

> 역사적 행동은 개인의 독창적 행동에, 역사적으로 만들어진 해방의 조건은 환상적인 조건에, 프롤레타리아트의 점진적이고 자발적인 조직은 이 발명가들에 의해 특별히 고안된 사회조직에 굴복해야 한다. 이들의 눈에 미래의 역사는 결국 사회 계획 선전과 실제적 수행으로 해결된다.[4]

인류 역사상 가장 널리 읽힌 정치적 텍스트에서, 마르크스와 엥겔스는 과거와 현재의 많은 다른 형태의 사회주의를 문제 삼았으며, 이를 "봉건적", "소부르주아적", "부르주아적", — 그 "철학적 용어법"을 폄하해 — "독일적" 사회주의[5] 등의 제목으로 분류했다. 일반적으로 이러한 이론은 "옛 생산 및 교환 수단을 복원하고, 이것으로 옛 소유관계와 사회를 복원하려는" 열망 혹은 그들이 무너뜨린 "옛 소유관계의 틀 안에 근대적 생산 및 교환 수단을 가두어두려는" 시도와 연관되어 있을 수 있다. 이러한 이유로 마르크스는 이러한 개념을 "반동적이면서 유토피아적"[6]인 사회주의의 형태로 보았다.

Owen(Paris: Guillaumin, 1840), pp.322~341. 레이보(Reybaud)의 텍스트는 널리 유통되었으며 이들이 "우리 시대가 그 탄생을 목격한 특이한 사상가들의 총합"(p. vi.)이라는 생각을 확산시키는 데 기여했다.

3   Marx and Engels, *Manifesto of the Communist Party*, p.515.

4   같은 책.

5   같은 책, pp.507~513.

6   같은 책, p.510.

"과학적" 사회주의와 달리 "유토피아적" 사회주의라는 용어는 종종 오해의 소지가 있고 의도적으로 폄하하는 방식으로 사용되어 왔다. 사실, "유토피아적 사회주의자들"은 그들이 살았던 시대의 사회조직에 도전했고, 그들의 글과 행동을 통해 기존 경제 관계에 대한 비판에 기여했다.[7] 마르크스는 그 선구자들을 상당히 존경했다.[8] 그는 생시몽(Saint-Simon, 1760~1825)과 그의 조야한 해석가들 사이에는 큰 차이가 있음을 강조했다.[9] 그리고 그는 샤를 푸리에(Charles Fourier, 1771~1858)의 사상의 일부를 과장된 "해학적 스케치"[10]로 간주했지만, 그는 노동을 변혁하려는 푸리에의 목표가 기존의 분배 방식뿐만 아니라 "생산양식"[11]도 극복하는 것이라는 인식에서 "큰 장점"을 보았다. 오언의 이론에서 그는 흥미롭고 미래를 예견하는 많은 요소를 발견했다. 『가치, 가격, 이윤(Value, Price and Profit)』(1865)에서 그는 이미 19세기 초에 오언이 『매뉴팩처 제도의 효과에 대한 관찰(Observations on the Effect of the Manufacturing System)』(1815)에서 "노동일의 일반적인 제한이 노동자계급의 해방을 위한 첫걸음이라고 선언했음"[12]을 언급했다. 그는 또한 어느 누구

7　V. Geoghegan, Utopianism and Marxism(Berne: Peter Lang, 2008), pp.23~38. 이 글에서 "유토피아적 사회주의자들은 스스로를 사회과학자로 간주했다"라는 것을 보여준다 (p.23). 마르크스-레닌주의 정통은 완전히 경멸적 의미로 "유토피아"라는 용어를 사용했다. 일부 마르크스 자신을 겨냥한 흥미로운 비판은 다음을 참조하라. G. Claeys, 'Early Socialism in Intellectual History', History of European Ideas, 40(7)(2014). 이 논문은 "과학"과 "과학적 사회주의"의 정의들을 "인식론적 권위주의"의 사례로 간주한다(p.896).

8　Hobsbawm, 'Marx, Engels and Pre-Marxian Socialism', in: E. Hobsbawm(ed.), The History of Marxism. Volume One: Marxism in Marx's Day(Bloomington: Indiana University Press, 1982), pp.1~28 참조.

9　K. Marx and F. Engels, The German Ideology, MECW, vol.5, pp.493~510. 생시몽을 높이 평가한 엥겔스는 『공상적 사회주의 과학적 사회주의』에서 "엄밀히 말해 경제학적이지 않은 거의 모든 후기 사회주의자들의 사상이 그에게서 맹아적 형태로 발견된다"라고까지 주장했다(MECW, vol.25, p.292).

10　K. Marx, Capital, volume I(London: Penguin, 1976), p.403.

11　K. Marx, 'Outlines of the Critique of Political Economy [Grundrisse]. Second Instalment', MECW, vol.29, p.97.

와도 달리 협동적 생산을 우호적으로 주장했다.

생시몽, 푸리에, 오언 등이 초기 노동자 운동에 미친 긍정적인 영향을 인정하면서도 그들의 사상에 대한 마르크스의 전반적인 평가는 부정적이었다. 그는 그들이 실현 불가능한 환상으로 시대의 사회문제를 해결하기를 희망했다고 생각했고, "공중누각"[13]을 건설하는 무의미한 이론적 연습에 많은 시간을 보냈다고 강하게 비판했다.

마르크스는 옳지 않거나 비현실적이라고 생각한 제안은 예외 없이 비판했다. 무엇보다 그는 독단적 교시가 고취하는 선험적 메타-역사적 모델을 통해 사회 변화가 일어날 수 있다는 생각에 반대했다. 초기 사회주의자들의 도덕주의도 비판의 대상이 되었다.[14] "바쿠닌의 『국가주의와 무정부성』에 대한 노트"(1874~1875)에서 마르크스는 "유토피아적 사회주의"를 비판하면서, 이것은 사람들 스스로 만들어낸 사회적 운동에 과학적 조사를 국한시키는 것이 아니라 사람들에게 새로운 환상을 심어주려 한다고 비난했다.[15] 그의 견해로는 혁명의 여건은 외부로부터 수입될 수 없다.

2.2 평등, 이론 체계 그리고 미래 사회: 선구자들의 오류

1789년 이후, 많은 이론가들은 앙시앵 레짐(Ancien Regime)의 종말과 함께 닥친 근본적인 정치적 변화 이상으로 새롭고 더 공정한 사회질서의 윤곽을 그리기 위해 서로 논쟁했다. 가장 보편적인 입장 중 하나는 사회의 모든 구

---

12 K. Marx, Value, *Price and Profit*, MECW, vol.20, p.110.

13 Marx and Engels, *Manifesto of the Communist Party*, p.516.

14 다음을 보라. D. Webb, *Marx, Marxism and Utopia*(Aldershot: Ashgate, 2000), p.30.

15 K. Marx, 'Conspectus on Bakunin's *Statism and Anarchy*', MECW, vol.24, p.520.

성 요소 간의 절대적인 평등에 기반한 정부 체제가 수립되는 즉시 사회의 모든 병폐가 중단된다는 것이다.

원초적이고 많은 면에서 독재적인 이 공산주의 개념은 1796년 프랑스 총재정부의 통치를 전복시키기 위해 발전한 '평등의 음모(Conjuration des Égaux)'의 지도적 원칙이었다. 『평등주의자들의 선언(Manifesto of the Equals)』(1795)에서 실뱅 마레샬(Sylvain Maréchal, 1750~1803)은 "모든 사람이 같은 능력과 욕망을 갖고 있기 때문에" 모든 사람에게 "동일한 교육과 음식"이 주어져야 한다고 주장했다. 그는 "왜" "각자의 필요에 따라 동일한 양과 질의 음식이 공급되어서는 안 되는가"[16]라고 물었다. 1796년 모의에서 주도적인 인물인 프랑수아 노엘 바뵈프(François-Noël Babeuf, 1760~1797)는 "평등의 대원칙"을 적용하면 "인류의 영역"이 크게 확장되어 "국경, 관세 장벽 및 사악한 정부"가 "점차 사라지게 될 것"이라는 의견을 갖고 있었다.[17]

엄격한 경제적 평등에 기반한 사회의 비전은 1830년 7월 혁명 이후의 기간에 프랑스 공산주의자의 저술에서 다시 나타났다. 소설 형식으로 쓰인 정치 선언문인 『이카리아 여행기(Travels in Icaria)』(1840)에서 에티엔느 카베(Étienne Cabet, 1788~1856)는 더 이상 "소유, 화폐 또는 사고파는 것"이 없고 인간은 "모든 면에서 평등"[18]하게 되는 모범 공동체를 그렸다. 이 "두 번째 약속의 땅"[19]에서 법률은 삶의 거의 모든 측면을 규제한다. 모든 집은 4층집(일 것이고),[20] "모든 사람은 똑같은 옷차림(을 하고 있을 것)"[21]이다.

---

16 S. Maréchal, 'Manifesto of the Equals or Equalitarians', in P. Buonarroti(ed.), *Buonarroti's History of Babeuf's Conspiracy for Equality*(London: H. Hetherington, 1836), p.316.

17 F.-N. Babeuf, 'Gracchus Babeuf à Charles Germain', in C. Mazauric(ed.), *Babeuf Textes Choisis*(Paris: Éditions Sociales, 1965), p.192.

18 É. Cabet, *Travels in Icaria*(Syracuse, NY: Syracuse University Press, 2003), p.81.

19 같은 책, p.4.

20 같은 책, p.54.

21 같은 책, p.49.

엄격한 평등의 관계는 테오도르 데자미(Théodore Dézamy, 1808~1850)의 저작에서도 예시된다. 『공동체 강령(Community Code)』(1842)에서 그는 모든 어린이를 위한 "하나의 부엌"과 "하나의 공동 기숙사"가 존재하는, "가능한 한 평등하고 규칙적이며 단결된" 공동체로 나누어진 세계에 대해 언급했다. 전 시민이 "단일 가구의 가족"[22]으로 살게 될 것이다.

프랑스에서 유행하는 것과 유사한 견해가 독일에서도 뿌리를 내렸다. 『인류, 현재의 모습과 있어야 할 모습(Humanity as It Is and as It Should Be)』(1838)에서 빌헬름 바이틀링(Wilhelm Weitling, 1808~1871)은 사적 소유의 제거가 이기주의를 자동적으로 종식시킬 것으로 예견했는데, 그는 이기주의가 단순히 모든 사회문제의 주요 원인이라고 생각했다. 그의 눈에는, "재화의 공동체"는 "인류를 구원하고 지구를 낙원으로 바꾸는 수단"이며 즉시 "거대한 풍요"[23]를 가져오는 수단이 될 것이다.

그러한 비전을 제시한 모든 사상가들은 동일한 이중 오류에 빠졌다. 즉 그들은 엄격한 평등에 기초한 새로운 사회 모델의 채택이 사회의 모든 문제에 대한 해결책이 될 수 있다는 것을 당연하게 여겼다. 그리고 그들은 모든 경제 법칙을 무시하고 그것을 달성하기 위해 필요한 모든 것은 높은 곳에서 특정 조치를 부과하는 것이며, 이는 나중에 경제의 흐름에 따라 그 효과가 바뀌지 않을 것이라고 확신했다.

인간 사이의 모든 사회적 불평등이 쉽게 제거될 수 있다는 확신에 기초한 이 순진한 평등주의적 이데올로기와 함께, 초기 사회주의자들 사이에서 똑같이 널리 퍼진 또 다른 신념이 있었다. 즉 많은 사람들은 세상을 바꾸기 위해 이론적으로 더 나은 사회조직 체계를 고안하는 것이 충분하다고 믿었다.

---

22 T. Dézamy, 'Laws of the Community', in: P.E. Cocoran(ed.), *Before Marx: Socialism and Communism in France, 1830~48*(London: The MacMillan Press Ltd, 1983), pp.188~196.

23 W. Weitling, *Die Menschheit, wie sie ist und wie sie sein sollte*(Bern: Jenni, 1845), p.50.

그래서 수많은 개혁 프로젝트를 상세하게 설명했고, 사회 재구축을 위한 논문을 제시했다. 그들의 눈에 우선순위는 올바른 체계를 찾는 것이었고, 한 번 발견되면 시민들이 기꺼이 상식의 문제로 받아들이고 점차적으로 현실에서 구현할 것이었다.

생시몽은 이 신념을 고수한 사람들 중 하나였다. 1819년 그는 정기 간행물 ≪조직자(The Organizer)≫에서 다음과 같이 썼다. "기존의 조직을 다른 조직으로 어떻게 대체할지에 대한 생각이 …… 충분히 명료화되고 통합되고 조화되었을 때 그리고 여론에 의해 승인되었을 때, 구체제는 더 이상 운영되지 않을 것이다."[24] 그러나 미래 사회에 대한 생시몽의 견해는 놀라울 정도로 모호하다. 생시몽은 미완의 『새 기독교(New Christianity)』(1824)에서 "사회에 유용한 모든 노동자들에게 고통"을 초래하고 "주권자가 가난한 이들 임금의 상당 부분을 흡수하도록" 허용한 "시대의 정치적 질병"이 "이기주의적 생각"에 의존한다고 말했다. 이것이 "모든 계급과 모든 개인에게 지배적"[25]이 되었기 때문에, 그는 "모든 사람은 형제처럼 행동해야 한다"[26]라는 단일 지침에 기초한 새로운 사회조직의 탄생을 고대했다.

푸리에는 인간의 존재가 우주의 법칙에 기반을 두고 있다고 선언했는데, 이 법칙은 일단 활성화되면 온 세상에 즐거움과 기쁨을 보장할 것이다. 『4운동의 이론(Theory of the Four Movements)』(1808)에서 그는 "인류가 시작된 이래 행해진 모든 과학적 연구 중에서" 가장 "중요한 발견"[27]이라고 주저함 없이 언급한 것을 제시했다. 푸리에는 "상업 체제"의 옹호자들에 반대했고 사

---

24 C.H. Saint-Simon, 'L'Organisateur: prospectus de l'auteur', in: C.H. de Saint-Simon, *Oeuvres complètes*, vol. III(Paris: Presses Universitaires de France, 2012), p. 2115.

25 C.H. Saint-Simon, 'Le nouveau christianisme', in: C.H. de Saint-Simon, *Oeuvres complètes*, vol. IV(Paris: Presses Universitaires de France, 2012), p. 3222.

26 같은 책, p. 3216.

27 C. Fourier, *The Theory of the Four Movements*(Cambridge: Cambridge University Press, 1996), p. 4.

회의 모든 구성 요소가 다시 자신의 열정을 표출할 때 사회가 자유로워질 수 있다고 주장했다.[28] 그의 시대에 정치체제의 주된 오류는 인간 본성을 억압한 것이었다.[29]

급진적 평등주의와 가능한 최고의 사회 모델의 추구와 함께, 많은 초기 사회주의자들에게 공통적인 마지막 요소는 소규모 대안 공동체의 탄생을 촉진하기 위한 그들의 헌신이었다. 그것을 조직한 사람들에게, 이 공동체가 당시 존재했던 경제적 불평등에서 해방된다는 것은 사회주의 원리의 확산에 결정적인 추진력을 제공하고 그들의 주장을 더 설득력 있게 하는 것이다.

『산업적 협동사회적 신세계(The New Industrial and Societal World)』(1829)에서 푸리에는 마을이 "각각 약 1800명의 산업 팔랑주로 대체되는"[30] 새로운 공동체 구조를 구상했다. 개인은 팔랑스테르, 즉 필요한 모든 서비스를 즐길 수 있는 공동 구역이 있는 큰 건물에서 거주할 것이다. 푸리에가 고안한 방법에 따르면, 인간은 "환희를 만끽하면서도 지나침은 피할 것"이다. 그들은 "최대 2시간"이라는 짧은 시간 동안 고용될 것이고, 각자가 "하루 동안 7~8가지 종류의 매력적인 일"[31]을 할 수 있을 것이다.

오언은 사회를 조직하는 더 나은 방법을 찾는 것에 박차를 가했는데, 그는 일생 동안 노동자들의 협력에 관한 중요한 실험을 했다. 처음에는 1800년부터 1825년까지 스코틀랜드의 뉴래나크(New Lanark)에서 그리고 1826년부터 1828년까지는 미국의 뉴하모니(New Harmony)에서, 실제로 어떻게 보

---

28 같은 책, pp.13~14.

29 이것은 프로이트의 이론과는 정확히 반대이다. 프로이트는 사회의 비억압적인 조직은 인간관계 내에서 달성된 문명 수준으로부터 위험한 퇴행을 수반할 것이라고 주장했다. Sigmund Freud, 'Civilization and Its Discontents', in: S. Freud(ed.), *Complete Psychological Works*, vol.21(London: Hogarth Press, 1964), pp.59~148.

30 C. Fourier, *Le nouveau monde industriel et sociétaire,* in C. Fourier, *Oeuvres completes*, vol.VI(Paris: Éditions Anthropos, 1845), p.15.

31 같은 책, pp.67~69.

다 공정한 사회질서를 실현하는지를 보여주려고 했다. 그러나 『새로운 도덕적 세계에 관한 책(The Book of the New Moral World)』(1836~1844)에서 오언은 사회를 8개의 계급으로 나눌 것을 제안했는데, 그중 마지막 계급은 "40세에서 60세의 사람들로 구성될 것"이며, 이들은 "최종 결정권"을 가질 것이다. 그가 상상했던 것은 다소 순진했지만, 이 장로정치(gerontocratic) 체제에서는 모든 사람이 사회의 통치에서 정당한 역할을 맡을 수 있고 기꺼이 맡을 수 있다는 것이며, 즉 "사회의 정부에서 경쟁 없이 자신의 공정하고 완전한 몫을 가질 수 있다는 것이다".[32]

1849년에 카베(Cabet) 역시 미국 일리노이주 노부에 식민지를 세웠지만 그의 권위주의는 수많은 내부 갈등을 불러일으켰다. 그는 "이카리아 헌법"의 법률로, 공동체 탄생의 조건으로 "모든 성공 가능성을 높이기 위해" 자신을 10년 동안 "유일한 절대적 총재로 임명하고, 자신의 교리와 사상에 입각해 운영할 수 있는 권한을 부여한다"[33]라고 했다.

초기 사회주의자들의 실험 ― 애정을 기울여 고안된 팔랑스테르, 산발적인 협동조합, 특이한 공산주의자 식민지 등 ― 은 너무 부적절해 더 넓은 범위에서의 실행을 진지하게 고려할 수 없었다. 그들은 몇 명 안 되는 노동자를 포함했고, 정책 결정에 집단의 참여를 자주 제한했다. 더욱이 그러한 공동체를 건설하기 위해 노력한 많은 혁명가들(특히 비영어권 혁명가들)은 그들의 시대에 일어나고 있는 생산의 근본적인 변화를 이해하지 못했다. 많은 초기 사회주의자들은 자본주의의 발전과 노동자계급의 사회적 진보 가능성 사이의 연관성을 보지 못했다. 그러한 발전은 새로운 생산양식에서 창출한 부를 전유하는 노동자들의 능력에 달려 있었다.[34]

---

32   R. Owen, *The Book of the New Moral World*(New York: G. Vale, 1845), p.185.

33   É. Cabet, *Colonie icarienne aux États-Unis d'Amérique: sa constitution, ses lois, sa situation matérielle et morale après le premier semestre 1855*(New York: Burt Franklin, 1971), p.43.

2.3 마르크스는 어디에서 왜 공산주의에 대해 썼는가

마르크스는 이전의 사회주의자들의 과제와는 완전히 다른 과제를 설정했다. 그의 절대적 우선순위는 "근대 사회의 경제적 운동 법칙을 발견하는 것"[35]이었다. 그의 목표는 자본주의적 생산양식에 대한 종합적인 비판을 전개하는 것인데, 이는 기존의 사회 경제 시스템을 전복시키려는 주된 혁명 주체인 프롤레타리아트에게 봉사할 것이다.

게다가, 새로운 종교를 고취하고 싶지 않았기 때문에, 마르크스는 이론적으로 무의미하고 정치적으로 비생산적이라고 생각했던 이념, 즉 공산주의 사회의 보편적 모델을 홍보하는 것을 삼갔다. 이러한 이유로 그는 『자본』 1권(1867)의 "2판 후기"(1873)에서 "미래의 식당을 위한 요리법을 작성하는 것"[36]에 관심이 없음을 분명히 했다. 그는 또한 "바그너의 『경제학 교과서』"에 대한 방주(Notes on Wagner's *Treatise on Political Economy*)"(1879~1880)에서 이 유명한 주장이 의미하는 바를 간략히 설명했는데, 여기에서 그는 독일 경제학자 아돌프 바그너(Adolph Wagner, 1835~1917)의 비판에 대해 답변하면서, 자

34　로스돌스키(R. Rosdolsky)는 『마르크스의 자본론의 형성(The Making of Marx's 'Capital')』(London: Pluto Press, 1977)에서 낭만적 사회주의자들은 마르크스와는 달리 "근대 역사의 과정", 즉 부르주아 사회질서의 필연성과 역사적 진보성을 파악하는 데 완전히 무능했으며, 대신 부르주아 사회질서를 비판하고 그것을 도덕적으로 거부하는 데 그쳤다고 지적했다(p.422).

35　K. Marx, *Capital*, volume I(London: Penguin, 1976), p.92.

36　같은 책, p.99. 마르크스는 자신의 저작에 대한 콩트주의 사회학자 외젠 드 로베르티(Eugène de Roberty, 1843~1915)의 논평에 대해 답을 하면서 이 말을 했다. 드 로베르티는 『실증주의 철학(La Philosophie Positive)』에서 마르크스가 "건전한 생산과 부의 공정한 분배를 위한 필수 조건"을 제시하지 않았다고 비판했다. K. Marx, *Das Kapital. Kritik der politischen Ökonomie. Erster Band, Hamburg 1872*, MEGA², vol.II/6, pp.1622~1623 참조. 드 로베르티의 리뷰에 대한 부분 번역은 다음에 포함되어 있다. S. Moore, *Marx on the Choice between Socialism and Communism*(Cambridge, MA: Harvard University Press, 1980), pp.84~87. 단, 스탠리 무어(S. Moore)는 『자본』의 목적이 "미래를 예측하기 위한 기초를 현재에서 찾는 것"(p.86)이라고 잘못 주장했다.

신은 "'사회주의 체제'를 구축한 적이 없다"[37]라고 단정적으로 말했다.

마르크스는 그의 정치 저술에서도 비슷한 선언을 했다. 『프랑스 내전(The Civil War in France)』(1871)에서 그는 하위 계급이 처음으로 권력을 장악한 파리 코뮌에 대해 이렇게 썼다. "노동자계급은 코뮌의 기적을 기대하지 않았다. 그들에게는 인민의 포고로 도입될 미리 제작된 유토피아가 없다." 오히려 프롤레타리아트의 해방은 "환경과 인간을 변화시키는 일련의 역사적 과정을 통한 오랜 투쟁을 거쳐야 했다". 요점은 "이상을 실현하는 것"이 아니라 "낡고 붕괴하는 부르주아사회의 태내에서 이미 발전하고 있는 새로운 사회 요소를 자유롭게 하는 것"[38]이었다.

마지막으로, 마르크스는 유럽 노동자 운동의 지도자들과의 서신에서 거의 같은 말을 했다. 예를 들어 1881년 네덜란드 사민당의 대표였던 페르디난트 도멜라 니우하우스(Ferdinand Domela Nieuwenhuis, 1846~1919)가 혁명 정부가 집권한 후 사회주의국가를 수립하기 위해 취해야 할 조치가 무엇인지 물었다. 마르크스는 그러한 질문을 항상 "잘못된" 것으로 간주해 왔다고 대답하면서, 대신 "어떤 특정한 순간에 무엇을 해야 하는지는 …… 전적으로 어떤 조치가 취해져야 하는 실제 역사적인 상황에 달려 있다"라고 주장했다. 그는 "해답의 요소를 포함하지 않은 방정식을 푸는 것"은 불가능하다고 주장했다. 즉 "미래 혁명의 행동강령에 대한 교조적이고 필연적으로 환상적인 기대는 현재의 투쟁에서 주의를 분산시킬 뿐이다".[39]

---

37 K. Marx, 'Marx's Notes(1879~1880) on Wagner', in T. Carver(ed.), *Texts on Method* (Oxford: Basil Blackwell, 1975), pp.182~183.

38 K. Marx, *The Civil War in France*, MECW, vol.22, p.335.

39 K. Marx to F. Domela Nieuwenhuis, 22 February 1881, MECW, vol.46, p.66. 엥겔스와의 수많은 서신은 이와 관련해 그의 일관성을 보여주는 가장 잘 보여주는 증거이다. 마르크스와 엥겔스는 40년 동안 협력하는 과정에서 두 친구는 상상할 수 있는 모든 주제에 대해 의견을 교환했지만, 마르크스의 경우 미래 사회가 어떻게 조직되어야 하는지에 대한 논의에는 시간을 거의 쓰지 않았다.

그럼에도 불구하고, 많은 주석가들이 잘못 주장하는 것과 달리, 마르크스는 출판된 형태 혹은 출판되지 않은 형태로 공산주의사회에 관한 많은 논의를 발전시켰는데, 이것은 세 종류의 텍스트에 나타나 있다. 첫째, 마르크스가 이론적으로 잘못된 것으로 간주하고 동시대의 사회주의자를 오도할 가능성이 있다고 생각한 이념에 대해 그가 비판한 것이다. 『1844년 경제학 철학 수고(Economic and Philosophic Manuscripts of 1844)』와 『독일 이데올로기』의 일부, 『공산당 선언』의 "사회주의 및 공산주의 문헌"에 관한 장, 『요강』의 피에르 조제프 프루동 비판, 『정치경제학 비판을 위하여』원초고(Urtext), 『정치경제학 비판을 위하여(Contribution to the Critique of Political Economy)』, 무정부주의에 반대하는 1870년대 초반의 텍스트, 『고타강령 비판(Critique of the Gotha Programme)』(1875)에서 페르디난트 라살(Ferdinand Lassalle, 1825~1864)에 대한 비판 등이 이 범주에 속한다. 여기에 프루동, 라살, 마르크스의 방대한 서신 전체에 흩어져 있는 국제노동자연합(International Working Men's Association, IWMA)의 무정부주의적 요소에 대한 비판적 발언이 추가되어야 한다.

두 번째 종류의 텍스트는 노동자계급 단체를 위해 쓰인 호전적인 글과 정치적 선전이다. 여기서 마르크스는 그들이 투쟁하고 있는 사회와 그것을 구성하는 데 필요한 도구에 대한 보다 구체적인 지표를 제공하려고 노력했다. 여기에는 『공산당 선언』, 『가치, 가격 및 이윤』, 『프랑스 내전』을 포함해 IWMA의 결의문, 보고서, 연설, 다양한 언론 기사, 공개 강연, 연설, 투사들에게 보내는 편지, 『프랑스 노동자당 강령(Programme of the French Workers' Party)』과 같은 기타 짧은 문서 등이 해당된다.

세 번째 종류이자 마지막 텍스트는 자본주의를 중심으로 하고 있는데, 공산주의사회의 특징에 관한 마르크스의 가장 길고 상세한 논의가 포함된다. 『자본』의 중요한 장들과 수많은 예비 원고, 특히 매우 가치 있는 『요강』 등에는 사회주의에 대한 그의 가장 핵심적인 이념이 포함되어 있다. 공산주의

사회에 대한 성찰을 촉발한 것은 바로 기존 생산양식에 대한 그의 비판적 관찰이었고, 어떤 경우 그의 글에서 연속적인 페이지가 이 두 주제 사이를 번갈아 오가는 것은 우연이 아니다.[40]

마르크스의 공산주의 논의를 면밀히 연구하면, 우리는 그의 개념과 20세기 체제의 개념을 구별할 수 있는데, 이 체제는 마르크스의 이름으로 행동한다고 주장하면서 일련의 범죄와 잔학 행위를 자행했다. 이제 마르크스의 정치 프로젝트를 그에 상응하는 지평 속에 재배치할 수 있다. 이는 생시몽이 "가장 가난하고 가장 수가 많은 계급"[41]이라고 부른 이들의 해방을 위한 투쟁이다.

공산주의에 대한 마르크스의 언급은 교조적으로 옹호해야 할 모델로 간주되어서는 안 되며,[42] 다양한 시대와 장소에 무차별적으로 적용할 수 있는 해법

---

40 로스돌스키는 『마르크스의 자본론의 형성』에서, 마르크스가 "완성된 사회주의 체제의 건설"이라는 사상을 거부한 것은 사실이지만, 이것이 마르크스와 엥겔스가 "사회주의 경제 및 사회질서에 대한 개념을 발전시키지 않았거나(종종 기회주의자들이 주장하는 견해), 혹은 그들은 단순히 (그들의) 후손에게 모든 문제를 남겼다는 의미는 아니며, …… 그것과는 반대로, 그러한 개념은 마르크스의 이론 체계에서 한 부분을 차지하고 있으며, …… 따라서 우리는 『자본』과 그것을 위해 준비한 원고 등에서 사회주의사회의 문제와 관련된 끊임없는 논의와 발언 등을 접하게 된다"(pp.413~414)라고 주장했다.

41 C.H. Saint-Simon and B.-P. Enfantin, 'Religion Saint-Simonienne: Procès', in: C. de Saint Simon and B.-P. Enfantin, *Oeuvres de Saint-Simon & D'Enfantin*, vol.XLVII(Paris: Leroux, 1878), p.378. 두 프랑스 초기 사회주의자는 그들 저작의 다른 부분에서 "가장 가난하고 가장 힘들게 일하는 계급"이라는 표현을 사용한다. 예를 들어 다음을 참조하라. 'Notre politique est religieuse', *Oeuvres de Saint-Simon & D'Enfantin*, vol.XLV, p.28.

42 이 부분에 대한 예로 다음을 들 수 있다. K. Marx, F. Engels, and V. Lenin, *On Communist Society*(Moscow: Progress, 1974). 이 선집은 세 저자의 텍스트가 마치 공산주의 성삼위일체의 동질적인 저작을 구성하는 것처럼 제시한다. 이러한 유형의 다른 많은 컬렉션에서처럼, 여기에서 마르크스의 존재는 아주 미미하다. 즉 비록 그의 이름이 표지에 등장하더라도, "과학적 사회주의"라는 신념의 최고의 보증인으로서, 그의 저술에서 나온 실제 발췌문(157쪽 중 19쪽)은 엥겔스와 레닌(Vladimir Lenin, 1870~1924)에 비해 상당히 짧다. 공산주의 사회 이론가로서 마르크스에 관한 모든 것은 『공산당 선언』, 『고타강령 비판』과 『신성 가족(The Holy Family)』에서 겨우 반쪽 정도, 1852년 3월 5일

으로 여겨져서도 안 된다. 그러나 마르크스의 공산주의에 관한 스케치는 귀중한 이론적 보물이며, 오늘날에도 자본주의 비판을 위해 여전히 유용하다.

2.4 초기 정식화의 한계

일부 마르크스-레닌주의 선전물의 주장과는 달리, 마르크스의 이론은 타고난 지혜의 산물이 아니라, 오랜 개념적·정치적 정교화 과정의 결과였다. 경제학 및 기타 여러 분야에 대한 집중 연구와 실제 역사적 사건, 특히 파리코뮌에 대한 관찰은 공산주의사회에 대한 그의 사상을 발전시키는 데 매우 중요했다.

마르크스가 완성하거나 출판한 적이 없는 초기 저작 중 일부는 종종 놀랍게도 그의 가장 중요한 사상의 합성물로 간주되지만,[43] 사실 그것들은 포스

조지프 바이데마이어(Joseph Weydemeyer, 1818~1866)에게 보낸 편지에서 프롤레타리아 독재에 관한 몇 줄 등에 국한된다. 핀란드의 공산주의자 쿠시넨이 편집한 장황한 선집도 마찬가지이다. O.W. Kuusinen, *Fundamentals of Marxism-Leninism: Manual*, second rev.(Moscow: Foreign Languages Publishing House, 1963). 이 책 제 5부 "사회주의와 공산주의"에서, 마르크스는 단지 11번 인용된 반면, 흐루쇼프(Nikita Khrushchev, 1894~1971)와 소련 공산당의 문서는 12번, 레닌은 50번 인용되었다.

43 다음을 참조하라. R. Aron, *Marxismes imaginaires. D'une sainte famille à l'autre*(Paris: Gallimard, 1970). 그는 "파리의 사이비 마르크스주의자들"(p.210)을 비웃었는데, 그들은 "『자본』을 초기 저작 특히 『1844년 경제학 철학 수고』보다 하위에 두었으며, 후자의 모호함, 불완전성과 모순이 독자를 매료시켰다"(p.177)라고 했다. 그의 견해에 따르면, 이들은 "마르크스가 공산주의의 도래를 과학적으로 엄격하게 뒷받침할 야망과 희망이 없었다면, 『자본』 집필을 위해 30년 동안이나 (완성하지도 못하고) 노력할 필요가 없었을 것이며, 몇 페이지나 몇 줄만으로 충분했을 것"(p.210)이라는 점을 이해하지 못했다. 또한 다음을 참조하라. M. Musto, 'The Myth of the "Young Marx" in the Interpretations of the *Economic and Philosophic Manuscripts of 1844*', *Critique*, 43(2) (2015), pp.233~260. 『1844년 경제학 철학 수고』의 단편적 특성과 그 안에 포함된 내용의 불완전성에 대한 설명은 다음을 참조하라. M. Musto, *Another Marx: Early Manuscripts to the International*(London: Bloomsbury, 2018), pp.42~45.

트 자본주의사회에 대한 그의 초기 개념의 모든 한계를 보여준다.

『1844년 경제학 철학 수고』에서 마르크스는 이러한 문제에 대해 매우 추상적인 용어로 썼는데, 이는 그가 아직 경제학 연구로 확장할 수 없었고 당시에는 정치적 경험도 거의 없었기 때문이다. 어느 시점에서 그는 "공산주의"를 "부정의 부정", "헤겔 변증법의 계기", "무효화된 사적 소유의 긍정적 표현"[44] 등으로 묘사했다. 그러나 다른 곳에서는 루트비히 포이어바흐(Ludwig Feuerbach, 1804~1872)에 영감을 받아 다음과 같이 썼다.

> 공산주의는 완전히 발달된 자연주의로서 인간주의와 같으며, 완전히 발달된 인간주의로서 자연주의와 같다. 즉 그것은 인간과 자연, 인간과 인간 사이의 갈등의 참된 해결이며 ― 존재와 본질, 대상화와 자기 확인, 자유와 필연성, 개체와 류(類) 사이의 갈등의 진정한 해결이다.[45]

『1844년 경제학 철학 수고』의 다양한 구절은 게오르크 빌헬름 프리드리히 헤겔(Georg Wilhelm Friedrich Hegel, 1770~1831)의 역사 철학의 신학적 기반에 의해 영향을 받았다. 예를 들어 "역사의 운동 전체가 공산주의를 현실적으로 생성하는 행위였다", 혹은 공산주의는 "역사의 수수께끼가 풀린 것이며", "자신이 그 해결임을 알고 있다"는 등의 주장이 그것이다.[46]

마찬가지로 마르크스가 엥겔스와 함께 집필하고 다른 저자들의 텍스트를 포함시키려 했던[47] 『독일 이데올로기』에는 마르크스 저작의 주석가들

---

44   K. Marx, *Economic and Philosophic Manuscripts of 1844*, MECW, vol.3, p.294. 대니얼 벤사이드(D. Bensaid)는 초기 단계에서 "마르크스의 공산주의는 철학적임"을 확인했다 (p.42). D. Bensaid, 'Politiques de Marx', in: K. Marx and F. Engels(eds.), *Inventer l'inconnu, textes et correspondances autour de la Commune*(Paris: La Fabrique, 2008)

45   Marx, Economic and Philosophic Manuscripts of 1844, p.296.

46   같은 책, p.297.

47   이 원고의 복잡한 성격과 그것의 구성 및 실제 저자가 누구인지에 관한 자세한 내용은 다

사이에 큰 혼란을 일으킨 유명한 인용문이 포함되어 있다. 미완성된 한 페이지에는, 분업이 있는 자본주의사회에서 모든 인간은 "특정하고 배타적인 활동 영역을 가진다"라고 쓰여 있다. 반면 공산주의사회에서는,

> 사회가 전반적인 생산을 조절하며, 그 결과 나는 오늘은 이것을 내일은 저것을, 아침에는 사냥을 하고, 오후에는 고기를 잡고, 저녁에는 목축을 하고, **저녁 식사 후에는 비평을 하는 것**이 가능하다. 내가 사냥꾼, 어부, 양치기 또는 **비평가**가 되지 않고, 단지 마음만 먹어도 말이다.[48]

마르크스주의자이든 반마르크스주의자이든 많은 작가들은 이것이 마르크스가 생각하는 공산주의사회의 주요 특징이라고 굳게 믿고 있는데, 이는 그들이 『자본』 및 다양한 중요한 정치 텍스트에 대해 다소 생소하기 때문에 가질 수 있는 견해이다. 1845~1846년의 원고에 대한 분석과 토론이 많았음에도 불구하고, 그들은 이 구절이 푸리에의 오래되고 잘 알려진 생각[49]을 재구성한 것이며, 엥겔스가 채택했지만 마르크스가 거부했다는 것도 알지 못했다.[50]

음을 참조하라. K. Marx and F. Engels, *Manuskripte und Drucke zur Deutschen Ideologie (1845~1847)*, MEGA², vol.I/5. 이것은 17여 개의 원고가 저자들이 버려둔 상태 그대로 단편적 형태로 인쇄한 것이어서, 완성된 모양의 책으로 보이지 않는다. 학수고대하던 판본인 MEGA², vol.I/5가 출판되기 전에, 이를 원문에 최대한 충실한다는 관점에서 비판적으로 검토한 것으로는 다음을 참조하라. T. Carver and D. Blank, *A Political History of the Editions of Marx and Engels's 'German Ideology Manuscripts'* (New York: Palgrave Macmillan, 2014), p.142.

48   Marx and Engels, *The German Ideology*, p.47. 마르크스가 추가한 단어는 볼드체로 표시했다.

49   다음을 참조하라. Fourier, *Le nouveau monde industriel et sociétaire*.

50   마르크스에게 귀속된 유일한 단어들 ─ "저녁 식사 후 비평", "비판적 비평가" 혹은 "비평" ─ 은 실제로 엥겔스의 낭만적이고 유토피아적 견해에 대한 마르크스의 이견을 드러낸다. 이러한 중요한 세부 사항을 재발견하고 이를 이해하기 쉽게 제시한 것은 와타

이러한 명백한 한계에도 불구하고『독일 이데올로기』는『1844년 경제학 철학 수고』를 넘는 의심할 여지없는 진전이었다.『1844년 경제학 철학 수고』가 헤겔 좌파의 — 1842년까지 그가 소속되어 있었다 — 이상주의의 영향을 받았고 구체적인 정치적 논의가 부족했던 반면,『독일 이데올로기』는 이제 "현실적 해방을 달성하는 것은 현실 세계에서만, 그리고 현실적 수단에 의해서만 가능하다"라고 주장했다. 그러므로 공산주의는 "정립해야 할 상태, 현실이 스스로 조정해서 맞추어야 할 이상으로 간주해서는 안 되며, (반면) 현 상태를 폐지하는 실제 운동으로 간주해야 한다."[51]

마르크스는『독일 이데올로기』에서 미래 사회의 경제에 대해 첫 번째 밑그림을 그렸다. 이전의 혁명은 "다른 사람에게 새롭게 노동을 분배하는 것"을 초래할 뿐이었다.[52]

루 히로마츠(広松渉, Wataru Hiromatsu, 1933~1994)의 엄격한 문헌학적 연구 덕분이다. 그는『독일 이데올로기』주해서를 독일어와 일본어 두 권으로 편집 출판했다. W. Hiromatsu(ed.), *Die deutsche Ideologie*(Tokyo: Kawade Shobo-Shinsha, 1974). 20여 년 후 카버(T. Carver)는 이 연구는 "어떤 단어가 엥겔스의 손으로 쓰였는지, 어떤 단어가 마르크스의 손으로 쓰였는지, 삽입된 것들 중 어떤 것이 마르크스 혹은 엥겔스에 의해 이루어진 것인지, 어떤 부분들이 삭제되었는지" 등을 알 수 있게 한다고 썼다. *The Postmodern Marx*(Pennsylvania: Pennsylvania State University Press, 1998) p.104. 더 최근 것으로는 다음을 참조하라. Carver and Blank, *A Political History of the Editions of Marx and Engels's 'German Ideology Manuscripts'*, pp.139~140. 마르크스는『독일 이데올로기』집필 몇 달 전에 출판한 책인『신성 가족(The Holy Family, or Critique of Critical Criticism: Against Bruno Bauer and Company)』에서 자신이 조롱하고 날카롭게 투쟁했던 다른 젊은 헤겔주의자들의 입장을 냉소적으로 언급했다. 카버(Carver)의『포스트모던 마르크스(The Postmodern Marx)』에 따르면『독일 이데올로기』에서 공산주의사회에 관한 유명한 구절은 이제 두 저자가 공동으로 합의한 하나의 연속적인 사상으로 읽을 수 없다'. 마르크스는 자신이 추가한 몇 마디에서, "유토피아 사회주의자들의 환상을 무너뜨리려는 진지한 작업에서 잠시나마 빗나간 엥겔스를 날카롭게 꾸짖었다'(같은 책, p.106). 그럼에도 불구하고, 마르크스가 초고의 여백에 삽입한 것들은 20세기 초 편집자들에 의해 엥겔스의 최초의 텍스트에 매끄럽게 합쳐져, 공산주의사회에서 인간 생활상에 대한 "마르크스에 따른" 설명의 정전(正典)이 되었다.

51 Marx and Engels, *The German Ideology*, pp.38, 49.
52 같은 책, p.52.

공산주의는 이전의 모든 운동과 다르다. 그것은 이전의 모든 생산 및 교류 관계의 토대를 전복하고, 모든 자연발생적인 전제가 이제까지의 인간이 창조한 것이라는 사실을 처음으로 의식하며, 그 전제에서 자연발생성을 벗겨내고 이를 단결된 개인의 힘에 복종시킨다. 따라서 공산주의를 수립한다는 것은 본질적으로 경제적이다. 그것은 단결의 조건을 물질적 차원에서 형성하는 것이다.[53]

마르크스는 또한 "경험적으로 공산주의는 지배적 민족들의 '일거의' 동시적 행동으로만 가능하다"라고 말했다. 그의 관점에서 이것은 "생산력의 보편적 발전"과 "그것과 밀접히 관련된 세계 교류" 모두를 전제하고 있다.[54] 게다가, 마르크스는 처음으로 그가 미래에 다시 제기하게 될 근본적인 정치적 주제 ― 계급 폭정의 종식으로서 공산주의의 도래 ― 에 직면했다. 혁명은 "계급 자체와 함께 모든 계급의 지배를 폐지할 것이다. 왜냐하면 그것은 사회에서 더 이상 계급으로 간주되지 않는 계급이 수행하기 때문이며, 그 계급은 계급으로 인식되지 않으며, 그 자체로 모든 계급과 민족성의 해체를 표현하기 때문이다".[55]

마르크스는 엥겔스와 함께 『공산당 선언』에서 포스트 자본주의사회에 대한 생각을 계속 발전시켰다. 이 텍스트 ― 이는 자본주의가 가져온 변화에 대한 심오한 분석으로서 당시 조야하고 단편적인 사회주의 문헌 위에 우뚝 솟아 있다 ― 에서 공산주의에 대한 가장 흥미로운 지적은 소유관계에 관한 것이다. 마르크스는 소유관계의 급진적인 변혁이 "결코 공산주의의 독특한 특징은 아니다"라고 생각했는데, 역사상 다른 새로운 생산양식도 변혁을 초래했기 때문이다. 공산주의자들이 노동의 열매를 개인적으로 전유하는 것을 막을 것이라

---

53 같은 책, p.81.
54 같은 책, p.49.
55 같은 책, p.52.

는 모든 선전 주장과 달리, 마르크스에게 "공산주의의 두드러진 특징"은, "소유 일반의 폐지가 아니라 부르주아적 소유의 폐지"[56], "사회의 생산물을 전유하는 힘 …… 타인의 노동을 예속시키는 힘"[57]의 폐지였다. 그의 눈에 "공산주의자들의 이론"은 "사적 소유의 폐지"[58]라는 한 문장으로 요약할 수 있었다.

『공산당 선언』에서 마르크스는 또한 권력 장악 이후 가장 선진적인 경제에서 달성해야 할 10가지의 과도기 강령 목록을 제안했다. 여기에는 "토지 소유의 폐지 및 모든 지대의 공공적 목적을 위한 지출"[59], "국립 은행을 통해 …… 국가 수중에 신용 대출금 집중, 국가 수중에 통신 및 운송 수단의 집중 …… 공립학교에서 모든 어린이를 위한 무료교육"뿐만 아니라, 마르크스가 나중에 단호하게 거부한 생시몽적 조치인 "모든 상속권의 폐지"[60] 등이 있다.

1844년에서 1846년 사이에 쓰인 원고의 경우처럼, 마르크스가 겨우 30세 때 초안을 작성한 『공산당 선언』에 나열된 조치를 포스트 자본주의사회에 대한 그의 완성된 비전으로 간주하는 것은 잘못이다.[61] 그의 생각은 더 많은 연구와 정치적 경험을 통해 완전히 성숙해 갔다.

---

56   Marx and Engels, *Manifesto of the Communist Party*, p.498.

57   같은 책, p.500.

58   같은 책, p.498.

59   같은 책, p.505. 사무엘 무어(Samuel Moore, 1838~1911)가 1888년 엥겔스와 협력해 제작한 영어 번역본은, 독일어 "Staatsausgaben(국가지출, state expenditure)"를 덜 국가주의적이고 보다 일반적인 표현인 "공공적인 목적을 위한 지출"로 표현한다.

60   IWMA에서 이 조항은 바쿠닌(M. Bakunin, 1814~1876)이 지지했고 마르크스는 반대했다. 다음을 참조하라. 'Part 6: On Inheritance', in: M. Musto(ed.), *Workers Unite! The International 150 Years Later*(New York: Bloomsbury, 2014), pp.159~168.

61   1872년 독일어판 서문이 독자들에게 상기시켰듯이, 그들의 "실천적 적용"은 "언제 어디서나 현존하는 역사적 조건에 의존할 것이며 그러한 이유로 제2절의 마지막에 제안된 혁명적 조치에 특별한 강조를 두지 않는다". 1870년대 초 『공산당 선언』은 "역사적 문서"가 되었고, 저자들은 이를 더 이상 바꿀 권리가 없다고 느꼈다. Marx and Engels, *Manifesto of the Communist Party*, p.175.

2.5 자유로운 어소시에이션으로서의 공산주의

『자본』1권에서 마르크스는 자본주의가 "역사적으로 결정된"[62] 사회적 생산양식이며, 여기에서는 노동생산물이 상품으로 전환되며, 그 결과 개인은 생산자로서만 가치를 가지며, 인간의 존재는 "상품생산"[63] 행위에 예속된다고 주장했다. "가치 증식"은 "인간에 의해 통제되는 것이 아니라 오히려 인간을 지배했다".[64] 자본은 "노동자의 수명에 대해 아무런 관심도 두지 않으며", 프롤레타리아트의 생활 조건의 개선을 중요하게 생각하지 않는다. 자본은 "탐욕스러운 농부가 과도한 경작으로 토양을 고갈시키며 더 많은 농산물을 수확하는 것과 같은 방식으로 노동자의 수명을 단축함으로써 이 목적을 달성한다".[65]

『요강』에서 마르크스는 자본주의에서 "노동의 목적은 개인의 특정한 욕구를 충족하는 특정한 생산물(및 관계)이 아니라 화폐이기 때문에 …… 개인의 근면함에는 한계가 없다"는 점을 상기했다.[66] 그러한 사회에서 "개인의 전체 시간은 노동시간으로 간주되며, 결과적으로 그는 노동에 포섭된 단순한 노동자로 전락한다"[67]는 것이다. 그러나 부르주아 이데올로기는 이것을 개인이 더 큰 자유를 누리고 정의와 형평성을 보장할 수 있는 공정한 법적 규범에 의해 보호받는 것처럼 표현한다. 역설적이게도 경제가 과거보다 더 나은 환경에서 살 수 있는 수준으로 발전했음에도 불구하고, "가장 발달한

---

62 Marx, *Capital*, volume I, p.169.

63 같은 책, p.172.

64 같은 책, p.175.

65 같은 책, p.376.

66 K. Marx, 'Outlines of the Critique of Political Economy [*Grundrisse*]. First Instalment', MECW, vol.28., p.157.

67 Marx, 'Outlines of the Critique of Political Economy [*Grundrisse*]. Second Instalment', p.94.

기계는 이제 노동자를 야만인이 한 것보다 더 오랜 시간 혹은 노동자 자신이 가장 단순하고 조잡한 도구를 사용할 때보다 더 오랜 시간을 일하도록 강요한다".[68]

대조적으로, 공산주의에 대한 마르크스의 비전은 "자유로운 개인들의 어소시에이션[ein Verein freier Menschen]이었으며, 공동으로 소유하고 있는 생산수단으로 일하며, 하나의 단일한 사회적 노동력이라는 완전한 자각 속에서 많은 다른 형태의 노동력을 소비하는 것이다".[69] 유사한 정의가 많은 마르크스의 저작에서 나타난다. 『요강』에서 그는 포스트 자본주의사회가 "집단적 생산[gemeinschaftliche Produktion]"에 기반할 것이라고 썼다.[70]

「1863~1867년 경제학 초고」에서 그는 "자본주의적 생산양식에서 어소시에이트된 노동의 생산양식[Produktionsweise der assoziierten Arbeit]으로의 이행"[71]에 대해 언급했다. 그리고 『고타강령 비판』에서 그는 "생산수단의 공동소유에 기초한" 사회조직을 "협동조합 사회[genossenschaftliche Gesellschaft]"라고 정의했다.[72]

『자본』 1권에서 마르크스는 이 "고차적 형태의 사회"에서 "지배적 원리"는 "모든 개인의 완전하고 자유로운 발전"[73]이라고 설명했다. 『프랑스 내전』에서 그는 "인민에 의한 인민의 정부 경향을 표방한"[74] 코뮈나르의 조치에 찬성을 표명했다. 보다 정확하게 말하면, 파리 코뮌의 정치 개혁에 대한 평

---

68 같은 책.

69 Marx, *Capital*, volume I, p.171, translation modified.

70 Marx, 'Outlines of the Critique of Political Economy [*Grundrisse*]. First Instalment', p.96.

71 다음도 참조하라. K. Marx, *Ökonomische Manuskripte 1863~1867*, MEGA², vol.II/4.2, p.662. P. Chattopadhyay, *Marx's Associated Mode of Production*(New York: Palgrave, 2016), esp. pp.59~65 and 157~161.

72 K. Marx, *Critique of the Gotha Programme*, MECW, vol.24, p.85.

73 Marx, *Capital*, volume I, p.739.

74 Marx, *The Civil War in France*, p.339.

가에서 그는 "구래의 중앙집권적 정부는 지방에서도 생산자의 자치 정부로 대체될 것"[75]이라고 주장했다. 이 표현은 "바쿠닌의 『국가주의와 무정부성』에 대한 노트"(1874~1875)에서 반복되는데, 여기서 그는 급진적인 사회 변화가 "공동체의 자치 정부에서 시작할 것"[76]이라고 주장했다. 따라서 마르크스의 사회 이념은 20세기에 그의 이름으로 등장한 전체주의 체제의 정반대이다. 그의 글은 자본주의가 작동하는 방식뿐만 아니라 오늘날까지의 사회주의 경험의 실패를 이해하는 데 유용하다.

마르크스는 이른바 자유경쟁, 혹은 부르주아사회의 시장에서 겉보기에는 평등한 노동자와 자본가의 지위를 언급하면서, 현실은 자본주의 옹호자들이 찬양하는 인간의 자유와는 완전히 다르다고 말했다. 그는 그 시스템이 민주주의에 커다란 장애물이고, 노동자들은 생산한 것의 등가물을 받지 못한다는 것을 누구보다 더 잘 보여주었다.[77] 『요강』에서는 "등가물의 교환"을 사실상 노동자들의 "교환 없는 노동시간의 전유" ─ 교환의 관계는 "완전히 사라지거나" 혹은 "단지 가상"이 된다[78] ─ 라고 설명했다. 사람 사이의 관계는 "자기 이익에 의해서만 작동"했다. 이러한 "개인들의 충돌"은 "생산과 교환의 영역에서, 자유로운 개성의 절대적 존재 형태"로 통용되어 왔다. 그러나 마르크스에 따르면 이것은 "전혀 진실이 아닌데", 왜냐하면 "자유 경쟁에서 해방되는 것은 개인이 아니라 자본"이기 때문이다.[79] 「1863~1867년 경제학 초고」에서는 "잉여노동이 사회의 이름으로 자본가에게 착복된다"는 사실을

---

75   같은 책, p.332.

76   Marx, 'Conspectus of Bakunin's Statism and Anarchy', vol.24, p.519.

77   이 문제에 대해서는 다음을 보라. E.M. Wood, *Democracy against Capitalism*(Cambridge: Cambridge University Press, 1995), esp. pp.1~48.

78   Marx, 'Outlines of the Critique of Political Economy [*Grundrisse*]. First Instalment', p.386.

79   Marx, 'Outlines of the Critique of Political Economy [*Grundrisse*]. Second Instalment', p.38.

비난했다. 왜냐하면 잉여노동은 "사회의 자유 시간의 기초"이며, "사회의 전체적 발전과 문명 일반의 물질적 토대"[80]이기 때문이다. 그리고 『자본』 1권에서는 부르주아지의 부는 오직 "대중의 모든 생활시간을 노동시간으로 전환해야"[81] 가능하다는 것을 보여주었다.

『요강』에서 마르크스는 자본주의에서 "개인은 사회적 생산 아래 포섭되며", 이는 "그들의 운명으로 그들 외부에 존재한다"라고 보았다.[82] 이것은 사후적으로 이루어지는 생산물의 구매와 판매에서 생산물에 교환가치가 귀속되는 것을 통해서만 발생한다.[83] 게다가, 노동자에게 "소원하고 외적인" 것으로 나타나는 과학적 발견을 포함해,[84] "모든 사회적 생산력"이 자본에 의해 규정된다. 생산 장소와 생산 행위에서 노동자들의 어소시에이션 자체가 "자본에 의해 작동"되고 따라서 "형식적"일 뿐이다. 노동자가 창조한 재화의 사용은 "상호 독립적인 노동이나 노동 생산물 사이의 교환에 의해 매개되는" 것이 아니라, "개인이 자신의 활동을 수행하는 사회적 생산의 환경"[85]에 의해 매개된다. 마르크스는 공장에서 이루어지는 생산 활동은 "노동 자체가 아니라 노동의 생산물만 중요시한다"[86]라고 했는데, 공장은 "감독자의 지시, 통제, 강력한 규율, 일관성 및 생산 자체에서 자본에 대한 규정된 종속"[87]하에 있는 한정된 공통 작업 장소이기 때문이다.

---

80   K. Marx, *Economic Manuscript of 1861~1863*, MECW, vol.30, p.196.

81   Marx, *Capital*, volume I, p.667.

82   Marx, 'Outlines of the Critique of Political Economy [*Grundrisse*]. First Instalment', p.96.

83   같은 책, p.108.

84   Marx, 'Outlines of the Critique of Political Economy [*Grundrisse*]. Second Instalment', p.84.

85   Marx, 'Outlines of the Critique of Political Economy [*Grundrisse*]. First Instalment', p.109.

86   같은 책, p.505.

이와는 대조적으로 공산주의사회에서 생산은 "직접적으로 사회적인", "노동을 자체 내에서 배분하는 어소시에이션의 산물"일 것이다. 그것은 개인이 그들의 "공통 부[gemeinsames Vermögen]"[88]로 관리할 것이다. "생산의 사회적 성격[gesellschaftliche Charakter der Produktion]"은 "처음부터 제품을 공동적이며 일반적인 것으로 만들 것"이다. 그것의 어소시에이트된 성격은 "전제될" 것이며 "개인의 노동은 …… 처음부터 사회적 노동으로 간주"[89]될 것이다. 마르크스가 『고타강령 비판』에서 강조했듯이, 포스트 자본주의사회에서 "개인의 노동은 더 이상 간접적인 방식으로 존재하는 것이 아니라 직접적으로 총노동의 구성 요소로서 존재할 것이다."[90] 게다가 노동자들은 "분업에의 개인의 노예적 종속"[91]이 궁극적으로 사라지는 조건을 만들 수 있을 것이다.

『자본』1권에서 마르크스는 부르주아사회에서 "노동자가 생산과정을 위해 존재하는 것이지, 생산과정이 노동자를 위해 존재하는 것은 아니다"[92]라고 강조했다. 더욱이 노동자에 대한 착취와 병행해서 환경에 대한 착취가 전개되었다. 마르크스의 공산주의사회 개념을 단순히 생산력의 발전으로 환원하는 해석과는 반대로, 마르크스 자신은 우리가 오늘날 생태학적 문제라고 부르는 것에 큰 관심을 보였다.[93] 그는 "자본주의 농업의 모든 진보는

---

87   같은 책, pp.506~507.

88   같은 책, pp.95~96.

89   같은 책, p.108.

90   Marx, *Critique of the Gotha Programme*, p.85.

91   같은 책, p.87.

92   Marx, *Capital*, volume I, p.621.

93   지난 20년 동안 마르크스 사상의 이러한 측면에 대한 새로운 문헌들이 많이 출판되었다. 가장 최근의 공헌 중의 하나로는 다음을 보라. K. Saito, *Karl Marx's Ecosocialism: Capital, Nature, and the Unfinished Critique of Political Economy* (New York: Monthly Review Press, 2017), esp. pp.217~255.

노동자뿐만 아니라 토지를 약탈하는 방식의 진보"라고 거듭 비난했다. 이는 "모든 부의 원천인 토지와 노동자"[94]를 위협한다.

공산주의에서는 노동자가 "그의 개별성의 족쇄를 벗어던지고 인류의 능력을 발전시키는" "계획된 협동"[95]의 형태를 위한 조건이 만들어질 것이다. 『자본』 2권에서, 마르크스는 그러면 사회는 "얼마나 많은 노동, 생산수단, 생활수단 등을 차질 없이 지출할 수 있는지 미리 계산"할 수 있는 위치에 있게 될 것인데, 이는 "모든 종류의 사회적 합리성이 오직 사후적으로만 관철되고", "심각한 혼란이 끊임없이 발생할 수 있고 또한 발생해야 하는"[96] 자본주의의 경우와 다르다. 『자본』 3권의 일부 구절에서도 마르크스는 사회주의적 생산양식과 시장 기반의 생산양식의 차이를 명확히 설명하고, "의식적 어소시에이션으로 조직된"[97] 사회의 탄생을 예견했다. "생산이 사회의 실제적이고 사전적으로 결정된 통제하에 있을 경우에만, 어소시에이션은 일정한 물품을 생산하는 데 적용되는 사회적 노동시간의 양과 이러한 물품이 충족할 수 있는 사회적 욕구의 양의 관계를 정립한다."[98]

마지막으로, 마르크스는 "아돌프 바그너의 『경제학 교과서』에 대한 방주"에서, 공산주의사회에서는 "생산 범위(생산량)"가 "합리적으로 조절되어야 한다"[99]라고 분명히 밝혔다. 이것은 "경쟁의 무정부적 시스템" — 반복되는 구조적 위기를 통해 "극히 터무니없는 노동력의 낭비와 사회적 생산수단의 낭비"[100]를

---

94 Marx, *Capital*, volume I, p.638.

95 같은 책, p.447.

96 K. Marx, *Capital*, volume II(London: Penguin, 1978), p.390.

97 K. Marx, *Capital*, volume III(London: Penguin, 1981), p.799.

98 같은 책, p.186. 다음도 보라. B. Ollman(ed.), *Market Socialism: The Debate among Socialists*(London: Routledge, 1998).

99 Marx, 'Marx's Notes on Wagner', p.188.

100 Marx, *Capital*, volume I, p.667.

수반할 뿐만 아니라, 본질적으로 "기계의 자본주의적 사용"[101]에서 비롯된 모순을 해결하지 못하는 것 ─ 에 기인한 낭비를 제거할 수 있을 것이다.

2.6 공동 소유 및 자유 시간

마르크스의 동시대 사회주의자들의 견해와는 달리, 소비재의 재분배는 이러한 상황을 역전시키기에 충분하지 않았다. 사회의 생산적 자산에 대한 근본적인 변화가 필요했다. 따라서 마르크스는 『요강』에서 "임금노동은 그대로 두면서 동시에 자본을 폐지하려는 것은 자기모순적이고 자기부정적인 요구"[102]라고 강조했다. 필요한 것은 "교환가치에 기반한 사회형태와 생산양식의 해체"[103]이다. 『가치, 가격 및 이윤』이라는 제목으로 출판된 연설에서 그는 노동자들에게 "'공정한 하루 노동에 대한 공정한 하루 임금!'이라는 보수적인 표어가 아니라 혁명적인 표어인 '임금 제도 폐지!'를 깃발에 새길 것"[104]을 촉구했다.

더욱이 『고타강령 비판』은 자본주의적 생산양식에서 "생산의 물질적 조건은 자본과 토지 소유의 형태로 비노동자들의 손에 있는 반면, 대중은 오직 생산의 인간적 조건, 즉 노동력의 소유자"[105]일 뿐임을 지적했다. 따라서 부

---

101 같은 책, p.562.

102 Marx, 'Outlines of the Critique of Political Economy [*Grundrisse*]. First Instalment', p.235.

103 같은 책, p.195. 폴 매틱에 따르면, "마르크스에게 가치법칙은 시장 자본주의를 '규제'하지만 다른 형태의 사회적 생산은 아니다". P. Mattick, *Marx and Keynes*(Boston: Extending Horizons Books, 1969) p.363. 나아가 그는 "사회주의는 무엇보다도 가치 생산의 종말이며 자본주의적 생산관계의 종말이기도 하다"라고 주장했다(p.362).

104 Marx, *Value, Price and Profit*, p.149.

105 Marx, *Critique of the Gotha Programme*, p.88.

르주아 생산양식의 기초에서 소유관계를 전복시키는 것이 필수적이다. 『요강』에서 마르크스는 "사적 소유의 법칙(자유, 평등, 소유 — 자기 노동에 대한 소유와 그것을 자유롭게 처분할 수 있는 능력)이 노동자의 무소유와 노동의 소외, 즉 소원한 소유로서의 그것에 대한 그의 관계와 그 역 등으로 반전된다"[106]라고 생각했다. 1869년 IWMA 총평의회 보고서에서 그는 "생산수단의 사적 소유"가 부르주아 계급에게 "노동하지 않고 다른 사람들의 노동에 기초해 살 수 있는 힘"[107]을 주었다고 주장했다. 그는 또 다른 짧은 정치적 문건인 "프랑스 노동자당 강령 전문"에서 이 점을 반복하면서, "생산자들은 그들이 생산수단을 소유하지 않는 한 자유로울 수 없으며" 프롤레타리아트 투쟁의 목표는 "모든 생산수단을 집단적 소유로 되돌리는 것"[108]이어야 한다는 점을 덧붙였다.

『자본』 3권에서 마르크스는 노동자들이 공산주의 생산양식을 확립했을 때 "개인에 의한 지구의 사적 소유는 다른 사람에 의한 한 인간의 사적 소유만큼이나 터무니없이 보일 것"이라고 했다. 그는 자본주의에 내재된 파괴적 소유에 대해 급진적으로 비판하면서, "사회 전체, 국가, 심지어 현존하는 모든 사회를 합친 것조차도 지구의 소유자가 아니다"라고 주장했다. 마르크스에게 인간은 "지구의 점유자이고 사용자일 뿐이며, 그들은 마치 좋은 가장(boni patres familias)처럼 그것(지구)을 개선된 상태로 후대에 물려주어야 한다"라고 했다.[109]

생산수단에 대한 다른 종류의 소유는 사회의 삶을 근본적으로 바꿀 것이

---

106 Marx, 'Outlines of the Critique of Political Economy [*Grundrisse*]. Second Instalment', p.88.

107 K. Marx, 'Report of the General Council on the Right of Inheritance', MECW, vol.21, p.65.

108 K. Marx, 'Preamble to the Programme of the French Workers' Party', MECW, vol.24, p.340.

109 Marx, *Capital*, volume III, p.911.

다. 『자본』 1권에서 마르크스는 자본주의에서 "노동생산성의 발전에 의한 노동의 절약이 결코 노동일의 단축을 목적으로 하지 않는"[110] 이유를 명확하게 밝혔다. 과학과 기술의 진보로 개인이 이용할 수 있는 시간은 실제로는 즉시 잉여가치로 전환된다. 지배계급의 유일한 목표는 "특정 수량의 상품을 생산하는 데 필요한 노동시간의 단축"이다. 생산력을 발전시키는 유일한 목적은 "노동자가 자신을 위해 일해야 하는 노동일의 부분을 단축하고 …… 다른 부분 …… 즉 자본가를 위해 공짜로 일하는 부분을 연장하는 것이다."[111] 이 제도는 봉건영주에 의한 부역(corvée)이나 노예제와는 다른데, "잉여노동과 필요노동이 혼재되어"[112] 착취의 현실을 인식하기 어렵게 만들기 때문이다.

『요강』에서 마르크스는 "소수의 자유 시간"이 오직 다수의 잉여노동시간 때문에 가능하다는 것을 보여주었다.[113] 부르주아지는 자신의 물질적, 문화적 능력의 증대를 오로지 프롤레타리아트의 물질적, 문화적 능력의 제한을 통해서만 확보한다. 가장 선진화된 자본주의국가들에서도 같은 일이 일어나 체제 주변부에 있는 국가들에게 피해를 준다. '1861~1863년 초고'에서 마르크스는 지배계급의 "자유로운 발전"이 "노동자계급의 발전 제약에 기초한 것"이라고 강조했다. 즉 "노동자들의 잉여노동"은 "다른 부분의 사회적 발전의 자연적 기반"이다. 노동자의 잉여노동시간은 부르주아지의 "삶의 물질적 조건"을 지탱하는 기둥일 뿐만 아니라, 그것은 또한 "자유 시간, (그것의) 발전의 영역"을 위한 조건을 만든다. 마르크스는 이를 다음과 같이 예리하게 표현했다. "한 부분의 자유 시간은 다른 편의 노동에 구속된 시간

---

110 Marx, *Capital*, volume I, p.437.

111 같은 책, p.438.

112 같은 책, p.346.

113 Marx, 'Outlines of the Critique of Political Economy [*Grundrisse*]. Second Instalment', p.93.

과 일치한다."114

이와 대조적으로, 공산주의사회는 노동시간의 일반적인 단축으로 특징 짓는다. 1866년 8월에 작성된 '임시 중앙평의회 대의원들을 위한 개별 문제에 대한 지시'에서 마르크스는 다음과 같이 직설적으로 썼다. 즉 "선결 조건은 노동일의 제한이며, 그것이 결여되었을 경우에는 개선과 해방을 위한 그 이상의 모든 노력도 유산될 것이다". 그것은 "노동자계급의 건강과 육체적 에너지를 회복"할 뿐만 아니라 '노동자계급의 지적 발전, 사교적 교류, 사회적·정치적 활동의 가능성을 확보"115하기 위해 필요했다. 마찬가지로 『자본』 1권에서 마르크스는, "교육, 정신적 발달, 사회적 기능 수행, 사교, 몸과 마음의 활력을 위한 자유로운 놀이 등을 위한 노동자의 시간"이 자본가 계급의 눈에는 순전히 "어리석은 것"으로 간주되지만,116 이것은 새로운 사회의 기본 요소가 될 것이라고 예상했다. 그가 『요강』에서 말했듯이, 자본가 계급을 위해 잉여가치를 창출하기 위한 노동의 감소뿐만 아니라 노동에 바쳐진 시간 자체의 감소는 "개인의 예술적, 과학적 발전 등"을 촉진할 것인데, 이는 노동시간의 감소에 의해 해방된 시간과 생산수단에 의해 가능하게 될 것이다".117

이러한 신념에 기초해, 마르크스는 "시간의 절약 (그리고) 다양한 생산 부문에 대한 노동시간의 계획된 분배"를 "공동 생산의 첫 번째 경제법칙"118으로 확인했다. 『잉여가치 학설사(Theories of Surplus Value)』(1862~1863)에서 그

---

114 Marx, *Economic Manuscript of 1861~1863*, pp.192, 191.

115 K. Marx, 'Instructions for the Delegates of the Provisional General Council. The Different Questions', MECW, vol.20, p.187.

116 Marx, *Capital*, volume I, p.375.

117 Marx, 'Outlines of the Critique of Political Economy [*Grundrisse*]. Second Instalment', p.91.

118 Marx, 'Outlines of the Critique of Political Economy [*Grundrisse*]. First Instalment', p.109.

는 "현실적 부"는 다름 아닌 "가처분 시간"이라는 점을 분명히 했다. 공산주의사회에서 노동자의 자주 관리는 "더 많은 시간"이 "직접적 생산노동에 흡수되지 않고 …… 즐거움이나 여가를 위해 사용할 수 있게 해 자유로운 활동과 발전의 전망을 열"[119] 수 있도록 할 것이다. 마르크스는 『요강』에서와 마찬가지로 이 텍스트에서도 『정치 경제학에서 추론한 국가의 어려움의 근원과 구제, 존 러셀 경에게 보내는 편지에서』(1821)라는 제목의 짧은 익명의 팸플릿을 인용했는데, 마르크스는 이 팸플릿의 복지에 대한 정의를 전적으로 공유했다. 즉 "노동일이 12시간이 아니라 6시간인 국가는 진정으로 부유하다. 부는 잉여노동시간(실제 부)에 대한 지배가 아니라, 가처분 시간과 이에 더해 개인과 사회 전체를 위한 즉각적인 생산에 사용되는 시간이다".[120] 『요강』의 다른 부분에서 그는 수사학적으로 다음과 같이 묻는다. "부란 무엇인가, 개인의 욕구, 능력, 즐거움, 생산력의 보편성 등이 아니라면 무엇인가? …… 인간의 창조적 능력의 절대적 전개가 아니라면 무엇인가?"[121] 그렇다면 마르크스가 염두에 둔 사회주의 모델은 일반화된 빈곤 상태가 아니라 더 큰 집단적 부의 달성을 수반한다는 것이 분명하다.

2.7 국가의 역할, 개인의 권리 및 자유

공산주의사회에서는 경제의 변혁적 변화와 함께 국가의 역할과 정치의 기능도 재정의해야 할 것이다. 마르크스는 『프랑스 내전』에서 권력을 장악한 후에 노동자계급이 "계급의 존재, 따라서 계급지배의 기반이 되는 경제

---

119 Marx, *Economic Manuscript of 1861~1863*, p.390.

120 Marx, 'Outlines of the Critique of Political Economy [*Grundrisse*]. Second Instalment', p.92.

121 Marx, 'Outlines of the Critique of Political Economy [*Grundrisse*]. First Instalment', p.411.

적 토대를 뿌리 뽑기" 위해 싸워야 할 것을 설명하기 위해 애썼다. 일단 "노동이 해방되면 모든 사람은 노동자가 될 것이고 생산적 노동은 더 이상 계급적 속성이 되지 않을 것이다".[122] "노동계급은 단순히 기존의 국가기구를 접수해 이것을 자신들의 목적을 위해 휘두를 수 없다"라는 잘 알려진 서술은, 마르크스와 엥겔스가 소책자『인터내셔널의 허구적 분열(Fictitious Splits in the International)』에서 명확히 밝혔듯이 "정부의 기능은 단순한 행정적 기능이 된다(되어야 한다)"[123]는 것을 의미한다. '바쿠닌의『국가주의와 무정부성』에 대한 노트'의 간략한 정식화에서, 마르크스는 "일반적 기능의 분배는 어떠한 지배도 수반하지 않는 일상적인 일이 된다(되어야 한다)"[124]라고 주장했다. 이것은 정치적 업무의 수행이 지배와 예속의 새로운 역학을 발생시키는 위험을 가능한 한 피할 것이다.

마르크스는 현대사회가 발전하면서 "국가권력은 노동자계급을 억압하는 공권력과 계급 전제주의 기구의 성격을 점점 더 띠게 되었다"[125]라고 믿었다. 이와 대조적으로 공산주의에서 노동자들은 국가가 완전한 해방의 장애물이 되는 것을 막아야 할 것이다. "낡은 정부 권력의 억압적이기만 한 기관을 잘라버리는 것이 중요한 한편, 그것의 정당한 기능을 사회보다 우월하다고 주장하는 권위자로부터 빼앗아 사회의 책임 있는 대리인들에게 돌려줄" 필요가 있을 것이다.[126]『고타강령 비판』에서, 마르크스는 "자유는 국가가 사회의 상위 기관에서 하위 기관으로 완전히 전환하는 데 있다"라고 했으며, "국가형태는 그것이 '국가의 자유'를 제한하는 정도에 따라 보다 더 자유롭거나 덜 자유롭다"[127]라고 예리하게 덧붙였다.

---

122 Marx, *The Civil War in France*, pp.334~335.
123 K. Marx and F. Engels, 'Fictitious Splits in the International', MECW, vol.23, p.121.
124 Marx, 'Conspectus on Bakunin's Book *Statehood and Anarchy*', p.519.
125 Marx, *The Civil War in France*, p.329.
126 같은 책, pp.332~333.

같은 텍스트에서 마르크스는 공산주의사회에서 공공정책이 "욕구의 집단적 만족"을 우선시해야 한다는 요구를 강조했다. 학교, 의료, 기타 공공재에 대한 지출은 "지금의 사회와 비교해 상당히 증가하고 새로운 사회의 발전에 비례해 증가할 것이다".[128] 교육은 최우선 순위의 중요성을 띨 것이며 — 그가 『프랑스 내전』에서 지적했듯이, 1871년 코뮈나르가 채택한 모델을 언급하면서 — "모든 교육 기관은 국민에게 무상으로 개방(될 것이며) …… 교회와 국가의 모든 간섭은 없어질 것이다". 그래야만 문화에 "모든 사람이 접근할 수 있고", "과학 자체는 계급적 편견과 정부 권력이 가하는 족쇄에서 해방될 수 있다".[129]

"'평등권'이 기존의 불평등을 그대로 방치하는 자유주의 사회와 달리, 공산주의사회에서는 "권리가 평등하기보다는 불평등해야만 한다". 이러한 방향의 변화는 그들의 특정한 욕구와 크고 작은 어려움의 조건에 기초해 개인을 인식하고 보호하는데, "만일 그들이 불평등하지 않다면 그들은 서로 다른 개인이 아니기" 때문이다. 더욱이 각 개인의 서비스와 사용가능한 부의 공정한 몫을 결정할 수 있다. "각자로부터는 그들의 능력에 따라, 각자에게는 그들의 필요에 따라"[130] 라는 원칙을 따르는 것을 목표로 하는 사회는 그 이전에는 어려움이 산적한 복잡한 길이 있었다. 그러나 최종 결과는 어떤 [지아코모 레오파디(Giacomo Leopardi, 1798~1837)의 말에 의하면] "위대한 진보적 운명"이 보장하는 것도 아니고, 되돌릴 수 없는 것도 아니었다.

마르크스는 개인의 자유에 근본적인 가치를 부여했으며, 그의 공산주의는 그의 여러 선구자들이 구상했거나 많은 모방자들이 추구한 계급 평준화

---

127 Marx, *Critique of the Gotha Programme*, p.94.

128 같은 책, p.85.

129 Marx, *The Civil War in France*, p.332.

130 Marx, *Critique of the Gotha Programme*, p.87.

2. 공산주의 | **79**

와는 근본적으로 달랐다. 그러나 『정치경제학 비판을 위하여』 원초고에서 "그 사회주의자들(특히 프랑스 사회주의자들)의 어리석음"을 지적했는데, 그들은 "사회주의를 (부르주아) 사상의 실현으로 간주하면서 …… 교환과 교환가치 등은 원래 …… 자유와 만인의 평등 시스템이었지만, (나중에) 화폐(와) 자본에 의해 변질되었다는 것을 입증하려고 했다".[131] 『요강』에서 그는 "자유 경쟁을 인간 자유의 궁극적인 발전"으로 간주하는 것에 "황당하다"라고 지적했다. 그것은 "부르주아지의 지배가 세계사의 종착점이다"라는 믿음과 다름이 없으며, "엊그제 벼락부자가 된 사람이나 좋아할 생각"[132]이라고 조롱했다.

마찬가지로 마르크스는 "자유 경쟁의 부정은 개인의 자유와 개인의 자유에 기초한 사회적 생산의 부정과 같다"라는 자유주의 이데올로기에 이의를 제기했다. 부르주아사회에서 유일하게 가능한 "자유로운 발전"은 "자본 지배라는 제한된 기초 위에서"였다. 그러나 그 "개인적 자유의 형태"는 동시에 "개인의 모든 자유를 최대한 전면적으로 폐지하고 사회적 조건에 개인성을 완전히 예속하는 것이다. 사회적 조건은 …… 서로 관련된 개인과 독립적인 …… 객관적인 권력의 형태, 압도적인 권력을 갖는 대상의 형태를 취한다".[133]

자본주의적 소외에 대한 대안은, 하위 계급이 자신의 상태를 새로운 노예로 인식하고, 그들을 착취하는 세계를 근본적으로 변화시키기 위한 투쟁에 착수해야만 성취할 수 있다. 그러나 이 과정에서 그들의 동원과 적극적인 참여는 집권 다음 날에도 멈출 수 없다. 그것은 마르크스가 무한한 집념과 확신으로 항상 반대한 국가 사회주의로의 표류를 피하기 위해 계속해야 한다.

---

131 Marx, 'Outlines of the Critique of Political Economy [*Grundrisse*]. First Instalment', p.180.

132 Marx, 'Outlines of the Critique of Political Economy [*Grundrisse*]. Second Instalment', p.40.

133 같은 책.

1868년 마르크스는 독일 노동자협회 의장에게 보낸 의미심장한 편지에서, 독일에서 "노동자가 어릴 때부터 관료적으로 규제를 받고, 권위와 자신들을 지배하고 있는 것을 믿는 곳에서는 그들에게 스스로 걷는 법을 가르치는 것이 가장 중요하다"라고 설명했다.[134] 그는 평생 이 신념을 바꾸지 않았으며, IWMA 규약 초안의 첫 번째 요점을 "노동자계급의 해방은 노동자계급 스스로 이루어야 한다"라고 명시한 것도 우연이 아니다. 그리고 노동자계급 해방을 위한 투쟁은 "계급의 특권과 독점을 위한 투쟁이 아니라 평등한 권리와 의무를 위한 투쟁"[135]을 의미한다고 곧바로 덧붙였다.

마르크스의 이름으로 발전한 많은 정당과 정권은 "프롤레타리아 독재"[136] 개념을 도구적 방식으로 사용하면서 그의 사상을 왜곡하고 그가 지시한 방향에서 멀어졌다. 그러나 이것이 우리가 오류를 반복할 운명이라는 것을 의미하지는 않는다.

---

134 'K. Marx to J.B. von Schweitzer, 13 October 1868', MECW, vol.43, p.134.

135 K. Marx, 'Provisional Rules of the Association', MECW, vol.20, p.14.

136 할 드레이퍼(H. Draper)에 따르면 마르크스는 그 용어를 단 7번만 사용했으며, 대부분은 해석가나 마르크스 사상의 전통을 따르고 있다고 주장하는 사람들이 그에게 잘못 귀속시킨 의미와는 근본적으로 다른 의미였다. 다음을 참조하라. *Karl Marx's Theory of Revolution. Volume 3: The Dictatorship of the Proletariat*(New York: Monthly Review Press, 1986), pp.385~386.

참고문헌

Aron, Raymond(1970), *Marxismes imaginaires. D'une sainte famille à l'autre*, Paris: Gallimard.

Babeuf, François-Noël(1965), 'Briser les chaînes', in: C. Mazauric(ed.), *Babeuf Textes Choisis*, Paris: Éditions Sociales, pp.187~240.

_____(1965), 'Gracchus Babeuf à Charles Germain', in: C. Mazauric(ed.), *Babeuf Textes Choisis*, Paris: Éditions Sociales, p.192.

Bensaid, Daniel(2008), 'Politiques de Marx', in: Karl Marx and Friedrich Engels, *Inventer l'inconnu, textes et correspondances autour de la Commune*, Paris: La Fabrique, pp.11~103.

Blanqui, Jérôme-Adolphe(1885), *History of Political Economy in Europe*, New York, London: G.P. Putnam and Sons.

Cabet, Étienne(1971), *Colonie icarienne aux États-Unis d'Amérique: sa constitution, ses lois, sa situation matérielle et morale après le premier semestre 1855*, New York: Burt Franklin.

_____(2003), *Travels in Icaria*, Syracuse, NY: Syracuse University Press.

Carver, Terrell(1998), *The Postmodern Marx*, Pennsylvania: Pennsylvania State University Press.

Carver, Terrell, and Blank, Daniel(2014), *A Political History of the Editions of Marx and Engels's 'German Ideology Manuscripts'*, New York: Palgrave Macmillan.

Chattopadhyay, Paresh(2016), *Marx's Associated Mode of Production*, New York: Palgrave.

Claeys, Gregory(2014), 'Early Socialism in Intellectual History', *History of European Ideas* 40(7): 893~904.

Dézamy, Théodore(1983), 'Laws of the Community', in: Paul E. Cocoran(ed.), *Before Marx: Socialism and Communism in France, 1830~1848*, London: The MacMillan Press Ltd, pp.188~196.

Draper, Hal(1986), *Karl Marx's Theory of Revolution. Volume 3: The Dictatorship of the Proletariat*, New York: Monthly Review Press.

Engels, Friedrich(1987), *Socialism: Utopian and Scientific*, MECW, vol.25, pp.244~312.

Fourier, Charles(1845), *Le nouveau monde industriel et sociétaire*, in: C. Fourier(ed.), *Oeuvres complètes de Ch. Fourier*, vol.VI, Paris: Éditions Anthropos.

_____(1996), *The Theory of the Four Movements*, Cambridge: Cambridge University Press.

Freud, Sigmund(1964), 'Civilization and Its Discontents', in: S. Freud, *Complete Psychological Works*, vol.21, London: Hogarth Press.

Geoghegan, Vincent(2008), *Utopianism and Marxism*, Berne: Peter Lang.

Hiromatsu, Wataru, ed.(1974), *Die deutsche Ideologie*, Tokyo: Kawade Shobo-Shinsha.

Hobsbawm, Eric(1982), 'Marx, Engels and Pre-Marxian Socialism', in: Eric Hobsbawm(ed.), *The History of Marxism. Volume One: Marxism in Marx's Day*(Bloomington: Indiana University Press), pp.1~28.

Kuusinen, Otto Wille, ed.(1963), *Fundamentals of Marxism-Leninism: Manual*, second rev., Moscow: Foreign Languages Publishing House.

Maréchal, S.(1836), 'Manifesto of the Equals or Equalitarians', in: Philippe Buonarroti(ed.), *Buonarroti's History of Babeuf's Conspiracy for Equality*(London: H. Hetherington), pp.314~317.

Marx, Karl(1975), 'Marx's Notes(1879~80) on Wagner', in: Terrell Carver(ed.), *Texts on Method*, Oxford: Basil Blackwell, pp.179~219.

_____(1975), *Economic and Philosophic Manuscripts of 1844*, MECW, vol.3, pp.229~348.

_____(1976), *Capital*, volume I, London: Penguin. (1978), *Capital*, volume II, London: Penguin.

_____(1981), *Capital*, volume III, London: Penguin.

_____(1984), *Value, Price and Profit*, MECW, vol.20, pp.101~149.

_____(1986), *The Civil War in France*, MECW, vol.22, pp.307~359.

_____(1986), 'Outlines of the Critique of Political Economy [*Grundrisse*]. First Instalment', MECW, vol.28.

_____(1986), 'Outlines of the Critique of Political Economy [*Grundrisse*]. Second Instalment', MECW, vol.29.

_____(1987), *Das Kapital. Kritik der politischen Ökonomie. Erster Band, Hamburg 1872*, MEGA^2, vol.II/6.

_____(1988), *Economic Manuscript of 1861~1863*, MECW, vol.30.

_____(1988), *Letters 1868~70*, MECW, vol.43.

_____(1993), *Letters 1880~83*, MECW, vol.46.

_____(2010), *Critique of the Gotha Programme*, MECW, vol.24, pp.75~99.

_____(2010), 'Conspectus on Bakunin's *Statism and Anarchy*', MECW, vol.24, pp.485~526.

_____(2012), *Ökonomische Manuskripte 1863~1867*, MEGA^2, vol.II/4.2.

Marx, Karl, and Engels, Friedrich(1976), *The German Ideology*, MECW, vol.5, pp.19~539.

_____(1976), *Manifesto of the Communist Party*, MECW, vol.6, pp.477~517.

_____(2018), *Manuskripte und Drucke zur Deutschen Ideologie(1845~1847)*, MEGA^2,vol.I/5.

Marx, Karl, Engels, Friedrich, and Lenin, Vladimir(1974), *On Communist Society*, Moscow: Progress.

Mattick, Paul(1969), *Marx and Keynes*, Boston: Extending Horizons Books.

Moore, Stanley(1980), *Marx on the Choice between Socialism and Communism*, Cambridge, MA: Harvard University Press.

Musto, Marcello(ed.)(2014), *Workers Unite! The International 150 Years Later*, New York: Bloomsbury.

_____(2015), 'The Myth of the "Young Marx" in the *Interpretations of the Economic and Philosophic Manuscripts of 1844*', *Critique*, vol.43(2): 233~260.

_____(2018), *Another Marx: Early Manuscripts to the International*, London: Bloomsbury.

Ollman, Bertell(ed.)(1998), *Market Socialism: The Debate among Socialists*, London: Routledge.

Owen, Robert(1845), *The Book of the New Moral World*, New York: G. Vale.

Reybaud, M. Louis(1840), *Études sur les Réformateurs contemporains ou socialistes modernes: Saint-Simon, Charles Fourier, Robert Owen*, Paris: Guillaumin.

Rosdolsky, Roman(1977), *The Making of Marx's 'Capital'*, London: Pluto Press.

Saint-Simon, Claude Henri(2012), 'L'organisateur: prospectus de l'auteur', in: *Oeuvres complètes*, vol.III, Paris: Presses Universitaires de France, pp.2115~2116.

_____(2012), *Le nouveau christianisme*, in: C.H. Saint-Simon, *Oeuvres complètes*, vol.IV, Paris: Presses Universitaires de France, pp.3167~3226.

Saint-Simon, Claude Henri, and Enfantin, Barthélémy-Prosper(1878), 'Religion Saint-Simonienne: Procès', C.H. Saint-Simon and B.-P. Enfantin, in: *Oeuvres de Saint-Simon & D'Enfantin*, vol.XLVII, Paris: Leroux.

Saito, Kohei(2017), *Karl Marx's Ecosocialism: Capital, Nature, and the Unfinished Critique of Political Economy*, New York: Monthly Review Press.

Webb, Darren(2000), *Marx, Marxism and Utopia*, Aldershot: Ashgate.

Weitling, Wilhelm(1845), *Die Menschheit, wie sie ist und wie sie sein sollte*, Bern: Jenni.

Wood, Ellen Meiksins(1995), *Democracy against Capitalism*, Cambridge: Cambridge University Press.

3 민주주의
엘런 메익신스 우드

3.1 마르크스의 민주주의 비판

에르네스트 만델이 썼듯, "부르주아 민주주의에 관한 마르크스주의적 비판은 이러한 민주주의가 형식적이라는 견해에서 시작한다. 노동자들은 부르주아 헌법이 모든 시민에게 공식적으로 부여하는 권리를 행사할 수 있는 물질적 수단을 가지고 있지 않기 때문이다".[1] 예컨대 "언론의 자유는 형식적인 것에 불과하다. 자본가들과 그 대리인들만이 일간지를 창간하는 데 필요한 수백만 달러를 모을 수 있는 것을 생각하면 말이다". 이러한 비평은 '부르주아 민주주의'에 관한 표준적인 마르크스주의적 비판을 적절하게 요약한다.[2] 이것이 마르크스주의가 원칙적으로 '자유민주주의'와 관련된 권리와 자유에 반대한다는 의미는 아니다. 그것은 그저 '부르주아적' 형태의 민주주의가 엉터리이거나, 적어도 불충분하고 불완전하다고 제시하는 것이다. 왜냐하면 이러한 형태의 민주주의는 정치적 결과를 결정짓는 계급 권력의 근

---

1 E. Mandel, 'On Workers' Democracy', *The Militant*, 33~34: 6(August 22, 1969).

2 마르크스주의적 관점에서 '부르주아적 권리'와 시민적 자유가 어떻게 중요하게 여겨질 수 있는지에 관한 설명으로는 다음을 보라. N. Geras, 'The Controversy About Marx and Justice', *New Left Review*, 150: 47~85(1985).

본적인 불평등과 맞서는 데 실패하기 때문이다. 심지어, 부분적으로나마 균형을 바로잡을 수 있는 노동자 조직을 허용한다 하더라도 그렇다.

그러나 이러한 방식으로 마르크스주의적 비판을 한정할 경우, 말할 수 있는 것은 제한적이다. 우리가 여기서 검토하려는 질문은, 마르크스가 사회주의적 민주주의를 어떻게 이해했는지가 아니다. 그보다는 우리가 겪고 있는 자본주의적 민주주의에 관해, 우리는 마르크스로부터 무엇을 배워야 하는지이다. 그리고 이 점에서는 말할 수 있는 것이 훨씬 더 많다. '부르주아 민주주의'의 정치적 과정이 좋든 나쁘든, 크든 작든 계급 불평등의 영향을 받는다는 주장에 논쟁의 여지가 있다고 보기는 어렵다. 반면 거대한 부의 격차가 특징인 자본주의사회에서 어떻게 자유민주주의가 작동하는지에 관한 여타의 설명들로부터 마르크스주의를 구별 짓는 것만으로는 충분하지 않다. 정치적 과정이 부의 격차에 의해 형성된다는 것 이상으로 마르크스주의가 우리에게 해주는 말이 없다면, 현대 민주주의의 작동을 조명하기 위해 마르크스주의적 분석에 의지하는 것은 의미가 거의 없을 것이다.[3] 또한 계급 권력의 현실과 그것이 정치에 가하는 영향을 폭로하는 것에 있어서, 마르크스가 당대의 사람들을 혹은 오늘날의 정치 분석가들을 훨씬 뛰어넘었다고 말하는 것 역시 충분하지 않다. 민주주의에 관한 마르크스의 이해에는 더 많은 근거가 있어야 한다. 그것이 지금도, 그리고 그 어느 때보다도 바로 지금 우리에게 가르쳐 줄 진정으로 독특하고 가치 있는 무언가를 가지고 있다는 주장을 정당화할 수 있는 근거 말이다.

마르크스의 위대한 통찰은 단순히 '부르주아' 사회에서의 민주주의가 계급 권력의 불평등으로 위태롭게 되었다는 점을 지적한 것이 아니었다. 오히려 그는, 적어도 고대 그리스 민주주의 이후로, 자유민주주의와 연관해 생

---

3   예컨대 다음을 보라. A. Gelman, L. Kenworthy, and Y.-S. Su, 'Income Inequality and Partisan Voting in the United States', *Social Science Quarterly*, 91(5): 1203~1219(2010).

각되는 특정한 시민적 권리와 자유(노동계급이 조직을 결성하고 '언론의 자유'를 행사하며, 신문을 창간하고 배포할 수 있도록 하는 종류의 권리와 자유)가 있는 사회보다 부의 불평등이 정치적 결과에 영향을 덜 미치는 사회형태가 이전에 결코 존재하지 않았다는 점을 예리하게 알고 있었다. '부르주아적인' 표현과 결사의 자유를 행사하는 노동계급 조직이 정치 영역에서 이처럼 직접적이고 유의미한 영향을 미친 적은 이전에는 없었다. 그러한 확신이 없었다면, 마르크스는 노동계급 운동이 정치투쟁에서 할 수 있는 기회들을 이용하도록 촉구하지 않았을 것이다. 이러한 자유주의적 권리와 자유가 갖는 중요성이나 노동계급이 그로부터 얻는 유용성을 과소평가하는 것은 결코 마르크스의 목적이 아니었다. 그와 반대로, 마르크스는 처음부터 이러한 자유의 열렬한 옹호자였다. 그리고 그의 사회주의는 그가 옹호하고자 하는 자유가 사회적 권력의 현실로부터 추상된 민주주의의 법률적 형식 또는 정치적 권리 이상의 것을 요구한다는 것을 점차 깨닫게 되면서 나타난다.[4] 그러나 마르크스의 의도는 정치에 미치는 불평등의 영향이 보이는 것보다 실제로 더 나쁘다는 것을 단순히 설명한 것도 아니었다. 그의 비판이 갖는 독특한 힘은 다른 곳에서 찾아야 한다.

만약 마르크스가 노동자운동과 그들을 대표하는 사회민주주의 정당이 조성하고 지탱하는 현대 복지국가를 살아서 봤다면, 여전히 사회주의 투쟁이 완료되지 않았다고 여겼을 것이다. 그러나 자유민주주의에 관한 그의 견해에 이러한 성과의 가능성을 부정하도록 만드는 것은 없었다. 현대 자유민주주의가 이러한 종류의 진보를 지속시킬 수 있었던 방법과 관련해서 특별히 설명하기 어려운 것은 없다. 설명이 필요한 것은 참정권을 확보한 노동계급이 다수임에도 불구하고 사회개혁이 더욱 진전되지 않은 이유, 사회적 불평등이 다루기 힘든 사안으로 남아 있는 이유, 경제적 불평등이 감소하지

---

4   K. Marx, 'On the Jewish Question', MECW, vol. 3, p. 168.

않고 심화된 이유, 복지국가의 사회적 이득이, 특히 신자유주의 시대에 우리가 배웠던 바와 같이 취약하고 불안정한 이유이다. 고전고대 이후로 수세기 동안, 지배계급은 정치적 민주주의를 두려워했고 이에 저항했다. 그들에게는 노동하는 다수에게 정치적 권리를 부여하는 것이 재산과 특권의 불평등을 위협하리라는 점이 자명해 보였다. 그러나 노동계급 투쟁이 큰 진전을 이뤘음에도 불구하고, 사적 소유와 불평등이 심각한 위기에 처하리라는 두려움에는 근거가 없다는 것을 현대 민주주의는 증명했다. 실제로는 경제적 불평등이 다시 한번 증대되고 있다. 다른 어떠한 설명이 제시되든 간에, 현대 민주주의를 이론과 실천 모두에서 부와 권력의 극심한 불평등과 일치하도록 만든 것이 무엇인지를 물어볼 가치는 분명히 있다.

마르크스의 자본주의 분석에서 한 가지 답변을 찾을 수 있다. 그는 명백히 정치적인 저술보다 자본주의 분석을 다룬 글에서 훨씬 더 많이 자유민주주의의 한계를 폭로했다. 이 한계는 누가, 어떻게, 누구의 특수한 이해관계 속에서 정치권력을 행사하는지보다는 정치권력의 범위, 즉 무엇이 그 범위 내부에 놓이고 무엇이 그 경계 외부에 남는지와 더 관련이 있다. 자본주의에서 정치권력과 경제 권력 간 복잡한 관계가 민주주의의 재정의를 요구한다는 것이 곧 명백해진다. 이 재정의는 계급 불평등의 불균형을 바로잡을 뿐만 아니라, 시민적 권리와 자유에 관한 '자유주의적' 민주주의 원칙을 포함해 민주적 권력의 범위를 확장시키기 위해서도 필요하다.

3.2 변화하는 민주주의의 의미

민주주의의 전통적 의미를 먼저 살펴보자. 문자 그대로 민주주의는 인민, 즉 **데모스**(demos)의 통치나 권력을 의미하는데, 데모스는 본래 그리스어 용법에서 단지 정치적 범주로서가 아니라 사회적 계급 같은 것으로서 '인민'을 의미했다. 예컨대 아리스토텔레스는 민주주의를 "주권이 유산자가 아닌 빈민계급으로 구성된" 정체(constitution)로 정의했다.[5] 물론 이러한 '민주주의적' 정체는 노예를 배제했다. 여성 역시 시민권을 부여받지 못했다. 그러나 자유로운 노동빈민층의 정치적 권리 소유는 '재산 소유자가 주권자인' 과두제와 대조적으로, 민주주의적 정치 조직체를 구성하기에 충분했다. 이러한 각 형태의 폴리스는 지배적 사회집단이 지지하는 특정한 이해관계 및 정의에 관한 개념을 추구할 것이다.

이것이 그 후 수세기 동안 민주주의가 이해되어 온 방식이며, 따라서 민주주의는 오랫동안 지배계급 사이에서 두려움과 증오의 대상으로 남아 있었다. 그러나 결국 '민주주의'라는 명칭은 정치적 어휘에서 최고의 찬사를 받을 것이며, 부자들조차도 스스로를 위해 기꺼이 민주주의를 주창할 것이었다. 확실히 이러한 변화는 민주적 권리를 빼앗긴 이들이 벌인 길고도 혹독한 대중투쟁의 결과였다. 또한 고대 그리스, 심지어 근대 초기 유럽에서는 이해할 수 없었을 의미의 변화를 수반하기도 했다.

민주주의라는 단어의 의미는 먼저 미국의 '건국의 아버지들'에 의해 변화되었는데, 이들은 민주주의 단어의 두 부분, 즉 **데모스**, 인민과 **크라토스**(kratos), 권력을 효과적으로 재정의했다. 처음에 그들은, 자신들이 선호하는 정부 형태를 민주주의로 묘사할 의향이 전혀 없었다. 그들은 자신들이 선택한 국가 형태를 공화국으로 칭했는데, 이는 당시 이해되던 방식의 민주주의에 대한 명백한 반대였다. 그러나 헌법을 둘러싼 논쟁이 한창일 때, 그들은 수사학적 전환을 시도했다. 그들은 자신들의 '공화국'을 '대의 민주주의'로 묘사하기 시작했다.[6] 이 과정에서 **데모스**는 계급적 의미를 상실했고 사회적 범주가

---

5   Aristotle, *The Politics of Aristotle*(London: Oxford University Press, 1946), p.115.
6   미국 헌법과 관련된 '대의 민주주의'라는 개념의 유래는 일반적으로 ≪연방주의자 논집(Federalist Papers)≫으로 거슬러 올라간다. 특히 1787년 매디슨이 작성한 제10호 논문과 1788년 해밀턴이 쓴 제35호 논문이 그렇다(A. Hamilton, J. Madison, and J. Jay,

아닌 정치적 범주가 되었다. 그리고 **크라토스**는 고대 아테네인들에게 의미했던 것과는 반대로 대중 권력의 **양도**(alienation)와 양립할 수 있게 되었다. 이는 단순히 **대의** 민주주의라는 개념 자체가 그리스 민주주의자에게 생경했기 때문만은 아니었는데, 이들에게 민주주의의 본질은 직접적이고 능동적 시민권, 즉 공적 숙의에서 **데모스**의 몫이었기 때문이다. 더욱 중요한 것은 제임스 메디슨(James Madison, 1751~1836), 알렉산더 해밀턴(Alexander Hamilton, 1757~1804)과 같은 연방주의 지도자들이 대의 자체를 어떻게 이해했는지이다. '건국의 아버지들'에게 대의의 목적은 다수에게 정치적 발언권을 부여하는 것이 아니라 이미 참정권을 부여받은 사람들을 정치권력으로부터 최대한 **거리를 두게** 하는 것이었다. 고대 그리스와 마찬가지로, 노예와 여성은 배제되었다. 그러나 아테네 민주주의와는 달리, 미국의 민주주의 재정의는 정치적 민족, 즉 '인민'을 구성하는 남성 시민을 포함한 대중의 권력을 희석시키거나 여과하기로 의도된 것이었으며, 이는 사적 시민과 공적 권력 사이에 대표자라는 보호막을 두려는 목적이 있었던 것이다.[7]

　19세기에 이르러 민주주의는 **자유주의**와 점차 동일시되었고, 대중 권력의 개념에서 시민적 자유와 헌법상 권리에 의한 국가권력의 제한으로 초점을 옮기게 되었다. 민주주의는 대중 권력의 확대가 아니라 헌법적 원리의 확장으로 다루어졌다. 자유주의는 정치적 진보에 필연적으로 참정권의 확대가 포함될 수 있고 또 포함되어야 한다는 점을 수용하면서도, 일반 인민, **데모스**를 새로운 수준의 사회적 권력을 누리도록 격상시키는 것이 아니라 정치권력을 제한하는 것, 독재를 방지하는 것, (국가, 공동체의 규제, 전통적 유대와 정체성으로부터) 개별 시민을 해방시키는 것에 강조를 두는 경향이 있었

The Federalist Papers [New York: New American Library, 1961]).

7　이는 매디슨이 새로운 헌법은 '다수파'의 영향을 막아낼 것이라 논증한 ≪연방주의자 논집(Federalist Papers)≫ 제10호 논문의 요점이었다.

다.[8] 이러한 줄거리에서 수평파(Levellers), 차티스트, 노동조합원, 사회주의자, 여성참정권론자(suffragettes), 또는 수세기 동안 인민 권력을 위해 투쟁한 이들은 영웅이 아니었다. 그 대신 이러한 역사적 서술에서 영웅은 유산계급이었다. 자기 자신들의 계급적 이해를 추구하기 위해, 전형적으로 이들은 군주국가의 지나친 침해에 맞섰고 우리에게 영국의 마그나 카르타(Magna Carta)와 1688년 명예혁명과 같은 진보를 가져다주었다.

시민적 권리와 자유를 강조한다고 해서 참정권 확장 없이 민주주의가 존재할 수 있다고 말하는 것은 아니었다. 분명 '민주주의'라는 단어는 보통 선거권을 갖추지 못한 국가를 특징짓기 위해서도 사용되었지만(인구의 절반, 특히 여성이 배제된 곳도 '민주주의'로 묘사할 수 있었다), 일반적으로는 부와 고귀한 혈통이라는 전통적 한계를 뛰어넘는 보다 포괄적인 참정권을 의미했다. 근대적 형태의 '자유민주주의'를 구별 짓는 것은 정치적 권리의 특징이 더 이상 고대 그리스와 동일하지 않다는 점이었다. 고대 세계에서는 정치권력과 경제 권력은 불가분하게 연결되어 있었기 때문에, 일반 인민이 고대 그리스 민주주의에서와 같이 정치적 권리를 획득하면 (노예제, 농노제, 부채의 속박과 같은) 가장 일반적인 형태의 착취로부터 자유로울 수 있었다. 이러한 형태의 착취는 법률적·정치적 특권계급에 대한 노동계급의 법률적·정치적 종속에 의존하는 것이었기 때문이다. 농민과 기타 직접생산자에게 정치권력의 일부를 부여하는 것은 동시에 그리고 불가분하게 부유층, 전유 계급(appropriating class)의 착취 권력을 극적으로 약화시키는 것이었다. 고대 민주주의에서 생산계급은 유례없는 정치적 권리뿐만 아니라, 동시에 그리고 동일한 근거로, 세금과 지대 형태의 착취로부터 유례없는 수준의 자유를 누렸다. 따라서 민

---

8   대중 정치권력에 대한 자유주의적 제한은 특히 존 스튜어트 밀(John Stuart Mill, 1806~1873)의 『자유론』중 정치 참여 확대라는 맥락에서도 분명하게 나타나는데, 이 책에서 밀은 '다수의 독재'에 맞선 보호의 필요성을 주장했다(J.S. Mill, On Liberty [Indianapolis: Hackett Publishing Co., 1978]).

주주의의 중요성은 정치적이면서 동시에 경제적인 것이었다.

이는 현대 민주주의에서는 더 이상 사실이 아니다. 19세기에 이르러, 적어도 잘 발전된 자본주의경제에서는 경제적 착취 권력이 더 이상 법률적·정치적 지위에서 파생되는 직접적인 강제력에 의존하지 않는다. 자본가와 노동자는 법률상으로 자유롭고 평등할 수 있으며 결국 그렇게 될 것이었다. 그리고 노예주나 봉건영주와 달리, 노동자의 잉여노동을 전유할 수 있는 자본주의적 고용주의 권력은 노동자의 법률적·정치적 종속을 요구하지도 않았다. 이는 지배계급이 참정권 확장에 의해 자신들의 이해와 재산이 위험에 처할 것을 계속 두려워하는 반면, 그리고 보편적인 정치적 권리가 지배계급에 의해 자유롭게 부여되지 않고 길고도 혹독한 투쟁을 요구하는 반면, 부유층과 권력층으로 하여금 비록 마지못해서 그리고 뒤늦게라도 정치적 민족에 노동계급을 포함하는 것을 수용 가능하게 했음을 의미했다.

노동자 스스로는 사회적 불평등과 경제적 지배로부터 정치적 권리를 추상하는 것을 다른 방식으로 인정했다. 정치적 권리를 위한 싸움은 19세기에 끝나지 않았지만 19세기 후반에 이르러, 특히 대규모의 프롤레타리아가 존재했던 영국에서는 산업자본주의가 충분히 발전했고 자본이 작업장과 노동과정에 관한 통제권을 획득했다.[9] 고유의 권력 체계를 갖춘 다소 분리된 경제 영역의 구축이 이제 완료된 것이다. 차티스트의 패배 이후 노동계급 운동에 의한 민주적 참정권 투쟁은 점차 산업 투쟁에 자리를 내주기 시작했다. 마침내 참정권을 획득했을 때, 이는 산업 투쟁만큼이나 중요했지만, 참정권은 더 이상 보통 선거권 활동가들에게 한때 보였던 전망이 있는 것처럼 보이지 않았다. 그리고 노동계급의 주요 쟁점은 점차 작업장, 노동조건과 환경을 둘러싼 노동자와 고용주 간의 대립에 집중되었다. 사회주의적 좌파

---

9   이러한 발전은 다음의 책에 아주 훌륭히 상세하게 서술되어 있다. E.P. Thompson, *The Making of the English Working Class*(Harmondsworth: Penguin, 1968).

는 이러한 발전을 노동계급 의식의 저하로 여겨 안타까워할 수도 있겠지만, 정치적 영역에서 '생산 지점'으로 투쟁이 이동한 것은 자본주의의 현실과 그 독특한 권력 구성을 반영하는 것이었다.

　자본주의는 역사상 최초로 정치적 권리를 사회적·경제적 권력의 배분과 거의 관련 없는 것으로 생각하는 것이 가능하게끔 만들었다. 그리고 모든 시민이 형식적으로 평등한 별개의 정치 영역, 즉 정치적 범위 외부의 부 및 경제적 권력의 불평등을 추상한 정치 영역을 상상하는 것이 가능해졌다. 정치적 진보, 민주주의의 진보조차도 사회적으로 무관심한 측면에서 이해될 수 있게 되었는데, 추상화된 정치 영역에서는 평등한 시민들 간의 사회적·경제적 권력의 불균등한 배분을 조절하는 것이 아니라 시민과 국가 간 관계를 조절하는 정치적·시민적 권리에 강조를 두게 되었다.

　이렇게 형식적으로 분리된 정치 영역은 그 필연적 결과이자 필요조건으로서, 똑같이 분리된 '경제'를 두게 되었고, 이 경제는 새로운 이론 양식, 즉 경제학이라는 '과학'의 주제가 되었다.[10] 물론 고전파 정치경제학자들이 경제학적인 분야의 주요 주제인 생산, 전유, 분배 과정에 관해 숙고한 역사상 최초의 인물들은 아니었다. 그러나 자본주의의 출현 이전에는 이러한 과정을 '비경제적인' 관계와 관행에서 추상화된 것으로, 별개의 고유한 법칙, 즉 순수하게 '경제적인' 시장 법칙에 따라 작동하는 것으로 이해하는 것이 결코 가능하지 않았다. 이전에는 '경제'를, 정치적 범주가 적용되지 않을 것 같은 고유한 형태의 강제로서 개념화하는 것이 불가능했다. 수요와 공급의 '법칙', 재화의 생산과 분배, 임금과 가격의 형성은 '과학'으로서 경제학의 목적상, 비인격적 메커니즘으로 다뤄질 수 있다. 그리고 경제적 영역에서 인간은 추상적인 생산요소로 인식될 수 있는데, 이 각각의 요소 간 관계는 정치

10　정치 영역과 경제 영역의 형식적 분리에 관한 더 많은 논의로는 다음을 보라. E.M. Wood, *Democracy against Capitalism*(Cambridge: Cambridge University Press, 1995), pp.19~48.

적 영역, 즉 통치자와 피통치자의 영역, 시민과 국가의 영역을 규정하는 권력·지배·종속의 관계와는 매우 달랐다.

정치 영역을 경제적인 불평등과 지배로부터 추상하는 것은 고전파 정치경제학과 자유주의 정치철학의 특징이다. 그러나 그 이상의 것이 있다. 자본주의는 개별적이고 독자적인 '과학들' 간의 깔끔한 노동 분업뿐만 아니라 '경제적인' 권력 및 강제의 형태가 권력 및 강제 그 자체로 전혀 인식되지 않는 세계관까지 가능케 했다. 정치적 영역에서는 과도한 권력의 제한이나 민주적 자유의 보호가 필수적일 수 있지만, '경제'에서는 자유와 권력 견제라는 정치적 원칙이 통하지 않았다. 실제로 자유경제는 경제적 의무가 완전히 자유롭게 주어지는 경제였다. 자본주의적 '경제'의 본질은, 다른 시대와 장소에서였다면 국가나 다양한 종류의 공동체적 규제의 대상이었던, 매우 광범위한 인간 활동이 경제적 영역으로 이전되어 작업장 내 서열뿐만 아니라 시장의 압력을 받게 되는 것이었다. 여기서 시장의 압력이란 이윤 극대화와 지속적인 자본축적에 대한 가차 없는 요구로서, 이 중 무엇도 민주적 자유와 책무의 대상이 아니다.

3.3 마르크스의 '부르주아 민주주의'론

1842년, 마르크스가 언론인으로서 자신의 경력을 시작했을 때 그의 첫 번째 관심사는 바로 근대 자유민주주의를 구성하는 시민적 자유를, 그리고 무엇보다도 언론의 자유를 국가의 침범으로부터 방어하는 것이었다. 마르크스주의는 '부르주아 민주주의'에 대한 멸시와 연관될 수도 있지만, 마르크스 자신은 '부르주아적' 자유가 어떠한 한계를 지니든 획득하고 지켜낼 가치가 있다는 확신을 결코 버리지 않았다. 그러나 그는 사회적·경제적 현실에서 추상된 형식상의 정치적·시민적 권리가 부적절하다는 것을 매우 일찍이 인식했다. 마르크스는 곧 자신의 신문 기사에서 '사회적 문제'에 직면하기 시작했다. 이후 국가에 관한 이론화에 본격적으로 착수했을 때, 그는 순수하게 정치적인 민주주의 투쟁을, 형식적 민주주의로 인해 온전히 살아남은 부당함과 불평등에 도전하는 사회적 투쟁에 결합하는 방법을 모색했다.

「유대인 문제에 관하여(On the Jewish Question)」와 같은 저술에서, 마르크스는 '국가'와 '시민사회'에 관한 헤겔주의적 대립을 뛰어넘는 정치 이론을 구성하려 했는데, 여기서 마르크스의 국가론은 정치 영역의 형식적 보편성과 중립성의 기저를 이루는 사회적 현실을 폭로하려는 것이었다. 마르크스가 썼듯, 근대국가는 통치자와 그의 종복들의 사적 업무에서 인민의 공적 업무로 전환되었을 때 '현실적' 국가가 되었으며, 이 전환은 "지배권을 전복하고 국가 업무를 인민의 업무로 고양시켰던, 그리고 정치적 국가를 보편적 사안, 즉 현실적 국가로서 구성했던" 정치적 혁명의 결과였다.[11] 동시에 이러한 국가의 전환은 시민사회가 어떠한 정치적 성격도 갖지 못하게 했다. 중세시대에 공적영역과 사적영역은 그렇게 명확하게 분리되어 있지 않았다. '시민사회'의 조직[기업체(corporate entities), 길드, 농장]은 공적인 차원을 가지고 있었다. 그러나 봉건제가 쇠퇴하고 시민들의 사적 생활과 국가의 공적영역 사이를 잇던 봉건제의 중간 조직들이 사라지면서, 시민사회는 사적인 경제적 이기주의의 영역으로 변모했다. "정치적 멍에를 벗어던지는 것은 동시에 시민사회의 이기적 정신을 억누르던 속박을 벗어던지는 것을 의미했다. 정치적 해방은 동시에 시민사회가 정치로부터, 즉 보편적 내용이라는 외양을 취하는 것으로부터 해방되는 것이었다."[12] 다시 말해, 일반이익은 추상적인 정치 영역에 국한되었는데, 이 정치 영역은 시민사회의 일상 세계 속에서 이기적이고 상충하는 사익의 영역에 거주하는 현실적 인간의 일상생활

---

11   Marx, 'On the Jewish Question', p.166.
12   같은 책.

과는 동떨어진 것이었다. 마르크스가 썼듯, "인간이 자신의 고유한 힘을 사회적인 힘으로 인식하고 조직해, 더 이상 자신으로부터 사회적 권력을 정치권력이라는 형태로 분리하지 않을 때, 비로소 인간 해방은 완성될 것이다".[13] 여기에서 마르크스는 난해한 철학적 용어를 이용해 자본주의에 특유한 경제, 정치의 형식적 분리를 확인하고 있다. 이러한 분리는 부의 불평등, 계급 권력구조를 '경제'에 그대로 두면서 '민주주의'가 추상적인 정치 영역에 국한될 수 있도록 허용한다.

국가를 이론화하는 것은 (형식적인 **정치적** 해방과 대조적인) **인간** 해방에 관해 보다 완전한 이해를 구하려는 마르크스의 목표에 어느 정도까지만 부합할 것이라는 점이 곧 그에게 명확해졌다. '시민사회' 그 자체의 해부가 요구되었고, 이는 마르크스로 하여금 그의 필생의 과업이 될 정치경제학 비판과 자본주의 분석에 착수하도록 만들 것이었다. 그 기초는 이미 마르크스의 『1844년 경제학 철학 수고』에서 찾을 수 있다.[14] 그러나 그의 정치경제학 비판이 1857~1858년 『요강』과 최종적으로는 『자본』에서 진정한 원숙기에 도달하기 전에, 마르크스는 당대의 정치적 사건들에 적극적으로 개입하고 지속적으로 논평했는데 이는 '부르주아 민주주의'에 관한 마르크스주의적 이해에 광범위한 함의를 갖는 것이었다.

엥겔스와 공저한 『공산당 선언』[15]은 가장 널리 알려진 마르크스의 정치적 저술이다. 우리의 목적에서 눈에 띄는 것은 이 저술의 중심에 있는 부르주아의 진보에 관한 서술이다. 이 젊은 혁명가들이 부르주아가 달성한 진보에 중요성을 부여한 것은 의심의 여지가 없다. 그러나 그 결과는 모순적이었다. 부르주아의 혁명적 승리에 마르크스와 엥겔스가 부여한 진보성은 물

---

13 같은 책.

14 K. Marx, *Economic and Philosophic Manuscripts of 1844*, MECW, vol.3, pp.229~346.

15 K. Marx and F. Engels, *Manifesto of the Communist Party*, MECW, vol.6, pp.477~519.

질적이면서도 동시에 정치적인 것이었다. 자본주의가 헤아릴 수 없을 정도로 생산력을 진보시켰던 것과 같이, 부르주아는 관행적인 위계질서 및 특권의 전통적 구조를 파괴해 정치의 장을 노동계급 투쟁 그리고 자본과 노동 간 최종적인 대결에 개방했다. 자본주의의 물질적 진보가 임금노동자의 착취와 불가분의 관계에 있지만 동시에 사회주의의 기초를 마련한 것과 같이, 1848년의 부르주아 공화국은 지배계급의 도구로 남았으면서도 동시에 노동계급 투쟁에 새로운 도구를 제공했다.[16] 부르주아 공화국의 형식적 권리와 자유는 다양한 사회주의 정당을 포함해 전례 없는 종류의 정치조직을 허용했고, 이는 완전히 새로운 투쟁 지형을 만들었다.

약 30년 후, 사회민주주의에 대한 자신의 염원을 더욱 분명하게 드러내는 저술을 통해 마르크스는 궁극적인 민주적 목표를 달성하는 데 있어 '부르주아적' 권리와 자유가 갖는 중요성을 계속해서 강조했다. 그는 『고타강령 비판』에서 독일 노동자들의 정당 강령에, 그리고 그 강령의 '민주적' 요구안에 의문을 제기했다. 마르크스가 쓰길, 그 정당은 '자유국가'를 요구하고 있다. 그러나 독일이라는 국가는 정말이지 자유로웠는데, 다른 근대국가에 부여된 것과 정확히 같은 종류의 '부르주아적' 민주주의의 한계가 이 고압적인 관료제 국가에는 결여되어, 인민에게 자신의 의지를 자유롭게 강요하고 있다는 점에서 그렇다는 것이다. 진정한 자유는 "국가를 사회 위에 얹어진 기관에서 완전히 사회 아래에 놓인 기관으로 전환시키는 데 있으며, 심지어 오늘날에도 각 국가형태는 그 형태가 '국가의 자유'를 제한하는 정도에 따라서 더 자유롭거나 덜 자유롭다".[17] 물론 완전히 '국가를 사회 아래에 놓이게' 하기 위해서는 근본적인 사회적 관계의 혁명적 전환, 즉 국가 안팎의 모든 사

---

16 일부 좌파 평론가들이 계급 개념을 얼마나 외면했는지에 관한 논의로는 다음을 보라. E.M. Wood, *The Retreat from Class: A New 'True' Socialism* (London: Verso, 1986).

17 K. Marx, *Critique of the Gotha Programme*, MECW, vol. 24, p. 94.

회적 삶의 영역을 지배하는 계급 권력구조의 혁명적 전환이 요구된다. 그러나 독일은 국가의 자유를 제한하기를 시작하지도 않았다. 독일 노동자당은 "저 모든 듣기 좋은 굴뚝이들이 소위 인민주권의 승인에 기초하고 있으며, 따라서 그것들은 **민주주의 공화국**에만 적합하다"라는 사실을 인정하지도 않은 채 다양한 민주적 요구안을 주장하고 있다는 것이다.[18]

이는 스위스인이나 미국인이 누리는 부르주아적 자유와 인민주권이 없는 국가의 노동자당은 진정으로 사회주의적인 변혁의 서곡으로서 그것들을 획득하는 데 자신들의 혁명적 열정을 바치는 것이 온당할 것이라는 점을 분명히 함의하고 있다. 그러한 경로가 봉쇄되고 더욱 혁명적인 방안이 즉각 요구되는 상황이 있다 해도, 여전히 마르크스는 '부르주아 민주주의'의 메커니즘이 과도기적인 '프롤레타리아 독재'[19] 이후에도 진정한 사회주의사회에 교훈을 줄 수 있는 무엇인가를 가지고 있을 것이라고 생각했다. 마르크스는 다음과 같은 질문을 던진다.

국가는 공산주의사회에서 어떠한 변화를 겪을 것인가? 다시 말해, 그 사회에는 현존 국가 기능과 유사한 어떤 사회적 기능이 남을 것인가? 이 질문은 과학적으로만 답할 수 있으며, '인민'이라는 단어와 '국가'라는 단어를 수천 번 결합시키는 것으로는 이 문제에 벼룩이 뛰는 것만큼도 다가서지 못한다.[20]

사회주의사회에서는 국가가 사멸할 것이라는 마르크스의 확신에 대해서 많은 이야기가 있었다. 그러나 『고타강령 비판』에서 그가 던진 질문을 정식

---

18   같은 책, p.95.

19   많은 토론을 거친 이 개념에 관한 방대한 논의로는 다음을 보라. H. Draper, *Karl Marx's Theory of Revolution, Volume III: The 'Dictatorship of the Proletariat'*(New York: Monthly Review Press, 1986), 특히 pp.175~325.

20   Marx, *Critique of the Gotha Programme*, p.95.

화하면, 마르크스는 어떠한 종류의 공권력이 여전히 존재하는 사회민주주의를 예상했다는 점, 그리고 가장 민주적인 국가조차도 스스로의 '자유'에 대한 제한을 요구하는 국가로, 본질은 그렇지 않더라도 형태에서는 부르주아 민주주의와 매우 유사한 국가로 남을 것이라는 점이 시사된다.

『루이 보나파르트의 브뤼메르 18일(The Eighteenth Brumaire of Louis Bonaparte)』에서 마르크스는 특정 정치 사건에 관한 가장 복잡하고 예리한 분석 중 하나를 작성했다. 이 사건은 부르주아 공화국을 독재로 대체한 루이 나폴레옹(Louis Napoleon, 1808~1873)의 1851년 쿠데타이다. 마르크스는 충돌하는 이해관계와 당파들을 통해 이 복잡한 사건의 모든 것을 훌륭하게 다루었고, 활동하고 있는 사회세력에 관한 복잡한 분석을 통해 빠르게 변화하는 사건들을 보다 큰 역사적 맥락에서 고려했다. 그는 공화국이 독재로 퇴보하는 과정을 깊숙이 조명해 추적했다. 이 저작은 정치 분석의 모범이며 고전으로 여겨질 가치가 있다. 그러나 이 저작은 자본주의국가론에 관한 것은 아니다. 또한 『루이 보나파르트의 브뤼메르 18일』에서 서술된 '보나파르트주의(Bonapartism)'를 자본주의국가의 본질로 취급한 다양한 해석에 의해 많은 혼란이 야기되기도 했다. 적대 중인 파벌들 위에 우뚝 서 있었던 보나파르트주의적 독재의 독립성은 자본주의국가의 '상대적 자율성', 즉 자본주의를 필연적으로 특징짓는 다양한 계급 '파벌' 간 갈등으로부터의 국가의 독립성에서 도출되는 자율성의 전형이라고 흔히 이야기된다. 또는 부르주아 공화국의 독재로의 퇴보는 자본 권력의 유지를 위해 민주적 자유를 제한하는 자본주의적 민주주의의 불가피한 경향을 반영한다고 이야기된다. 여기서 자본 권력은 자본주의적 민주주의가 야기한 바로 그 민주적 형태에 의해 불가피하게 위협받는다.

그러나 『루이 보나파르트의 브뤼메르 18일』에서 마르크스가 그처럼 효과적으로 해부하고 있는 사회를 자본주의적이라고 보기는 매우 어려우며, 자본주의국가의 본질로 꼽혀온 '보나파르트주의'의 바로 그 특징은 보나파르트주의 국가의 **비**자본주의적 특성에서 비롯되는 것이다. 마르크스가 말하듯, 보나파르트주의 국가의 중심에는 엄청난 관료제 조직과 군사 조직, 즉 '기생체'가 있다. 이 조직들에는 "**물질적 이해관계**가 아주 긴밀하게 얽혀 있다. 여기에서 부르주아는 자신들의 잉여 인구를 위한 일자리를 찾아내고, 이윤, 이자, 지대, 전문 서비스에 대한 보수의 형태로 챙길 수 없는 것을 국가 봉급의 형태로 벌충한다".[21] 따라서 '부르주아'가 근본적으로 자본주의적인 것은 아니다. 그들의 경제적 이해관계는 매우 확고하게 국가에 뿌리를 두고 있다. 또한 이들의 물질적 이해관계가 놓인 그 모든 기생적 구조가 혁명에 앞선다. "모든 혁명은 이 기계를 부수는 대신 완성했다. 지배권을 두고 다투던 당파들은 이 거대한 국가 구조의 소유를 승자의 주된 전리품으로 여겼다."[22] 이러한 구조가 기초를 두고 있는 계급, 즉 당파들이 국가를 소유함으로써 얻는 물질적 이익을 생산하는 노동계급은, 혁명 이전의 절대주의 국가와 마찬가지로 루이 보나파르트 치하에서도, 자본주의적 프롤레타리아가 아니라 "프랑스 사회의 최대 다수를 차지하는 계급 …… **소농**"[23]이다.

3.4 정치에서 정치경제학으로

우리가 『루이 보나파르트의 브뤼메르 18일』에서 무엇을 배웠든, 그것은 자본주의적 민주주의의 비밀을 드러내는 것은 아니며, 마르크스도 그렇게 주장하지 않았다. 그러나 쇠퇴하는 '부르주아 공화국'에 관한 이 놀라운 연구가 자본주의국가와 거의 무관하다면, 보다 민주적인 통치에서 압제로 이

---

21   K. Marx, *The Eighteenth Brumaire of Louis Bonaparte*, MECW, vol.11, p.139.

22   같은 책, p.186.

23   같은 책, p.187.

르는 경로에 관한 그 비할 데 없는 통찰력이 왜 우리에게 자본주의적 민주주의에 관해 명확하게 말해주는 것이 거의 없는지 잠시 숙고해 볼 가치가 있을 것이다. 이는 마르크스가 자본주의 정치와 민주주의의 문제에 관한 근본적인 질문을, 오래된 정치철학 담론이나 그가 탁월함을 보였던 예리한 정치 저널리즘류가 아닌 정치경제학이라는 새로운 언어로 다루어야 한다고 느꼈던 이유를 설명하는 데 도움을 줄 수 있다. 자본주의사회에서 민주주의는 훨씬 덜 민주적인 형태로 퇴보할 수 있으며, 설령 우리가 최근 역사에서 자본주의적 독재의 가장 극적인 예시를 제외하더라도 민주적 권리와 자유를 유지하기 위해서는 끊임없는 경계와 투쟁이 필요하다는 점에는 의심의 여지가 없다. 그러나 『루이 보나파르트의 브뤼메르 18일』은 자본주의적 민주주의에 관한 꼭 맞는 지침서가 아니다. 왜냐하면 자본의 물질적 이해는 국가에 있지 **않고**, 자본주의는 자본의 계급 권력 유지를 위해 불가피하게 민주주의를 해체할 것을 요구하지 **않기** 때문이다. 자본주의는 이전의 어떠한 체제와도 달리, 계급지배를 근본적으로 위협하지 않으면서도 일종의 민주주의를 유지할 수 있는 사회적 질서이다.

자본주의 이전의 다른 모든 사회에서, 정치적 권리에의 접근은 경제적 권력과 불가분의 관계에 있었다. 그리고 그 정의상 민주주의는 국가권력의 제한뿐만 아니라 전유하는 권력, 즉 지배계급이 직접생산자의 노동에 접근할 수 있도록 하는 경제적 권력의 제한을 의미했다. 이는 보나파르트주의 국가에서도 마찬가지로 진실이었는데, 보나파르트주의는 소농으로부터의 전유를 위한 도구로서의 국가에 의존했다. 이와는 대조적으로, 자본주의의 본질을 규정하는 하나의 (사실은 **바로 그**) 특징은 정치권력과 경제 권력이 더 이상 이러한 방식으로 결합되지 않는다는 것이다.

지배계급이 재산에 대한 지배력과 타인의 노동에 대한 접근권을 보장받으면서, 민주주의의 법률적·정치적 형태도 동일하게 보장하는 사회를 정치 분석 언어로 설명하기는 어렵다. 이러한 사회에 관한 설명은 마르크스가

『요강』과『자본』에서 착수했던 종류의 정치경제학을 요구한다. 따라서 마르크스의 정치경제학 비판을 단순히 국가 분석에서 '시민사회' 분석으로 이전했다거나 '경제학'을 위해 정치학을 포기했다고 이해하는 것은 오해일 것이다. 자본주의에 관한 그의 분석은 단순히 고전파 정치경제학의 학문적 발전에 해당하는 것이 아니다. 마르크스의 분석은 '경제'뿐만 아니라 정치적 영역까지, 전체적인 사회 지형을 다시 그리는 것이다. 분명 마르크스는 시장 메커니즘에 관한 대안적 설명과 임금, 가격, 이윤에 관한 학문적 설명을 제공했지만, 자본주의에 관한 그의 분석에서 가장 혁명적인 것은 자본주의를 사회적 관계의 체계로 이해한다는 점이다. 마르크스가 말했듯, 자본은 단순히 일정량의 물질적 재화나 생산도구가 아니다. 자본은 '사회적 생산관계'이며, 정치경제학의 경제적 범주는 단지 사물이나 생산요소가 아니라 특정한 사회적 관계의 표현이다.

이러한 접근법의 주요 효과 중 하나는 '경제적인 것'과 '정치적인 것' 사이의 경계와 관계를 새롭게 조명하는 것이었다. 마르크스는 자본주의가 이 두 영역 간에 역사적으로 전례 없던 형식적 분리(즉 '과학'으로서의 경제학과 형식적 민주주의라는 근대적 사상을 가능케 한 역사적 조건)를 만들어냈다는 점을 확실히 인정했다. 동시에, '경제'를 사회적 관계의 체계로 보는 그의 설명은 형식적 분리를 어떻게 이해해야 하는지에 관해 중요한 의미를 가졌다. 마르크스의 비판으로 드러난 고전파 정치경제학의 한계와 마찬가지로, 우리가 마르크스의 관점으로 면밀히 살펴보면 자유민주주의가 가진 제한된 비전 역시 완전하게 드러난다.

마르크스는 자신의 원숙한 정치경제학 저작, 특히『요강』과『자본』을 통해,『독일 이데올로기』와 같은 초기 저작에서 확립했던 역사유물론의 원리를 다듬고 정교하게 만들었다. 그 원리는 '정치적인 것'과 '경제적인 것', 국가와 시민사회, '토대'와 '상부구조' 사이의 추상적 구분에서 시작하지 않는다. '물질적인 것'은 그 자체로 사회적인 것이다. 그것은 존재 및 사회적 재생산의 기본 조건을 획득하는 과정에서 '실천적 활동'과 사회적 관계, 즉 인간 행위자들 간의 관계 및 그들과 자연 간의 관계로 구성된다. 마르크스는 『자본』 3권에서 물질적 관계의 성격 및 그 관계가 '경제적', '정치적' 사회 조직의 조건에 미치는 영향에 관해 자세히 설명한다. "직접생산자로부터 불불 잉여노동을 뽑아내는 특정한 경제적 형태는 …… 가장 내밀한 비밀, 전체 사회구조의 은폐된 토대를 드러나게 한다."[24] 여기에 자본주의와 앞선 모든 사회적 형태 사이의 근본적인 차이가 있다.

자본주의 이전의 형태에서는 다음과 같다.

> 직접 노동자가 자신의 생활수단 생산에 필요한 생산수단과 노동조건의 '점유자'로 남아 있는 경우, 소유관계는 동시에 직접적인 지배·예속관계로 나타나야 하며, 따라서 직접생산자는 자유롭지 못하다. 여기에서 자유의 결핍은 부역 노동을 수반하는 농노제로부터 단순한 공납 관계에 이르기까지 줄어들 수 있다. …… 이러한 조건에서는 명목적인 토지 소유자를 위한 잉여노동은 경제적 강제가 아닌, 어떠한 형태로든 간에 다른 수단을 통해서만 강탈될 수 있다.[25]

다시 말해 자본주의 발달 이전의 모든 사회에서는 착취가 존재하는 곳이면 어디든 직접생산자로부터 잉여노동을 추출하는 능력은 여러 가지 형태의 직접적 강제, 즉 착취계급의 군사적·정치적·사법적 권력에 의존했다. 그러한 사회의 대부분에서 주된 직접생산자였던 농민은 생산수단, 즉 토지를 점유한 채로 남아 있었다. 그들을 착취하는 지배계급은 주로 독점화된 정치적·군사적 권력과 중앙집권화된 국가를 통해 착취했으며, 일종의 조세나 부역 노동의 형태로 농민의 잉여생산물을 추출했다. 또는 지배계급은 봉건

---

24 K. Marx, *Capital*, volume III, MECW, vol.37, pp.777~778.
25 같은 책, pp.776~777.

영주권과 같은, 다른 종류의 군사적·사법적 권력을 가지고 있었다. 이로 인해 그들은 농노나 식민지 시기 남미 부채 노예(peon)와 같이 종속된 상태의 농민에게서 잉여생산물을 추출할 수 있었다. 농민은 영주에게 지대 형태로 잉여생산물을 빼앗겼다. 즉 경제적 권력과 정치적 권력은 융합되어 있었다. 그리고 통치자와 생산자 사이에, 정치적 권력을 가진 자와 사회적 노동을 수행하는 자 사이에 항상 어느 정도 분명한 구분이 있었다.

마르크스에게, 자본주의와 그에 앞선 모든 사회적 형태 사이의 주된 차이는 구체적인 착취 양식에, 그리고 경제적 권력과 경제 외적 권력 간 독특한 관계에 기초한다. 자본의 착취 권력은 정치적, 군사적 힘에 직접적으로 의존하지 않는다. 자본가에게는 그들을 지지할 국가가 분명 필요하지만, 그들의 착취 권력은 순수하게 경제적인 것이다. 그들은 경제적 압력, 즉 생산수단에 접근하기 위해 임금을 받고 노동력을 팔아야만 하는 노동자의 무산성(propertylessness)에 의존할 수 있다. 이제 정치적 권력과 경제적 권력은 예전처럼 융합되어 있지 않다. 이러한 이유로, 자본주의에서는 이전의 어떠한 다른 체제와 달리, (형식적으로 정치 영역에서 분리된) 별개의 '경제적' 영역이 존재하는 것이다. 그리고 이 경제적 영역은 일반적으로 생각하는 민주적 자유의 범위에서 벗어난, 고유의 압력 및 강제 체계, 지배 형태, 위계질서를 가지고 있다.

가장 즉각적으로 명백하게 나타나는 것은 자본의 작업장에 대한 통제와 노동과정에 대한 전례 없는 통제이다. 어떠한 봉건영주도, 자본주의에서의 노동과정이 자본의 지배와 자본축적 요구에 의해 지휘받는 것만큼 면밀하게 농민의 노동을 규제할 수는 없었다. 강력한 노동조합에 의해 노동권이 가장 단호하게 확립되고 보호받는 곳과 비교해도 마찬가지이다. 자본이 작업장에서 행사하는 직접적인 통제 외에도, 자본이 노동과 자원을 배분하는 통로로서의 시장의 압력이 있다. 이윤 극대화와 지속적인 자본축적이라는 이러한 압력은 인간의 필요, 생태주의적 지속가능성, 심지어 시간의 사용까지도 이윤의 요구에 종속시키는 것으로서, 진정으로 체제적인 명령인 것이다. 그리고 이 압력의 세력권으로 들어오는 모든 삶의 영역, 상품화된 모든 삶의 영역은 민주주의적 통제와 책무의 범위 밖에 놓이게 된다. 자본주의의 체제적 명령은 노동자가 법률적, 정치적으로 종속되는 것을 필요로 하지 않는다. 그리고 보편적인 정치적 권리와 법률적 평등이 존재하는 상황에서도, 자본 권력은 시장이 내리는 명령과 함께 그리고 그 명령을 매개로 해서 인간 존재의 양상을 점점 더 좌지우지하게 된다.

3.5 자본주의적 민주주의의 정치적 한계

민주주의 또는 민주적 권리 및 자유에 관한 오늘날의 통상적 개념은, 자본주의에서의 정치 영역과 경제 영역 간 형식적 분리에 의존한다. 자본주의는 사회적 불평등과 경제적 지배로부터 형식적으로 추상된 정치적 민주주의를 허용하는 체제이다. 민주주의와 민주적 책무의 개념을 새로운 형태의 경제적 권력 및 강제를 포괄하도록 고안하려면, 자유주의적 정치철학, 고전파 정치경제학, 또는 현대의 경제학 및 정치학으로는 획득할 수 없는 자본주의에 관한 이해 방식이 요구된다. 이는 우리로 하여금 마르크스로 돌아갈 것을 요구한다. 그는 자본주의에서 특수한, 정치 영역과 경제 영역의 형식적 분리를 '실재적 현상'으로 인정하면서도, 이러한 현상을 넘어 자본주의 체제의 근본에 놓인 본질에 도달하고자 했다. 그가 찾고자 한 자본주의의 본질이란 단순히 독립된 경제적 메커니즘이 아니라 사회적 관계의 전체적인 체계, 즉 사회적 권력의 새로운 구성 방식이었다.

마르크스는 생산과 분배의 단순한 메커니즘이 아닌 사회적 관계의 체계로서 자본주의를 분석했다. 그의 분석은, 흔히 이해되는 민주적 자유의 범위 밖으로 벗어난 새로운 권력 영역 및 지배 형태가 자본주의 체제에 의해 창조되었음을 분명하게 한다. 또한 그의 분석은 이제 ('정치적' 영역에서 형식적으로 분리된) 별개의 '경제적' 영역이 고유의 압력 및 강제 체계, 고유의 지배 형태, 고유의 위계질서를 가진 채 존재함을 분명하게 한다. 자본주의 체제의 기본 조건은 모든 개인이 시장 명령에 그대로 노출되는 것이다. 이러한 노출은 사람들이 임금을 위해 자신의 노동력을 판매하도록 쫓아내는(dispossession) 방법, 사람들이 시장에 의존하는 것을 가로막는 모든 사회적 재화와 용역을 '사유화'하는 방법 등등을 통해 이루어진다.[26] (인간이 노동자나 자본가가 아닌 시민으로 기능하는 공간인) 정치 영역에서는 시민으로서 자신의 권리를 행사하는 것이 경제 영역에서의 자본 권력을 침해하지 않고도 가능하다. 강력한 국가개입의 전통이 있는 자본주의사회에서조차, 정치적 권리의 확대로 자본의 근본적인 경제 권력을 크게 손상시키지 않을 수 있다.

이것은 또한 정치적 변화가 사회변혁에 있어서 즉각적인 결과를 초래하지 않으며, 정치권력을 경제적·사회적 이득으로 전환하는 것이 역사상 유례없는 방식으로 매개됨을 의미한다. 인간 생활의 상당 부분이 자본주의경제의 구조·과정·원리로 지배되기 때문에, 여러 종류의 대중운동이 원론적으로 평화적인 선거 수단을 통해 국가기구를 접수할 수 있고, 또 그들이 원한다면 주요한 사회변혁을 일으킬 수도 있다고 말하기는 어렵다. 사회주의 정당 혹은 사회민주주의 정당이 자본주의사회의 생활 조건에 상당한 개선을 가져다주었다는 점을 부인할 수는 없다. 그러나 이는 불안정하다는 것이 판명되었다. 정치권력과 강력한 정치적 의지를 안정적으로 획득한다고 해도, 정치적 변화와 경제적 변화 사이에는 엄청난 골이 자리 잡고 있다. 고유의 권력 및 압력 구조를 가지고 있는 '경제'를 통제하고 변화시키려면 국가를 장악하는 것과는 꽤 다른, 그것을 뛰어넘는 엄청난 노력이 요구된다.

---

26   쫓아냄에 관한 논의는 다음을 보라. G. Kennedy, *Diggers, Levellers, and Agrarian Capitalism: Radical Political Thought in Seventeenth Century England*(Lanham: Lexington Books, 2008).

그러나 완전한 사회변혁이 멀리 떨어진 전망처럼 보일지라도, 자본주의가 단순한 경제적 메커니즘이 아니며 사회적 권력의 독특한 구성이라는 것을 인정하는 것은 당면한 정치적 강령을 제안한다. 그것은 익숙한 '부르주아적' 민주주의 원칙을, 그것이 아직 닿지 않은 영역으로까지 확장하는 것이다. 오늘날 '자유민주주의'가 이해하는 정치적·시민적 권리는 무엇보다도 국가의 권력을 제한하고, 전제적인 권력으로부터 개인의 권리와 자유 보호를 목표로 한다. 만약 자본주의가 독자적인 권력구조를 형성했다면, 그러한 다른 형태의 권력도 다루는 민주적 자유와 권리를 개념화할 방법을 우리는 찾아야만 한다. 노동계급의 투쟁이 자본 권력에 맞선 제한된 특정한 권리, 무엇보다도 노조를 결성할 권리를 확립했지만, 우리는 자본, 시장의 압력에 민주적 원리를 적용하는 것은 시작하지도 못했다.

이것은 단순히 안전망을 구축하는 문제나 시장을 규제하는 문제가 아니다. 또한 그것은 (중요하기는 하지만) 자본주의 시장이 불가피하게 재생산하는 엄청난 불평등을 바로잡는 문제도 아니다. 국가권력과의 관계에서뿐만 아니라 자본 권력과의 관계에서도 우리의 자율성을 주장한다는 것은, 민주주의를 단지 작업장뿐만 아니라 시장의 명령에 의해 배제되고 있는 삶의 영역으로까지 가져온다는 것을 의미한다. 이는 시장이 단순히 자유, 기회, 선택의 장이 아니라 권력의 영역이라는 점을 인식한다는 것을 의미한다. 시장은 이윤 극대화와 자본축적의 이해관계를 위해 인간 생활의 모든 영역에 자신의 명령을 부과하고, 우리로 하여금 우리 자신의 안녕과 환경에 피해를 입히게 행동하도록 강제하는 곳이다. 다시 말해, 시장은 우리의 민주적 자유에 대한 제약이다. 이러한 지배 형태, 즉 자유 제약에 대한 민주적 도전은 인간 생활의 가능한 한 많은 부분을 시장의 압력으로부터 **분리**할 것을 뜻한다. 즉 탈상품화이다.

오늘날, 모든 선진 자본주의국가와 다수의 개발도상국은 보편적인 정치적 권리를 누리고 있다. 이 국가들은 우리가 민주주의라고 부르는 것을 가지고 있다.[27] 그러나 우리의 일상생활을 지배하는 것의 대부분은 민주주의적 책무가 닿는 범위 밖에 놓여 있고, 민주주의 대신 자본 권력과 자본주의 경제의 명령에 지배받고 있다. 세계의 모든 정부가 매일같이 의도적으로 우리의 삶을 민주주의의 범위 밖으로 더욱더 몰아내어 시장 명령의 지배를 받도록 만드는 것은 우리 시대의 역설 중 하나이다. 전에는 보호받던 사회서비스까지 시장이 침범해 왔다.[28] 상품화의 심화는 민주적 통치의 범위를 축소했을 뿐만 아니라, 불평등과 그로 인한 모든 사회적 문제를 증가시키는 결과를 낳았다.[29]

민주주의가 권력(어떻게, 누구에 의해, 무엇에 관해 행사되는가)과 어떠한 관련이 있다면, 민주주의는 현재로서는 그것이 미치지 못하는 모든 범위의 인간활동을 포함하도록 새롭게 정의되어야 한다. 그리고 민주주의가 전제적 권력을 **견제**하는 것과 관련이 있다면, 민주주의는 국가권력뿐만 아니라 '경제적' 영역에 잠복하고 있는 전제적 권력 형태에도 맞서는 권리와 자유의 행사를 수용해야 한다. 자본주의적 민주주의에서 우리의 자유는 국가의 행동보다 시장의 경제적 명령에 의해 훨씬 더 제약받고 있으며, 시장은 민주적 책무를 지지 않고 있다. 민주주의는 최소한, 우리가 국가의 '자유'를 견제하듯 경제의 '자유' 역시 견제함으로써 우리의 자유를 보호할 것을 요구한다.

'부르주아 민주주의'의 원리, 즉 자유주의적 권리와 자유가 자본주의에 의해 그것들이 배제된 경제적 영역으로까지 확장된다면, 예컨대 현재 사회

---

27 미국과 같은 사회에서 형식적 민주주의조차 어느 정도로 실패하고 있는지에 관해서는 다음을 보라. N. Wood, *Tyranny in America: Capitalism and National Decay*(London: Verso, 2004).

28 예컨대 영국의 국가보건서비스(National Health Service)는 신노동당을 시작으로 해 점차 시장 원리에 종속되고 있다. 미국에서는 의료 개혁이 민간보험사에 더욱 힘을 실어줌으로써, 시장의 지배력을 강화해 주었다.

29 사회적 불평등이 미치는 전반적인 악영향에 관해서는 다음을 보라. R. Wilkinson and K. Pickett, *The Spirit Level: Why Greater Equality Makes Societies Stronger*(New York: Bloomsbury Publishing, 2011).

적·경제적 권리로 불리는 것이 자유민주주의의 시민적·정치적 권리 못지 않게 기본 권리로 다루어진다면, 이는 민주주의의 중대한 진보가 될 것이 다. 그러나 아무리 '규제'한다고 해도, 시장을 그 본성이 내리는 명령이 아닌 다른 원리에 의해 작동하도록 강제할 수 있다는 가능성에 환상을 품어서는 안 된다. 시장이 지배적인 곳이라면 어디든, 이윤 극대화의 압력도 지배적 일 것이다. 권리와 자유를 그것들이 배제된 경제적 공간으로 확장하기 위해 서는 기초적인 특정 재화와 용역의 공급이 이윤 극대화에 의존하지 않아야 한다. 다시 말해, 민주주의의 확장은 탈상품화를 요구한다. 그러나 진정으 로 민주적인 '경제', 즉 권력이 진정으로 인민에게 속한 경제는 정의상 자본 주의의 종언을 뜻할 것이다.

참고문헌

Aristotle(1946), *The Politics of Aristotle*, London: Oxford University Press.

Draper, Hal(1986), *Karl Marx's Theory of Revolution, Volume III: The 'Dictatorship of the Proletariat'*, New York: Monthly Review Press.

Gelman, Andrew, Kenworthy, Lane, and Su, Yu-Sung(2010), 'Income Inequality and Partisan Voting in the United States', *Social Science Quarterly*, 91(5): 1203~1219.

Geras, Norman(1985), 'The Controversy about Marx and Justice', *New Left Review*, 150: 47~85.

Hamilton, Alexander, Madison, James, and Jay, John(1961), *The Federalist Papers*, New York: New American Library.

Kennedy, Geoff,(2008), *Diggers, Levellers, and Agrarian Capitalism: Radical Political Thought in Seventeenth Century England*, Lanham: Lexington Books.

Mandel, Ernest(1969), 'On Workers' Democracy', *The Militant*, 33~34(22 August): 6~7.

Marx, Karl(1975), *Economic and Philosophic Manuscripts of 1844*, MECW, vol.3, pp.229~346.

_____(1975), 'On the Jewish Question', MECW, vol.3, pp.146~174.

_____(1979), *The Eighteenth Brumaire of Louis Bonaparte*, MECW, vol.11, pp.99~209.

_____(1989), *Critique of the Gotha Programme*, MECW, vol.24, pp.75~99.

_____(1998), *Capital*, volume III, MECW, vol.37.

Marx, Karl, and Engels, Frederick(1976), *Manifesto of the Communist Party*, MECW, vol.6, pp.477~519.

Mill, John Stuart(1978), *On Liberty*, Indianapolis: Hackett Publishing Co.

Thompson, E.P.(1968), *The Making of the English Working Class*, Harmondsworth: Penguin.

Wilkinson, Richard G., and Pickett, Kate(2011), *The Spirit Level: Why Greater Equality Makes Societies Stronger*, New York: Bloomsbury Publishing.

Wood, Ellen Meiksins(1986), *The Retreat from Class: A New 'True' Socialism*, London: Verso.

_____(1995), *Democracy against Capitalism*, Cambridge: Cambridge University Press.

Wood, Neal(2004), *Tyranny in America: Capitalism and National Decay*, London: Verso.

4 프롤레타리아트
마르셀 판 데르 린덴

4.1 혁명의 주체

20대 중반에, 마르크스는 프롤레타리아트만이 자본주의를 넘어설 수 있는 유일한 사회세력이라는 결론에 도달했다. 그는 「헤겔 법철학 비판을 위하여(A Contribution to the Critique of Hegel's Philosophy of Right)」(1844)에서 프롤레타리아를 다음과 같이 특징짓는다.

> 시민사회의 계급(a class of civil society)이 아닌 시민사회 내의 한 계급(a class in civil society), 모든 신분의 해체인 한 신분, 자신의 보편적 고통 때문에 보편적 성격을 지니고 있고 **특수한 부당함**이 아니라 **부당함 그 자체**가 그들에게 자행되기 때문에 어떤 **특수한 권리**도 요구하지 않는 한 영역이다.

프롤레타리아는 "인간성의 **완전한 상실**이고 따라서 **인간성의 완전한 회복**에 의해서만 자기 자신을 쟁취할 수 있는" 기존 사회에 대한 "전면적인 대립"이다.[1]

1　K. Marx, 'A Contribution to the Critique of Hegel's Philosophy of Right: Introduction',

서서히 프롤레타리아트 자기해방의 본질이 마르크스에게 분명해졌다. 『독일 이데올로기』(1845~1846)에서 그는 부르주아사회의 폐지는 모든 생산력의 집단적 전유를 요구할 것이라고 주장했다. 이는 다음을 통해서만 가능하다.

> 한편으로는 지금까지의 생산양식, 교류 양식, 사회구조의 힘이 전복되고, 다른 한편으로는 프롤레타리아트의 보편적 성격이 발전되며, 전유의 관철에 필요한 프롤레타리아트의 에너지가 발양되고, 더욱이 프롤레타리아트가 지금까지의 사회적 지위로 말미암아 아직까지 그에게 남아 있던 모든 것을 제거해 버리는 혁명이다.[2]

마르크스의 이러한 구절들은 적어도 네 가지 추세를 분명히 한다. **첫째**, 계급과 계급투쟁의 개념이다. 이는 18세기의 논쟁으로 거슬러 올라간다. 1789년 프랑스혁명 이전의 수십 년 동안, 케네, 튀르고 등의 사회 분석가들은 두세 개의 사회계급을 구분하기 시작했다. 같은 시기에 영국에서도 흄, 퍼거슨 등이 유사한 구별을 발전시켰다. 이러한 사회계급의 발견에 대한 한 가지 가능한 설명은 무역 순환의 확장과 결합된 국민국가의 성장, 그리고 이로 인한 소득 차이의 증가이다. 더불어 제조업자와 공장의 부상은 점차적으로 장인과 다른 숙련 노동자들이 스스로 독립적인 사업가가 되는 것을 불가능하게 만들었다. 이전의 프랑스와 영국의 작가들과 마찬가지로, 초기의 마르크스는 '계급'과 '신분'을 구분하지 않았다. 예를 들어, 『헤겔 법철학 비판(Critique of Hegel's Philosophy of Right)』에서, 프롤레타리아트는 여전히 하나의 '신분'으로 불렸다. 그러나 이러한 혼동은 오래 지속되지 않았다. 『철학

MECW, vol.3, p.186.

2   K. Marx and F. Engels, *The German Ideology*, MECW, vol.5, p.88.

의 빈곤(The Poverty of Philosophy)』(1847)에서 프롤레타리아트는 이미 '계급'
이 되었다.

둘째, 마르크스는 아마도 로렌츠 폰 슈타인(Lorenz von Stein, 1815~1890)에
게 영향을 받았던 것 같다. 로렌츠 폰 슈타인은 1842년에 『현대 프랑스의
사회주의와 공산주의』라는 책을 출판하는데, 이는 많은 부분에서 마르크스
계급 이론의 전조가 되었다. 폰 슈타인의 생각에는 떠오르는 산업 사회가
노동자를 없애기 힘든 적의 있는 존재로 만들거나, 둔한 도구나 비굴한 부하
로 변형시켰다. 그는 개인 재산 및 세습 재산을 이러한 노동계급 쇠퇴의 근
본 원인으로 여겼는데, 그 이유는 이로 인해 일부는 지배적인 권력을 갖게
된 반면 다른 이들은 부자유를 얻었기 때문이다.[3] 이러한 관찰을 통해, 폰
슈타인은 역사유물론의 몇 가지 주요한 주장의 전조가 되었지만, 다음의 점
에서 차이가 있었다.

> 마르크스와는 달리, 그는 사회적 모순을 궁극적으로 해결할, 피할 수 없는 프롤
> 레타리아 혁명을 상정하지 않았다. 그 대신에 그는 마르크스가 상상한 계급 양
> 극화를 막는 방식으로 국가가 경제적 자원의 분배를 지도하는 근본적으로 개량
> 주의적인 정치 전략을 제안했다.[4]

셋째, 마르크스는 1844년 슐레지엔 방직공들의 반란에 깊은 감명을 받았
다. 「기사 '프로이센 왕과 사회개혁. 한 프로이센인이'에 대한 비판적 평주들
(Critical Notes on the Article: "The King of Prussia and Social Reform. By a Prussian")」[5]

---

3   L. von Stein, *Der Socialismus und Communismus des heutigen Frankreichs. Ein Beitrag
     zur Zeitgeschichte*(Leipzig: Wigand, 1842), Part I.

4   J. Singelmann and P. Singelmann, 'Lorenz von Stein and the Paradigmatic Bifurcation
     of Social Theory in the Nineteenth Century', *British Journal of Sociology*, 37(3) (1986),
     431.

에서, 마르크스는 다음과 같이 지적했다. 슐레지엔 방직공들의 반란에서,

프롤레타리아트는 지체 없이 사적 소유 사회에 대한 자신들의 반대를 눈에 띄고, 예리하고, 제한 없고, 강력한 태도로 선언하고 있다. 슐레지엔의 봉기는 바로 프랑스와 영국의 노동자 봉기들이 **끝나는** 그 지점에서, 프롤레타리아트의 본질에 대한 의식을 갖고 **시작된다.** 그 행동 자체가 이러한 **우월한** 성격을 갖고 있다. 그 행동에 의해서 노동자의 경쟁자인 기계뿐 아니라 소유의 권원인 **회계 장부도** 파손되었다. 또한 다른 모든 운동은 우선 눈에 보이는 적인 **산업주**들에게만 대항했던 반면에, 이 운동은 동시에 은폐되어 있는 적인 은행가들에게도 대항하고 있다.

로빈 블랙번(Robin Blackburn, 1940~)[6]은 이 기사의 많은 부분이 "여전히 오래된 철학 용어로 쓰여 있으며, 독일 혁명의 본질에 관한 논의를 다루고 있다. 그러나 마르크스는 방직공들의 반란을 통해 프롤레타리아트는 혁명의 '능동적 행위자'라고 결론 내렸다"라고 올바르게 보고 있다.

네 번째이자 마지막으로, 엥겔스는 1845년에 『영국 노동계급의 상태: 개인적인 관찰과 확실한 출전들에 의거하여(The Condition of the Working Class in England: From Personal Observation and Authentic Sources)』를 출간했다. 그 자신이 맨체스터 섬유 산업에 근거를 둔 엥겔스는 어떻게 제조업이 "소수의 손에 재산을 집중화"하는지, 이에 따라 어떻게 노동인구가 집중화하는지 시사했는데, 이는 "제조업체가, 적절한 규모의 공장의 경우에, 많은 노동자들이 하나의 건물에서 함께 고용되어 서로 가까이 살며 그들 스스로의 마을을 형

---

5   K. Marx, 'Critical Notes on the Article: "The King of Prussia and Social Reform. By a Prussian"', MECW, vol.3, p.201.

6   R. Blackburn, 'Marxism: Theory of Proletarian Revolution', New Left Review, 97: 6 (1976).

성하기를 요구"하기 때문이다.[7]

종합하자면, 이러한 영향은 마르크스가 인간 역사를 계급투쟁의 역사로 분석하게끔 했는데, 이 계급투쟁의 역사는 모든 계급투쟁을 끝낼 계급투쟁, 즉 프롤레타리아 혁명으로 절정에 달할 것이다. 마르크스의 접근 방식은 우리가 역사 발전과 급진 정치를 사고하는 방식을 영구히 바꿔놓았다. 마르크스는 그의 혁명이론의 많은 중요한 요소들이 다른 사람들에 의해 이미 제시되었다는 것을 인정하는 데 주저함이 없었다. 1852년, 그는 요세프 바이데마이어(Joseph Weydemeyer, 1818~1866)에게 다음과 같이 편지를 썼다.

> 나에 관해서 말한다면, 나는 현대사회에서의 계급의 존재를 발견했다고도, 그 계급들 사이의 투쟁을 발견했다고도 주장하지 않습니다. 부르주아 역사가들은 나보다 훨씬 앞서 이러한 계급투쟁의 역사적 발전을 서술했고, 부르주아 경제학자들은 이 계급의 경제적 해부학을 서술했습니다. 내 스스로의 공헌은 다음의 것들을 보여준 것입니다. ① 계급의 **존재**는 생산의 **특정한 역사적 발전 단계**와 연결되어 있을 뿐이라는 것, ② 계급투쟁은 필연적으로 프롤레타리아 **독재**로 귀결된다는 것, ③ 이러한 독재 자체는 단지 **모든 계급의 폐지**와 **계급 없는 사회**로의 이행을 이룰 뿐이라는 것입니다.[8]

4.2 프롤레타리아트 정의 내리기

마르크스는 초기 저작에서나 후기 저작에서나 '노동계급'이라는 용어를

---

7   F. Engels, *The Condition of the Working Class in England: From Personal Observation and Authentic Sources*, MECW, vol.4, p.325.

8   'K. Marx to J. Weydemeyer, 5 March 1852', MECW, vol.39, pp.62, 65.

자주 사용하지 않았다. 그는 프롤레타리아트라는 개념을 선호했는데, 이는 기원전 6세기쯤 생겨난 고대 로마의 개념이다. 이는 상대적으로 규모가 크지만 잘 정의되지 않는, 자유롭고 가난한 시민 집단을 말한다. 이들의 후손[proles]은 제국에 군인으로서 복무했을지도 모른다.[9]

18세기 말과 19세기 초에 '프롤레타리아트'라는 단어가 다시 등장했다. 처음에는 명예뿐만 아니라 재산도 없는 사람들의 신분을 묘사하는 일반적인 의미로 사용되었다. 노동자들은 이 무정형의 덩어리에서 일부일 뿐이었다. 프랑스 귀족 아돌프 그라니에 드 카사냐크(Adolphe Granier de Cassagnac)가 1830년대에 쓴 글에 따르면, 프롤레타리아트는 '노동자, 거지, 도둑, 매춘부'의 네 집단으로 구성된 '가장 낮은 지위, 가장 낮은 사회계층'이다.

> 노동자는 생계를 위해, 임금을 벌기 위해 일하므로, 프롤레타리아트이다. 거지는 일하고 싶어 하지 않거나 일할 수 없는, 생계를 위해 구걸하는 프롤레타리아트이다. 도둑은 일하거나 구걸하고 싶어 하지 않는, 생계를 위해 도둑질하는 프롤레타리아트이다. 매춘부는 일도, 구걸도, 도둑질도 하고 싶어 하지 않는, 생계를 위해 몸을 파는 프롤레타리아트이다.[10]

몇 년 후, 하인리히 빌헬름 벤센(Heinrich Wilhelm Bensen, 1798~1863)은 프롤레타리아트를 7개의 범주로 구분했다. 세 그룹의 노동자와는 별도로, 그는 '공적 자금의 지원을 받지 못하는 빈민', '하급 군인', '집시, 매춘부, 강도 등', '종교적·세속적 기원의 하찮은 하인들'에게도 주목했다.[11]

---

9   R. Zaniewski, *L'Origine du prolétariat romain et contemporain. Faits et théories*(Louvain and Paris: Editions Nauwelaerts and Beatrice Nauwelaerts, 1957), pp.15~53.

10   A. Granier de Cassagnac, *Histoire des classes ouvrières et des classes bourgeoises* (Paris: Desrez, 1838), p.30.

11   H.W. Bensen, *Die Proletarier. Eine historische Denkschrift*(Stuttgart, 1847), p.344.

점점 양자택일이 이루어져야 하는 두 가지 결과로의 분화가 이루어졌다. 노동자들은 자신이 프롤레타리아가 아니라 별도의 계급이나 신분이라고 선언하거나, 아니면 자신을 프롤레타리아트와 동일시하며 이전에 프롤레타리아로 여겨진 다른 집단들을 프롤레타리아트로서 '부족하거나' '다르다고' 보기 시작했다. 마르크스 및 엥겔스와 관련을 맺고 있던, 런던의 독일 공산주의 노동자들은 두 번째 결과를 선호했다. 마르크스와 엥겔스가 이 노동자들을 위해 일반적인 논의에 기초해 쓰도록 지시받은 『공산당 선언』에서, "현대 노동계급 ― 프롤레타리아트"[12]는 하나의 통일체로 나타난다. 도둑, 거지, 매춘부는 이제 더 낮은 계층인 룸펜프롤레타리아트로 평가절하되었다.

'위험한 계급', 사회의 쓰레기, 낡은 사회 최하층의 이 수동적 부패물은 여기저기에서 프롤레타리아 혁명에 의해 운동에 끌려들어 오는 일도 있으나, 그들의 생활 조건으로 말미암아 반동적 음모에 매수되는 것을 더 마음 내켜 하게 된다.[13]

이러한 하층계급의 '부도덕한' 부문의 제외는 추가적인 구분과 결합되어 있다. 마르크스에게 있어, 노예(chattel slaves)가 프롤레타리아트에 속하지 않는다는 것은 자명했다. 매우 일찍부터, 이미 유럽 노동운동은 노예적 계약에 묶인 형제자매들과 거리를 두었다. E.P. 톰슨[14]이 노동계급의 성격을 가진 "새로운 종류의 조직"이라고 부른, 그 유명한 런던통신협회(London Corresponding Society, LCS)는 1792년에 산토도밍고(Saint-Domingue)에서의 노예 혁

---

12 K. Marx and F. Engels, *Manifesto of the Communist Party*, MECW, vol.6, p.490.

13 Marx and Engels, *Manifesto of the Communist Party*, p.494. 매우 흥미롭게도, 『자본』 1권에서 마르크스는 암시적으로 카사냐크의 분류를 언급했고, "부랑자, 범죄자, 매춘부, 한마디로 '위험한' 계급들"에 대해 이야기했다. K. Marx, *Capital*, volume I, MECW, vol.35, p.637.

14 E.P. Thompson, *The Making of the English Working Class*(London: Victor Gollancz: 1963), p.23.

명의 영향 아래 유권자를 재정의했다. 그해 초에, 런던통신협회는 '흑인이든 백인이든, 지위가 높든 낮든, 부자이든 빈민이든' 모든 사람의 평등을 선언했지만, 8월이 되자 '흑인이든 백인이든'은 협회의 의제에서 사라졌고, 카리브해의 소식은 곧 영국제도에 도착했다. "그러므로 인종은 영국의 많은 사람들에게 까다롭고 위협적인 주제가 되었고, 런던통신협회의 지도부는 이제 그 주제를 피하고 싶어 한다."[15] 마르크스는 이후에 노예제도를 비록 "이는 단지 그것이 다른 지점에서는 존재하지 않기 때문이기는 하지만" "부르주아 생산 체제 내의 개별 지점에서 존재할 수 있는" "부르주아 체제 그 자체와 관련된 변칙"으로 축소시켰다.[16]

마르크스는 마찬가지로 프롤레타리아트를 프티부르주아지로부터 구별했다. 『공산당 선언』은 "오늘날 부르주아지와 대립하고 있는 모든 계급들 중에서 오직 프롤레타리아트만이 참으로 혁명적인 계급이다. 다른 계급들은 현대 산업 앞에서 쇠퇴하고 마침내 사라진다"라고 선언했다.[17]

> 소공업가·소상인·수공업자·농민, 즉 하층 중간계급은 중간계급의 일부로서 자신의 존재를 멸종으로부터 지켜내기 위해 부르주아지에 맞서 투쟁한다. 따라서 혁명적이지 않고 보수적이다. …… 만약 그들이 뜻밖에 혁명적이라면, 임박한 프롤레타리아트로의 이행을 목도하는 경우에 한해서인데 …… 그들은 프롤레타리아트의 입장에 서기 위해 그들 자신의 입장을 포기한다.[18]

---

15 P. Linebaugh and M. Rediker, *The Many-Headed Hydra: Sailors, Slaves, Commoners, and the Hidden History of the Revolutionary Atlantic*(Boston: Beacon Press, 2000), p. 274.

16 K. Marx, 'Outlines of the Critique of Political Economy[*Grundrisse*]. First Instalment', MECW, vol. 28, p. 392.

17 Marx and Engels, *Manifesto of the Communist Party*, p. 494.

18 같은 책.

그러므로 프롤레타리아트의 경계는 모든 면에서 제한되었다. 계급투쟁은 주로 자본가, 지주, 임금노동자 사이에서 벌어지는 것으로 보인다. 다른 중간계급들은 역사적으로 덜 중요하고 독립적인 정치적 역할을 하지 않는다. 그들은 "현대 산업 앞에서 쇠퇴하고 마침내 사라진다".[19] 후기 저작들에서, 마르크스는 이러한 명제를 더 입증하려고 노력했다. 그의 정치경제학 비판은 부분적으로 프롤레타리아트의 역사적 성격과 사회적 경계의 윤곽을 가능한 한 정확하게 그리려고 한 시도였다. 『자본』 1권에서, 마르크스는 마침내 순수한 프롤레타리아를 "자유인으로서 자신의 노동력을 자신의 상품으로 처분할 수 있고", "다른 한편 노동력 이외에는 상품으로 판매할 다른 어떤 것도 가지고 있지 않은" 노동자로 정의한다.[20]

마르크스에 따르면, 계속 진행 중인 자본축적 과정은 이중의 의미에서 자유로운 노동자의 수를 절대적으로도 상대적으로도 증가시킬 것이다. 자본이 커질수록 더 많은 노동자를 필요로 하기 때문이다. "따라서 자본의 축적은 프롤레타리아트의 증식이다."[21] 자본주의 생산은 "임금노동자 계급을 점점 증가하는 규모로 재생산하며, 다수의 직접적 생산자들을 임금노동자로 전환시키고 있다".[22] 프롤레타리아트는 "인구의 모든 계급에서 모집된다".

중간계급의 낮은 계층들, 소공업가, 소상인, 금리 생활자, 수공업자, 농민, 이 모든 계층들은 점점 프롤레타리아트로 전락하는데, 이는 부분적으로는 그들의 소자본이 현대 산업이 이루어지는 규모에 충분하지 않고 대자본가와의 경쟁을 이겨내지 못하기 때문이며, 부분적으로는 그들의 전문 기술이 새로운 생산방식으

---

19   같은 책.

20   Marx, *Capital*, volume I, p.179.

21   Marx, *Capital*, volume I, MECW, vol.36, p.609.

22   K. Marx, *Capital*, volume II, MECW, vol.36, p.40.

로 인해 쓸모없게 되기 때문이다.[23]

결과적으로, 혁명적 변화의 바로 그 순간이 다가올수록, 자본주의사회는 점점 더 두 개의 거대한 적대적인 진영으로 분열될 것이다.

여기에서 마르크스의 프롤레타리아트에 대한 범위 설정이 항상 그의 정치경제학 비판으로부터 논리적으로 나온 것은 아니라는 주장이 제기된다. 도덕적 충동, 정치적 숙고, 희망 사항이 아마도 그의 고려에서 중요한 역할을 했을 것이다. 따라서 역사적 사실이 부정될 수밖에 없는 등 심각한 모순이 불가피했다. 룸펜프롤레타리아트와 노예의 예시는 이 주장을 강화할 것이다.

4.3 룸펜프롤레타리아트 제외하기

'룸펜프롤레타리아트'는 고대 로마제국에 대해 논한 마르크스와 엥겔스의 초기 저작들에서 처음으로 등장한다. 이 개념은 『독일 이데올로기』(1845~1846)에서 '자유민과 노예 사이의 중간에서 와자지껄한 프롤레타리아 폭도(룸펜프롤레타리아트) 이상이 되는 데 결코 성공한 적이 없는' 고대 로마의 평민(Plebeians) 문제를 논하는 구절에서 처음으로 등장한다.[24] 그러나 현대의 개념으로서의 룸펜프롤레타리아트는 마르크스가 프랑스의 혁명적이고 반혁명적인 경향을 분석한 1848~1851년에 처음으로 등장한다. 마르크스는 바리케이드 양쪽 노동자들의 행동과 반응을 보고 충격을 받았다. 이는 마르크스가 좋은 편에 있는 사람들을 '진정한' 프롤레타리아로 가치 있게 평가하

---

23 Marx and Engels, *Manifesto of the Communist Party*, p.494.
24 Marx, *The German Ideology*, p.84.

고, 잘못된 편에 있는 사람들을 가짜-프롤레타리아라고 평가절하하는 식으로만 설명할 수 있는 명백한 부조리였다.[25]

1851년에 노동자들이 또다시 분열되어 그들 중 일부는 루이 보나파르트(Louis Bonaparte, 1808~1873)를 지지했을 때, 마르크스는 그의 분석에 대한 몇 가지 정당성을 찾아냈다. 『루이 보나파르트의 브뤼메르 18일』(1851~1852)에서, 그는 귀족 혈통의 "타락한 난봉꾼"과 "부르주아지의 몰락한 모험적 분파"뿐만 아니라 다음의 집단도 룸펜프롤레타리아트에 포함했다.

> 부랑자, 제대군인, 전과자, 탈출한 갤리선 노예, 불한당, 사기꾼, 유랑 거지, 소매치기, 야바위꾼(tricksters), 노름꾼, 매춘 알선업자(maquereaus), 포주(brothel keepers), 짐꾼, 지식인(literati), 손풍금 연주자, 넝마주이, 칼 가는 사람, 땜장이, 거지 — 요컨대 프랑스말로 보헤미아인(la bohème)인, 여기저기 던져져 뿔뿔이 흩어진 명확히 규정되지 않는 대중 전체이다.[26]

이러한 정의는 마르크스가 룸펜프롤레타리아라는 개념을 통해 정확히 어떠한 사회집단을 의미하려고 했는지에 대한 분석적이고 경험적인 질문을 낳는다. 그는 다음의 다양한 집단들을 함께 묶으려 시도했던 듯하다.

---

25   이것은 확실한 모순으로 이어졌다. '잘못된' 노동자들은 프롤레타리아**이기도 했고** 프롤레타리아가 **아니기도 했다**. 드레이퍼는 이를 지적하며, "룸펜프롤레타리아트를 프롤레타리아트의 일부로 간주해야 하는지 아닌지의 문제에 대한 확실한 모순"을 언급했다. H. Draper, 'The Concept of the "Lumpenproletariat" in Marx and Engels', *Economies et Sociétés*, VI(12): 2294(1972). 예를 들어 『1848년에서 1850년까지 프랑스에서의 계급투쟁(The Class Struggles in France, 1848 to 1850)』(1850)에서, 반혁명적인 기동 근위대가 "대부분 모든 대도시에서 산업 프롤레타리아트와 뚜렷이 구별되는 대중을 구성하는 룸펜프롤레타리아트에 속한다"는 것을 읽을 수 있다. 그러나 불과 몇 줄 아래에서, 마르크스는 "파리 프롤레타리아트는 그들 자신들 중에서 뽑힌 군대와 직면했다"라고 썼다. K. Marx, *The Class Struggles in France, 1848 to 1850*, MECW, vol.10, p.62.

26   K. Marx, *The Eighteenth Brumaire of Louis Bonaparte*, MECW, vol.11, p.149.

① 추방당한 농민

공산당 선언은 "낡은 사회의 최하층으로부터 내던져진 수동적 부패물"에 대해 논한다.[27] 아마도 이는 인클로저(enclosure)나 다른 수단에 의해서 생존 수단을 빼앗겨 도시로 이주한, 그리하여 현대 프롤레타리아트의 미숙련 부분이 된 전직 농민들에 대한 언급일 것이다. 만약 이것이 마르크스가 의미한 바라면,

> 룸펜프롤레타리아보다는 오히려 프롤레타리아가 되고 있는 최근의 전직 농민의 차이점은 생산수단에 대한 관계보다는 태도의 문제인 것 같다. 프롤레타리아는 노동력을 파는 것을 좀 더 감수하게 되었다. 추방당한 농민들은 또한 '확실한 직업이 없는 사람, 부랑자, 집도 없고 인가도 없는 사람들(gens sans feu et sans aveu)'로 특징지을 수 있지만, 이러한 이들은 시간이 지나면서 프롤레타리아로 변해갈 것으로 예상된다.[28]

② 추방당한 프롤레타리아

두 번째 집단은 생존 수단이 없는 도시 노동자, 직업을 잃거나 일자리를 찾기에는 너무 늙거나 아픈 남성 및 여성으로 구성되어 있다. 물론 마르크스가 이 집단을 『자본』에서 룸펜프롤레타리아에 포함시키지 않았다는 것은 사실이지만,[29] 장기 실업자들과 생존의 최저 수준에 있는 다른 프롤레타리아들이 범죄와 매춘에 의존했다고 추정한 듯하다. 카울링이 다음과 같이 말하는 것은 정당하다.

---

27 Marx and Engels, *Manifesto of the Communist Party*, p.494.

28 M. Cowling, 'Marx's Lumpenproletariat and Murray's Underclass: Concepts Best Abandoned?' in M. Cowling and J. Martin(eds.), *Marx's Eighteenth Brumaire: (Post) Modern Interpretations*(London: Pluto Press, 2002), p.230.

29 Marx, *Capital*, volume I, pp.637~638.

마르크스는 한 산업 분야에서 쫓겨난 프롤레타리아가 다른 산업 분야에서 일자리를 찾는 것이 얼마나 쉬운지에 대해 모호한 태도를 보인다. 기계의 단순한 부속품으로서의 노동자에 대한 그의 일부 글은 노동자가 한 기계의 부속물에서 다른 기계의 부속물로 쉽게 전환될 수 있음을 시사한다. 반면에 사람들이 한 기계에 의해 너무 왜곡되어 다른 기계와 함께 일하기에 적합하지 않다는 암시도 있다. 게다가 공장 생활을 받아들이는 데 문제가 있어서, 어릴 때 공장 생활을 시작해야 할지도 모른다. 다른 공장으로 옮기는 것은 그렇게 어렵지 않을 수 있음에도 말이다. 아마도 이러한 모호함은 19세기 중반의 실생활과 일치할 것이다. 한 공장에서는 더 많은 훈련이 이루어지거나 더 심하게 사람을 왜곡할 수 있으며 또는 다른 공장보다 더 조건이 열악할 수 있다. 통제에 대한 요구는 때때로 다른 때보다 더 클 것이다. 어떤 어려움도 일부 프롤레타리아를 룸펜으로 이끌 것이 확실하다.[30]

③ 자영업자

마르크스의 세 번째 범주는 "짐꾼, 지식인, 손풍금 연주자, 넝마주이, 칼가는 사람, 땜장이"로 구성된다.[31] 이 집단은 공통적으로 자영업을 하는데, 그들의 직업은 무면허이다. 비슷하게, 실업자가 이러한 활동을 자주 행하는지 궁금할 수 있다. 역사 연구는 그렇다고 입증한다.[32]

④ 의심스러운 직업들

마지막으로 사기꾼, 야바위꾼, 노름꾼, 포주, 매춘부가 있다. 그들을 하나로 묶는 것은 노동관계의 특정 유형이 아니라 그들이 하는 일의 부도덕한 성

---

30 Cowling, 'Marx's Lumpenproletariat and Murray's Underclass', p.231.

31 Marx, *The Eighteenth Brumaire*, p.149.

32 예를 들어, G.S. Jones, *Outcast London: A Study in the Relationship between Classes in Victorian Society*(Oxford: Clarendon Press, 1971), part I을 참조하라.

격일 것이다. "여기서 벌어지고 있는 일은 마르크스가 일종의 진지한 사회 분석 또는 사회주의적 분석에 관여하고 있기보다는 룸펜프롤레타리아트를 덜 믿음직스러워 보이게 만드는 널리 퍼진 혐오를 퍼뜨리는 여러 가지 직업을 포함하고 있다는 것으로 보인다."[33]

이러한 추론과는 별도로, 마르크스 분석의 복잡성만으로도 몇 가지 경험적인 이의가 제기된다. 역사사회학자 마크 트로곳(Mark Traugott, 1947~)은 1848년 '룸펜프롤레타리아' 기동 근위대의 (3845명으로 구성된) 6개 대대를 주의 깊고 자세하게 연구했다. 그의 결론에 따르면, 바리케이드의 잘못된 쪽 노동자의 사회적 구성은 마르크스의 룸펜프롤레타리아 가설을 입증해 주지 않는다.

먼저, 스스로 보고한 직업이 우리에게 무엇인가 말해준다면, 그것은 기동 근위대가 상대적으로 높은 수준의 기술과 훈련을 필요로 하는 장인 직종에 속하는 노동자를 주축으로 구성되었다는 점이다. 이는 룸펜프롤레타리아트의 묘사에 맞는 직업이 산재하는 것을 부정하는 것이 아니다. 만약 기동근위대가 자신의 이전 직업을 매춘 알선업자, 거지, 도둑으로 적지 않았다면, 당연히 소수의 떠돌이 행상인, 한 명의 넝마주이, 여러 명의 거리의 악사들, 마술사, 사기꾼, 수많은 '무직'이 발견될 것이다. 그러나 땜장이, 고철상, 시장 짐꾼, 모든 종류의 지식인을 포함하는 룸펜프롤레타리아의 광의의 정의를 채택하더라도, 그러한 이들은 83명, 전체 표본의 3퍼센트에 불과하다.[34]

프랑스 상황에 대한 마르크스의 구체적인 분석은 오해의 소지가 있었다.

---

33   Cowling, 'Marx's Lumpenproletariat and Murray's Underclass', p. 232.

34   M. Traugott, *Armies of the Poor: Determinants of Working-Class Participation in the Parisian Insurrection of June 1848*(Princeton, NJ: Princeton University Press, 1985), pp. 76~77; P. Caspard, 'Aspects de la lutte des classes en 1848: le recruitement de la garde nationale mobile', *Revue historique*, 511: 81~106(1974)도 참조하라.

게다가 마르크스에 의해 룸펜프롤레타리아트로 간주된 사회집단은 확실히 항상 반동적이지는 않았다. 예를 들어 빅터 키어넌[35]의 주장에 따르면, 런던의 룸펜프롤레타리아트는 외견상 체념하고 있던 기간이 지난 후에 회오리바람처럼 들고 일어날 수 있었다. 그리고 일단 움직이면 그 행동은 "무엇보다도 대담성, 자발성, 임의적인 경계선 안에 새를 가둔 듯한 사회에 대한 무시, 법이 바보 같다는 유쾌한 신념"의 특징을 지녔다. 보통 이러한 투쟁의 물결은 "평범한" 노동자들의 시위를 뒤따라 일어났다. "평소 직업이 있는 사람들이 실직으로 극심한 고통을 받고 반란의 징후를 보였을 때, 낙오자들이 합류했고 더 나아갔을지도 모른다." 더 일반적으로는, "룸펜프롤레타리아"가 종종 사회적 투쟁의 원동력이 되었다.[36] 물론 이것이 때때로 암시하는 것처럼 그들을 새로운 전위로 만드는 것은 아니다.[37] 그러나 이는 '룸펜프롤레타리아트'가 분석적인 범주가 아니라 도덕적인 범주임을 강조한다.[38]

이 개념의 유지 불가능성은 특히 남반구 세계에서 분명해진다. 빅 앨런이 정확하게 주장했다.

높은 비율의 노동계급이 겨우 연명하는 것은 일반적이고, 남성·여성·아동이 전통적인 방식과 다른 대안적 생존 수단을 찾도록 내몰리는 사회에서, **룸펜프롤레타리아트**는 나머지 노동계급 대부분과 거의 구분되지 않는다.[39]

---

35   V. Kiernan, 'Victorian London — Unending Purgatory', *New Left Review*, 76: 82(1972).

36   F. Bovenkerk, 'The Rehabilitation of the Rabble: How and Why Marx and Engels Wrongly Depicted the Lumpenproletariat as a Reactionary Force', *The Netherlands Journal of Sociology*, 20(1)(1984), 13~41.

37   예를 들어 F. Fanon, *The Wretched of the Earth*(Harmondsworth: Penguin, 1967); P. Worsley 'Frantz Fanon and the "Lumpenproletariat"', *The Socialist Register* 1972: 193~230의 비판과 비교하라.

38   19세기 후반과 20세기 초에, '룸펜' 개념은 사회주의 우생학의 기초가 되었다. M. Schwartz, '"Proletarier" und "Lumpen": Sozialistische Ursprunge eugenischen Denkens', *Vierteljahrshefte für Zeitgeschichte*, 42: 537~570(1994).

'비공식 부문'과 같은 애매한 개념은 (반)프롤레타리아 가구가 생존을 보장하기 위해 다양한 활동을 겸하는 그런 사회적 조건의 표현이다.[40]

4.4 노예 제외하기

'자유' 임금노동과 노예제도의 대조는 마르크스의 모든 작품에서 반복되는 주제이다. 유럽 고대의 전문가이자 미국 남북전쟁의 동시대인으로서 마르크스는 노예제도 문제를 매우 잘 알고 있었다. 『자본』 1권은 1865년 미국에서 노예제도가 폐지된 지 2년 후, 브라질에서 노예제도의 폐지가 공식적으로 선언되기 21년 전에 출판되었다. 마르크스는 노예제도를 '자유' 임금노동이 자본주의적 미래를 구현함으로써 곧 과거의 일이 될 역사적으로 낙후된 착취 방식이라고 여겼다. 그는 여러 저서에서 이 두 가지 노동 형태를 비교했다. 그는 분명히 그들 사이의 유사점을 보았다. 둘 다 잉여생산물을 생산했고, "임금노동자도 노예와 마찬가지로 자기를 노동시키고 관리할 주인을 가져야만 한다".[41] 동시에 그는 그들이 공유하는 모든 공통의 경험을 가리는 몇 가지 차이점을 구별했다.

① 노동력의 소유권
마르크스에 따르면 노동력은

---

39   V. Allen, 'The Meaning of the Working Class in Africa', *Journal of Modern African Studies*, 10(2): 188.

40   예를 들어, J. Breman, *Wage Hunters and Gatherers: Search for Work in the Urban and Rural Economy of South Gujarat*(Delhi: Oxford University Press, 1994), pp.3~130을 보라.

41   K. Marx, *Capital*, volume III, MECW, vol.37, p.384.

노동력의 소유자인 개인이 그것을 팔기 위해 상품으로 내놓거나 판매할 때에만 시장에서 상품으로 나타난다. 노동력의 소유자가 노동력을 상품으로 판매하기 위해서는 노동력을 자유롭게 처분할 수 있어야 하고 자신의 노동 능력, 즉 인격의 자유로운 소유자여야 한다.[42]

미래의 임금노동자와 화폐 소유자는 "시장에서 만나 평등한 권리에 기반해 서로 거래하며, 그들의 차이는 한 명은 구매자이고 다른 한 명은 판매자라는 점뿐이다. 그러므로 둘 다 법의 관점에서는 평등하다".[43] 다시 말해 노동자는 노동력을 '소유'해야 하고 그들 스스로 시장에 상품으로 내놓아야 한다. 그러나 왜 그래야 하나? 노동자의 노동력이 시장에 공급되지만, 역사는 노동자들 스스로에 의한 것이 아닌 많은 사례를 제공한다. 아동의 부모나 보호자가 임금을 받는 아동노동은 한 가지 분명한 사례이다. 18세기와 19세기에 아메리카와 아프리카의 여러 지역에 살았던 고용 노예들이 또 다른 사례가 될 수 있다. 브라질의 한 연구는, 주인이 도시로 보내 임금을 벌게 한 [가냐도르(Ganhadores)라고 불리는] 노예들의 상황을 다음과 같이 설명하고 있다.

가냐도르는 일자리를 찾아 거리를 자유롭게 돌아다녔다. 노예를 노예 소유주 집밖 셋방에서 살게 하거나, 때로는 이전의 노예를 집 주인으로 삼아 살게 한 것은 일반적이진 않지만 흔한 관습이었다. 주인집에는 '일주일 치 지불'을 위해 돌아왔다. 즉 주인과 합의한 주간 (때로는 일간) 총액 지불만을 위해 돌아왔다. 그 금액을 넘는 모든 것은 가질 수 있었다.[44]

42   Marx, *Capital*, volume I, p.178.

43   같은 책.

44   J.J. Reis, "'The Revolution of the Ganhadores": Urban Labour, Ethnicity and the African Strike of 1857 in Bahia, Brazil', *Journal of Latin American Studies*, 29: 359(1997). 마르크스는 고용 노예의 존재를 알고 있었지만 이로부터 어떠한 이론적 결론도 이끌어내지

② 노동관계의 기간

마르크스에 따르면 '자유로운' 임금노동자와 노예 사이의 결정적 차이는 노동관계 기간이다. 임금노동자는

자신의 노동력을 단지 정해진 기간 동안만 판매해야 한다. 만약 그가 노동력을 한꺼번에 몽땅 판매한다면, 그는 그 자신을 팔게 되어 스스로를 자유인에서 노예로, 상품 소유자에서 상품으로 전환시킬 것이기 때문이다.[45]

일반적으로 이러한 거래(즉 소유권 변경이 없는 상품의 파편적 '판매')는 판매가 아니라 **임대**라고 불린다. 오래전부터 표현된 명백한 개념이다.[46] 판매와 임대 사이의 차이는 사소해 보이지만 그렇지 않다. 만약 A가 B에게 상품을 판매한다면, B는 A 대신에 소유자가 된다. 그러나 A가 B에게 상품을 임대한다면, A는 소유주로 남고 B는 단지 일정 기간 동안 상품을 사용할 수 있는 권리만을 갖게 된다. B는 상품의 용익권을 얻지만, 상품의 '실체'는 A에게 남아 있다.

임금노동이 노동력의 구매가 아니라 임대에 근거한다면, 임금노동자와 노예 사이의 중대한 차이는 노동력이 소외되는 "정해진 기간"이 아니다.[47] 노동력의 **임대**와 노동력의 **판매**가 별개이다. 왜 마르크스는 이를 인정하지

않았다. 예를 들어 Marx, *Capital*, volume III, p.464의 다음 구절을 보라. "노예제도하에서 노동자는 자본 가치, 즉 그의 구매 가격을 갖는다. 그를 고용할 때, 고용주는 우선 이 구매 가격에 대한 이자를 지불해야 하며, 추가로 자본의 연간 마모를 대체해야 한다."

45   Marx, *Capital*, volume I, p.178.

46   F. Oppenheimer, *Die soziale Frage und der Sozialismus. Eine kritische Auseinanderset-zung mit der marxistischen Theorie*(Jena: G. Fischer, 1912), p.120. 마르크스는 임금노동과 임대 과정 사이의 유사점을 보았다. 예를 들어, "노동력의 가격은, 주택의 임대료처럼 나중에 실현됨에도 불구하고, 계약에 의해 고정된다"는 그의 말을 비교해 보라. Marx, *Capital*, volume I, p.185.

47   Marx, *Capital*, volume I, p.178.

않았나? 아마도, 이를 인정하면 가치 창출이 다른 양상을 띠게 되기 때문일 것이다. 임금노동자 노동력의 실체(가치)는 자본가에 의해 전유되지 않고 노동자의 소유로 남게 될 것이다. 엥겔스는 주택 임대가 "이미 **존재하고 있는** 이전에 **생산된** 가치의 이전"이므로, "임대인과 임차인이 **함께** 소유한 가치의 총합은 이전과 동일하게 유지된다"라고 생각했다.[48] 이러한 주장에 따르면, 임금 관계가 임대의 형태라면 임금노동자는 잉여가치를 생산할 수 없을 것이다.

③ 고정자본 대 가변자본

노동관계의 기간이 임금노동자와 노예 사이의 주된 차이로 보이기 때문에, 전자는 가변자본에 해당하고 후자는 고정(불변)자본에 해당한다. 임금노동자가 체현하는 '자본 부분'은

자기 자신의 가치 등가물을 재생산하고 그 이상의 초과분, 즉 잉여가치를 생산하는데, 이 잉여가치는 주어진 상황에 따라 다소 그 크기가 다르다. 자본의 이 부분은 계속해서 불변의 크기에서 가변의 크기로 전환되고 있다. 그러므로 나는 이것을 자본의 가변 부분 또는 짧게 가변자본이라고 부른다.[49]

마르크스에 따르면, 노예는 경제적으로 소나 기계와 구별할 수 없다. "노예 소유주는 그의 말을 구매하는 것처럼 그의 노동자를 구매한다."[50] 노예의 구매 가격은 그의 자본 가치이고, 이는 수년에 걸쳐 감가상각되어야 한다.[51]

---

48   F. Engels, *The Housing Question*, MECW, vol.23, p.320.

49   Marx, *Capital*, volume I, p.219.

50   같은 책, p.272.

51   Marx, *Capital*, volume III, p.464.

그러나 '자본의 이 부분'이 상황에 따라 '많거나 적을' 수 있다는 이유로 임금노동만을 가변자본으로 정의하는 것이 어떻게 정당화될 수 있는가? 상품을 생산하는 노예노동에 대해서도 이는 사실이지 않은가? 노예 가격은 크게 변동할 수 있으며, 노예는 언제든지 팔릴 수 있다.

④ 가치와 잉여가치의 창출

임금노동자가 상품을 생산한다면, 그 상품은 '동시에 사용가치이자 가치'이며, 그러므로 '상품을 생산하는 과정은 노동과정이자 동시에 가치 창출 과정'이어야 한다.[52] 그러나 이는 사탕수수, 담배, 인디고를 재배하는 노예에 대해서도 마찬가지로 명백히 사실이다. 그들도 임금노동자들과 똑같이 상품을 생산한다. 그러므로 노예도 가치를 창출해야 한다. 마르크스는 이를 인정할 수 없었는데, 노예는 고정자본이고 오직 가변자본만이 가치를 창출할 수 있기 때문이다.

동시에 임금노동자의 노동력은 '자신이 가진 것보다 더 많은 가치'의 원천이다.[53] 왜냐하면

> 노동이 임금노동의 형태로, 생산수단이 자본의 형태로 이미 존재하기 때문이다. 즉 이 두 가지 필수적인 생산요소가 이러한 특수한 사회적 형태를 취하고 있기 때문에, 가치(생산물)의 일부가 잉여가치로 나타나게 되며, 이 잉여가치가 이윤(지대)으로서, 자본가의 이득으로서 나타나게 된다.[54]

다시 말하지만, 마르크스는 이것이 노예노동에 대해서는 사실이 아니라

---

52 Marx, *Capital*, volume I, p.196.

53 같은 책, p.204.

54 Marx, *Capital*, volume III, p.868.

고 생각했다. 노예 소유주는 그의 노예를 위해 현금을 지불했으며, 따라서 "노예노동으로부터의 수익은 단순히 이 구매에 투자된 자본에 대한 이자에 해당할 뿐이다".[55] 그러나 역사적으로 노예노동에 기반한 카리브해 설탕 농장은, 생산된 설탕이 농장주가 투자한 자본(지대, 노예의 감가상각, 사탕수수 압착기의 감가상각 등)보다 훨씬 많은 가치를 지녔기 때문에, 종종 뛰어난 수익성이 있었다. 정말로 임금노동만이 자신의 가치 등가물을 재생산하고 초과분의 가치(잉여가치)를 생산한다고 주장할 수 있는가? 아니면 노예도 '가치뿐 아니라 그 자신보다 많은 가치의 원천'인가?

⑤ 이윤율

마르크스에 따르면, 노동생산성의 지속적인 증가를 고려할 때 이윤율은 경향적으로 감소한다.

> 고용된 산 노동의 양이 그것에 의해 작동하는 대상화된 노동의 양에 비해, 즉 생산적으로 소비된 생산수단에 비해 지속적으로 감소하기 때문에, 지불되지 않은, 잉여가치에 응고된 산 노동의 부분 또한 투자된 총 자본에 해당하는 가치의 양에 비해 지속적으로 감소해야 한다.[56]

물론 이러한 발전의 끝 — 자본주의의 붕괴 — 은 가변자본이 0으로 줄어들고 총자본이 오직 불변자본으로만 이루어질 때 도달할 수 있을 것이다. 역설적으로 보일지 모르지만 우리가 마르크스를 믿는다면, 이러한 미래 상황은 18세기에 이미 카리브해 노예 농장에서 현실화되었는데, 그곳에서는 가변자본이 거의 없었고 어마어마한 자본축적이 이루어졌다.

---

55   같은 책, p.618.
56   같은 책, p.211.

이와 같은 불일치는 생산적 임금노동을 특권화하는 마르크스의 가치이론 접근법이 기초가 튼튼하지 않음을 드러낸다. 노예와 '자유로운' 임금노동자는 흔히 인정받는 것보다 더 유사하다. 자본주의하에서 두 가지 착취방식 사이에 많은 중간 형태와 과도기적 형태가 존재했다. 가냐도르는 그저 하나의 예시일 뿐이다. 게다가 노예와 '자유로운' 임금노동자는 많은 경우에 (예를 들어 브라질 커피 농장이나 미국 남부의 공장에서) 같은 자본가를 위해 같은 일을 했다.[57] 분명히 노예의 노동력은 영원히 노예 소유주의 재산인 반면, 임금노동자의 노동력은 자본가가 짧은 기간 동안만 이용할 수 있다. 그러나 왜 전자의 경우에는 가치와 잉여가치가 창출되지 않는지 분명하지 않다. 이제 노예 및 기타 자유롭지 않은 노동자의 노동력을 동등한 단위로 응용할 수 있도록 포용하는 방식으로 노동가치론을 확장해야 할 때이다.

마르크스는 자신의 분석을 완전히 확신하지는 못한 것 같다. 그 자신의 주장과는 반대로, 그는 종종 노예제도를 자본주의 착취 방식과 같은 것으로 간주했음을 보여준다. 그의 동요는, 앞서 인용한 노예제가 '부르주아 체제 그 자체와 관련된 변칙'이며, 이는 '부르주아 생산 체제 내의 개별 지점에서는 존재할 수 있'지만, 이는 '단지 그것이 다른 지점에서는 존재하지 않기 때문'이라는 서술에서 분명하다.[58] 『자본』 1권에서, 미국 남부의 노예제도에 대해 논하면서, 마르크스는 다음에 주목했다.

면화 수출이 이 주들에 사활 문제가 됨에 따라 흑인에게 초과 노동을 시키는 것, 때로는 흑인의 생명을 7년간의 노동으로 소모해 버리는 것이 계산적인 체제에

---

57   M. Hall and V. Stolcke, 'The Introduction of Free Labour on Sao Paulo Coffee Planta-tions', *Journal of Political Science of Peasant Studies*, 10(2~3): 170~200(1983); T.S. Whitman, 'Industrial Slavery at the Margin: The Maryland Chemical Works', *Journal of Southern History*, 59(1): 31~62(1993)을 참조하라.

58   Marx, 'Outlines of the Critique of Political Economy [*Grundrisse*]. First Instalment', p.392.

서 하나의 요인이 되었다. 더 이상 흑인으로부터 어느 정도의 유용한 생산물을 얻는 것이 문제가 아니었다. 이제 **잉여가치 그 자체의 생산**이 문제였다.[59]

『자본』 3권에서 마르크스는 노예경제에 대해 다음과 같이 썼다.

여기에서 잉여생산물로 나타나는 노동자의 잉여노동 전체는 모든 생산도구의 소유자에 의해 노동자로부터 직접적으로 착취되는데, 이 생산도구에는 토지도 있고 노예제도의 원래 형태하에서는 직접생산자 그 자신도 포함된다. 아메리카의 농장처럼, 자본주의 관념이 지배하는 곳에서는 **이 잉여가치 전체가 이윤으로 간주된다.**[60]

그리고 『요강』에서는 다음과 같이 주장했다. "우리가 아메리카의 농장 소유주를 자본가로 묘사할 뿐만 아니라 그들이 **실제** 자본가인 것은 그들이 자유노동에 기반한 세계시장의 변칙으로서 존재한다는 사실에 기인한다."[61]

따라서 노예는 자본주의의 필수적인 부분이며, 잉여가치를 생산했다. 이는 그것이 가변자본이 아니라 고정자본을 나타내기 때문에 불가능함에도 그러했다.

4.5 문제적 결론

룸펜프롤레타리아와 노예의 배제는 여러모로 깊이 생각한 결과가 아니

---

59   Marx, *Capital*, volume I, p. 244. 강조는 추가.

60   Marx, *Capital*, volume III, p. 790. 강조는 추가.

61   Marx, 'Outlines of the Critique of Political Economy [*Grundrisse*]. First Instalment', p. 436.

다. 우리는 마르크스가 처음에는 철학적 근거로 이중의 의미에서 자유로운 임금노동자를 혁명의 주체로 선언하고, 그 후에는 부분적으로 임시방편적인 성격을 갖는 몇몇 주장들을 모아놓았다는 인상을 받지 않을 수 없다. 그 결과는 룸펜프롤레타리아와 노예같이 배제된 집단뿐만 아니라 좁은 의미의 '진짜' 프롤레타리아트에 대해서도 경험적, 논리적 모순투성이인 노동계급 이론이다.

첫째, 마르크스 시대 대부분의 '프롤레타리아' 운동은 그가 생각한 이중의 의미에서 자유로운 임금노동자에 기반을 두지 않았다. 1844년 마르크스에게 프롤레타리아의 혁명적 잠재력을 드러낸 슐레지엔 방직공들은 마르크스적인 의미의 '노동자'가 아니었다. 그들은 자본주의 임금노동의 '맹아적 형태'를 대표하는 자영업자들이었다. '그들은 생산수단을 소유했고 다만 원료를 도매상인으로부터 얻을 뿐이었다.' 물론 이것이 다음의 사실을 부정하는 것은 아니다. 대부분 여성이었던 이 방직공들은[62]

지속적으로 도매상인에게 의존하며 살았다. 직물 가격이 떨어질 때마다, 손실은 임금 삭감의 형태로 방직공들에게 전가되었다. 노동의 과잉과 노동자 측의 자본 부족은 상인 자본가들이 임금수준과 노동조건을 거의 마음대로 좌우할 수 있는 위치에 있다는 것을 의미했다.[63]

---

62   G. Notz, 'Warum der Weberaufstand kein Weberinnenaufstand war', in U. Bitzegeio, A. Kruke, and M. Woyke(eds.), *Solidargemeinschaft und Erinnerungskultur im 20. Jahrhundert. Beiträge zu Gewerkschaften, Nationalsozialismus und Geschichtspolitik* (Bonn: Verlag J.H.W. Dietz Nachf, 2009).

63   C. von Hodenberg, 'Weaving Survival in the Tapestry of Village Life: Strategies and Status in the Silesian Weaver Revolt of 1844', in J. Kok(ed.), *Rebellious Families: Household Strategies and Collective Action in the Nineteenth and Twentieth Centuries* (New York and Oxford: Berghahn, 2002), p.41; Aufstand der Weber. Die Revolte von 1844 und ihr Aufstieg zum Mythos(Bonn: Dietz, 1997), ch. 2.

마르크스와 엥겔스에게 『공산당 선언』의 저술을 요청한 런던 공산주의자 동맹(Communist League)의 노동자-공산주의자들은, 대부분 선대제도와 노동착취 체제 아래 수공예 가게에서 일하는 반프롤레타리아화된 장인들이었다.[64] 마르크스 시대 독일 사회민주주의의 사회적 기초는 아마도 '소생산자들의 대중운동'으로 가장 잘 특징지어질 것이다.[65] 파리 코뮌의 사회적 기초도 어느 정도 비슷하다.[66] 또한 마르크스는 영국 노동자의 대규모 작업장에의 집중을 매우 과대평가했다.[67] 역사 연구는 19세기 동안 대규모 산업의 대규모 공장에 고용된 노동자들이 자영업자와 장인들보다 노동운동에서 덜 중요한 역할을 했음을 시사한다.[68]

둘째, 마르크스는 프롤레타리아화의 속도와 규모를 과대평가했다. 예를 들어, 마르크스와 엥겔스가 『공산당 선언』에서 "기존 사회에서는 사유재산이 인구 9/10에서 이미 없어졌다. 소수를 위한 사유재산의 존재는 단지 그

---

64 A. Brandenburg, *Theoriebildungsprozesse in der deutschen Arbeiterbewegung, 1835~ 1850* (Hannover: SOAK-Verlag, 1977).

65 T. Welskopp, *Das Banner der Brüderlichkeit. Die deutsche Sozialdemokratie vom Vormärz bis zum Sozialistengesetz*(Bonn: Dietz, 2000), pp.60~228.

66 R.V. Gould, *Insurgent Identities: Class Community, and Protest in Paris from 1848 to the Commune*(Chicago: University of Chicago Press, 1995), ch. 6; J. Rougerie, 'Composition d'une population insurgee: l'exemple de la Commune', *Le Mouvement Social*, 48: 31~47(1964)에서 이미 암시된 바 있다.

67 R. Samuel, 'The Workshop of the World: Steam Power and Hand Technology in Mid-Victorian Britain', *History Workshop Journal*, 3(1): 6~72(1977).

68 한편으로 마르크스는 자격이 없는 노동자를 '진정한' 프롤레타리아로 간주했으며, 다른 한편으로 그는 때때로, 자신의 분석에 따르면 프롤레타리아에 포함되어야 하는 노동자를 프롤레타리아트에서 배제했다. 예를 들어 마르크스가 『자본』 1권에서 상대적 과잉인구에 대해 논할 때, 그는 매춘부를 실제 룸펜프롤레타리아트의 중요한 부분으로 간주했다. Marx, *Capital*, volume I, p.637. 다른 곳에서, 특히 『잉여가치학설사(Theories of Surplus Value)』(예를 들어, K. Marx, *The Economic Manuscript of 1861~1863*, MECW, vol.31, pp.21~22)에서, 마르크스는 매춘부가 포주를 위해 일하는 경우 배우나 음악가처럼 (비생산적) 임금노동을 수행하므로 암묵적으로 매춘부가 좁은 의미의 프롤레타리아트의 일부라고 주장했다.

9/10의 손에 사유재산이 부재하기 때문이다"라고 주장했을 때, 이는 단지 희망 사항이었다.[69] 이는 분명한 과장이다. "이러한 상황은 1848년경 프랑스와 독일은 물론이고 선진적인 영국에서조차 존재하지 않았다."[70] 그동안 선진 자본주의국가들에서는 온전한 프롤레타리아화가 매우 많이 진행되었다. 이는 소작과 자영업의 부활과 같은 반경향이 존재했음에도 그렇다.[71] 그러나 전 세계적인 자본주의 확대는 아프리카, 아시아, 라틴아메리카에서 매우 제한적인 정도로만 '순수한' 프롤레타리아트의 성장을 초래했다. "계급의 측면에서, 주변부에서의 자본주의 발전 양상은 중심부의 자본주의 발전의 온전한 '프롤레타리아화' 논리를 따를 수 없었다."[72]

셋째, 마르크스는 프롤레타리아트를 통합하는 자본주의의 능력을 과소평가했다. 우리가 보았듯이, 마르크스는 프롤레타리아트를 '시민사회의 계급이 아닌 시민사회 내의 한 계급'으로 간주했다. 그러나 점점 프롤레타리아는 시민사회의 일부가 되었다. 적어도 마르크스가 예측하지 못한 세 가지 영향이 이 과정에서 역할을 했을 것이다. ① 프롤레타리아트에 대한 정치적 통합은 부분적으로 노동운동 노력의 결과이기도 하다. 영국의 경우 버트 무어하우스(Bert Moorhouse, 1894~1954)[73]는 "지배계급의 대다수는 대중을 지배체제에

69 Marx and Engels, *Manifesto of the Communist Party*, p.500.

70 M. Mauke, Die *Klassentheorie von Marx und Engels*(Frankfurt/Main: Europaische Verlagsanstalt, 1970), p.118.

71 M. Wells, 'The Resurgence of Sharecropping: Historical Anomaly or Political Strategy?', *American Journal of Sociology*, 90(1): 1~29(1984); G. Steinmetz and E.O. Wright, 'The Fall and Rise of the Petty Bourgeoisie: Changing Patterns of Self-Employment in the Postwar United States', *American Journal of Sociology*, 94(5): 973~1018 (1989); D. Bogenhold and U. Staber, 'The Decline and Rise of Self-Employment', *Work, Employment and Society*, 5: 223~239(1991).

72 K. Post, Revolution's Other World: Communism and the Periphery, 1917~1939(Houndmills: Macmillan, 1997), p.5; S. Amin and M. van der Linden(eds.), *'Peripheral' Labour? Studies in the History of Partial Proletarianization*(Cambridge: Cambridge University Press, 1996).

73 H.F. Moorhouse, 'The Political Incorporation of the British Working Class: An

묶기 위해 통합이 필요하다고 믿었다. 이뿐만 아니라, 그들은 그러한 통합을 제한하고 통제하기를 원했다. 그리하여 제도적 형태가 변화할 수 있고 변화한 것으로 발전할 수도 있지만, 사회에서의 권력의 차등 분배는 변하지 않은 채 남아 있기를 원했다". ② **프롤레타리아를 소비자로서 통합**했다. 『요강』에서 마르크스가 우리로 하여금 자본가가 노동자들에게 "소비를 자극하고, 그의 상품에 새로운 매력을 부여하고, 노동자들이 새로운 필요를 느끼도록 하는 등"의 시도를 하는 것에 주목하도록 한 것은 사실이다.[74] 그러나 그는 어디에서도 이러한 프롤레타리아트의 황금 사슬이 가진 거대한 함의를 이해했다는 것을 분명히 밝히지 못했다.[75] ③ **노동과정의 기술적 변화**는 이중의 결과를 가져왔다. "ⓐ 생산 노동자 부분의 급격한 (그리고 지속적인) 감소, ⓑ 경제의 유통 및 서비스 부문의 직업 범주의 어마어마한 급증"이다.[76]

4.6 마지막 한마디

마르크스의 프롤레타리아 이론은 심각한 재고가 필요하다. 이 이론에서 다른 서발턴 집단(subaltern group)(자영업자와 노예)에 대한 프롤레타리아트의 이론적 경계는 일관되지 않다. 이 이론에 기초한 구체적인 계급 분석은 경험적인 역사 연구에 의해 상당한 정도로 반박되었다. 그리고 이 이론의 프

Interpretation', *Sociology*, 7: 346(1973).

74   Marx, 'Outlines of the Critique of Political Economy [*Grundrisse*]. First Instalment', p.217.

75   M.A. Lebowitz, *Following Marx: Method, Critique and Crisis*(Leiden and Boston: Brill, 2009), p.308.

76   P. Sweezy, 'Marx and the Proletariat', *Monthly Review*, 19(7): 37(1967); R. Edwards, 'Sweezy and the Proletariat', in S. Resnick and R. Wolff(eds.), *Rethinking Marxism: Struggles in Marxist Theory: Essays for Harry Magdoff and Paul Sweezy*(Brooklyn: Autonomedia, 1985).

롤레타리아트 성장에 대한 예측은 이후의 전개에 의해 오직 부분적으로만 입증되었다.

우리에게는 배제보다는 포함에 기초해 프롤레타리아트에 대해 새롭게 개념화하는 것이 필요할 것이다. 그런 개념화는 두 가지 방식으로 달성될 수 있다. 한 가지 선택지는 '예외'라는 개념을 버리고 (부자유 노동을 포함해) 모든 종류의 시장을 지향하는 노동(market-oriented labour)을 자본이 배치하는 노동(capital-positing labour)으로 간주하는 것이다. 이는 자이루스 바나지와 라케쉬 반다리가 지지하는 입장이다. 이것이 의미하는 바는 노예, 소작인, 임금노동자는 모두 경제적·비경제적 강제 아래 자본을 위해 일하기 때문에, 그들 사이의 차이는 단지 점진적 성격이라는 것이다.

> 자본이 배치하는 활동(capital-positing activity)에서 임금노동의 본질을 찾는 것은 개념의 확장을 가능하게 하며, 따라서 자본주의의 역사를 쓰는 데 있어 노예제도와 식민주의에 대해 기록하는 것을 변호론적이고 유럽중심주의적인 방식으로 방해하는 것에 도전할 수 있게 해준다. 이뿐만 아니라 어떤 형태에 있는 임금노동이든 그것이 노예화되는 방식을 부각시켜 주기도 한다.[77]

또 다른 선택지는 모든 상품화된 노동을 포함하도록 프롤레타리아트 개념을 확장하는 것이다. 이러한 관점에서는 프롤레타리아트가 경제적 또는 비경제적 강제 아래 노동력을 판매하거나 (개인, 기업, 기관 등) 고용주에게 고용되는 모든 노동력 매개체(carriers of labour power)로 구성된다. 여기서 이 노동력 매개체가 스스로 노동력을 파는지, 아니면 고용하는지, 생산수단을

---

[77]   R. Bhandari, 'The Disguises of Wage-Labour: Juridical Illusions, Unfree Conditions and Novel Extensions', *Historical Materialism*, 16(1): 96(2008); 'Slavery and Wage Labor in History', *Rethinking Marxism*, 19(3): 396~408(2007); J. Banaji, *Theory as History: Essays on Modes of Production and Exploitation*(Leiden and Boston: Brill, 2010).

소유하는지는 상관이 없다.[78] 물론 이러한 잠정적 정의의 모든 측면은 추가 설명이 필요하다. 그럼에도 불구하고, 이러한 개념적 경계는 모든 서발턴 노동자의 공통적인 계급 기반, 즉 그들 노동력의 강제적인 상품화를 보여준다.

이 두 가지 접근법에 따르면, 재정의된 프롤레타리아트의 모든 구성 요소는 고용주에 의한 착취와 노동력의 상품화를 공유한다. 그러므로 그들은 자본주의의 초월에 대한 공통의 계급이해를 공유한다. 예를 들어, 최근의 역사 연구는 노예와 '자유' 임금노동자가 공동으로 수행한 투쟁의 구체적인 사례들을 밝힌 바 있다.[79] 그러나 동시에 이 넓은 범위의 새로운 프롤레타리아트 분파 간의 단기적·중기적 이해관계는 크게 벌어질 수 있다. 게다가 프롤레타리아트에 대한 이러한 재정의에는 대가가 따르기도 한다. 만약 우리가 '자유' 임금노동자뿐만 아니라 노예와 다른 노동자 집단도 자본주의의 필수적인 부분이라고 한다면, 가변자본('자유' 노동자)과 고정자본(노예) 둘 다 가치와 잉여가치를 생산할 수 있게 된다. 그러면 새로운 가치이론이 필요할 것이다.[80]

---

78 M. Van der Linden, *Workers of the World: Essays toward a Global Labor History* (Leiden and Boston: Brill, 2008), ch. 2.

79 Linebaugh and Rediker, *The Many-Headed Hydra*를 참조하라.

80 논리적인 관점에서 다음을 주목하라. "**잉여**가치의 노동이론(The labour theory of **surplus** value)은 마르크스주의자들이 자본주의가 착취적이라고 말할 때 하는 도덕적 주장에는 불필요하다." G.A. Cohen, *History, Labour and Freedom: Themes from Marx*(Oxford: Clarendon Press, 1988), p. 214.

참고문헌

Allen, V.L.(1972), 'The Meaning of the Working Class in Africa', *Journal of Modern African Studies*, 10(2): 169~189.

Amin, Shahid, and van der Linden, Marcel, eds.(1996), *'Peripheral' Labour? Studies in the History of Partial Proletarianization*, Cambridge: Cambridge University Press.

Banaji, Jairus(2010), *Theory as History: Essays on Modes of Production and Exploitation*, Leiden and Boston: Brill.

Bensen, Heinrich W.(1847), *Die Proletarier. Eine historische Denkschrift*, Stuttgart.

Bhandari, Rakesh(2007), 'Slavery and Wage Labor in History', *Rethinking Marxism*, 19(3): 396~ 408.

_____(2008), 'The Disguises of Wage-Labour: Juridical Illusions, Unfree Conditions and Novel Extensions', *Historical Materialism*, 16(1): 71~99.

Blackburn, Robin(1976), 'Marxism: Theory of Proletarian Revolution', *New Left Review*, 97: 3~35.

Bogenhold, Dieter, and Staber, Udo(1991), 'The Decline and Rise of Self-Employment', *Work, Employment and Society*, 5: 223~239.

Bovenkerk, Frank(1984), 'The Rehabilitation of the Rabble: How and Why Marx and Engels Wrongly Depicted the Lumpenproletariat as a Reactionary Force', *The Netherlands Journal of Sociology*, 20(1): 13~41.

Brandenburg, Alexander(1977), *Theoriebildungsprozesse in der deutschen Arbeiterbewegung, 1835~1850*, Hannover: SOAK-Verlag.

Breman, Jan(1994), *Wage Hunters and Gatherers: Search for Work in the Urban and Rural Economy of South Gujarat*, Delhi: Oxford University Press.

Caspard, Pierre(1974), 'Aspects de la lutte des classes en 1848: le recruitment de la garde nationale mobile', *Revue historique*, 511: 81~106.

Cowling, Mark(2002), 'Marx's Lumpenproletariat and Murray's Underclass: Concepts Best Abandoned?', in Mark Cowling and James Martin(eds.), *Marx's Eighteenth Brumaire:(Post)Modern Interpretations*, London: Pluto Press, pp.228~242.

Draper, Hal(1972), 'The Concept of the "Lumpenproletariat" in Marx and Engels', *Economies et Sociétés*, VI(12): 2285~312.

Edwards, Richard(1985), 'Sweezy and the Proletariat', in Stephen Resnick and Richard Wolff(eds.), *Rethinking Marxism: Struggles in Marxist Theory: Essays for Harry Magdoff and Paul Sweezy*, Brooklyn: Autonomedia, pp.99~114.

Engels, Frederick(1975), *The Condition of the Working Class in England: From Personal Observa-*

tion and Authentic Sources, MECW, vol.4, pp.295~583.

_____(1988), *The Housing Question*, MECW, vol.23, pp.317~391.

Fanon, Frantz(1967), *The Wretched of the Earth*. Preface Jean-Paul Sartre, Harmondsworth: Penguin.

Gould, Roger V.(1995), *Insurgent Identities: Class Community, and Protest in Paris from 1848 to the Commune*, Chicago: University of Chicago Press.

Granier de Cassagnac, Adolphe(1838), *Histoire des classes ouvrières et des classes bourgeoises*, Paris: Desrez.

Hall, Michael, and Stolcke, Verena(1983), 'The Introduction of Free Labour on Sao Paulo Coffee Plantations', *Journal of Political Science of Peasant Studies*, 10(2~3): 170~200.

Herrnstadt, Rudolf(1965), *Die Entdeckung der Klassen. Die Geschichte des Begriffs Klasse von den Anfängen bis zum Vorabend der Pariser Julirevolution 1830*, Berlin: VEB Deutscher Verlag der Wissenschaften.

Jones, Gareth Stedman(1971), *Outcast London: A Study in the Relationship between Classes in Victorian Society*, Oxford: Clarendon Press.

Kiernan, Victor(1972), 'Victorian London — Unending Purgatory', *New Left Review*, 76: 73~90.

Lebowitz, Michael A.(2009), *Following Marx: Method, Critique and Crisis*, Leiden and Boston: Brill.

Linebaugh, Peter, and Rediker, Marcus(2000), *The Many-Headed Hydra: Sailors, Slaves, Commoners, and the Hidden History of the Revolutionary Atlantic*, Boston: Beacon Press.

Marx, Karl(1975), 'A Contribution to the Critique of Hegel's Philosophy of Right: Introduction', MECW, vol.3, pp.175~187.

_____(1975), 'Critical Notes on the Article: "The King of Prussia and Social Reform. By a Prussian"', MECW, vol.3, pp.189~206.

_____(1978), *The Class Struggles in France, 1848 to 1850*, MECW, vol.10, pp.45~145.

_____(1979), *The Eighteenth Brumaire of Louis Bonaparte*, MECW, vol.11, pp.99~209.

_____(1986), 'Outlines of the Critique of Political Economy [*Grundrisse*]. First Instalment', MECW, vol.28.

_____(1989), *The Economic Manuscript of 1861~1863*, MECW, vol.31.

_____(1996), *Capital*, volume I, MECW, vol.35.

_____(1997), *Capital*, volume II, MECW, vol.36.

_____(1998), *Capital*, volume III, MECW, vol.37.

Marx, Karl, and Fredrick Engels(1975), *The German Ideology. Critique of Modern German Philosophy According to Its Representatives Feuerbach, B. Bauer and Stirner, and of German Socialism According to Its Various Prophets*, MECW, vol.5, pp.19~539.

_____(1976), *Manifesto of the Communist Party*, MECW, vol.6, pp.477~519.

_____(1983), *Letters, 1852~1855*, MECW, vol.39.

Mauke, Michael(1970), *Die Klassentheorie von Marx und Engels*, Frankfurt/Main: Europaische Verlagsanstalt.

Moorhouse, H.F.(1973), 'The Political Incorporation of the British Working Class: An Interpretation', *Sociology*, 7: 341~359.

Notz, Gisela(2009), 'Warum der Weberaufstand kein Weberinnenaufstand war', in Ursula Bitzegeio, Anja Kruke, and Meik Woyke(eds.), *Solidargemeinschaft und Erinnerungskultur im 20. Jahrhundert. Beiträge zu Gewerkschaften, Nationalsozialismus und Geschichtspolitik*, Bonn: Verlag J.H.W. Dietz Nachf, pp.97~118.

Oppenheimer, Franz(1912), *Die soziale Frage und der Sozialismus. Eine kritische Auseinandersetzung mit der marxistischen Theorie*, Jena: G. Fischer.

Post, Ken(1997), *Revolution's Other World: Communism and the Periphery, 1917~1939*, Houndmills: Macmillan.

Reis, Joao Jose(1997), '"The Revolution of the Ganhadores": Urban Labour, Ethnicity and the African Strike of 1857 in Bahia, Brazil', *Journal of Latin American Studies*, 29: 355~393.

Rougerie, Jacques(1964), 'Composition d'une population insurgee: l'example de la Commune', *Le Mouvement Social*, 48: 31~47.

Samuel, Raphael(1977), 'The Workshop of the World: Steam Power and Hand Technology in Mid-Victorian Britain', *History Workshop Journal*, 3(1): 6~72.

Schwartz, Michael(1993), '"Proletarier" und "Lumpen": Sozialistische Ursprunge eugenischen Denkens', *Vierteljahrshefte für Zeitgeschichte*, 42: 537~570.

Singelmann, Joachim, and Singelmann, Peter(1986), 'Lorenz von Stein and the Paradigmatic Bifurcation of Social Theory in the Nineteenth Century', *British Journal of Sociology*, 37(3): 431~452.

Steinmetz, George, and Wright, Erik Olin(1989), 'The Fall and Rise of the Petty Bourgeoisie: Changing Patterns of Self-Employment in the Postwar United States', *American Journal of Sociology*, 94(5): 973~1018.

Sweezy, Paul(1967), 'Marx and the Proletariat', *Monthly Review*, 19(7): 25~42.

Thompson, E.P.(1963), *The Making of the English Working Class*, London: Victor Gollancz.

Traugott, Mark(1985), *Armies of the Poor: Determinants of Working-Class Participation in the Parisian Insurrection of June 1848*, Princeton, NJ: Princeton University Press.

Van der Linden, Marcel(2008), *Workers of the World: Essays toward a Global Labor History*, Leiden and Boston: Brill.

Von Hodenberg, Christina(1997), *Aufstand der Weber. Die Revolte von 1844 und ihr Aufstieg zum Mythos*, Bonn: Dietz.

_____(2002), 'Weaving Survival in the Tapestry of Village Life: Strategies and Status in the Silesian Weaver Revolt of 1844', in Jan Kok(ed.), *Rebellious Families: Household Strategies and Collective Action in the Nineteenth and Twentieth Centuries*, New York and Oxford: Berghahn, pp.39~58.

Von Stein, Lorenz(1842), *Der Socialismus und Communismus des heutigen Frankreichs. Ein Beitrag zur Zeitgeschichte*, Leipzig: Wigand.

Wells, Miriam J.(1984), 'The Resurgence of Sharecropping: Historical Anomaly or Political Strategy?', *American Journal of Sociology*, 90(1): 1~29.

Welskopp, Thomas(2000), *Das Banner der Brüderlichkeit. Die deutsche Sozialdemokratie vom Vormärz bis zum Sozialistengesetz*, Bonn: Dietz.

Whitman, T. Stephen(1993), 'Industrial Slavery at the Margin: The Maryland Chemical Works', *Journal of Southern History*, 59(1): 31~62.

Worsley, Peter(1972), 'Frantz Fanon and the "Lumpenproletariat"', *The Socialist Register* 1972: 193~230.

Zaniewski, Romuald(1957), *L'Origine du prolétariat romain et contemporain. Faits et théories*, Louvain and Paris: Editions Nauwelaerts and Beatrice Nauwelaerts.

5 계급투쟁
앨릭스 캘리니코스

5.1 어원

계급투쟁은 아마도 마르크스와 가장 밀접하게 동일시되는 개념일 것이다. 이는 무엇보다 다음과 같은 『공산당 선언』의 서두 부분 덕분이다.

여태까지 존재했던 모든 사회의 역사는 계급투쟁의 역사이다. 자유민과 노예, 평민과 귀족, 영주와 농노, 장인과 도제, 한마디로 말해서 억압자와 피억압자는 항상 서로 대립하고 있으며 때로는 은폐된 투쟁을, 때로는 공공연한 투쟁을 부단히 벌이는데, 이런 투쟁은 사회 전체의 혁명적 재구성이나 투쟁하는 계급의 공멸로 귀결된다.[1]

하지만 마르크스는 자신이 계급투쟁 개념을 만들어내지 않았다고 말했다. 마르크스는 1852년 3월 요세프 바이데마이어(Joseph Weydemeyer, 1818~1866)에게 보낸 편지에서 다음과 같이 썼다. "나는 근대 사회에서 계급의 존재나 계급 간의 투쟁을 발견한 사람이 나라고 주장하지 않습니다. 나보다

---

1   K. Marx and F. Engels, *Manifesto of the Communist Party*, MECW, vol.6, p.382.

오래전에 부르주아 역사가들은 이러한 계급 간 투쟁의 역사적 발전을 묘사해 왔는데, 이는 부르주아 경제학자들이 경제적 해부학을 갖고 있는 것과 마찬가지입니다."[2] 여기에서 마르크스가 '부르주아 역사가들'이라고 지칭하면서 특히 염두에 둔 자들은 왕정복고 시기 프랑스의 자유주의 지식인들인데, 이들은 유럽 역사에서 정치투쟁을 심층의 사회적 적대의 맥락에서 해석하려고 시도했다. 1828년 프랑수와 기조(Francois Guizot, 1787~1874)는 다음과 같이 썼다. "근대 유럽은 다양한 사회계급의 투쟁에서 탄생했다."[3] 아돌프 블랑키(Adolphe Blanqui, 1798~1854)의 『정치경제사』(1837) 서문에는 다음과 같은 문단이 있는데, 이는 마르크스가 『공산당 선언』을 쓸 때 영향을 주었을 것이다.

> 모든 혁명에는 서로 대립하는 두 편이 항상 존재한다. 즉 자신의 노동으로 살아가려는 사람들과 타인의 노동으로 사는 사람들이다. …… **귀족과 평민, 노예와 자유인, 교황파(guelphs)와 황제파(ghibelines), 붉은 장미와 흰 장미, 기사당(cavaliers)과 원두당(圓頭黨, roundheads)은 동일한 종류의 변이일 뿐이다.**[4]

하지만 분석적으로 가장 중요한 영향을 준 것은 데이비드 리카도(David Ricardo, 1772~1823)이다. 앞서 언급한 바이데마이어에게 보낸 편지에서 마르크스는 리카도의 『정치경제학과 과세의 원리』의 서두 부분을 인용했다.

2　'K. Marx to J. Weydemeyer, 5 March 1852', MECW, vol.39, p.62.

3　F.P.G. Guizot, *History of Civilization in Europe*(London: Harmondsworth, 1997), p.130.

4　다음에서 재인용. R. Raico, 'Classical Liberal Roots of the Marxist Doctrine of Classes', in Y. Maltsev(ed.), *Requiem for Marx*(Auburn, AL: Praxeology Press, 1993), p.191. 이 인용문을 알려준 디에고 코스타(Diego Costa)에게 감사한다. 복고 자유주의(Restoration liberalism)에 대해서는 다음을 참조하라. A. Callinicos, *Social Theory: A Historical Introduction*(Cambridge: Polity, 2007), pp.57~66.

지구의 생산물, 즉 노동, 기계 및 자본의 결합된 적용에 의해 지구의 표면으로부터 끌어낸 모든 것은 공동체의 세 계급 사이에 분할된다. 즉 토지 소유자, 토지를 경작하는 데 필요한 재고 혹은 자본의 소유자, 그리고 그들의 근면에 의해 토지를 경작하는 노동자들 간에 분할된다.[5]

리카도는 노동가치론의 엄격하고 일반화된 판본을 정식화했는데, 이에 따르면 상품의 가치는 그것을 생산하기 위해 필요한 노동에 의해 결정된다. 리카도는 또 임금과 이윤은 역관계에 있으며, 이로부터 노동과 자본 간의 이해의 적대가 발생한다고 주장했다. 마르크스가 「1861~1863년 경제학 초고」에서 썼듯이, "리카도는 그 내재적 관계에서 보이는 계급의 경제적 적대를 폭로하고 묘사했다. ······ 따라서 정치경제학은 역사적 투쟁과 발전의 근원을 발견했다."[6] 『철학의 빈곤』(1847) 이후 리카도는 마르크스의 정치경제학 비판의 핵심적 참조점이었다.

하지만 우리는 마르크스의 계급투쟁 개념 논의에서 더 추상적인 또 하나의 원천을 발견할 수 있는데, 이는 헤겔의 모순 개념으로서 "사고나 비정상, 병의 일시적 발작"이 아니라 "모든 운동과 생명의 근원"[7]을 구성한다. 『철학의 빈곤』에서 마르크스는 모든 현상의 "좋은" 측면과 "나쁜" 측면을 분리하는 프루동의 경향을 겨냥해 다음과 같이 말했다. "변증법적 운동을 구성하는 것은 두 가지 모순적인 측면의 공존과 갈등, 새로운 범주의 융합이다. 나쁜 측면을 제거하는 문제 설정 그 자체가 변증법적 운동을 가로막는 것이

5   D. Ricardo, 'On the Principles of Political Economy and Taxation', in P. Sraffa(ed.), *The Works and Correspondence of David Ricardo*, vol. I(Cambridge: Cambridge University Press, 1951~1952), p.5.

6   K. Marx, *The Economic Manuscript of 1861~1863*, MECW, vol.31, p.392.

7   G.W.F. Hegel, *The Science of Logic*(Cambridge: Cambridge University Press, 2010), p.382.

다."[8] 모순의 긍정적이며 생산적인 역할을 보여주는 좋은 사례가 바로 계급투쟁인데, 여기에서 리카도와 자유주의 역사가들의 영향이 보인다.

> 문명이 시작된 순간부터 생산은 질서, 신분, 계급의 적대, 최종적으로는 축적된 노동과 직접적 노동의 적대에 기초하게 되었다. 적대가 없으면 진보도 없다. 이것이 오늘날까지 문명이 진전되어 온 법칙이다. 현재까지 생산력은 이런 계급 적대의 체제 덕분에 발전해 왔다.[9]

이와 같이 계급투쟁을 역사 발전과 진보의 동력으로 간주하는 것은 마르크스의 설명적 이론 및 사회주의 판본에서 전략적 역할을 수행한다. 마르크스와 유토피아 사회주의자들 간의 핵심적 차이는 마르크스가 계급투쟁을 자본주의적 생산양식의 적대의 징후뿐만 아니라, 프롤레타리아트 혁명을 통한 적대 해결의 원천으로서 환영했다는 데 있다.

5.2 이론적 명료화

계급투쟁의 개념은 마르크스이론의 두 수준에서 통합되었다. 첫째는, 마르크스의 역사 일반이론이며, 둘째는 『자본』으로 총괄되는 정치경제학 비판이다.

역사 이론을 먼저 살펴보면, 계급투쟁은 생산력의 발전이 생산관계와 충돌하게 되는 경향과 함께 (하지만 그것에 종속되어) 작용한다. 이것은 1852년 3월

---

8   K. Marx, *The Poverty of Philosophy. Answer to the Philosophy of Poverty by M. Proudhon*, MECW, vol.6, p.168.

9   Marx, *Poverty of Philosophy*, p.132.

5일 마르크스가 바이데마이어에게 보낸 편지에서 이미 분명하다. 마르크스
는 앞서 인용한 문단에 이어서 다음과 같이 썼다.

> 나의 기여는 다음과 같다. ① 계급의 존재는 생산의 발전에서 단지 특정한 역사적 국
> 면과 연관되어 있음을 보인 것, ② 계급투쟁은 필연적으로 프롤레타리아트 독재로
> 인도된다는 것, ③ 이러한 독재 자체도 단지 모든 계급의 폐지와 무계급사회로의 이
> 행을 구성할 뿐이라는 것이다.[10]

앞의 인용문에서 1항은 계급투쟁을 생산력의 발전에 암묵적으로 종속
시킨다. 이와 유사한 관점은 이로부터 25년 이상 지난 뒤인 1879년 9월
17~18일 마르크스와 엥겔스가 아우구스트 베벨(August Bebel, 1840~1913) 등
에게 보낸 회람 편지에도 함축되어 있다. "거의 40년 동안 우리는 계급투쟁
이 역사의 직접적 동력[nächste treibende Macht der Geschichte]이며, 특히 부르
주아지와 프롤레타리아트 간의 계급투쟁은 근대 사회혁명의 거대한 지렛대
임을 강조했다."[11]

이 문단들은 마르크스와 엥겔스가 『공산당 선언』에서 "계급투쟁이 역사
의 동력"[12]임을 긍정했다는 루이 알튀세르(Louis Althusser, 1918~1990)의 주장
이 위험할 정도의 과잉 단순화임을 분명히 보여준다. 이것은 아마도 마르크
스가 1859년 『정치경제학 비판을 위하여』 서문에서 제시한 역사 이론의 유
명한 요약의 관점에서 해석되어야 할 것이다. 여기에서는 역사적 변혁의 근
본적인 추진 동력은 생산력이 발전해서 지배적인 생산관계, 즉 이러한 생산
력에 대한 경제적 통제의 관계와 갈등을 일으키는 경향으로 이해된다. 생산

---

10 'Marx to Weydemeyer, 5 March 1852', MECW, vol.39, pp.62, 65.

11 K. Marx and F. Engels to August Bebel, Wilhelm Liebknecht, Wilheim Bracke and Others
    (Circular Letter). 17~18 September, MECW, vol.45, p.408. 강조는 추가.

12 L. Althusser, *Réponse à John Lewis*(Paris: Maspero, 1973), p.26.

력과 생산관계 간의 갈등이 계급투쟁을 격화시켜 사회혁명의 조건을 창출하며, 사회혁명은 기존의 생산관계를 가일층의 생산력 발전을 허용하는 새로운 생산관계로 대체함으로써 다른 생산양식을 출범시킨다는 것이다.

이러한 역사 이론은 흔히 '기술결정론'이라고 기각되었지만, 이는 사회혁명이 불가피한 것으로 간주될 경우에만 그렇다.[13] 마르크스와 엥겔스는 『공산당 선언』 서두의 문단에서, 계급투쟁은 "매번 사회 전체의 혁명적 재구성으로 끝나거나, 혹은 투쟁하는 계급들의 공멸로 끝났다"[14]라고 썼다. 이것은 일정한 비결정성을 시사한다. 계급투쟁의 경과가 이런 대안들 중 실제로 어떤 것이 우세할지를 선택하는 것이 아닌가? 1859년 서문의 상대적으로 개방적인 성격은 그것이 안토니오 그람시(Antonio Gramsci, 1891~1937)의 『옥중 수고(Prison Notebooks)』에서 갖는 중요성에서도 보이는데, 이 저작에서 그람시는 사회혁명에서 정치적 및 이데올로기적 상부구조가 수행하는 역할에 대해 훨씬 풍부한 설명을 시도했다. 어쨌든 마르크스에게 계급투쟁은 집행인으로서의 역할을 수행한다는 것, 즉 역사 변혁의 근본적 원천으로서가 아니라, 그것을 통해 역사 변혁이 결과되는 수단으로서 작용한다는 점은 분명해 보인다.[15]

둘째로, 『자본』(1867)에서 계급투쟁에 대한 보다 복합적인 이해로 넘어가자. 이 저작의 구조는 잉여가치의 생산, 유통 및 분배의 분석을 통해 이루어져 있는데, 이는 각각 1, 2, 3권의 주제에 해당된다. 마르크스는 자본가의 이

---

13 예컨대 1859년 서문에 대한 알튀세르의 비판을 보라. *Sur la reproduction*(Paris: Presses Universitaires de France, 1995), pp.243~252.

14 Marx and Engels, *Manifesto of the Communist Party*, p.382; italics added.

15 역사유물론 및 역사유물론에서 계급투쟁의 위치에 대한 이러한 해석을 가장 강력하게 옹호한 것은 코헨(G.A. Cohen)의 『카를 마르크스의 역사이론: 옹호(*Karl Marx's Theory of History — A Defence*)』(Oxford: Clarendon, 1978)에서 제시되었다. 다음도 보라. G.A. Cohen, *History, Labour, and Freedom: Themes from Marx*(Oxford: Oxford University Press, 1988), pp.14~20.

윤 원천이 상품을 생산하는 임금노동자로부터 잉여가치를 추출한 것에 놓여 있음을 입증했는데, 이는 착취, 즉 계급 적대가 자본주의를 구성한다는 사실을 보인 것이다. 이것은 계급투쟁을 암묵적으로 (때로는 명시적으로) 『자본』의 중심에 둔 것이라고 할 수 있다. 생산하는 노동자들로부터 잉여가치가 창출 및 추출되는 과정은 필연적으로 계급투쟁의 과정이다. 이는 유명한 『자본』 1권 10장, '노동일'에 가장 분명하게 서술되어 있다. 여기에서 마르크스는 영국 자본가들이 노동시간을 연장하기 위해, 또 이를 통해 노동자로부터 추출하는 절대적 잉여가치의 양을 증가시키기 위해 동원했던 극단적인 방법을 묘사했다. 하지만 마르크스는 노동자들이 전개했던 저항의 형태도 보여주었는데, 그 대단원은 노동일을 제한하는 입법을 쟁취하는 정치 운동이었다.

그런데 이것은 마르크스의 계급투쟁 논의의 복잡성을 보여준다. 마르크스는 계급투쟁을 다음과 같이 맥락화한다. 첫째, 마르크스는 노동자들의 개입이 자본가가 직면한 집합행동의 문제를 해결해 준다고 지적한다. 왜냐하면 자본가들은 장시간의 과도한 노동이 야기하는 노동력의 파괴를 방지하는 데는 공통의 이해관계를 갖고 있지만, 그들의 경쟁자들과의 경쟁 압력으로 인해 개별적으로는 그렇게 할 수 없기 때문이다. 둘째, 국가가 부과하는 노동시간 제한은 자본가들이 상대적 잉여가치 생산으로 전환하도록 고무해, 새롭고 보다 선진적인 생산수단의 도입을 통해 획득되는 노동생산성의 증대를 통해 착취율을 제고했다.

상대적 잉여가치 개념은 마르크스에서 가장 중요한 주제 중의 하나인 자본축적을 강조하는데, 이는 경쟁하는 자본들이 생산의 확대와 효율화에 투자해 생산력을 발전시킴으로써 경쟁의 압력에 대처하는 과정이다. 하지만 이는 또 마르크스가 기술혁신 과정을 그 자체 계급투쟁의 형태로 묘사할 수 있게 한다. 그래서 마르크스는 『자본』 1권에서 다음과 같이 썼다. "1830년 이후 혁신의 역사를 오로지 노동계급의 반란에 맞선 자본에게 무기를 공급하는 목적으로 이루어진 혁신의 역사로 쓸 수 있을 것이다. 이들 중 가장 중요한 것은 자동 뮬인데, 왜냐하면 이것은 자동 시스템의 신기원을 열었기 때문이다."[16] 마르크스는 「1861~1863년 경제학 초고」에서 기술에 대해 훨씬 광범위하게 논의하면서, 면공업에서 이러한 핵심적인 노동절약적 혁신에 대해 당시 노동자들이 붙인 이름인 '강철 인간(iron man)'이라는 용어를 사용해 살아 있는 노동에 대한 죽은 노동의 지배를 상징했다.

> 여기에서도 과거노동 — 자동화와 그것에 의해 구동되는 기계 — 이 [살아 있는] 노동과 외관상 독립적으로 작동하는 것으로 전면에 나서며, 노동에 종속되는 대신 노동을 종속시킨다. 그것은 피와 살로 이루어진 인간과 대결하는 강철 인간이다. 여기에서 자본 아래로의 노동의 포섭, 자본에 의한 노동의 흡수는 기술적 사실로 나타난다.[17]

자본주의에서 생산력의 고도 발전은, 우리가 예상하듯이 마르크스의 경제공황 설명에서 중요한 역할을 한다. 마르크스는 『자본』 3권 3편의 유명한 '이윤율의 저하 경향 법칙'에서, 자본주의 기업들 간의 경쟁적 투쟁이 그들을 점차 생산수단에 더 많이 투자하도록 부추긴다고 주장했다. 이는 그들의 단위당 생산비를 저하시키지만, 자본의 유기적 구성, 즉 생산수단에 투자된 자본과 노동력의 고용에 투자된 자본의 비율을 경향적으로 고도화시킨다. 하지만 마르크스가 리카도로부터 계승한 노동가치론에 따르면 노동은 새로운 가치의 원천이기 때문에, 자본의 유기적 구성의 고도화는 이윤율의 저하를 함축한다. 이러한 과정, 즉 생산성 상승이 수익성의 저하로 표현되는 과정은 생산력의 초역사적 경향이 생산관계와 충돌하는 것에 대한 자

---

16   K. Marx, *Capital*, volume I, MECW, vol.35, p.439.
17   Marx, *Economic Manuscript of 1861~1863*, p.30.

본주의적 규정이다.[18]

그래서 마르크스는 오늘날 신리카도주의 경제학자들이나 일부 마르크스주의자들과 달리 경제공황이 자본과 노동 간의 갈등, 예컨대 임금 상승에 기인한 이윤율 저하에서 발생하는 것으로 보지 않았다.[19] 마르크스의 더 복잡한 이윤율 이론은 리카도가 배제했던 가능성, 즉 이윤과 임금이 동시에 상승하는 가능성을 허용한다. 『자본』 1권에서 마르크스는 "축적률은 종속변수가 아니라 독립 변수이다. 임금률은 독립 변수가 아니라 종속변수이다"[20]라고 썼다. 다시 말해서 임금의 변동은 자본축적률의 변동을 반영하며, 특히 노동자들의 생산과정 흡수와 축출에 따른 산업예비군의 변동에 의해 조절된다. 실제로 마르크스는 『가치, 가격 및 이윤』에서 "근대 공업의 발전 그 자체가 노동자에게 불리하고 자본가에게 유리한 국면을 변화시키며, 따라서 자본주의적 생산의 일반적 경향은 임금의 평균 수준을 높이는 것이 아니라 낮춘다"[21]라고 주장했다.

5.3 정치

자본주의에서 계급투쟁이 위기 원인은 아니라는 사실이 마르크스에게

---

18 다음에서 마르크스의 공황론에 대한 논의를 보라. K. Marx, *Capital*, volume III, MECW, vol.37, p.248; A. Callinicos, *Deciphering Capital: Marx's Capital and Its Destiny* (London: Bookmarks, 2014), ch.6.

19 예컨대 다음을 보라. I. Steedman, Marx after Sraffa(London: NLB, 1977); A. Negri, *Marx beyond Marx: Lessons on the Grundrisse*(South Hadley, MA: Bergin & Garvey, 1984); Armstrong, J. Harrison, and A. Glyn, *Capitalism since World War II: The Making and Breakup of the Great Boom*(London: Fontana, 1984).

20 Marx, *Capital*, volume I, p.615.

21 K. Marx, *Value, Price and Profit*, MECW, vol.20, p.148.

그 중요성을 감소시키는 것은 아니다. "공황은 항상 현존하는 모순의 일시적이며 강제적인 해결"이라는 관점은 자본주의의 경제 붕괴 경향이 존재하지 않음을 함축한다(이는 이후 로자 룩셈부르크(Rosa Luxemburg)나 헨리크 그로스먼(Henryk Grossman)과 같은 마르크스주의자들이 제시한 이론화와는 상반된다).[22] 자본주의에서 계급투쟁은 구조적 경향의 집행인으로서 작용하는데, 이는 마르크스의 역사 이론 전반과 일관된다. 이는『자본』1권 32장, '자본주의적 축적의 역사적 경향'에서 매우 분명하다. 여기에서 마르크스는 자본의 점증하는 집적과 집중 속에 진행되는 생산의 점증하는 사회화가 자본의 전복으로 인도되는 것을 보인다. 마르크스에 따르면 자본의 점증하는 집적과 집중 때문에 "빈곤·억압·노예화·타락·착취가 증대하며, 이와 함께 노동자계급의 반항도 증대하는데, 이 계급은 수적으로 항상 증가하며, 자본주의적 생산과정의 메커니즘 그 자체에 의해 규율되고 단결되고 조직된다".[23] 그런데 생산력과 생산관계의 갈등을 극복하는 이 "노동자계급의 반항"은 순간적인 행동이 아니다. 마르크스는 계급투쟁을 그 자체 단계를 겪는 과정이라고 생각했다. 이러한 마르크스의 관점은 그의 1840년대 저작들에 이미 존재한다.『철학의 빈곤』에서 마르크스는 "부분적 결사"에서 시작해 임금에 한정된 경제투쟁으로 나아가고 영속적인 노동조합의 발전을 통해 정치조직의 결성에 이르는 노동자 운동의 발전을 추적했다.

대공업은 서로 알지 못하는 많은 사람들을 한 장소에 집결시킨다. 경쟁이 이해관계에 따라 그들을 갈라놓는다. 그러나 임금의 유지라는, 고용주에 대항해 그

---

22 Marx, *Capital*, volume III, p.248. 강조는 추가. 이를 다음과 비교하라. R. Luxemburg, 'The Accumulation of Capital: A Contribution to the Economic Theory of Imperialism', in P. Hudis and P. Le Blanc(eds.), *Complete Works of Rosa Luxemburg*, vol.II(London: Verso, 2015); Henryk Grossman, *The Law of Accumulation and Breakdown of the Capitalist System*(London: Pluto, 1992).

23 Marx, *Capital*, volume I, p.750.

들이 가지고 있는 공동의 이해가 그들을 저항, 곧 **단결**이라는 하나의 동일한 사상으로 결집시킨다. 그리하여 단결은 항상 노동자들 사이의 경쟁을 지양하고, 그럼으로써 자본가들에 대해 전체로서 경쟁을 수행할 수 있도록 한다는 이중의 목적을 가진다. 저항의 최초의 목적이 단지 임금의 유지였을 뿐이라 해도 자본가 쪽이 억압이라는 하나의 사상으로 결집함에 따라 처음에는 고립되어 있던 단결이 집단을 형성하게 되고, 끊임없이 결합하는 자본에 맞서 노동자들에게는 어소시에이션의 유지가 임금의 유지보다 더 중요한 것으로 된다. …… 이 투쟁 – 진정한 내전 – 속에서 다가올 전투에 필요한 모든 요소들이 결합하고 발전한다. 일단 전투의 시기에 이르면 어소시에이션은 정치적 성격을 띠게 된다.

경제적 조건이 먼저 그 나라의 대중을 노동자로 바꾸어 놓았다. 자본의 단결은 이 대중에게 하나의 공동 상태, 공동 이해를 만들어주었다. 그리하여 이 대중은 자본에 대해서는 이미 하나의 계급이지만, 자기 자신에 대해서는 아직 그렇지 않다. 우리가 단지 그 몇몇 국면들만을 지적했던 투쟁 속에서 이 대중은 단결하고, 자신들을 대자적 계급으로 구성한다. 대중이 옹호하는 이해는 계급의 이해가 된다. 그런데 계급 대 계급의 투쟁은 정치투쟁이다.[24]

마르크스는 이러한 궤도를 묘사하면서(마르크스는 『공산당 선언』에서도 그 개요를 제시한다), 전투적 노동조합주의에서 차티즘에 이르는 영국 노동자 운동의 경험 – 이는 엥겔스가 이미 『영국 노동자계급의 상태』에서 면밀하게 연구한 바 있다 – 에 근거해 일반화를 시도했다.[25] 차티즘의 의의는 성인 남자 선거권을 요구하는 투쟁을 통해 영국 공장노동자들의 경제적 불만을 정치 운동으로, 즉 마르크스가 믿기에는 부르주아 국가 지배에 대한 직접적 도전으로 전

---

24   Marx, *Poverty of Philosophy*, pp.210~211.

25   Marx and Engels, *Manifesto of the Communist Party*, pp.492~494; A. Gilbert, *Marx's Politics: Communists and Citizens*(Oxford: Martin Robertson, 1981), ch.III.

환시켰다는 데 있다. 마르크스에게 이러한 경제에서 정치로의 이행의 의의는 1848년 차티즘의 패배 이후에도 살아남았다. 실제로 마르크스와 엥겔스는 IWMA에서 미하일 바쿠닌(Mikhail Bakunin, 1814~1976)과 그 지지자들과의 논쟁에서 노동자계급의 정치적 행동의 필요성을 강조했다. 마르크스는 1871년 11월 23일 프리드리히 볼테(Friedrich Bolte, 1896~1959)에게 보낸 편지에서 정치투쟁의 특수성을 명백히 했다.

> 노동자계급이 **계급**으로서 지배계급에 대항하고 외부로부터의 압력을 통해 그들을 강제하려는 모든 운동은 정치 운동입니다. 예를 들면 어떤 개별 공장이나 어떤 개별 조합에서 동맹 파업 등등을 통해 개별 자본가에 의한 노동시간의 제한을 강제하는 시도는 순전히 경제 운동입니다. 이와는 달리 8시간 법 등등의 **법률**을 강제하는 운동은 정치 운동입니다. 그리고 이와 같은 방식으로 도처에서 노동자의 개별화된 경제 운동으로부터 정치 운동, 즉 자신의 이해관계를 일반적인 형태로, 또 일반적이고 사회적인 강제력을 보유하는 형태로 관철하기 위한 **계급** 운동이 싹트는 것입니다. …… 노동자계급이 그 조직으로 볼 때 지배계급의 집단 권력, 즉 정치권력에 맞서 결정적 출정을 감행할 정도로 충분히 진전하지 못한 곳에서는, 그들은 어쨌든 지배계급의 정책에 반대하는 끊임없는 선동 및 적대적 태도를 통해 그에 알맞게 훈련되어야 합니다.[26]

이 텍스트는 자본주의 계급투쟁에 관한 마르크스의 논의에서 지속적 주제 중 하나인, 계급투쟁이 노동자계급 자신에 미치는 변혁적 효과를 강조한다. 노동자들은 집단의 경제적 이익을 방어하기 위한 조직화를 통해서 자신들의 파편화와 수동성을 점차 극복하고, 자신들을 자본에 단지 저항할 뿐만 아니라, 자본을 전면적으로 대체할 수 있는 정치적 주체로 구성할 수 있다.

---

26 'K. Marx to F. Bolte, 23 November 1871', MECW, vol. 44, p. 258.

계급투쟁이 노동자계급 의식에 미치는 효과에 관해 1840년대 마르크스와 엥겔스가 가졌던 이 같은 생각은 이들을 다른 사회주의 및 공산주의 경향 — 이들은 파업과 노동조합을, 그 자체로는 아무런 긍정적 내용도 없는, 부르주아사회의 기능 이상의 징후로 간주한다 — 과 분리시켰다. 그리하여 마르크스와 엥겔스는 1850년 공산주의자 동맹과 절연하면서 다음과 같이 선언했다. "우리는 노동자들에게 다음과 같이 말한다. 당신들이 상황을 변화시키고 권력을 행사할 수 있도록 훈련하기 위해서는 15, 20, 50년의 내전을 거쳐야 할 것이다."[27] 앞에서 보았듯이 마르크스는 노동자들의 노동조합 투쟁을 "진정한 내전"과 같은 것으로 이해했다. 마르크스에게 이러한 투쟁은 노동자들에게 자신들의 특수한 목적을 초월해, 집단적인 정치 주체가 되는 데 필요한 의식과 자신감 및 자기 조직을 갖출 수 있도록 도와준다는 점에서 중요하다.

1840년대 후반 처음 정식화된 계급투쟁 개념은 심각한 모순이 있었다. 마르크스는 『철학의 빈곤』에서 소위 임금 철칙설을 비롯한 리카도 판본의 고전파 경제학을 수용했는데, 이에 따르면 토머스 맬서스(Thomas Malthus, 1766~1834)의 인구법칙 덕분에 실질임금은 물리적 생존 수준으로 수렴된다. 이 이론은 경제학자들과 다수의 사회주의자들이 노동조합 투쟁은 아무런 소용이 없다는 것을 주장하기 위해 사용했다. 마르크스는 이 이론을 수용했지만 이런 결론은 거부했다. 1847년 마르크스는 브뤼셀에서 '임금'에 대해 강연할 때, 이런 외관상의 모순을 무시하기보다 수용했다.

부르주아 경제학자들의 이런 반론은 모두 …… 정확하다. 하지만 그들의 관점에서만 정확하다. 만약 어소시에이션에서 실제로 문제가 되는 것이 겉으로 드러나는 것, 즉 임금을 결정하는 문제뿐이고, 노동과 자본 간의 관계가 영원하다면 이 결사들은 사물의 필연성에 부딪쳐 좌초할 것이다. 하지만 이들은 노동계급의

27   K. Marx, 'Meeting of the Central Authority September 15, 1850', MECW, vol.10, p.626.

결합 수단이며, 계급 모순을 수반하는 낡은 사회 전체의 전복을 준비하는 수단이다. 그리고 이와 같은 견지에 선다면, 내전이 얼마나 많은 사상자를 발생시키고 금융 손실을 치르게 할 것인지를 계산해서 노동자에게 보여주는, 현명한 부르주아적 학교 교사를 비웃는 것은 타당하다. 적을 쳐부수려 하는 이들은 적과의 전쟁 비용에 대해 토론하지 않을 것이기 때문이다.[28]

그 후 마르크스의 입장은 더 안정적이었다. 마르크스는 '1850~1853년 런던 노트'에서 임금 이론을 비롯한 리카도의 정치경제학의 다양한 측면에 대해 비판을 전개했다.[29] 마르크스는 일찍이 1853~1854년 프레스톤 직물 공장 노동자 파업에 관해 ≪뉴욕 데일리 트리뷴(New-York Daily Tribune)≫에 기고한 기사에서 경기순환이 야기한 임금과 이윤 변동이 적어도 일시적으로 노동자들의 상태를 개선할 수 있는 기회를 준다고 강조했다. 임금 철칙설에 대한 마르크스의 비판은 10년 후인 1865년 5월 IWMA 총평의회의 논쟁에서 발표한 『가치, 가격 및 이윤』에서 가장 완전하게 전개되었다. 마르크스는 노동조합의 투쟁이 경제적으로 아무런 소용이 없다는 오언주의자 존 웨스톤(John Weston)의 주장에 답하면서, 새로운 가치의 임금과 이윤으로의 분할은 원리적으로 비결정론적이라고 주장했다.

그러나 **이윤**과 관련해서 보자면, 그 최소치를 결정하는 법칙은 존재하지 않는다. 우리는 이윤 감소의 궁극적 한계가 무엇인지 말할 수 없다. 그런데 왜 우리는 그 한계를 고정시킬 수 없는가? 왜냐하면, 우리는 임금의 **최소치**를 고정시킬수는 있어도 그 **최대치**를 고정시킬 수는 없기 때문이다. 우리가 말할 수 있는 것

---

28 K. Marx, 'Wages', MECW, vol.6, p.436.

29 다음을 보라. L. Pradella, *Globalization and the Critique of Political Economy: New Insights from Marx's Writings*(London: Routledge, 2015), pp.101~4d.

은 다만, 노동일의 한계가 주어져 있을 경우 **이윤의 최대치**는 **임금의 육체적 최소치**에 상응하게 되며, 임금이 주어져 있을 경우 이윤의 최대치는 노동자의 체력과 양립할 수 있게 노동일을 연장하는 것에 상응하게 된다는 것뿐이다. 그러므로 이윤의 최대치는 임금의 육체적 최소치와 노동일의 육체적 최대치에 의해 제한된다. 이 **최대 이윤율**의 두 가지 한계 사이에 엄청난 변동 폭이 있을 수 있다는 것은 자명하다. 이윤율의 실제적 정도의 고정은 자본과 노동 사이의 끊임없는 투쟁에 의해서만 확정된다. 자본가는 끊임없이 임금을 노동자의 육체적 최소치까지 감축하려는 경향이 있는 반면, 노동자는 끊임없이 반대 방향으로 압력을 가하려는 경향이 있다.

문제는 결국 투쟁하는 각각의 힘의 문제로 귀착한다.[30]

마르크스는 노동조합 투쟁은 경제적으로 합리적이라고 결론지었다. 왜냐하면 노동조합 투쟁은 적절한 조건에서는 실질임금과 함께 상대적 임금(새로운 가치 중 노동자들의 몫)도 증대시킬 수 있기 때문이다. 하지만 마르크스가 『자본』 1권에서 논의했듯이, 자본가는 노동절약적 기술 도입과 노동자 해고로 산업예비군을 증대시켜 세력 균형을 자신들에게 유리하게 이동시키는 방식으로 임금 상승을 궁극적으로 제재할 수 있다. 이는 체제 그 자체를 겨냥하는 정치적 행동의 필요성을 강조한 것이지만, "노동자계급이 자본의 침략에 대한 저항을 포기해야 하며 자신들의 처지를 일시적으로 개선하기 위해 가끔씩 주어지는 기회를 최대한 이용하려는 시도를 포기해야 한다는 것 …… 노동자계급이 자본과의 일상적 충돌에서 비겁하게 물러남으로써 더 커다란 운동을 주도할 자격을 스스로에게서 박탈"[31]해야 하는 것을 뜻하지는 않는다.

---

30   Marx, *Value, Price and Profit*, pp.145~146.
31   같은 책, p.148.

여기서 마르크스가 노동자를 통치 계급으로 훈련시키는 계급투쟁의 교육적 역할을 강조하고 있음을 다시 볼 수 있다.

또한 외관상으로는 계급과 무관하게 보이는 정치 형태와 계급투쟁 간의 관계에 대해 깊이 이해했다. 예컨대 민족문제에 대한 마르크스의 태도 변화에서 볼 수 있는데, 이는 아일랜드에 관해 가장 현저하다. 1860년대 말, 영국 노동자계급의 이익은 아일랜드 독립이라는 대의를 지지하는 것이라는 결론에 도달했다. 1869년 11월 29일 마르크스는 루트비히 쿠겔만(Ludwig Kugelmann, 1828~1902)에게 다음과 같이 썼다.

> 잉글랜드 노동자계급의 모든 운동은 아일랜드와의 불화로 인해 불구화되고 있습니다. 아일랜드는 잉글랜드 노동자계급의 매우 중요한 부분을 구성하고 있기 때문입니다. 여기에서 해방의 일차적 조건, 즉 잉글랜드 지주 과두제의 전복은 성취될 수 없을 것입니다. 왜냐하면 여기에서 잉글랜드 지주 과두제의 지위는, 그것이 아일랜드에서 강력한 전진기지를 유지하고 있는 한, 공격당하지 않을 것이기 때문입니다.[32]

마르크스 주장의 두 번째 부분, 즉 아일랜드 독립이 영국 계급지배의 기초를 약화시킨다는 것은 잘못되었다. [마르크스는 1870년 5월 5일 라우라(Laura Marx, 1845~1911)와 폴 라파르그(Paul Lafargue, 1842~1911)에게 "아일랜드를 잃으면 영국 '제국'도 몰락할 것이며, 잉글랜드의 계급 전쟁이 여태까지는 지루했지만 첨예한 형태를 띠게 될 것"이라고 말했다.[33] 19세기 말 및 20세기 초 영국의 자유통일당 정부는 아일랜드에서 상당한 토지개혁을 수행했으며, 이에 따라 번영하는 가톨릭 농민 계급이 꽤 두텁게 형성되었다. 그리고 이는 1922~1923년 남아

---

32 'K. Marx to L. Kugelmann, 29 November 1869', MECW, vol.43, p.389.
33 'K. Marx to L. and P. Lafargue, 5 March 1870', MECW, vol.43, p.449.

일랜드가 독립했을 때, 영국 제국이 전반적으로 흔들리지 않을 수 있게 했다. 하지만 아일랜드의 영국에의 종속이 영국 대도시에서 신교도 영국 노동자들과 가톨릭 아일랜드 이주민들 간의 준인종적 분리를 조장하고, 바로 여기에 "조직화에도 불구하고, 영국 **노동자계급이 무기력한 비밀**"이 있다는 생각 ― 이는 조금 뒤인 1870년 4월 9일 시그프리드 마이어(Sigfrid Meyer, 1840~1972)와 아우구스트 포크트(August Vogt, 1830~1983)에게 보낸 편지에서 가장 완전하게 전개된다 ― 은 중요한 지적 돌파라고 할 수 있다.[34] 이러한 통찰은 상이한 방향으로 일반화할 수 있다. 한편으로, 자본주의사회를 재생산하고 노동자들을 예속적 위치에 묶어 두는 분할지배 메커니즘에 주의를 환기한다. 다른 한편, 공산주의 운동은 노동자계급을 국제적으로 통일하고 제국주의에 반대하는 세력을 광범위하게 규합하기 위한 수단으로서 피억압 민족의 자결권을 지지해야 한다는 레닌의 주장으로 연결된다.

5.4 평가

마르크스의 계급투쟁 개념에서 가장 문제적인 측면은, 계급투쟁을 단지 진화적 과정만이 아니라 목적론적으로 이해해야 한다고 간주하는 것이다. 마르크스는 『자본』 1권 '자본주의적 축적의 역사적 경향' 장에서 이 점을 매우 분명하게 진술했다. "자본주의적 생산은 자연 과정의 필연성[mit der Notwendigkeit eines Naturprozesses]을 가지고 그 자신의 부정을 낳는다."[35] 그런데 이 같은 경향은 정치조직 문제에 대한 마르크스의 상대적 무관심에서도 나타나는 듯하다. 물론 마르크스는 『공산당 선언』에서 "프롤레타리아트

---

34 'K. Marx to S. Meyer and A. Vogt, 9 April 1870', MECW, vol.43, p.474.

35 Marx, *Capital*, volume I, p.751.

계급으로의 조직, 따라서 정당으로의 조직"에 관해 썼다.[36] 하지만 이런 '당'이 취하는 특수한 형태가 무엇인지는 전혀 결정론적이지 않다.[37]

이러한 태도는 마르크가 처했던 역사적 상황을 고려하면 이해할 만하다. 마르크스의 실제적 정치 경험은 공산주의자 동맹과 같은 비밀 지하 혁명가 그룹에서, 사회주의 경향과 영국 노동조합주의자들의 광범위한 연합인 IWMA에 이르기까지 상이한 조직 형태를 포괄한다. 게다가 마르크스는 사회주의 혁명을 노동자계급의 자기해방 과정으로 개념화하려 했으며, 이로부터 마르크스는 공산주의 종파들의 음모에 비해 대중의 원초적 운동의 중요성을 강조했다. 그러나 마르크스의 사상에 충성한다고 선언한 노동자계급 대중 정당들이 출현하면서 마르크수주의자들, 특히 레닌과 룩셈부르크 세대의 마르크스주의자들은 조직의 문제를 무시할 수 없게 되었다. 그람시는 이 문제에 대한 접근을 그가 '시민' 사회 및 '정치' 사회 영역을 구성하는 상부구조의 복수성이라고 강조한 것을 정교하게 이해하는 노력과 훌륭하게 연결시켰다.[38]

계급투쟁의 이론은 또 계급구조의 이론을 함축한다. 악명 높게도, 현실적 계급관계에 대한 마르크스의 가장 완전한 논의는 프랑스에 대한 그의 정치 저작에서 발견된다. 마르크스는 계급투쟁과 보다 추상적인 계급구조 이론 —이는 『자본』에 함축되어 있긴 하지만 전개되지는 않았다 —의 관계를 개방적인 상태로 남겨두었다.[39] 마르크스주의 사회학자 에릭 올린 라이트(Erik Olin Wright, 1947~2019)의 연구는 마르크스의 정치경제학에 기초해 엄밀하게 구

---

36   Marx and Engels, *Manifesto of the Communist Party*, p.493.

37   예컨대 다음을 보라. 'K. Marx to F. Freilgrath, 29 February 1860', MECW, vol.41, pp.82, 87.

38   예컨대 다음을 보라. A. Gramsci, *Quaderni del carcere*, V. Gerratana(ed.)(Turin: Einaudi, 1975); vol.Ⅱ, pp.751~764, vol.Ⅲ, pp.1555~1652.

39   이 관계에 대한 탐구는 다음에서 볼 수 있다. S. Ossowski, *Class Structure in the Social Consciousness*(London: RKP, 1963), part 1; N. Poulantzas, *Political Power and Social Classes*(London: NLB, 1973).

성된 계급이론을 경험적 추세에 대한 체계적 연구와 통합하려는 지속적 노력으로서 특기할 만하다.[40]

마르크스가 남긴 공백에도 불구하고 그의 계급투쟁 이론의 중요성이 줄어드는 것은 아니다. 마르크스는 계급투쟁 개념을 창안하지는 않았지만, 이 개념을 자신의 역사 이론과 정치경제학 비판에 통합함으로써 이 개념에 거대한 분석적 깊이를 부여했다. 이후 마르크스주의 역사가들도 그 범위를 크게 확장했다. 그중 가장 인상적인 성취는 제2차 세계대전 후 출현한 일단의 영국 마르크스주의 역사가들, 크리스토퍼 힐(Christopher Hill, 1912~2003), 로드니 힐턴(Rodney Hilton, 1916~2002), 에릭 홉스봄(Eric Hobsbawm, 1917~2012), 에드워드 톰슨(Edward P. Thompson, 1924~1993)에 의해 이루어졌다. 톰슨의 유명한 『영국 노동자계급의 형성』(1963)은 엥겔스와 마르크스의 출발점이었던 산업혁명의 지형을 변혁시켰다. 같은 세대의 역사가 (다른 역사가들과 달리 영국 공산당원은 아니었지만) 제프리 드 크루아(Geoffrey de Ste Croix, 1910~2000)의 『고대 그리스 세계에서 계급투쟁』은 역사적 해석의 자원으로서 ― 이 경우는 고전고대 시대 ― 마르크스 사상의 비옥함을 입증했다.

물론 계급투쟁 이론은 이른바 부분적이며 환원론이라는 문제가 있다고 막스 베버(Max Weber, 1864~1920)에서 미셸 푸코(Michel Foucault, 1926~1984)에 이르기까지, 끊임없이 비판되어 왔다. 이전 세대의 포스트구조주의의 영향으로 인해, 계급은 다른 것으로 환원할 수 없는 특수성이 있는 복수의 적대 ― 젠더, 인종, 성적 지향, 민족 등 ― 중의 하나로 격하되곤 했다.[41] 이에 대한 마르크스주의적 대응이 비계급적 적대의 존재나 중요성을 부정하는 것이

---

40 예컨대 다음을 보라. E.O. Wright, *Class Structure and Income Determination*(New York: Academic Press, 1979), *Classes*(London: Verso, 1985), 및 *Class Counts*(Cambridge: Cambridge University Press, 1997).

41 가장 효과적인 비판은 베버의 영향을 받은 것이다. F. Parkin, *Marxism and Class Theory: A Bourgeois Critique*(London: Tavistock, 1979) 및 M. Mann, *The Sources of Social Power*, vol. I(Cambridge: Cambridge University Press, 1986).

될 수는 없다. 하지만 마르크스주의자들은 여전히 계급과 계급투쟁이 생산구조에 근거하고 있기 때문에 근본적으로 더 설득력 있다고 주장할 수 있다.

예컨대 드 크루아가 택했던 접근이다. 그는 마르크스주의 계급 개념을 착취에 정초시켰다. "**계급**(본질적으로는 관계)은 착취라는 사실의 집합적 사회적 표현이며, 착취가 사회구조로 체현되는 방식이다." 나아가 그는 베버처럼 계급을 지위로 개념화하는 것은 설명적이라기보다 묘사적이라고 주장했다.

> 베버의 '지위 그룹' 및 '계급'조차도 (마르크스의 계급처럼) 다른 지위 그룹 혹은 계급과 반드시 **유기적 관계**를 맺고 있지 않으며, 따라서 동태적이지 않고 수열의 숫자처럼 병렬되어 있을 뿐이다. 마르크스적 의미의 계급은 …… 본질적으로 관계이며, 어느 한 계급의 구성원은 반드시 **그 자체**로서, 상이한 정도라도 다른 계급의 구성원과 관계된다. 다른 한편, 베버적인 계급 혹은 지위 그룹 **그 자체**의 구성원은 다른 계급 혹은 다른 지위 그룹 그 자체의 구성원과 어떤 필연적 관계도 가질 필요가 없다. 그리고 그런 관계가 존재하는 곳에서도 …… 사회적 스케일에서 **개인들**의 상승 노력 이상의 것을 수반하는 경우는 드물다. 너무나 일반적이고 분명한 인간 사회의 양상이기 때문에, 평범하고 무해한 방식 이외의 다른 방식은 이를 **이해**하거나 **설명**하는 데 도움이 되지 않는다.[42]

이 주장은 훨씬 더 발전되고 확장될 수 있다. 예컨대 푸코는 규율, 보안, 통치성(governmentality)과 같은 개념을 사용해 묘사하려 했던 특수하게 '근대적인' 권력-지식 형태에 대한 역사적 설명을 전개했다.[43] 그러나 이런 설명은 자본주의 발전에 대한 이해를 전제하는 것인데, 이를 위해 푸코는 (마

---

42   G. de Ste Croix, *The Class Struggle in the Ancient Greek World*(London: Duckworth, 1981), pp.43, 90.

43   예컨대 다음을 보라. M. Foucault, *Security, Territory, Population: Lectures at the Collège de France, 1978*, M. Senellart(ed.)(Basingstoke: Palgrave Macmillan, 2007).

르크스주의를 모욕하면서도) 마르크스를 멋대로 이용하고 있다. 푸코는 이들 간의 관련을 구명하는 데 완전히 실패했지만, 마르크스의 정치경제학 비판은 이를 설명할 수 있다.

정말이지, 포스트구조주의가 득세했던 시대는 이제 흔히 신자유주의 시대라고 불린다. 이런 자본주의 유형을 특징짓는 하나의 방식은 그것이 계급투쟁의 매우 일방적인 형태를 대표한다고 말하는 것이다. 여기에서 자본은 착취와 경쟁 과정의 범위를 제한했던 예전의 장애물 중 많은 것을 제거하는 데 놀랄 정도로 성공적이었다. 이러한 계급투쟁의 과정은 또 인종적·제국적 차원을 낳았다. 그 효과는 북반구에서 조직화된 노동자운동을 약화시키고 파편화시키는 것이었다. 하지만 동일한 과정의 다른 측면은 아시아에서 산업자본주의의 엄청난 확장이었는데, 이는 무엇보다 중국의 세계시장으로의 편입 덕분이었다. 이는 글로벌 노동자계급의 상당한 성장을 이끌어냈다. 관련 조직의 형태와 의식이 아직 초보적이지만 말이다. 오늘날 마르크스주의 정치경제학의 주요 과제 중 하나는, 이러한 특수 형태의 변화가 어떻게 일어날 수 있었는지를 설명하고 그 정치적 함축을 탐색하는 것이다. 토마 피케티(Thomas Piketty, 1971~)와 같은 비마르크스주의자도 나름대로 진단을 제시하는데, 최근 수십 년간 경제적 불평등의 증대를 분석한다.[44] 이는 마르크스의 계급투쟁 이론이 현재도 약간의 지침을 계속 제공하고 있음을 시사한다. 비록 현재로부터 탈출하는 수단을 제공할 수 있을지에 대해서는 많은 이들이 의문을 갖고 있다 할지라도 말이다. 그들이 정말 옳은지는 두고 봐야 한다.

---

[44]   T. Piketty, *Capital in the 21st Century* (Cambridge, MA: Harvard University Press, 2014).

참고 문헌

Althusser, Louis(1973), *Réponse à John Lewis*, Paris: Maspero.(1995), *Sur la reproduction*, Paris: Presses Universitaires de France.

Armstrong, Philip, Harrison, John, and Glyn, Andrew(1984), *Capitalism since World War II: The Making and Breakup of the Great Boom*, London: Fontana.

Balibar, Étienne(1995), *The Philosophy of Marx*, London: Verso.

Callinicos, Alex(2007), *Social Theory: A Historical Introduction*, Cambridge: Polity.

_____(2014), *Deciphering* Capital: *Marx's* Capital *and Its Destiny*, London: Bookmarks.

Cohen, G.A.(1978), *Karl Marx's Theory of History — A Defence*, Oxford: Clarendon.

_____(1988), *History, Labour, and Freedom: Themes from Marx*, Oxford: Oxford University Press.

Draper, Hal(1978), *Karl Marx's Theory of Revolution*, vol.2, New York: Monthly Review Press.

Eagleton, Terry(2011), *Why Marx Was Right*, New Haven, CT: Yale University Press.

Foucault, Michel(2007), *Security, Territory, Population: Lectures at the Collège de France, 1978*, Michel Senellart(ed.), Basingstoke: Palgrave Macmillan.

Gilbert, Alan(1981), *Marx's Politics: Communists and Citizens*, Oxford: Martin Robertson.

Gramsci, Antonio(1975), *Quaderni del carcere*, Valentino Gerratana(ed.), Turin: Einaudi.

Grossman, Henryk(1992), *The Law of Accumulation and Breakdown of the Capitalist System*, London: Pluto.

Guizot, F.P.G.(1997), *History of Civilization in Europe*, London: Harmondsworth.

Harvey, David(2010), *A Commentary on Marx's* Capital, London: Verso. Hegel, G.W.F.(2010), *The Science of Logic*, Cambridge: Cambridge University Press.

Luxemburg, Rosa(2015), 'The Accumulation of Capital: A Contribution to the Economic Theory of Imperialism', in Peter Hudis and Paul Le Blanc(eds.), *Complete Works of Rosa Luxemburg*, vol.II, London: Verso.

Mann, Michael(1986), *The Sources of Social Power*, vol.I, Cambridge: Cambridge University Press.

Marx, Karl(1976), 'The Poverty of Philosophy. Answer to the Philosophy of Poverty by M. Proudhon', MECW, vol.6, pp.105~212.

_____(1976), 'Wages', MECW, vol.6, pp.415~437.

_____ et al.(1978), 'Meeting of the Central Authority September 15, 1850', MECW, vol.10, p.625~630.

_____(1985), *Value, Price and Profit*, MECW, vol.20, pp.101~149.(1989), *The Economic*

    *Manuscript of 1861~*1863, MECW, vol.31.

_____(1994), *The Economic Manuscript of 1861~1863*, MECW, vol.34.(1996), *Capital*, volume I, MECW, vol.35.

_____(1998), *Capital*, volume III, MECW, vol.37.

Marx, Karl, and Engels, Fredrick(1976), *Manifesto of the Communist Party*, MECW, vol.6, pp.477~519.

_____(1983), *Letters, 1852~1855*, MECW, vol.39.

_____(1985), *Letters, 1860~1864*, MECW, vol.41.

_____(1988), *Letters, 1868~1870*, MECW, vol.43.

_____(1989), *Letters, 1870~1873*, MECW, vol.44.

Negri, Antonio(1984), *Marx beyond Marx: Lessons on the Grundrisse*, South Hadley, MA: Bergin & Garvey.

Ossowski, Stanislaw(1963), *Class Structure in the Social Consciousness*, London: RKP.

Parkin, Frank(1979), *Marxism and Class Theory: A Bourgeois Critique*, London: Tavistock.

Piketty, Thomas(2014), *Capital in the 21st Century*, Cambridge, MA: Harvard University Press.

Poulantzas, Nikos(1973), *Political Power and Social Classes*, London: NLB.

Pradella, Lucia(2015), *Globalization and the Critique of Political Economy: New Insights from Marx's Writings*, London: Routledge.

Raico, Ralph(1993), 'Classical Liberal Roots of the Marxist Doctrine of Classes', in Yuri Maltsev(ed.), *Requiem for Marx*, Auburn, AL: Praxeology Press, pp.189~220.

Sraffa, Piero(ed.)(1951~1952), *The Works and Correspondence of David Ricardo*, eleven vols, Cambridge: Cambridge University Press.

de Ste Croix, Geoffrey(1981), *The Class Struggle in the Ancient Greek World*, London: Duckworth.

Steedman, Ian(1977), *Marx after Sraffa*, London: NLB.

Thompson, E.P.(1980), *The Making of the English Working Class*, Harmondsworth: Penguin.

Wright, Eric O.(1979), *Class Structure and Income Determination*, New York: Academic Press.

_____(1985), *Classes*, London: Verso.

_____(1997), *Class Counts*, Cambridge: Cambridge University Press.

6 정치조직
피터 후디스

6.1 마르크스의 조직 개념이 갖는 철학적 기초

마르크스는 평생에 걸쳐 혁명적 조직에 적극적으로 가담했고 그 참여 과정에서 자신의 가장 중요한 사상을 발전시켰지만, 정치조직에 관한 그의 기여는 그의 저술 중 가장 적게 논의된 부분 중 하나이다. 마르크스 생존 시에도, 그의 수많은 추종자들은 (비판자들과 마찬가지로) 조직에 대한 그의 기여가 당대의 다른 지도적인 사회주의자 및 공산주의자에 비해 미미하다고 주장했다. 이러한 견해는 20세기, 레닌주의적인 정치 지도력 및 당 건설 개념이 마르크스주의 운동에서 지배적으로 되면서 훨씬 더 널리 퍼지게 되었다. 레닌(Lenin, 1870~1924)과 달리 마르크스가 조직 이론을 발전시킨 적이 없다는 사실은 조직 활동가와 사상가로서 그의 활동을 일반적으로 경시하는 이유 중 하나이다. 그러나 이것으로 모든 것을 설명할 수는 없는데, 분명한 조직 이론을 발전시키지 않으면서도 특유의 조직 **개념**을 갖는 것은 분명 가능하기 때문이다.[1] 후자를 등한시하는 경향은 마르크스의 인간 해방 프로젝트

---

1   다음을 보라. J. Cunliffe, 'Marx, Engels and the Party', *History of Political Thought*, 2(2): 349(1981). "마르크스에게는 불변의 조직 형태로서의 '당'에 관한 이론이 있을 수 없었는데, 계급의 자기해방과 종파주의의 배제를 원칙으로 삼는다면 당 이론이 설 자

전반이 갖는 **내적 일관성**을 파악하기 어렵게 만든다. 마르크스의 조직 개념을 이루는 **기초**는 1843년에 이미 찾아볼 수 있다.

> 우리는 세계의 원리 그 자체로부터 새로운 세계의 원리를 전개시킵니다. 우리는 세계를 향해 다음과 같이 말하지 않습니다. "너의 투쟁을 중단하라. 그것은 어리석은 짓이다. 우리가 진정한 투쟁 방향을 제시하겠다." 단지 우리는 세계에게 보여주고자 할 뿐입니다. 세계가 진정 무엇을 위해 싸우고 있는지를, 그리고 의식이야말로 세계가 원하지 않을지라도 획득**해야만** 하는 것임을 말입니다. 의식의 개혁이란 세계에게 자신의 행동이 갖는 의미를 **설명**하여 …… 세계로 하여금 자신의 의식을 깨닫도록 만드는 것일 **뿐입니다**.[2]

여기서 마르크스는 헤겔 변증법의 핵심적인 통찰을 표현하고 있다. 바로 대상이 자신만의 지식 범주를 생성한다는 것이다. 이론가의 임무는 연구 대상에 자의적인 계획이나 도식을 부과하는 것이 아니라, 그것의 **자기운동**을 포착하고 설명하는 것이다. 1843년, 마르크스는 이 편지에 담긴 내용에 관해 다음과 같이 상세히 설명하고 있다. "혁명은 수동적인 요소, 즉 물질적 토대를 필요로 한다. …… 사상이 현실화를 이루기 위해 분투하는 것으로는 충분하지 않다. 현실 또한 사상을 향해 나아가기 위해 분투해야 한다."[3] 간단히 말해, 이제 그는 철학을 외면하지 않으면서 자유라는 사상을 실현할 수 있는 물질적 영역 **내부**에 있는 힘을 확인했던 것이다. 이러한 이유로, 그는 철학을 희생시키면서 현실을 끌어안는 "실천적 정당(practical political party)"

리는 없었기 때문이다." 그렇지만 나는 이 점으로부터 마르크스가 조직 **개념**을 결여하고 있었다고 추론하는 그의 주장과는 거리를 두겠다.

2   K. Marx, 'Letters from *Deutsch-Französische Jahrbücher*', MECW, vol.3, p.144.

3   K. Marx, 'Contribution to the Critique of Hegel's Philosophy of Right: Introduction', MECW, vol.3, p.183.

과 역사의 실제 운동을 파악하지 못하는 "철학에서 비롯한 당(party origi-nating from philosophy)"에 이의를 제기했던 것이다.[4] 그는 두 경향이 각각 갖는 일면성을 극복할 **새로운** 유형의 당을 찾고 있었다.

확실히 초기의 글은 당을 국가권력 확보를 위한 도구가 아닌 넓은 의미에서 (사상의 조직적 체현으로서) 언급하고 있다. 그럼에도 불구하고, 그가 평생 동안 발전시킨 조직 개념의 기초를 제공한다. 마르크스에게 정당은 권력과 지배 행사 그 이상의 것이었다. 정당은 역사적 객관성을 입증한 사상에 기초해 현실에 개입하는 형태이다. 이러한 이유로, 그는 자신과 엥겔스 둘만을 의미할 때에도 종종 '정당'으로 부르곤 했다.[5]

6.2 1848년 혁명 이전과 와중의 마르크스 정치조직론

마르크스가 혁명적 계급으로 프롤레타리아를 발견한 것은 직접적인 **조직적** 파급효과를 가졌는데, 그가 곧바로 노동자들과 접촉을 시도했기 때문이다. 1843년 말 파리에 도착한 그는 (그 대다수가 숙련공이었던) '유물론적 공산주의자들'과 일반 노동자들을 만났다. 그는 루트비히 포이어바흐(Ludwig Feuerbach, 1804~1872)에게 보낸 편지에서 자신의 열의를 표현했다. "당신이 이 고단한 사람들에게서 솟아나는 순수한 생생함과 고결함을 감상하려면, 프랑스 노동자들의 모임 중 하나에 참석해야 할 것입니다." 마르크스는 노동자들에게서 "인류 해방을 위한 현실적 요소를 준비하는 역사"의 작업을 봤다.[6]

---

4   같은 책, p.180.

5   'K. Marx to F. Lassalle, 12 November 1858', MECW, vol.40, p.354.

6   'K. Marx to L. Feuerbach, 11 August 1844', MECW, vol.3, p.355.

이후 1845년 여름, 마르크스는 영국에 여섯 주 동안 머물면서, 차티스트 운동 지도자와 만나 정보교환을 위한 민주적 노동계급 세력의 국제기구를 구성하자는 생각에 동의했다. 이는 1845년 9월, (런던에서) '우애로운 민주주의자 협회(Society of Fraternal Democrats)'의 결성으로 이어졌다. 마르크스는 창립 회의에 참석하지 않았지만, 이는 그가 조직에 관심이 부족했다는 것을 의미하지는 않았다. 이제 그는 **공산주의** 원칙에 기초한 정보교환을 위한 국제기구의 창설을 생각하고 있었다. 이는 1846년 2월, (엥겔스 그리고 벨기에 공산주의자 필리프 지고[Philippe Gigot, 1819~1860]와 함께) '공산주의자 연락위원회(Communist Correspondence Committees, CCCs)'를 공동 설립하는 결과로 이어졌다. 그는 프루동에게 그 조직의 사명을 상세히 설명했다.

> [그것은] 과학적 문제를 논하는 데 집중할 서한의 지속적인 교환[으로 이루어질 것입니다.] ······ 그러나 우리 서신의 주된 목표는 독일 사회주의자들을 프랑스와 영국의 사회주의자들과 접촉하도록 하는 것입니다. ······ 그것은 그 **문필적** 표명을 통해 사회운동이 **국적**의 장벽에서 벗어나기 위한 발걸음이 될 것입니다.[7]

공산주의자 연락위원회는 곧 초기적 형태의 정당으로 성장하는데, 특히 차티스트들과 영국에 거주하는 독일 망명자들이 합류하면서 더욱 그러했다. 차티스트 운동의 지도자인 줄리언 하니(Julian Harney, 1817~1897)가 동참하기로 하자, '의인동맹(League of the Just)'의 회원들도 동참을 결정했다(마르크스는 일찍이 1845년 런던에서 의인동맹의 독일인 회원들을 만난 바 있다). 공산주의자 연락위원회는 단일한 집단으로 보기 어려웠다. 1846년 초, 마르크스와 빌헬름 바이틀링(Wilhelm Weitling, 1808~1871) 사이에 첨예한 차이가 드러났고, 바이틀링은 공산주의자 연락위원회를 떠났다. 그러나 일찍이 1846년,

---

7   'K. Marx to P. Proudhon, 5 May 1846', MECW, vol.38, pp.38~39.

마르크스의 조직 개념이 갖는 기본 특징은, 독립적 프롤레타리아의 조직, 국제주의, 명확한 혁명적 **사상**에 기초한 집단의 필요성을 강조하는 한, 그 단체에 이미 체현되었다.[8]

그렇다면 구체적으로 어떠한 사상이 쟁점이었는가? 당시 공산주의자는 소수에 불과했고, 산업노동자가 아닌 숙련공인 경우가 많았다. 특히 낙후된 독일에서 그러했는데, 독일의 경우 숙련공 대 산업노동자의 비율은 5 : 1로 전자가 더 많았다. 이러한 물질적 조건은 '강력하고 조직적인 공산당'이 프롤레타리아 혁명을 직접적으로 추진하는 것을 허용하지 않았다. 그 대신, 마르크스가 쾨트겐(G.A. Köttgen, 1805~1882)에게 보낸 회람용 편지에서 주장했듯, 민주주의를 촉진하기 위해서는 진보적 부르주아들과 동맹을 맺는 것이 필요했는데, 이는 프롤레타리아 의식을 발전시키는 데 가장 적합한 조건이었다. "언론의 자유, 헌법 등등을 위한 부르주아 청원을 추진해 주십시오. 이것이 달성되면 공산주의 선전에 새로운 시대가 열릴 것입니다. 우리의 수단은 늘어날 것이고, 부르주아와 프롤레타리아 사이의 대립은 심화될 것입니다."[9]

이 광범위한 계급 동맹의 구체적 **형태**는 여러 요인에 따라 달라질 것이다. 부르주아의 권력과 민주주의에 대한 충동을 지나치게 강조하면, 노동자 운동을 개량주의, 기회주의로 이끌 수 있다. 반면 그들의 권력과 민주주의 충동을 충분히 강조하지 않으면, 운동을 모험주의와 종파주의로 이끌 수 있다. 모든 것은 운동이 자리 잡고 있는 역사적 조건에 관한 올바른 관점에 달려 있다. '마르크스 당'(1846년까지 많은 이들이 이렇게 불렀다)[10]은 그 목적에 **적**

8   다음을 보라. A.H. Nimtz, Jr., *Marx and Engels: Their Contribution to the Democratic Breakthrough*(Albany: State University of New York Press, 2000), p.31. "공산주의자 통신위원회는 그 시작부터 마르크스, 엥겔스 팀의 특징적 성격을, 즉 사상을 영향력 있게 만들기 위해 조직해야 할 필요성의 인식을 드러낸다."

9   K. Marx and F. Engels, 'Letter from the Brussels Communist Correspondence Committee to G.A. Kottgen', MECW, vol.6, pp.55~56.

합한 사상에 기초한 조직적 관점을 발전시켰다.

1847년에 이르러 마르크스의 영향력은 충분히 커져서, 의인동맹은 그에게 동참할 것을 요청했다. 그 조건으로 의인동맹은 음모주의적·비밀주의적 성격을 포기하기로 했다. 마르크스는 동의했고, 브뤼셀 공산주의자 연락위원회는 의인동맹의 지부가 되었다. (마르크스는 참석하지 않았던) 1847년 6월의 런던 총회에서, 의인동맹은 그 명칭을 '공산주의자 동맹(Communist League)'으로 변경했다. 마르크스는 중앙위원회 구성원으로 지명되었다.

이 기간에 마르크스는 '독일 노동자교육협회(German Workers' Educational Society)'에서 강의도 하고 '독일 노동자협회(German Workers' Society)'[11]와 '브뤼셀 민주연합(Brussels Democratic Association, 마르크스는 부대표를 맡는다)'의 결성을 돕기도 했다. 이러한 헌신으로 마르크스는 많은 시간과 에너지를 소모했는데, 이는 민주주의 공화국을 선동하는 세력과의 동맹을 우회하면서 즉각적인 공산주의 반란을 주장하는 사람들에게 이의를 제기할 필요를 느꼈기 때문이다. 그러나 이것이 마르크스로 하여금 조직 활동 대부분에서 기초 강령으로 삼은 저작을 완성하는 것까지 막지는 못했다. 이 책은 『철학의 빈곤』으로, 리카도의 노동시간 양적 규정을 사회주의에 적용하려는 프루동의 시도를 비판한 것이다. 마르크스는, 정치조직에 종합적 이론 작업이 제시하는 방향이 필요하다고 보았다.

이에 관한 가장 명확한 표현은 『공산당 선언』으로 1847년 말, 공산주의자 동맹이 마르크스에게 집필을 맡겼다. 이 선언은 몇 가지 뚜렷한 조직 개념을 포함한다. ① 머릿속에서 미래 전망을 만들어내는 이론가들을 비판하

---

10 이 문제에 관한 보다 충분한 논의로는 다음을 보라. M. Rubel, 'Le parti proletarian', in *Marx critique du marxisme*(Paris: Payot, 1974), pp. 183~192.

11 이 브뤼셀의 독일 노동자 협회는 1847년 말, 안드레아스 고트샬크(Andreas Gottschalk, 1815~1849)가 설립한 쾰른의 독일 노동자 협회와 혼동해서는 안 된다. 마르크스는 후자에도 참여했지만, 쾰른 협회가 민주적 부르주아와의 동맹 필요성을 거부한 것에 관해 고트샬크와 큰 이견을 형성했다.

지만, 목표 그 자체를 명확히 하는 것에는 반대하지 않는다. 공산주의자들은 "현존하는 계급투쟁에서 비롯된 실제 관계"[12]에 근거해 "운동의 미래"[13]가 가져다줄 **궁극적 결과**"[14]를 "일반적으로 표현할 뿐이다." 여기에 지식인들이 외부로부터 노동자들**에게** 사회주의 의식을 가져다주어야 한다는 암시는 없다. ② 단일한 당이 지도적 역할을 담당해야 한다는 언급은 어디에도 없다. 그 대신 다음과 같이 말한다. "공산주의자들은 다른 노동계급 당들에 대립하는 별도의 당을 형성하지 않는다."[15] ③ 공산주의자 동맹이 이 선언문을 의뢰했지만, 그 이름은 어디에도, 심지어 제목에도 없다. '공산당 선언'이지, '공산주의자 동맹 선언'이 **아닌** 것이다. 마르크스는 특정 조직의 요건보다 더 큰 의미에서 '당'을 생각했던 것으로 보인다. 그는 '거대한 역사적 의미'에서 '당'을 말했는데, 이는 당을 역사 운동의 구체적인 윤곽을 감안할 때 혁명가들이 책임져야 할 원칙과 실천의 집합으로서 본 것이다.[16]

이는 다음을 의미한다. 어떠한 특정한 조직이든 그것은 일시적인 것이다. 특정 조직은 존재할 권리를 **획득**해 내야 하며, 만약 이에 실패하거나 수명이 다한다면, 그 조직은 파산해야 한다. 마르크스는 조직을 결코 물신숭배하지 않았다. 이는 그의 모든 조직적 실천에, 특히 가장 중요한 1848년 혁명 시기에 영향을 미쳤다. 여기서 1848~1850년 사이 활동에 대한 상세한 기술은 불가능하지만, 다섯 가지 결정적인 점에 주목한다.

첫째, 1848년 2월과 3월 각각 프랑스와 독일에서 혁명이 시작된 직후, 마르크스는 쾰른으로 이주해 새로운 정기간행물 ≪신라인 신문[Neue Rheinische Zeitung]≫ 발행을 시작했다. 이 일간지는 공산주의 선동 조직의 중심 역할을

---

12   K. Marx and F. Engels, *Manifesto of the Communist Party*, MECW, vol.6, p.498.

13   같은 책, p.518.

14   같은 책, p.497.

15   같은 책, p.497.

16   다음을 보라. 'K. Marx to F. Freiligrath, 29 February 1860', MECW, vol.41, p.87.

했다. 마르크스는 이 매체를 매우 중요하게 여겼고, 1848년 봄에는 독일에서 세력이 약했던 공산주의자 동맹을 해산하고 그 기능을 이 출판물에 넘기라고 제안하기도 했다. 비록 독일의 공산주의자 동맹은 존속했지만, 1848~1849년 내내 마르크스는 ≪신라인 신문≫에 집중했다.

둘째, ≪신라인 신문≫의 부제는 '**민주주의의 기관지**'였다. 당시 프롤레타리아 운동이 약했다는 점을 감안하면, 운동의 중심 과제는 진보적인 부르주아 및 소부르주아 분파와의 동맹을 통해 민주주의적 자유의 확대를 요구하는 것이라고 마르크스는 주장했다. 그가 ≪신라인 신문≫을 **극좌파** 민주주의로 언급했다는 점에서, 이는 부르주아 및 소부르주아 세력과의 **타협**의 의미가 아니었다. 또한 독립적인 프롤레타리아 당을 강조한 『공산당 선언』에서 '다소 이탈'한 것도 아니었다.[17] 대신 쟁점은 혁명 **주체**로서 노동자의 역할이었다. 그 주체 스스로 서 있기가 미약할 때는 더 넓은 민주주의 운동 내에서 그 대의를 발전시킬 필요가 있다. 이는 프롤레타리아의 주체성을 경시하는 것이 아니라, 역사적 맥락에서 주체성이 적절히 기능하도록 만드는 것을 의미한다. 광범위한 민주적 자유를 선동함으로써 참정권이 확대됨에 따라, 노동자들은 자신들의 독립적인 계급이해를 강제할 준비를 가장 잘 갖출 것이라고 마르크스는 주장했다. 1849년 5월 19일 자 ≪신라인 신문≫ 마지막 호에서 마르크스가 선언했듯, 그 매체의 "최종 발언은 항상 그리고 어디에서나 노동계급 해방!"일 것이다.[18]

셋째, (1848년 6월 프랑스 그리고 빈의 봉기 진압 이후) 반혁명이 우위를 점하자, 마르크스는 프롤레타리아가 **농민층**에서 새로운 동맹을 찾아야 한다고 주장했다. 마르크스의 가장 친한 친구 중 한 명인, 농민 출신 빌헬름 볼프

---

17   J. 몰리뉴가 『마르크스주의와 당(Marxism and the Party)』에서 이러한 주장을 했다 (London: Pluto Press, 1978), p.22.

18   K. Marx and F. Engels, 'To the Workers of Cologne', MECW, vol.9, p.467.

(Wilhelm Wolff, 1809~1864)는 1848년 말과 1849년, 마르크스 당을 대신해 농민을 조직하는 데 중요한 역할을 했다. 동시에 마르크스는 자유주의 부르주아를 이전보다 훨씬 더 혹독하게 비판하면서 다음과 같이 썼다.

> 그러나 **프랑스**의 부르주아는 자신의 계급지배에 걸리는 장애물을 모두 제거한 이후에야 반혁명을 **주도했다. 독일**의 부르주아는 자신의 자유와 지배에 필요한 첫 번째 존재 조건조차 확보하기 이전에 절대군주제와 봉건제의 **시종**으로 온순하게 합류한다. …… 역사는 **독일 부르주아**보다 더 **수치스럽고 한심한** 광경을 보여주지 않는다.[19]

이는 1843년, "우리[독일인]는 …… 단 한 번을 제외하고는, 자유의 무리에 껴 있는 우리 자신을 발견한 적이 없다. 바로 **자유의 장례식 날**이다"라고 했던 마르크스의 서술을 상기시킨다.[20] 마르크스는 유산계급의 배신을 지적하기 위해 1848년 혁명의 최종적 패배를 기다릴 필요가 없었던 것이다.

넷째, 마르크스는 혁명적 정당들이 **이론**에 열중해야 할 필요성을 크게 강조하면서 반혁명의 강화에 대응했다. 1848년 9월, 그는 제1차 빈 노동자협회에서 임금노동과 자본을 주제로 일련의 강의를 했고, 이어 브뤼셀 노동자협회(1848년 11월)와 독일 노동자교육협회(1849년 9월)에서도 같은 주제로 강연했다. ≪신라인 신문≫은 이 강의록을 연재했는데, 이것이 이후 『임금노동과 자본(Wage Labor and Capital)』으로 출판되었다. 곧 이러한 이론 강조에 대한 상당한 저항이 공산주의자 동맹에서 나타났다. 독일에서 (자신들이 지도했던!) 무장반란을 지지했던 것을 두고 1850년 마르크스와 결별한 아우구스

---

19   K. Marx, 'The Victory of the Counter-Revolution in Vienna', MECW, vol.7, p.504.

20   K. Marx, 'Contribution to the Critique of Hegel's Philosophy of Right: Introduction', MECW, vol.3, p.177.

트 빌리히(August Willich, 1810~1878)와 카를 샤퍼(Karl Schapper, 1812~1870)는 이러한 '지성'에의 호소는 '대중 선동'을 위해 제쳐두어야 한다고 주장했다. 마르크스는 다음과 같이 응수했다.

> 그들의 견해에 따르면, 혁명은 단지 현 정부를 전복하는 것에 있다. 한번 이 목표를 달성하면, '바로 그 승리'를 얻은 것이다. …… 또한 이 신사들은 사고, 무정한 사고를 혐오한다. …… 헤겔과 리카도 등 어떠한 사상가라 할지라도 대중의 머리에 이러한 감상적 말장난이 쏟아지는 수준의 무정함에 도달한 것처럼 말이다![21]

다섯째, 이 시기에 정치조직에 관한 마르크스의 작업은 1850년 3월, 「공산주의자 동맹에 보내는 서한(Address to theCommunist League)」에 요약되어 있다. 이 서한은 1848년 혁명의 경험과 그 여파를 평가하고 있는데, 부르주아가 행한 '배신적 역할', 노동자가 농촌 프롤레타리아로부터 동맹을 구하는 것의 중요성, 혁명이 '영구적으로' 지속되어야 할 필요성을 강조하고 있다. 그는 "민주적 소부르주아는 혁명을 가능한 한 빨리 결론짓기를 원하지만, …… 우리의 관심사이자 과제는 혁명을 영구화하는 것이다"라고 적었다. 혁명은 다음과 같이 수행되어야 한다고 주장했다.

> 가능한 한 빨리 독립적인 당으로서 노동자의 위치를 자리 잡고, 민주적 소부르주아의 위선적 빈말에 잠시라도 현혹되어 프롤레타리아의 독립적인 당을 자제하게끔 현혹되지 않아야 하며, 그들의 구호는 '영구적 혁명'이어야 한다.[22]

---

21 K. Marx and F. Engels, 'Review, May to October 1850', MECW, vol.10, p.530.

22 K. Marx, 'Address of the Central Authority of the League, March 1850', MECW, vol.10, pp.281, 287.

이러한 강력한 메시지에, 공산주의라는 조치를 취해야 할 때가 왔다는 의미가 담긴 것은 아니었다. 부르주아와 소부르주아가 보인 배신은 노동계급이 문제를 해결할 수 있는 능력을 갑작스레 갖추었다는 것을 의미하지 않는다. 마르크스는 공산주의 경제를 도입하는 것은 고사하고 정치적 권력을 장악하기에도 여전히 힘이 충분하지 않다는 점을 알고 있었다. 그는 노동계급이 민주적 참정권 확대라는 당면 과제에 직면한 그 순간에도 향후 투쟁에서는 그들이 길잡이 역할을 하리라 기대하는 관점을 제시한 것이었다.

6.3 『자본』, 제1 인터내셔널, 파리 코뮌

1851~1852년에 이르러 혁명이 완전히 퇴조하자, 1852년 말 마르크스는 공산주의자 동맹을 해산하기 위해 움직였다. 이 단체는 역사적 순간에 그 역할을 수행했지만, 이제 그러한 역사적 순간은 가라앉아 버렸다. 그러나 당의 일시적 표현은 사라진 반면, (거대한 역사적 의미에서의) 당 그 자체는 그렇지 않다. 1860년에 마르크스가 적었듯, "공산주의자 동맹은 파리의 '계절협회(Sociéte des saisons)' 및 기타 100여 곳의 협회와 마찬가지로, 현대사회의 토양으로부터 어디에서나 자연스럽게 발생하는 당의 역사에서 단지 하나의 에피소드에 불과했다".[23] 마르크스는 정당에 개입한 것 못지않게, 정당이 사라지도록 기꺼이 내버려 두었다.

마르크스는 정치경제학 연구를 위해 대영박물관에 틀어박혔고, 이후 그의 가장 위대한 이론적 저작인 『자본』연구에 돌입했다. 1852년부터 1864년까지, "전적으로 일시적인 의미에서"[24] 어느 당이나 단체에도 속하지 않았

---

23 'K. Marx to F. Freiligrath, 20 February 1860', MECW, vol.41, p.82. 각주 17번을 보라.
24 같은 책, p.82.

다. 그러나 엄밀한 의미에서 조직으로부터의 후퇴를 의미하지는 않았다. 이 시기 동안의 저술을 '당'을 위한 것이라고 언급했는데, 여기서 당은 자신이 부르주아사회와 절연한 이래 헌신한 핵심 사상에 대한 책임감을 의미했다. 그는 『요강』을 언급하면서 "이것이 무겁고 경직된 종류의 문체 때문에 훼손되지 않도록 할 의무를, 나는 당에 지고 있습니다"[25]라고 적었다. 1859년, 『정치경제학 비판을 위하여』가 막 출판되려고 할 때는 이렇게 말했다. "나는 우리 당의 과학적 성취를 희망합니다."[26]

마르크스는 자신의 정치 경력을 시작할 때부터, 자연발생적인 조직 형태가 해방을 위한 **필요조건**이지만, 동시에 **불충분조건**이라는 점을 이해했다. "그 운동의 미래"[27]를 위한 방향을 제시할 수 있는 **사상**의 조직적 표현 역시 필요했다. 그는 후자를 '당'으로 불렀지만, 자생적인 투쟁을 그 외부로부터 지배하거나 통제하려는 집단[28]을 의미하는 것은 분명히 아니었다. 마찬가지로, 대중에게서 발생한 '일시적인' 당을 부차적 중요성을 가진 것으로 간주하지도 않았다. 대중이 새로운 조직적 형성 과정을 창출할 때, **(마르크스를 포함해)** 급진주의자들은 그들과 함께하고 사상으로 대중을 사로잡을 의무가 있다. 마르크스에게 **프롤레타리아** 당은 종파가 아니다. 프롤레타리아 당은 "절대다수의 이해를 위한 절대다수의 자기의식적·독립적 운동"[29]을 구현해야 한다.

이에 대한 가장 중요한 근거는 마르크스가 IWMA에 개입했다는 것이다.

---

25 'K. Marx to F. Engels, 12 November 1858', MECW, vol.40, p.354.

26 'K. Marx to J. Weydemeyer, 1 February 1859', MECW, vol.40, p.377.

27 Marx and Engels, *Manifesto of the Communist Party*, MECW, vol.6, p.518.

28 물론 공산주의자 동맹과 같이 혁명가들의 공식적으로 조직된 당은 **필요하다**. 그러나 이 또한 일시적이다. 역사적 순간의 우연성에 따라 왔다가 사라진다. 마르크스에 따르면, 어떠한 특정 조직 형태 혹은 표현도 보편적으로 적용할 수 없다.

29 Marx and Engels, *Manifesto of the Communist Party*, MECW, vol.6, p.495.

그는 IWMA에 엄청난 영향력이 있었지만, 그것을 창립하지도 않았고 최고 지도자 자리를 원하지도 않았다. 이 단체는 (1863년 7월 집회에서) 폴란드 민족해방투쟁에 대해, 그리고 그 뒤를 이어 미국 남북전쟁에서 북부를 지지하는 일에 대해 연대를 표현한 영국과 프랑스의 노동자들로부터 발생했다. 모든 노동자를 단결시키는 조직을 형성하자는 요청에 파리의 노동자들이 긍정적인 반응을 보이자, 1864년 9월, IWMA가 (런던에서) 창립되었다. 마르크스는 독일 노동자들을 대표해 참석했고 규약 초안과 창립 선언문을 작성하는 위원회에 임명되었으며, 전체 평의회의 일원으로 활동했다.

창립 선언문은 공산주의 원칙을 상세히 논함에 있어 비록 『공산당 선언』만큼 대담하지는 않지만 명료했고("따라서 정치권력의 획득이 노동계급의 가장 중요한 의무가 되었다"[30]라고 선언했다), 이로 인해 마르크스는 IWMA의 지도적 인물이 되었다. 1866년 제네바 총회가 열렸을 때, 사실상 자신이 연합의 지도자라고 인정했다.[31] 그러나 자신을 최고 지도자로 내세우지 않도록 신경 썼다. IWMA는 노동계급을 **위한** 조직이 아니라, 노동계급**의** 조직이었다. 1866년 그가 썼듯, "IWMA의 본분은 노동계급의 **자생적 운동**을 하나로 묶고 일반화하는 것이지, 어떠한 교리 체계라도 지시하거나 강제하는 것이 아니다".[32]

당시 유럽 노동계급 운동은 매우 다양했다. 그 범위는 노동조합원에서 노조에 반대하는 프루동주의자까지, 급진적 민주주의자에서 공산주의자까지 이르렀다. 이들 모두가 IWMA를 이루었다. 연합 내에서 반자본주의적 경향

---

30 K. Marx, 'Inaugural Address of the Working Men's International Association', MECW, vol. 20, p. 12.

31 다음을 보라. K. Marx to F. Engels, 13 March 1865: "IWMA는 엄청난 시간을 소모하게 만듭니다. 사실상 나는 그 지도자입니다", MECW, vol. 42, p. 130.

32 K. Marx, 'Instructions for the Delegates of the Provisional General Council. The Different Questions', MECW, vol. 20, p. 190.

은 시간이 갈수록 영향력이 커지긴 했지만, 지배적인 위치를 잡지는 못했다. 마르크스는 연합 내에서 수많은 내적 갈등에 직면해, 조직의 통합을 유지하기 위해 고군분투하면서 균형을 잡는 복잡한 일련의 행동을 포함하는 활동들을 했다. 그러나 다양한 경향을 포함하는 IWMA의 성격은 노동자들이 최초로 국가 장벽을 뛰어넘어 단일 조직 내에서 함께 일할 수 있도록 하는 것으로서, 이 단체의 약점이 아니라 강점을 보여주는 신호였다. 마르크스는 다음과 같이 주장했다. "인터내셔널 설립 이전의 서로 다른 모든 조직은 노동계급을 위한 일부 급진적 지배계급이 만든 것이지만, 인터내셔널은 노동계급이 스스로를 위해 만든 것이다."[33]

IWMA에게 가장 큰 시험은 1871년 파리 코뮌과 함께 찾아왔다. 연합은 코뮌을 일으키지 않았다. 코뮌은 완전히 자발적이었다. 그러나 일단 코뮌이 일어나자, 연합은 코뮌에 연대하기 위한 자원을 투입했다. 봉기가 일어난 지 10일이 지나지 않았을 때, 마르크스는 파리의 인민들에게 보내는 서한 발표 임무를 맡았다. IWMA 지부에 코뮌 원조를 촉구하는 수십 통의 서신을 보낸 후, 마르크스는 『프랑스 내전』 집필을 시작했다. 이 저작은 "지금까지 국가에 의해 행사된 발의권 모두를 …… 코뮌의 수중으로" 만든 것을 코뮌의 핵심적 공헌으로 꼽는다. 이는 "낡은 중앙집권 정부"가 "생산자들의 자치 정부로 교체"되게 만들었다.[34] 이 모든 것은 단일한 당이나 권력을 독점하는 정치 경향 없이 획득되었다. 이전의 혁명이 "절대군주제가 시작했던 국가권력의 중앙집권화 및 조직화의 발달을, 그리고 국가권력의 둘레 및 속성의 확대를 강요"[35]받았다면, 이와는 대조적으로 파리 코뮌은 자유롭게

---

33 K. Marx, 'Record of Marx's Speech on the Seventh Anniversary of the International', MECW, vol. 22, pp. 633~634.

34 K. Marx, *The Civil War in France. Address of the General Council of the International Working Men's Association*, MECW, vol. 22, p. 332.

35 K. Marx, 'Drafts of The Civil War in France', MECW, vol. 22, p. 484.

연합한 대중에 의한 사회의 탈중앙적·민주적 통제를 통해 국가 기계를 **해체**하려 했다.

마르크스는 코뮌에 결코 비판적이지 않았다. 그는 코뮌이 베르사유로의 진군에 실패한 것 그리고 결국에는 그들을 분쇄한 반혁명 세력의 무장해제를 실패한 것에 이의를 제기했다. 그러나 마르크스는 어디에서도 코뮌의 실패가 투쟁을 지도할 중앙집권적인 '전위당'의 부재 때문이라고 말하지 않았다. 반대로, 그는 코뮌을 적절한 정치형태 또는 "계급의 존재가 기초하는 경제적 토대, 따라서 계급 지배를 근절할 지렛대"[36]라고 칭했다. 이러한 "팽창성 있는 정치형태"는 (비록 코뮌에서는 소수였지만) 마르크스 당이 주로 레오 프랑켈(Léo Frankel, 1844~1896)과 엘리자베트 드미트리에프(Elisabeth Dmitrieff, 1850~1910)의 노력을 통해 그 발전을 직접적으로 도왔던 형태였다.

코뮌의 패배를 동반한 유럽 전역의 가혹한 탄압은 객관적 상황을 근본적으로 바꾸어 놓았다. 마르크스에게 IWMA의 탈중앙적·연방적 구조는 시대적 요구에 더 이상 적합하지 않았다. 이에 대한 대답으로, 1871년 9월 런던 총회에서 IWMA를 정당으로 전환하자는 에두아르 바이양(Édouard Vaillant, 1840~1915)의 결의안을 강력하게 지지했다. 마르크스는 다음과 같이 말했다.

> 유산계급의 이러한 집단적 권력에 맞서 노동계급이 스스로를 정당, 즉 유산계급에 의해 구성된 모든 낡은 당들과는 구별되고 반대되는 당으로 구성하는 것 외에는 계급으로서 행동할 수 없다는 점, 이렇게 노동계급을 정당으로 결합시키는 것이 사회혁명의 승리와 그 궁극적 목표인 계급 폐지를 보장하기 위해 필수적이라는 점을 고려하며,[37]

---

36 K. Marx, *The Civil War in France. Address of the General Council of the International Working Men's Association*, MECW, vol. 22, p. 334.

마르크스는 루이 오귀스트 블랑키(Louis August Blanqui, 1805~1881) 지지자의 결의안을 지지하면서도, 프롤레타리아 당이 직업적 혁명가들의 작은 핵으로 구성되어야 한다는 관점은 지지하지 않았다. 마르크스는 IWMA의 기본 원칙에 입각한, 훨씬 더 확장성 있는 당 개념을 염두에 두고 있었다. 그는 노동계급 투쟁의 경제적 차원과 정치적 차원 사이를 더 크게 연결할 것을 촉구함으로써 이제 이 원칙을 변화된 환경에 적응시킬 필요가 있다고[38] 주장했다.

마르크스가 노동계급의 사회적 해방과 정치적 해방이 불가분의 관계에 있다는 IWMA의 창립 원칙과 프롤레타리아 정당의 초점이 일치한다고 강조했음에도 불구하고, 1871년 런던 총회에서 채택된 (그리고 1872년 헤이그 총회에서 재확인된) 결의안은 새롭고 다소 극단적인 논쟁의 시작을 **표현했다.** 이 논쟁으로 IWMA는 결실을 맺을 수 없음이 드러났다. 이는 적어도 부분적으로는 새로운 관점에 대한 IWMA 내부의 반대 때문이었다. 영국 노동조합원 다수는 이 새로운 관점이 IWMA의 초점을 경제투쟁에서 멀어지게 한다는 이유로 반대했다. (1869년 연합에 가입했던) 바쿠닌의 아나키스트 추종자들 역시 반대했는데, 그들은 다음과 같이 말했다. "우리는 순수하게 정치적인 당에 관한 모든 타협을, 어떠한 대가를 치르더라도 거부하고 배척한다."[39] IWMA에서 바쿠닌과 그의 추종자들을 단체 내 비밀조직을 만들어 민주주의 규범을 위반했다는 이유로 제명하고 난 뒤에도, 문제는 해결되지 않았

---

37   K. Marx and F. Engels, 'Resolution of the Conference of Delegates of the of the Inter-national Working Men's Association Assembled at London from 17th to 23rd September 1871', MECW, vol. 22, p. 427.

38   이에 관한 보다 충분한 논의는 다음을 보라. M. Musto, ed., *Workers Unite! The International 150 Years Later*(New York: Bloomsbury, 2014), pp. 36~51. 이 책은 런던 총회에서 발표된 결의안 다수를 함께 다룬다.

39   다음을 보라. Paris section, 'On the Importance of Having a Central Organization of the Working Class', in Musto, ed., *Workers Unite!*, p. 291.

다. IWMA는 와해되고 있었다. 점차 험해지는 감정을 고려해, 마르크스는 전체 평의회를 뉴욕으로 옮길 것을 제안했는데, 이는 그것의 소멸을 부르는 것과 마찬가지의 조치였다. 마르크스가 조직에 쏟은 시간과 정력에도 불구하고(그리고 누구도 IWMA에 마르크스 이상으로 헌신하지 않았다), 일단 조직의 역사적 순간이 지나가면 그는 조직을 기꺼이 놓아주려 했다.

6.4 조직에 관한 두 가지 개념: 마르크스의 당론 대 라살의 당론

1860년대와 1870년대에 마르크스의 조직적 기여는 독일 운동에서 당 결성을 둘러싼 논쟁으로 확장되었다. 실제로 그의 가장 독특한 조직 개념 일부는 독일 사회주의운동에서 라살의 영향력을 둘러싼 논쟁 과정에서 발전했다.

라살은 오늘날 널리 논의되지 않는 인물일 수 있지만, 19세기 후반과 20세기 초에는 그렇지 않았다. 룩셈부르크와 같은 자생적 활동의 굳건한 지지자조차도 다음과 같이 찬사를 보냈다.

> 라살은 15년 만에 마침내 독일 노동계급을 부르주아의 소집에서 해방시키고 그들을 독립적인 계급 당으로 조직함으로써, [1848년] 3월 혁명의 가장 중요한 역사적 결과를 현실로 바꾸었다. …… 그의 불멸의 업적은 그것을 우리가 바라보는 역사적 관점에 따라 사그라들지 않고 점점 더 커진다.[40]

제2 IWMA(그리고 이후 제3 IWMA)의 무수한 인물들은 다음과 같이 간주했

---

40 R. Luxemburg, 'Lassalle und die Revolution', in *Gesammelte Werke*, vol.1.2(Berlin: Dietz Verlag, 2000), p.418.

다. "현대 사회주의자들은 마르크스보다 라살에게 훨씬 더 큰 신세를 지고 있다. 마르크스가 문화와 논쟁의 세계를 세웠다면, 라살은 인민을 조직했다."[41] 라살이 1863년 5월, 최초의 독립적인 독일 노동계급 당인 '독일 노동자 총연맹(General Union of German Workers)'을 창설했다는 사실보다 더욱 논쟁적인 것이 있다. 지식인은 노동자에게 그들 스스로의 노력으로는 얻을 수 없는 사회주의 의식을 **가져다주는** '과학'의 운송수단이라는 개념도 그에 못지않게 영향력이 있었다.[42] 카를 카우츠키(Karl Kautsky, 1854~1938)와 제2 IWMA의 다른 이들은 이 개념을 직접 전유했고 레닌에게 전달했다.[43] 레닌은 다음과 같은 유명한 선언을 했다. "현대의 사회주의 의식은 깊은 과학적 지식의 기초 위에서만 나타날 수 있다. 과학의 운송수단은 프롤레타리아가 아니라 부르주아 지식인이다."[44] 조직에 관한 '마르크스주의적' 접근으로 여기는 것은, 그 유래를 라살에게 크게 빚지고 있다고 해도 과장이 아니다.[45]

---

41 B. Villiers, *The Socialist Movement in England*(London: T. Fisher Unwin, 1908), p.86.

42 라살은 이를 "우리 시대의 위대한 운명은 바로 이것이다. …… 인민의 몸 안으로 과학적 지식을 보급하는 것"이라고 말했다. 과학의 운송수단은 라살 자신과 같은 지식인이었다. 다음을 보라. F. Lassalle, *Science and the Workingmen* (New York: International Library, 1900), p.44. 또한 다음을 보라. L.T. Lih, *Lenin Rediscovered: 'What Is to Be Done?'* in Context (Chicago: Haymarket Books, 2006), pp.57~61.

43 리(Lih)는 레닌이 조직 문제에 관해서는 라살주의자였음을 인정했다. "오늘날, 역사적 기억에서 그의 부재는 모든 비판이 수용된 이후에도 라살을 영웅으로 여겼던 레닌과 같은 사회민주주의 활동가에 관한 우리의 관점을 왜곡하고 있음이 분명하다"(*Lenin Rediscovered*, p.60). 그는 이것을 결점이 아닌 적절한 전통의 계승으로 봤다. 그는 마르크스의 라살 비판을 검토하지 않았다.

44 V.I. Lenin, *What Is to Be Done?* Collected Works, vol.2(Moscow: International Publishers, 1943), p.61.

45 다음을 보라. R. Dunayevskaya, *Rosa Luxemburg, Women's Liberation, and Marx's Philosophy of Revolution*(Atlantic Highlands, NJ: Humanities Press, 1981), p.154. "라살은 사후 오랫동안 개량주의자뿐만 아니라 혁명가에게도, 특히 조직의 관점에 있어 폭넓은 영향을 미치는 인물로 남게 되었다. …… 룩셈부르크에서 트로츠키까지 모든 이가 라살을 찬양했는데, 이는 마르크스에 거의 가까운 수준이었을 뿐만 아니라 실제로는 '조직에 관한 한', 인정하든 그렇지 않든 마르크스보다 더 높은, 즉 더 구체적인 수

그러나 마르크스 자신은 그의 추종자들에 비해 라살의 "불멸의 업적"에 거의 감명받지 못했다. 1862년 7월, 그는 라살의 국가사회주의 사상을 반동적, 보나파르트주의적인 것이라고 칭했다.[46] 라살의 당이 결성되자, 비록 마르크스는 공개적 비난은 삼갔지만,[47] 동료들에게 자신이 그 당과는 아무런 관계가 없을 것임을 분명히 했다. 한 달 후, 그는 빌헬름 리프크네히트(Wilhelm Liebknecht, 1826~1900)와 독일의 다른 이들에게, 독일 노동자 총연맹을 종종 언급하면서 '라살주의적 분파'와 동일시하지 말 것을 경고했다. 그리고 1865년에 이르러 다음과 같이 결론지었다. "이지 남작(Baron Izzy)[라살을 가리킨다. 이지(Izzy)는 유대인을 가리키는 이스라엘(Israel)의 줄임말이다. _옮긴이]이 남긴 것으로는 아무것도 할 수 없습니다. 그것은 빨리 해산할수록 좋습니다."[48]

확실히, 마르크스는 라살의 무리에 격렬하게 반대했다. 그들이 독일 정부로부터 '노동자' 조합을 위한 자금을 얻으려는 의심스러운 시도를 했기 때문이었다. 이에 못지않게 마르크스는 라살의 **조직** 개념, 즉 (자신과 같은) **지식인**이 노동자에게 심어주는 의식을 통해 그들을 가장 잘 '지도'할 수 있다는 생각에 반대하며 다음과 같이 말했다. "노동자는 **보통선거권**을 위해 선동해야 하며, 그 후에는 '적나라한 과학의 검'으로 무장한 자신들과 같은 사람을 국민회의로 보내야 한다." 라살은 "스스로 미래의 노동자 독재관 행세를 하고 있다"라고 주장했다.[49]

준에 서 있었다."

46 다음을 보라. 'K. Marx to to E. Engels, 30 July 1862', MECW, vol.41, p.390. 당시 마르크스는 라살이 비스마르크와 거래한 사실(라살이 사망한 이후에야 이 사실은 알려졌다)을 몰랐지만, 이미 라살을 계급협조주의자로 의심하고 있었다.

47 그렇게 한 이유의 일부에는 IWMA에서의 마르크스의 입장 때문인 것이 있었다. 연합 내에서 그는 국민적 집단과의 관계를 예단한다는 인상을 주지 않기 위해 주의해야 했다.

48 K. Marx to E. Engels, 3 February 1865', MECW, vol.42, p.75.

49 'K. Marx to F. Engels, 9 April 1863', MECW, vol.41, p.467.

불행히도, 라살주의에 관한 마르크스의 거부는 그의 독일인 '마르크스주의' 추종자들에게는 큰 비중으로 다가가지 못했다. 1869년, 그들이 자신들의 당[사회민주주의 노동자당(Social Democratic Workers' Party)]을 결성했을 때, 마르크스는 자신이 '라살 추종자'라고 부른 이들이 이 당을 오염시킨다고 문제 삼았다. 그 후 몇 년 동안, 그와 엥겔스는 라살주의가 당을 위태롭게 하고 있다고 종종 불평했다. 이는 1874년 후반, 사회민주주의 노동자당이 마르크스나 엥겔스에게 알리지 않고 독일 노동자 총연맹과 통합 협상을 시작했을 때 명백해졌다.

1875년 5월, 마르크스는 『고타강령 비판』으로 두 집단의 통합에 대응했다. 이것은 아마도 조직에 관해 그가 쓴 가장 중요한 문건일 것이다. 이 문건은 국가, 농민, '임금 철칙'에 관한 라살주의적 개념에의 투항과 공산주의에 관한 라살주의의 빈약한 개념을 가차 없이 비판한다. 마르크스는 생산관계 개념을 희생시키면서 분배를 배타적으로 강조하는 강령을 비판하고, 자본주의를 뒤이을 공산주의의 두 단계에 관한 자신의 가장 완전한 논의를 공표했다. 마르크스가 미래에 관한 추측을 자제했던 만큼 그의 추종자들이 가치생산 폐지의 중심 역할을 파악하는 데 실패했기 때문에, 마르크스로서는 훨씬 더 자세하게 논의할 수밖에 없었다.[50] 이 논의를 당의 문건에 관한 비판에 포함시킴으로써, 마르크스는 노동자당에 존재할 권리를 부여하는 것은 자본주의에 관한 당의 명확한 이해와 그에 대한 혁명적 대안에 집중되어 있음을 내비치고 있는 것이다.

마르크스는 자신이 새로운 당과 아무런 관련이 없음을 공개적으로 선언하겠다고 위협할 정도로, 왜 그토록 날카롭게 새로운 당에 반대했을까? 이는 분명 그가 당의 필요성에 의문을 가졌기 때문은 아니었다(특히 1871년 이

---

[50] 이에 관한 보다 자세한 논의로는 다음을 보라. P. Hudis, *Marx's Concept of the Alternative to Capitalism*(Chicago: Haymarket Books, 2013), pp. 187~206.

후로 그 중요성을 강조해 왔다). 통합대회는 독립적 계급정치로서 당의 필요성을 파악하는 데 실패했다고 생각했기 때문도 아니었다(라살은 비스마르크에게 호감을 보이며 접근했지만, 마르크스의 추종자들이 그러한 방향으로 향했다는 증거는 없다). 마르크스와 그의 추종자들 사이를 가르는 것은 다른 곳에 있었다. 조직적 통합이 혁명적 원칙에 앞서는지에 대한 것이었다. 마르크스의 추종자들은 통합이 최우선시되는 고려 사항이라고 간주했다. 그것이 자본주의와 그 대안에 관해 잘못된 분석을 고집하는 경향과의 통합이라고 할지라도 말이다. 반면 마르크스에게는 "원칙에 관한 흥정은 있을 수 없었다".[51] 이는 마르크스의 정치조직 개념에 있는 가장 중요한 측면 중 하나를 드러낸다. 바로 독립적인 프롤레타리아 조직만으로는 당이 존재할 역사적 권리를 확보하는 데 충분하지 않다는 것이다. 무엇보다도 요구되는 것은 노동계급이 현존 사회의 이데올로기적 지평을 극복할 수 있도록 하는 정치적·철학적 원칙에 충실해야 하는 것이다. 이 점이 통합대회에서 빠진 것이며, 『고타강령비판』의 비판을 마르크스의 정치조직 개념을 표현하는 데 있어 중심적인 기록으로 만든다.

그러나 당이 자본주의의 대안에 관한 적절한 이해를 가져야 한다고 주장하는 것과 당이 새로운 사회의 태아기적 표현으로 기능해야 한다고 주장하는 것은 별개의 문제이다. 마르크스는 전자는 단언한 반면, 후자는 거부했다. 그의 표현에 따르면 다음과 같이 주장하는 사람들을 그는 날카롭게 문제 삼았다. "파리 코뮌의 구성원들이 코뮌을 '미래 인류사회의 태아'로 이해하고 모든 규율과 무장, 즉 전쟁이 더 이상 없는 시기에는 사라져야 할 것들을 제거했다면 실패하지 않았을 것이다!"[52] 마르크스에게 조직은 매우 중요

---

51 'K. Marx to W. Bracke, 5 May 1875', MECW, vol.24, p.78.

52 K. Marx and F. Engels, 'Fictitious Splits in the International. Private Circular from the General Council of the International Working Men's Association', MECW, vol.23, p.115.

하지만 결코 그 자체가 목표는 아니다. 궁극적 목표는 조직보다 높이 솟아 있는 새로운 사회이다.

마르크스는 『고타강령 비판』을 출판하지 않기로 결정했는데 이는 부분적으로는 [아우구스트 베벨(August Bebel, 1840~1913)과 같은] 당 지도자 몇몇이 수감되어 있었기 때문이기도 했지만, 주된 이유는 당의 발전이 고타강령을 고려할 가치 없는 것으로 만들기를 그가 희망했기 때문이다. 그러나 그렇게 되지 않았다. 1877년 마르크스는 다음과 같이 쓸 수밖에 없었다. "독일에서 타락한 정신은 우리 당에서, 대중에게서보다는 지도자들(상층 계급과 상층 노동자)에게서 나타나고 있다. 라살주의자와의 타협은 갈팡질팡하는 다른 이들과의 또 다른 타협으로 이어졌다."[53] 실제로 독일 사회민주주의와 제2 IWMA의 토대가 된 것은 마르크스의 비판이 아닌 고타강령이었다. 『고타강령 비판』은 1891년, 엥겔스가 에르푸르트 강령에 관한 자신의 이견을 주장하면서 출판되었을 때에도 거의 무시되었다.

마르크스의 조직 개념을 잘 요약한 언급으로는 마르크스가 라살주의의 지도자인 요한 폰 슈바이처(Johann von Schweitzer, 1833~1875)에게 한 말을 꼽을 수 있다.

비밀결사와 분파 운동에 적합한 **중앙집권적** 조직은 **노동조합**의 성격과는 모순됩니다. 그것이 가능하다고 해도(나는 불가능하다고 **분명히** 선언합니다), 독일에서는 결코 바람직하지 않을 것입니다. 노동자가 자신을 지배하는 사람들 속에서 어린 시절부터 줄곧 관료주의적으로 통제되고 권위를 믿는 이곳에서 중요한 것은 **노동자에게 스스로 걷는 법을 가르치는 것입니다.**[54]

---

53 'K. Marx to F.A. Sorge, 19 October 1877', MECW, vol.45, p.283.

54 'K. Marx to J.B. Schweitzer, 13 October 1868', MECW, vol.43, p.134.

6.5 마르크스의 조직론 대 마르크스 이후 마르크스주의의 조직론

　마르크스가 조직에 많은 기여를 했지만 대부분의 마르크스주의자들은 라살, 카우츠키, 레닌에게서 유래하는 다른 조직 개념을 따랐다. 마르크스가 더 위대한 사상가라는 점과 라살이 독일 국가와의 동맹을 추구한 것은 잘못되었다는 점이 널리 확인되었지만, 라살주의적인 조직 개념은 거의 문제시되지 않았다. 실제로 이 개념은 레닌주의와 함께하면서 새로운 수명을 얻었다. 또한 한 연구가 분명히 보여주었듯, "오직 레닌에게서, 노동계급을 대표하는 혹은 노동계급인 광범위한 당의 개념이 …… 노동계급의 전위로서의 '소수' 당 개념으로 대체되었다".[55]

　레닌은 마르크스주의의 연대기에서 자신의 지위를 확실히 획득했지만, 그의 조직 개념(그의 독창적인 것으로 보기는 어렵고 독일 사회민주주의에서 유래한 것이다)은 큰 피해를 주는 것이었다. 특히 대중을 **대신해** 권력을 독점하는 일당 국가 모델을 조장했다는 점에서 그렇다. 이러한 접근은 스탈린주의 체제가 저지른 참상의 여파로 분명히 살아남을 수 없다. 소련과 다른 스탈린주의 국가에서, 노동계급이 아니라 그들의 이름으로 지배한다고 주장했던 지식인 엘리트가 주도한 일당의 권력 독점은 역사에서 가장 억압적인 몇몇 체제에게 길을 열어주었다. 많은 면에서, 소련 공산당은 마르크스가 지지한 모든 것에 대한 안티테제를 대표했다. 특히 "자유는 국가를, 사회를 지배하는 기구에서 사회에 완전히 지배당하는 기구로 전환시키는 데에 있다"[56]라는 그의 개념에 대해서 그랬다.

　한편 사회민주주의적 또는 레닌주의적 당 개념을 지지하면서 스탈린주의에 반대했던 마르크스주의자들은 '자유시장'과 국가주의적 변종 속에서

55　Molyneux, *Marxism and the Party*, p.36.

56　K. Marx, *Critique of the Gotha Programme*, MECW, vol.24, p.94.

자본주의에의 실행 가능한 대안을 궁극적으로 제공하는 데 실패했다. 역사는 단순한 종파로 넘어가는 경향이 있는 그러한 당들보다 일시적인 것은 없다는 점을 보여준다.

동시에, 마치 '소수에게만 이해되는' 성격을 가진 마르크스의 이론 저작이 그의 '대중적인' 정치활동에 의해 완전히 알려지지 않은 것처럼(그 반대도 마찬가지이다), 마르크스의 주요 이론 저작에 대한 강조 때문에 그가 조직에 기여한 바를 무시하는 것은 사태를 진전시키지 못한다. 마르크스에게 이러한 이론과 실천의 분리는 그의 지적 경력이 시작될 때부터 저주받은 것이었으며, 우리가 마르크스의 프로젝트에 그러한 해석을 부여한다면 그 프로젝트가 갖는 내적 일관성을 제대로 다룰 수 없다.

과거의 사회주의 및 공산주의 운동은 더 이상의 설명이 필요 없을 정도로 명확히 이해된 목표를 향해서 대중을 동원하기 위해 당이 필요하다는 전제에서 이루어졌다. '사회주의'와 '공산주의'를 건설하려던 100년간의 노력이 실패로 끝난 후, 오늘날에는 목표가 잘 이해되지 않았다는 점이 분명해졌다. 오늘날 우리가 직면하는 가장 풀리지 않는 문제는 자본주의에의 실행 가능한 대안이 무엇으로 구성되는지이다. 이에 비추어보면, 조직의 역할에는 완전히 새로운 의미가 있다. 조직이 특정 계급이나 세력을 대표하는 것과 비위계적이고 민주적인 형태의 의사결정을 발전시키는 것은, 그것이 비록 의무일지라도 충분하지 않다. 이것들은 21세기 마르크스주의 조직에게 필요조건이지만 동시에 불충분조건이다. 무엇보다도 우리에게는 혁명 **이후** 무슨 일이 일어날 것인지에 관한 질문을 혁명 이전에 제기하고 발전시키는 조직이 필요하다.[57]

마르크스의 『고타강령 비판』에 관한 리프크네히트의 반응은 많은 측면

---

57 이에 관한 보다 많은 내용으로는 다음을 보라. P. Hudis, 'Über die Notwendigkeit einer Vermittlung von Zielen und Wegen sozialistischer Politik', in M. Hawel and S. Kalmring (eds.), *Wie lernt das linke Mosaik?*(Hamburg: VSA, 2016), pp.196~211.

에서 조직 문제에 관한 많은 마르크스주의자들의 태도를 반영한다. "이론과 실천은 별개의 것이다. 이론에서, 내가 마르크스의 판단을 무조건적으로 신뢰하듯, 실천에서 나는 내 길을 간다."[58] 이렇게 실천으로부터 이론을 분리하는 것이 얼마나 큰 피해를 가져다주었는지가 한 세기 동안 얻은 깨달음으로 분명해진 이상, 이제는 마르크스의 '정치', 즉 정치조직에 관한 기여를 재검토해야 할 때가 확실히 되었다.

---

58 다음을 인용. G.P. Steenson, *After Marx, Before Lenin: Marxism and Socialist Working Class Parties in Europe, 1884~1914*(Pittsburg, CA: Pittsburg University Press, 1991), p.279.

참고문헌

Cunliffe, John(1981), 'Marx, Engels and the Party', *History of Political Thought*, 2(2): 349~367.

Dunayevskaya, Raya(1981), *Rosa Luxemburg, Women's Liberation, and Marx's Philosophy of Revolution*, Atlantic Highlands, NJ: Humanities Press.

Hudis, Peter(2013), *Marx's Concept of the Alternative to Capitalism*, Chicago: Haymarket Books.

_____(2016), 'Uber die Notwendigkeit einer Vermittlung von Zielen und Wegen sozialistischer Politik', in Marcus Hawel and Stefans Kalmring(eds.), *Wie lernt das linke Mosaik?* Hamburg: VSA, pp.196~211.

Lassalle, Ferdinand(1900), *Science and the Workingmen*, New York: International Library.

Lenin, Vladimir Ilyich(1943), *What Is to Be Done? Collected Works*, vol.2, Moscow: International Publishers.

Lih, Lars T.(2006), *Lenin Rediscovered: 'What Is to Be Done?' in Context*, Chicago: Haymarket Books.

Luxemburg, Rosa(2000), 'Lassalle und die Revolution', in *Gesammelte Werke*, vol.1.2, Berlin: Dietz Verlag, pp.417~421.

Marx, Karl(1975), 'Letters from Deutsch-Franzosische Jahrbucher', MECW, vol.3, pp.133~145.

_____(1975), 'Contribution to the Critique of Hegel's Philosophy of Right: Introduction', MECW, vol.3, pp.175~187.

_____(1975), 'Letters, October 1843-August 1844', MECW, vol.3, pp.349~357.

_____(1977), 'The Victory of the Counter-Revolution in Vienna', MECW, vol.7, pp.503~506.

_____(1978), 'Address to the Central Authority of the League, March 1850', MECW, vol.10, pp.277~287.

_____(1985), 'Instructions for the Delegates of the Provisional General Council. The Different Questions', MECW, vol.20, pp.185~194.

_____(1986), *The Civil War in France. Address of the General Council of the International Working Men's Association*, MECW, vol.22, pp.307~359.

_____(1986), 'Drafts of The Civil War in France', MECW, vol.22, pp.435~551.

_____(1986), 'Record of Marx's Speech on the Seventh Anniversary of the International', MECW, vol.22, pp.633~634.

_____(1989), *Critique of the Gotha Programme*, MECW, vol.24, pp.75~99.

Marx, Karl, and Engels, Frederick(1976), 'Letter from the Brussels Communist Correspondence Committee to G.A. Kottgen', MECW, vol.6, pp.54~56.

_____(1976), *Manifesto of the Communist Party*, MECW, vol.6, pp.477~519.

_____(1978), *Letters*, 1849~1851, MECW, vol.10.

_____(1978), 'Review, May to October 1850', MECW, vol.10, pp.490~532.

_____(1982), *Letters*, 1844~1851, MECW, vol.38.

_____(1983), *Letters*, 1856~1859, MECW, vol.40.

_____(1984), 'To the Workers of Cologne', MECW, vol.9, p.467.

_____(1985), *Letters*, 1860~1864, MECW, vol.41.

_____(1986), 'Resolution of the Conference of Delegates of the of the International Working Men's Association Assembled at London from 17th to 23rd September 1871', MECW, vol.22, pp.423~431.

_____(1987), *Letters*, 1864-1868, MECW, vol.42.

_____(1989), *Letters*, 1874-1883, MECW, vol.24.

_____(1991), *Letters*, 1874-1879, MECW, vol.45.

Molyneux, John(1978), *Marxism and the Party*, London: Pluto Press.

Musto, Marcello, ed.(2014), *Workers Unite! The International 150 Years Later*, New York: Bloomsbury.

Nimtz, August H. Jr.(2000), *Marx and Engels: Their Contribution to the Democratic Breakthrough*, Albany: State University of New York Press.

Rubel, Maximilien(1974), 'Le parti proletarian', in *Marx critique du marxisme*, Paris: Payot, pp.183~192.

Steenson, Gary p.(1991), *After Marx, Before Lenin: Marxism and Socialist Working Class Parties in Europe, 1884~1914*, Pittsburg, CA: Pittsburg University Press.

Villiers, Broughham(1908), *The Socialist Movement in England*, London: T. Fisher Unwin.

혁명
미카엘 뢰비

7.1 혁명적 실천: 초기 저작

'혁명'이라는 단어는 전통적으로 축을 중심으로 한 행성의 움직임을 설명하는 데 사용되었지만, 16세기 이후 사회 및 정치 질서의 근본적인 대변동과 지배계급 또는 통치 집단의 전복을 설명하는 정치적인 개념이 되었다. 마르크스가 '혁명'이라는 단어를 사용하는 것은 이러한 현대적인 의미에서이다. 혁명을 사고함에 있어서 그는 주로 프랑스혁명(1789~1794)을 참고했다. 프랑스혁명은 프랑스와 더 넓게는 유럽의 정치제도와 사회구조를 크게 변화시킨 대규모 대중 봉기였다. 혁명적 사건에 대한 마르크스의 분석은 언제나 계급투쟁 개념과 연결되어 있었다. 그는 16세기 독일의 농민 전쟁을 '농민 혁명', 영국과 프랑스의 혁명을 '부르주아 혁명', 1871년 파리 코뮌을 '프롤레타리아 혁명'이라고 불렀다. 1848~1849년 프랑스와 독일의 혁명은 군주제를 지지하는 귀족, 자유주의적인 부르주아지, 민주주의적인 소부르주아지, 프롤레타리아 대중 사이의 장기간에 걸친 계급 대결로 인식되었다.[1]

---

1   마르크스와 혁명에 관한 최고의 작품은 여전히 '위로부터의 사회주의'에 맞서 '아래로

마르크스의 프롤레타리아 혁명이론은 그의 초기 저작(1843~1850)에서 이미 발전되었는데, 이는 1840년대 유럽에서 증가한 노동 계급투쟁의 경험과 기존 공산주의 문헌에 대한 변증법적이고 비판적인 연구를 바탕으로 한 것이었다. 프롤레타리아트 혁명의 사상이 제시된 최초의 문서는 『헤겔 법철학 비판을 위하여』(1844)이지만, 이는 여전히 '헤겔-좌파적인' 글이었다. 혁명이 "철학자의 두뇌에서 시작된다"라는 생각을 조장했기 때문인데, 이렇게 철학자의 두뇌에서 시작된 혁명은 "사상의 번개"를 발생시켜 인간 해방의 "물질적 토대" 또는 "수동적 요소"로 여겨지는 프롤레타리아 대중을 강타할 것이라고 했다.[2] 이 문서를 쓴 후에야 마르크스는 파리의 프랑스 및 독일 공산주의 노동자 집단과 직접적으로 접촉하고, 의인동맹[League of the Just, 공산주의자 동맹(Communist League)의 전신]의 설립자인 독일 공산주의 노동자 빌헬름 바이틀링(Wilhelm Weitling, 1808~1871)의 저술과 영국 차티스트 노동자 운동의 투쟁에 대해 더 많이 알게 되었다.

혁명에 대한 마르크스의 초기 연구에 있어 결정적인 사건은 1844년 6월의 슐레지엔 방직공 봉기였다. 이는 독일 역사상 최초의 프롤레타리아트 반란이었는데, 프로이센 군대의 개입으로 비로소 진압할 수 있었다. 마르크스는 「기사 '프로이센 왕과 사회개혁'에 대한 비판적 평주들」이라는 수수한 제

부터의 사회주의'의 입장에서 쓴 H. 드레이퍼(H. Draper, 1914~1990)의 다섯 권짜리 기념비적인 시리즈, *Karl Marx's Theory of Revolution, Volume I: State and Bureaucracy* (New York: Monthly Review Press, 1977), *Karl Marx's Theory of Revolution, Volume II: Politics of Social Classes*(New York: Monthly Review Press, 1978), H. Draper and S.F. Diamond, *Karl Marx's Theory of Revolution, Volume III: The 'Dictatorship of the Proletariat'*(New York: Monthly Review Press, 1986), H. Draper, *Karl Marx's Theory of Revolution, Volume IV: Critique of Other Socialisms*(New York: Monthly Review Press, 1990), and H. Draper and E. Haberkern, *Karl Marx's Theory of Revolution, Volume V: War & Revolution*(Alameda and New York: Center for Socialist History and Monthly Review)이다.

2   K. Marx, 'Contribution to the Critique of Hegel's Philosophy of Right: Introduction', MECW, vol.3, p.187.

목으로 아르놀트 루게(Arnold Ruge, 1802~1880)에 반대하는 논쟁적인 글을 출판했는데, 이 글은 '단순히 정치적인 것'에 대한 사회적 봉기의 우수성을 찬양했다. 이 기사는 청년 마르크스의 철학적, 정치적 발전 과정에서 하나의 전환점이었다. 이는 1844년 그의 첫 번째 공산주의 저술에 여전히 존재했던 신헤겔주의 가정들과의 단절로 간주될 수 있다. 슐레지엔 반란에서 그는 철학자로부터의 '사상의 번개' 없이도 "사회주의를 위해 나아갈 수 있는 독일 프롤레타리아트의 탁월한 능력"을 발견했다. 그리고 더 중요한 것은, 프롤레타리아트가 혁명의 '수동적 요소'가 아니라 오히려 그 정반대라는 것을 발견했다는 것이다. "철학적 인민은 사회주의 속에서 비로소 자신에게 어울리는 실천(Praxis)을, 따라서 프롤레타리아트 속에서 비로소 자신의 해방의 역동적인 요소를 발견할 수 있다."3 이 한 문장에서 우리는 세 가지 새로운 주제를 찾을 수 있다. ① 철학과 인민은 더 이상 철학이 인민에게 번개처럼 내려온다는 식으로 두 개의 별개 용어로 제시되지 않는다. 이들은 오히려 이러한 대립이 대체되었음을 보여주는 '철학적 인민'으로 이해되어야 한다. ② 사회주의는 더 이상 순수 이론, 철학자의 두뇌에서 태어난 사상이 아니라, 실천으로 제시된다. ③ 프롤레타리아트는 이제 명백히 해방의 **능동적** 요소가 된다.

이러한 새로운 접근 방식의 철학적 결론은 「포이어바흐에 관한 테제(Thesis on Feuerbach)」(1845)에서 더 폭넓게 제시된다. 이 글은 출판을 목적으로 하지 않은 몇 쪽짜리 필기이지만, 엥겔스가 1888년에 쓴 것처럼 "새로운 세계관의 훌륭한 기원"으로 여겨질 수 있다.4 그람시의 문구를 사용해 '실천의 철학'으로 정의할 수 있는 이 새로운 세계관은 마르크스의 혁명 개념에 대한

---

4   F. Engels, 'Ludwig Feuerbach and the End of Classical German Philosophy', MECW, vol. 26, p. 520

이론적 토대를 제공한다. 이는 바로 혁명적 실천 과정에서 사회 상태가 변화되고 개인의 자기 변화가 일어난다는 것이다. 이러한 관점에서 핵심 구절은 제3 테제이다.

> 환경의 변화와 교육에 관한 유물론적 교의는 환경이 인간들에 의해 변화되며 교육자 자신도 교육되어야 한다는 것을 잊고 있다. 그러므로 이 유물론적 교의는 필연적으로 사회를 두 부분으로 나누며, 그중의 하나는 사회를 초월한다. 환경의 변화와 인간 활동의 변화 또는 자기 변화의 동시 발생은 오직 **혁명적 실천**으로서만 파악될 수 있고 합리적으로 이해될 수 있다.[5]

혁명적 실천은 물질적 환경(즉 경제적·사회적·정치적 조건)과 '행동의 주체[Selbstveränderung]'인 자기 자신을 동시에 변화시킨다. 그러므로 혁명적 실천은 18세기 프랑스 유물론(그리고 포이어바흐 같은 독일 추종자들)과 (관념론적인) 청년 헤겔주의자들 사이의 반정립을 변증법적으로 지양[Aufhebung]한 것이다. 전자가 물질적 조건의 변화를 주로 옹호했다면, 후자는 사람들의 의식 변화를 사회 변화의 전제 조건이라 믿었다. 보통 유물론자였던 최초의 공산주의자나 사회주의자들은 '사회보다 높이 올려진' 개인이나 집단, '도덕적인 시민들'의 엘리트, 어떤 경우에는 왕이나 황제에게 환경을 변화시키는 임무를 맡겼다. 다시 말해, 혁명적 실천의 개념은 프롤레타리아트의 자기해방이라는 마르크스주의의 **급진 민주주의적** 혁명 개념의 이론적 토대이다.

이러한 생각은, 얼마 후 마르크스가 엥겔스와 함께 쓴 대량의 원고인 『독일 이데올로기』에서 발전되었지만, 마르크스의 말에 따르면 "쥐들의 갉아먹는 비판"에 내버려 두었다.[6] 아마도 (대부분의 원고처럼) 마르크스가 썼을

---

5   K. Marx, 'Thesis on Feuerbach', MEWC, vol. 5, p. 4.

6   K. Marx, 'A Contribution to the Critique of Political Economy', MECW, vol. 29, p. 264.

결정적인 구절에서, 포이어바흐에 대한 제3 테제의 주장이 채택되고 발전되었다.

> 이러한 공산주의 의식의 대규모 산출과 대의 그 자체의 성공 모두를 위해서 대규모의 인간 개조가 필요한데, 이는 오로지 실천적인 운동, 즉 **혁명**을 통해서만 이루어질 수 있다. 그러므로 혁명이 필요한 이유는 **지배계급**을 다른 방식으로 타도할 수 없기 때문만이 아니라, 지배계급을 **타도하는** 계급이 오직 혁명을 통해서만 자신으로부터 모든 낡은 찌꺼기를 떨쳐버리고 사회를 새로 세우는 데 적합해질 수 있기 때문이다. …… **혁명 활동**에서 자기 자신의 변화는 환경의 변화와 동시에 일어난다.[7]

다시 말하자면, 혁명은 낡은 체제를 파괴하기 위해 필요할 뿐만 아니라, 프롤레타리아트가 자신의 실천적 행동을 통해 '내적' 장애물을 극복하고 자신의 의식을 변화시켜 새로운 공산주의사회를 창조할 수 있게 하기 위해서도 필요하다. 마르크스주의 혁명이론에 있어 지고한 구세주는 있을 수 없으며, 유일하게 가능한 노동 해방은 민주주의적인 혁명적 자기해방이다. 이는 자코뱅파부터 프랑수아-노엘 바뵈프(Francois-Noël Babeuf, 1760~1797)에 이르기까지, 클로드 앙리 드 생시몽(Claude Henri de Saint Simon, 1760~1825)부터 로버트 오언(Robert Owen, 1771~1858)에 이르기까지 사회 변화에 대한 이전의 개념 대부분과 대립한다.

마르크스에게 혁명적 사상은 철학자들의 저작에서 비롯된 것이 아니라 하나의 계급, 즉 프롤레타리아트의 경험에서 비롯되었다. 이는 다른 계급 출신들이 공산주의를 위한 투쟁에 참여하지 않을 것이라는 의미는 아니다. 프롤레타리아트는 『독일 이데올로기』에서 언급되었듯이,

---

7   K. Marx, *The German Ideology*, MECW, vol. 5, pp. 52~53, 214.

아무런 혜택도 향유하지 못한 채 사회의 모든 짐을 다 짊어지고 사회로부터 추방되는 계급 …… 사회 전 구성원의 대다수를 형성하고 있으며 근본적인 혁명 의식, 물론 이 계급의 지위에 대한 고찰을 통해 다른 계급 속에서도 형성될 수 있는 공산주의 의식이 자기 자신으로부터 나오는 그러한 계급이다.[8]

이러한 자기해방으로서의 혁명이론은 이후 몇 년 동안 마르크스의 정치 저술에서 본질적인 측면이다. 예를 들어 『공산당 선언』을 살펴보자. 여기에서의 혁명적 노동운동에 대한 정의는 어떠한 '대리주의적인' 전위 사상에도 분명히 반대한다.

이전의 모든 역사적 운동은 소수의 운동이거나 소수의 이익을 위한 운동이었다. 프롤레타리아 운동은 압도적 다수의 이익을 위한, 압도적 다수의 의식적인 자립적 운동이다.[9]

마르크스와 엥겔스의 유토피아적 사회주의자들과의 대립은 다음과 같은 근본적인 신념의 차이에서 유래되었다. 후자는 미래 사회에 대한 그들의 생각으로 찬사를 받았지만, 프롤레타리아트에 대한 태도 때문에 비판을 받았다. 그들은 프롤레타리아트를 "어떠한 역사적 진취성도, 독립적인 정치 운동도 갖지 못한 계급"이라고 생각했다. "그들에게 프롤레타리아트는 가장 고통받는 계급이라는 관점 아래에서만 존재한다." 따라서 그들은 노동계급의 모든 정치적인, "특히 모든 혁명적인 활동"을 거부했다.[10]

마르크스와 엥겔스는 독일에서 1848년 혁명에 참여했지만, 1849년 영국

---

8   같은 책, pp.52, 60.

9   K. Marx and F. Engels, *Manifesto of the Communist Party*, MECW, vol.6, p.495.

10   같은 책, pp.515~517.

으로 망명할 수밖에 없었다.[11] 따라서 그들은 「공산주의자 동맹에 보내는 총평의회의 연설」(1850년 3월)이라는 문서를 런던에서 쓸 수밖에 없었다. 이는 독일의 혁명 운동에서 교훈을 얻고자 하는 시도였다. 그 당시 그들은 여전히 혁명 운동의 부활이 가능하다고 믿었고, 독일에서 프롤레타리아트 대중의 혁명적이고 자기해방적인 투쟁이 어떠한 형태를 띠어야 할지 고민하고 있었다. 이 성명에 따르면, 프롤레타리아트는 노동자 평의회를 구성함으로써 부르주아 당국에 반대하는 자신들의 기관을 세워야 한다.

> 그들은 즉시 새로운 공식 정부와 나란히, 그들 스스로 혁명적 노동자 정부를 세워야 한다. 이는 시 위원회와 시 평의회의 형태이든 노동자 클럽이나 노동자 위원회의 형태이든 상관없다.

게다가 마르크스와 엥겔스는 노동자들이 스스로 무장하기 위해 노력해야 한다고 믿었다.

> 노동자들은 자신이 뽑은 지휘관과 총참모부를 가진 프롤레타리아 방위대로서 스스로 무장해, 그것을 국가권력의 지휘가 아니라 노동자들이 세운 혁명적 시의회의 지휘하에 두어야 한다.[12]

이것은 또한 마르크스와 엥겔스가 영속 혁명의 전략적 관점을 제기하고, 후진적인, 반봉건, 절대주의 국가(19세기 중반의 독일)의 민주주의 혁명이 프롤레타리아 혁명으로 변모될 수 있는 방법에 대해 고찰한 최초의 저

---

11 1848년 혁명 중 마르크스의 전략에 대한 최고의 글은 스페인 마르크스주의자 F. 클로딘(F. Claudin)의 *Marx, Engels y la Revolucion de 1848*(Madrid: Siglo XXI, 1975)이다.

12 K. Marx and F. Engels, 'Address of the Central Council to the Communist League(March 1850)', MECW, vol.10, pp.281~282.

술이기도 하다.

> 민주주의적 소부르주아들은 되도록 빨리 혁명을 결말짓고자 한다 ······ 우리
> 의 이익과 과제는 모든 크고 작은 유산계급들이 지배적 위치에서 배제될 때까
> 지, 프롤레타리아트가 국가권력을 장악할 때까지, 혁명이 영속되도록 만드는
> 것이다.[13]

물론 당면한 제안으로서 '공산주의 동맹에 보내는 총평의회의 연설'은 잘
못된 것이었다. 왜냐하면 혁명은 이미 독일에서 패배했기 때문이다. 그러나
돌이켜 보면 이 문서는 1871년 파리 코뮌과 1917년 러시아 10월 혁명에 대
한 거의 예언적인 예측으로 보인다.

7.2 자기해방으로서의 혁명: 제1 인터내셔널과 파리 코뮌

1848~1850년의 유럽 혁명은 패배했지만, 스페인에서는 일종의 독특한
여파가 있었다. 1854년 6월 두 명의 '자유주의적' 장군, 돈 레오폴도 오도넬
(Don Leopoldo O'Donnell, 1809~1867)과 돈 호아킨 발도메로 페르난데스-에스
파테로(Don Joaquin Baldomero Fernandez-Espartero, 1793~1879)가 인민의 바리
케이드 지원을 받아, 정치범을 석방하고 개혁을 약속한 군사 봉기를 일으켰
다. 그러나 2년 후인 1856년 7월, 오도넬은 스페인 왕과 공모해 쿠데타를 일
으켜 권력을 장악했다. 부르주아 국민의회는 항복했고, 오로지 마드리드 지
역의 노동계급만이 며칠간의 필사적인 도시 게릴라전 끝에 정규군에 의해
진압될 때까지 싸웠다. 이 사건은 1848년 6월 파리 봉기와 몇몇 비슷한 점

---

13   같은 책, p.281.

이 있었고, 마르크스는 ≪뉴욕 트리뷴≫의 스페인 혁명에 관한 기사에서 "프롤레타리아는 부르주아지에게 배신당하고 버림받았고", 그러므로 "서유럽의 나머지 지역에 존재하는 계급 사이의 분열과 같은 것이"[14] 스페인에도 존재한다고 결론지었다.

프롤레타리아트의 자기해방 사상은 마르크스의 초기 저작뿐만 아니라 후기 저작에도 존재한다. 마르크스는 1864년 IWMA의 창립에 참여하지는 않았지만, 그 기본 문서 중 일부를 작성해 달라는 요청을 받았다. 그는 「국제노동자연합 규약 서문」에서 운동의 기본 원칙을 다음과 같이 정의했다. "노동계급의 해방은 노동계급 스스로에 의해 전취되어야 한다."[15] 이 간단하고 강력한 자기해방 사상의 이름 아래, 마르크스는 노동자 운동 외부에서 유토피아적이고, 독선적이고, 음모론적인 분파를 창출하려는 IWMA 내의 모든 경향에 반대했다. 『인터내셔널의 허구적 분열』(1872)에서 마르크스와 엥겔스는 다음과 같이 주장했다. "이 창시자들이 설립한 분파들은 그 본성상 회피주의적이어서 모든 실제의 행동, 정치, 파업, 단결, 한 마디로" 프롤레타리아트의 "모든 집단적 운동과 거리가 멀다".[16]

1849년 영국에서 망명 생활을 시작한 이래로 마르크스는 영국 노동운동의 발전을 큰 관심을 가지고 지켜봤다. 그는 점점 더, 가장 선진적인 산업자본주의 국가인 영국이 프롤레타리아트 혁명을 가장 먼저 알게 되었을 것이라고 생각했다. 그 혁명이 영국의 식민주의 압제로부터 아일랜드 사람들을

---

14   K. Marx and F. Engels, *Revolution in Spain*(New York: International Publishers, 1939), p.240.

15   M. Musto, ed., *Workers Unite! The International 150 years later*(London: Bloomsbury, 2014), p.265. IWMA의 결의안과 문서들은 2014년 무스토가 편집한 이 조직(IWMA)의 가장 중요한 문서들에 대한 선집에서 인용되었다.

16   같은 책, p.288. 1871년 11월의 편지에서, 마르크스는 그의 친구 볼테에게 IWMA의 역사적 의미를 다음과 같이 설명했다. "인터내셔널은 사회주의 또는 반사회주의 분파를 투쟁을 위한 진정한 노동계급의 조직으로 대체하기 위해 설립되었다. 원래의 규약과 취임 연설은 이를 한 눈에 보여준다"('K. Marx to F. Bolte, 23 November 1871', MECW, vol.44, p.252).

해방시킬 것이라고 믿었다. 1870년 4월 9일 미국에 거주하는 두 명의 독일 공산주의자이자 IWMA 활동가인 마이어와 포크트에게 보낸 편지에서 마르크스는 첫 번째 믿음을 재확인했지만, 아일랜드와의 관계에 대한 생각을 단호히 바꿨다.

> 지금까지 세계시장을 지배한 강대국 영국은 자본의 수도로서, 현재로서는 노동자 혁명을 위해 가장 중요한 나라이며, 더욱이 이 혁명의 물질적 조건이 어느 정도 원숙한 수준까지 발전한 유일한 나라이다. 그러므로 영국의 사회혁명을 서두르는 것이 IWMA의 가장 중요한 목표이다. 이를 서두르는 유일한 수단은 아일랜드를 독립시키는 것이다.[17]

영국에서 영국과 아일랜드 노동자의 대립을 보고 영국 부르주아지의 '분할 통치' 능력을 걱정한 마르크스는 이제 IWMA가 "영국 노동계급에게 **아일랜드의 민족적 해방**은 추상적인 정의나 인도주의적인 감정의 문제가 아니라 **영국 노동계급 스스로의 사회적 해방을 위한 첫 번째 조건**이라는 의식을 불러일으키기 위해" 모든 노력을 기울여야 한다고 믿었다.[18] 같은 해에 마르크스는 IWMA를 위해 아일랜드에 관한 결의안을 작성했는데, 이는 모든 형태의 제국주의적인 또는 식민주의적인 지배와 관련이 있는 유명한 보편적인 결론을 도출했다.

> 아일랜드는 영국 정부가 대규모 정규군을 유지하는 것에 대한 유일한 변명거리이다. 그런데 이 정규군은 우리가 보았듯이, 아일랜드에서 기본 훈련을 마친 후에는 필요한 경우 영국 노동자를 공격할 수 있다. …… 고대 로마가 거대한 규모

---

17 'K. Marx to S. Meyer and A. Vogt, 9 April 1870', MECW, vol. 43, p. 475.

18 같은 책.

로 보여준 것을 오늘날 영국에서 볼 수 있는데, 이는 다른 민족을 예속시키는 민족은 자기 자신을 옭아매는 사슬을 만든다는 것이다.[19]

마르크스 시대의 프롤레타리아트 혁명의 위대한 역사적 경험은 물론 IWMA 회원들이 적극적으로 참여한 1871년 파리 코뮌이었다. 파리 코뮌에 관한 마르크스의 저술은 그가 혁명 개념을 발전시키고 풍부하게 한 방식을 분명히 보여준다. 이는 추상적인 이론적 논증을 통해서가 아니라 구체적인 역사적 경험을 통해 배운 것이다. 그에게 있어 파리 코뮌은, 바로 그가 초기 저작에서 사람들의 의식 변화가 사회적 조건의 변화와 동시에 일어나는 위대한 과정의 첫 번째 국면으로 정의한, 프롤레타리아 혁명의 최초의 실제적이고 구체적인 표현에 다를 바 없다. 이는 마르크스가 IWMA의 이름으로 쓴 「1871년 프랑스 내전에 대한 담화문(Address on the Civil War in France 1871)」(과 이 문서의 준비를 위한 풍부한 메모들)에서 알 수 있다.

> 노동계급은 코뮌으로부터 기적을 기대하지는 않았다. 그들은 **인민의 포고령에** 의해 도입될 기성의 유토피아를 가지고 있지 않다. 그들은 자기 자신의 해방을 달성하고 이와 함께 현재의 사회가 자기 자신의 경제적 발전을 통해 불가항력적으로 지향하고 있는 더욱 고차원적인 사회형태를 달성하기 위해서는, 노동계급이 오랜 투쟁, 즉 환경과 함께 인간을 완전히 변모시키는 일련의 역사적 과정을 거쳐야 한다는 것을 알고 있다.[20]

이 구절은 마르크스 저작의 다른 여러 구절과 마찬가지로 경제적 숙명론

---

19   Musto, ed., *Workers Unite!*, p.250.
20   K. Marx, *The Civil War in France. Address of the General Council of the International Working Men's Association*, MECW, vol.22, p.335.

의 요소를 포함하고 있다. 이는 자본주의사회가 '자신의 경제적 발전을 통해' 사회주의를 향해 '불가항력적으로 나아가는 경향이 있다'는 믿음이다.[21] 그러나 코뮌에 대한 마르크스 작품의 주된 강조점은 코뮌이 억압받는 계급의 해방 기관이라는 것에 있다. 코뮌은 반동적인 언론과 경찰 당국이 주장하는 것처럼 음모도, 정부 전복을 위한 폭력적 시도도 아니었다. 그것은 "자기 자신을 위해서 스스로 행동하는 인민"이었다.[22] 이는 상비군을 폐지하고 이를 무장한 인민으로 대체하는 최초의 법령에서 분명했다.

이 민주적인 자기해방 혁명에 의해 설치된 정부는 정말이지 자코뱅파 유형의 정부가 될 수 없다. 그것은 "노동계급의 정부", "인민에 의한 인민의 정부", "인민을 위한, 인민에 의한, 인민 자신의 사회적 삶의 재개"일 수밖에 없었고, 바로 그러했다.[23] 코뮌은 **국가에 대한 혁명**이기도 했다. 인민에 대한 기생적 지배에 적합한 구조인 국가기구를 정복하려고 노력하는 대신, 파리의 혁명은 그 국가기구를 부수고 이를 인민의 자기 통치에 적합한 제도로 대체했다.[24]

---

21 이러한 경제적 '운명론'은 마르크스의 다른 저술들, 예를 들어 『자본』에서도 나타나는데, 룩셈부르크의 유명한 격언, 사회주의냐 야만이냐(*The crisis of social-democracy*, 1915)에 의해 새로운 접근 방식이 제안되었다. 룩셈부르크의 생각에 영감을 받은 비주류 마르크스주의자인 루시엔 골드만(Lucien Goldmann, 1913~1970)은 그의 저서 *The Hidden God: A Study of Tragic Vision in the Pensées of Pascal and the Tragedies of Racine*(1955) (London: Verso, 2016)에서 사회주의 혁명의 승리는 과학적으로 증명할 수 없고, 우리의 집단행동에 달려 있다고 주장했다. 골드만의 주장은 이후에 다니엘 벤사이드(Daniel Bensaid, 1946~2010)가 그의 책 *Le Pari Melancolique*(Paris: Fayard, 1997)에서 이어받았다.

22 영국의 ≪데일리 뉴스(Daily News)≫의 파리 특파원은 파리 코뮌에서 "최고의 권위"를 휘두르는 지도자를 찾지 못했다. 이에 대해 마르크스는 "이것은 정치적 우상과 '위대한 인물'을 굉장히 필요로 하는 부르주아에게 충격을 준다"라고 비꼬아 말했다(Marx, *Civil War in France*, pp.464, 478).

23 Marx, *Civil War in France*, pp.334, 339, 464.

24 이는 파리의 혁명 과정의 첫 몇 주 후인 1871년 4월 12일에 마르크스가 루이 쿠겔만 (Louis Kugelmann, 1829~1902)에게 보낸 유명한 편지에서 분명히 드러난다. 여기에서

1871년 9월, IWMA의 런던 회의에서 마르크스와 엥겔스는 「노동계급의 정치적 행동에 관하여(On the Political Action of the Working Class)」라는 결의안을 제안했는데, 이 결의안은 혁명 정당을 프롤레타리아트의 자기 조직을 위한 하나의 형태로 정의했다. "사회혁명의 승리와 그 궁극적인 목적인 계급의 폐지를 보장하기 위해 노동계급을 정당으로 구성하는 것은 필수적이다." 또한 같은 문서에서 "그러므로 정치권력을 장악하는 것은 노동계급의 중요한 임무가 된다"라고 강조했다.[25]

7.3 후기 마르크스: 독일과 러시아, 중심부와 주변부

혁명적 자기해방이라는 주제는 마르크스(와 엥겔스)가 창당을 도운 새로운 독일사회민주당(German Social Democratic party, SPD) 내부에서 벌어진 1870년대의 투쟁에서 마르크스와 엥겔스의 중심 교리가 되었다. 그들은 지도부의 비혁명적 경향에 맞서 몇몇 문서를 작성했다. 처음에는 국가를 통한

___

마르크스는 "관료적-군사적 기구"의 파괴를 "대륙의 모든 현실적인 인민 혁명에 필수적인" 것이라고 말했다(MECW, vol.44, p.131).

25   Musto, ed., *Workers Unite!* p.285. 존 홀러웨이(John Holloway, 1947~)의 저서, *Change the World without Taking Power: The Meaning of Revolution Today*(London: Pluto Press, 2002)에서의 핵심적인 주장은 '-할 권력(power-to)', 즉 무언가를 할 수 있는 능력과 '-에의 권력(power-over)', 즉 자신이 다른 사람이 하기를 원하는 무언가를 하도록 명령할 수 있는 능력 사이의 구분에 근거한다. 홀러웨이에 따르면, 혁명은 전자를 촉진하고 후자를 근절해야 한다. 그러나 어떠한 형태의 '-에의 권력(power-over)'도 없다면 인간의 집단적 삶과 행위가 어떠한 형태로든 존재할 수 있는가? 혁명적인 자기해방의 몇 가지 긍정적인 역사적 사례를 언급한 몇 안 되는 구절 중 하나에서, 그는 마르크스가 논했듯이 파리 코뮌을 언급했다. 그러나 마르크스에 따르면, 파리 코뮌에서는 더 이상 일반적인 의미의 국가가 아닌, 직접 민주주의와 대의 민주주의의 결합인 새로운 형태의 권력이 등장했는데, 이 권력은 자신의 법령과 결정에 의해 주민에 대한 권력을 가졌다. 이 권력, 즉 파리 코뮌의 민주주의 권력은 권력의 물질적인 수단인 방위군 대포를 탈취당하는 것을 시작으로 말 그대로 '탈취'되었다.

'위로부터의' 사회 변화를 옹호한 라살주의자들에 맞섰고 ― 심지어 라살은 비스마르크와 동맹을 맺기도 했다 ― 나중에는 수정주의자들에 맞섰다.

이 마지막 투쟁은 덜 알려져 있지만, 그들의 혁명적 전망의 연속성을 보여주는 효과적인 예시이다. 1879년, SPD의 세 지식인, 카를 호흐베르크(Karl Hochberg, 1853~1885), 카를 아우구스트 슈람(Carl August Schramm, 1807~1869), 에두아르트 베른슈타인(Eduard Bernstein, 1850~1932)이 『사회과학 및 사회정책 연보(Jahrbuch für Sozialwissenschaft und Sozialpolitik)』에 당 정책의 수정을 요구하는 글을 썼다. 이는 "협소한 노동계급적인 성격"과 과도하게 혁명적인 경향을 포기할 것을 요구했다. 이 글은 또한 SPD가 "소위 사회의 상류층"을 획득하는 데 더 중점을 두어야 할 뿐만 아니라, "단순히 일하는 사람"의 경우가 아닌 공부할 자유 시간이 있는 사람들에게 독일 의회에 대한 권한을 위임해야 한다고 제안했다.

이러한 '수정주의적인' 기획에 화가 난 마르크스(와 엥겔스)는 소위 라이프치히 그룹이라고 불리는 SPD의 지도자들인 빌헬름 리프크네히트(Wilhelm Liebknecht, 1826~1900), 아우구스트 베벨(August Bebel, 1840~1913), 빌헬름 브라케(Wilhelm Bracke, 1842~1880)에게 회람을 보냈다. 이들은 스스로를 마르크스와 엥겔스의 추종자로 여겼고, 마르크스와 엥겔스에게 자신들을 『사회과학 및 사회 정책 연보』의 개량주의 노선과 분리시켜 생각할 것을 요구했다. 이 문서는 프롤레타리아트 자기해방의 원칙을 강경하게 강조한다.

우리 자신에 관해 말하자면, 선례를 고려했을 때 단지 하나의 길이 우리에게 열려 있습니다. 거의 40년 동안 우리는 계급투쟁을 역사의 직접적인 원동력으로, 특히 부르주아지와 프롤레타리아트 사이의 계급투쟁을 현대 사회혁명의 위대한 지렛대로 강조해 왔습니다. 따라서 운동에서 계급투쟁을 제거하려는 사람들과 협력할 수 없습니다. IWMA을 창립했을 때, 우리는 '노동계급의 해방은 노동계급 스스로에 의해 달성되어야 한다'는 슬로건을 분명히 표명했습니다. 그러므로 노동자들이 자기 스스로를 해방시키기에는 너무 무지하며 먼저 상층 및 하층 중산계급의 박애주의적인 구성원들에 의해 위로부터 해방되어야 한다고 공개적으로 말하는 사람들과는 협력할 수 없습니다. 만약 새로운 당 기관이 프롤레타리아트적이지 않고 부르주아적인 이 신사들의 의견에 부합하는 정책을 채택한다면, 유감스럽지만 우리가 할 수 있는 것은 우리가 그것에 대해 반대한다고 공개적으로 선언하는 것, 지금까지 우리를 외국에서 독일의 당을 대표하게 해준 연대를 포기하는 것밖에 없습니다.[26]

대부분의 독일 사회주의자들처럼, 마르크스는 프롤레타리아트 혁명이 서유럽의 가장 선진적인 산업자본주의 국가에서 시작될 것이라고 믿었지만, 그의 마지막 저술에서 그는 프롤레타리아트 혁명이 '후진적인' 제정 러시아에서 시작될 가능성을 고려했다. 그러므로 1881년 러시아 혁명가 베라 자술리치에게 보낸 편지에서 그는 러시아의 농촌 공동체[오브시치나(obschina)]가 러시아 사회개혁의 전략적인 거점이라고 주장했다.[27] 이 편지의 초안에서, 그는 러시아 혁명과 같은 특정한 정치적 조건하에서는 러시아의 농촌 공동체가 사회주의로의 이행을 위한 기반을 제공할 수 있다고 좀 더 명시적으로 말했다.[28] 같은 생각이, 이번에는 마르크스와 엥겔스 모두에 의해, 마르크스

---

26   K. Marx and F. Engels, 'Circular Letters to August Bebel and others 17~18 Sept. 1879' (MECW, vol.45, p.394). 이 회람은 1840년대부터 계속해서 그들의 서신을 통해 이어진 주제인 프롤레타리아의 혁명적인 자기해방에 대한 주목할 만한 재진술이다. 1844년 이후에야 비로소 이러한 생각이 그들의 정치적 사상과 행동의 길잡이가 되었기 때문에 '거의 40년'이라는 표현은 다소 과장되었다. 잘 알려진 대로, 베벨과 그의 친구들은 수정주의에 가담하지 않았지만, 그의 사후 특히 1914년 이후에는 반혁명적 경향이 SPD와 대부분의 제2 인터내셔널 정당에서 패권을 갖게 되었다. 마르크스주의의 잊힌 문서 중 하나인 이 회람은 1931년에야 공산주의 저널에서 출판되었는데, 그들의 혁명적 관점의 과거와 현재에 대한 매우 효과적인 요약이다.

27   K. Marx, 'Letter to Vera Zasulich', MECW, vol.24, p.370.

28   K. Marx, 'Drafts of the Letter to Vera Zasulich', MECW, vol.24, pp.346~369.

가 죽기 불과 1년 전인 1882년에 작성한 『공산당 선언』 러시아어판 재판을 위한 공저 서문에서 제기되었다. 그들은 만약 러시아 혁명이 서유럽에서의 프롤레타리아트 혁명을 위한 신호를 보낸다면 러시아에서 지배적인 형태인 토지의 공동 소유가 공산주의 발전 과정의 출발점이 될 것이라고 믿었다.[29]

물론 마르크스는 러시아 마을 공동체의 역할에 대해 너무 낙관적이었지만, 다시 한번 예측상의 오류에는 강력한 직관이 포함되어 있었다. 바로 혁명은 체제의 중심부가 아니라 주변부에서, '후진적인' 국가에서 발발할 수 있다는 것, 이러한 혁명이 사회주의로의 이행을 시작할 수 있다는 것, 그리고 이 기념비적인 사업의 성공 여부는 거의 대부분 혁명이 서유럽으로 확산되는 데 달려 있다는 것이다. 방법론적인 관점에서 볼 때, 종국의 러시아 혁명에 대한 마르크스의 후기 저술은 어떤 종류의 경제적 결정론도 배제한다. 사회경제적인 조건은 분명히 가능성의 영역을 밝히는 데 있어 필수적이지만, 역사의 최후 결정은 자율적인 정치 요소에 달려 있다. 러시아와 유럽에서의 혁명을 보라.

7.4 마르크스 이후

20세기에 마르크스주의 혁명이론에 대해 많은 중요한 기여들이 있었다. 몇 가지 예를 들자면, 블라디미르 레닌(Vladimir Lenin, 1870~1924)의 전위 혁명 정당 이론, 레프 트로츠키(Leon Trotsky, 1879~1940)의 영속 혁명이론, 사회

---

29 K. Marx and F. Engels, 'Preface to the Second Russian Editions of the Manifesto of the Communist Party', MECW, vol.24, p.425. 마르크스와 러시아에 대해서는 T. Shanin, *Late Marx and the Russian Road: Marx and the 'Peripheries of Capitalism'*(New York: Monthly Review Press, 1983)을 참조하라. 마르크스의 '비서구 세계'에 대한 관심과 관련한 일반적인 논의는 K.B. Anderson, *Marx at the Margins: On Nationalism, Ethnicity and Non-Western Societies*(Chicago: University of Chicago Press, 2010)를 참조하라.

주의와 민주주의적인 자유에 관한 룩셈부르크의 기여, 그람시의 헤게모니 투쟁 전략, 호세 카를로스 마리아테기(José Carlos Mariategui, 1894~1930)의 공동체주의적인 정주민 전통에 뿌리를 둔 사회주의 혁명의 개념이 있다. 21세기 마르크스주의 혁명이론의 갱신은 이러한 기여를 통찰력과 한계 모두 고려하면서 다루어야 한다.

혁명은 과거의 것인가? 베를린장벽의 붕괴(1989) 이후 지배적인 담론은 역사의 종말 그리고 무엇보다도 혁명 역사의 종언에 대한 축하였다. 사실 21세기의 새로운 혁명은 가능할 뿐만 아니라 개연성이 있다. 혁명적 과정을 통해 자본주의 체제 자체에 도전하지 않고 어떻게 금융시장의 세계 독재를 극복할 수 있겠는가? 물론 미래의 혁명은 과거의 것과는 상당히 다를 것이며, 완전히 예측 불가능하다. 그러나 이러한 새로운 형태의 발명은 혁명의 본질적인 특징 중 하나가 아닌가?

마르크스의 혁명이론 ─ 실천의 철학 그리고 변증법적으로 그것과 관련이 있는 노동자의 자기해방 사상 ─ 은 소중한 나침반으로 남아 있다. 이는 베를린장벽의 붕괴에도 쓸모없어지지 않았을 뿐만 아니라, 반대로 권위주의적인 관료제 권력에 의해 위로부터 노동을 '해방시키기 위해' 인민 없이 (또는 그들에 반대해) '사회주의를 건설'하려는 시도는 왜 필연적으로 실패할 운명에 처해 있는지를 이해하는 데 결정적인 열쇠를 우리에게 제공한다. 마르크스에게 자기해방의 정치적 등가물인 혁명적 민주주의는 선택의 차원이 아니라 공동의 삶의 생산을 손에 넣은 개인들의 자유로운 결사체(association)로서의 사회주의 자체의 내재적 본성이다. 스탈린주의 소련(및 다른 동유럽 국가들)의 역사적 경험은 마르크스 혁명이론에 대한 '반박'이기는커녕 이 이론의 가장 놀라운 확증이다.

이것이 마르크스에게서 우리의 모든 문제에 대한 답을 찾을 수 있다거나 그의 경제적 또는 정치적 견해의 복잡한 내용에 재고하거나 비판할 점이 없다는 것을 의미하지는 않는다. '생산력의 발전'에 따른 환경의 파괴, 다른 형태의 억압(예를 들어, 여성 및 소수민족에 대한 억압), 보편의 도덕 규칙과 인권의 중요성, 서구의 지배에 반대하는 비유럽 국가들과 문화권 등 많은 중요한 주제들이 그의 글에서 부재하거나 부적절하게 취급되었다.

이것이 바로 마르크스의 유산이 20세기 혁명의 경험으로 풍요로워져야 하는 이유인데, 1917년 10월 혁명부터 유럽, 아시아, 라틴 아메리카의 거대한 사회적 격변에 이르기까지의 경험으로부터 긍정적인 교훈과 부정적인 교훈을 모두 얻을 수 있기 때문이다. 스페인, 중국, 베트남, 쿠바, 니카라과의 혁명 경험은, 마지막으로 특히 다른 사회주의 전통(유토피아적 사회주의, 무정부주의 사회주의, 공동체주의 사회주의)과 흑인 해방, 정주민주의, 페미니즘, 생태학 등 지난 수십 년 동안 발전한 새로운 사회운동의 기여와 함께 검토되고 수정되어야 한다. 마르크스주의가 끊임없이 새로운 문제와 도전에 직면하고 다른 경험과 다른 해방운동으로부터 배우면서 스스로 성장하고 발전할 수 있는 것은, 바로 그것이 독단적이고 폐쇄적인 체제가 아니라 개방적이고 비판적인 혁명이론과 실천의 전통이기 때문이다.

21세기의 생태 위기는 마르크스주의의 혁명 개념의 수정을 요구하기 때문에, 아마도 오늘날 마르크스주의에게 가장 큰 도전일 것이다.[30] 마르크스와 엥겔스의 저술에는 자본주의 '발전'의 환경 파괴적인 성격에 대한 이해와 자본주의가 창출한 생산력을 새로운 사회의 경제적 기반으로 수용하는 것 사이에 긴장이 존재한다.

생태/사회주의 혁명은 전체 자본주의의 문명 패러다임, 생태 파괴적인 생산과 소비 형태, 지속 불가능한 생활 방식과의 근본적인 단절을 요구한다. 즉 전통적인 마르크스주의 혁명 개념은 필수적이지만, 이는 심화되고, 급진화되고, 확대되어야 한다. 이는 생산관계(사유재산 관계)의 근본적인 변

---

30   오늘날 가장 중요한 생태-마르크스주의자 중 한 명인 포스터의 작품들을 참조하라. J.B. Foster, *The Ecological Revolution: Making Peace with the Planet*(New York: Monthly Review Press, 2009).

화뿐만 아니라 생산력의 구조, 에너지원(예를 들어 화석 대신 태양열), 낭비적인 소비 양식의 근본적인 변화도 포함해야 한다. 혁명은 이제, 인류를 전례 없는 지구 온난화 재앙으로 몰아가는 서구 자본주의 산업 문명을 넘어, 새로운 문명 모델의 확립을 의미한다.

발터 베냐민(Walter Benjamin, 1890~1940)은 그의 논문 「역사의 개념에 대하여(On the Concept of History)」(1940)를 준비하는 노트에서, 마르크스의 일부 저술에서 제시된 것과는 다른, 혁명 개념에 대한 새로운 상을 제안한다.

> 마르크스는 혁명이 세계 역사의 기관차라고 말했다. 그러나 아마도 현실은 매우 다를 것이다. 혁명은 기차를 타고 여행하는 인류가 비상 브레이크를 밟는 행위일 수도 있다.[31]

이것은 21세기와 매우 관련이 깊다. 우리는 모두 기후 변화라는 심연을 향해 점점 더 빠른 속도로 질주하는, 현대 자본주의라는 자살 기차의 승객이다. 오로지 혁명만이 너무 늦기 전에 이를 막을 수 있다.

---

31 W. Benjamin, *Gesammelte Schriften*, vol.I, 3(Frankfurt am Main: Suhrkamp Verlag, 1977), p.1232. 이 노트는 논문의 최종판에서는 나타나지 않는다. 베냐민의 논문 「역사의 개념에 대하여」는 마르크스주의 혁명 개념을 '진보'라는 실증주의 이데올로기로부터 해방시키려는 급진적인 시도이다.

참고문헌

Anderson, Kevin B.(2010), *Marx at the Margins: On Nationalism, Ethnicity and Non-Western Societies*, Chicago, University of Chicago Press.

Bensaid, Daniel(1997), *Le Pari Melancolique*, Paris, Fayard.

Claudin, Fernando(1975), *Marx, Engels y la Revolucion de 1848*, Madrid: Siglo XXI.

Draper, Hal(1977), *Karl Marx's Theory of Revolution Volume I: State and Bureaucracy*, New York: Monthly Review Press.

_____(1978), *Karl Marx's Theory of Revolution, Volume II: Politics of Social Classes*, New York: Monthly Review Press.

_____(1990), *Karl Marx's Theory of Revolution, Volume IV: Critique of Other Socialisms*, New York: Monthly Review Press.

Draper, Hal, and Diamond, Stephen F.(1986), *Karl Marx's Theory of Revolution, Volume III: The 'Dictatorship of the Proletariat'*, New York: Monthly Review Press.

Draper, Hal, and Haberkern, Ernest(2005), *Karl Marx's Theory of Revolution, Volume V: War & Revolution*, Alameda and New York: Center for Socialist History and Monthly Review Press.

Engels, Frederick(1989), 'Ludwig Feuerbach and the End of Classical German Philosophy', MECW, vol.26, pp.353~398.

Foster, John Bellamy(2009), *The Ecological Revolution: Making Peace with the Planet*, New York: Monthly Review Press.

Goldmann, Lucien(2016), *The Hidden God: A Study of Tragic Vision in the Pensées of Pascal and the Tragedies of Racine(1955)*, London: Verso.

Holloway, John(2002), *Change the World without Taking Power: The Meaning of Revolution Today*, London: Pluto Press.

Marx, Karl(1975), 'Contribution to the Critique of Hegel's Philosophy of Right: Introduction', MECW, vol.3, pp.175~187.

_____(1975), 'Critical Marginal Notes on the Article "The King of Prussia and Social Reform. By a Prussian"', MECW, vol.3, 189~206.

_____(1975), 'Theses on Feuerbach', MECW, vol.5, pp.6~8.(1986), *The Civil War in France. Address of the General Council of the International Working Men's Association*, MECW, vol.22, pp.307~359.

_____(1987), 'A Contribution to the Critique of Political Economy. Part One', MECW, vol.29, pp.257~417.

_____(1989), 'Drafts of the Letter to Vera Zasulich', MECW, vol.24, pp.346~369.

_____(1989), 'Letter to Vera Zasulich', MECW, vol.24, pp.370~371.

Marx, Karl, and Engels, Fredrick(1939), *Revolution in Spain*, New York: International Publishers.

_____(1975), *The German Ideology*, MECW, vol.5, pp.19~539.

_____(1976), *Manifesto of the Communist Party*, MECW, vol.6, pp.477~519.

_____(1978), 'Address of the Central Authority to the League, March 1850', MECW, vol.10, pp.277~287.

_____(1989), 'Preface to the Second Russian Edition of the Manifesto of the Communist Party', MECW, vol.24, pp.425~426.

_____(1989), *Letters, 1870~1873*, MECW, vol.44.

_____(1991), *Letters, 1874~1879*, MECW, vol.45.

Musto, Marcello, ed.(2014), *Workers Unite! The International 150 Years Later*, New York: Bloomsbury.

Shanin, Theodor(1983), *Late Marx and the Russian Road: Marx and the 'Peripheries of Capitalism'*, New York: Monthly Review Press.

8 노동
히카르두 안투네스*

카이오 안투네스(Caio Antunes) 영역, 데이비드 브로더(David Broder) 교정

8.1 필수적인 인간 활동으로서의 노동

마르크스는 자신의 첫 번째 변증법적 비판의 초안을 작성하면서, 노동에 대한 기초적인 설명을 제시했다. 그는 여기에서 노동을 사회적인 삶의 생산과 재생산 과정에서 중요한 핵심 범주로 표현했다. 마르크스는 그의 관념론 비판과 정치경제학에 대한 최초의 비판적 연구를 모두 진전시켜 그의 노동 개념을 형성하는 데 중요한 한 발을 내딛는다. 그에 따르면, 자유로운 인간 발전에 대립하는 사유재산은 소외된 노동의 지속을 위한 조건을 만들어낸다. 다음은 그의 「제임스 밀의 『정치경제학의 요소들』에 대한 논평」이다.

> 나의 노동은 삶의 자유로운 표현이 될 것이고, 따라서 삶의 즐거움이 될 것이다. 그러나 사유재산을 전제로 하면 나의 노동은 삶의 소외이다. 살기 위해, 스스로 삶의 수단을 획득하기 위해 노동해야 하기 때문이다. 나의 노동은 나의 삶이 아니다. …… 사유재산을 전제로 하면 나의 개성은 소외되어, 이 활동은 오히려 나

저자는 캄피나스 대학교(Espaco da Escrita, UNICAMP)의 지원에 감사를 표한다.

에게 혐오스러운 고통, 외관상의 활동이 된다. 그러므로 이는 또한 오로지 강제된 활동일 뿐이며, 내적·필연적인 것이 아니라 단지 외적·우연적인 요구로 나에게 부과된 것에 불과하다.[1]

마르크스는 노동자들의 파업, 장작을 둘러싼 농부들의 투쟁, 주택에 관한 인민의 투쟁을 관찰하는 동시에, 그의 비판적 정치경제학 분석을 활용해 새롭게 떠오르는 유물론적 역사 이해의 구체적 요소를 제공하고자 했다. 인간 활동은 점점 더 이 새로운 유물론의 근본적인 요소에 해당했다. 『1844년 경제학 철학 수고』에서, 마르크스는 필수적인 생명 활동으로서의 노동이라는 최초의 종합적인 명제를 제시했다. 그는 인간에 대해 다음과 같이 말했다.

자신의 생명 활동 자체를 자신의 의지와 의식의 대상으로 삼는다. 인간은 의식적인 생명 활동을 갖는다. 그것은 인간이 직접적으로 융합되는 규정이 아니다. 의식적인 생명 활동은 인간을 동물의 생명 활동과 직접적으로 구별 짓는다. 바로 이 때문에 인간은 하나의 유적존재인 것이다. 또는 인간이 의식적인 존재인 것, 즉 그 자신의 삶이 그에게 있어 대상인 것은 단지 그가 유적존재이기 때문이다. 단지 이 때문에 그의 활동은 자유로운 활동이다.[2]

따라서 사회적 존재와 자연 사이의 복잡한 관계는 실질적인 관계적 차원에 도달한다. 즉 "인간의 육체적, 정신적 생활이 자연과 연계되어 있다는 것은 자연이 자연 자체와 연계되어 있다는 것 이외에 어떤 의미도 없는데, 이는 인간이 자연의 일부이기 때문이다".[3]

---

1   K. Marx, 'Comments on James Mill, *Elements d'Economie Politique*', MECW, vol.3, p.228.
2   K. Marx, *Economic and Philosophic Manuscripts of 1844*, MECW, vol.3, p.276.
3   같은 책.

인간 활동의 실현으로 가능해진 무생물계의 변형은 노동에서 자신의 변형을 위한 필수적인 매개, 즉 "인간 생명 활동의 소재, 대상, 도구"를 발견한다.[4] 그러므로 사회적 삶의 생산과 재생산은 노동 활동에 기초를 두고 있다.

이러한 주장은 마르크스와 엥겔스가 『독일 이데올로기』에서 보여준 견해와 일치하는데, 그 내용은 다음과 같다.

> 따라서 최초의 역사적 행위는 이러한 욕구들의 충족을 위한 수단의 생산, 물질적 생활 그 자체의 생산이다. 그리고 이는 수천 년 전이나 오늘날이나 인간의 생명 유지를 위해 매일 매시 충족되어야만 하는 역사적 행위, 즉 모든 역사의 근본 조건이다.[5]

그리하여 인간의 필요 충족을 위한 수단의 생산은 인간 생활 자체의 근본 조건이 된다. 즉 인간화 과정의 가장 바닥이 되는 기초가 된다. 그리고 노동은 자기 스스로를 인간적, 사회적 존재로 변화시키는 이들의 삶에 내재적인 것으로 여겨진다.

> 인간은 의식, 종교, 그 밖에 인간이 좋아하는 것으로 동물과 구별된다. 인간은 생활수단의 생산을 시작하면서 자신을 동물과 구별하기 시작하는데, 이는 인간의 신체적 조직에 의해 조건 지어져 있는 한 걸음이다. 인간은 생활수단을 생산함으로써 간접적으로 물질생활을 생산한다.[6]

그러므로 필수적인 생명 활동으로서 노동의 불가결성이 등장한다. 이는

---

4   같은 책.

5   K. Marx and F. Engels, *The German Ideology*, MECW, vol.5, p.31.

6   같은 책.

생산양식이 노동의 범위와 포괄성을 줄여, 노동을 일차원적인 것으로 만드는 경우에도 마찬가지이다.[7] 노동이 필수적인 요소, 참으로 인간을 동물과 구별하는 특성으로 이해될 때, 노동은 인간성의 중심적이고 고유한 요소가 된다. 생산적 행위의 일상적인 실현 없는 사회적 삶을 생각하는 것은 불가능하다. 그러나 인간과 사회적 환경 그 자체가 노동의 본래 의미를 변형시켰다.

8.2 소외된 활동으로서의 노동

노동을 필수적인 생명 활동의 표출로서 개념화하면서, 마르크스의 초기 저작들은 더 나아가 자본주의가 이 활동을 단순히 생계 수단의 추구로 축소시켰다고 주장했다. 노동에 대한 폭넓은 이해를 바탕으로, 마르크스는 정치경제학에 대한 그의 예비적인 분석으로부터 도출된 구체적인 요소를 하나 더 추가했는데, 즉 이 활동을 상품으로 여긴 것이다.

이 중요한 공식은 『1844년 경제학 철학 수고』에서 명확히 제시되는데,

노동자는 부를 더 많이 생산하면 할수록, 그의 생산의 힘과 범위가 더욱 증대되면 될수록, 더욱더 가난해진다. 노동자가 상품을 더 많이 창조하면 할수록 그는 더 값싼 상품이 된다. 사물 세계의 가치 증대에 정비례해서 인간세계의 가치 절

---

7   『독일 이데올로기』에서 마르크스와 엥겔스는 그들의 노동 이해가 깊고 풍부하다는 것을 표현하는 비유를 들었다. "아무도 하나의 배타적인 활동의 영역을 갖지 않으며 모든 사람이 그가 원하는 분야에서 자신을 성취할 수 있는 공산주의사회에서는, 사회가 전반적인 생산을 규제하게 되고, 바로 이를 통해 내가 하고 싶은 그대로 오늘은 이 일, 내일을 저 일을 하는 것이 가능해진다. 사냥꾼, 어부, 양치기, 비평가가 되지 않은 채, 아침에는 사냥하고 오후에는 낚시하고 저녁에는 양을 치며 저녁식사 후에는 비평하는 것이 가능해진다."

하가 일어난다. 노동은 단지 상품을 생산하는 것만이 아니다. 노동은 자기 자신과 노동자를 하나의 상품으로서 생산하며, 일반적으로 노동이 상품을 생산하는 것에 비례해 생산한다. …… 이러한 경제적 조건에서는 노동의 실현이 노동자에게 실현의 박탈로서 나타나고, 대상화는 대상의 상실과 대상에 대한 예속으로서, 전유는 소외로서, 외화로서 나타난다.[8]

따라서 마르크스는, 자본주의는 상품생산이 일반화되자마자 필수 생명활동인 노동을 임금노동과 같이 소외된 형태에 종속시킨다는 것을 보여줬다.[9] 이러한 소외는 다음과 같이 발전한다.

노동자는 더 많이 생산할수록 더욱더 적게 소비해야만 한다. 그가 더 많은 가치를 창출하면 할수록 그는 더욱더 가치가 없어진다. 그의 생산물이 더 좋게 형성될수록 노동자는 더욱더 기형이 된다. 그의 대상이 더 문명화할수록 노동자는 더욱더 야만적으로 된다. 노동이 더 강력해질수록 노동자는 더욱더 무력해진다. 노동이 더 똑똑해질수록 노동자는 더욱더 어리석어지고 더욱더 자연의 하인이 된다.[10]

노동자들은 자신의 생산적 활동에서 자신을 인식하지 못한다. 그렇다면 그들의 활동은 임금노동 과정 바로 그 자체에 존재하는 소외를 내면화하는

---

8   Marx, *Economic and Philosophic Manuscripts of 1844*, p.272.
9   엥겔스는 두 개의 구별되는 영어 용어가 있어 work와 labour 사이의 변증법적 관계의 특징을 나타낼 수 있다고 했다. "영어는 여기에서 고려되는 노동의 이 두 측면을 표현하는 두 개의 다른 단어가 있다는 장점을 가지고 있다. 사용가치를 창조하는, 질적으로만 규정되는 노동은 labour와 구별해 work라고 부르며, 가치를 창조하는, 양적으로만 규정되는 노동은 work와 구별해 labour라고 부른다"(K. Marx, *Capital*, volume I, MECW, vol.35, p.57, footnote 1).
10   Marx, *Economic and Philosophic Manuscripts of 1844*, p.273.

국면을 나타낸다.

따라서 마르크스에게 있어 '외화(alienation[Entäusserung])'와 '소외(estrangement[Entfremdung])'[11]는 노동생산물과 관련해 처음으로 나타났다. 그리고 이는 그들의 최초의 현현(manifestation)에 해당한다. 그럼에도 불구하고 이러한 소외 상태는 생산과정의 **결과**로만 표현되는 것이 아니라, 생산 활동 그 자체의 생산 행위에서도 표현된다.

이러한 이중의 현현은 노동의 필수적인 생명 활동을 방해하고, '인간의 유적존재를, 즉 자연뿐만 아니라 인간의 정신적인 유적 능력도, 그에게 소외된 존재로, 인간의 개인적 생존의 수단으로' 바꿔버린다.[12] 이는 마르크스를 다음과 같은 결론으로 이끈다.

인간이 자신의 노동 생산물, 자신의 생명 활동, 자신의 유적존재로부터 소외되어 있다는 사실에서 나오는 하나의 직접적인 결과는 인간의 인간으로부터의 소외이다. 인간이 자기 자신과 대립하는 경우에, 그는 다른 인간과 대립하는 것이다. 자신의 노동, 자신의 노동생산물, 자기 자신에 대한 관계에 있어 유효한 것은 다른 인간, 다른 인간의 노동, 노동의 대상에 대한 관계에 있어서도 유효하다.[13]

---

11   비록 'alienation[Entäusserung]'과 'estrangement[Entfremdung]'는 종종 동의어로 이해되지만, 마르크스는 이 두 범주를 '외화(exteriorization[Entäusserung]'로서의, 그리고 '소외(estrangement[Entfremdung]'로서의 소외(alienation)라는 사회적 덩어리를 지칭하기 위해 사용했다. 이는 유일하게는 아니지만 그의 초기 저작들에서 더 자주 사용되었다. G. Lukacs, *History and Class Consciousness: Studies in Marxist Dialectics*(London: Merlin Press, 1971), pp.IX~XXXIX를 참조하라. I. Meszaros, *Marx's Theory of Alienation* (London: Merlin Press, 1970), p.313와 M. Musto, 'Revisiting Marx's Concept of Alienation', in M. Musto(ed.), *Marx for Today*(London: Routledge, 2012), p.92도 참조하라.

12   Marx, *Economic and Philosophic Manuscripts of 1844*, p.277.

13   같은 책.

이에 따라 마르크스는 다음과 같은 비판적 진술에 도달했다. "그러므로 노동자는 노동의 외부에서야 비로소 자기 자신을 느끼고, 노동 안에서는 자기가 자신을 떠나 있다고 느낀다. 노동자는 노동하지 않을 때에는 집에 있는 것처럼 편안하고, 노동할 때에는 편안하지 않다. 그러므로 그의 노동은 자발적인 것이 아니라 강요된 것, 강제 노동이다."[14] 노동은 인간의 욕구를 충족하기 위한 생명 활동의 수행이 아니라, 노동에 외재적인 필요를 충족하기 위한 단순한 수단으로 전환된다. 『1844년 경제학 철학 수고』에 쓰여 있듯이, 노동의 소외 상태는 매우 분명해져서 "어떠한 육체적 또는 기타의 강제도 존재하지 않게 되자마자, 노동은 마치 전염병처럼 기피된다."[15]

노동의 변증법에서, 노동은 본질적으로 상품생산이 목적이지만, 여전히 어느 정도는 사회적으로 유용한 재화를 생산한다. 그러나 노동이 이 '제2의 본성', 즉 자본과 자본의 가치 증식 욕구에 지배당하자마자, 이러한 변증법적 관계는 사회적으로 유용한 재화의 생산을 교환가치의 생산에 종속시킬 것이다.

『임금노동과 자본』(1849)에서, 마르크스는 『자본』(1867)에서야 비로소 완전히 발전될 중요한 의미상의 미묘한 차이를 암시했다. 여기에서 마르크스는 노동(labour) 그 자체가 아니라 '노동할 능력(capacity to labour)'[16]이 상품이라는 개념의 기본 개요를 서술했다. 이는 노동에 대한 그의 특수한 정식화를 통해 진행되었다. 노동은 더 이상 단지 상품이라는 표현으로 이해되지 않을 것이다. 오히려 노동은 특별한 상품, 즉 가치를 창출할 수 있는 유일한 상품으로 간주될 것이다. 같은 글에서, 마르크스는 다음과 같이 주장했다. "노동이 늘 상품이었던 것은 아니다. 노동이 늘 임금노동, 즉 자유로운 노동

---

14 같은 책, p.274.

15 같은 책.

16 같은 책, p.213.

이었던 것은 아니다."[17]

마르크스는 노동을 특별한 상품으로 이해하면서 다음과 같이 조금 더 덧붙였다.

다른 한편, 자유로운 노동자는 자신을 판매하며, 사실은 토막으로 나누어서 판매한다. 그는 날마다 경매에서 자기 삶 중에서 8, 10, 12, 15시간을 가장 높은 가격을 제시하는 사람, 원료, 노동 도구 및 생활수단의 소유자, 즉 자본가에게 판매한다. …… 그러나 노동의 판매가 유일한 수입원인 노동자는 자신의 생존을 포기하지 않고서는 구매자 계급 전체, 즉 자본가 계급을 떠날 수 없다.[18]

이 공식을 통해, 마르크스는 임금이 "노동이라는 특정 상품의 가격"에 의해 결정된다는 것을 보여줬다.[19] 이는 "임금이 다른 모든 상품의 가격을 결정하는 바로 그 법칙에 의해 결정"되는 이유이다.[20]

『임금, 가격, 이윤』에서 마르크스는 이러한 개념화를 강화했다. 그러나 여기에서는 그 상품을 '노동력(labour power)'으로 표현했다. '노동자가 판매하는 것은 직접적인 노동이 아니라 일시적으로 그 처분을 자본가에게 맡기는 노동력'이라고 명확히 했다.[21]

---

17   K. Marx, 'Wage Labour and Capital', MECW, vol.9, p.203. 『임금노동과 자본』이 '노동력'이라는 개념의 형성에 있어 중요한 출발점에 해당함에도 불구하고, 원본 판에서 마르크스는 '노동(labour)' 또는 기껏해야 '노동할 능력(capacity to labour)'만을 사용했다. 그러나 1891년판에서 엥겔스는 완전한 '노동력' 개념을 도입했다. 엥겔스는 이 판의 서문에서 '노동력' 개념을 포함하며 다음과 같이 설명한다. "따라서 나는 독자에게 다음과 같은 점을 미리 말한다. 이것은 마르크스가 1849년에 썼던 것과 같은 것이 아니라, 그가 1891년에 썼다면 썼을 것과 유사한 소책자이다"(F. Engels, 'Introduction to Karl Marx, *Wage Labour and Capital*', MECW vol.27, p.195).

18   Marx, 'Wage Labour and Capital', p.203.

19   같은 책, p.204.

20   같은 책.

8.3 노동, 가치이론, 물신성, 연합한(Associated) 노동

　노동과 노동력의 구분을 이렇게 심화하고 강화하는 것은 마르크스의 위대한 저작 『자본』을 위해 필수적이었다. 이 책에서 마르크스는 그의 노동 개념을 다듬는 데 폭넓은 관심을 기울였다. 그는 다음과 같이 정확한 정의를 제안했다.

　노동은 무엇보다 먼저 인간과 자연 모두가 참여하는 하나의 과정이다. 이 과정에서 인간은 스스로 자기 자신과 자연 사이의 물질대사를 시작하고 조절하며 통제한다. 인간은 하나의 자연력으로서 자연을 상대한다. 인간은 자연의 생산물을 자신의 필요에 알맞은 형태로 만들기 위해서 자기 신체에 속하는 자연력인 팔과 다리, 머리와 손을 운동시킨다. 그는 이 운동을 통해 외부 세계에 영향을 미치고, 그것을 변화시킨다. 동시에 그는 자기 자신의 자연을 변화시킨다. 그는 자기 자신의 잠재력을 개발하며, 그 잠재력이 자기 자신의 통제를 따라 작용하도록 만든다.[22]

　그래서 개인이 외부의 자연을 변형시킬 때, 그들은 자신의 인간 본성 역시 변화시킨다. 이는 사회적인 노동(social work)을 인간의 사회성(human sociability) 발전을 위한 핵심 요소로 전환시키는 상호 변형 과정에서 발생한다. 사회적 존재의 역사를 복잡하고 풍요로운 성취의 과정으로 만드는 것은 이러한 종류의 인간 행위이다. 이는 전진과 후퇴, 승리와 패배를 통해 발생한다. 왜냐하면 노동은 여전히 의식적인 행위의 표현이기 때문이다. 언제나 만들어져야 할 것이 있다. 인류의 생산과 재생산 수단이 만들어져야 한다.

21　K. Marx, *Value, Price and Profit*, MECW, vol. 20, p. 128.

22　Marx, *Capital*, volume I, p. 187.

필요와 욕구는 "예를 들어 그것이 위장에서 나오든 공상에서 나오든" 충족되어야 한다.[23]

인간 노동의 이러한 결정적으로 중요한 차원을 강조하기 위해, 마르크스는 최악의 건축가와 최고의 벌에 대한 유명한 구분법을 만들었다. 건축가는 자신이 하려는 일을 계획하는 반면, 벌은 본능에 따라 행동한다.[24] 그러므로 유기체 및 인간 이전의 동물과 달리, 인간은 사회적 존재로서 본질적으로 반성적인 차원을 갖고 있다. 그리고 이는 언제나 의식적인 행위의 표현이다. 이를 바탕으로 마르크스는 다음과 같이 말했다.

> 그러므로 사용가치의 창조자로서의 노동, 유용 노동으로서의 노동은 사회형태
> 와는 무관하게 인류 생존을 위한 필수 조건이며, 그것 없이는 인간과 자연 사이
> 의 물질대사, 따라서 삶 자체가 불가능한 영원한 자연적 필연성이다.[25]

모든 자연주의적, 진화주의적, 몰역사적인 해석과는 달리, 이러한 마르크스의 정식화는 매우 역사적이고 사회적이다.[26] 어떤 형태의 인간의 사회성에서도, 사회적으로 유용한 재화를 생산하는 실천은 노동을 통해서만 실현될 수 있다. 이런 의미에서 노동은 인간과 자연 사이의 사회적 물질대사 매개의 기초적인 행위이다.[27] 이것이 마르크스에게 있어 노동이 제공하는 매

---

23 같은 책, p.45.

24 Cf. 같은 책, p.187.

25 같은 책, p.53.

26 노동(work or labour)을 자본주의 생산양식의 창조물로 간주하고, 따라서 마르크스가 발전시킨 더 폭 넓은 노동(work) 개념을 비판하는 사람들 중에는 A. 고르즈를 보라. A. Gorz, *The Immaterial: Knowledge, Value, and Capital*(London: Seagull Books, 2010), pp.1~15, 34~56. '전통적 마르크스주의'에 대한 M. 포스톤의 비판적 접근도 보라. M. Postone, *Time, Labor, and Social Domination: A Reinterpretation of Marx's Critical Theory* (Cambridge: Cambridge University Press, 1996), pp.3~20.

27 이것이 G. 루카치가 옹호한 접근방식이다. G. Lukacs, *The Ontology of Social Being:*

개 없이는 일상생활이 재생산될 수 없는 이유이다. 그러나 노동은 동시에 매우 모순적인 기초를 지닌 역사적, 사회적 과정이다. 따라서 마르크스에게 는 인간 생활의 진화와 전개가 결코 노동에만 국한될 수 없다는 것이 분명했 다. 만약 인간 생활의 진화와 전개가 노동에 국한된다면, 기껏해야 인간 활동 이 수반하는 다차원(multiple dimensions)에 반대되는 일차원(single dimension) 에, 일방적인 방식으로 사회적인 구속을 응축하고 실현하게 될 것이다.

달리 말하자면, 만약 사회적인 삶이 (필수적인 생명 활동이라는 의미에서 그리 고 해방적 차원에서) 노동 없이는 생각할 수 없다면, 만약 한 사람의 일생이 (슬 프게도 자주 많은 사람들의 경우에 그러한 것처럼) 노동에만 국한되어 있다면, 삶 그 자체가 소외감을 느끼게 하는 순교자적 고통일 것이다. 이것은 결정적으 로 중요한 사회적인 요구를 제기한다. 즉 인간의 사회적인 힘을 고갈시키 고, 인간을 소외시키며, 인간을 사회적으로 불행하게 만드는 노동에 국한된 유형의 사회성이 영속하는 것을 거부한다는 것이다.

『자본』에서 마르크스는 자본의 논리에 깊이 박혀 있는 상품의 핵심적인 중요성을 포착하고자 했다. 이를 위해 그는 본질적인 구별을 발전시켜야 했 다. 여기에서 그는 자본주의사회가 사용가치를 생산하는 구체 노동과 교환 가치를 생산하는 추상 노동 사이에 대규모로 도입하는 구별을 언급했다.

한편으로 모든 노동은 생리학적으로 말하자면 인간 노동력의 지출이며, 동등한 추상적 인간 노동이라는 속성에서 상품의 가치를 창출하고 형성한다. 다른 한편 으로 모든 노동은 특수한 형태와 뚜렷한 목적을 가진 인간 노동력의 지출이며, 이러한 구체적 유용 노동이라는 속성에서 사용가치를 생산한다.[28]

Labor(London: Merlin Press, 1980), pp.1~46. J. 하버마스에서 반대의 접근방식을 찾아 볼 수 있다. J. Habermas, *Theory of Communicative Action, vol. 2: The Critique of Func-tionalist Reason*(London: Polity Press, 1992), pp.332~343. 여기에서는 (노동이 아니라) 의사소통·행위의 영역이 사회적 존재를 구성하는 가장 중요한 요소이다.

이로 인해 마르크스는 다음과 같이 주장했다.

우리는 생산물 그 자체의 유용한 성질과 함께, 생산물에 체현된 노동의 다양한 종류의 유용한 성질 유형과 그 노동의 구체적인 형태도 모두 무시한다. 그들 모두에게 공통적인 것 이외에는 남아 있는 것이 없다. 모든 것은 하나의 동일한 종류의 노동, 추상적 인간 노동으로 환원된다.[29]

자본주의 생산양식에서 사회는 교환가치의 창출을 지향한다. 사물의 사용가치는 교환가치로 축소, 환원, 포함된다. 따라서 노동의 구체적인 영역도 추상적인 영역에 완전히 종속된다. 그러므로 자본주의사회에서의 노동에 대해 말할 때, 추상적인 영역과 구체적인 영역 중 어떤 영역을 말하는 것인지 반드시 구체적으로 명시해야 한다. 추상 노동과 구체 노동 사이의 구분을 적절히 포함하지 않으면, 이차원적인 현상을 단순히 일차원적인 용어로 고려해, 분석할 때 강한 부조화를 낳을 위험이 있다.

마르크스에 따르면, 사회적인 노동이 사회적 존재와 자연 사이의 교환의 한 형태로서의 사용가치, 유용한 물건의 생산자로서 이해된다면, 인간의 사회성의 세계에서 사회적인 노동의 소멸을 상상하는 것은 이치에 맞지 않다. 사회의 추상 노동의 제거가 정말로 고려된다면,[30] 이는 필수적인 생명 활동, 사회적 존재의 기초적인 요소로서의 노동의 종말을 상상하고 가정하는 것과는 존재론적으로 구별되는 무엇이다.

자본주의의 제거와 함께 추상적이고 소외된 노동의 종말을 생각하는 것과 사회적으로 유용한 것을 창조하는 구체 노동 제거와 함께 인간 사회성의

---

28   Marx, *Capital*, volume I, p.56.

29   같은 책, p.48.

30   이러한 행동은 필연적으로 자본주의사회의 종말과 연관된다.

세계 제거를 생각하는 것은 전혀 별개의 일이다.

노동이 그것의 이중적인 차원에 대한 적절한 이해 없이 이해될 때마다, 그것은 단지 추상적이고 소외된 노동과 동의어인 것으로만 발견될 뿐이다. 그 결과 우리는 기껏해야 자유 시간이 있는 사회를 상상할 수 있지만, 이 사회는 만연한 임금노동 및 착취 노동 형태와 공존한다.

『자본』에서의 노동력 개념의 발전에 따라, 마르크스는 노동시간이 필요노동시간과 잉여노동시간으로 나뉜다고 지적했다. 전자는 노동자가 자기 자신과 가족의 재생산을 보장하기 위한 봉급을 받는 시간인 반면, 후자는 자본에 의해 사적으로 전유되는 새로운 가치, 잉여가치를 창출하는 시간이다.

마르크스는 또한 잉여노동시간이 증가하면 절대적 잉여가치가 발생한다고 말했다. 그럼에도 불구하고, 초과 노동이 노동과정의 강화, 기술 발전 및 그에 따른 생산성 증가를 통해 확장될 때, 마르크스는 이를 상대적 잉여가치의 상승이라는 용어로 이름을 붙였다.

> 노동일의 연장에 의해 생산되는 잉여가치를 나는 절대적 잉여가치라고 부른다. 반면에 필요노동시간의 단축과 이에 따라 노동일의 두 구성 요소 각각의 길이 변화로부터 생기는 잉여가치를 나는 상대적 잉여가치라고 부른다.[31]

사용가치의 생산과 겹치는 교환가치의 생산과 (절대적 및 상대적) 잉여가치의 추출에 기초한 사회구조에서 마르크스가 상품 물신성이라고 이름 붙인 사회 현상이 나타난다. 생산자들 사이에 확립된 사회적 관계는 노동 생산물 사이의 관계라는 형태를 취한다. 기존에 사회적 존재들 사이에 확립된 사회적 관계는 사물들 사이의 관계라는 형태를 획득한다.

---

31   Marx, *Capital*, volume I, p.320.

모든 종류의 인간 노동이 동등하다는 것은, 노동생산물이 모두 동등하게 가치라는 것에 의해 객관적으로 표현되며, 노동력 지출이 그 지출 시간에 의해 측정되는 것은 노동 생산물의 가치량이라는 형태를 취하며, 마지막으로 그 속에서 생산자들의 노동의 사회적 성격이 확인되는 생산자들 사이의 상호 관계는 생산물 사이의 사회적 관계의 형태를 취한다.[32]

노동의 추상적인 차원이 구체적인 차원보다 우세하면, 상품의 신비로운 또는 물신화된 성질이 즉시 나타난다. 이는 노동 그 자체의 사회적인 차원을 가려, 그것이 노동생산물에 내재된 요소인 것처럼 보여준다.

교환가치가 강력할 때, 사람들 사이의 사회적 유대는 사물들 사이의 사회적 관계로 변형된다. 왜냐하면 사회적 존재들 사이에 복잡하고 구체화된 관계를 수립하는 개인적인 능력 또한 상품들 사이의 능력으로 변형되기 때문이다.[33]

개별 노동과 총노동 사이에 존재하는 기존의 사회적 관계는 가려진다. 그것은 대상화된 사물 사이의 관계로 제시된다. 그다음에 나타나는 것은 물신성이다. "그것은 인간들 사이의 특정한 사회적 관계에 불과하며, 그들에게 그것은 사물들 사이의 관계라는 환상적인 형태를 띤다."[34] 교환가치의 법칙 아래에서, 인간 사이의 사회적 유대는 사물들 사이의 관계로 변형된다. 개인의 능력은 사물의 능력으로 변형된다. 따라서 사회적 존재들 사이의 물화된 관계가 나타난다.

다시『자본』1권에서, 그리고 출간되지 않은 6장("직접적 생산과정의 결과"_

---

32   같은 책, p.82.
33   같은 책, pp.81~82.
34   같은 책, pp.81~82.

옮긴이)에서도, 마르크스는 자본주의사회의 노동에 대한 그의 폭넓은 이해를 완성하는 또 다른 중요한 요점을 보여줬다.[35] 그는 노동이 생산적인 것으로 정의되기 위해서 반드시 육체적으로 실행될 필요는 없다고 말했다. 게다가 그는 물질적인 생산의 우세에 대한 기준이 전체로서 고려된 집단적인 생산 체제에 대해서는 타당한 반면, 개별적으로 고려된 노동에 대해서는 반드시 그런 것은 아니라고 생각했다.[36]

마르크스는 또한 노동자는 자본가를 위해 잉여가치를 생산하면 생산적인 것으로 간주된다고 썼다. 즉 자본의 가치 증식 과정에 참여하면 그 노동자는 생산적인 것이다. 마르크스는 그 활동이 생산 영역 외부에 있다고 간주한 교사의 예를 들어, 교사가 '교육 공장'을 소유한 자본가의 지휘 아래 있으면 그 교사는 생산적이라고 말했다.[37] 반대로 교사의 노동은 그의 가르치는 활동이 교환가치는 생산하지 않고 사용가치만 생산할 때 비생산적이다. 우리는 노동이 주로 자본의 자기 증식을 목적으로 하는 사회적 관계에 통합될 때에만 생산적 노동의 존재하에 있게 된다.[38] 그러므로 우리는 마르크스로부터 대개 물질적이지는 않지만 여전히 자본의 가치 증식에 참여하는 활동이 있다는 인식을 얻어야 한다.

『자본』에서 제시된 또 다른 중심 지점은 생산적 노동과 비생산적 노동의 개념화에 관한 것이다. 마르크스에 따르면, 생산적 노동은 다음의 속성을 갖는다.

① 잉여가치를 창출하고 자본을 가치 증식한다.

② 자본으로서의 화폐로 지불되며, 지대의 형태로 지불되지 않는다.

---

35 Marx, *Capital*, volume I, pp.509~510, as well as in K. Marx, *Chapter VI(unpublished)*, MECW, vol.34, pp.441~452.

36 Marx, *Capital*, volume I, p.510.

37 같은 책.

38 같은 책.

③ 개별 노동과 대조되는 집합적, 사회적, 복잡한 형태의 노동 결과이다. 이러한 이유로 마르크스는 전체로서의 노동과정의 실제 주체는 개별 노동자가 아니라 오히려 사회적으로 결합된 노동 능력이라고 말했다.

④ 자본의 생산물이 물질적이든 비물질적이든 자본을 가치 증식한다.

⑤ 생산적 노동이 자본의 창출과 가치 증식에 참여하는 방식은 생산적 노동의 사회적 관계 및 사회적 형태에 달려 있다. 이러한 이유로 구체적인 성격이 동일한 노동 활동이 가치 창출과의 관계에 따라 생산적일 수도 있고 비생산적일 수도 있다.

⑥ 봉급을 받는 경향이 있다. 이는 모든 봉급을 받는 노동이 생산적이지는 않기 때문에 그 역이 사실이 아님에도 그러하다.[39]

반면에 노동은 유용한 재화만을 생산하고 교환가치의 생산에는 관여하지 않을 때 비생산적이다.

이것이 19세기 중반의 자본주의를 설명하기 위한 마르크스의 서술이라면, 오늘날 우리는 새로운 형태의 노동이 부상하는 것을 목격하고 있다. 이러한 새로운 노동의 부상은 오늘날의 자본주의에서 확장되는 세계적인 가치 사슬을 특징짓는 물질적 및 비물질적 영역에서 가치 추출의 복잡한 기제를 창출할 수 있다. 이는 가치법칙을 약화시키는 대신 증폭시킨다. 이는 스스로를 더욱 복잡하게 만들었고, 21세기에는 그 효과를 더욱 강화했다.[40]

이는 비물질 노동이 다양한 형태의 산 노동과 죽은 노동의 관계 구성에서

---

39   Marx, *Chapter VI(unpublished)*, pp. 444~445.

40   『자본』 2권에서 마르크스는 서비스 산업의 노동을 가치 생산적인 것으로 이해하는 데 있어 중요한 분석을 제시했다. 운송 산업 내부의 (가치 _옮긴이) 생산적인 과정을 보여주었기 때문이다. 마르크스는 산업에 대한 확장된 개념을 가지고 있었는데, 이를 통해 우리는 운송 부문(과 보관, 가스, 철도, 항해, 통신 산업 등의 다른 부문들)의 (가치) 생산과정에 대해 말할 수 있는 이유를 이해할 수 있다. 이는 이러한 활동이 어떠한 물질적인 생산도 야기하지 않음에도 그러하다. 이러한 예시를 제시함으로써 마르크스가 산업을 물질적인 변형으로 제한하는 전통적인 시야를 초월해 우리가 서비스 산업이라고 부르는 것으로까지 확장하는 산업 개념을 제시했다는 사실은 지적할 가치가 있다.

지배적이지는 않지만 중요한 역할을 하게 되었기 때문이다. 이는 자본순환 시간을 단축시키고 그 결과 자본회전 시간도 단축시켜, 자본의 가치 증식 과정에 영향을 미치기 때문이다. 이는 특히 점점 더 자본의 논리와 자본의 상품화 과정 논리에 의해 통제되는 서비스 부문[과 예를 들어, 농업 관련 산업(agribusiness), 서비스 산업, 산업 서비스(industrial service)와 같은 서비스 부문과 산업 부문의 교차 지점]에 있어 사실이다. 이 부문은 점차 가치 생산 사슬에 통합되고 있으며, 그러므로 점점 더 가치 창출 과정의 일부가 되어 자신의 비생산적인 형태를 버리고 있다.[41] 그렇다면 이것들은 자본을 위한 임금노동을 특징짓는 핵심 요소들이다. 이러한 것들에 정면으로 반대해, 마르크스는『자본』에서 '자유롭게 연합한 생산자'라는 자신의 새로운 구상의 맹아적 요소를 제시했다.

만약 노동이 마르크스가 "필연의 왕국"이라고 부른 영역 안에 있다면, "자유의 왕국이 꽃 피울 수 있는 것"은 "노동일의 단축"을 통해서일 것이다.[42] 이 경우 자본의 제약을 넘어 자유롭고 연합한 노동에 관한 아이디어는 그의 공산주의사회 구상을 위한 필수적인 요소를 구성한다.

> 이 영역에서 자유는 오직 자기 자신과 자연 사이의 물질 대사를 합리적으로 규제하는 사회적으로 된 인간, 연합한 생산자들에게 있다.[43]

---

41 오늘날 이 주제를 둘러싼 중요한 논의가 있다. 이 논쟁은 디지털 노동의 영역에서 가치 법칙의 지배에 대한 것 ─ 특히 U. 휴즈에 의해 제시된 사이버타리아트(cybertariat)와 N. 다이어-화이트포드에 의해 발전된 논쟁에 관한 정식화. U. Huws, *The Making of the Cybertariat: Virtual Work in a Real World*(London: Merlin Press, 2003), pp.152~176; N. Dyer-Whiteford, *Cyber-proletariat: Global Labor in the Digital Vortex*(London: Pluto Press, 2015), pp.39~59. ─ 에서부터 E. 피셔(E. Fisher)와 C. 푸크스(C. Fuchs)가 *Reconsidering Value and Labor in the Digital Age*(Basingstoke: Palgrave Macmillan, 2015), pp.3~25에서 내놓은 주장에 이르기까지 다양하다. 이 후자의 논쟁은 디지털 분야의 가치와 노동에 관한 것이며, 특히 인터넷의 정치경제학 비판에 관한 것이다.

42 K. Marx, *Capital*, volume III, MECW, vol.37, p.807.

노동일 단축이 노동계급의 가장 중요한 요구 중 하나가 된 이유가 바로 이것이다. 마르크스가 말했듯이, 이는 해방된 삶을 위한 전제 조건이다.[44] 노동(직장) 밖에서 의미 있는 삶이 노동(직장) 안에서 의미 있는 삶을 전제로 하기 때문이다. 소외된 노동을 자유로운 시간과 양립시키는 것은 불가능하다. 노동(직장) 안에서 의미가 결여된 삶은 노동(직장) 밖에서 의미 있는 삶과 양립할 수 없다. 어떤 형태로든 노동(직장) 외부의 영역은 노동(직장) 생활에 존재하는 불만으로 인해 퇴색할 것이다.[45]

> 사회적 생활 과정은 …… 자유롭게 연합한 인간들의 생산으로 취급되고 그들이 정한 계획에 따라 의식적으로 통제될 때까지, 그 신비로운 베일을 벗지 않는다.[46]

그러므로 교환가치의 창조자로서 임금노동의 제거와 생산수단에 대한 사적 소유의 제거 문제는 '자유롭게 연합한 노동'을 통해 사회적으로 해결된다.[47] 따라서 노동과 잉여가치의 착취는 이 사회적 노동에 참여하는 이들 각각의 처분 가능한 시간으로 대체될 것이다. 『고타강령 비판』에서 제시된 마르크스의 종합은 이러한 점에서 계몽적이었다.

---

43 같은 책, p.807. 파리 코뮌에서 영감을 받은 마르크스가 노동착취에 반대되는 입장에서 '자유롭게 연합한 노동'(p.335)의 정식화를 암시하는 『프랑스 내전』도 함께 참조하라. The Civil War in France, MECW, vol.22.

44 Marx, Capital, volume III, p.807. 현대 자본주의의 노동일에 대해 P. 바소를 참조하라. P. Basso, Modern Times, Ancient Hours: Working Lives in the Twenty-first Century (London: Verso, 2003), pp.1~25.

45 이 주제에 대해 더 자세한 논의는 R. 안튠(R. Autunes)에게서 찾아볼 수 있다. R. Antunes, The meanings of Work: Essay on the Affirmation and Negation of Work(Chicago: Haymarket Books, 2013), pp.146~155.

46 Marx, Capital, volume I, p.90.

47 Marx, The Civil War in France, p.335.

공산주의사회의 더 높은 단계에서 …… 정신노동과 육체노동 사이의 대립이 …… 사라진 후에, 노동이 생활을 위한 수단일 뿐만 아니라 일차적인 생활의 욕구가 된 후에, …… 오직 그때가 되어서야 …… 사회는 자신의 깃발에 다음과 같이 쓸 수 있게 된다. 각자는 능력에 따라, 각자에게는 필요에 따라![48]

그러므로 자유롭게 연합한 생산자에 관한 마르크스의 정식화는 자본주의사회의 주요 기반 중 하나와 정면으로 충돌한다. 마르크스는 노동을 인간이 필요로 하는 재화를 생산하는 필수적인 생명 활동, 그리고 자본주의가 공고화되면서 나타나는 임금노동과 소외된 노동의 표현 모두로서 생각하는 노동의 변증법을 제시했다. 이것이 그의 폭넓은 노동 개념을 일차원적으로만 볼 수 없는 이유이다.[49]

노동의 개념화에 있어 이러한 변증법적 차원에 대한 마르크스의 이해는 마르크스를 오늘날에도 유효한 저자로 만든다. 그의 정식화는 19세기에 적절했을 뿐만 아니라, 20세기 내내 적절했다. 그리고 그것이 현실성을 상실했다는 징후는 없다.

8.4 오늘날의 노동

일부 전문가들은 자본주의사회에서 노동이 그 중요성을 상실했다고 주

---

48 K. Marx, *Critique of the Gotha Programme*, MECW, vol.24, p.87.

49 마르크스의 명제에 대해 중요한 업데이트를 제공하는 저자들 중에서 H. 브레이버만, A. 비르, I. 메자로스를 참조하라. H. Braverman, *Labor and Monopoly Capital*(New York: Monthly Review Press, 1998), pp.203~247; pp.279~310, A. Bihr, *Du 'Grand Soir' à 'L'Alternative': le Mouvement Ouvrier Européen en Crise*(Paris: Les Editions Ouvrieres, 1991), pp.87~108; I. Meszaros, *Beyond Capital: Towards a Theory of Transition*(London: Merlin Press, 1995), pp.917~936.

장하지만,[50] 우리가 목도하는 것은 오히려 생산 분야에서 (질적 효과와 함께 나타나는) 양적 감소이다. 추상 노동은 여전히 교환가치 창출에서 결정적 역할을 하고 있다. 이를 고전적 용어로 표현하자면, 생산되는 상품은 여전히 육체 및 정신 활동에 기인한다. 그리고 이 활동은 생산수단 및 기술과 상호작용하는 인간 노동에서 유래한다.

'노동과정의 객관적 요소에 비한 주관적 요소의 감소'[51]는 교환가치의 생산에서 총노동의 역할을 상대적으로 감소시키지만 제거하지는 않는다. 죽은 노동의 증가에 의한 산 노동의 감소는, 마르크스가 노동자를 생산과정의 "감독자 및 조정자"[52]라고 불렀던 것에 더 가까워질 가능성을 제공한다. 그러나 이러한 추세가 완전히 달성되는 것은 바로 자본의 논리에 의해 배제된다.[53]

사회적 노동의 현대적인 형태는 더 복잡해졌다. 이는 사회적으로 결합되었고, 심지어 그 속도와 과정의 강도가 더 높아졌다. 이러한 형태를 생각함에 있어, 교환가치 창출의 과정을 최소화하거나 심지어 무시하는 것은 불가능해 보인다. 반대로, 자본주의사회와 그것의 가치법칙은 안정적인 노동을 더 적게 필요로 하며, 불안정한 간헐적 노동을 더 많이 필요로 한다.

자본이 가치 창출의 과정을 산 노동에 의존한다는 바로 그 이유 때문에, 자본은 그 어느 때보다 더 적은 시간에 잉여노동 추출의 형태를 강화하기 위해 노동생산성을 높여야 한다. 지적 차원이 부여된 다기능 노동의 확장은 자본이 더 이상 추상 노동을 착취하는 데 관심이 없다는 주장을 논박한다.

---

50 예를 들어 다음을 참조하라. C. Offe, "Work: The Key Sociological Category?", in C. Offe(ed.), *Disorganized Capitalism*(Cambridge: Polity Press, 1985), pp.129~150.

51 Marx, *Capital*, volume I, MECW, vol.35, pp.617~618.

52 K. Marx, 'Outlines of the Critique of Political Economy [*Grundrisse*]. First Instalment", MECW, vol.29, p.112.

53 같은 책, pp. 90~91.

실제로 자본의 특징은 애초부터 가능한 최대한 산 노동을 제거하고 죽은 노동을 확대하는 것이었다.

테일러리즘/포디즘의 상속인인 '안정적인' 프롤레타리아트 축소, 현대공장의 지적 노동 확장, 유연한 기업의 시대에 집중적으로 발전한 불안정노동 형태의 전반적인 성장은 오늘날 잉여가치 추출 형태의 새로운 예시들이다.[54] 노동과 과학 사이에 수립된 복잡한 상호작용은 자본의 사회적 신진대사에서 산 노동을 제거하지 않는다. 반대로, 이 과정은 지적 노동을 이용한다. 이 과정은 이후, 기계 자동화와 상호작용해 새로운 지적·인지적 속성의 일부를 이 생산에서 발생한 새로운 기계로 이전한다. 이 과정은 자본에게, 적어도 더 큰 기술 발전이 있는 생산 부문에서, 훨씬 더 복잡하고 다기능적인 노동자를 찾을 것을 요구한다.

물질 노동과 비물질 노동 사이의 중첩 증가에서 파생한 또 다른 경향이 있는데, 이는 마르크스의 정식화의 강점을 강조하기도 한다. 한편으로 연구, 소프트웨어 제작, 홍보 분야에서의 노동의 발전 또한 비물질 영역에서 노동 확산의 예이다. 다른 한편으로 콜센터, 정보통신 기술, 호텔산업 등 서비스산업에서의 노동력 성장은 현대 세계에서의 보다 광범위한 노동 개념의 또 다른 중요한 특징이다. 그러나 물질적 노동과 비물질적 노동은 그들 사이에 존재하는 점점 더 중첩되는 부분에서 자본주의 생산의 논리에 종속된다. 따라서 산 노동에 대한 고찰은 오늘날 자본주의의 경향으로서 마르크스 자신이 수행한 비물질 노동에 대한 논의를 재검토해야 한다.[55]

---

54 중국의 폭스콘이라는 중요한 사례를 보라.

55 빈센트가 한 가지 중요한 공헌을 했다. "생산 내외부에서 생산된 지적 노동력은 자본에 의해 상품으로 흡수되는데, 자본은 지적 노동력을 통합해 죽은 노동에 유연성, 신속한 대체, 지속적인 자기변형이라는 새로운 자질을 부여한다. 물질적인 생산과 서비스 생산은 점점 더 혁신을 필요로 하며, 그 결과 상품과 자본으로 전환되는 지식의 생산 증가에 점점 더 종속되고 있다." J.M. Vincent, 'Les Automatismes Sociaux et le "General Intellect"', Paradigmes du Travail, *Futur Antérieur*, 16(2): 121(1993). 비물질적 노동에 특권을 부

마르크스가 제시한 정식화 중 일부는 우리가 자본주의사회와 그것의 거대한 사회적 제약을 극복할 수 있는 대안을 구상할 때 중요한 출발점을 구성한다. 이를 위해서는 적어도 두 가지 주장이 오늘날 전 세계적 범위에서 노동 투쟁의 중심에 있어야 한다.

① 실업을 줄이기 위한 목적으로, 노동일 단축을 위한 투쟁이 이루어져야 한다. 이는 우리를 다음과 같은 중요한 질문으로 이끈다. 무엇을, 누구를 위해 생산하는가?

② 만인을 위해 노동할 권리 또한 필수적인 요구이다. 이는 우리가 소외된 임금노동에 가치를 두기 때문이 아니다. 이러한 종류의 노동은 자본주의 사회의 종말과 함께 근절되어야 한다. 그러나 그러고 나면 필수적인 생명 활동으로서의 노동, 즉 자유롭게 연합한 노동은 새로운 사회의 건설을 위한 필수적인 요소 중 하나가 된다. 여기에서 노동에 대한 마르크스의 정식화의 본질은 우리 시대에도 거대한 사회적 및 정치적 관련성을 갖게 된다.

우리 시대의 긴박한 요구는 자기 결정 활동에 기반하는 새로운 생산양식이다. 이는 사회적으로 필요한 사용가치를 생산하는 방식이다. 따라서 교환가치를 생산하는 것을 목적으로 하는, 잉여노동시간에 기초한 노동과 근본적으로 대조된다.

여하고 물질적인 생산을 최소화하는 접근법(따라서 마르크스의 정식화에서 멀어지는 접근법)은 M. 라차라토로부터 발견할 수 있다. M. Lazzarato, 'Le Concept de Travail Immateriel: la Grande Entreprise', *Futur Antérieur*, 10: 54~61(1992).

참고문헌

Antunes, Ricardo(2013), *The Meanings of Work: Essay on the Affirmation and Negation of Work*, Chicago: Haymarket Books.

Basso, Pietro(2003), *Modern Times, Ancient Hours: Working Lives in the Twenty-first Century*, London: Verso.

Bihr, Alain(1991), *Du 'Grand Soir' à 'L'Alternative': le Mouvement Ouvrier Européen en Crise*, Paris: Les Editions Ouvrieres.

Braverman, Harry(1998), *Labor and Monopoly Capital*, New York: Monthly Review Press.

Dyer-Whiteford, Nick(2015), *Cyber-proletariat: Global Labour in the Digital Vortex*, London: Pluto Press.

Engels, Frederick(1990), 'Introduction to Karl Marx Wage Labour and Capital', MECW, vol.27, pp.179~91.

Fischer, Eran, and Fuchs, Christian(2015), *Reconsidering value and Labour in the digital Age*, Basingstoke: Palgrave Macmillan.

Gorz, Andre(2010), *The Immaterial: Knowledge, Value, and Capital*, London: Seagull Books.

Habermas, Jurgen(1992), *The Theory of Communicative Action, vol.2: The Critique of Functionalist Reason*, London: Polity Press.

Huws, Ursula(2003), *The Making of a Cybertariat: Virtual Work in a Real World*, London: Merlin Press.

Lazzarato, Maurizio(1992), 'Le Concept de Travail Immateriel: la Grande Entreprise', *Futur Antérieur*, 10: 54~61.

Lukacs, Georg(1971), *History and Class Consciousness: Studies in Marxist Dialectics*, London: Merlin Press.

＿＿＿(1980), *The Ontology of Social Being: Labour*, London: Merlin Press.

Marx, Karl(1975), 'Comments on James Mill, Elements d'economie politique', MECW, vol.3, pp.211~228.

＿＿＿(1975), *Economic and Philosophic Manuscripts of 1844*, MECW, vol.3, pp.229~346.

＿＿＿(1977), 'Wage Labour and Capital', MECW, vol.9, pp.197~228.

＿＿＿(1985), *Value, Price and Profit*, MECW, vol.20, pp.101~149.

＿＿＿(1986), *The Civil War in France: Address of the General Council of the International Working Men's Association*, MECW, vol.22, pp.307~359.

＿＿＿(1987), 'Outlines of the Critique of Political Economy [*Grundrisse*]. First Instalment', MECW, vol.29, pp.5~550.

_____(1989), *Critique of the Gotha Programme*, MECW, vol.24, pp.75~99.

_____(1994), 'Chapter VI(unpublished)', MECW, vol.34, pp.339~471.

_____(1996), *Capital,* volume I, MECW, vol.35.

_____(1997), *Capital,* volume II, MECW, vol.36.

_____(1998), Capital, volume III, MECW, vol.37.

Marx, Karl, and Engels, Fredrick(1975), *The German Ideology*, MECW, vol.5, pp.19~539.

Meszaros, Istvan(1970), *Marx's Theory of Alienation*, London: Merlin Press.

_____(1995), *Beyond Capital: Towards a Theory of Transition*, London: Merlin Press.

Musto, Marcello(2012), 'Revisiting Marx's Concept of Alienation', in Marcello Musto(ed.), *Marx for Today*, London: Routledge, pp.92~116.

Offe, Claus(1985), 'Work: The Key Sociological Category?', in Clauss Offe(ed.), *Disorganized Capitalism*, Cambridge: Polity Press.

Postone, Moishe(1996), *Time, Labor, and Social Domination: A Reinterpretation of Marx's Critical Theory*, Cambridge: Cambridge University Press.

Vincent, Jean-Marie(1993), 'Les Automatismes Sociaux et le "General Intellect"', *Paradigmes du Travail, Futur Antérieur*, 16(2): 121~130.

자본과 시간성
모이셰 포스톤

9.1 마르크스주의 재개념화하기

　최근 수십 년간의 광범위한 세계적 변화는, 현대 비판이론이 우리의 사회적 경험 세계에 적합하기 위해서는, 역사적 동학과 대규모의 구조변화라는 질문에 집중해야 함을 극적으로 보여주었다. 마르크스주의적인 자본 범주에 기초한 자본주의 비판이론은 이러한 역사적 전개를 의미심장하게 조명할 수 있지만, 이는 비판이론이 최근의 사회과학 담론뿐만 아니라 전통적인 마르크스주의 해석에서 자본에 관한 다양한 이해와 구별되는 방식으로 근본적인 재개념화가 될 때에만 가능하다.

　여기서 제시할 재개념화에 따른 자본 범주는 게리 베커(Gary Becker, 1930~2014)에서 피에르 부르디외(Pierre Bourdieu, 1930~2012)에 이르기까지 다양한 이론가들이 '자본'이라는 용어를 사용하는 방식과는 공통점이 거의 없다.[1]

* 　저자는 귀중한 비판적 피드백을 전해준 마크 레플러와 로버트 스턴에게 감사를 표한다.

1 　다음을 보라. G. Becker, *Human Capital: A Theoretical and Empirical Analysis, with Special Reference to Education*(New York: Columbia University Press, 1975) and P. Bourdieu, *Distinction: A Social Critique of the Judgement of Taste*(Cambridge, MA: Harvard University Press, 2000).

그러나 그것은 많은 마르크스주의 이론가들이 사적으로 전유된 사회적 잉여를 보편적으로 지칭하는 데 '자본'을 사용한 방식과도 다르다.[2] 이 장은 마르크스의 자본 범주가 사회구조화 전체를 지칭한다는 데 동의하면서도, 그것이 특정한 계급 착취 양식을 기술할 뿐만 아니라 보다 근본적으로는 자본주의적 근대성을 역사적으로 특수한 형태의 사회적 삶으로서 구조화하는 사회적 매개의 특정 형태를 파악하는 것이라고 주장할 것이다. 이러한 매개 형태는 사회적으로 구성되지만, 추상적이며 시간적인 것이다. 더 자세히 설명하겠지만, 이 형태는 계급지배 또는 어떠한 구체적인 사회적·정치적 실체의 지배라는 측면에서 충분히 이해할 수 없는, 고유하고 추상적인 지배 형태로 드러난다. 더군다나, 상품 및 자본과 같은 범주로 표현되는 이러한 형태의 지배는 정적이지 않고, 자본주의적 근대성을 독특하게 특징짓는 역사적 동학을 만들어낸다.

이 장에서 자본주의사회의 역사적으로 역동적인 성격에 초점을 맞추는 것은 지난 40년간 자본주의의 엄청난 변화에 응답하는 것이다. 이 시기는 서구의 전후 국가 중심적 포드주의 종합의 소멸, 동구의 당-국가 및 지령경제의 붕괴 혹은 근본적 전환, 신자유주의적 자본주의 세계질서의 등장(이 질서는 서로 경쟁하는 거대한 경제블록의 발전으로 결국에는 약화될지도 모른다)으로 특징지어진다. 이러한 변화는 소련과 유럽공산주의의 붕괴를 포함하고 있기 때문에, 이는 종종 마르크스주의와 마르크스이론의 현실타당성이 끝났음을 나타내는 증거로 여겨졌다. 그러나 이러한 역사적 변화는 역사적 동학 및 대규모의 구조변화라는 문제와 씨름해야 할 필요성 또한 부각시킨다.

이러한 문제의 핵심적 중요성은, 20세기의 매우 중요한 궤적을 고려할 때 강조된다. 이 궤적은, 제1차 세계대전과 러시아혁명으로 출발했다 할 수 있

---

2   예컨대 다음을 보라. M. Dobb, *Political Economy and Capitalism: Some Essays in Economic Tradition*(London: Routledge & Kegan Paul, 1940).

는 20세기부터 시작되고 제2차 세계대전 이후 수십 년간 정점에 달했으며 1970년대 초 이후로는 쇠퇴한, 돌이켜 봤을 때 국가중심 자본주의라고 칭할 수 있는 것의 궤적이다. 이 궤적에서 중요한 것은 글로벌한 성격이다. 그것은 서구 자본주의국가와 소련, 식민지와 탈식민지 국가를 아울렀다. 물론 21세기라는 유리한 관점에서 바라봤을 때에는 역사적 전개상의 차이가 발생했지만, 이 차이는 근본적으로 다른 전개보다는 공통적인 패턴의 서로 다른 굴절로 나타난다. 예컨대 복지국가는 제2차 세계대전이 끝난 후 25년간 서구의 모든 산업국가에서 확대되었고, 1970년대 초에는 제한되거나 부분적으로 해체되었다. (소련의 전후 성공 및 뒤이은 급속한 쇠퇴, 그리고 중국의 거대한 전환과 병행된) 이러한 전개는 집권당이 보수정당이든 사회민주주의('자유주의') 정당이든 관계없이 일어났다.

대단히 중요한 성격을 갖는 이러한 보편적인 전개는 우발적, 국지적, 정치적 결정의 측면에서는 설명할 수 없다. 이러한 전개는 동양과 서양 모두에서 역사적 동학이 존재함을 보여주고, 국가가 그러한 동학을 통제할 수 있다는 관념은 기껏해야 일시적으로만 유효함을 폭로한다. 즉 이러한 전개는 정치적 통제에 완전히 종속되지 않는 동력이 존재하고, 정치적·사회적·경제적 결정에 대한 보편적인 구조적 제약이 존재함을 시사한다.

9.2 역사와 지배

이러한 최근의 역사적 변화는 마르크스의 정치경제학 비판과의 새로워진 조우가 갖는 중요성을 시사하는데, 역사적 동학과 글로벌 구조변화의 문제가 바로 그 비판의 핵심이기 때문이다. 그럼에도 불구하고, 지난 세기의 역사는 전통적 마르크스주의가 현대 세계에 완전히 적합한 것은 아니며, 적절한 비판이론은 전통적인 자본주의 비판과는 중요한 방법에서, 그리고 기초적 방법에서 달라야 한다는 점 또한 제기한다.

　여기에서 '전통적 마르크스주의'는, 본질적으로 사적 소유관계에 뿌리를 두고 시장에 의해 매개되는 계급관계의 측면에서 자본주의를 분석하는 매우 보편적인 해석 체계를 의미한다.[3] 사회적 지배는 계급지배와 착취의 측면에서 주로 이해된다. 이러한 보편적 해석 체계 내에서, 자본주의는 (사적 소유와 시장으로 해석되는) 사회의 기초적 사회관계와 (노동 및 산업적인 생산양식의 측면에서 해석되는) 생산력 간의 증대되는 구조적 모순으로 특징지어진다. 사회주의는 주로 생산수단의 집단적 소유와 산업화된 맥락에서의 중앙집권적 계획으로 이해된다. 이러한 보편적 해석 체계는 노동을 모든 사회에서 부의 원천인 것으로, 그리고 보편적이고 진정으로 사회적인 것의 기초로 보는 초역사적 이해에 기반한다. 그러나 자본주의에서 노동은 배타적인 관계, 파편화하는 관계에 의해 완전히 실현되지 못한다. 이 경우 해방은, 시장과 사유재산의 왜곡에서 자유로워진 초역사적인 노동이 사회의 규제 원리로 공공연하게 등장하는 사회적 형태로 실현된다. 물론 이러한 생각은 프롤레타리아의 '자기실현'으로서의 사회주의 혁명 개념과 결부되어 있다. 여기서 노동은 자본주의 비판의 관점을 제공한다.

　'전통적 마르크스주의'의 기본적 체계 내에는 강력한 경제적·정치적·사회적·역사적·문화적 분석을 이끌어낼 수 있는 서로 매우 다른 광범위한 이론적·방법론적·정치적 접근법이 존재한다.[4] 그럼에도 불구하고, 보편적 해

3　M. Postone, 'Capital in Light of the Grundrisse', in M. Musto(ed.), *Karl Marx's Grundrisse: Foundations of the Critique of Political Economy 150 Years Later*(London and New York: Routledge, 2008), pp.121~122.

4　여기에는 구조주의와 비판이론이 포함될 것이다. 이것은 보다 최근의 비판적 마르크스 해석을 이루는 두 가지 중요한 흐름으로, 둘 다 전통적 패러다임을 넘어서려고 했다. 죄르지 루카치(György Lukács, 1885~1971)와 프랑크푸르트학파의 구성원들은 자본주의가 시장중심의 형태에서 관료주의적·국가주의적 형태로 역사적인 변화를 겪은 것에 이론적으로 대응하면서, 근대성에 관한 비판이론이 19세기적 측면에서만, 즉 시장과 사유재산의 측면에서만 자본주의를 정의한다는 점에서 부적절하다는 것을 은연중에

석 체계 그 자체의 한계는 20세기의 역사적 전개에 비추어볼 때 점차 분명해지고 있다. 이러한 전개에는 다음이 포함된다. 스스로를 '현존 사회주의'로 부르던 체제의 비해방적 성격, 그것의 등장과 몰락의 궤적, 이와 병렬하는 국가개입 자본주의의 서구적 형태의 궤적(이는 두 체제가 역사적으로 유사한 위치에 있었음을 시사한다), 생산에서 과학지식 및 기술 진보의 점증하는 중요성(이는 노동가치론에 의문을 제기하는 것으로 보인다), 기술 진보와 성장에 대한 점증하는 비판(이는 많은 전통적 마르크스주의의 생산력주의를 반대한다), 계급에 기초하지 않은 사회적 정체성의 점증하는 중요성이다. 이와 함께, 역사적 전개는 전통적 해석 체계가 해방적인 비판이론을 위한 적절한 출발점으로서의 역할을 더 이상 수행할 수 없음을 시사한다.

이 경우, 20세기를 특징짓는 보편적인 역사적 패턴에 대한 고려는 노동과 역사를 확언하는 전통적 마르크스주의와 역사를 본질적으로 우발적인 것으로 보는 포스트구조주의적 이해 양쪽 모두에 의문을 제기한다. 그럼에도 불구하고 이러한 고려가 역사 분석에 기초한 비판이론을 정식화하려는 모든 시도에 반드시 위반되는 것은 아니다. 또한 그 고려가 역사를 우발적인 것으로 다루려는 시도의 기초에 놓인 중요한 통찰, 즉 임박한 필연성의 전개로 파악되는 역사는 일종의 비자유를 묘사하는 것이라는 통찰을 부정하는 것도 아니다.

정확히 그러한 형태의 비자유는 마르크스의 정치경제학 비판에서 중심

인식했다. 그러나 저자가 다른 곳에서 상술하듯, 이들은 바로 그러한 종류의 이론이 갖는 몇몇 가정에 얽매여 있었다(M. Postone, *Time, Labour, and Social Domination* [Cambridge and New York: Cambridge University Press, 1993], pp.71~120). 다른 한편 루이 알튀세르(Louis Althusser, 1918~1990)는 '노동에 관한 이상주의'에 대해 정교한 비판을 정식화하고, 인류학적 상호주관성으로 축소될 수 없는 구조로서 사회적 관계를 다루었지만, 그가 착취의 측면에서 잉여 문제를 강조하는 것 그리고 생산의 물리적인 '물질적' 차원을 강조하는 것은 궁극적으로 전통적인 자본주의 이해와 관련되어 있다(L. Althusser and E. Balibar, Reading *Capital*[London: New Left Books, 1970], pp.145~ 154, 165~182).

적 연구 대상이다. 마르크스의 정치경제학 비판은 근대 세계의 역사적 동학과 구조적 변화를 야기하는 명령과 제약에 관한 설명을 사회적 측면에서 시도한다. 그의 비판은 역사 및 노동의 관점에서 자본주의를 비판하는 전통적 마르크스주의와는 근본적으로 다르다. 오히려 마르크스의 분석은 자본주의 역사 동학에, 그리고 노동이 자본주의적 형태의 사회적 삶에서 갖는 중심성에 비판적으로 초점을 맞춘다. 이러한 해석에 따르면, 전통적 마르크스주의의 **관점**이었던 것은 마르크스 비판의 **대상**이었다. 다른 한편, 포스트구조주의와 달리 마르크스주의적 비판은 현실에서 인간의 사회적 삶이 항상 우발적으로 전개된다고 주장함으로써 역사적 논리의 존재 및 이와 결부된 비자유를 부정하지 않는다. 오히려 마르크스의 비판은 역사적 논리의 존재를 자본주의적 근대성의 특징으로 간주한다. 마르크스의 비판은 그 고유한 역사적 논리의 성격을 파악하고, 그 기초를 알아내며, 그것의 극복 가능성을 해명하려 시도한다. 그러한 시도는 근대, 자본주의사회에 내재하는 동학을, 자본 범주로 표현되는 역사적으로 특수한 형태의 사회적 매개에 기초하게 함으로써 행해진다.

원숙기 마르크스의 이론은 자본주의의 동학을 그 사회적 형태에 역사적으로 특수한 범주에 근거해 기초하게 함으로써, 내재적으로 추동되고 방향성을 갖는 동학으로 이해되는 역사가 인간의 사회적 삶의 보편적 범주가 아님을 암시한다. 오히려 그것은 자본주의사회의 역사적으로 특수한 특징이다(자본주의사회는 수많은 이론가들에 의해 보편적 의미에서 인간의 사회적 삶, 즉 역사로 투영될 수 있고, 또 투영되었다). 마르크스의 이론은 역사를 확정적으로 바라보는 것과는 거리가 멀다. 마르크스의 이론은 이러한 방향성을 갖는 동학을 자본 범주에 기초하게 함으로써 역사를 지배 또는 타율성의 형태로 파악한다. 더 나아가 이러한 해석에 따르면, 원숙기의 마르크스이론 그 자체는 역사와 사회적 삶에 관한 초역사적으로 유효한 이론이라고 주장할 수 없다. 이와는 대조적으로 마르크스의 성숙한 이론은 스스로를 역사적으로 특수한 것으로 간주한다.[5] 마르크스의 비판이론의 대상도, 이론 그 자체도 초역사적이지 않다. 오히려 그것은 역사적으로 특수하다. 실제로 마르크스의 이론은 스스로를 보편적이며, 초역사적으로 유효하다고 주장하는 모든 접근법에 의문을 제기한다.

지배와 타율성에 관한 역사적으로 특수한 이론으로서 비판적 마르크스주의의 입장은 자본주의의 역사적 논리에 관한 **평가**의 측면에서, 정통적 제2 인터내셔널 마르크스주의보다 포스트구조주의에 가깝다. 그러나 역사적 논리에 관한 비판적 마르크스주의의 **분석**은, 그것이 타율적 역사를 단순히 두서없이 해소될 수 있는 서사가 아닌 일시적인 지배구조의 표현으로 간주한다는 점을 고려하면, 포스트구조주의에 비판적이다. 그렇다면, 자본 범주를 역사적으로 특수한 타율적 동학의 기초로 재전유하는 것은 본질적 논리의 전개라는 측면에서 인류 역사의 초역사적 개념을 비판하고, 동시에 우발성의 측면에서 인류 역사의 초역사적 개념을 비판할 수 있는 접근을 허용한다. 즉 그것은 필연성과 자유라는 고전적인 대립을 극복할 수 있을 것이다. 이러한 관점에서 볼 때, 자본주의를 특징짓는 역사적으로 특수한 지배구조를 한계 짓는 방식으로 우발성을 주장해 인간 행위자를 복원하려는 시도는 아이러니하게도 그 어떠한 것도 완전히 힘을 잃을 것이다.

9.3 비판과 역사적 특수성

마르크스의 분석에서 자본이란 무엇인가? 이 개념을 정교화하려면, 상품과 가치처럼 마르크스가 『자본』에서 연구를 시작하는 가장 근본적인 범주를 잠시 고려해야 한다. 이 범주가 그의 잉여가치 및 자본 범주의 이론적 토

---

5   Postone, '*Capital* in Light of the *Grundrisse*', pp.123~128.

대 역할을 수행하기 때문이다. 전통적 체계에서 마르크스의 가치 범주는 직접적 인간 노동이 언제 어디서나 사회적 부를 창조한다는 점을 보여주기 위한 시도로 대개 간주된다. 자본주의에서는 시장이 이를 매개한다. 이러한 관점에 따르면, 그의 잉여가치 범주는 자본주의에서 착취의 존재를 다음과 같이 증명한다. 여러 현상에도 불구하고, 자본주의의 잉여생산물은 노동, 토지, 기계와 같은 다수의 생산요소가 아닌, 노동에 의해서만 구성된다는 점을 보여주는 것이다. 이러한 잉여는 자본가 계급에 의해 전유된다. 이러한 전통적 체계에서 잉여가치는 계급에 기초한 착취의 범주이다.[6]

이러한 해석은 노동을 인간과 자연을 매개하는 활동으로 바라보는 초역사적 이해에 기초하고 노동의 실현, 즉 프롤레타리아의 자기실현이라는 측면에서 해방을 개념화한다. 이는 기껏해야 일면적인 해석에 불과하다. 그것은 자본주의에서 착취의 드러나지 않는 형태에 초점을 맞추지만, 마르크스의 범주가 파악하는 역사적 동학을 감지하지는 못한다.[7]

그러나 이미 말했듯, 마르크스의 원숙한 정치경제학 비판을 자세히 읽어보면 전통적 해석의 초역사적 전제에 의문을 제기한다. 마르크스는 『요강』

---

6   예컨대 다음을 보라. G.A. Cohen, *History, Labour and Freedom*(Oxford: Clarendon Press, 1988), pp.209~238; Dobb, *Political Economy and Capitalism,* pp.70~78; J. Elster, *Making Sense of Marx*(New York: Cambridge University Press, 1985), p.127; R. Meeks, *Studies in the Labour Theory of Value*(New York and London: Lawrence and Wishart, 1973); J. Roemer, *Analytical Foundations of Marxian Economic Theory*(Cambridge: Cambridge University Press, 1981), pp.158~159; I. Steedman, 'Ricardo, Marx, Sraffa', in I. Steedman and P. Sweezy(eds.), *The Value Controversy*(London: New Left Books, 1981), pp.11~19; P. Sweezy, *The Theory of Capitalist Development* (New York: Oxford University Press, 1968), pp.52~53.

7   서발턴 사회집단이 생산한 잉여의 전유라는 의미에서 착취는 자본주의에 선행하며, 물론 사회적 삶의 모든 역사적 형태가 갖는 특징이었다. 자본주의의 독특한 점은 (예컨대 봉건영주와 농민의 경우와는 달리) 그 전유 양식이 드러나지 않는다는 점뿐만 아니라, 나중에 논의하겠지만, 그것이 동학을 수반한다는 점이다. 전통적 마르크스주의는 전자를 강조하고 후자를 간과하는 경향이 있다.

에서 자신의 근본적 범주가 협소한 경제적 의미로 이해되어서는 안 되며, 세계 속 "현존 형태(Daseinsformen)", "실존 규정(Existenzbestimmungen)", 즉 객관적인 동시에 주관적인 사회적 존재 형태로 이해해야 한다고 주장한다.[8] 게다가, (이것이 결정적이다) 이러한 범주를 초역사적인 것으로 이해하면 안 되고, 역사적으로 근대사회 혹은 자본주의사회에 특수한 것으로 이해해야 한다.[9] 마르크스에 따르면, 화폐와 노동같이 그 추상적이고 보편적인 성격 때문에 초역사적으로 나타나는 범주조차도 자본주의사회에 대해서만 그 추상적 보편성에서 유효하다.[10] 그 범주들의 고유하게 추상적이고 보편적인 성격 때문에 역사적으로 자본주의에 특수한 범주는 모든 사회에 유효한 것으로 보일 수 있는 것이다.[11]

여기에는 가치 범주가 포함된다. 마르크스는 『요강』에서 가치를 "부르주아 생산의 기초"로 명백히 취급하고, 직접적인 인간 노동시간 지출로 구성되는, 역사적으로 자본주의에 특수한 부의 형태로 특징짓는다.[12] 그는 가치가 생산 체제의 기저를 이루며, 이 생산 체제는 가치 그 자체를 폐지할 수 있는 역사적 가능성을, 그리고 생산이 직접적 인간 노동 지출에 의존하지 않는 새로운 기초 위에서 생산을 조직할 수 있는 역사적 가능성을 창출한다고 지적한다. 그러나 동시에 가치는 자본주의의 필요조건으로 남아 있다. 가치에 기초한 체제가 창출하는 잠재성과 그 체제의 현실성 사이의 이러한 모순은,

---

8   K. Marx, 'Outlines of the Critique of Political Economy [*Grundrisse*]. First Instalment', MECW, vol. 28, pp. 43~44.

9   같은 책, pp. 37~45.

10   같은 책, p. 40.

11   보다 일반적으로, 마르크스는 자본주의에 특수한 사회적 형태를 초역사적으로 투영하는 것(스미스와 헤겔 같은 사상가조차도 그러했다)에 기초하려고 시도할 때, 이를 단순히 '유럽적'이라고 알려진 개념을 나머지 세계에 제멋대로 부과하는 것으로서가 아니라 그러한 형태의 고유성과 관련해 기초하려 했다는 점에 주목해야 한다.

12   Marx, 'Outlines of the Critique of Political Economy [*Grundrisse*]. First Instalment', pp. 25~26.

마르크스에게 자본주의의 폐지란 가치의 폐지 및 가치를 창조하는 노동의 폐지를 수반하는 것임을 지적한다.[13] 자본주의의 폐지는 프롤레타리아의 자기실현을 의미하는 것과는 거리가 멀고, 프롤레타리아의 자기 폐지를 수반할 것이다.

『요강』에서 자본주의의 전개에 관한 이러한 스케치는 『자본』에서 마르크스의 논의 구조를 조명한다. 우선 마르크스가 자신의 원숙한 비판이론을 역사적으로 특수한 것으로서 이해했다는 것은 그 출발점이 역사적으로 특수한 것이어야 함을 의미했다. 그것을 발표하는 형태는 역사적으로 특정한 분석의 성격을 위배할 수 없었다. 예컨대 그것은 초역사적으로 유효하다고 추정되는 출발점에서부터 데카르트적 방식으로 진행될 수 없었다. 오히려 출발점은 그 대상이 갖는 역사적 특수성과, 반사적으로 이론 그 자체의 역사적 특수성을 표현해야 했다.[14] 『요강』의 맨 마지막에서 마르크스는 『자본』에서 유지할 출발점을 결정했다. 그것은 상품이었다.[15] 마르크스가 자신의 비판이론의 적절한 출발점이 갖는 성격을 고려한 것에 비추어볼 때, 여기서 '상품'의 범주는 수많은 사회에서 존재했을 상품이나 가설적이고 비논리적인 자본주의 이전 단계의 단순상품생산을 지칭하지 않고, 자본주의사회의 가장 기초적이고 역사적으로 특수한 사회적 형태로서의 상품을 지칭함이 명백하다. 마르크스의 상품 범주는 시장에서 유통되는 물건을 단순히 언급하기보다는, 사회적 관계의 고유한 형태, 사회적 매개 형태를 묘사한다. 동시에 사회적 실천의 구조화된 형태이자 동시에 사람들의 행동, 세계관, 성향을 구조화하는 원리로서, 상품은 사회적 주관성의 형태이자 사회적 객관성의 형태이기도 하다.[16]

---

13   같은 책, pp. 27~30.

14   같은 책, pp. 37~45.

15   같은 책, p. 184.

마르크스는 『자본』의 출발점에서부터 자본주의적 근대성의 성격과 그 기초에 놓인 동학을 전개하려고 했다. 마르크스의 설명에서 역사적으로 특수한 성격은 그 설명에 특이하고 반사적인 형태를 부여한다.

이러한 비판이론의 출발점은 초역사적인 것에 기초할 수 없기 때문에, 내재적인 것에, 즉 그것이 전개되는 과정에만 기초할 수 있다. 이 전개 과정이란 연이어 전개된 각각의 계기가 이에 선행하는 것을 소급적으로 정당화하는 과정이다. 이것이 『자본』이 구조화된 방식이다. 상품, 가치, 사용가치, 추상 노동, 구체 노동과 같은 출발 범주는 분석이 그 후 전개되는 것을 통해 소급적으로 입증된다.[17] 『자본』 첫 장에서 이러한 범주의 초역사적 '기초'로서 나타나는 것은 기초에 놓인 역사적으로 특수한 사회적 형태의 초역사적, 존재론적 현상 형태에 관한, 따라서 르네 데카르트(René Descartes, 1596~1650)의 접근과 같이 그러한 현상 형태의 기초 위에서 진행되는 접근에 관한 메타적 비평으로서, 내재적인 것으로 독해되어야 한다.

마르크스의 분석에 따르면, 사회적 관계의 상품 형태를 특징짓는 것은 그것이 노동으로 구성된다는 점이다. 따라서 그것은 객관화된 형태로 존재하고, 이중적 성격, 즉 가치와 사용가치를 갖는다.[18] 이러한 분석의 바탕에는 자본주의에서 노동이 갖는 역사적 특수성이라는 마르크스의 개념이 있다. 마르크스는 자본주의 노동에 "이중적 성격"이 있다고 주장한다. 즉 노동은 "구체 노동"이자 "추상 노동"인 것이다.[19] "구체 노동"은 우리가 노동 활동으로 간주하는 것의 몇몇 형태가 모든 사회에서, 즉 초역사적으로 인간과 자연의 상호작용을 매개한다는 사실을 나타낸다. 그러나 사회적 형태로서의 상

---

16   범주에 관한 이러한 이해는, 평범한 토대/상부구조 모델과는 전혀 다른 문화 및 사회에의 접근을 시사한다.

17   Postone, *Time, Labour, and Social Domination*, pp.128~132.

18   K. Marx, *Capital,* volume I, MECW, vol.35, pp.48, 51.

19   같은 책, pp.51~58

품이 역사적으로 자본주의에 특수한 것이라면 "추상 노동"은 상품의 역사적으로 특수한 차원을 나타내야만 한다. 이는 "추상 노동"이 단순히 보편화된 "구체 노동"을 나타내는 것이 아니라 고유하고 역사적으로 특수한 범주를 나타낸다는 점을 의미한다. 그러나 마르크스는 그것을 초역사적 방식으로, 즉 두뇌, 근육, 신경 등의 지출인 보편화된 노동으로서 제시한다.[20] 이 범주에 관한 적절한 설명은 "추상 노동"의 사회적, 역사적 특수성을 단순히 상술하는 것만으로는 안 되며, 그것이 생리학적·초역사적인 것으로 나타나게 된 이유(그리고 마르크스가 그와 같이 설명한 이유)를 설명해야 한다.[21] 여기서 이러한 논증을 완전히 상술할 수는 없지만, 마르크스가 『자본』 첫 장을 마무리할 즈음에 보여준 것은 주목할 필요가 있다. 상품 형태가 보편화될 때(즉 자본주의에서), 노동은 노동 활동에 본질적인 것이 아닌 독특한 사회적 기능을 획득한다는 것이다. 상품 형태로 구조화된 사회에서 노동과 그 생산물은, 다른 사회에서 그러하듯 전통적 규범과 공공연한 권력 및 지배관계에 의해서 사회적으로 배분되지 않는다는 의미이다. 그 대신 노동은, 사람들이 자신이 생산한 것을 소비하지 않지만 그럼에도 불구하고 자신의 노동 및 노동생산물을 다른 이들의 생산물을 획득하는 준목적적 수단으로 기능시키는 곳에서는, 상호 의존성의 새로운 형태를 구성한다.[22] 이러한 수단으로 이용됨에 있어, 노동과 그 생산물은 명백한 사회적 관계가 만든 그 기능을 사실상 선점한다. 노동과 그 생산물은 사회적 상호 연관성의 새로운 형태, 즉 사회적 매개의 형태를 구성한다. 여기서 사회적 매개의 형태는 대상화된 활동(노동)으로 구성되며, 따라서 사회적이라기보다는 객관적인 것으로 나타난다.

그렇다면 마르크스의 원숙한 저작에서 사회적 삶에 대한 노동 중심성 강

20 　같은 책, pp.54~55.

21 　Postone, *Time, Labour, and Social Domination*, pp.63~101.

22 　Marx, *Capital*, volume I, pp.179~181.

조는 초역사적 명제로 받아들여져서는 안 된다. 이 강조는 물질적 생산이 보편적으로 사회적 삶의 가장 본질적 차원이라는 것을 의미하지 않는다. 오히려 그것은 자본주의에서 노동이 역사적으로 특수하게 구성하는 사회적 매개의 형태, 즉 자본주의사회를 근본적으로 특징짓는 사회적 매개의 형태에 주목하게 한다. 자본주의에서의 노동은 우리가 초역사적으로, 상식적으로 이해하는 노동일뿐만 아니라, 역사적으로 특수한 사회적 매개 활동으로, 마르크스에 따르면 이 매개 활동의 대상화(상품, 자본)는 구체적 노동생산물이자 사회적 관계의 대상화된 형태인 것이다. 이러한 분석체계에서, 자본주의사회를 가장 기본적으로 특징짓는 사회적 관계는 친족관계나 사적인 직접 지배관계와 같이 비자본주의사회를 특징짓는 질적으로 특수한, 공공연한 사회적 관계와는 매우 다르다. 비록 후자와 같은 종류의 사회적 관계가 자본주의에서도 계속해서 존재하지만, 자본주의사회를 궁극적으로 구조화하는 것은 노동으로 구성되는 사회적 관계의 기초에 놓인 새로운 차원인 것이다. 이 관계는 고유한 준객관적인 성격을 가지며 이중적이다. 즉 이 관계는 추상적·보편적·동질적 차원과 구체적이고 특수한 물질적 차원의 대립으로 특징지어지며, 이 둘 모두 사회적인 것이라기보다는 자연적인 것으로 나타나고 자연적 현실에 관한 사회적 개념의 전제가 된다.

자본주의의 기초에 놓인 사회적 매개의 추상적 차원은 가치, 즉 자본주의사회에서 지배적인 부의 형태로 표현된다. 앞서 언급한 바와 같이, 마르크스의 '노동가치론'은 부에 관한 노동이론으로 오해받는 일이 잦았는데, 후자는 노동을, 항상 모든 곳에서 부의 유일한 사회적 원천으로 상정한다. 그러나 마르크스의 분석은 노동 일반에 관한 분석도 아니고 부 일반에 관한 분석도 아니다. 그는 가치를 자본주의에서 역사적으로 독특한 노동의 역할에 연결된 역사적으로 특수한 부의 형태로서 분석한다. 마르크스는 자신이 "물질적 부"라고 칭하는 것과 가치를 분명하게 구별하고, 자본주의에서의 노동의 이중성을 이러한 두 가지 부의 형태와 연관시킨다.[23] 물질적 부는 생산물의 양으로 측정되며, 노동 이외에도 지식, 사회적 조직, 자연조건과 같은 여러 요소의 함수이다.[24] 그것은 자본주의에서 노동의 사용가치 차원을 표현한다. 마르크스에 따르면, 가치는 추상 노동의 표현이고, 사회적으로 규범화된 노동과 시간에 의해서만, 즉 사회적 필요노동시간의 지출에 의해서만 구성된다. 그것은 자본주의에서 부의 지배적 형태이다.[25] 물질적 부가 부의 지배적 형태일 때, 그것은 친족관계나 형식적인 위계관계로서의 공공연한 사회적 관계에 의해 매개/분배된다. 그러나 가치는 그러한 공공연한 사회적 관계로 매개되는 것이 아니라, 사회적 관계의 (고유한) 형태 그 자체이다. 따라서 그것은 매개 그 자체로서의 특이한 성질을 가지고 있다.

9.4 시간적 매개의 변증법

그렇다면 이러한 해석 체계에서 자본주의를 근본적으로 특징짓는 것은 역사적으로 특수한 사회적 매개의 형태, 즉 노동에 의해 매개된다는 점에서 독특한 사회적 관계의 형태이다. 마르크스는 『자본』의 설명 과정을 통해, 사회적 관계의 상품 형태가 실천의 형태로 구성되기는 하지만 그것을 구성하는 사람들과는 준독립적으로 되며 사람들에게 특정한 제약과 명령을 행사한다는 점을 보여준다. 그 결과는 역사적으로 새롭고, 추상적인 사회적 지배의 형태이다.

『자본』의 핵심에 위치한 이러한 추상적인 지배 형태는 근본적으로 시간적인 것이다. 마르크스는 처음에 가치량을 사회적 필요노동시간이라는 측

---

23   같은 책, pp. 51~54.

24   같은 책, p. 50.

25   같은 책, pp. 49, 50, 55.

면에서 규정하면서, 자본주의의 기본적인 사회적 형태가 갖는 시간적 차원을 발전시키기 시작한다.[26] 마르크스는 예비적 서술로 부의 사회적 형태로서의 가치의 특수성을 분석하기 시작하는데, 여기서 부의 척도는 시간적인 것이다. 척도로서의 '사회적 필요노동시간'은 단순히 기술적인(descriptive) 것이 아니라, 사회적으로 보편적이고 설득력 있는 규범을 서술하는 것이다. 생산은 생산물의 완전한 가치를 창출하려면 이러한 지배적이고 추상적이며 중요한 규범을 준수**해야만** 한다. 이러한 압력은 어떠한 개인이나 집단에 의해 행사되는 것이 아니라 추상적인 것이고 가치 구조 그 자체에 내재적인 것이라는 점에 주목하자. 이러한 해석 체계에서, 시간(예컨대 1시간)은 독립변수로 구성된다. 단위시간당 생산된 가치량은 오직 시간 단위로 이루어진 함수이다. 그것은 개별적 차이나 생산성 수준과는 관계없이 동일하게 유지된다. 이는 자본주의의 근본적인 사회적 매개 형태에 내재된, 역사적으로 특수한 추상적인 사회적 지배 형태에 관한 첫 번째 규정이다. 즉 **시간에 의한 인간의 지배**이다. 이러한 지배 형태는 역사적으로 특수한 시간성의 형태(추상적인 뉴턴적 시간)에 구속되며, 이 시간성은 상품이라는 형태로 역사적으로 구성된다.[27]

따라서 부의 시간적 형태로서 가치가 갖는 특성이란 다음과 같은 것이다. 생산성 상승으로 단위시간당 생산되는 사용가치량이 증가하더라도, 단위시간당 창출되는 가치량은 단기적으로만 증가한다는 것이다. 일단 생산성의 증가가 보편화되면, 단위시간당 형성되는 가치량은 그 원래 수준으로 감소한다.[28] 그 결과는 다람쥐 쳇바퀴 돌기와 같은 것이다. 더 높은 생산성 수준은 물질적 부를 크게 증가시키지만, 장기적으로 생산성 수준에 비례해 단위

---

26 같은 책, p.49.

27 Postone, *Time, Labour, and Social Domination*, pp.200~216.

28 Marx, *Capital*, volume I, p.49.

시간당 가치를 증가시키지는 못한다. 결국 이는 생산성의 지속적인 향상을 초래한다. 이렇게 다람쥐 쳇바퀴와 같은 고유한 동학은 가치의 시간적 차원에 뿌리를 두고 있음에 주목해야 한다. 이 동학은 예컨대 시장 경쟁을 통해서, 이러한 패턴이 일반화된다는 식으로는 충분히 설명될 수 없다. 그럼에도 불구하고, 자본주의에서의 시간성을 뉴턴적 시간, 즉 공허한 동질적 시간의 측면에서만 바라보는 것은 일면적일 것이다.[29] 사용가치 차원에서 생산성 변화는 단위시간당 생산되는 가치량을 변화시키지는 않지만 표준, 즉 특정한 시간 단위로 **무엇을 인정할지**를 규정한다. 일단 자본주의가 완전히 발전되면, 지속적인 생산성 향상은 (추상적) 시간 단위를 재규정한다. 이를테면, 생산성 향상은 시간 단위를 향상시킨다. 이러한 운동은 시간**적인 것**이다. 이 운동은 추상적 시간 단위를 종속변수로 만든다. 따라서 이 운동은 뉴턴적 시간 체계에서는 파악할 수 없고, 이를 상회하는 더욱 포괄적인 기준 체계를 요구한다. 뉴턴적 시간 체계는 이 새로운 체계 내에서 운동하는 것이다. 하나의 체계에서 독립변수로 나타나는 것이 다른 체계에서는 종속변수인 것이다. 이렇게 변동되는 시간은 **역사적 시간**으로 불릴 수 있다. 추상적이고 불변의 시간 단위를 재규정하는 것은 그러한 시간 단위와 관련된 압력을 재규정한다. 이러한 방식으로, 시간의 변동은 필연적 차원을 획득한다. 따라서 추상적 시간과 역사적 시간은 변증법적으로 상호 연관되어 있다. 이 둘 모두 지배구조로서 역사적으로 상품 및 자본 형태로 구성된다.[30]

이렇게 역사적으로 새롭고 추상적인 사회적 지배 형태는 인간을 점차 비인격화되는 합리화된 명령과 제약에 종속시킨다. 이러한 명령과 제약은 계급지배의 측면에서는, 또는 보다 일반적으로 국가 및 경제의 사회적 집단 또

---

29   W. Benjamin, 'Theses on the Philosophy of History', in S.E. Bronner and D.M. Kellner (eds.), *Critical Theory and Society*(New York: Routledge, 1989), pp.257, 260~262.

30   Postone, *Time, Labour, and Social Domination*, pp.287~298.

는 제도적 행위자에 의한 구체적 지배의 측면에서는 적절히 파악할 수 없다. 미셸 푸코(Michel Foucault, 1926~1984)의 권력 개념과 마찬가지로(그러나 보다 엄밀한 기초를 둔), 이 추상적 지배 형태는 특정한 활동 중심을 갖지 않고, 사회적 실천의 특정 형태로 구성되지만 사회적인 것으로 전혀 나타나지 않는다.[31]

이 두 시간성(추상적 시간성과 역사적 시간성)의 변증법이 생성하는 동학은 자본 범주에 의해서 파악된다. 마르크스는 처음에 자본 범주를 자기 증식하는 가치로 소개한다.[32] 마르크스에게 자본은 운동하는 성격을 지닌 범주이다. 즉 운동하는 가치이다. 자본은 고정된 형태도, 고정된 물질적 체현도 갖지 않고, 나선적 경로의 서로 다른 계기에서 화폐 형태 및 상품 형태로 나타난다. 따라서 자본이란 현상적 영역의 이면에 놓인 추상적인 흐름이고, 가치의 끊임없는 자기 확대 과정이며, 생산 및 소비·창조 및 파괴의 거대한 주기를 생성하는, 외부의 '목적인(telos)'을 갖지 않는 방향성 있는 운동이다.

의미심장하게도, 마르크스는 자본 범주를 도입하면서 이를 헤겔이 『정신현상학』에서 "정신(Geist)"을 언급할 때 사용한 것과 같은 언어로, 즉 자기 과정의 **주체**인 자기운동하는 **실체**로서 묘사한다.[33] 그렇게 함으로써 마르크스는 헤겔적 의미에서의 역사적 주체가 자본주의에서 확실히 존재한다는 점을 시사한다. 역사를 변증법적 전개로 바라보는 헤겔의 개념은 자본주의적인 사회적 삶의 형태에서만 유효하다. 게다가, 이것이 결정적으로 중요한데, 마르크스는 주체를 (루카치가 그랬듯) 프롤레타리아와 혹은 심지어 인류와도 동일시하지 않았다. 그 대신 그는 주체를 자본과 동일시했는데, 여기서 자본은 비록 인간에 의해 구성되었지만 인간의 의지와는 독립적으로 되

---

31   M. Foucault, *Discipline and Punish: The Birth of the Prison*(New York: Vintage, 1995).

32   Marx, *Capital*, volume I, pp.164~166.

33   같은 책.

는 추상적 지배의 역동적 구조인 것이다.

따라서 헤겔에 관한 마르크스의 원숙한 비판은 (예컨대 루카치가 수행한 것과 같이) 헤겔의 관념론적인 변증법에 대한 '유물론적인' 인류학적 반전을 더 이상 수반하지 않는다. 마르크스의 비판은 그보다는 헤겔 변증법의 유물론적인 '정당화'인 것이다. 마르크스는 헤겔 변증법의 '합리적 핵심'이란 바로 그것의 관념론적 성격이라고 암묵적으로 주장한다. 이 관념론적 성격은 소외된 관계로 구성된 지배 양식의 표현이다. 여기서 소외된 관계란 개인들에 대해 준독립적 실재를 획득하고, 그 개인들에 대한 일종의 압력을 행사하며, 그 고유의 이중적 성격 때문에 변증법적 성격을 띠는 관계를 말한다. 따라서 마르크스는 자신의 원숙한 이론에서, 미래의 사회주의사회에서 스스로를 실현하는 프롤레타리아와 같은, 인류학적인 역사의 메타 주체를 상정하지 않는다. 오히려 그는 그러한 개념에 대한 비판의 근거를 제공한다. 이는 루카치와 같은 이론가들의 입장과는 매우 다른 입장을 시사하는데, 루카치에게는 노동에 의해 구성된 사회적 총체성이 자본주의 비판의 **관점**을 제공하며 이 총체성은 사회주의에서 실현되어야 하는 것이다. 『자본』에서 총체성과 그것을 구성하는 노동은 비판의 **대상**이 되었다. 역사적 주체는 자본주의 형성의 역사적 동학 그 중심에 위치한 소외된 사회적 매개의 구조이다. 자본의 모순이란 그 주체의 **실현**이 아닌 **폐지**를 가리킨다.

마르크스는 『자본』에서 자본주의의 역사적 동학 뿌리가 궁극적으로 상품의 따라서 자본의 이중적 성격에 있다고 본다. 한편에서, 역사적으로 특수하고 시간적으로 규정된 부의 형태로서의 가치는 자본주의적 생산의 특징인 생산성 향상을 위한 지속적 욕구의 기초를 이룬다. 다른 한편에서, 가치는 사회적 필요노동시간만으로 이루어진 함수이기 때문에, 사회적으로 보편적인 생산성 수준이 높을수록 물질적 부의 양은 더 많아지지만 단위시간당 가치 수준이 더 높아지지는 않는다. 결국 이는 생산성의 지속적인 향상을 촉진한다. 이러한 가치와 사용가치의 변증법적 동학은 마르크스가 상품 형태에 관한 예비적 서술에서 사회적 필요노동시간을 다루는 것에 의해 논리적으로 암시된다. 이 동학은 마르크스가 잉여가치와 자본에 관한 자신의 개념을 상술하기 시작할 때에 명백히 드러난다. 그가 전개하는 변증법은, 만약 잉여가치 범주를 오직 착취의 범주로서 이해할 경우에는 충분히 파악될 수 없다. 다시 말해, '**잉여**가치(*surplus*-value)'로서만 이해하고 '잉여**가치**(surplus-*value*)', 즉 부의 시간적 형태의 잉여로서도 이해하지 않는다면 충분히 파악될 수 없다.

잉여가치를 생산과 연관시키면서, 마르크스는 자본주의적 생산과정의 두 가지 측면을 분석적으로 구별한다. 사용가치 생산과정(노동과정)과 (잉여)가치를 생성하는 과정(가치 증식 과정)이 그것이다.[34] 후자를 분석하면서, 마르크스는 절대적 잉여가치 생산(잉여가치 증가가 총 노동시간 증가에 의해, 따라서 잉여노동시간량의 직접적인 증가에 의해 발생하는 경우)과 상대적 잉여가치 생산(잉여가치 증가가 생산성 향상에 의해, 즉 노동자 재생산에 필요한 노동시간을 감소시키는 것을 통한 잉여노동시간의 간접적인 증가에 의해 영향을 받는 경우)을 구별한다.[35]

상대적 잉여가치 범주를 도입하면서, 이제 마르크스의 설명이 갖는 논리는 시간적 가속으로 특징지어지는 역사적인 논리가 된다. 마르크스의 설명에서 상대적 잉여가치는 노동자 재생산에 필요한 시간을 단축하기 위한 생산성 향상의 영향을 받기 때문에, 사회적으로 보편적인 생산성 수준이 높을수록, 잉여가치를 특정량 증가시키기 위해서 생산성은 계속해서 향상되어야 한다.[36] 다시 말하자면, 자본이 요구하는 잉여가치의 확대는 생산성 향상의 가속화를, 따라서 생산되는 재화량 및 소비되는 물질량 증가의 가속화를 야기시키는 경향이 있다. 그렇지만 생산되는 물질적 부의 양이 계속해서 증

---

34   같은 책, pp.196~197, 207.
35   같은 책, pp.239ff, 319~325.
36   같은 책, pp.521~522.

가하는 것은 가치형태의 사회적 부의 수준이 상대적으로 높아지는 것을 표현하지는 않는다. 이는 근대 자본주의의 난처한 특징(물질적 풍요의 한복판에서 보편적 번영의 부재)이 불평등한 분배만의 문제가 아니라 자본주의 핵심에 있는 부의 가치형태가 기능한 것임을 시사한다.

앞서 간략히 언급한 시간의 변증법은 사회적으로 보편적인 생산성 수준이 더 높다고 해서 노동시간 지출에 대한 사회적으로 보편적인 필요를 비례적으로 감소시키지는 않는다는 점 또한 나타낸다(물질적 부가 부의 지배적 형태인 경우에는 비례적으로 감소시킬 것이다). 대신 (가치에 대한 필요성으로서의) 그러한 필요성은 끊임없이 재구성된다. 결과적으로 생산성 수준과는 무관하게, 노동은 개인적 재생산의 필요수단으로 남고 (사회 전체 수준에서) 노동시간 지출은 생산과정의 토대로 남는다. 이는 매우 복잡하고 비선형적이며 역사적인, 변화 및 재구성의 동학을 야기한다. 한편으로 이 동학은 생산, 노동 분업, 보다 일반적으로는 사회적 삶을 지속적으로 **변화**시킨다. 다른 한편으로, 이 역사적 동학은 사회적 삶의 변하지 않는 특징으로서의 자신의 근본 조건을 지속적으로 **재구성**한다. 그 특징이란 생산성 수준과 무관하게, 사회적 매개가 노동으로부터 궁극적인 영향을 받는다는 것과 살아 있는 노동이 (사회 전체 측면에서 고려된) 생산과정의 필수 요소로 남아 있는 것이다.

그렇다면 자본주의의 역사적 동학은 끊임없이 **새로운** 것을 생성하고 **동일한** 것을 재생시킨다. 그 동학은 프롤레타리아 노동의 필요성을 재구성하면서 바로 그 필요성 너머로 점점 더 향하게 된다. 보다 일반적으로, 이 동학은 사회적 삶을 또 다르게 조직할 수 있는 가능성을 생성하면서 동시에 그 가능성이 실현되는 것을 방해한다. 자본주의의 복합한 동학에 관한 이러한 이해는 물론 매우 추상적인 최초 규정일 뿐이다. 예컨대 자본주의의 확장욕은 생산성 향상의 수반을 항상 필요로 하지는 않는다. 예컨대 그것은 임금 삭감이나 노동일 연장으로 영향을 받을 수도 있다. 그럼에도 불구하고, 지금까지 언급한 것은 자본의 중요한 논리를 묘사한다.

9.5 자본의 이중적 위기

앞서 언급한 자본주의의 복잡한 동학을 이해하는 것은 서서히 다가오는 오늘날의 이중적 위기와 관련이 있다. 바로 환경 악화의 위기와 노동하는 사회의 종말이다. 마르크스의 범주는 근대 사회의 성장 궤적과 생산구조에 대한 비판적인 사회적(기술이 아닌) 분석을 가능케 한다. 가치의 시간적 차원은 특정한 '성장' 패턴의 기초를 이룬다. 이 패턴은 (자본주의에서 적절한 형태의 잉여로 여전히 남아 있는) 잉여가치의 증가보다 물질적 부의 증가를 더욱 크게 발생시킨다. 이는 생산성 향상을 가속화하고 따라서 원료 및 에너지 수요를 가속화하는 압력을 초래했다. 후자는 자연환경 파괴가 가속화하는 중요한 원인이 되었다. 따라서 이러한 해석 체계에서 자본주의 경제성장의 문제는, 전통적 마르크스주의적 접근이 자주 그리고 정확하게 강조해 왔듯 경제성장이 위기에 처했다는 것만을 가리키는 것이 아니다. 오히려 성장의 **형태** 그 자체가 문제이다. 만약 생산의 궁극적 목표가 잉여가치량이 아닌 재화량의 증가라면, 성장의 궤적은 달라질 것이다. 따라서 물질적 부와 가치의 구별은 자본주의 비판이론의 체계 내에서 근대 자본주의 생산의 부정적인 생태적 결과에 관한 비판을 가능케 한다. 엄밀히 말하자면 이러한 구별은 사회적 부를 위한 조건으로서의 폭주하는 생태파괴적인 성장, 그리고 사회적 삶을 생태적으로 타당하게 조직하기 위한 조건으로서의 내핍 이 둘 사이의 대립 너머를 지적한다.

이러한 접근은 또한 자본주의에서의 사회적 노동 구조 및 생산구조에 관한 사회적 분석의 기초를 제공한다. 이 접근은 자본주의적 생산과정을 사적 자본가가 개인적 목표를 위해 이용하는 기술적 과정으로 다루지 않는다. 그 대신, 자본주의적 생산과정의 두 가지 차원(노동과정과 가치 증식 과정)에 관한 마르크스의 분석에 근거해 생산 비판의 기초를 구성한다. 마르크스에 따르면, 처음에 생산은 아직 본질적으로 자본주의적인 것은 아니다. 자본주의는 단지 소유와 통제의 문제로 보인다. 그의 관점에서 볼 때, 가치 증식 과정은 노동과정에 외재적인 것으로 남아 있다(마르크스는 이를 "자본에 의한 노동의 형식적 포섭"이라고 부른다[37]). 그러나 이후 가치 증식 과정은 노동과정 그 자체의 성격을 주조하기 시작한다. ("자본에 의한 노동의 실질적 포섭")[38] 따라서 마르크스는 자본주의에서의 생산과정이 물질적, 기술적 관점으로는 적절하게 이해될 수 없다고 주장하고 있는 것이다. 오히려, 그의 분석은 생산의 물질적 형태 그 자체가 자본에 의해 사회적으로 주조된다는 점, 생산이 본질적으로 자본주의적인 것으로 된다는 점을 보여주려고 한다.[39] 이는 탈자본주의적 사회질서에서의 생산이, 새롭고 다른 지도 아래 자본주의에서의 생산과 동일한 과정으로 이해되어서는 안 된다는 점을 암시한다. 오히려 그러한 사회질서는 다른 생산구조를 수반할 것이다.

또한 노동의 실질적 포섭 과정은 자본의 성격 변화를 수반한다. 우리가 살펴본 바와 같이, 마르크스는 먼저 노동의 가치 차원 측면에서 자본 범주를 자기 증식하는 가치로서 도입한다. 그러나 마르크스는 『자본』에서 생산의 발전을 설명하면서, (과학, 기술, 기타 사회적 지식의 보편적 형태를 포함하는) 노동의 사용가치 측면이 자본의 속성이 된다고 주장한다. 처음 마르크스의 논의에서는, 이와 같이 자본이 구체 노동의 생산력을 전유하는 것이, 구체 노동의 생산력이 여전히 생산에서의 직접적인 인간 노동으로 구성되는 한, 단순히 사적 소유의 문제인 것처럼 보였다. 제조업에서 각 노동자의 노동은 성장을 저해당하는 반면, 전체로서의 생산성은 여전히 생산과정에 직접 관련된 노동의 기능으로 남았다.[40] 자본의 사회적 권력을 전체 노동자의 사회적

---

37 같은 책, pp.510~511.

38 같은 책, p.511.

39 같은 책, pp.364~370, 374ff.

40 같은 책, pp.326~370.

권력의 측면에서 생각할 수도 있을 것이다.

마르크스에 따르면, 일단 대규모 산업이 발전되는 경우 더 이상 그렇지 않게 된다. 이제 생산은 점점 더 과학과 기술에 기초하게 된다. 이러한 상황에서 자본은, '실제로는' 노동자의 것일 뿐인 권력의 신비화된 형태에서 점차 벗어나게 된다. 그 대신 자본의 생산력은 점차, 더 이상 직접생산자만의 것으로 이해될 수 없는 사회적으로 보편적인 생산력이 된다. 이러한 지식과 권력은 단순히 점진적 발전의 결과로서 나타나는 것이 아니다. 오히려 지식과 권력이 역사적으로 발생하는 조건은 자본의 기능이다. 즉 지식과 권력은 직접생산자와 분리되고 반대되는 소외된 형태로 구성된다.[41] 이러한 발전은 마르크스가 자신의 자본 범주로 파악하고자 하는 것의 중요한 측면 중 하나이다. 처음에 자본은, '실제로는' 노동자의 것일 뿐인 권력의 신비화된 형태였을 수도 있다. 그러나 발전을 거치면서, 점차 자본은 소외된 형태 내에서 역사적으로 구성된 "유적 능력(species capacities)"의 실존 형태로 된다.[42]

자본에 관한 이러한 분석은 자본주의의 극복이 프롤레타리아의 자기실현을 수반한다는 생각을 반박한다. 생산성의 지속적 향상에 대한 자본의 욕망은, 직접적인 인간 노동시간 지출과는 본질적으로 독립되는 물질적 부를 생산하는, 기술적으로 정교한 생산 기구를 낳는다. 자본의 발전과 관련된 사회적으로 보편적인 지식의 구성 및 축적은 프롤레타리아 노동을 점차 시대착오적인 것으로 만든다. 이는 결국 노동시간이 사회 보편적으로 대규모 단축될 가능성에, 그리고 노동의 성격 및 사회적 조직에서의 근본적인 변화에 길을 열어준다. 한편에서 이 가능성은, 마르크스에게 있어서 자본주의의 폐지란 프롤레타리아의 자기실현이 아니라 자기 폐지를 수반하는 것임을 표현한다. 다른 한편에서는 우리가 보았듯, 가치와 사용가치의 변증법은 변

---

41   같은 책, pp.372~389.

42   같은 책, pp.326~370.

화와 재구성의 변증법이다. 이 변증법은 생산성을 향상시킬 뿐만 아니라, 가치의 필요성을, 따라서 가치 창조 노동, 즉 프롤레타리아 노동의 필요성을 재구성하기도 한다. 다시 말해 자본은 자본 너머에 이르게 하는 가능성과 프롤레타리아 노동의 필요성 너머에 이르게 하는 가능성 모두를 창출하면서 동시에 바로 이러한 두 가능성을 제약하는 프롤레타리아 노동의 필요성을 재구성한다. 자본은 사회적 삶을 또 다르게 조직할 가능성을 생성하는 동시에, 그것이 실현될 가능성을 저해한다.

이러한 긴장은 그 가능성이 부상하는 형태를 왜곡한다. 결국 자본의 근본형태가 지속적으로 재구성된 결과로, 프롤레타리아 노동 폐지의 역사적 가능성은 더 이상 불필요해진 노동의 증가, 점점 더 많은 노동인구의 과잉화, 영구 실업자와 프레카리아트, 즉 불완전고용의 증가라는 형태로 나타난다. 이러한 발전은 반전된 형태로 다수 프롤레타리아 노동 과잉의 확대를 표현한다. 그러므로 선형적 가능성과는 거리가 먼 해방의 가능성, 프롤레타리아 노동 폐지의 가능성, 따라서 잉여생산이 더 이상 피착취 계급의 노동에 기초하지 않아도 되는 미래의 가능성 출현은 동시에 노동과잉의 증가가 인구과잉의 증가로 표현되는 재앙적인 발전의 가능성 출현이기도 하다.

따라서 자본은 미래 사회의 가능성을 창출하지만, 동시에 환경과 노동인구를 점차 파괴하는 형태로 그렇게 하는 것이다.

9.6 오늘날에 적합한 비판이론

이 글에서 서술한 재해석에 따르면, 마르크스의 이론은 부르주아적 분배관계(시장과 사유재산)에 관한 전통적 비판을 훨씬 뛰어넘는다. 이 재해석은 착취와 부 및 권력의 불평등한 분배에 관한 비판만이 아니다. 오히려 그것은 근대 산업사회와 탈산업사회 자체를 자본주의적인 것으로 파악하고 자본주의를 주로 추상적 지배구조, 개인 노동과 개인 존재의 파편화 증대, 맹목적이고 폭주하는 개발 논리라는 측면에서 비판적으로 분석한다. 그것은 노동계급을 자본주의에 대한 부정의 체현이 아니라 자본주의의 기본 요소로 다루고, 사회주의를 프롤레타리아 폐지, 프롤레타리아 노동에 기초한 생산조직 폐지, 추상적 압력을 가하는 자본주의 동학 체계 폐지의 가능성이라는 측면에서 암시적으로 개념화한다. 동시에 이러한 접근은 특히 과학 및 기술의 중요성이 증가하는 상황에서 사회적 삶의 현실적 조직과 그것이 조직될 수 있는 방식 사이의 간극을 설명할 수 있다. 이 간극은 40년간 확대되어 왔다. 그 간극은 인구가 글로벌적인 탈산업 부문과 사회적, 경제적, 정치적으로 점차 주변화되는 부문으로 분열되는 것을 통해 사회적으로 표현되었다.

비판의 초점을 시장과 사유재산에 관한 배타적 관심에서 벗어나게 함으로써, 이러한 접근은 비록 불완전한 형태일지라도 자본에 관한 역사적 부정을 표현하는 사회 양식으로서가 아니라 자본축적의 대안적 (그리고 실패한) 형태로서 다루어지는 소위 현존 사회주의국가에 관한 비판이론의 기초를 제공할 수 있다.

이 글에서 우리는 마르크스가 자신의 범주를 단순히 경제적인 것이 아니라 **현존 형태**(Daseinsformen), **실존 규정**(Existenzbestimmungen), 즉 예컨대 특정 세계관과 인간성 개념을 포함하는 문화적 범주로도 묘사한 것에 관해서는 상술하지 않았다. 그럼에도 불구하고, 자본의 극복을 프롤레타리아 노동의 극복과 연관시킴으로써, 이러한 해석은 포스트-프롤레타리아의 자각 및 주체성의 역사적 출현에의 접근을 시작할 수 있다. 그것은 최근 수십 년간 새로운 사회운동과 이 운동들이 담지하고 표현하는 역사적으로 구성된 세계관들을 역사적으로 반영할 수 있는 **차별적 영향**의 가능성을 열어준다. 또한 그것은 신자유주의적 세계 자본주의의 차별 효과에 반대하는 포퓰리즘적이고 물신주의적 형태, 스스로를 유서 깊고 진정한 것으로 오해하는 새로운 형태로서의 '근본주의' 형태가 글로벌하게 부상하는 것도 다룰 수 있을 것이다.

이러한 해석 체계에서는 자본주의를 넘어서는 또 다른 가능한 형태의 사회적 삶에 관한 아이디어가 자본주의적 근대성 그 자체에 내재한다는 점에 주목하자. 이 아이디어는 근본적으로 다른 형태의 사회적 삶과의 문화적 접촉이나 그것에 관한 인류학적 연구에서 도출되는 것이 아니다. 이 아이디어는 자본주의에 의해 파괴되고 있는 고유한 도덕적 경제를 가진 이전의 사회질서에 대한 경험에 기초하지도 않는다. 비록 그러한 경험이 자본주의에 대한 반대를 형성시킨 것이 확실하더라도 말이다. 그러나 자본주의에 대한 반대가 필연적으로 자본주의를 넘어서는 것은 아니다. 그러한 반대는 자본 그 자체에 포섭되거나 더 거대한 역사적 맥락의 급무에 부적절한 것으로서 휩쓸려 갈 수도 있고, 또 종종 그러기도 했다. 마르크스의 분석은 (정치적, 역사적으로 불확실한) '**저항**'의 출현보다는 **변화**의 가능성으로 향한다. 마르크스의 분석은, 자본주의 동학의 결과에 의해 역사적 가능성으로서 구성되지만 바로 그 동학에 의해 실현이 제약받는 삶의 형태 출현을 상술하고자 한다. 현재 상태인 것과 될 수 있는 것 사이의 간극은 점차 역사적으로 현실이 될 미래의 가능성을 허용한다. 현재 상태인 것에 관한 역사적 비판의 기초를 구성하는 것이 바로 이 간극이다. 이 간극은 과거 다른 사회 또는 '자연적'이라고 여겨지는 사회조직뿐만 아니라, 가능한 미래에 관해서도 자본주의의 근본적 사회형태가 갖는 역사적으로 특수한 성격을 폭로한다.

이러한 문제를 다루기 위한 해석 체계를 구성함에 있어, 이 글에서 제시된 『자본』의 해석은 우리 사회 세계의 광범위한 변화를 적절히 이해하는 데 『자본』이 계속해서 중요하다는 점을 시사한다. 이러한 역사적 변화는 전통적 마르크스주의 및 다양한 형태의 비판적 포스트 마르크스주의의 약점을 폭로할 뿐만 아니라 오늘날의 적절한 비판이론으로서 자본주의 비판이 갖는 중심적 의미 역시 제시한다.

참고문헌

Althusser, Louis, and Balibar, Etienne(1970), Reading Capital, London: New Left Books.

Becker, Gary(1975), Human Capital: A Theoretical and Empirical Analysis, with Special Reference to Education, New York: Columbia University Press.

Benjamin, Walter(1989), 'Theses on the Philosophy of History', in Steven E. Bronner, Douglas M. Kellner(eds.), Critical Theory and Society, New York: Routledge, pp.255~263.

Bourdieu, Pierre(2000), Distinction: A Social Critique of the Judgement of Taste, Cambridge, MA: Harvard University Press.

Cohen G.A.(1988), History, Labour and Freedom, Oxford: Clarendon Press.

Dobb, Maurice(1940), Political Economy and Capitalism: Some Essays in Economic Tradition, London: Routledge & Kegan Paul.

Elster, Jon(1985), Making Sense of Marx, New York: Cambridge University Press.

Foucault, Michel(1995), Discipline and Punish: The Birth of the Prison, New York: Vintage.

Marx, Karl(1986), 'Outlines of the Critique of Political Economy [*Grundrisse*]. First Instalment', MECW, vol.28.

_____(1996), Capital, volume I, MECW, vol.35.

Meeks, Ronald(1973), Studies in the Labour Theory of Value, New York and London: Lawrence and Wishart.

Postone, Moishe(1993), Time, Labour, and Social Domination, Cambridge and New York: Cambridge University Press.

_____(2008), 'Capital in Light of the *Grundrisse*', in Marcello Musto(ed.), Karl Marx's *Grundrisse*: Foundations of the Critique of Political 150 Years Later. London and New York: Routledge, pp.120~137.

Roemer, John(1981), Analytical Foundations of Marxian Economic Theory, Cambridge: Cambridge University Press.

Steedman, Ian(1981), 'Ricardo, Marx, Sraffa', in Ian Steedman and Paul Sweezy(eds.), The Value Controversy, London: New Left Books, pp.11~19.

Sweezy, Paul(1968), The Theory of Capitalist Development, New York: Oxford University Press.

10 생태학
존 벨러미 포스터

10.1 마르크스와 지구

마르크스가 생태 사상에 있어 선도적이자 고전적인 기여자로서 널리 인식된 것은 역사상 꽤 최근에 나타난 일이다. 1960년대 이후 그리고 특히 1990년대 이후, 마르크스의 생태학 부활은 여러 단계로 나타났다. 1980년대까지 좌파의 지배적 해석은 마르크스가 소위 도구주의적, 즉 '프로메테우스적' 자연 개념을 가졌다고 비난하고, 생태주의적 감각을 결여했다고 혐의를 제기하는 것이었다. 이러한 견해는 '1단계 생태사회주의'로 알려지게 된 사상을 출현시켰는데, 이것은 마르크스의 비판 전체가 생태주의적 결함을 가지고 있다는 가정에 근거해 녹색사상을 마르크스주의에 (또는 몇몇 경우에는 마르크스주의를 녹색사상에) 접목시키는 것으로 특징지어졌다.[1]

레이먼드 윌리엄스(Raymond Williams, 1921~1988)는 1982년 에세이 '사회주의와 생태학'에서, 마르크스적 전통을 그 시작부터 재고하는 어려운 작업 없이, 즉 마르크스 자신의 저술로 거슬러 올라가는 작업 없이 사회주의와 녹

---

1   1단계, 2단계, 3단계 생태사회주의적 분석에 관해서는 다음을 보라. J.B. Foster, 'Foreword', in P. Burkett, *Marx and Nature: A Red Green Perspective*(Chicago: Haymarket, 2014), pp. vii~xiii.

색이론에 관한 "두 종류의 사상"을 앞선 방식으로 "결합하는 것"에 대해 반대했던 주요 의견을 소개했다.[2] 이에 따라 1990년대 초, 2단계의 생태사회주의 분석이 등장했다. 이것은 마르크스의 역사유물론의 바로 그 토대로 내려가, 마르크스가 자신의 분석에 근본적으로 생태적인 고려를 어느 정도 포함시켰는지를 밝히려 했다. 이러한 2단계 생태사회주의는 마르크스의 유물론적인 역사 개념과 유물론적인 자연 개념의 연결로 초점을 이동시켰다. 마르크스의 지적인 집성 전체는, 에피쿠로스(Epicurus, BC 341~270)의 자연철학에 관한 그의 박사학위논문부터 1880년대의 말년 저술까지, 그의 사상에 있는 깊은 생태적 구조를 복권하기 위한 시도에서 방대한 고고학적 발굴의 대상이 되었다. 이는 세 가지 중요한 방법론적 발견으로 이어졌다. ① 마르크스의 비판 전체를 뒷받침하는 생태적 가치형태 이론, ② 물질대사 균열 이론(그리고 이와 함께 '자연의 보편적 물질대사' 및 '사회적 물질대사'에 관한 마르크스의 개념), ③ 마르크스의 분석에 내재된 두 가지 생태 위기 이론(부족 위기와 진정한 생태 위기)이다. 이렇게 새로운 비판적 도구로 무장한 급진적 분석가들은 이를 현대의 생태적·사회적 조건에 적용하기 시작했으며, 이는 '기후변화가 아니라 체제 변화를(System Change Not Climate Change)'과 같은 운동에서 나타나는 현대적 프락시스에 직접 연결된 3단계 생태사회주의(혹은 생태적 마르크스주의)를 낳았다. 이러한 방식으로 마르크스의 생태적 비판은 금세기 초반, 글로벌 환경 투쟁에서 실질적 세력으로 재등장했다.

　마르크스의 생태 사상을 발굴하는 이러한 과정은 마르크스주의적 전통 내에서 본질적인 자기비판을 형성했다. 그러나 이는 동시에 오늘날 지구적 비상사태에 직면한 인류(그리고 사회주의운동)에 닥친 전례 없는 도전에 대한 대응이기도 했다. 마르크스주의 사상가들은 글로벌 생태 위기를 보다 효과

2　R. Williams, *Resources of Hope*(London: Verso, 1989), p.210. 윌리엄스는 마르크스뿐만 아니라 엥겔스와 윌리엄 모리스(William Morris)에게도 거슬러 올라가야 할 필요성을 봤다.

적으로 설명하기 위해, 현실적이고 혁명적인 필요로서 고전적 역사유물론의 바로 그 토대에서 방법론적 해답을 모색하지 않을 수 없었다. 이는 로자 룩셈부르크(1871~1919)의 예측과 일치했는데, 그의 예측에 따르면 마르크스주의가 더욱 발전하고 그것이 새로운 역사적 문제에 맞서야만 "마르크스는 자신의 과학적 저술에서 투사들의 당으로서의 우리를 앞질렀다"라는 점을 운동이 인식할 수 있을 것이었다. 상황이 변화하고 새로운 도전이 등장함에 따라, "마르크스 교의의 새로운 파편을 추출하고 이용하기 위해서 마르크스 사상의 보고를 한 번 더 발굴"해야 할 필요가 있을 것이었다.[3]

10.2 마르크스의 자연론에 관한 서구 마르크스주의적 비판

마르크스의 자연 및 사회 개념에 관해 그의 사후 70여 년간 지배적이었던 전반적인 이해는 엥겔스의 『자연변증법』, 그리고 마르크스와 엥겔스의 '과학적 사회주의'에 유기적 관련을 맺고 있다고 여겨진 과학의 변증법적 진보와 결부되어 있었다. 이러한 견해는 전후 시대 초 마르크스를 소비에트의 변증법적 유물론으로부터 거리 두게 하려는 의식적인 과정의 일환으로 서구 마르크스주의자들에 의한 날카로운 도전을 받았다. 따라서 서구 마르크스주의는 자연변증법에 대한 거부로 주로 정의되었다. 변증법적 방법, 따라서 일반적 의미에서 마르크스의 비판은 인간사의 영역에만 적용되는 것으로 여겨졌고, 자연과학에 맡겨진 외부 자연 및 자연적 과정의 문제는 배제했다. 러셀 자코비(Russell Jacoby, 1945~)는 마르크스주의 내부의 분열을 다음과 같이 요약했다. "소비에트 마르크스주의는 과학적 헤겔에 의해 정연하게 유

---

3   R. Luxemburg, 'Stagnation and Progress of Marxism', in *Rosa Luxemburg Speaks*(New York: Pathfinder, 1920), p.111.

지되었고, 유럽 마르크스주의는 역사적 헤겔에 의해 정연하게 유지되었다."[4]

마르크스의 자연론에 관한 서구 마르크스주의적 해석을 담고 있는 고전적 저작으로는 알프레트 슈미트(Alfred Schmidt, 1931~2012)의 『마르크스의 자연 개념(The Concept of Nature in Marx)』을 들 수 있는데, 폴 버킷(Paul Burkett, 1956~)은 이 저작을 "마르크스의 자연관에 관해 쓰인 아마도 가장 영향력 있는 연구"라고 묘사했다.[5] 이 책은 미국에서 레이철 카슨(Rachel Carson, 1907~1964)의 『침묵의 봄(Silent Spring)』이 출판된 해와 같은 해인 1962년 출판되었다. 따라서 이 책은 카슨의 책이 출판된 이후 일어난 현대 환경운동보다 앞섰다. 그러나 무엇보다도 프랑크푸르트학파로부터 인정받은 슈미트의 저작은 성장 중이던 1960~1980년대 환경운동의 맥락에서 수많은 신좌파 이론가들이 마르크스를 바라보는 관점에 엄청난 영향을 끼쳤다.

『마르크스의 자연 개념』은 '자연의 지배'를 근대성의 본질적 특징 혹은 '계몽의 변증법'[6]으로 여긴 프랑크푸르트학파의 일반적 비관론으로부터 깊은 영향을 받았다. 이 책은 (특히 마르크스의 물질대사 개념과 관련해) 긍정적 기여를 한 정교한 저작이었지만, 성숙한 마르크스의 프로메테우스적(이라는 혐의를 받은) 견해와 관련된 그 책의 결론이야말로 무엇보다도 가장 큰 영향을 미쳤다. 슈미트는 "성숙한 마르크스"에 대해 다음과 같이 선언했다.

그의 초기 저술에서 자세히 설명되었던 [생태적으로 민감한] 테제들로부터 손을 뗐다. 말년의 그는 자연 전체의 '부활'에 관해 더 이상 쓰지 않았다. 새로운 사회

---

4 R. Jacoby, *Dialectic of Defeat*(Cambridge: Cambridge University Press, 1981), pp.57~58; 'Western Marxism', in T. Bottomore(ed.), *A Dictionary of Marxist Thought*(Oxford: Blackwell, 1983), pp.523~526.

5 P. Burkett, 'Nature in Marx Reconsidered', *Organization & Environment*, 10(2): 164(1997).

6 M. Horkheimer and T.W. Adorno, *The Dialectic of Enlightenment*(New York: Continuum, 1972).

10. 생태학 | 269

는 인간에게만 이익을 주는 것이며, 외부 자연을 희생시킨다는 점에는 의심의 여지가 없다. 자연은 거대한 기술적 도움으로 정복되어야 하며, 시간 및 노동의 가능한 한 최소한의 지출로 정복되어야 한다. 자연은 모든 인간에게 가능한 모든 소비재의 물질적 토대로서 봉사해야 한다. 마르크스와 엥겔스가 자연에 대한 불경한 약탈에 관해 불평할 때, 그들은 자연 그 자체가 아니라 경제적 효용을 고려한다. …… 자연의 착취는 미래에도 중단되지 않을 것이지만, 자연을 향한 인간의 침략은 합리화될 것이며 따라서 그것의 미미한 결과는 통제될 수 있을 것이다. 이러한 방식으로 자연은 인간이 자연에 승리한 것에 대해 인간에 복수할 가능성을 차근차근 강탈당할 것이다.[7]

마지막 구절은 엥겔스를 언급한 것으로, 그는 인간이 생태 위기를 막기 위해 사회주의하에서 자연에 대한 그들의 사회적 관계를 통제해야 할 필요성이 있다고 여겼다는데, 프랑크푸르트학파의 일반적 계보를 따르는 슈미트는 이를 극단적인 '합리화' 및 자연에 대한 극단적 통제의 사례로 해석했다.[8] 슈미트의 주장에 따르면, 마르크스와 마찬가지로 엥겔스에게는 자연에 대한 일방적인 정복자적 접근 이외에 다른 여지가 없었다. 엥겔스가 정확히 이 점을 비판한다고 해도 말이다. 여기서 엥겔스는 자연 개념의 조잡한 지배라는 틀에 맞추어 재해석되었는데, 이는 이러한 견해가 다름 아닌 마르크스의 것이라고 전적으로 떠넘기기 위한 것이었다.

슈미트가 확언하길, "성숙한 마르크스의 태도는 파리 수고에 명시된 미래 사회상에서 찾을 수 있는 윤택함과 무제한적 낙관론을 전혀 담고 있지 않다. 오히려 회의적이라고 해야 할 것이다. 궁극적으로 인간은 자연이 부과하는 필연으로부터 해방될 수 없다."[9] 이에 따라 마르크스는 슈미트의 스승

---

7   A. Schmidt, *The Concept of Nature in Marx*(London: New Left Books, 1971), pp.154~155.
8   같은 책, pp.155~156, 160; F. Engels, *The Dialectics of Nature*, MECW, vol.25, pp.460~464.

인 막스 호르크하이머(Max Horkheimer, 1895~1973)와 테오도어 아도르노(Theodor Adorno, 1903~1969)를 특징짓는 회의론, 염세주의, 자연과학과 사회과학 (그리고 자연과 사회) 간의 이원론적 분열의 선구자로 변모했다.[10] 슈미트는 다음과 같이 의문을 제기한다. "우리는 (사회주의의) 미래 사회가 거대기계로 되지는 않을 것인지, 자연의 인간화와 동시에 인간의 자연화라는 내용을 품은 청년 마르크스의 희망보다는 "인간 사회는 자연에 심각한 시련이 될 것이다"라는 (호르크하이머와 아도르노의) 『계몽의 변증법(Dialectic of Enlightenment)』의 예언이 실현되지는 않을 것인지 질문해야 한다."[11]

마르크스의 자연 개념에 관한 이러한 부정적 평가는 1970, 1980년대에 등장한 1단계 생태사회주의에서 강화되었다. 초기의 생태사회주의 사상가들은 마르크스(와 마르크스주의)가 자연적 한계를, 따라서 생태적 제한을 경시했다고 비판했다. 따라서 그들은 마르크스의 역사유물론을 환경적 한계에 관한 맬서스주의적 개념 및 '생태주의'(혹은 녹색 이론)라는 관념적 윤리관에 무비판적으로 결합시킴으로써 '마르크스주의의 녹색화'를 추진하고자 했다.[12] 일반적으로 이러한 관점은 역사유물론의 토대에 관한 어떠한 면밀

---

9 Schmidt, *The Concept of Nature in Marx*, p.139.

10 호르크하이머에게, "원초적 자연"은 "이성에 저항할 때" 동물성, 원시성, 조잡한 다원주의를 대변했다. 호르크하이머는 다음과 같이 썼다. "인간이 자연을 자신의 원칙으로 신중히 삼을 때마다, 그는 원시적 관습으로 퇴보한다. …… 동물은 …… 사고하지 않는다. …… 요약하자면, 우리는 좋든 나쁘든 계몽과 기술 진보의 계승자이다." M. Horkheimer, *The Eclipse of Reason*(New York: Continuum, 1947), pp.123~127.

11 Schmidt, *The Concept of Nature in Marx*, p.156. 또한 다음을 보라. M. Jay, *The Dialectical Imagination*(Berkeley: University of California Press, 1996), pp.259, 347. 마르크스의 자연 개념에 대한 슈미트의 분석에서 가장 심오한 부분은 그가 마르크스의 물질대사 이론을 다루는 부분이었다. 이곳에서 슈미트는 마르크스가 "인간이 자연과 맺는 관계에 관한 완전히 새로운 이해를 도입"했으며 이는 "'자연변증법'을 의미 있게" 논의할 수 있도록 했다고 주장했다. 그러나 슈미트는 이를 "인간에 선행"했던 "자연의 엄격한 순환 형태"에 관한 "전 부르주아적(pre-bourgeois)" 개념으로 묘사하면서 자신의 분석에서 주변화하려 했다. Schmidt, *The Concept of Nature in Marx*, pp.11, 76~90, 176.

12 다음을 보라. T. Benton(ed.), *The Greening of Marxism*(New York: Guilford Press,

한 검토도 회피했다. 페리 앤더슨(Perry Anderson, 1938~)이 자신의 저서 『역사유물론의 궤적』에서 썼듯, "인류와 지구환경 간 상호작용 문제는 고전적 마르크스주의에 근본적으로 부재했다".[13]

1단계 생태사회주의를 가장 분명하게 표현한 초기의 대변자로 꼽을 수 있을 테드 벤튼(Ted Benton, 1942~)이 볼 때, 마르크스는 맬서스를 지나치게 비판했는데, 이는 마르크스가 "인간의 발전에 대해 '자연이 부과하는 한계'를 인식하기를 꺼려했던 점"[14]에서 볼 수 있던 것이었다. 마르크스의 정치경제학 비판의 요소들, 예컨대 ① "맬서스주의적인 '자연적 한계'" 논의에 대한 마르크스의 정치적 적대, ② 가치이론에 부여된 우선순위, ③ 생태적 과정에 관한 마르크스의 무시, ④ 마르크스의 소위 '프로메테우스주의' 또는 극단적 생산력주의는 모두 "역사유물론이 생태 위기에 관한 설명력 있는 이론으로 발전하는 것을 가로막았다".[15] 마르크스의 분석에서 이러한 이른바 맹점들은 노동가치론의 본질적 결점에 대개 책임이 있다고 여겨졌다. 환경사회학자 마이클 레드클리프트(Michael Redclift, 1946~)는 다음과 같이 선언했다. "[마르크스에 따르면] 모든 가치는 노동력에서 유래"하기 때문에, "[마르크스에게는] 사회의 물질적 생산력에 대한 '자연적' 한계를 이해하는 것이 불가능하다".[16]

1996); M.J. Smith, *Ecologism*(Minneapolis: University of Minnesota Press, 1998), pp. 71~73; A. Dobson, *Green Political Thought*(London: Routledge, 1995).

13   P. Anderson, *In the Tracks of Historical Materialism*(London: Verso, 1983), p.83.

14   T. Benton, 'Marxism and Natural Limits', *New Left Review*, 178: 55, 60, 64(1989).

15   T. Benton, 'Introduction to Part Two', in Benton(ed.), *The Greening of Marxism*, pp. 103~110.

16   M. Redclift, *Development and the Environmental Crisis*(New York: Methuen, 1984), p.7.

10.3 마르크스의 생태학의 재발견

그럼에도 불구하고, 마르크스의 정치경제학 비판을 확고하게 이해하고 있는 사람들에게는 생태학과 관련해 마르크스를 향한 비판 대부분이 잘못된 것임이 명백했다. 마르크스(와 엥겔스)가 자연적 한계를 진지하게 다룬 수많은 사례를 지적하는 것은 어렵지 않은 일이었다. 마르크스의 연구는 오염, 삼림 파괴, 사막화, 농촌과 도시의 분리, 인구과잉의 도시에 관한 비판으로 점철되어 있었다. 그는 『자본』에서 다음과 같이 관찰했다. "일반적인 문명과 산업의 발달은 언제나 삼림 파괴를 매우 활발하게 하는 것으로 나타나기 때문에, 삼림의 보존 및 생산을 위해 행해진 모든 것은 이와 비교해 매우 사소하다." 마찬가지로 마르크스는 엥겔스에게 보내는 편지에서 다음과 같이 관찰했다. "경작은, 그것이 자연적으로 성장하고 **의식적으로** 통제되지 않을 때 …… 그 결과로 사막을 남깁니다."[17] 이미 1977년에 하워드 파슨스는 『마르크스와 엥겔스의 생태학』이라는 이름의 발췌 편집 모음집을 제작했는데, 이는 비록 체계적이지는 않지만 생태 문제에 관한 넓은 관심이 마르크스와 엥겔스 사상 전반에 만연했음을 증명했다. 이탈리아 지질학자 마시모 콰이니(Massimo Quaini, 1914~2017)는 "마르크스는 …… 근대 부르주아의 생태적 양심이 나타나기 이전에 자연의 약탈을 강하게 비판했다"[18]라고 언급했다. 이 모든 것은 고전적 마르크스주의의 기초에서 출발하는 생태사회주의적 분석의 구축 가능성을 시사했다.

그러나 마르크스의 정치경제학 비판에 관한 지배적 이해를 비판하지 않

---

17 K. Marx, *Capital*, volume II, MECW, vol.36, p.245. 번역은 다음을 따랐다. *Capital*, volume II(London: Penguin, 1978), p.322; 'K. Marx to F. Engels, 25 March 1868', MECW, vol.42, pp.558~559.

18 H.L. Parsons, *Marx and Engels on Ecology*(Westport, CT: Greenwood Press, 1977); M. Quaini, *Geography and Marxism*(Totowa, NJ: Barnes and Noble, 1982), p.136.

고서는, 즉 마르크스의 가치이론과 생태적 세계관 사이의 연결을 명확히 하지 않고서는, 마르크스 사상에서 자연생태학이 갖는 역할에 관한 체계적 탐구는 불가능했다. 이러한 면에서 돌파구는 1999년 버킷의 저서 『마르크스와 자연(Marx and Nature)』으로 형성되었고, 2006년 그의 또 다른 저서 『마르크스주의와 생태경제학(Marxism and Ecological Economics)』으로 이어졌다.[19] 버킷은 마르크스의 "생태적 가치형태 분석"이라고 불릴 수 있는 것을 밝혀냈는데, 이것은 (마르크스에게 있어 노동뿐만 아니라 자연까지도 포함하는) **부**(富)와 (노동에만 기초하는) **가치**의 구분에 기초한다.[20] 마르크스는 사회와 자연으로 비용을 외부화하는 자본주의의 경향을 인식했을 뿐만 아니라, 이러한 경향이 자본주의적 가치 증식의 논리에 내재적임을 주장했다. 그가 『자본』에서 설명한 바와 같이, 자연은 고전적 자유주의 정치경제학에서 "자연이 자본에게 주는 공짜 선물"로 여겨졌고, 그 결과 자연의 한계는 상품 체제에서 보이지 않게 되었다.[21] 마르크스의 노동가치론이 갖는 소위 반생태적 함의를 지적함에 있어 마르크스에 대한 1단계 생태사회주의적 비판이 알아차리지 못한 것은, 자본주의하 가치형태의 바로 그 일면성이 마르크스의 구상에서 자연의 체계적 '약탈'을 이해하는 데 결정적인 것이라는 점이었다. (마르크스의 분석에서 부의 두 원천 중 하나인) 자연이 자본주의적 가치 계산법에 포함되지 않고 자본에 대한 무료 선물로 다루어졌다는 점이 일단 인식되면, 모든 자연적 한계보다 자신의 무한한 축적욕을 우선시하는 자본의 파괴적 경향을 파악하지 못하는 것은 불가능하다.

---

19 Burkett, *Marx and Nature*, pp.xv~xxi, 79~98; *Marxism and Ecological Economics: Toward and Red and Green Political Economy*(Boston: Brill, 2006).

20 K. Marx, *Critique of the Gotha Programme*, MECW, vol.24, p.81.

21 K. Marx, *Capital*, volume III, MECW, vol.37, pp.732~733. 마르크스는 일반적 생산에서 자연은 "자연의 생산력이 자본의 생산력으로서 나타나는 노동에게 주는 무료 선물"이라고 진술한다. 같은 책.

마르크스가 자연 과정에 대한 필연적으로 파괴적이고 악화시키는 힘으로 자본주의를 개념화한 것은 자본주의가 어떻게 자연을 강탈했는가를 다룬 그의 논증뿐만 아니라 자본주의가 자본이 치러야 할 비용 없이 인간을 빠르게 소모하고 버리면서 어떻게 인간에게서 그들의 타고난 육체적 (지적) 본질을 강탈했는가를 다룬 논증에서도 발견할 수 있다. 마르크스는『자본』에서 "그 모든 인색함에도 불구하고"라고 하며 다음과 같이 썼다.

> 자본주의적 생산은 인간 소재에 대해서는 완전히 낭비적이다. 이는 마치 자본주의적 생산에서 무역을 통해 생산물을 유통시키는 방식과 경쟁하는 방식이 물질적 자원을 매우 낭비해, 개별 자본가가 얻는 것을 사회는 잃게 되는 것과 같다. …… 자본주의적 생산은 살과 피뿐만 아니라 신경과 두뇌까지도 낭비함으로써, 다른 어떠한 생산양식보다도 손쉽게 인간을, 살아있는 노동을 낭비한다.[22]

또한 버킷의 분석은 마르크스의 비판에서 생태 위기의 두 가지 개념을 발굴하는 것으로 이어졌다. ① 경제의 공급 측면에서 비용을 상승시키는 천연자원 희소성 증가가 야기해 환경적으로 유발된 경제 위기, ② 진정한 생태 위기(또는 지속가능한 인간 발전의 위기)이다. 이 위기에서 축적이 인간 발전의 생태적 조건에 미치는 영향은 자본주의경제에 의해 표명되지 않는데, 자본주의경제가 외부화 특성을 갖기 때문이다.

자원 희소 위기에서 천연자원 비용 증가는 개별자본 및 총자본에 경제적 제약과 모순을 야기한다. 이에 대해서는 마르크스가 미국 남북전쟁 시기 영국의 면화 위기에 관한 논의, 이윤율 저하론에서 유기적 구성 상승의 역할에 관한 논의, 개별 기업의 고정자본 보존에 관한 논의를 통해 훌륭하게 설명한

---

22 Marx, *Capital*, volume III, pp.90, 92. 번역은 다음 판본에 따랐다. K. Marx, *Capital*, volume III(London: Penguin, 1981), pp.180, 182.

바 있다. 이러한 공급 측면의 위기에서 자본은 자신의 손익을 방어하기 위해 비용을 억제하는 다양한 방법에 개입하리라는 것을 예측할 수 있다.

진정한 생태 위기(또는 지속가능한 인간 발전의 위기)에서의 논리는 다르다. 여기에서 문제는, 자본이 비록 자신의 가치 계산법에 내재된 방식은 **아니지만** 그럼에도 불구하고 사회적·환경적 비용에 해당하는 방식으로 자연조건을 악화시킨다는 것이다. 그 결과 마르크스의 이론에서 자본은 자신의 손익 외부에 있는 이러한 위기에 대응하지 못하고, 이 위기는 "자본주의하 환경 악화의 절대적 일반 법칙"[23]이라고 불리는 것으로 이어진다. 따라서 마르크스는 "지구의 낭비와 착취"를 자본축적 체제의 바꿀 수 없는 경향으로 지적했다.[24] 이는 생태 위기에 대한 마르크스의 접근이 갖는 가장 놀라운 특징을 나타냈다. 버킷은 다음과 같이 말했다.

> 많은 생태경제학자들, 심지어 일부 생태마르크스주의자들도 생태 위기의 문제를 자본축적 위기의 문제로 축소하는 경향이 있다. 즉 이들은 환경 위기를 주로 그것이 자본주의적 수익성에, 이윤 창출 체제의 지속가능성에 미치는 영향의 측면에서 다룬다. 그러나 마르크스에게 자본축적은 환경 위기를 거치면서 스스로를 유지할 수 있는 것이다. 사실 이것이 자본주의를 이전 사회들과 다르게 만드는 한 가지 이유인 것이다.[25]

마르크스의 생태적 가치형태 이론을 재구성한다는 돌파구는 자연에 관한 마르크스의 유물론적 개념과 역사에 관한 그의 유물론적 개념 사이의 관

---

23   J.B. Foster, 'The Absolute General Law of Environmental Degradation under Capitalism', *Capitalism Nature Socialism* 3(3): 77~81(1992).

24   Marx, *Capital*, volume III, pp.799~800. 번역은 다음 판본에 따랐다. Marx, *Capital*, volume III(London: Penguin, 1981), p.949.

25   Burkett, *Marx and Nature*, p.xx.

계에 초점을 맞추면서 마르크스의 생태학을 훨씬 넓게 재구성하는 길을 열었다.[26] 2단계 생태사회주의 연구는 마르크스가 에피쿠로스에 관한 자신의 1840~1841년 박사학위논문(「데모크리토스와 에피쿠로스의 자연철학의 차이(Difference between the Democritean and Epicurean Philosophy of Nature)」)에서부터 이미 유물론적 변증법 및 자연 소외의 문제와 씨름하고 있었음을 증명했다.[27] 마르크스가 에피쿠로스와 대결하면서 발전시킨 것은 자연과 사회의 변증법에 관한 강력하고 반목적론적이며 유물론적인 접근이었다. 『독일 이데올로기』에서 그는 "에피쿠로스는 …… 진정으로 급진적이었던 고대의 계몽가"였으며, 그의 영향력은 (근대) 계몽주의에까지 미쳤다고 썼다. 에피쿠로스주의자들은 "세계는 **환상에서 벗어나야** 하며, 특히 신에 대한 두려움으로부터 해방되어야 한다. 세계는 나의 **벗**이기 때문이다"[28]라고 주장했다. 이와 같은 유물론적 관점은, 보다 소외된 형태이긴 하지만 17세기에 시작되어 마르크스 당대까지 이어졌던 과학혁명에 활기를 불어넣는 것이었다.

　마르크스는 이러한 광범위한 유물론적 자연 개념을 자신의 것으로 만들고 비판적·변증법적으로 발전시킬 기초로 삼았다. "죽음은 우리에게 아무것도 아니다"라는 에피쿠로스의 유명한 말에 의지해, 마르크스는 『1844년 경제학, 철학 수고』에서 다음과 같이 말했다. "추상적으로 파악된 …… **자연**은, 그 자체로는 그리고 인간에게 분리된 채로는 인간에게 **아무것도 아니다.**" 감각적 존재로서의 인간이 자연의 일부이자 그 한가운데 존재하기 때문에 그리고 인간이 생산을 통해 자연과 자연에 대한 인간의 관계를 능동적으로 변화시키기 때문에, 인간은 자신들로부터 자연을 소외시킬 수 있었다. 사실

26　다음을 보라. J.B. Foster, 'Marx's Theory of Metabolic Rift', *American Journal of Sociology*, 105(2): 366~405(1999), *Marx's Ecology: Materialism and Nature*(New York: Monthly Review, 2000).

27　Foster, *Marx's Ecology*, pp. 21~65.

28　K. Marx and F. Engels, *The German Ideology*, MECW, vol. 5, pp. 141~142.

자본주의하에서의 노동의 소외는 자연의 소외, 즉 토지 및 자연환경으로부터 인간의 단절을 전제 조건으로 삼는다. 따라서 마르크스는 대도시의 "일반적 오염"은 화폐 형태의 "죽은 물질"이 사회적 필요와 개인의 발전 모두를 지배하게 된 세계의 결과라고 봤다. 이는 "인간의 자연주의 실현과 자연의 인간주의 실현"으로서의 새로운 사회를 창조해야 할 혁명적 필요성을 제기했다.[29]

마르크스의 초기 유물론적 생태주의 관점은 그의 부르주아 정치경제학 비판에까지 반영되었다. 맬서스가 그의 유명한 『인구론(Essay on Population)』에서 인구과잉이라는 단어 사용을 조심스럽게 피한 것(이는 인구과잉이 맬서스의 균형 관점과 모순되는 것이기 때문이었다)과는 대조적으로, 마르크스는 『요강』에서 맬서스를 비판하면서 '인구과잉'을 분명히 언급했다. 그러나 인구과잉을 언급할 때, 마르크스는 이것을 불변의 자연법칙이 아니라 일정한 역사적 관계의 표현으로 여겼다. 각각의 생산양식은 자신의 독특한 인구법칙을 가지고 있다. 마르크스와 엥겔스가 『공산당 선언』에서 주장하길, 사회주의의 주요 목표 중 하나는 "보다 균등한 인구 분포를 통한 도시와 농촌 간 차이의 점진적 폐지"여야 한다. 이후 이러한 분석은 마르크스가 『자본』에서 산업예비군(또는 상대적 과잉인구)과 미래세대를 위한 조건을 유지하는 수단으로서 지속가능한 농업생산을 강조한 것과 결합되었다.[30]

마르크스는 자본주의에서의 자연적 한계의 변증법에 관해 가장 예리하

---

29 Epicurus, 'Principle Doctrines', in B. Inwood and L.P. Gerson(eds.), The Epicurus Reader(Indianapolis: Hackett, 1994), p.32; K. Marx, *Economic and Philosophical Manuscripts of 1844*, MECW, vol.3, pp.253, 267, 296~298, 345~346. 번역은 다음 판본에 따랐다. K. Marx, *Early Writings*(London: Penguin, 1992), pp.329, 348~350, 398~399; Marx, *Capital,* volume I, MECW, vol.35, p.704.

30 K. Marx, 'Outlines of the Critique of Political Economy [*Grundrisse*]. First Instalment', MECW, vol.28, pp.522~528; Foster, *Marx's Ecology,* pp.81~104, 142~144; K. Marx and F. Engels, *Manifesto of the Communist Party*, MECW, vol.6, p.505; Marx, *Capital,* volume I, p.628.

게 작성된 구절(이는 『요강』의 구절이다)에서 다음과 같이 말했다.

자본에 기초한 생산은 한편으로는 …… 보편적 근면성을 창출하는 것과 같이,
다른 한편으로는 자연적·인간적 속성에 대한 일반적 착취 체제, 즉 일반적 유용
체제를 창출한다. 이 체제는 모든 육체적·정신적 속성만큼이나 과학 그 자체를
활용하며, 이 체제에서는 사회적 생산 및 교환의 범위 밖에서 어떠한 것도 **즉자
적으로 보다 고귀한 것**, 대자적으로 정당한 것으로 나타나지 않는다. 따라서 자본
은 부르주아사회를 창출하고, 자연의 보편적 점유 및 사회구성원에 의한 사회적
유대 그 자체의 보편적 점유를 창출한다. 따라서 자본의 위대한 문명화 영향은
모든 이전의 사회 단계들이 단지 인류의 **국지적 발전**으로만, 그리고 **자연숭배**로만
나타나는 것과는 비교되는 사회 단계를 생산하는 것이다. 비로소 자연은 순수하
게 인류의 대상이 되었다. …… 그리고 자연의 자율적 법칙에 관한 이론적 발견
은 자연을 소비 대상으로든 생산수단으로든 인간의 필요에 복속시키기 위한 책
략으로 단순하게 나타난다. 이러한 경향에 따라 자본은 민족적 장벽과 편견, 자
연숭배, 기존의 필요에 대한 전통적이고 제한적이며 현실에 안주하는 만족, 낡
은 생활 방식의 재생산을 뛰어넘는다. 자본은 이 모든 것에 대해서 파괴적이고
끊임없이 혁명을 일으키며, 생산력 발전, 필요의 확대, 생산의 전면적 발전, 자
연력과 정신력의 착취 및 교환을 가로막는 모든 장벽을 무너뜨린다. 그러나 자
본이 이러한 모든 한계를 장벽으로 상정하고 따라서 **관념상으로는** 이를 뛰어넘는
다는 사실로부터 자본이 **실제로** 이를 극복했다는 결과를 도출할 수는 없다. 이러
한 모든 장벽은 자본의 성격과 모순되기 때문에, 끊임없이 극복되면서 마찬가지
로 끊임없이 정립되는 모순 속에서 자본의 생산은 운동한다.[31]

---

31   K. Marx, *Grundrisse: Foundation of the Critique of Political Economy,* pp.336~337. 번
역은 다음 판본에 따랐다. *Grundrisse*(London: Penguin, 1973), pp.409~410.

여기서 마르크스는 그 유명한 베이컨의 책략에 대한 강력한 비판을 제공했는데, 이 책략에 따르면 과학은 자연 지배와 부르주아사회 확대를 위한 수단으로서 자연법칙에 복종하도록 명령받았다.[32] 따라서 모든 자연적 경계는 극복해야 할 단순한 장벽으로 여겨지고, 그 결과 자본축적과 자연적 과정 사이의 모순은 증가한다.[33]

마르크스가 자연과 사회의 물적 관계에 관한 분석을 가장 충분하게 발전시킨 것은, 원숙기의 그가 1850년대 후반부터 자신의 모든 주요 저작에서 물질대사 개념을 자신의 자본주의 발전 비판에 통합시킴으로써 가능했다. 이러한 방식으로 그는 자본주의 생산양식에 관한, 계급에 기초한 자신의 비판을 과학의 발전, 특히 열역학 제1법칙과 제2법칙에 통합시켰다.

마르크스의 물적, 생태적 비판의 중심에는 그의 물질대사 균열 이론이 있었다. 마르크스에게, 자신이 "자연의 보편적 물질대사"라고 부른 것에 대한 인간의 관계는 노동과정으로 대표되는 "사회적 물질대사"의 형태를 취했다. 그가 「1861~1863년 경제학 초고」에서 썼듯, "실제 노동이 사용가치를 창조하는 한, 그것은 인간의 필요를 위해 자연 세계를 전유하는 것이다. …… 그것은 자연과 인간 **사이**의 물질대사 상호작용을 위한 보편적 조건이다." 마르크스는 인류와 자연 사이의 물질대사를 특정 종 또는 유기체와 그것이 놓인 환경 (부분과 전체) 사이의 물질대사와 유사한 것으로 봤다. 그러나 인류사적 측면에서, 이는 변화하는 역사적 생산양식과 관련된 고유한 **사회적 물질대사**의 형태를 취했다. 이 중 무엇도 사회가 자연 **내부**에 존재한다는 점, 또는 인간의 생산을 매개로 하는 관계가 복잡하고 상호의존적인 관계, 즉 마르크스가 "상호 물적 의존성"의 체계라고 언급한 관계라는 점을 부정하지 않았다.[34]

---

32   F. Bacon, *Novum Organum* (Chicago: Open Court, 1994), pp. 29, 43.

33   J.B. Foster, 'Marx's *Grundrisse* and the Ecological Contradictions of Capitalism'; M. Musto(ed.), *Karl Marx's Grundrisse: Foundations of the Critique of Political Economy 150 Years Later*(London: Routledge, 2008), pp. 100~102.

생존 수단을 획득하는 행위에서 인간은 자연의 산물을 추출하고 변형시키며, 이 과정에서 그 자체가 자연과 노동의 결합된 활동의 산물이었던 도구를 활용한다. 마르크스가 『자본』에서 언급하길, "무엇보다도 노동은 인간과 자연 사이의 과정, 즉 인간이 자신의 활동을 통해 자신과 자연 사이의 물질대사를 매개하고 조절하며 통제하는 과정이다".[35] 그러나 자본주의 상품경제에서 노동과정은 자본 확장을 위한 단순한 수단으로 변화되었고 따라서 모든 자연적, 인간적 한계와 개별 인간 및 사회의 발전을 위한 필요조건을 무시하고 이루어지게 되었다.

그 결과 발생한 생태적 파괴는 마르크스 당대의 경우 산업화된 농업에서 발생한 토양 위기에서 가장 분명하게 나타났다. 1850년대와 1860년대, 독일인 화학자 유스투스 폰 리비히(Justus von Liebig, 1803~1873)는 영국의 '집약적 농업'에 대한 강력한 비판을 발전시켰다. 그는 새로운 산업화된 자본주의적 농업이 질소, 인, 칼륨과 같은 토양의 필수적 영양분을 파괴하고 이를 음식 및 섬유 형태로 담아 수백 마일, 심지어 수천 마일 떨어진 인구밀도 높은 도시로 보내는, 사실상의 "강탈적" 체계라고 주장했다. 새로운 도시, 산업 중심에서 이러한 토양의 영양분은 결국 오염물질이 되었다. 농화학에 관한 자신의 위대한 저작의 1862년 서문에서 리비히는 영국의 산업적 농업이 토양으로부터 영양분을 뽑아낼 뿐만 아니라, 이를 보충하기 위해 나폴레옹 시기의 전쟁터와 유럽의 카타콤, 페루산 구아노로부터 유골을 제국주의적으로 수입하고 있다고 주장했다.[36]

자본주의적 농업에 대한 리비히의 비판에 근거해, 마르크스는 자신의 물

---

34 K. Marx, *Economic Manuscript of 1861~1863*, MECW, vol.30, pp.54~66; Marx, *Capital*, volume I, p.949.

35 Marx, *Capital*, volume I, pp.187~188; 번역은 다음 판본에 따랐다. Marx, *Capital*, volume I(London: Penguin, 1976), p.283.

36 Foster, *Marx's Ecology*, pp.147~154.

질대사 균열 이론을 발전시켰다. 이에 따르면 자본이 지구의 물질대사 순환을 체계적으로 붕괴시킴에 따라 자연이 부과한 인간 발전 그 자체의 조건이 악화되었고, 이는 보다 높은 사회적 진테제 내에서 이러한 물질대사가 '회복'되어야 할 필요성을 지적했다. 마르크스가 쓰길, "자본주의적 생산은 모든 부의 원천, 즉 토양과 노동자를 동시에 약화시킴으로써 사회적 생산과정의 기술과 결합 수준을 발전시킬 뿐이다."[37] 그는 『자본』에서 다음과 같이 설명했다.

> 토지를 영구적인 공동소유로서, 인류 대대손손의 생존과 재생산을 위한 양도 불가한 조건으로서, 의식적이고 합리적으로 다루는 대신, 우리는 지력의 자원을 착취하고 강탈하고 있다. …… 대토지 소유는 농업 인구를 점차 감소시켜 최소 한도로 축소시키고, 이를 대도시에 밀집해 점차 증가하는 도시 인구에 대립시킨다. 이러한 방식으로 대토지 소유는 생명의 자연법칙 그 자체가 규정하는 사회적 물질대사의 상호의존적 과정상에 회복 불가능한 균열을 야기하는 조건을 생산한다. 그 결과는 토양의 생명력 낭비로, 이는 무역에 의해 단일국가의 범위를 훨씬 넘어 운반된다(리비히).[38]

리비히와 마르크스 같은 사상가가 제기하고 열역학에서의 발견과 통합된 이러한 19세기의 영양분 순환 및 물질대사 개념이 결국 20세기의 생태계 이론을 탄생시킨 것이다. 사회주의 사상가가 이 과정에서 주도적 역할을 했다.

---

37 Marx, *Capital*, volume I, pp.505~508; 번역은 다음 판본에 따랐다. Marx, *Capital*, volume I(London: Penguin, 1976), pp.637~638. 물질대사의 균열과 전환에 관해서는 다음을 보라. J.B. Foster, B. Clark, and R. York, *The Ecological Rift Capitalism's War on the Planet*(New York: Monthly Review, 2011), pp.73~87.

38 Marx, *Capital*, volume III, pp.799~800; 번역은 다음 판본에 따랐다. Marx, *Capital*, volume III(London: Penguin, 1981), p.949. 또한 다음을 보라. K. Saito, *Karl Marx's Ecosocialism*(New York: Monthly Review Press, 2017).

마르크스는 자신의 물질대사 균열 이론에 의해서 '지속가능한 인간 발전' 과정으로서의 보다 폭넓은 사회주의 개념으로 인도되었다. 이는 지속가능한 (그리고 필연적으로 평등주의적인) 기초 위에서 계속되는 재생산을 의미했으며, 이 지속가능한 기초는 인간 사회 그 자체뿐만 아니라 마르크스가 『자본』에서 인류의 생존과 영속을 위한 "영원한 자연적 조건"으로 칭한 것을 구성하는 자연환경적 관계에 대한 것이기도 했다.[39] 마르크스가 이 저작에서 다음과 같이 선언했다. "보다 높은 사회경제적 구성체의 관점에서 보면",

> 특정 개인에 의한 지구의 사적 소유는 한 개인에 의한 다른 인간의 사적 소유만큼 불합리한 것으로 나타날 것이다. 심지어 사회 전체, 민족, 또는 동시에 존재하는 모든 사회를 하나로 묶은 것도 지구의 소유자가 아니다. 그들은 단지 지구의 점유자, 수혜자일 뿐이며, '훌륭한 가장(boni patres familias)'으로서 지구를 더 나은 상태로 이후 세대에 물려주어야만 한다.[40]

이것이 사회주의/공산주의의 미래 사회에 관한 마르크스의 가장 포괄적 전망을 이끌어낸 것으로, 이 전망에서 "사회화된 인간, 즉 연합한 생산자는 인간과 자연의 물질대사를 합리적 방법으로 지배하며 …… 이를 에너지의 최소지출로 그리고 자신들의 인간 본성에 가장 알맞고 적절한 조건에서 성취한다".[41]

오늘날, 영양분 순환의 붕괴는 현재 지구 차원에서 발생하는 생물지구화

39　Marx, *Capital*, volume I, pp.505~508. 번역은 다음 판본에 따랐다. Marx, *Capital*, volume I(London: Penguin, 1976), pp.637~639.

40　Marx, *Capital*, volume III, p.763. 번역은 다음 판본에 따랐다. Marx, *Capital*, volume III(London: Penguin, 1981), p.911.

41　Marx, *Capital*, volume III, p.807. 번역은 다음 판본에 따랐다. Marx, *Capital*, volume III(London: Penguin, 1981), p.959.

학적 순환에서의 수많은 균열 중 단 하나일 뿐이다. 인류세 시대에 들어, 지구 차원의 생태 문제의 중심에 위치한 것은 특정 동물('호모 사피엔스')과 다른 종을 포함한 나머지 지구 체계 사이의 (사회적) 물질대사의 변화이다.[42] 이처럼 최근 등장한 지구적 모순의 뒤에는 자본주의가 팽창하는 과정이 놓여 있는데, 자본주의는 그 어느 때보다도 더 큰 축적을 추구하면서 과학의 요구와 인류 생존의 요구조건 모두를 매일같이 어긴다.[43] 따라서 지구적인 생태적 비상사태에 직면한 오늘날의 기후과학자들은 '지구적 물질대사'로 불리는 것과 글로벌 '탄소 물질대사'에 점점 더 집중하고 있다.[44] 『지구 온난화의 정치경제학』에서 델 웨스턴(Del Weston, 1950~2012)이 관찰한 바와 같이, 마르크스의 '물질대사 균열' 개념은 이러한 측면에서 유용한 것으로 입증되었는데 이는 마르크스의 개념이 "세계 자본주의 체제하에서 지구 물질대사의 '소득과 지출' 간 균형이 결핍되었음을 솜씨 있게 포착하기"[45] 때문이다.

마르크스의 사회적 물질대사 개념의 재발견은 지난 10년간 생태경제학계 내에서 마르크스와 엥겔스의 분석상 열역학이 수행한 역할에 관한 격렬한 논쟁을 이끌었다. J. 마르티네즈-알리에르(J. Martinez-Alier, 1939~), 제임스 오코너(James O'Connor, 1930~)와 같은 1단계 생태사회주의 분석가들은, 진정한 생태주의 경제학을 발전시키기 위해 경제학과 열역학을 통합하려는 초기의 형성시도는 마르크스의 젊은 추종자였던 우크라이나의 사회주의자 세르게이 포돌린스키(Sergei Podolinsky, 1850~1891)에서 비롯되었다고 주장했다. 반면 마르크스와 엥겔스는 포돌린스키, 따라서 생태적 분석에 귀를 기

---

42 인류세에 관해서는 다음을 보라. I. Angus, 'When Did the Anthropocene Begin… and Why Does It Matter?', *Monthly Review*, 67(4): 1~11(2015).

43 Marx, *Capital*, volume I, p.591.

44 J.G. Canadell et al., 'Carbon Metabolism of the Terrestrial Biopshere', *Ecosystems*, 3: 115~130(2000); NASA Earth Observatory, 'NASA Satellite Measures Earth's Metabolism', 22 April 2003, http://earthobservatory.nasa.gov.

45 D. Weston, *The Political Economy of Global Warming*(London: Routledge, 2014), p.66.

울이지 '않은' 것으로 비난받았다.[46] 버킷과 내가 포돌린스키의 연구, 그리고 그의 연구와 마르크스, 엥겔스의 연구 간 관계를 후속 조사한 것에 따르면, 이러한 혐의는 잘못된 것임이 입증되었다. 1880년대에 마르크스는 포돌린스키 글의 첫 미발표 초고로부터 매우 광범위한 발췌를 했다.[47] 2년 후 마르크스에게 보낸 편지에서, 엥겔스는 마르크스의 요청에 따라 포돌린스키의 논문 「사회주의 그리고 물리력 통일(Socialism and the Unity of Physical Forces)」에 대한 논평을 시도했다. 엥겔스는 에너지학과 노동에 관한 포돌린스키의 연구가 갖는 중요성을 인정했다. 그러나 그는 이어서 포돌린스키의 분석이 갖는 오류를 지적했다. 이 오류에는 자본주의하 가치 관계를 에너지학으로 축소하려는 시도와 포돌린스키의 에너지 추산 전반에 비료 및 화석연료가 포함되지 않은 점이 포함되었다. 여기서 엥겔스는 포돌린스키와는 대조적으로, 자본이 ('과거의 태양에너지'로 간주된) 석탄을 '낭비'하는 것에 중점을 두었다. 이 연구는 마르크스가 열역학을 통해 어떻게 자신의 정치경제학 비판 전체를 물질과학에 포함시켰는지에 관해 더 깊게 이해할 수 있도록 했다. 이미 발견되었던 노동력의 개념 자체는 열역학과 양립하는 방식으로 마르크스에 의해 의식적으로 발전했다.[48]

2단계 생태사회주의적 연구 역시 역사유물론적 분석과 찰스 다윈(Charles Darwin, 1809~1882)에게서 비롯된 광범위한 진화론 사이의 밀접한 관련성을 입증했다. 마르크스는 진화론을 유물론적 견해 전반의 발전을 위한 "자연

---

46 J. Martinez-Alier, *Ecological Economics*(Oxford: Blackwell, 1987), pp.46~64, 61~63; J. O'Connor, *Natural Causes*(New York: Guilford Press, 1997), p.3.

47 포돌린스키의 미출판된 글 「인간 노동 그리고 에너지 보존(Le Travail humain et la Conservation de l'Energie)」은 마르크스에게 논평을 얻기 위해 보내진 포돌린스키 저술의 초기 초고로서, 이에 대한 마르크스의 1880년 발췌 노트가 MEGA^2, vol.IV/27로 출판될 예정이다.

48 'F. Engels to K. Marx, 19 December 1882', MECW, vol.46, p.411. *Foster and Burkett, Marx on Earth, chs 2~4; A.E. Wendling, Karl Marx on Technology and Alienation* (London: Palgrave, 2009).

사에서의 토대"로 칭했으며, 이를 사회의 계급적 개념과 통합하려 했다.[49] 마르크스와 엥겔스만이 다윈 이론의 긍정적 기여를 수차례 지적했던 것은 아니다(이때 그들의 비판은, 다윈의 맬서스 인구론과의 관련성, 당대 이미 등장하고 있던 사회진화론에 국한되었다). 진화론의 발전에서 지도적인 인물 일부도 마르크스 사상에 강한 영향을 받았다. 사실, 엥겔스와 마르크스도 인간 진화를 이론화하는 데 중요한 방식으로 기여했다. 스티븐 제이 굴드(Stephen Jay Gould, 1941~2002)가 지적했듯, 『자연변증법』 중 인류의 진화론적 기원에 관한 엥겔스의 설명은 "유전자-문화 공진화의 가장 훌륭한 19세기 사례", 즉 인간 진화에 관한 총론이었다.[50]

마르크스의 생태적 가치형태 이론과 물질대사 균열 이론에 대한 탐구는 부등가 생태 교환이라는 마르크스의 개념의 발견 또한 이끌었다. 이는 구아노 무역에 관한 마르크스의 언급과 잉글랜드가 한 세기 이상 "아일랜드 토양을 간접적으로 수출"해 아일랜드 농업의 장기적 비옥도를 악화시켰다는 그의 유명한 관찰에서 명백히 나타났다.[51] 부등가 생태 교환의 현상에 관한 마르크스의 이해는 그의 생태적 가치형태 이론에서 비롯되었다. 생태적 가치형태 이론에서 자연-물질적(또는 사용가치) 순환은 가치(교환가치) 순환과 복잡하고 모순된 방식으로 상호 연결되어 있는 것으로 보이는데, 이는 한 국가가 교환에서 자신이 제공하는 것보다 더 많은 자연-물질적 사용가치(실질적 부)를 획득함으로써 다른 국가를 생태적으로 착취할 수 있도록 한다. 이러한 부등가 생태 교환 개념은 마르크스의 물질대사 균열 이론으로 한층 강

---

49 'K. Marx to F. Lassalle, 16 January 1861', MECW, vol. 41, pp. 246~247.

50 S.J. Gould, *An Urchin in the Storm: Essays about Books and Ideas*(New York: W.W. Norton, 1987), p. 111.

51 Marx, *Capital*, volume I, p. 694; 번역은 다음 판본에 따랐다. Marx, *Capital*, volume I (London: Penguin, 1976), p. 860; Foster, Clark, and York, *The Ecological Rift*, pp. 345~372; J.B. Foster and H. Holleman, 'The Theory of Unequal Ecological Exchange', *The Journal of Peasant Studies*, 41(1~2): 199~233(2014).

화되었다. 따라서 20세기 후반 부등가 생태 교환 이론을 구축함에 있어 지도적인 시스템 생태학자였던 하워드 오둠(Howard Odum, 1924~2002)이 마르크스의 분석이 갖는 이러한 측면을 활용하면서 부 대 가치, 사용가치 대 교환가치, 물질대사(그리고 전형 문제)를 강조했던 것은 놀라운 일이 아니다.[52]

10.4 마르크스주의적 생태주의 프락시스의 등장

마르크스의 물질대사 균열 이론의 재발견은 지난 15년간 다음과 관련된 다양한 역사적, 실증적 연구를 이끌었다. 탄소 물질대사의 균열(기후변화), 해양 물질대사, 양식업, 어장 고갈, 비료 사용, 산불, 산 정상 제거 채굴, 열대 삼림 채벌, '축산', 가뭄, 부등가 생태 교환, 유독 폐기물, 농업 연료, 도시의 물질대사, 공중보건의 악화, 젠더와 '물질대사 가치'이다.[53] 이는 남반구의 '비아 캄페시나(Via Campesina)'에서 미국의 '기후변화가 아니라 체제 변화를(System Change Not Climate Change)'에 이르는 여러 운동에서 생태주의적 변화와 저항의 투쟁을 조직하기 위해 사용했다.

세계에 생태적·사회적 혁명이 필요하다는 것이 널리 인식되고 있지만, 다음과 같은 의문은 여전히 남는다. 어느 곳으로부터, 어떠한 행위자에 의해 그러한 혁명이 발생할 것인가? 생태 마르크스주의자들은 이제 막 생겨나고 있는 '환경적 프롤레타리아'라고 부를 만한 존재의 부상 조짐을 우리가 이미 보고 있는 것인지도 모른다고 시사한다. 경제적 위기와 생태적 위기가

---

52 다음을 보라. Foster and Holleman, 'The Theory of Unequal Ecological Exchange', pp. 213~218.

53 물질대사 균열 연구 및 생태학적 분석에 대한 선별된 참고문헌으로는, 다음을 보라. R. Wishart, R.J. Jonna, and J. Besek, 'The Metabolic Rift: A Selected Bibliography', http://monthlyreview.org/commentary/metabolic-rift/.

혼합된 위기에 결부된 물적 조건의 악화는 이제 세계 인구의 절대다수와 매일 조우하고 있으며, 그들 삶의 모든 측면에 영향을 미치고 있다. 기층에서는 경제적 위기와 생태적 위기의 구분이 점점 더 어려워지고 있다. 식량 위기, 토지 몰수, 전력 차단, 수도 민영화, 공해 심화, 도시 상태의 악화, 공중보건의 악화, 피억압 인구에 대한 폭력 증가는 모두 불평등 증대, 경기침체, 실업 및 불완전고용의 증가로 수렴되고 있다. 그 논리적 결과는 체제에 맞선 물리적 저항의 통일이다. 글로벌 환경/기후정의운동은 그 가장 좋은 예시이다. 미국의 마르크스주의 활동가이자 기후정의운동 및 혁명적인 치카노 민족주의 운동의 지도자인 빌 가예고스(Bill Gallegos)가 강조했듯, 기후정의운동은 "확실히 혁명적 성격을 가지고 있다."[54]

따라서 전통적인 노동계급 정치는 환경 투쟁, 유색인종 운동, 여성운동, 사회 전반에 걸쳐 기본적인 것과 재생산을 위한 전투를 벌이고 있는 모든 사람들의 운동과 공진화하며 결합하고 있다. 이러한 생태적, 사회적 투쟁은 삶이 가장 위태로운 다음과 같은 사회계층의 힘을 이끌어낼 만큼 혁명적일 것이다. 고도로 착취받고 무산 상태에 놓인 도처의 노동자를 포함해, 제3세계 노동자, 노동계급 여성, 제국 중심부의 피억압 유색인종, 토착민, 농민/토지를 소유하지 않은 농업 노동자, 섹슈얼리티, 젠더, 가족, 지역공동체의 근본적으로 새로운 관계를 위해 싸우는 사람들이다. 가장 단결된 혁명적 반응은 남반구에서 가장 먼저 일어날 것으로 예상된다. 남반구에서 수많은 사람들이 처한 조건은 마르크스와 엥겔스가 『신성 가족』에서 혁명적 프롤레타리아에 관한 유명한 존재적 정의로 묘사했던 조건과 가장 근접하다.

사회주의 저술가들이 이러한 세계사적 역할을 프롤레타리아에게 부여할 때, 이

---

54 E. Leary and A. Lewis, 'Interview with Bill Gallegos', *Monthly Review*, 67(5): 32(2015). 환경적 프롤레타리아에 관해서는 다음을 보라. Foster, Clark, and York, *The Ecological Rift*, pp.438~440.

는 전혀 …… 그들이 프롤레타리아를 신으로 여기기 때문이 아니다. 정반대다. 완전히 발달한 프롤레타리아에게서 모든 인간성의 결여, 심지어 그 외양의 결여가 사실상 완성되기 때문에, 프롤레타리아의 삶의 조건이 현대사회의 모든 비인간적 조건의 핵심을 대표하기 때문에, 인간은 프롤레타리아에게서 상실되었지만 상실에 대한 이론적 의식을 얻었고 불가피한, 절대적으로 강제적인 필요(필연성의 현실적 표현)에 의해 이러한 비인간성에 맞서 반란을 일으키도록 강제되기 때문에, 이 모든 것으로 인해 프롤레타리아는 스스로를 해방시킬 수 있고 또 해방시켜야 한다. 그러나 프롤레타리아는 그들에게 삶을 부여하는 조건을 폐지하지 않고서는 스스로를 해방시킬 수 없고, 그들이 처한 상황에 집약된 그 모든 비인간적인 사회적 삶의 조건을 폐지하지 않고서는 그들에게 삶을 부여하는 조건을 폐지할 수 없다.[55]

그러나 현 세기에 그러한 비인간적 조건은, 비록 자본주의 세계경제의 주변부에서 가장 극심하지만, 삶의 수단 그 자체에 대한 파괴 및 몰수 그리고 경제적·생태적 위기가 급증한 결과로 세계 체제 전체를 가로질러 일반화되고 있다. 이는 바로 점점 더 파괴적이고 무한한 자본 축적욕에 의해 주도되고 있는, 오늘날 지구적 차원에서의 '재난 자본주의'의 등장이다. 이는 우리가 의존하고 우리와 연결된 무수한 다른 종뿐만 아니라, 인류의 생존 자체를 위협하고 있다.[56] 이를 이해하고 적절한 행동을 취하는 것은 우리 시대에 우리가 직면한 시대적 전환의 '도전과 책무'에 해당한다.[57]

---

55 K. Marx and F. Engels, 'The Holy Family', MECW, vol.4, pp.36~37. 번역은 다음 판본에 따랐다. P.M. Sweezy, *Modern Capitalism and Other Essays*(New York: Monthly Review Press, 1972), p.149.

56 N. Klein, *This Changes Everything*(New York: Simon and Schuster, 2014), p.51.

57 I. Meszaros, *The Challenge and Burden of Historical Time: Socialism in the Twenty-First Century*(New York: Monthly Review Press, 2008).

이러한 과제에 적합한 혁명적인 생태운동은 의심할 나위 없이 **생태민주주의적 국면**을 통과할 것이며, 광범위한 동맹을 구축하려 할 것이다. 이 동맹의 일원인, 지배적 이해관계 외부에 놓인 대다수의 인류는 구체적인 역사적 환경으로 인해서 지속가능한 인간 발전의 세계를 요구할 수밖에 없을 것이다. 이는 시간이 흐름에 따라 두 번째의 보다 결정적인 혁명적 투쟁의 **생태사회주의적 국면**을 위한 두 번째 조건을 만들어낼 것이며, 이 국면은 "각자 능력에 따라, 각자에게 필요에 따라!"[58]라는 목표에 전념하면서 지속가능한 기반 위에 놓인 사회 창조를 지향할 것이다. 이 모든 것은 고전적인 마르크스의 생태적 비판을 현대의 혁명적 프락시스로 번역하는 것을 시사한다.

　현재 녹색 이론과 마르크스주의를 절충해 결합한 1단계 생태사회주의는 보다 깊고 보다 발전된 생태 마르크스주의적 시각으로 대체되고 있는데, 이 시각은 마르크스 자신이 제시한 이론적 기초에서 도출한 것이며, 마르크스의 이론적 기초는 2단계 생태사회주의에서 발굴됐다. 이 결과로 발생한 사회주의적, 생태적 프락시스는 생태 마르크스주의(혹은 3단계 생태사회주의)라고 부를 수 있다. 그러나 이는 어떠한 수식어도 제외한 진정한 의미에서의 **마르크스주의**를 구성한다고 볼 수도 있을 것이다. 인간과 자연 간 물질대사를 합리적으로 조절하는 연합한 생산자라는 마르크스의 고전적 시각에 이보다 더 유사한 것은 없을 것이다.

　마르크스에게 사회주의는 공동의 욕구 실현을 목표로 하고 실질적 평등 및 생태적 지속가능성의 조건에 뿌리를 둔, 사회적 물질대사 재생산에서 혁명적으로 새로운 형태였다. 그것은 "각자의 자유로운 발전이 만인의 자유로운 발전을 위한 토대"가 되면서도, 마르크스가 『자본』에서 언급한 "인류 대대손손"의 이익을 위해 지구 자체의 재생산력 보호 역시 필수인 사회로 정의되었다.[59] 이러한 방식으로 마르크스는 자신의 사회적·생태

58　Marx, *Critique of the Gotha Programme*, p.87.

적 분석에서, 우리 시대 시대적 투쟁의 중심 측면을 앞서 보였다고 말할
수 있다.

"잘 찾았다, 늙은 두더지여!"[60]

59 Marx and Engels, *Manifesto of the Communist Party*, p.506; Marx, *Capital*, volume III, pp.798~799.

60 K. Marx, *The Eighteenth Brumaire of Louis Bonaparte*, MECW, vol.11, p.185. 마르크스에게 있어 땅 밑에서 그처럼 기계적으로 계속해서 흙을 파내는 두더지는 급진적 변화의 시기를 야기할 수 있는, 보이지 않으며 변화하는 역사적 조건을 표현했다. 이는 그가 셰익스피어의 『햄릿』에서 가져와 발전시킨 메타포였다. 마르크스주의 사상에서, 마르크스는 종종 '늙은 두더지'라는 별명으로 불린다.

참고문헌

Anderson, Perry(1983), *In the Tracks of Historical Materialism*, London: Verso.

Angus, Ian(2015), 'When Did the Anthropocene Begin… and Why Does It Matter?', *Monthly Review*, 67(4): 1~11.

Ayres, Peter G.(2012), *Shaping Ecology: The Life of Arthur Tansley*, Chichester: Wiley-Blackwell.

Bacon, Francis(1994), *Novum Organum*, Chicago: Open Court.

Benton, Ted(1989), 'Marxism and Natural Limits', *New Left Review*, 178: 51~86.

_____(1996), 'Introduction to Part III', in Ted Benton(ed.), *The Greening of Marxism*, New York: Guilford Press.

Burkett, Paul(1997), 'Nature in Marx Reconsidered', *Organization & Environment*, 10(2): 164.

_____(2006), *Marxism and Ecological Economics: Toward and Red and Green Political Economy*, Boston: Brill.

_____(2014), *Marx and Nature: A Red Green Perspective*, Chicago: Haymarket.

Canadell, J.G. et al.(2000), 'Carbon Metabolism of the Terrestrial Biosphere', *Ecosystems*, 3: 115~130.

Dobson, Andrew(1995), *Green Political Thought*, London: Routledge.

Engels, Frederick(1987), *The Dialectics of Nature*, MECW, vol.46.

Epicurus(1994), 'Principle Doctrines', in Bran Inwood and Lloyd P. Gerson(eds.), *The Epicurus Reader*, Indianapolis: Hackett.

Foster, John Bellamy(1992), 'The Absolute General Law of Environmental Degradation under Capitalism', *Capitalism Nature Socialism*, 3(3): 77~81.

_____(1999), 'Marx's Theory of Metabolic Rift', *American Journal of Sociology*, 105(2): 366~405.

_____(2000), *Marx's Ecology: Materialism and Nature*, New York: Monthly Review.

_____(2008), 'Marx's Grundrisse and the Ecological Contradictions of Capitalism', in Marcello Musto(ed.), *Karl Marx's Grundrisse: Foundations of the Critique of Political Economy 150 Years Later*, London: Routledge, pp.93~106.

Foster, John Bellamy, and Burkett, Paul(2015), *Marx on Earth: An Anti-Critique*, Boston: Brill.

Foster, John Bellamy, Clark, Brett, and York, Richard(2011), *The Ecological Rift: Capitalism's War on the Planet*, New York: Monthly Review.

Foster, John Bellamy, and Holleman, Hannah(2014), 'The Theory of Unequal Ecological Exchange', *The Journal of Peasant Studies*, 41(1~2): 199~233.

Gould, Stephen Jay(1987), *An Urchin in the Storm: Essays about Books and Ideas*, New York: W.W. Norton.

Horkheimer, Max(1947), *The Eclipse of Reason*, New York: Continuum.

Horkheimer, Max, and Adorno, T.W.(1972), *The Dialectic of Enlightenment*, New York: Continuum.

Jacoby, Russell(1981), *Dialectic of Defeat*, Cambridge: Cambridge University Press.

_____(1983), 'Western Marxism', in Tom Bottomore(ed.), *A Dictionary of Marxist Thought*, Oxford: Blackwell, pp.523~564.

Jay, Martin(1996), *The Dialectical Imagination*, Berkeley: University of California Press.

Klein, Naomi(2014), *This Changes Everything*, New York: Simon and Schuster.

Leary, Elly, and Lewis, Anne(2015), 'Interview with Bill Gallegos', *Monthly Review*, 67(5): 18~34.

Luxemburg, Rosa(1920), 'Stagnation and Progress of Marxism', in *Rosa Luxemburg Speaks*, New York: Pathfinder.

Martinez-Alier, Joan(1987), *Ecological Economics*, Oxford: Blackwell.

Marx, Karl(1880), Unpublished Notes from S. Podolinski's Unpublished manuscript, 'La Travail humain et la Conservation de l'Engergie', to be published in MEGA^2, vol.IV/27.

_____(1975), *Economic and Philosophic Manuscripts of 1844*, MECW, vol.3, pp.229~346.

_____(1976), *Capital*, volume I, London: Penguin.

_____(1978), *Capital*, volume II, London: Penguin.

_____(1979), *The Eighteenth Brumaire of Louis Bonaparte*, MECW, vol.11, pp.99~209.

_____(1981), *Capital*, volume III, London: Penguin.

_____(1986), 'Outlines of the Critique of Political Economy [*Grundrisse*]. First Instalment', MECW, vol.28.

_____(1989), *Critique of the Gotha Programme*, MECW, vol.24, pp.75~99.

_____(1992), *Early Writings*, London: Penguin.

_____(1996), *Capital*, volume I, MECW, vol.35.

_____(1997), *Capital*, volume II, MECW, vol.36.

_____(1998), *Capital*, volume III, MECW, vol.37.

Marx, Karl, and Engels, Frederick(1975), *The Holy Family, or Critique of Critical Criticism. Against Bruno Bauerand Company*, MECW, vol.4, pp.5~211.

_____(1975), *The German Ideology*, MECW, vol.5, pp.19~539.

_____(1976), *Manifesto of the Communist Party*, MECW, vol.6, pp.477~519.

_____(1985), *Letters*, 1860~1864, MECW, vol.41.

_____(1987), *Letters*, 1864~1868, MECW, vol.42.

_____(1992), *Letters*, 1880~1883, MECW, vol.46.

Meszaros, Istvan(2008), *The Challenge and Burden of Historical Time: Socialism in the Twenty-First Century*, New York: Monthly Review Press.

NASA Earth Observatory(2003), 'NASA Satellite Measures Earth's Metabolism', 22 April, http://earthobservatory.nasa.gov.

O'Connor, James(1997), *Natural Causes*, New York: Guilford Press.

Parsons, Howard L.(1977), *Marx and Engels on Ecology*, Westport, CT: Greenwood Press.

Quaini, Massimo(1982), *Geography and Marxism*, Totowa, NJ: Barnes and Noble.

Redclift, Michael(1984), *Development and the Environmental Crisis*, New York: Methuen.

Saito, K.(2017), *Karl Marx's Ecosocialism*, New York: Monthly Review Press.

Schmidt, A.(1971), *The Concept of Nature in Marx*, London: New Left Books.

Smith, Mark J.(1998), *Ecologism*, Minneapolis: University of Minnesota Press.

Sweezy, Paul(1972), *Modern Capitalism and Other Essays*, New York: Monthly Review Press.

Wendling, Amy E.(2009), *Karl Marx on Technology and Alienation*, London: Palgrave.

Weston, Del(2014), *The Political Economy of Global Warming*, London: Routledge.

Williams, Raymond(1989), *Resources of Hope*, London: Verso.

Wishart, Ryan, Jamil Jonna, R., and Besek, Jordan Fox(2015), 'The Metabolic Rift: A Selected Bibliography', http://monthlyreview.org/commentary/metabolic-rift/.

성평등
헤더 A. 브라운

11.1 마르크스, 젠더 그리고 페미니즘

젠더와 계급의 복잡한 관계는 곳곳에서 여성의 상황을 개선하기 위해 다루어져야 할 문제이다. 1970년대와 1980년대에 마르크스의 경제학과 방법론을 페미니즘 이론화에 적용하고 통합하려는 노력이 있었던 후로, 마르크스에 대한 페미니스트 비판자들은 그가 제공할 만한 것이 거의 없다고 주장하며 논쟁에서 이긴 것으로 보인다. 이러한 수많은 연구들은 사회주의 페미니즘의 한계와 마르크스주의와 페미니즘을 종합하려는 사회주의 페미니즘의 시도에 대해 정확하게 평가했다.[1] 이러한 평가는 본질주의, 자종족중심주의(ethnocentrism), 그리고 경제결정론에 대한 초기 마르크스주의 페미니즘의 대단히 무비판적인 수용에 대해서 특히나 진실이다.

그렇다고 하더라도 논쟁이 완전히 종결되었는지는 분명하지 않다. 포스

---

1   이를테면 다음을 보라. Z. Eisenstein(ed.), *Capitalist Patriarchy and the Case for Socialist Feminism*(New York: Monthly Review Press, 1979); H. Hartmann, 'The Unhappy Marriage of Marxism and Feminism: Towards a More Progressive Union', *Capital & Class*, 3: 1-33(1979); M. Barrett, *Women's Oppression Today: Problems in Marxist Feminist Analysis*(New York: Verso, 1980).

트구조주의와 차이의 이론들은 반자본주의 페미니즘을 형성할 수 없었는데, 그들이 문화, 이데올로기, 국지적인 저항이라는 중요하다고 여겨지는 영역에만 초점을 맞추었기 때문이다.

젠더 문제에 관한 마르크스의 저술들은 일반적으로 인정하는 것보다 훨씬 더 중요하고 가치가 있다. 일부 요소에 문제가 있기는 하지만, 마르크스는 당대의 젠더 관계에 대해 상당한 통찰력을 보여주었으며, 남녀 사이의 새로운 관계를 필연적으로 수반할 사회 전반적인 변화의 필요성을 지적했다.[2] 젠더와 가족에 관한 마르크스의 저술이 그의 작업 곳곳에 산발적으로 나타나고, 젠더 관계에 관해 완전히 통합된 이론이 제공되지 않는다는 것은 사실이다. 그러나 이것이 마르크스가 해당 문제를 이해하려는 관심이 없었다거나 성차별주의자였다고 필연적으로 의미하는 것은 아니다.

젠더와 가족에 관한 마르크스의 저술에는 분명히 문제가 되는 부분이 있다. 여성이 노동인구로 진입하게 되면서, 그리고 그들이 가부장적이고 자본주의적인 착취를 직면하게 되면서 여성의 도덕적 지위가 변화하는 것에 대한 마르크스의 양가적인 입장 같은 것이다. 마르크스의 범주와 분석은 가부장제에 대한 체계적인 비판으로 이어지는데, 가부장제는 스스로를 자본주의 속에서 드러내기 때문이다.

그 시작은 젠더 관계 변화의 필요성을 지적하는 마르크스의 초기 철학적, 정치적 저술, 산업화로 야기된 가족과 젠더 관계의 변화를 기록하려는 『자본』의 정치경제학, IWMA을 위한 후기 정치적 저술과 「고타강령 비판」, 가족을 경제적 요인과 변증법적으로 상호작용하는 제도로 표현한 『민족학 노

---

2   여성에 대한 마르크스의 저술을 다룬 더욱 최근의 연구로는 다음 연구가 있다. M. Gimenez, 'Capitalism and the Oppression of Women: Marx Revisited', *Science & Society*, 69: 11-32(2005); J. Grant, 'Gender and Marx's Radical Humanism in *The Economic and Philosophic Manuscripts of 1844*', *Rethinking Marxism*, 17: 59~77(2005); L. Vogel and M. Gimenez(eds.), *Marxist-Feminist Thought Today, Science & Society*, 65(2005).

트(Ethnological Notebooks)』의 전자본주의 사회관계에 관한 연구 속에 나타
난다.

11.2 성평등과 성해방에 관한 마르크스의 초기 저술

마르크스의 초기 저술은 자본주의사회 내에서 여성의 지위에 대한 관심
을 드러낸다. 사실 마르크스는 『1844년 경제학 철학 수고』 전반에서 성평
등을 강력하게 발언했으며, 남녀 관계로 인류의 발전을 측정할 수 있다고 주
장했다.

인간에 대한 인간의 직접적이고, 자연적이며, 필연적인 관계는 **여성[Weib]에 대한
남성[Mann]의 관계**이다.[3] 이 **자연적인** 유적 관계에서, 자연에 대한 인간의 관계는
바로 인간[Menschen]에 대한 인간의 관계이며, 이는 인간에 대한 인간의 관계가
바로 자연에 대한 인간[Menschen]의 관계, 즉 인간 자신의 **자연적인** 운명
(destination)인 것과 같다. 그러므로 이 관계에서는 인간의 본질이 어느 정도로
인간[Menschen]에 대한 자연이 되었는지 혹은 인간에 대한 자연이 어느 정도로
인간[Menschen]에 대한 인간의 본질이 되는지가 **감각적으로 분명해지고**, 관찰할
수 있는 **사실**로 환원된다. 그리하여 이 관계로부터 인간[Menschen]의 전체 발전
수준을 판단할 수 있다. 이 관계의 성격으로부터 **유적존재**로서의, 그리고 **인간**
[Menschen]으로서의 인간[Menschen]이 어느 정도로 그 자신이 되었으며, 그 자신
을 이해하게 되었는지가 도출된다. **여성[Weib]에 대한 남성[Mann]의 관계**는 인

---

3   마르크스가 인간[Menchen]을 언급하는 곳, 그리고 그가 개별 남성[Mann]이나 여성
    [Weib]을 언급하는 곳을 보여주기 위해 원어인 독일어를 병기했다. 독일어 병기는 마
    르크스가 원어인 독일어로 쓸 때는 의도하지 않았던 것으로 보이는, 다소 성차별적인
    번역어를 극복하는 데 도움이 된다.

간에 대한 인간의 **가장 자연적인** 관계이다. 그러므로 이 관계는 인간[Menschen]의 **자연적** 행위가 어느 정도로 **인간적**이게 되었는지 혹은 그에게 내재된 인간 본질이 어느 정도로 자연적 본질이게 되었는지, 즉 그의 인간 본성이 어느 정도로 그에게 **자연적**인 것이 되었는지를 드러낸다. 또한 이 관계는 인간[Menschen]의 필요가 어느 정도로 **인간적인 필요**가 되었는지, 그리하여 인간으로서 **다른** 인간을 자신을 위해 얼마나 필요로 하게 되었는지, 즉 자신의 개인적 존재 속에서 인간이 동시에 얼마나 사회적 존재인지를 드러낸다.[4]

특히 주목할 점은 어떻게 마르크스가 생존과 재생산이 개인들 사이의 일차적인 연결고리로 있는 유적존재에 대한 추상적 보편(매개되지 않은 '자연적인' 인간이라는)의 이해로부터 모든 인간이 젠더에 무관하게 자신과 타자 모두를 위한 존재로 있는 '자연적인 것'에 대한 구체적 보편의 이해로 이동하게 되었는가 하는 것이다. 후자의 이해에 따르면, 개인은 자신이 누구이고 어떤 존재가 될 수 있는지의 측면뿐만 아니라 자신이 유적존재의 대변자라는 측면, 이 모두에서 가치가 있다. 그러므로 여성은 (그리고 남성은) 타자에게 있어 도구적 목적뿐만 아니라 유사한 욕구를 가진 인류라는 이유만으로도 가치가 있다.

마르크스는 당시 가족 내에 있었던 여성에 대한 억압적 관계에 관심이 있었으며, 가족이 더욱 평등한 제도로 변화할 것을 요구했다. 1846년 ≪사회의 거울(Mirror of Society; Gesellshaftsspiegel)≫에 실린 짧은 글 「푸셰의 자살론(Peuchet on Suicide)」에서 그는 출간된 저술 중 처음이자 마지막으로 자살과 그것의 소외와의 관계에 대해서 썼다.[5] 마르크스는 노동계급의 지위를

---

4   K. Marx, *Economic and Philosophic Manuscripts of 1844*, MECW, vol.3, pp.295~296.

5   이 글의 대부분은 은퇴한 프랑스 경찰관 자크 푸셰(Jacques Peuchet, 1758~1830)의 글을 프랑스어에서 독일어로 번역한 것이지만, 마르크스는 슬쩍 자신의 의견을 덧붙였고, 도덕주의적인 문단 일부를 삭제했다.

단순히 개선하는 것만으로는 충분하지 않다고 설명하는 데 이 부르주아 프랑스인을 이용했다. 사실 사회의 모든 것은 특정한 수준의 소외를 마주했다.

> [푸셰의 글은] 그것이 단지 프롤레타리아를 위한 빵과 교육이 적은 문제이고, 노동자의 성장은 현재의 사회 상태에서 저해당하지만, 이 점들을 차치한다면 지금의 세계가 모든 가능한 세계 중 최선의 것이라는 박애주의적 부르주아의 관념에 어떤 근거가 있는지를 보여주는 것 같다.[6]

마르크스는 가족적 폭정이 "혁명과 유사한 위기를 초래하는" 억압의 원천으로서 부르주아 가족을 특별히 강조했다.[7]

그가 발췌한 사례 연구의 3/4은 모두 가족 억압 및 성 억압과 관련된 여성의 자살을 논했다는 사실 강조가 중요하다. 예컨대 어떤 여성은 약혼자의 집에서 밤을 보냈다는 이유로 공공연하게 조롱당했다. 여기에서 마르크스는 가족제도와 그것을 뒷받침하는, 겉으로는 도덕적인 권위를 강하게 비난했으며, 이러한 권력의 남용은 다수의 사람이 공적 생활에서 무력한 것에서 기인한다고 했다. "가장 비열하고 비저항적인 사람들이 **자신이 절대적인 부모의 권한을 행사할 수 있게 되자**마자 무자비해진다. **이러한 권한의 남용**은 …… 부르주아사회에서 …… 그들이 스스로를 격하시킨 모든 순종성과 의존성에 대한 **조야한 보상**이다."[8]

마르크스와 엥겔스는 『공산당 선언』에서 노동계급을 보며, 그들의 재산이 부족한 것이 이데올로기의 공백과 마찬가지로 가족의 해체 원인이라고 지적했다. "부르주아지는 가족에서 그 감상적인 장막을 벗겨버렸으며, 가족

---

6 K. Marx, 'Peuchet on Suicide', MECW, vol.4, p.597.
7 같은 책, p.604. 강조는 푸셰의 글에 마르크스가 추가한 것이다.
8 같은 책, p.595. 강조는 마르크스.

관계를 단순한 금전 관계로 축소시켜 버렸다."9 점차 상품과 금전적 관계에 기초하게 되는 사회의 물질적 조건에 의해 철폐되는 것은 부르주아 가족의 이데올로기이다. 이러한 이유로 마르크스와 엥겔스는 "가족의 지양[aufhebung]"을 요구했다.10

부르주아 가족의 물질적 기초는 사적인 취득이었으며, 일을 할 수 있는 모든 가족 구성원이 가족 부양을 위한 사적 취득을 하면서부터, 이것은 노동자들에게도 마찬가지가 되었다.

> 가족과 교육, 부모와 자식의 신성한 상호 관계에 대한 부르주아의 부질없는 말은 근대 공업의 영향에 의해 프롤레타리아트의 모든 가족 유대가 찢겨 나갈수록, 그들의 아이들이 단순한 판매품이나 노동 도구로 전락할수록 더욱더 역겨운 것이 된다.11

그러나 마르크스와 엥겔스는 무엇이 가족을 대체할 것인지, 이 과정이 어떻게 일어날지, 어느 것도 설명하지 않았다.

11.3 정치경제학, 젠더 그리고 가족의 변화

마르크스는 『자본』 1권에서 여성 노동자의 조건에 대해 특별히 관심을

---

9   K. Marx and F. Engels, *Manifesto of the Communist Party*, MECW, vol.6, p.487.

10   같은 책, p.501. 'aufhebung'을 영어(abolition)로 옮기는 것은 꽤 어려웠는데, 파괴와 보존 양자의 의미를 모두 담고 있는 이 단어에 상응하는, 보편적으로 사용되는 영어 단어가 없기 때문이다. 마르크스는 가족의 억압적인 측면들은 소멸되지만, 긍정적인 요소들은 가족구조의 새로운 유형 속에 통합된다는 이중의 운동을 상정하고 있는 것으로 보인다(이 글에서는 '지양'으로 옮겨두었다 _옮긴이).

11   같은 책, p.502.

기울였다. 사실 "노동일" 장과 "기계와 대공업" 장의 상당 부분이 여성 노동과 아동노동을 논하고 있다. 기계의 도입은 자본주의 구조에 심대한 영향을 미쳤는데, 여성과 아동을 노동인구에 포함하도록 했기 때문이다. 기계는 근력이 요구되는 작업을 할 수 없는 이들에게 능력을 줄 수 있었다. 이는 이제 여성과 아동을 신체적으로 근력이 요구되는 작업을 하는 남성보다는 아닐지라도, 최소한 생산적일 수 있게 만드는 상황을 조성했으며, 그 결과 공업에 종사하는 노동자가 증가했고 여성과 아동의 삶에 지대한 영향을 미쳤다. 여성과 아동 모두는 성인 남성의 작업으로 여겨지는 일을 하기 위해 가정 밖으로 끌려 나왔다. 마르크스의 지적처럼, 이는 가족구조에 심대한 결과를 낳을 것이었는데, 여성이 공장 일을 하면서 전통적인 가정 내 역할을 수행하기가 어려워질 것이기 때문이다.[12]

클라우디아 립은 마르크스가 "노동계급 여성에 관해서 남성/여성(강함/약함)의 대립을 강화하는" 경향이 있다고 주장했는데, 여성과 아동이 기계의 도입을 통해서만 노동인구로 진입할 수 있었기 때문이다.[13] 그가 남성에 견준 여성의 취약함에 공개적 의문을 제기하지 않았으므로 이 사실은 더욱 분명하다. 어쩌면 마르크스는 생물학적 근거가 있다고 여겨지는 여성의 신체적 열등함을 언급한 것일 수도 있지만, 그의 서술을 해석할 때에는 좀 더 사회적 근거에 기초한 접근법을 취하는 것이 도움이 될 것이다. 중요한 것은 마르크스가 여성을 생물학적으로 연약하다고 보았는지 여부가 아니라, 공업과 사적 생활에서 여성의 지위가 기계 도입의 결과로 인해 변화했다고 본 것이다. 여성이 노동인구로 진입하는 것을 가로막는 큰 장벽은 극복되었다. 그러므로 여성은 가정의 영역에 머무르도록 강요받지 않는다. 기계는 성별

---

12 K. Marx, *Capital*, volume I, MECW, vol.35, p.398.

13 C. Leeb, 'Marx and the Gendered Structure of Capitalism', *Philosophy & Social Criticism*, 33: 848(2007).

과 연령에 상관없이 모든 노동자의 능력을 강화할 수 있었다.

여성과 아동들은 근대적이고 기계화된 공장에서 일할 뿐만 아니라, 가내 공업에 종사하는 노동자의 상당수를 대표했다.[14] 보통 기계화되지 않았고 소규모로 생산했던 이러한 산업들은 근대의 대규모 산업과 경쟁을 해야 했다. 기술 생산성의 결핍을 만회해야 할 필요성은 경쟁력을 유지하기 위해 노동자를 더욱더 착취해야 한다는 것을 의미했다. 『자본』 1권에는 다음과 같이 지적되어 있다.

값싸고 미성숙한 노동력을 착취하는 것은 진정한 공장에서보다 근대적 매뉴 팩처에서 더 몰염치하게 이루어진다. 이는 공장제도의 기술적 토대, 다시 말해 기계가 근력을 대체하는 것과 노동의 가벼운 성격이 매뉴팩처에서는 거의 전적으로 부재하며, 동시에 여성과 어린아이들을 보다 몰염치한 방식으로 독성이 있거나 유해한 물질의 영향을 받도록 만들기 때문이다 …… 이러한 경제에 서는 어떤 공업 부문에서 사회적 노동생산성 및 노동과정의 결합을 위한 기술적 기초가 덜 발전할수록, 해당 분야에서 적대적이고 살인적인 측면이 더욱 드러난다.[15]

그러므로 자본주의는 다양한 잉여가치 추출을 다양한 방식으로 강화하기 위해서 젠더 불평등처럼 현존하는 사회적 불평등을 이용할 수 있다. 특히 자본주의가, 다른 덜 발달된 사회형태들과 뒤섞여 있을 때 그러했다.

더욱이 여성과 아이들에게는 보통 남성보다 매우 적게 임금이 지불되었다.[16] 마르크스는 이것에 대해 상세히 설명하지는 않았지만, 노동자의 생계

14　대개 피고용인도, 근대적 기술도 거의 없는 소규모 가내공업 기반의 공장이었다.

15　Marx, *Capital*, volume I, MECW, vol. 35, p. 465~466.

16　같은 책, p. 464.

비용을 최저수준으로 낮추려는 자본가의 노력을, 특히 여성에 대해서는 "과잉인구 중 여성을 부양하는 데 드는 비용을 계산할 수 없을 정도로 낮게" 잡으려는 자본가의 노력을 지적했다. "이러한 이유로 기계의 나라인 잉글랜드보다 비열한 목적으로 인간의 노동력을 고약하게 낭비하고 있는 곳은 없다는 것을 알 수 있다."[17] 이는 자본가의 이윤에 대한 관심이 인간을, 특히 사회적 위계의 하층에 있는 사람들을 상품으로 취급하는 결과를 낳은 또 다른 사례였으며, 그들이 시장에서 싸게 팔릴수록 자본가들에게는 더욱 좋은 결과를 낳는 경우였다.

마르크스는 여성이 노동인구로서 직면하는 가혹한 조건을 언급하는 것으로 만족하지 않았다. 그는 노동계급 전체가 (우리가 나중에 보게 될) 가족관계에 있어서와 마찬가지로 노동인구에 있어서 받을 긍정적인 영향의 가능성도 지적했다. 처음에는 여성의 노동인구로의 편입이 자본주의의 여성 노동력에 대한 과도한 착취를 규제할 힘을 만들어냈다. 성인 여성의 노동을 규제하는 1844년 공장법 보고서를 인용하면서 마르크스는 얼마나 "그 법이 모순적"인지 언급했다. "성인 여성이 자기의 권리가 침해된 것에 불만을 표출한 사례는 한 건도 알지 못한다."[18] 이것은 고용주와 임금을 '자유로이' 협상하려는 노동자의 권리를 '침해'하는 최초의 시도 중 하나였다. 그리하여 자유와 평등의 허울은 여성과 아이들의 노동과 관련해 가장 먼저 허물어졌는데, 이들이 법적으로 스스로를 보호할 수 없었기 때문이다. 이 법은 여성과 아이들의 역사적으로 종속된 사회적 지위 때문에 설계되었지만, 나중에는 여성 및 아이들과 함께 일하는 성인 남성 노동자를 규제하는 선례를 남겼다. 그리하여 1844년부터 1847년까지, 자본주의가 모든 이를 평등하게 만드는 역할을 하면서 공장법을 따르는 곳에서는 하루 12시간 노동이 보편화

---

17   같은 책, p.397.
18   같은 책, p.287.

되었다.[19]

이는 자본주의에 내재된 하나의 경향일 뿐이다. 여성, 아동, 소수 인종과 같이 권력에 대한 접근성이 떨어지는 집단에 대한 초과 착취는 자본주의 축적과 양립한다. 이는 자본가들이 이른바 여성적인 양육의 본성을, 보다 규율이 높고 유순한 노동자를 만드는 데 서슴없이 이용하려 했기 때문에 여성 노동자의 임금을 낮추는 역할을 했다.

> 공장주 E 씨가 …… 나에게 말하길, 그는 동력 직기에 여성만 고용하고 있다고 했다 …… (그는) 기혼 여성을, 특히 가정에 부양할 가족이 있는 여성을 확실히 선호했다. 그 여성들은 미혼 여성들보다 세심하고 유순하며, 생활에 필요한 것을 구하기 위해 부득이 있는 힘을 다 바친다. 그리하여 그 미덕이, 여성의 성격에 특유한 미덕이 왜곡되어 스스로를 해치는 데 쓰인다. 그리하여 그들의 본성 중 가장 순종적이고 상냥한 것이 그 자신을 구속하고 고통을 주는 수단이 된다.[20]

마르크스는 애슐리 경이 여성적인 양육의 '본성'에 대해 쓴 것을, 여성이 그런 식으로 행동하는 것이 진정으로 '본성적인' 것인지, 또는 이러한 '본성적' 상태가 사회적으로 매개된 것은 아닌지에 대한 의심 없이 인용하고 있다. 이후, 점점 더 많은 여성들이 작업장에서의 더 많은 권리를 위해 남성과 나란히 투쟁하는 것을 보게 되면서, 이 문제에 관한 마르크스의 입장은 여성의 '본성'이 그다지 중요하지 않은 요인이라는 입장으로 크게 선회하는 듯 보였다.

여성은 노동권을 위한 투쟁에서 중요한 역할을 해야 했다. 이는 마르크스

---

19 같은 책, p.288.
20 같은 책, p.405~406.

가 IWMA을 위해서 한 연설과 저술에서 강조했던 것이다. 1868년 7월 총평의회에서 마르크스는 여성과 아동의 노동인구로의 편입에 대한 모두 발언을 하면서, 기계가 여성, 아동, 가족에게 미치는 영향에 관한 변증법적인 관점을 제시했다.

> 그리하여 여성은 우리의 사회적 생산에서 능동적인 행위자가 된다. 예전에는 여성과 아동의 노동이 집안에서 수행되었다. 여성과 아이들이 사회적 생산에 참여해야 한다는 것이 잘못되었다고 말하는 것은 아니다 …… 그러나 현재 상황에서 그들을 일하도록 만드는 방식은 심히 끔찍하다.[21]

마르크스는 노동인구로 진입하는 여성에 대한 지지를 보냈을 뿐만 아니라, 노동조건의 특별히 자본주의적인 성격을 지적하기도 했다. 게다가 마르크스는 여성의 사회적 생산 참여가 새로운 현상은 아니라고 했다. 이제는 생산이 집 밖에서 이루어진다는 것이 새로운 현상이었다. 더욱이 마르크스는 "한편으로 결합된 조직 노동을 이끌고, 다른 한편으로는 기존의 모든 사회관계와 가족관계를 해체로 이끄는" 기계의 긍정적인 영향을 강조했다.[22]

1868년이 끝날 무렵, 실크 직조공들과 리본 직공들은 프랑스 리옹에서 파업에 들어갔다. 「국제노동자연합 제4차 연례 의회에 보내는 총평의회 보고서(Report of the General Council to the Fourth Annual Congress)」에서 마르크스는 경제적인 곤궁과 경찰의 탄압에도 불구하고 파업에 들어섰던 여성 노동자들이 주로 수행했던 역할을 강조했다. "리카마리(Ricamarie) 대학살이 끝나자마자 대다수 여성들로 이루어진 리옹의 실크 직조업자들이 경제적 저

---

21 K. Marx, 'Record of Marx's Speech on the Consequences of Using Machinery under Capitalism', MECW, vol.21, p.383.

22 같은 책, p.383.

항의 몸짓을 시작했다. …… 리옹에서는, 이전에 루앙(Rouen)에서 그랬던 것처럼, 여성 노동자들이 이 운동의 숭고하고 중요한 역할을 맡았다."23

더욱이『자본』1권에서 마르크스는 가족의 변화에 관한 논의로 돌아간다. 자본주의적인 공업 조직이 이전에는 가내공업이 차지했던 영역에 퍼지게 되면서 "소위 '가내 노동(home-labour)'을 규제하는 것이 필요해졌고, 이는 가부장권(patria potestas)과 친권(parental authority)에 대한 직접적인 공격으로 즉각 비춰졌기 때문에", 자본주의적 공업 조직은 가족의 해체에 대한 추가적인 근거를 만들어주었다.24 마르크스는 공적영역과 사적영역을 분리하기 위해 한때 존재했던 장벽은 여성과 아동의 노동이 가장의 통제력 바깥에 놓인 공업으로 편입되면서 무너졌다고 언급했다. 국가는 체제가 붕괴하지 않도록 보호하기 위해서 최소한 이 경제적 양상들에 대한 규제를 떠맡아야 했고, 보통은 마지못해서 그렇게 했다.25

그러나 마르크스는 이러한 형태의 착취와 가족의 파괴가 잠재적으로 긍정적인 영향도 가지고 있다고 주장했다.

자본주의 시스템에서 구식 가족 유대의 해체가 끔찍하고 혐오스럽게 **나타날 수 있다고 해도**, 근대 공업은 가정의 영역 바깥에서 여성과 남녀 미성년자 및 아이들에게 생산과정의 중요한 역할을 맡김으로써 **더 높은 형태의 가족과 양성 관계를 위한 새로운 경제적 토대를 만들어낸다** …… 게다가 **집합적 노동 집단이 남녀노소 개인들로 이루어져 있다는 사실이 적절한 조건에서는 반드시 인간적인 발전의 원천이 된다는 것은 명백하다**. 그러나 집합적 노동 집단의 자연발생적이고, 야만적이며, 자본주의적인 형태에서는 생산과정이 노동자를 위해 존재하는 것이 아니라 노동자가 생

---

23   K. Marx, 'Report of the General Council to the Fourth Congress of the International Working Men's Association', MECW, vol.21, p.77.

24   Marx, *Capital,* volume I, pp.491~492.

25   같은 책, p.492.

산과정을 위해 존재하게 되며, 그러한 사실은 부패와 노예상태의 병폐적인 원천이 된다.[26]

이것은 자본주의가 가족에게 미치는 영향에 관해 마르크스가 했던 이전의 주장 대부분을 요약하고 있는 것으로 보인다. 거의 모든 생산이 가정의 영역에서 이루어지던 경제 시스템에 기반을 둔 구식 유대는 그 기반을 산업 영역으로 옮겨가면서 해체되기 시작했다. 생산은 가족의 형태를 결정하는 것이 아니라 조건 지을 뿐이지만, 생활수단의 생산에서 이러한 변화들은 가부장적 가족이 작동하는 능력에 심대한 영향을 미쳤으며, 자본주의에서 새로운 노동자들에 대한 혹독한 착취, 그리고 새로운 사회에서 가족의 비착취적인 형태 모두를 위한 근거를 마련했다.

이것이 틀림없이 가족구조 변화의 잠재성에 관한 간결하고 추상적인 논의라고 해도, 마르크스가 이러한 변화를 여성과 아이들을 포함한 모든 노동자가 협력한 결과로 발생했다고 보았는지 살펴보는 것은 중요하다. 마르크스는 가족 임금을 요구하는 것은 고사하고, 여성이 노동인구로 편입되는 것에도 문제를 제기하지 않았다. 그 대신 노동자의 인간적인 발달을 가로막는 "자연발생적이고 야만적이며 자본주의적인 형태에서 시스템이 작동하는" 방식을 지적했다.[27] 마찬가지로 중요한 것은 어떻게 이러한 발달이 동일한 상황에서 그 반대의 것, 즉 가족의 새로운 형태로 탈바꿈할 수 있는가에 관한 그의 변증법적 논의였다.

마르크스는 젠더에 관한 문제를 『고타강령 비판』에서도 논의했다. 1875년 독일 사회민주당 강령에서 그 문제는 라살주의 및 수정주의적 발상으로

---

26 같은 책, p.492~493. 강조는 추가.

27 공장 노동이 여성의 도덕성에 미치는 영향에 대해 마르크스가 얼마나 양가적인지에 대한 논의는 다음을 참고. H. Brown, *Marx on Gender and the Family: A Critical Study* (Boston: Brill, 2012), pp.84~88.

부터 깊은 영향을 받았는데, 라살은 "노동 수익의 공정한 분배"의 필요성에 관해 이야기했다.[28] 마르크스는 한낱 분배는 해당 사회형태에 기초해 결정될 수 있는 것이지, 정의에 대한 추상적 개념의 측면에서 결정될 수 있는 것이 아니라고 했다. 권력자들은 언제나 현재의 분배가 공정하다고 주장할 것이다.[29] 마르크스가 그 어떤 새로운 사회에서든 부르주아적인 권리 개념을 사용하는 것에 대한 문제로 논의하곤 했던 사례 한 가지는 가족 내 노동의 분배와 이것이 어떻게 전체적으로 불평등한 분배로 이어지는지, 그 방식에 관한 것이었다.

> 더욱이, 어떤 노동자는 결혼했는데 다른 이는 결혼하지 않았고, 어떤 이는 다른 이보다 아이가 많다든가 하는 것 따위이다. 그러므로 같은 양의 노동을 했고, 그로 인해 사회적인 소비 기금에서 동등한 몫이 주어지는데, 어떤 이는 다른 이보다 사실상 더 많이 받을 것이고, 어떤 이는 다른 이보다 더 풍족해진다든가 하는 것 따위이다. 이러한 문제들을 피하기 위해서는 권리가 평등하기보다는 평등하지 않아야 할 것이다.[30]

마르크스가 가사 노동의 가치를 논하고 있었는지는 확실하지 않지만, 비판적 관점이 열린 듯하다고 볼 만한 여지가 있다. 가사 노동은 가정 내에서 수행되는 노동이므로 교환가치를 갖지 않지만, 중요한 사용가치를 가진다. 누군가는 요리하고, 청소하고, 아이들을 기를 수 있어야 한다. 혼자 사는 사람은 공적영역에서의 노동과 더불어, 이 일도 해야 한다. 그러므로 새로운 사회에서는 공/사의 구별을 재고할 필요가 있다.

---

28 K. Marx, *Critique of the Gotha Programme*, MECW, vol. 24, p. 83.

29 같은 책, p. 84.

30 같은 책, p. 87.

11.4 전(前)자본주의적 가족의 변증법

1880년대에 작성되었고, 출판 계획이 없었던 마르크스의『민족학 노트』
는 말년의 마르크스가 연구했던 젠더와 가족에 관한 흥미로운 자료를 풍부
하게 제공해 준다.[31] 루이스 헨리 모건(Lewis Henry Morgan, 1818~1881)과 마
찬가지로 마르크스는 근대 가족의 기원이 가부장적 가족에 있다는 생각을
고수하는 당대의 민족학자들에 대해 매우 비판적이었다. 마르크스는 모건
의『고대사회(Ancient Society)』(1877)로부터 이전 사회의 훨씬 평등주의적인
씨족과 가족생활에 대해 모건이 이해한 바의 상당 부분을 읽고, 차용했다.[32]
모건은 당대의 이로쿼이족이 인간 가족의 단선적 발전에서 한 단계를 나타
낸다고 주장했다. 예를 들어 이로쿼이족에 존재했던 모권은 여성이 더 많은
권리를 갖는 초기 단계의 씨족 및 사회생활에 해당했다. 모건과 마르크스에
의하면, 가족이 언제나 위계적이고 가부장적인 것은 아니었다.

마르크스는 모건이 헨리 섬너 메인(Henry Sumner Maine, 1822~1888)의『초
기 제도의 역사에 관한 강의(Lectures on the Early History of Institutions)』에 대
해 벌인 이론적 논쟁을 차용했다. 마르크스의 노트 전반에서 그는 메인이
초기 사회에서 씨족의 중요성을 이해하지 못했을 뿐만 아니라 이들 사회에

---

31 데이비드 스미스(D. Smith)는 마르크스가『자본』을 발전시키기 위해서 민족학 연구를
수행했다고 보았고, 케빈 앤더슨(K. Anderson)은 마르크스가 자본에 대항하는 새로운
형태를 검토했다고 주장했다. 다음을 참고. D. Smith, 'Accumulation and the Clash of
Cultures: Marx Ethnology in Context' *Rethinking Marxism*, 14:75(2002); K. Anderson,
Marx at the Margins: On Nationalism, Ethnicity, and Non-Western Societies(2010), Chicago:
University of Chicago Press, p.2.

32 엥겔스의『가족의 기원(Origin of the Family)』역시 모건의 글에서 출발한다. 그러나 모
건의 글을 차용할 때 마르크스는 엥겔스보다 훨씬 더 비판적이며, 덜 결정론자인 것으로
보인다. 이 주장에 대한 자세한 설명은 다음을 참고. R. Dunayevskaya, *Rosa Luxemburg,
Women's Liberation, and Marx's Philosophy of Revolution*(Chicago: University of Illinois
Press, 1991), pp.175~188; Brown, *Marx on Gender and the Family*, pp.133~175.

서 변화의 양상에 대한 이해가 전반적으로 부족하다고 비판했다. 그는 당시 인도의 몇몇 지역에 존재하던 가부장적 복합가족(joint family)이 가족의 최초 형태 중 하나였다는 메인의 주장을 비난했으며, 어느 부분에서는 그를 두고 "머리 나쁜 영국인"이라 칭하기도 했다.[33]

메인의 **완전히 잘못된 묘사**, 즉 인도에 존재하는 형태의 **사적 가족**(private family)조차도 …… 씨족[셉트(Sept)와 겐스(Gens); 셉트는 스코틀랜드 등지의 씨족을, 겐스는 로마의 씨족을 일컫는 말인데 여기에서는 별다른 구분 없이 모두 '씨족'으로 옮겨두었다 _옮긴이]이 진화한 **근거로 간주**될 수 있다는 등의 묘사는 다음의 구절에서도 확인할 수 있다. "**켈트족장에게 부여된 유산의 분배권**"은 『**미타크샤라**(Mitakshara)』 속의 "힌두인 아버지"에게 부여된 것과 동일한 제도라고 이야기한 후, 그는 이어 말한다. "이것은 일종의 특권으로 가장 순수한 혈통의 복합가족의 대표자에게 속한다" (이 머리 나쁜 사람은 씨족(gens)과 부족(tribe)의 관계를 이해하지 못하고 있다). "그러나 **복합가족과 씨족이 더욱 인위적인 것이 될수록**, 그에 비례해 분배권은 점차 한낱 **행정적 권한**(administrative authority)에 불과해 보이는 경향이 있다." 사안은 정반대이다. 결국 영국의 사적 가족을 머릿속에서 지울 수 없었던 메인에게는, 이러한 **씨족, 이후에는 부족 족장의 전적으로 자연적인 기능**은 그가 단지 (이론상으로는 언제나 '선출'되는) 족장이라는 이유에서 자연스러운 것인데, 이것은 '인위적'이고 "한낱 행정적 권한에 불과한 것"으로 나타나지만, 기실 근대 가부장의 독단적인 권력이야말로 고대의 관점에서는 사적 가족 자체와 마찬가지로 '인위적'인 것이다.[34]

---

33   K. Marx, 'Marx's Excerpts from Henry Sumner Maine, *Lectures on the Early History of Institutions*', in L. Krader(ed.), *The Ethnological Notebooks of Karl Marx*(Asse: Van Gorcum, 1972), p.292. 영역본은 다음을 참고. D.N. Smith, *Marx's World: Global Society and Capital Accumulation in Marx's Late Manuscripts*(New Haven, CT: Yale University Press, forthcoming). 인용 부호로 표시된 글은 마르크스가 옮겨 쓴 발췌문이고, 나머지는 마르크스가 논평하고 풀어쓴 것이다. 강조는 마르크스.

34   같은 책, p.309.

마르크스는 메인이 사적 가족의 존재를 특수한 상황에서 생겨난 인도 가족의 한 형태에 기초해 일반화하고 있다고 비난했다. 씨족이 사적 가족에서 진화했다고 주장할 만한 증거는 충분하지 않다. 심지어 메인의 저술에도 인도의 상속권에 관한 그의 논의와 반대되는 증거가 있다.[35]

또한 마르크스는 씨족 족장의 재산 분배가 가부장으로서의 권력에 기초한다는 메인의 주장에 대해 그를 비판했다. 오히려 마르크스는 씨족과 사적 가족의 원리가 충돌하는 시작 단계를 보았다.[36] 처음에는 씨족 소유의 토지를 처분할 수 있는 권력이 다수의 사람들에게 있는 것 같았다. 이후, 족장이 점차 강력해지면서, 그는 배타적 권리로서 처분권을 얻었다. 더욱이 마르크스는 씨족 원리의 쇠퇴 상태가 이미 진행되었을 때, 가부장적 계급사회로 이행하는 최종 단계에서 이 처분권이 "행정적 권한"[37]으로만 나타난다고 했다.[38]

많은 곳에서 그러했듯, 마르크스는 '자연적' 조건과 '인위적' 조건이 오직 생산의 특정한 사회적 관계 및 사회의 발전에 기초해서만 결정될 수 있다고 지적했다. 각각의 생산에서 경제적 양식은 일정 범위의 잠재적인 사회 관계를 내포한다. 지금의 사회에서 씨족이 인위적인 제도로 보이는 것처럼, 근대 가족은 그것의 초기에는 인위적이고, 유지될 수 없는 사회구조였을 것이다. 마르크스는 가족의 현재 형태만이 유일하게 가능한 것은 아니라고 주장했다. 가족은 자본주의 이후 그 어떤 사회에서든 많이 바뀌어야 할 것이었다.

마르크스는 가족의 모든 역사적 형태에 존재하는 사회적으로 구성된 성

---

35 이 주장에 대해서는 예컨대 다음을 참고. 같은 책, p.324~327.

36 같은 책.

37 같은 책.

38 같은 책.

격을 이야기하곤 했는데, 모건에 관한 그의 다음 노트에서 찾아볼 수 있다.

> 각각의 **혈족 체계**는 "그것이 형성된 시기의 **가족 속에 존재했던 실제 관계를** 나타낸
> 다. ······ **어머니와 자녀의 관계**, ······ **형제자매 관계**, ······ **할머니와 손주 관계**는" (어
> 떠한 형태의 가족이라도 형성된 이후로는) "언제나 확인할 수 있지만, 아버지와 자녀
> 의 관계, ······ **할아버지와 손주의 관계**는 그렇지 않다". 후자는 (적어도 공식적으로
> 는?) 일부일처제에서만 확인할 수 있다.[39]

마르크스는 가족이 비역사적인 것도, '자연적인 것'도 아니라고 말했다.
오히려 가족은 부성(paternity)이 (적어도 최근까지는) 필연적으로 불확실해지
는 특정한 시기의 물질적 조건에 기초하는 사회적 구성물이다. 일부일처제
가족과 그것의 귀결인 축첩제 및 불륜에 대한 그의 비판보다 중요한 것은
"어머니와 자녀의 관계"에 대해 그가 삽입한 부분이다.[40] 여기에는 비생물
학적 규정의 여지가 있는 것으로 보인다. 모건은 어머니를 경유한 가족 구
성원들의 관계는 언제나 확실했다고 하지만, 마르크스는 여기에 "어떠한 형
태의 가족이라도 형성된 이후로는"이라는 구절을 덧붙인다.[41] 그러므로 가
족에 생물학적 요소가 있다고 해도, 그것조차도 구성원을 결정하기 위해서
는 사회구조를 통해서 사회적으로 매개된다는 것이다.

마르크스는 가족과 젠더 관계를 고정적인 것으로 보지 않았다. 오히려 이
관계는 능동적·역동적이고 단순한 범주화를 거부하며, 해당 시기와는 상관
없이 여성에게 더 많은 주체성을 허락한다. 마르크스는 이로쿼이족에서의
평등주의적 젠더 관계에 관한 모건의 논의에 대해 예리한 비판을 가했다.

---

39   Marx, 'Marx's Excerpts from Henry Morgan *Ancient Society*', p.104.
40   같은 책.
41   같은 책.

모건은 이로쿼이 여성들이 그가 살았던 시대의 여성보다 더 많은 권력을 가지고 있다는 것에 주목했으나, 마르크스는 모건에게서 이로쿼이 여성의 지위가 이상과는 거리가 멀었고 사실은 이중 잣대에 기초한다는 점을 알아냈다. 남편은 아내에게 정조를 요구했고, 아내는 부정을 저질렀다는 이유로 가혹한 형벌을 맞이할 수도 있지만, 남성에게는 일부다처제가 허용되었다.[42]

마르크스는 모건이 그리스 여성의 낮은 지위에 관해 기록한 부분도 받아적었는데, 그리스 여성에게 권력이 부족했다는 점에 연연하기보다는, 여성 주체성의 잠재성에 대해서 자신의 논평을 덧붙였다. "그러나 **올림푸스 여신**의 상황은 훨씬 자유롭고 영향력이 있었던 여성의 예전 지위에 대한 향수를 보여준다. 권력에 굶주린 유노, 제우스의 머리에서 나타난 지혜의 여신 등등"이다.[43]

그리스 여신의 위치는 여성이 덜 억압되었던 과거와 동시에, 여성이 지금보다 높은 지위를 되찾게 될 가능성이 있는 미래를 모두 나타냈다. 하지만 그리스신화 일부가 가부장적인 장악에 의해 물들어가면서 그리스 여성은 유노(헤라)와 아테나를 단순히 본받는 것 이상의 것을 해야 했다. 과거에 대한 향수는 여성의 지위를 근본적으로 변화시키기에는 충분하지 않았다. 그렇지만 이 여신들은 출발점을 제시했다. 우선 두 여신은 배제되기보다는 남성들 사이에서 살아가고, 비록 언제나 긍정적인 역할은 아니었어도 사회에서 중요한 역할을 했다.

더 중요한 것은 두 여신 모두 피임의 원시적인 형편과 당시의 사회적 영향력이 부과한 한계에도 불구하고 자신의 섹슈얼리티에 대해 상당한 통제력을 유지했다는 것이다. 헤라는 아들인 헤파이스토스를 키우지 않겠다고

---

42 같은 책, p.117.
43 같은 책, p.121.

스스로 결정할 수 있었고, 아테나는 가정을 꾸리면서 권좌에 남아 있기 어렵다는 점을 고려해 처녀로 남아 있기를 선택했던 것 같다. 틀림없이 두 사례 모두 불완전한 선택이었으나, 그리스의 가부장제에 대한 비판의 출발점을 제공할 수 있었다.

11.5 변증법적 교차성의 중요성

마르크스는 당대의 젠더 관계에 대해 상당한 통찰력을 보여주었고, 새로운 남녀관계를 필연적으로 수반하는 총체적인 사회변혁의 필요성을 지적했다. 그렇지만 마르크스의 작업이 완전무결한 것은 아니다. 그는 당대 빅토리아 시대 풍습을 항상 극복하지는 못했으며, 가끔은 젠더에 관한 자연주의적인 입장으로 회귀했다. 그럼에도 불구하고, 마르크스의 젠더에 관한 혁신적인 이론은『1844년 경제학 철학 수고』에 이미 잘 나타나 있으며, 여기에서 그는 성평등을 저지하는 위계적 이원론을 극복할 수 있는 큰 잠재력을 지닌 젠더 및 사회에 관한 철학의 발단을 제공한다.

이후, 그가 정치경제학으로 관심을 돌리게 되면서 초기의 철학적 기초들은 그대로 남았다. 마르크스는 여성의 노동인구로의 진입과 그것이 제공하는 모순 및 기회들에 대해 완전히 변증법인 이해로 향하는 듯 보였다. 모든 여성이 겪을 곤경에 대한 그의 감수성은 자유주의의 경계를 넘어서야 할 필요성을 보여주었다. 마르크스의『민족학 노트』는 가족관계와 성평등에 관한 그의 사고를 새로운 방향, 이론적으로 고무하는 방향으로 이끌었으며, 가족관계와 성평등 영역을 새로운 경제적 상황에 따라 단순하게 변화하는 정적인 범주가 아니라 경제적 요인과 상호작용하는 역동적이고 변증법적인 요인으로 지적했다.

젠더와 계급 간의 관계를 이해하기 위한 가장 중요한 요인 중 하나는 마르크스의 변증법적 상호작용이다. 대부분의 경우, 마르크스의 범주는 공장이든, 가족이든, 전자본주의적 씨족이든 간에 모두 경험 세계에 대한 변증법적인 분석에서 나왔다. 이 범주들은 정적이고 비역사적인 공식이 아니라 역동적이고 사회적 관계에 근거한다. 더욱이, 이 범주들은 사회가 변화함에 따라서 변화를 겪는다. 이는 정체성과 차이 모두가 분명하게 나타나는 전 지구적으로 다양한 징후 속에서 젠더 관계를 분석하는 도구로서 오늘날 페미니즘에 있어 유용할 수 있다.

마르크스의 경제결정론에 관한 문제는 좀 더 세심한 검토가 필요하다. 경제적 요인은 다른 사회적 행위를 조건 짓기 때문에 매우 중요한 역할을 한다. 그러나 마르크스는 보통, 경제적 요인과 사회적 요인이 특정한 생산양식의 계기라는 점에서 그 요인 간의 상호적이고 변증법적인 관계에 주의를 기울였다. 결국 마르크스가 다수의 저술에서 설명한 것처럼, 그 둘은 완전하게 구별될 수 없다. 그는 경제학과 가부장제의 특수한 자본주의적인 형태가 여성을 억압하기 위해서 상호작용하는 독특한 방식을 지적했다. 그러므로 마르크스는 적어도 잠정적으로는 계급과 젠더 사이의 상호의존적인 관계를, 둘 중 어느 것을 자신의 분석에서 특권화하지 않은 채로 논하기 시작했다.

물론 여성에 관한 마르크스 저술의 모든 부분이 오늘날 적절한 것은 아니며, 어떤 것들은 19세기 사상의 한계를 지니고 있다. 하지만 젠더와 가족에 관한 마르크스의 논의는 단지 여성을 공장노동자로 포함시키는 것을 넘어서 확장되었다. 그는 근대 가족 내부에서 억압이 지속되는 것에 주목했으며, 새로운 형태의 가족을 만들어낼 필요성에 주목했다. 또 마르크스는 점차 작업장, 노동조합, IWMA 내에서의 평등에 대한 여성들의 요구를 지지하게 되었다. 정제되지 않고 단편적이기는 하지만, 마르크스의 민족학에 관한 노트는 그가 가족의 역사적인 성격을 직접적으로 지적했다는 점 때문에 특별히 중요하다.

마르크스의 이론은 오늘날 자본주의를 이해하는 데 있어 중요한 요소인 젠더를 포괄한 설명의 제공 측면에서는 아직 충분히 발전되지 않았지만, 그럼에도 불구하고 변증법적 변화에 관한 그의 강조와 범주는 현대 가부장제 형태에 대한 체계적 비판으로 이어진다. 그러므로 그는 대부분의 인류사 내내 존재했던 일반적인 형태의 여성 억압으로부터 역사적으로 특수한 가부장제의 요인을 구분할 수 있다. 이러한 의미에서 마르크스의 자본 비판이 다시금 주목을 받는 지금 그의 범주는 페미니즘 이론에 자원을 제공하거나, 적어도 마르크스주의자와 페미니스트 사이의 새로운 대화의 장을 마련한다.

참고문헌

Anderson, Kevin(2010), *Marx at the Margins: On Nationalism, Ethnicity*, and Non-Western
　　　Societies, Chicago: University of Chicago Press.

Barrett, Michele(1980), *Women's Oppression Today: Problems in Marxist Feminist Analysis*, New
　　　York: Verso.

Brown, Heather(2012), *Marx on Gender and the Family: A Critical Study*, Boston: Brill.

Di Stefano, Christine(1991), *Configurations of Masculinity: A Feminist Perspective on Modern
　　　Political Theory*, Ithaca, NY: Cornell University Press.

Dunayevskaya, Raya(1991), *Rosa Luxemburg, Women's Liberation, and Marx's Philosophy of
　　　Revolution*, Chicago: University of Illinois Press.

Engels, Friedrich(1990), *Origin of the Family, Private Property and the State*, MECW, vol.26,
　　　pp.129~276.

Eisenstein, Zillah(ed.)(1979), *Capitalisit Patriarchy and the Case for Socialist Feminism*, New
　　　York: Monthly Review Press.

Gimenez, Martha(2005), 'Capitalism and the Oppression of Women: Marx Revisited', *Science &
　　　Society*, 69: 11~32.

Grant, Judith(2005), 'Gender and Marx's Radical Humanism in The Economic and Philosophic
　　　Manuscripts of 1844', Rethinking Marxism, 17: 59~77.

Hartmann, Heidi(1979), 'The Unhppy Marriage of Marxism and Feminism: Towards a More
　　　Progressive Union', *Capital & Class*, 3: 1~33.

Leeb, Claudia(2007), 'Marx and Gendered Structure of Capitalism', *Philosophy & Social Criticism*,
　　　33: 833~859.

Maine, Henry(1875), *Lectures on the Early History of Institutions*, New York: Henry Holt and
　　　Company.

Marx, Karl(1972), 'Ethnological Notebooks', in Lawrence Krader(ed.), *The Ethnological
　　　Notebooks of Karl Marx*, Assen: Van Gorcum.

＿＿＿(1975), *Economic and Philosophic Manuscripts of 1844*, MECW, vol.3, pp.229~346.

＿＿＿(1975), 'Peuchet on Suicide', MECW, vol.4, pp.597~612.

＿＿＿(1985), 'Record of Marx's Speech on the Consequences of Using Machinery under
　　　Capitalism', MECW, vol.21, pp.382~384.

＿＿＿(1985), 'Report of the General Council to the Fourth Congress of the International Working
　　　Men's Association', MECW, vol.21, pp.68~82.

＿＿＿(1989), *Critique of the Gotha Programme*, MECW, vol.24, pp.75~99.

_____(1996), *Capital*, volume, I, MECW, vol.35.

Marx, Karl, and Engels, Frederick(1976), *Manifesto of the Communist Party*, MECW, vol.6, pp.477~519.

Morgan, Lewis Henry(1877), *Ancient Society or Researches in the Lines of Human Progress from Savagery through Barbarism and to Civilization*, Chicago: Charles H. Kerr & Company.

Smith, David Norman(forthcoming), *Marx's World: Global Society and Capital Accumulation in Marx's Late Manuscripts*, New Haven, CT: Yale University Press.

_____(2002), 'Accumulation and the Clash of Cultures: Marx Ethnology in Context', *Rethinking Marxism*, 14: 73~83.

Vogel, Lise, and Gimenez, Martha(eds.)(2005), *Marxist-Feminist Thought Today, Science and Society*(Special Issue), 65.

민족주의와 종족성

케빈 B. 앤더슨

12.1 신화를 거부하기

마르크스가 민족주의, 인종, 종족에 관해서는 거의 아무런 말을 하지 않았다거나, 이러한 문제를 다룰 때 바람직하지 못한 실수를 저질렀고 환원주의적 태도를 보였다고 하는 신화는 수많은 학문적 반박에도 불구하고 수십 년간 자명한 것으로 유지되었다.[1] 물론 마르크스가 민족주의, 종족, 인종에

---

1   W.E.B. 두 보이스는 마르크스가 인종과 계급의 변증법을 절묘하게 파악했음을 보여주었다(W.E.B. Du Bois, *Black Reconstruction in America: An Essay toward a History of the Part Which Black Folk Played in the Attempt to Reconstruct Democracy in America, 1860~1880* [New York: Atheneum, 1973]). 이는 이후 A. 님츠와 R. 블랙번이 논증한 것이다(A. Nimtz, Marx, *Tocqueville, and Race in America: The 'Absolute Democracy' or 'Defiled Republic'* [Lanham, MD: Lexington Books, 2003]; R. Blackburn, *An Unfinished Revolution: Karl Marx and Abraham Lincoln* [London: Verso, 2011]). S.F. 블룸 역시 마르크스의 민족주의론과 관련해 같은 연구를 했다(S.F. Bloom, *The World of Nations: A Study of the National Implications of the Work of Marx* [New York: Columbia University Press, 1941]). E. 브레너, M. 뢰비, A. 발리츠키가 수행한 마르크스에 관한 보다 최근의 연구도 마찬가지이다(E. Benner, *Really Existing Nationalisms: A Post-Communist View of Marx and Engels,* New York: Oxford University Press, 1995; M. Lowy, *Fatherland or Mother Earth? Essays on the National Question*, London: Pluto Press, 1998; A. Walicki, 'Marx, Engels, and the Polish Question', in: *Philosophy and Romantic Nationalism: The Case of Poland,* Oxford: Oxford University Press, 1982).

관해 쓴 모든 것이 오늘날에 잘 들어맞는 것은 아니다. 한 가지 대표적 사례가 러시아인과 동유럽 및 남유럽의 기타 슬라브 민족 일부에 관한 것이다. 후술하겠지만, 마르크스는 폴란드 민족해방을 유럽 정치의 중요한 진보적 동력으로서 강력하게 지지했다. 그러나 초기 저작에서는 러시아를 완전히 반동적 사회로 묘사했으며, 기타 슬라브 민족 대부분을 러시아의 범슬라브주의 선전에 지배받고 있는 것으로 그렸다. 이는 더 말할 것도 없이, 마르크스의 민족주의론에 대한 (몇몇 경우에는 부당하기도 한) 광범위한 비판을 야기했다. 마르크스의 견해가 1848~1849년 민주주의 혁명의 고조 기간 러시아의 반혁명적 역할과 대부분 관련되어 있기는 하지만, 이는 충분한 설명이 되지 못한다. 마르크스가 1870년대 이전 러시아 관련 저술에서 차르 제국을 악의적인 세력으로 격렬하게 비판했을 뿐만 아니라 러시아인 그 자체에 대해 매우 문제적인, 심지어 인종주의적인 진술을 많이 남겼다는 점을 확인할 수 있기 때문이다. 기타 슬라브인 집단에 관한 경우, 대부분의 독설은 엥겔스가 범슬라브주의에 관해 쓴 일련의 기사에서 나타난다.[2] 그러나 마르크스와 엥겔스 모두 1870, 1880년대에 입장이 변화하며, 이 무렵 러시아어를 배운 마르크스가 자본주의 체제에 맞서 글로벌한 반란의 시작이 가능한 지점으로서 러시아 농민 공동체를 찬양했음을 확인할 수 있다.[3]

---

2   R. Rosdolsky, *Engels and the 'Nonhistoric' Peoples: The National Question in the Revolution of 1848*(Glasgow: Critique Books, 1986).

3   이 장은 유럽 및 북미의 민족주의, 인종, 종족에 대해 초점을 맞춘다. 이와는 별개로 널리 알려진, 마르크스가 1850년대 초 ≪뉴욕 트리뷴≫을 통해 인도를 다룬 논의에서 발견되는, 때로는 자종족 중심적이고 때로는 유럽 중심적인 성격을 가진 일단의 평가는 논외로 한다. 이러한 저술에 관한 보다 자세한 논의는 다음에서 확인할 수 있다. A. Ahmad, 'Marx on India: A Clarification', in: *In Theory: Classes, Nations, Literature* (London: Verso, 1992); K. Anderson, *Marx at the Margins: On Ethnicity, Nationalism, and Non-Western Societies*(Chicago: University of Chicago Press, 2010), pp.11~24, 37~41; I. Habib, 'Introduction: Marx's Perception of India', in: I. Husain(ed.), *Karl Marx on India*(New Delhi: Tulika Books, 2006).

동시에, 마르크스의 다른 수많은 저술은 민족주의·종족·인종이 계급과 맺는 관계, 혹은 자본에 맞선 투쟁과 맺는 관계에 관한 현대 이론을 구성하는 데 있어 훨씬 좋은 근거를 제시한다. 앞으로 다룰 논의는 세 종류의 마르크스 저술에 초점을 맞추며, 이 세 종류의 저술 모두가 매우 중요하다. 그것은 폴란드 민족해방과 더 폭넓은 유럽 혁명에 관한 글, 미국 남북전쟁과 인종 및 계급의 변증법에 관한 글, 아일랜드 민족해방과 영국 내 아일랜드 소수자에 관한 글이다. 폴란드에 관한 첫 번째 종류의 글은 민족해방에 관한 것이다. 미국에 대한 두 번째 종류의 글은 소수 종족 및 인종, 민주주의 투쟁, 인간 해방에 관한 것이다. 계급과 관련된 민족해방운동과 인종 운동이라는 이 두 가지 관심사는 모두 아일랜드에 관한 마르크스의 저술에 함께 나타나는데, 여기에서는 이 관심사가 보다 보편적 수준에서 이론화된다.

12.2 폴란드와 유럽 민주주의 혁명

폴란드에 관한 마르크스의 저술은 오늘날 거의 논의되지 않지만, 그가 살아 있던 당시 독립국가로서 존재 자체를 획득하기 위한 폴란드의 투쟁은 좌파 운동 및 민주주의 운동의 쟁점으로서 매우 크게 부각되었다. 마르크스 당대에 폴란드 민족해방은 오늘날 팔레스타인 민족해방보다 훨씬 더 중요한 준거점이었다고 해도 과언이 아닐 것이다. 그리고 오늘날 팔레스타인 사람과 마찬가지로, 폴란드인은 국가가 없는 민족이었고, 러시아·오스트리아·프로이센으로 조국이 분할되었으며, 많은 이들이 서유럽과 아메리카에서 망명 중이었다. 마르크스는 1856년 12월 2일 엥겔스에게 보낸 편지에서, 좌파에게 있어 폴란드의 중요성을 강조했다. "1789년 이후 모든 혁명의 강도와 성공 가능성은 폴란드에 대한 태도로 정확하게 판단될지도 모릅니다. 폴란드는 그 혁명들의 '외부' 온도계입니다."[4]

폴란드는 좌파에 대한 일종의 리트머스 시험이었지만, 좌파가 언제나 충족시키지 못했던 것이었다면, 폴란드 혁명가들은 자신들에 관한 한, 마르크스가 본 바와 같이 보다 일관적이고 원칙적이었다. 그들은 1794년, 1830년[5], 1846년, 1863년 폴란드 봉기를 통해, 그리고 폴란드 망명자들의 다른 수많은 혁명적 대의 참여를 통해, 18, 19세기의 보다 폭넓은 민주주의 혁명, 사회주의 혁명에 중요한 기여를 했는데, 이들 이상의 기여를 한 이들은 없었다. 예컨대 폴란드를 지지하는 국제 모임에서의 1875년 연설에서, 마르크스와 엥겔스는 폴란드 혁명가들의 '세계시민주의적' 성격을 다음과 같이 강조했다.

폴란드인은 …… **혁명의 세계시민주의적 군인**으로 싸워왔고 지금도 싸우고 있는 유일한 유럽인입니다. 폴란드는 미국 독립전쟁에서 자신의 피를 쏟았습니다. 폴란드 부대는 프랑스 제1공화국의 깃발 아래에서 싸웠습니다. 1830년 폴란드 혁명 기간에는 폴란드를 분할한 자들이 결정한 프랑스 침공을 저지했습니다. 1846년 크라쿠프에서는 유럽 최초로 사회혁명의 깃발을 올렸습니다. 1848년에는 헝가리, 독일, 이탈리아에서의 혁명적 투쟁에서 두드러진 역할을 수행했습니다. 마지막으로, 1871년에는 파리 코뮌에 자신들의 최고의 장군과 가장 영웅적인 병사들을 제공했습니다.[6]

---

4   'K. Marx to F. Engels, 2 December 1856', MECW, vol. 40, p. 85.

5   마르크스는 1830년, 즉 폴란드 봉기가 러시아 군대의 발을 몇 달간 묶어 두어, 그들이 프랑스의 반 군주제 혁명을 탄압하기 위한 병력을 보내지 못하도록 했던 때를 특별히 강조했다. 폴란드는 분쇄되고 러시아의 점령은 심각하게 가혹해졌지만, 결국 프랑스는 덜한 권위주의적인 체제로 귀결되었다. 다만 이후 폴란드에 대한 상호지원을 제공하지는 못했다.

6   K. Marx and F. Engels, 'For Poland', in MECW, vol. 24, pp. 57~58. 이 글에서는 마르크스, 엥겔스 전집(MECW)과 기타 표준적인 영어 번역본을 인용하지만, 몇몇 경우의 번역은 마르크스 저술의 독일어 혹은 프랑스어 원문을 참고한 후 수정을 가했다.

1846년 크라쿠프 봉기를 "유럽 최초로 사회혁명의 깃발을 올렸다"라고 표현한 것은 『공산당 선언』을 떠올리게 한다.

　이는 마르크스와 민족주의에 관한 보다 일반적인 쟁점을 가리킨다. 『공산당 선언』에는 조국이 없는 노동자, 민족적 적대의 쇠퇴에 관한 유명한 문구가 있는 것이 사실이다. 이는 종종, 특히 『공산당 선언』 서두를 크게 벗어나지 않는 수준으로 마르크스를 연구한 비평가들에게, 마르크스가 민족운동에 별 관심이 없었고 그 중요성을 과소평가했다는 잘못된 주장을 뒷받침하는 것으로 해석되었다. 그러나 "현존하는 다양한 반정부당에 대한 공산주의자의 입장"이라는 제목의 『공산당 선언』 결론부에는 폴란드 민족운동에 관한 중요한 언급이 있었다. 이곳에서, 공산주의자는 프랑스 민주주의 운동의 좌익, 영국 차티스트 노동운동, 미국의 토지개혁론자를 지지한다는 것을 읽을 수 있다. 이렇게 공산주의자에게 지지받을 만한 민주주의 운동, 진보운동 가운데는 폴란드의 국가 회복 투쟁도 있었는데, 이 투쟁에서 공산주의자는 민족주의 운동의 좌익을 지지했다. "폴란드에서 공산주의자는 민족해방의 주요 조건으로서 토지혁명을 주장하는 당, 즉 1846년 크라쿠프 봉기를 일으킨 당을 지지한다."[7]

　『공산당 선언』이 출판될 무렵인 1848년 2월 22일, 마르크스는 한 모임에서의 연설을 통해 1846년 크라쿠프에 관한 보다 포괄적인 분석을 발전시켰다.

> 크라쿠프 혁명운동의 지도부 인사들은 민주적인 폴란드만이 독립될 수 있고, 봉건적 권리를 폐지하지 않거나 종속된 소작농을 자유로운 소유자, 근대적 소유자로 전환시키는 토지혁명을 하지 않고는 민주적인 폴란드가 불가능하다는 깊은 신념을 공유했습니다. …… 크라쿠프 혁명은 민족적 대의를 민주적 대의

7　K. Marx and F. Engels, *Manifesto of the Communist Party*, MECW, vol.6, p.518.

및 피억압 계급 해방과 일치시킴으로써 전 유럽에 영광스러운 모범을 선사했습니다.[8]

폴란드 경우와 같은 민족주의 운동을 지지할 때 마르크스가 이용한 일반적 기준은 에리카 베너(Erica Benner, 1962~)가 다음과 같이 잘 설명한 바 있다. "마르크스가 주장하길, 민족주의 운동이 지지받을 자격을 갖추려면, 마르크스의 민주주의 개념에서 그 운동이 진정으로 '민족적'임을 증명해야 한다. 다시 말해 그 운동은 사회적 조건을 개선하고 정치적 참여 기반을 확대함으로써, 국민 중 광범위한 일부가 갖는 관심사를 분명히 다루어야 한다."[9]

1848년 공산주의자가 지지해야 할 종류의 투쟁에 관한 마르크스의 견해에 있어 폴란드가 중심이었다면, 1864년 런던에서의 IWMA 창립에 있어서 폴란드는 훨씬 더 결정적이었다. 후술하겠지만, 1864년 IWMA로 단결된 유럽의 노동, 사회주의, 민주주의 정치 흐름은 처음에 1861~1862년 남북전쟁 초기 미합중국을 지지하기 위해서 민족적 경계를 넘어 뭉쳐진 것이었다. 이듬해 폴란드에서는 또다시 중대한 봉기가 발생했고, 이는 러시아 군대에 의해 잔인하게 진압당했다. 이제는 노동, 사회주의, 민주주의 그룹의 동일한 네트워크가 폴란드 지원을 위해 모였다. 심지어 노동운동에 재갈을 물리는 경찰국가였던 보나파르트주의 프랑스조차도 표면적으로는 러시아에 맞선 폴란드의 편에 서서, 프랑스 노동자 대표단이 폴란드를 지지하는 다른 그룹들과 연계하기 위해 런던으로 떠나는 것을 허용했다. 이러한 회의로부터 IWMA는 탄생했다.

1864년 마르크스의 IWMA 창립 연설문은 계급과 경제적 문제를 주로 다루었지만, 아일랜드, 폴란드, 미국의 남북전쟁 또한 논했다. 아일랜드에 관

---

8   K. Marx and F. Engels, 'On the Polish Question', MECW, vol.6, p.549.

9   Benner, *Really Existing Nationalisms*, pp.154~155.

해 마르크스는 다음과 같이 썼다. "아일랜드인들은 북부에서는 기계로, 남부에서는 목양장으로 점차 대체되고 있습니다. 이 불행한 나라에서는 양조차도 그 수가 줄어들고 있습니다. 인간만큼 빠른 속도는 아니지만 말입니다."[10] 연설의 결론부는 미국 남북전쟁, 폴란드 및 캅카스 지역의 체첸인에 대한 러시아의 억압, 국제정치에서 러시아 정부의 일반적으로 반동적 역할을 다루면서, 노동계급이 그들 고유의 '외교정책'을 만들 필요가 있다는 주장을 유지했다.

서유럽이 대서양 맞은편에서의 노예제 영속 및 확대를 위한 악명 높은 십자군 전쟁에 성급히 뛰어드는 것을 막았던 것은 지배계급의 지혜가 아니라 그들의 범죄적 어리석음에 대한 잉글랜드 노동계급의 영웅적 저항이었습니다. 러시아에 의해 캅카스 산성이 먹잇감이 되고 영웅적 폴란드가 압살당하는 것을 목도하면서 유럽 상류계급이 보인 파렴치한 동조, 거짓된 동정, 멍청한 무관심, 그리고 자신의 머리는 상트페테르부르크에, 손은 유럽의 모든 내각에 둔 저 야만적 강대국의 방해받지 않는 엄청난 침략, 이는 노동계급에게 국제정치의 수수께끼를 스스로 숙달해야 할 의무를 가르쳤습니다. …… 이러한 외교정책을 위한 싸움은 노동계급의 해방을 위한 일반적인 투쟁의 일부를 구성합니다. 전 세계의 프롤레타리아여, 단결하라![11]

이러한 정식화는 단지 새로 설립된 IWMA에서 기꺼이 수용되었던 것뿐만이 아니다. 이러한 종류의 견해는 유럽과 북미를 가로지르는 사회주의 활동가 및 노동 활동가의 폭넓은 네트워크에서 공유되었으며, IWMA의 형성 자체에 있어 결정적이었다.

---

10   K. Marx, 'Inaugural Address of the Working Men's International', MECW, vol.20, p.5.
11   같은 책, p.13.

1864~1865년 IWMA 내 논쟁에서, 마르크스는 서유럽에서의 민주주의 투쟁, 계급투쟁이 폴란드인과 같은 피억압 민족의 투쟁과 연계되지 않는 한, 두 투쟁 모두 패배로 무너지지는 않더라도 그 목표를 완전히 실현하지는 못할 것이라고 주장했다. 따라서 폴란드 지지는 도덕적 문제 이상의 것이었는데, 폴란드의 해방 없이는 제정 러시아가 유럽을 계속 옥죌 것이고 1848년과 마찬가지로 미래의 혁명에 패배를 안겨줄 것이기 때문이었다. 동시에 그는 폴란드에서 발생한 혁명적 소요가 적절한 상황에서는 유럽의 보다 폭넓은 민주적 격변에 불을 붙일 수 있을 것이라는 점을 시사했다. 마르크스는 2년 전인 1863년 2월 13일, 당시 폴란드 봉기가 발발한 것에 관해 이와 유사한 맥락에서 엥겔스에게 다음과 같은 편지를 보냈다. "폴란드 사태에 대해서 당신은 어떻게 생각합니까? 이것만은 확실합니다. 혁명의 시대가 이제 다시 한번 유럽에서 정말로 열리고 있습니다. …… 이번에는, 그 용암이 동에서 서로 흐르기를 기대해 봅시다."[12]

1865년 말 IWMA 내에서는 격렬한 논쟁이 일어났는데, 당시 프루동주의자 그룹은 노동자주의적 태도를 취하면서 폴란드 운동에 개입하는 것을 노동계급 투쟁과는 무관한, 정치적으로 주의를 산만하게 만드는 문제라고 규정했다. 실제로 그들과의 의견 충돌은 점차 심해졌는데, 피에르-조제프 프루동(Pierre-Joseph Proudhon, 1809~1865)은 폴란드보다는 러시아에 공감하는 몇 안 되는 사회주의 지도자 중 한 명이었기 때문이다. 마르크스의 요청에 대해 엥겔스는 「노동계급은 폴란드와 관련해 무엇을 해야 하는가?」라는 제목의 일련 기사로 답했는데, 여기에서 그는 폴란드 운동을 유럽 노동계급 운동사와 연결시켰다.

노동계급이 정치 운동에서 스스로의 역할을 해낼 때마다, 그곳에는 가장 처음부

---

12 'K. Marx to F. Engels, 13 February 1863', MECW, vol.41, p.453.

터 그들의 외교정책이 **폴란드의 회복**이라는 몇 단어로 표현되었다. 차티스트 운동이 지속되는 한 그랬다. 1848년 훨씬 이전부터, 그리고 이 기억할 만한 해의 5월 15일, '폴란드여 영원하라!'를 외치면서 국민의회로 행진했던 프랑스 노동자들이 그랬다. 1848년과 1849년 독일에서, 노동계급의 기관지들[13]이 러시아와의 전쟁 및 폴란드의 재건을 요구했을 때 그랬다. 심지어 지금도 그렇다.[14]

이 기사는 프루동주의자들의 이의를 잠시 모면한다는 점에서 성공을 거두긴 했지만, 노동 활동가, 사회주의 활동가 사이에 폴란드에 대한 폭넓은 공감이 있었다는 점을 고려하면 그것이 어려운 일은 아니었다.

전반적으로, 마르크스는 폴란드의 내부 사회구조 혹은 계급구성에 관해서는 길게 쓰지 않았다. 비록 그가, 외국의 지배로부터의 조국 해방뿐만 아니라 지주의 억압에서 농민을 해방시키는 농업 관계의 급진적 변화까지도 고수하는, 여러 가지 형태의 폴란드 민족주의가 갖는 진보적 성격을 일관되게 언급하기는 했지만 말이다. 그는 폴란드를 민주주의, 노동, 사회주의운동에 있어서의 '외교정책' 문제로서 가장 자주 다루었다. 그가 본 바와 같이, 폴란드의 중요성은 러시아가 가하는 억압의 주된 피해자가 폴란드였다는 사실, 그리고 폴란드인들이 토지개혁을 지지하는 좌파적 요소를 포함하는 오랜 혁명적 전통을 가지고 서유럽의 민주주의, 사회주의운동과 나란히 싸울 것이라 기대될 수 있다는 사실에 있었다. 그 영토와 사람 대부분이 러시아 제국 내에 갇힌 상황에서, 폴란드는 이 제국, 즉 러시아가 결코 완전히 지배할 수 없었던 국가 내의 깊은 모순을 표현하는 것이었다. 동시에 서구의 혁명가들은 폴란드를 배신했을 때 폴란드뿐만 아니라 자신들의 대의마저 상처 입히는 것이었다.

---

13 마르크스가 편집한 ≪신라인 신문≫에 관한 언급이다.

14 Marx, 'Inaugural Address of the Working Men's International', p.152.

12.3 미국 남북전쟁 시기 인종, 계급, 노예제

폴란드가 민족주의에 관한 마르크스의 가장 중요한 저술 일부에서 초점이 되었다면, 미국 남북전쟁은 인종과 계급에 관한 그의 가장 의미 있는 저술 일부[15]를 이끌어냈다. 마르크스는 남북전쟁을 정치적 차원뿐만 아니라 사회경제적 차원까지 갖춘 제2의 미국혁명이 될 것이라 여겼다. 그는 이러한 감정을 『자본』 1권 1867년 서문에서 다음과 같이 표현했다. "18세기에 미국 독립전쟁이 유럽 중간계급에 경종을 울렸듯, 19세기에 미국 남북전쟁은 유럽 노동계급에게 경종을 울렸다."[16] 확실히 그는 남북전쟁을 공산주의적인 혁명이라기보다는 부르주아 민주주의적 혁명으로 봤다. 블랙번이 지적했듯, 마르크스의 견해에 따르면 "노예 권력 타파 및 노예 해방은 자본주의를 파괴하는 것이 아니라, 백인이든 흑인이든 노동을 조직하고 고양시키는 데 훨씬 유리한 조건을 형성시킬 것이다".[17]

마르크스에게 남북전쟁은 정치적 함의뿐만 아니라 중요한 경제적 함의도 가지고 있었다. 북부의 승리는 미국 인구의 상당 부분이 형식적 자유를 얻게 될 노예제 폐지를 통해 민주적 요구를 부분적으로 충족시켜 당시 세계에서 가장 거대한 민주공화국이었던 미국을 강화할 것이었다. 반면 이와 동시에, 미국 경제의 규모와 그것이 노예노동에 기초한 비중을 감안할 때, 400만 노예의 해방이 노예 '소유주'에 대한 보상 없이 이루어진 것은 경제적 측면에서 보면 당시까지의 역사상 가장 큰 규모의 사유재산에 대한 수탈이었다.

---

15 이러한 저술들은 두 보이스가 『미국의 흑인 재건(Black Reconstruction in America)』에서 다룬 이후 미국에서 관심 받았고 곧이어 대부분이 번역되었지만(K. Marx and Friedrich Engels, *The Civil War in the United States*, New York: International Publishers, 1937), 국제적인 마르크스 학계에서는 아주 최근까지도 훨씬 적게 논의되었다.

16 K. Marx, *Capital*, volume I(New York: Penguin, 1976), p.91.

17 Blackburn, *An Unfinished Revolution*, p.13.

게다가 그는 전쟁 이후의 재건이 완전한 정치적 권리뿐만 아니라 토지까지 이전 노예에게 부여하는 남부에서의 진정한 토지개혁을 가져올 것이라는, 수많은 진보적 자유주의자 및 사회주의자의 희망을 공유했다. 따라서 마르크스는 『자본』의 1867년 서문에서 해방 노예에게 40에이커의 땅과 노새를 부여하는 급진적 공화당원들의 강령을 언급했다. "미국의 부통령 웨이드 씨는 대중 집회에서 노예제 폐지 이후 현존하는 자본 관계 및 토지 소유관계의 근본적 변화가 의제로 올라왔다고 선언했다."[18] 이 강령은 다음 해 적대적인 인종주의자인 앤드루 존슨(Andrew Johnson, 1808~1875) 대통령의 탄핵이 실패로 돌아가면서 무산되었다.

마르크스는 미국 대통령 에이브러햄 링컨(Abraham Lincoln, 1809~1865)이 노예제에 반대하는 입장을 아직 밝히지 않았던 전쟁 초기부터 북부 연방의 대의를 강력하게 지지했다. 마르크스는 노예 소유 '권리'를 헌법의 기본 원칙으로 삼는 남부가 완전히 반동적이라고 주장했다. 그러나 이러한 점에도 불구하고, 마르크스는 링컨을 강하게 비판했다. 마르크스는 1862년 8월 30일자 ≪디 프레세(Die Presse)≫ 기사에서 링컨이 해방을 지지하는 입장을 밝히지 않은 점을 비난했는데, 이때 급진적 노예제 폐지론자 웬들 필립스(Wendell Phillips, 1811~1884)의 연설이 길게 인용된다. 필립스는 링컨을, 미국은 "노예제가 폐지될 때까지 …… 결코 평화를 보지 못할 것"이라는 점을 인식하지 못한 "1류의 2류 인간"[19]으로 묘사했다.

상술한 바와 같이, IWMA는 북부를 지지했던 노동, 사회주의 네트워크를 상당 부분 기반으로 해, 영국과 프랑스가 남부의 편에 서서 개입할 조짐을 보였던 남북전쟁의 결정적이었던 초기에 창설되었다. 1865년 1월, IWMA는 링컨에게 마르크스가 작성한 서한을 보내, 1864년 선거에서 그가 거둔

---

18   Marx, *Capital*, volume I, p.93.

19   K. Marx, 'English Public Opinion', MECW, vol.19, p.34.

확고한 승리를 축하했다. IWMA의 40인 대표단을 맞이하고 서한을 링컨에게 전달한 후, 주영 미국 공사 찰스 프랜시스 애덤스(Charles Francis Adams, 1807~1886)는 링컨을 대신해 놀라울 만큼 따뜻한 공개 회신을 발표했는데, 이는 다음과 같이 쓰고 있었다. "미국은 …… 미국의 국민 의식이 유럽 노동자들의 계몽된 지지와 진심 어린 공감을 얻는다는 그들의 증언에서, 굴하지 말고 계속 나아가라는 새로운 격려를 얻었습니다."[20] 그러나 이듬해 링컨이 암살당한 후, 그의 후임자인 존슨은 이전 노예의 시민권을 제한하기 시작했다. 이에 대해, IWMA는 미국인들에게 보내는 매우 강한 어조의 서한을 발표했는데, 이는 향후 인종 갈등에 관한 선견지명 있는 경고를 담고 있었다. 불행히도 이 서한은 거의 관심을 받지 못했다.

또한 우리가 미래에 관한 몇 마디 조언을 덧붙이는 것을 양해 바랍니다. 여러분 국민 일부에 대한 불평등이 이와 같은 비참한 결과를 만들었으므로, 이를 중단토록 하십시오. 오늘날 여러분 시민은 자유롭고 평등함이 유보 없이 선언되도록 하십시오. **만약 여러분이 그들에게 시민의 의무를 요구하면서 시민의 권리를 부여하지 않는다면, 여러분의 국가를 여러분 국민의 피로 다시 더럽힐지도 모를 미래를 위한 투쟁이 계속될 것입니다.** 유럽과 세계의 시선이 여러분의 재건 노력에 고정되어 있고, 적들은 최소한의 기회만 주어지면 공화주의 제도 몰락의 조종을 울릴 준비를 언제나 하고 있습니다. 그러므로 우리는 공동의 대의 안에 있는 형제로서, 자유의 팔에서 모든 족쇄를 제거할 것을 여러분에게 강력히 충고하는 바이며, 그러면 여러분의 승리는 달성될 것입니다.[21]

---

20   Marx and Engels, *The Civil War in the United States*, pp.100~105.

21   Institute of Marxism-Leninism of the CC, CPSU(ed.), *General Council of the First International: Minutes, 1864~1866*(Moscow: Foreign Languages Publishing House, 1962), pp.311~312. 강조는 추가.

비록 마르크스가 이 서한을 작성하지는 않았지만, 그가 자신의 영향력이 가장 컸던 IWMA가 낸 이 성명에 동의하지 않았다는 징후는 없었다.

미국의 인종과 계급이라는 주제는 남북전쟁에 관한 마르크스의 저술뿐만 아니라, 흔히 간과되었던 『자본』의 다음과 같은 구절에서도 계속해서 등장했다.

노예제가 공화국 일부를 망가뜨리는 한, 미국에서는 어떠한 자립적 노동운동도 마비되었다. **흑인 노동이 낙인찍힌 곳에서는 백인 노동도 해방될 수 없다.** 그러나 노예제의 사멸에서 곧바로 새로운 생명이 싹텄다. 미국 남북전쟁의 첫 번째 성과는 8시간 노동을 위한 운동이며, 이 운동은 대서양에서 태평양까지, 뉴잉글랜드에서 캘리포니아까지, 기관차의 마법 부츠를 신고 내달렸다. 1866년 8월 볼티모어에서 열린 전국 노동자 대회는 다음과 같이 선언했다. "이 나라의 노동을 자본주의적 노예제에서 해방하기 위해 현재 가장 급선무인 것은, 미국 연방의 모든 주에서 8시간을 표준 노동일로 하는 법률을 통과시키는 것이다. 우리는 이 훌륭한 성과가 달성될 때까지 전력을 다할 것을 결의한다."[22]

이 구절은 마르크스가 『자본』 중 노동계급의 저항을 가장 많이 다룬 '노동일' 장에서 중심적인 위치를 차지한다. 게다가 라야 두나예프스카야(Raya Dunayevskaya, 1910~1987)가 주장했듯, 마르크스는 다소 나중에 작성한 『자본』 원고에 이 장을 추가했는데, 이는 미국 남북전쟁과 영국 노동의 북부에 대한 거대하고 원칙적인 지지운동으로부터 영향을 받은 것이었다. 이러한 의미에서 두나예프스카야는 "이론가로서의" 마르크스가 "노동자로부터의 새로운 자극에 대응했고" 그 결과 새로운 이론적 '범주'를 고안했다고 썼다.[23]

---

22   Marx, *Capital*, volume I, p.414. 강조는 추가.

또한 마르크스는 남부 내의 인종, 계급, 저항에 관해 논했다. 엥겔스에게 보낸 1860년 1월 11일 자 편지에서 한 가지 사례를 찾을 수 있는데, 이 편지는 노예제 폐지론자 존 브라운(John Brown, 1800~1859)이 버지니아 하퍼스페리(Harpers Ferry)를 습격한 사건의 여파로 작성되었다.

> 내가 보기에 오늘날 세계에서 일어나고 있는 가장 중대한 일은 한편으로는 브라운의 죽음으로 시작된 미국의 노예 사이의 운동이고, 다른 한편으로는 러시아의 노예 사이의 운동입니다. …… 나는 미주리에서 새로운 노예 봉기가 있었으나 자연스레 진압되었다는 것을 방금 ≪뉴욕 트리뷴≫에서 봤습니다. 그러나 이제 신호가 주어졌습니다.[24]

흑인뿐만 아니라 백인 노예제 폐지론자까지 포함되었던 브라운의 세력은 지역에서 노예 봉기를 일으키려 했다.

마르크스는 자신이 남부의 "백인 빈민"이라고 칭한 이들의 의식 또한 다루면서, 500만 명의 남부 백인 중 30만 명만이 실제로 노예를 소유한다는 점에 주목했다. 1861년, 남부 주가 분리 독립에 투표하고 남북전쟁이 시작되자, 마르크스는 분리 독립 회의에서의 투표가 백인 빈민 다수는 분리 독립을 처음에는 지지하지 않았다는 것을 보여주었다는 점을 강조했다. 1861년 10월 25일 자 기사 「북미 남북전쟁(The North American Civil War)」에서, 마르크스는 노예노동이 지배적인 새로운 영토를 향한 남부의 확장욕을 시사했는데, 여기에서 그는 백인 빈민을 피정복된 사람들로부터 땅과 노예를 얻은 고대 로마의 평민에 비교했다.

---

23 R. Dunayevskaya, *Marxism and Freedom: From 1776 until Today*(Amherst, NY: Humanity Books, 2000), p.89.

24 'K. Marx to F. Engels, 11 January 1860', MECW, vol.41, p.4.

남부 연합의 실제 노예 소유주 수는 30만 명을 넘지 않는다. 이 협소한 과두제는 소위 백인 빈민 수백만 명과 마주하고 있다. 백인 빈민의 수는 토지 소유의 집중으로 지속해서 증가해 왔으며, 그들의 상태는 로마가 극도로 쇠퇴하던 시기의 로마 평민의 상태에 비교될 뿐이다. 새로운 영토의 획득, 획득 전망, 약탈 원정을 통해서만 이 백인 빈민의 이해를 노예 소유주의 이해와 일치시키는 것이 가능하고, 행동을 취하고자 하는 백인 빈민들의 쉼 없는 갈증에 무해한 방향을 제공하는 것이 가능하며, 언젠가는 노예 소유주가 될 것이라는 전망으로 그들을 길들이는 것이 가능하다.[25]

아우구스트 님츠(August Nimtz)가 시사했듯, "북부 멕시코를 미국에 강제로 병합한 것은 분명히 마르크스가 신경 쓴 사항이었다. 그는 남북전쟁 이전의 빈곤한 남부 백인들이 가진 허위의식이라고 이후 불릴 것의 물질적 토대를 설명하려 했고, 따라서 이데올로기적 헤게모니의 확립과 유지에 관한 통찰을 제공했다".[26] 마르크스가 주장하길, 그 시기 링컨 정부가 새로운 노예주(slave states)를 지정하는 것에 반대했을 뿐 노예제 자체의 폐지를 주장한 것이 아니었음에도 불구하고, 새로운 노예주를 만들어야 할 필요성은 1861년에 남부를 분리 독립으로 이끌었다.

마르크스가 본 바와 같이, 남부 사회구조의 깊은 곳에는 백인 빈민과 흑인 노예 간의 동맹 가능성이 놓여 있었다. 전쟁 그 자체는 구식 남부 사회를 산산조각 내고 이러한 모순이 표층으로 떠오르게 할 수 있었다. 전쟁은 북부에게도 혁명적 가능성을 가지고 있었다. 일찍이, 마르크스는 전쟁의 전개가 결국에는 북부로 하여금 노예제 폐지뿐만 아니라 북부군 내의 흑인 부대, 그리고 이전 노예의 완전한 시민권까지도 지지하도록 만들 것이라고, 미래

---

25   K. Marx, 'The North American Civil War', MECW, vol.19, pp.40~41.

26   Nimtz, *Marx, Tocqueville, and Race in America*, p.94.

를 내다보며 썼다. 엥겔스로 말하자면, 그는 북부는 충분히 급진적이지 못하며 남부의 확고한 전투 의지와는 대조적인 북부의 망설임 때문에 남부가 전쟁에서 승리할 것이라는, 라살과 같은 유럽 사회주의자의 견해를 어느 정도 공유했던 것으로 보였다. 마르크스와의 논쟁에서 엥겔스는 북부 장교단의 대부분이 남부로 귀순했다는 사실에 입각해, 남부 장교단의 더 풍부한 군사 경험 또한 지적했다.[27] 1862년 8월 7일 자 편지에서 마르크스가 "결국 북부는 전쟁을 진지한 태도로 임할 것이며, 혁명적 방법을 도입할 것입니다"라고, 그리고 이 방법에는 "놀라울 만큼 남부의 신경을 건드릴" 흑인 부대의 활용이 포함될 것[28]이라고 예측했던 것은 그와 엥겔스가 벌인 논쟁 중 하나였다.

마르크스의 남북전쟁에 관한 저술 상당수는 노동계급의 '외교정책'에 관한 것이었다. 개전 초기부터 영국과 프랑스가 남부의 편에 서서 개입할 것이고 따라서 남부의 승리가 확실할 것이라는 공포가 있었다. 영국의 보수 세력은 북부가 남부의 항만을 봉쇄한 것이 면화 수출을 막았고 맨체스터 및 기타 산업 중심지의 직물 노동자들 사이에 거대한 경제적 어려움을 야기하고 있다고 함으로써 북부에 맞서는 대중적 감정을 자극하려 했다. 1862년 1월 11일 자로 게재된 ≪뉴욕 트리뷴≫ 기사, 「잉글랜드의 여론」에서 마르크스는 미국 해군이 영국 선박에 강제로 승선해 런던으로 가던 중인 남부 연합

---

27 그들의 서신 교환에서 몇 년간 지속된 이 논쟁은 아마도 그들의 40년 관계에서 가장 명백히 드러난 정치적 차이였을 것이다.

28 'K. Marx to F. Engels, 7 August 1862', MECW, vol.41, p.400. 독일어로 작성된 이 편지에서 마르크스는 '니거 연대(nigger-regiment)'의 필요성을 영어로 언급했다. 이는 반인종주의적 주장을 하기 위해 매우 인종주의적인 용어를 사용한 예시였다. 이러한 용어 사용은 게재된 기사를 포함해 마르크스의 저술에서 몇 번 더 나타난다. 그러나 한 번만은, 그가 욕설로서 인종주의적인 용어(n-word)를 사용한 것으로 보인다. 이는 1862년 7월 30일 자 엥겔스에게 보낸 편지에서 마르크스가 라살을 비판할 때였다. 이 편지에서 마르크스는 북부의 대의에 대한 라살의 오만한 태도를 비난하고 있다('K. Marx to F. Engels, 30 July 1862', MECW, vol.41, pp.389~390).

대표단 2명을 체포한 후에도 노동계급이 영국 기득권층의 참전 외침에 어떻게 저항하고 있는지를 다음과 같이 논했다.

심지어 맨체스터에서도 노동계급의 분노가 너무도 잘 알려져, 참전 집회를 개최하려던 고립된 시도는 거의 고려되자마자 포기되었다. …… 잉글랜드, 스코틀랜드, 아일랜드에서 대중 집회가 열릴 때마다 그들은 언론의 광적인 참전 외침에 맞서, 정부의 불길한 계획에 맞서 항의했고, 임박한 문제의 평화적 해결을 선언했다. …… 영국 노동계급의 상당수가 남부 봉쇄의 결과로 직접적으로, 혹독하게 고통 받을 때, 그들 중 또 다른 이들은 소위 공화당의 이기적인 '보호정책'으로 인한 미국 무역 축소로 간접적으로 고통 받을 때, …… 이러한 환경에서 참다운 정의는 영국 노동계급의 신뢰할 만한 태도에 경의를 표할 것을 요구하며, 그것이 고위 관료 및 부유한 존 불(전형적인 잉글랜드인을 일컫는 말 _옮긴이)의 위선적이고 겁박하며 비겁하고 멍청한 행동에 대조될 때에는 더욱 그러하다.[29]

마르크스는 북부의 대의를 지지하는 영국 노동자들이 개최한 대규모 공개 집회를 거듭 보도했는데, 이는 오늘날까지도 프롤레타리아 국제주의의 가장 훌륭한 사례 중 하나이다.

상술했듯, 이러한 집회는 IWMA를 출현시킨 네트워크의 형성에 결정적이었다. 마르크스는 이모부인 리온 필립스에게 보낸 1864년 12월 29일 자 편지에서 이렇게 되뇌었다.

9월, 파리 노동자들이 폴란드에 대한 지지를 보이기 위해 런던 노동자들에게 대표단을 보냈습니다. 그때 국제노동자위원회가 구성되었습니다. 이 일은 중요한데, 왜냐하면 …… 런던에서는 동일한 사람들이 …… 세인트 제임스 홀(St. James's

---

29 Marx, 'The North American Civil War', pp. 137~138.

Hall)에서 있었던 (영국 자유주의 지도자인 존) 브라이트와의 거대한 회의를 통해 **미합중국과의 전쟁을 막았던** 선두에 서 있기 때문입니다.[30]

따라서 마르크스가 작성했고 조직의 일반원칙을 개괄한 "창립 선언문"을 제외하면, 새롭게 창설된 IWMA의 첫 번째 공개 성명이 링컨의 재선을 축하하는 공개서한이었다는 점은 꽤 자연스러운 것이었다. 이미 언급한 바 있는 1865년 1월의 이 서한은 영국 노동자들이 경제적 어려움에도 불구하고 북부를 지지하도록 동기를 부여한 국제주의적 원칙을 강조했다.

> 거대한 미국에서 싸움이 시작된 이후, 유럽 노동자들은 성조기가 자신들 계급의 운명을 짊어질 것임을 직관적으로 느꼈습니다. …… 따라서 이들은 면화 위기가 가져온 어려움을 참을성 있게 견뎌냈던 모든 곳에서 잘나신 분들이 노예제에 찬성하는 개입을 열정적으로 반대했고, 유럽의 다수 지역에서 선한 대의에 자신들의 피를 바쳤던 것입니다.[31]

앞서 언급한 바 있는, 미국 정부의 예상외로 따뜻한 회신은 IWMA가 영국 언론에서 처음으로 의미 있는 주목을 받도록 했다.

아일랜드에 관한 마르크스의 논의에서 폴란드 관련 저술 속의 민족해방 주제는 미국 남북전쟁 관련 분석 속의 인종 및 종족 주제와 함께 나타났다. 이는 아일랜드가 독립을 위해 싸우는 영국 식민지이면서 동시에 영국 노동계급 내에서 중요한 소수 종족의 출신지라는 사실과 관계되어 있다.

---

30 'K. Marx to L. Philips, 29 November 1864', MECW, vol. 42, p. 47.

31 K. Marx, 23 December 1864, 'To Abram Lincoln, President of the USA', MECW, vol. 20, pp. 19~20.

12.4 아일랜드: 민족적 억압과 종족적 억압 모두에 맞서 투쟁하기

마르크스와 엥겔스 모두 1840년대 이후로 아일랜드 민족해방에 헌신했다. 또한 그들은 일찍이 영국 내 종족 집단으로서의 아일랜드인에 관심을 갖고 있었다. 예컨대 엥겔스는 맨체스터에 관한 1845년 연구인 『잉글랜드 노동계급의 상태(The Condition of the Working Class in England)』에서 아일랜드 이주노동에 대한 억압적 조건에 상당한 관심을 기울였다. 그러나 아일랜드에 관한 마르크스의 저술이 본격적으로 발전하기 시작한 것은 『자본』 1권이 출판된 해인 1867년이었다. 같은 해, 사회적으로 진보적이었던 페니언(Fenian) 운동은 아일랜드에서 봉기를 일으켰지만, 영국 정부의 재빠른 진압으로 수포로 돌아갔다. 1840년대에 지배적이었던, 보다 보수적 형태의 아일랜드 민족주의에 대조적으로, 페니언 단원들은 조국을 영국 식민주의뿐만 아니라 가톨릭교회 지주와 성직자의 지배로부터도 해방시킬 소작농에 근본을 둔 아일랜드공화국을 지지했다. 1867년부터 1870년까지, 마르크스는 아일랜드와 영국 양쪽에서 일어나는 아일랜드인에 대한 민족적·종족적 억압에 관해, 자유를 향한 아일랜드의 투쟁에 관해, 그리고 이러한 투쟁과 유럽 및 북미에서의 혁명적 노동운동이 갖는 관계에 관해 수많은 중요한 이론적 기여를 했다. 이 수년간 IWMA는 가장 큰 성공을 거두었으며, 마르크스의 영향 아래 아일랜드의 대의를 향한 강력한 지지를 보냈다.

마르크스의 저술에 등장하는 주제 중 하나는 영국이 수세기 동안 가한 탄압에도 불구하고 아일랜드 내부에서 자유를 향한 투쟁이 지속되었다는 것이었다. 700년간의 영국 지배 이후 영어가 아일랜드를 지배하게 된 사실에도 불구하고, 그리고 다른 많은 측면에서 아일랜드인이 영국 문화에 동화된 사실에도 불구하고, 마르크스와 엥겔스 모두 아일랜드인이 자신들 고유의 민족 정체성을 고수해 왔음을 반복적으로 강조했다. 미카엘 뢰비(Michael Löwy, 1938~)는 마르크스에게 "이 경우, 민족 개념은 **객관적** 기준(경제,

언어, 영토 등)이 아니라 **주관적** 요소, 즉 영국 지배로부터 스스로를 해방시키려는 아일랜드인의 의지로 정의되었다"[32]라고 날카롭게 지적했다. 페니언 운동, 즉 민족적 열망뿐만 아니라 계급까지도 표현한 새로운 유형의 아일랜드 정치 운동의 탄생은, 한편으로는 유럽의 1848년 혁명에서 등장한 새로운 사상에서, 다른 한편으로는 약 800만 명의 인구 중 150만 명이 사망하고 수백만 명을 이주하게끔 했던 1845~1849년 아일랜드 대기근에서 영향을 받았다.

1860년대 후반, 페니언 운동의 영향력이 정점에 이르렀을 때, 영국 정부는 그 지도자 중 일부를 처형하기에 이르렀다. IWMA 내부에서, 마르크스는 연합의 전체 평의회에서 지배적 세력이었던 영국 노동조합원들로 하여금 아일랜드 정치범을 지지하는 대규모 시위에 참가하는 것을 포함해 아일랜드의 대의를 지지하게끔 하기 위해 끈질긴 운동을 벌였고, 이는 상당한 성공을 거두었다. 영국의 지배적 문화에서 아일랜드인을 향한 강한 종족적 반감이 있었음을 고려할 때, 이는 평범한 성과가 아니었으며, 프롤레타리아 국제주의와 종족 간 연대 모두에 관한 중요한 사례가 되었다.

이 시기 마르크스는 아일랜드 식민지 경제가 겪고 있는 변화 또한 분석했는데, 이는 아일랜드에 관한 내용이 상당한 지면을 차지하는 『자본』의 '자본주의적 축적의 일반 법칙'이라는 긴 장에서 가장 두드러지게 나타난다. 마르크스는 1840년대 기근이 엄청난 경제적 구조변화를 야기했으며, 이는 대규모의 상업적 농업 토지 소유를 지배적으로 만들어서 식량 생산을 급감시키는 급진적인 집중화를 수반했다고 썼다. 마르크스는 고갈되고 거의 파괴된 종속 경제를 다음과 같이 묘사했다. "현재 아일랜드는 잉글랜드와 넓은 해협에 의해 분리되었을 뿐인, 잉글랜드에 곡물, 양모, 가축, 산업적 신병과 군사적 신병을 잉글랜드에 제공하는 잉글랜드의 농업 지역에 불과하다."[33]

---

32   Lowy, *Fatherland or Mother Earth?*, p.21.

33   Marx, *Capital*, volume I, p.860.

"잉글랜드의 목양장과 가축 목초지가 되는 것이 아일랜드의 진정한 운명"[34]이었던 것이다. 남아 있는 아일랜드 인구는 극심한 가난을 계속 겪고 있다고 마르크스는 결론 지으면서, 영국 관료들에 따르면 "침울한 불만이 이 계급 무리에 퍼지고 있다는 것, 그들이 과거로의 복귀를 갈망하고 현재를 증오하고 미래를 체념하며, '선동가들의 사악한 영향에' 스스로를 내던지고, 미국으로의 이주라는 단 한 가지의 생각에 집착한다는 점"[35]에 주목했다. 자본축적 과정으로서의 영국의 아일랜드 지배에 관한 이러한 종류의 논의는 또한 IWMA 전체 평의회 및 다른 집단에서의 마르크스 연설 일부에서도 찾을 수 있는데, 여기에 마르크스는 영국의 경제정책이 아일랜드인의 절멸에 해당한다고 주장하면서 보다 날카롭고 새로운 정치적 논의를 담았다.

이 시기 마르크스는 영국의 침략 초창기부터 프랑스혁명 시기까지의 아일랜드 역사와 농업 경제의 집중화를 통한 자본축적의 가장 최신의 역사에 관한 자세한 연구 또한 수행했다. 1867년 12월, 런던의 독일 노동자 교육협회에서의 연설문에서, 마르크스는 초기 잉글랜드 식민주의를 아메리카에서 수행된 선주민 말살이라는 유사한 정책에 비교했다. 올리버 크롬웰(Oliver Cromwell)이 이러한 정책을 지속했고 심지어 강화했다는 사실은 두 가지 결과를 낳았다고 마르크스는 주장했다. 첫째, 아일랜드에 대한 크롬웰의 잔혹한 침략은 잉글랜드에서의 급진적 혁명의 종식을 표현했다. 둘째, 이러한 사건은 아일랜드인과 잉글랜드 공화주의자 및 진보주의자 사이에 깊은 골을 만들었고, 그 결과 특히 "잉글랜드 인민당에 대한 아일랜드의 불신"[36]이 초래되었다.

1860년대 후반, 마르크스는 아일랜드에 관한 자신의 입장 변화도 분명하

---

34   같은 책, p.869.

35   같은 책, p.865.

36   K. Marx, 'Outline of a Report on the Irish Question Delivered to the German Workers' Educational Society in London on December 16', MECW, vol.21, p.196.

게 인정했는데, 이는 1869년 12월 10일 자 엥겔스에게 보내는 편지에 나타난다.

> 오랫동안, 나는 잉글랜드 노동계급의 우위로 아일랜드 체제를 전복시키는 것이 가능할 것이라고 믿었습니다. 나는 ≪뉴욕 트리뷴≫에서 이러한 관점을 항상 취했습니다. 더 깊이 연구한 결과 나는 이제 그 반대라는 것을 확신하게 되었습니다. 잉글랜드 노동계급은 아일랜드를 처리하기 전에는 어떤 것도 결코 성취하지 못할 것입니다. 지렛대는 아일랜드에 적용해야 합니다. 이것이 아일랜드 문제가 사회운동에 그토록 중요한 일반적 이유입니다.[37]

마르크스 사상의 이러한 진화는 마르크스의 말년에 있을 다른 변화를 예고했다. 말년의 그는 혁명적 격변이 산업적으로 가장 발달한 유럽 및 북미 국가 외부에서 시작될 가능성을, 언제나 인정한 것은 아니지만, 점차 고려하게 되었다.[38]

그러나 이는 1870년 초 당시에는 IWMA의 구성원이었던 러시아인 아나키스트 바쿠닌과의 논쟁거리였으며, 이는 마르크스로 하여금 아일랜드 독립을 위한 농민 기반의 운동, 영국 노동계급 내의 아일랜드 소수자, 전체로서의 영국 노동계급, 더 폭넓은 유럽 사회주의 혁명의 가능성 사이의 연결을 보다 완전하게 이론화하도록 만들었다. 이 논쟁은 IWMA가 아일랜드 정치범을 위한 운동에 개입하는 것을 바쿠닌이 비판했을 때 발생했다. 3년 전 폴

---

37 'K. Marx to F. Engels, 10 December 1869', MECW, vol. 43, p. 398.
38 이는 『공산당 선언』 1882년 러시아어판 서문에서 가장 분명하게 나타났다. 여기에서 마르크스와 엥겔스는 "공산주의적 발전이 가능한 출발점"으로서의 농업적인 러시아 공동체 촌락에서 일어나는 자본주의적 발전에 대한 저항을 지적하면서, 이것이 "서구의 프롤레타리아 혁명"과 연계될 수 있다고 규정했다(T. Shanin, *Late Marx and the Russian Road: Marx and the 'Peripheries' of Capitalism* [New York: Monthly Review Press, 1983], p. 139).

란드에 관한 논쟁 당시 프루동주의자와 마찬가지로, 바쿠닌주의자는 "자본에 맞선 노동자 대의의 승리를 즉각적이고 직접적인 목표로 삼지 않는 어떠한 정치적 행동도"[39] 거부한다고 썼다. 이에 응답해, 마르크스는 IWMA 전체평의회를 대표해 「비밀 통신문(Confidential Communication)」을 작성했는데, 그 일부는 아일랜드 혁명이 영국 및 유럽의 혁명을 촉발할 수 있다는 것을 주장하는 내용이었다.

> 혁명의 주도는 아마도 프랑스에서 비롯될 것이지만, 심각한 경제 혁명의 지렛대 역할을 할 수 있는 것은 잉글랜드뿐이다. 잉글랜드는 농민이 더 이상 없고, 토지 재산이 소수의 손에 집중되어 있는 유일한 국가이다. 잉글랜드는 **자본주의적 형태**, 즉 자본가의 권위하에 대규모로 결합된 노동이 전체 생산의 거의 전부를 장악하고 있는 유일한 국가이다. 잉글랜드는 **인구의 압도적 다수가 임금노동자로 구성**된 유일한 국가이다. …… 잉글랜드인은 사회혁명을 위한 모든 **물질적** 조건을 갖추고 있다. 그들에게 부족한 것은 **일반화 의식과 혁명적 열정**이다. 오직 전체 평의회만이 그들에게 이것을 제공할 수 있으며, 따라서 전체 평의회만이 이 국가에서, 그리고 결과적으로 **모든 곳**에서 진정한 혁명운동을 가속화할 수 있다. …… 만약 잉글랜드가 지주제도와 유럽 자본주의의 보루라면, 공식적인 잉글랜드(대영제국 _옮긴이)가 큰 타격을 받을 수 있는 유일한 지점은 **아일랜드이다**.[40]

---

39 K. Marx, 'Remarks on the Programme and Rules of the International alliance of Socialist Democracy', MECW, vol.21, p.208. 이러한 바쿠닌과의 초기 논쟁에서 아일랜드 문제를 언급한 극소수의 사람들 중 C. 메서와 D. 딕스는 다음과 같이 썼다(C. Mathur and D. Dix, 'The Irish Question in Karl Marx's and Friedrich Engels's Writings on Capitalism and Empire', in: S. O Siochain(ed.), *Social Thought on Ireland in the Nineteenth Century*, University College Dublin Press, 2009). "이러한 의견 교환에서, 민족주의적 투쟁으로부터 엄격하게 거리를 두는 '융통성 없는 마르크스적 입장'으로 볼 수 있는 것을 고수한 사람은 바쿠닌이었고, 보다 유연한 사상가임을 입증한 사람은 마르크스였다"(p.105).

40 K. Marx, 'Confidential Communication', MECW, vol.21, pp.118~119.

마르크스의 두 번째 요점은 영국 노동계급 내의 모순에 관련된 것이었다. 여기에서 지배적인 종족 집단의 자종족 중심주의는 허위의식의 한 형태에 해당하는 것으로, 마르크스는 이를 아프리카계 미국인을 향해 미국 남부의 "백인 빈민"이 갖는 의식과 비교했다.

> 둘째, 영국 부르주아는 …… 프롤레타리아를 두 개의 적대적 진영으로 나누었다. …… **잉글랜드의 모든 거대 산업 중심지에는** 아일랜드 프롤레타리아와 잉글랜드 프롤레타리아 사이의 깊은 적대가 자리 잡고 있다. 일반적인 잉글랜드 노동자는 아일랜드 노동자를 임금과 **생활수준**을 낮추는 경쟁자로 여겨 싫어한다. 그는 아일랜드인에게 민족적, 종교적 반감을 느낀다. 그는 북미 남부 주의 백인 빈민이 흑인 노예를 보았던 방식과 비슷하게 아일랜드인을 본다. 잉글랜드 프롤레타리아 사이에 퍼진 이러한 적대는 부르주아에 의해 인위적으로 영양분을 공급받고 유지된다. 부르주아는 이러한 분열이 자신의 권력을 보존하는 진정한 비밀임을 알고 있다.[41]

글을 마무리하기 전에, 비밀 통신문은 아메리카 내 아일랜드인에 관해 다음과 같이 언급한다. "그러므로 아일랜드 문제에 관한 인터내셔널의 입장은 매우 분명하다. 가장 큰 관심사는 잉글랜드의 사회혁명을 진전시키는 것이다. 이를 위해서는 아일랜드에서 큰 타격이 가해져야 한다."[42]

따라서 아일랜드에 관한 마르크스의 서술은 이 장의 주제였던 마르크스 사상의 두 줄기를 결합시키는 것이었다. ① 허위의식의 원천이자 동시에 새로운 혁명적 주체성의 원천으로서의, 대규모 산업사회의 노동계급 내의 인종과 종족, ② 민족해방투쟁과 민주주의, 그리고 궁극적으로는 사회주의적

---

41   같은 책, p.120.

42   같은 책, p.120.

전환을 위한 보다 넓은 글로벌 투쟁 간의 변증법적 상호작용이다. 마르크스는 『자본』 1권을 완성하고 있던 바로 그 시기에 이러한 종류의 문제에 지적으로 깊이 몰두하고 있었음을 보여주는 것에 그치지 않는다. 이러한 저술들은 종족, 인종, 민족주의에 관한 독특하고 고유한 관점 또한 보여준다. 이러한 점은, 심지어 마르크스의 지적 후계자들에게서도 너무 자주 잊히거나 무시되어 왔다.

12.5 21세기를 위한 의견

민족주의, 종족, 비서구사회에 관한 마르크스의 저술이 오늘날 더 폭넓게 시사하는 바는 무엇인가? 지난 10년간 마르크스에 관한 새로운 관심은 종종 '반세계화' 운동으로 단순하게 특징지어지는 국제 정의 운동의 부상과 나란히 등장했다. 이러한 새로운 관심은 마르크스의 자본 비판과 지배, 상품화, 착취, 동질화하는 글로벌화된 세계 체제에 대한 마르크스의 개념에 집중되었다. 비판적인 세계화 연구와 같은 새로운 분야의 학문적 연구가 대두되었는데, 이는 마르크스의 업적이 두드러지게 중요한 분야이다. 특히 영어권 세계에서는 글로벌화에 관한 새로운 강조가 인종, 종족, 젠더, 섹슈얼리티에 관한 다소 오래된 우려와 불편한 관계 속에서 존재했다. 이러한 주제들은 포스트구조주의 사상에 뿌리를 둔 차이의 정치라는 측면으로 종종 언급되었다. 이러한 포스트구조주의 연구 중 일부는 마르크스를 유럽 중심적 사상가, 심지어는 자종족 중심적인 사상가로서 명백하게 비판했는데, 에드워드 사이드(Edward Said, 1935~2003)의 『오리엔탈리즘(Orientalism)』(1978)의 경우가 가장 두드러진 것이었다.[43]

---

43   E. Said, *Orientalism* (New York: Random House, 1978).

보다 최근의 이론적 저술 일부는 이 격차를 좁히려 했는데, 가장 대표적인 것으로는 마이클 하트(Michael Hardt, 1960~)와 안토니오 네그리(Antonio Negri, 1933~)의『제국』(2000)을 들 수 있다. 그들은 미셸 푸코(Michel Foucault, 1926~1984), 질 들뢰즈(Gilles Deleuze, 1925~1995)와 같은 '차이성'의 철학자에 의존하면서도, 마르크스의 자본주의 개념, 특히『요강』에서 등장하는, 거의 모든 것을 자신의 장악력 아래로 집어삼키는 글로벌화된 질서로서의 자본주의 개념에도 의존했다. 그러나 하트와 네그리의 시도는, 비록 야심 차고 흥미로운 것이었지만, 어쩌면 차이의 정치를 지나치게 인정한 것일지도 모른다. 그들은 자본과 다른 지배 형태에 맞선 글로벌 투쟁이 실제 함께하지 않고 병렬 방식으로 작동한다고 간주하는 경향이 있었다.[44]

이러한 측면에서 이 장에서 논의한 쟁점을 보면, 마르크스에게 글로벌화된 체제로서 자본주의의 부상은 내적 모순을, 자본에 저항하는 점차 국제적으로 되는 세력, 즉 노동계급을 불러오고 있었다고 말할 수 있을 것이다. 이러한 종류의 생각은 동양 대 서양, 농촌 대 도시 등을 개의치 않고 전 세계적으로, 특정 사회 내부에서 무너지고 있는 장벽에 관해 서술한『공산당 선언』의 호소력 있는 문장에서도 발견할 수 있다. 그러나 바로 그『공산당 선언』에서, 마르크스와 엥겔스는 종종 이러한 자연스러운 글로벌적 서사를 거스르기도 했다. 앞서 논의한 바와 같이, 그들은 보다 지역적인 주제가 갖는 중요성, 특히 18세기에 등장한 유럽의 거대 제국들에 대한 폴란드의 민족적

---

44 마르크스의 글로벌 자본 개념은 하트와 네그리가 명백히 거부한 변증법적 사고의 전통에 놓여 있다. 이 때문에, 마르크스의 연구는 차이성뿐만 아니라 동일성까지도 고려했다. 이는『대논리학(The Science of Logic)』에서 상술된 동일성-차이성-모순의 변증법과 같은 헤겔적 개념에 뿌리를 두고 있었다.『대논리학』에서 헤겔은 모든 차이성이 동일성을 내포하듯, 모든 동일성은 차이성을 내포하고 있다고 주장했다. 이러한 이율배반은 헤겔을 모순이라는 핵심적 개념으로 이끌었다. 모순 개념은 마르크스와 이후의 마르크스주의자들에 의해 매우 자주 전유되었다. 다음을 보라. G.W.F. Hegel, 'The Essentialities and Determinations of Reflection', in: *The Science of Logic*(Cambridge: Cambridge University Press, 2010), pp.354~385.

저항이 갖는 중요성 또한 주목했다. 이러한 의미에서 마르크스의 글로벌 개념은 자본주의의 총체성을 고려하면서도 오늘날 차이의 정치라는 측면에서 종종 언급되는 것을 고려할 여지를 남겨둔다는 점에서 매우 변증법적인 것이었다.

마르크스에게 프롤레타리아는 구체적으로 살펴보면 완전히 통일된 집단이 결코 아니었다. 예컨대 이 절에서 언급한 바와 같이, 마르크스는 미국과 잉글랜드의 노동계급 모두가 종족과 인종에 기초한 모순으로 분열되어 있다고 봤다. 한편으로 이러한 모순은 자본주의적 질서에 힘을 싣는, 자종족 중심적이고 인종주의적인 이데올로기에 기초한 허위의식을 형성하는 데 영향을 주었다. 다른 한편으로 인종적·종족적 억압과 계급의 상호작용은 자본주의적 질서 내의 새로운 모순을 형성했는데, 이는 체제 전체를 뿌리 뽑겠다는 투지로 타오르는 새로운 혁명적 주체의 등장을 조성했다. 바로 아프리카계 미국인 노예, 아일랜드 내의 아일랜드 농민, 또는 영국 내로 새롭게 이주한 아일랜드 노동자가 그들이다.

마르크스에게 있어, 폴란드 민족해방투쟁, 미국에서의 인종 및 계급의 뒤얽힘, 영국과 유럽 프롤레타리아 투쟁을 열어젖힐 수 있는 '지렛대'로서의 아일랜드 민족투쟁과 같은 주제는 노동계급의 핵심 의제의 일부였지, 부차적이거나 종속적인 주제가 아니었다. 이는 마르크스의 이론적 저술뿐만 아니라, IWMA의 전성기에 그가 보인 실천적 활동에서도 입증되었다.

참고문헌

Ahmad, Aijaz(1992), 'Marx on India: A Clarification', in: *In Theory: Classes, Nations, Literature*, London: Verso, pp.221~242.

Anderson, Kevin(2010), *Marx at the Margins: On Ethnicity, Nationalism, and Non-Western Societies*, Chicago: University of Chicago Press.

Benner, Erica(1995), *Really Existing Nationalisms: A Post-Communist View of Marx and Engels*, New York: Oxford University Press.

Blackburn, Robin(2011), *An Unfinished Revolution: Karl Marx and Abraham Lincoln*, London: Verso.

Bloom, Solomon F.(1941), *The World of Nations: A Study of the National Implications of the Work of Marx*, New York: Columbia University Press.

Du Bois, W.E.B.(1973), *Black Reconstruction in America: An Essay toward a History of the Part Which Black Folk Played in the Attempt to Reconstruct Democracy in America, 1860~1880*, New York: Atheneum.

Dunayevskaya, Raya(2000), *Marxism and Freedom: From 1776 until Today*. With a Preface by Herbert Marcuse and a new Foreword by Joel Kovel, Amherst, NY: Humanity Books.

Engels, Frederick(1985), 'What Have the Working Classes to Do with Poland?', MECW, vol.20, pp.152~161.

Institute of Marxism-Leninism of the CC, CPSU(1962), *General Council of the First International: Minutes, 1864~1866*, Moscow: Progress Publishers.

Habib, Irfan(2006), 'Introduction: Marx's Perception of India', in: Iqbal Husain(ed.), *Karl Marx on India*, New Delhi: Tulika Books, pp.xix~liv.

Hardt, Michael, and Negri, Antonio(2001), *Empire*, Cambridge, MA: Harvard University Press.

Hegel, George Wilhelm Friedrich(2010), 'The Essentialities and Determinations of Reflection', in: *The Science of Logic*, Cambridge: Cambridge University Press, pp.354~385.

Lowy, Michael(1998), *Fatherland or Mother Earth? Essays on the National Question*, London: Pluto Press.

Marx, Karl(1976), '[On the Polish Question] Speeches in Brussels on February 22, 1848 on the Occasion of the Second Anniversary of the Cracow Insurrection. Speech by Dr. Karl Marx', MECW, vol.6, pp.545~552.

_____(1976), *Capital*, volume I, New York: Penguin.

_____(1984), 'The North American Civil War', MECW, vol.19, pp.32~42.

_____(1984), 'English Public Opinion', MECW, vol.19, pp.137~142.

_____(1985), 'Confidential Communication', MECW, vol.21, pp.112~124.

_____(1985), 'Inaugural Address of the Working Men's International', MECW, vol.20, pp.5~13.

_____(1985), '[Outline of a Report on the Irish Question Delivered to the German Workers Educational Society in London on December 16, 1867]', MECW, vol.21, pp.194~206.

_____(1985), 'Remarks on the Programme and Rules of the International Alliance of Socialist Democracy', MECW, vol.21, pp.207~211.

Marx, Karl and Engels, Frederick(1937), *The Civil War in the United States*, New York: International Publishers.

_____(1976), *Manifesto of the Communist Party*, MECW, vol.6, pp.477~519.

_____(1983), *Letters*, 1856~1859, MECW, vol.40.

_____(1985), *Letters*, 1860~1864, MECW, vol.41.

_____(1987), *Letters*, 1864~1868, MECW, vol.42.

_____(1987), *Letters*, 1868~1870, MECW, vol.43.

_____(1989), 'For Poland', MECW, vol.24, pp.55~58.

Mathur, Chandana, and Dix, Dermot(2009), 'The Irish Question in Karl Marx's and Friedrich Engels's Writings on Capitalism and Empire', in: Seamus O Siochain(ed.), *Social Thought on Ireland in the Nineteenth Century*, Dublin: University College Dublin Press, pp.97~107.

Nimtz, August(2003), *Marx, Tocqueville, and Race in America: The 'Absolute Democracy' or 'Defiled Republic'*, Lanham, MD: Lexington Books.

Rosdolsky, Roman(1986), *Engels and the 'Nonhistoric' Peoples: The National Question in the Revolution of 1848*, Glasgow: Critique Books.

Said, Edward(1978), *Orientalism*, New York: Random House.

Shanin, Teodor(ed.)(1983), *Late Marx and the Russian Road: Marx and the 'Peripheries' of Capitalism*, New York: Monthly Review Press.

Walicki, Andrzej(1982), 'Marx, Engels, and the Polish Question', in: *Philosophy and Romantic Nationalism: The Case of Poland*, Oxford: Oxford University Press, pp.359~391.

13 이주
피에트로 바소

패트릭 카밀러(Patrick Camiller) 영역

13.1 농촌 생산자의 강제 이주

이주 문제에 대해서는 — 이것이 유일한 문제는 아니었지만 — 엥겔스가 마르크스보다 먼저 관심을 가졌다. 『영국 노동계급의 상태』에서 엥겔스는 영국으로 이주한 아일랜드인(1845년까지 백만 명 이상)에 대해 광범위하게 다루었다. 엥겔스는 이들을 영국 산업이 도약하고 실업 노동자라는 '과잉인구'가 영속적으로 존재하기 위해 필수적으로 필요한 예비 노동력으로 묘사했다. 토마스 칼라일(Thomas Carlyle, 1795~1881)의 ("야만인보다 나을 게 별로 없다"[1]라는) 아일랜드 이민자에 대한 노골적으로 종족 차별주의적인 묘사를 차용해, 아일랜드 이민자들이 영국 노동자들을 강제로 몰아넣은 경쟁적인 도덕적·물질적 퇴락을 강조했다. 그러나 동시에 에릭 홉스봄(Eric Hobsbawm, 1917~2012)이 주목했듯이, 엥겔스는 아일랜드 이민자들 사이에서 발전된 정치적

---

1   F. Engels, *The Condition of the Working Class in England*, MECW, vol.4, p.391. 경쟁의 효과에 대해서는 특히 p.390~392를 참조하라.

급진화뿐만 아니라, 아일랜드인들이 영국 노동자들과 기질과 "인종"을 혼합해 "냉정하고 합리적인" 영국 노동자들에게 가져다준 열정과 관용을 서술했다.[2] 따라서 엥겔스는 마르크스가 훗날『자본』에서 설명할 산업예비군의 핵심 이론 쟁점과 IWMA가 부딪히게 될 아일랜드 노동자와 영국 노동자 사이의 (더 일반적으로는 이주민 노동자와 정주민 노동자 사이의) 관계에서 핵심 정치 쟁점 또한 예견했다.

마르크스 자신은 자본주의 시대 대량 이주의 여러 측면을 자주 다루면서, 이 두 가지 문제를 모두 다루었다. 마르크스는 그의 언론 기사, '인구론' 지지자들과의 논쟁,『자본』, IWMA 활동에서 이 문제를 다루었다. 마르크스에게 강제 대량 이주는 **자본주의 생산양식이 형성되는 과정**과 자본주의가 세계 규모로 확대 재생산되는 과정에서 **필수적인 부분**이라는 사실이 드러났다. 사람들은 지배 국가 노동자와 피지배 국가 노동자 사이, 정주민 노동자와 이주민 노동자 사이에 쐐기를 박으려는 시도에 맞서 싸워야 하는, 피할 수 없는 과업을 지닌 노동운동을 직면하고 있다. 왜냐하면 "검은 피부의 노동자에게 낙인을 찍고 있는 곳에서는 흰 피부의 노동자도 스스로를 해방시킬 수 없기" 때문이다.[3]

마르크스가 언급한 이주 현상의 첫 번째 측면은 농촌 생산자의 농촌으로부터의 대량 추방이었고, 마르크스는 이를 "자본주의 생산양식의 기초"라고 칭했다.[4] 마르크스는 1853년 1월에 ≪뉴욕 데일리 트리뷴≫에 기고한 「서더랜드 공작부인과 노예」라는 기사에서 이미 이를 언급했다. 1815년과 1820년 사이에 문제의 공작부인은 자신의 주(county)를 목초지로 변경하려하면서, 몰살을 포함하는 온갖 종류의 폭력을 통해 전체 주민(3000가구)을 몰아냈다. 마르크스는 스코틀랜드 고원에서부터 잉글랜드와 아일랜드 전체

---

2   같은 책, p.419.

3   K. Marx, *Capital*, volume I, MECW, vol.35, p.305. 마르크스는 여기에서 미국에 대해 언급하고 있지만, 남북전쟁 전의 미국 훨씬 너머로 그의 주장을 확장했다.

4   같은 책, p.755.

에 이르는 지역에 대해 이해하고 나서, 곧 이 주제로 돌아왔다. 「강제 이주」
라는 제목의 기사에서, 마르크스는 자본주의 시대의 농촌 이탈을 중세 이전
야만인들의 유럽으로의 이주와 대조했다.

> 여기에서 과잉인구를 창출하는 것은 생산력의 부족이 아니다. 인구 감소를 요구
> 하고, 기근이나 이주로 과잉인구를 쫓아버리는 것은 생산력의 증가이다. 인구
> 가 생산력을 압박하는 것이 아니다. 생산력이 인구를 압박하는 것이다.[5]

농업 노동자와 소규모 소작농을 잔인하게 압박하는 새로운 생산력은 (비
록 때로는 대지주에 의해 이루어지기는 했지만) **자본주의 농업 혁명**의 힘이었다. 토
지 소유의 집중, 현대적인 농업 방식의 도입, 농업 생산에 대한 과학의 체계
적인 적용, 새로운 노동절약적 기계의 배치와 함께 농업혁명은 수많은 농촌
생산자에게 심각한 타격을 입혔다. 그 농촌 생산자들은『자본』의 표현에 따
르면 "촌락과 도시에서 주거지를 찾아야만 **했다**. 그곳에서 그들은 최악의 빈
민굴에 있는 다락방, 움집, 지하실, 구석진 곳에 쓰레기처럼 버려졌다."[6] "실
상은 단순하다." 마르크스는 간결하게 적고 있다. "농업 혁명은 이주와 보조
를 맞추어 진행되었다."[7]

『자본』1권의 기념할 만한 장들인 27~30장에서, 마르크스는 농촌 생산
자에 대한 **집단적인** 토지 몰수와 그들의 산업 도시(또는 외국)로의 추방, 그리
고 그들로 하여금 임금노동에 굴복하도록 강제하는 데 사용된 '피의 입법'을

---

5   K. Marx, 'Forced Migration [etc.]', MECW, vol.11, p.531. 서더랜드 공작부인에 맞선
     기사에 대해서는, K. Marx, 'Elections — Financial Clouds — The Duchess of Sutherland
     and Slavery', MECW, vol.11, pp.486~494를 참조하라. 마르크스는 이 기사를『자본』1권
     에서 언급했다. *Capital*, volume I, p.720.

6   Marx, *Capital*, volume I, p.698. 강조는 추가.

7   같은 책, p.696.

분석하고 비난했다. 이러한 과정은 매뉴팩처 시기 동안 매우 천천히 진행되었지만, 그리고 나서 대규모 산업의 도래와 함께 가속화하고 확장되어 가내 방직 산업이 영구히 사라졌다. 이와 같이 자본은 토지를 자본의 일부로 통합했을 뿐만 아니라, 농업 생산자 대부분을 노동자와 예비 임금노동자로 전환시켜 자본의 일부로 통합했고, 이를 통해 내수시장의 기초를 만들어냈다. 마르크스는 주로 이러한 현상을 영국에서의 '전형적인 형태'로 서술했지만, '다른 측면'에서, '다른 시대'에, '다른 진행 순서'로는 더 일반적인 성격을 갖는다는 것을 경고했다.[8] 오늘날 이것은 전적으로 분명하다. 자본주의의 탄생과 세계적인 확산은 결코 끝나지 않는 과정인 농촌으로부터의 거대한 강제 이주에 **기초**하고 있다.

13.2 식민지에서의 노예무역과 흑인 노예 초과 착취

본원적 축적의 또 다른 핵심 요소인 세계시장과 세계 노동시장의 탄생은, 마르크스가 말했듯이, "아프리카의 상업적 흑인 사냥을 위한 사육지로의 전환",[9] 1억 명 이상의 아프리카 청년의 폭력적인 추방과 노예화,[10] 생존자의 고국에서 먼 아메리카 지역에의 이식이었다. 유럽에서 자본주의의 탄생은 노예제와 농노제의 극복을 전제로 한 반면, 식민지에서 영국과 대륙의 자본은 수세기 동안 대규모로 노예노동을 사용했다. 멕시코와 같은 몇몇 국가에

---

8   같은 책, p.707.

9   같은 책, p.739.

10   전체 추정치는 유럽 역사가(1500만)와 아프리카 역사가(1.5~2억) 사이에서 선명하게 갈린다. B. Davidson, *Black Mother. Africa: The Years of Trial*(London: Gollancz, 1961), H. Jaffe, *Africa. Movimenti e lotte di liberazione*(Milan: Mondadori, 1978), and W. Rodney, *How Europe Underdeveloped Africa*(London: Bogle- L'Ouverture, 1972)를 참조하라.

서 자본은 사실상 처음으로 노예제를 도입했다. 리버풀에서 관리되는 노예 무역은 영국 산업의 부상과 우위, 그리고 이로부터 비롯된 '진보'에 결정적으로 기여했다. 이러한 산업의 생명소와 '진보'는 영국과 아일랜드 임금노동자 및 아메리카 대륙의 아프리카 노예와 그 후손 모두로부터 나왔다. ≪뉴욕 데일리 트리뷴≫에 1861년 10월에 실린 「영국 면화 무역」이라는 제목의 기사에서 마르크스는 맹렬하게 다음과 같이 주장했다.

> 일반적으로 영국의 현대 산업은 똑같이 괴물 같은 두 가지 축에 의존했다. 하나는 아일랜드와 영국 노동자계급 대부분을 먹이는 유일한 수단인 감자였다. 두 번째는 노예가 재배한 미국의 면화였다. 영국의 면직물 제조업자가 노예 재배 목화에 의존하는 한, 그들은 **이중의 노예제**에 의존한다고 진실되게 주장할 수 있다. 그것은 바로 영국 백인에 대한 **간접** 노예제와 대서양 건너편의 흑인에 대한 **직접** 노예제이다.[11]

19세기 중반에도 여전히 살아남은 '악명 높은 인간 밀거래'[12]는 수 세기 동안 서인도 제도의 농업에 초과 착취될 "인간 재산"을 공급했고, 그리하여 노예는 초과 노동의 막대한 부담을 지게 되었다. 이러한 "수백만 아프리카 인종을 집어삼킨"[13] 농업과 (국제 강제 이주의 또 다른 형태인) 아시아에서 온 셀

---

11 K. Marx, 'The British Cotton Trade', MECW, vol.19, pp.19~20. 강조는 추가. 『요강』의 한 문단에서, 마르크스는 흑인 노예제를 "노예제의 순수하게 산업적인 형태"라고 정의했다. K. Marx, 'Outlines of the Critique of Political Economy [*Grundrisse*]. First Instalment', MECW, vol.28, p.157.

12 K. Marx, 'The British Government and the Slave-Trade', MECW, vol.15, pp.570~574f를 참조하라. 여기에서 마르크스는 전적으로 다른 국가들과의 경쟁이라는 목적을 위해 노예무역 폐지의 깃발을 들어 올린 영국 정부의 위선 및 "모든 형태의 노예제도의 후원자"인 나폴레옹 3세와 영국 사이의 실질적인 공모를 비난했다.

13 K. Marx, *Capital*, volume I, p.272에서 존 엘리엇 케언스의 작품으로부터의 긴 인용을 참조하라.

수 없이 많은 쿨리(아시아계 이민 노동자, 인부, 막노동꾼 _옮긴이)는[14] 대도시 중심부의 산업을 위한 원료를 제공했다. 이는 또한 초과 이윤의 원천으로 기능했고, 또 계속해서 기능한다.

> 식민지에 투하된 자본은 …… 더 높은 이윤율을 산출할지도 모르는데, 이는 거기에서는 발전 수준이 낮아 이윤율이 더 높다는 단순한 이유 때문이고, 노예와 쿨리 등을 사용하므로 노동착취도도 더 높기 때문이다.[15]

식민지에서 유럽 자본에 의해 고용된 노동력의 일부만이 이민자로 구성되어 있다는 것은 잘 알려져 있다. 그러나 1493년과 1650년 사이에 중앙아메리카와 남아메리카에서 그리고 17세기 후반과 19세기 후반 사이에 북아메리카에서 일어난 정주민 대학살[16] 이후에, 아메리카 대륙의 인구 재증가와 이러한 인구의 유럽 국가 출신 자본에 의해 발생한 국제 노동 분업으로의 완전한 통합은 **전적으로** 수천만의 아프리카인, 유럽인, 아시아인의 강제 이주 덕분에 가능했다. 만약 식민주의의 역할이 고려되지 않는다면, (불균등 결합 체제로서의) 세계시장의 형성은 설명할 수 없다. 그리고 혹인 아프리카 노예와 (쿨리로서의) 중국인, 인도인, 인도네시아인, 일본인 반노예/반임금노동자의 강제 이주는 식민주의의 역사에서 두 개의 중요한 국면이었다는 것은 의심의 여지가 없다.

---

14   L. Potts, *The World Labour Market: A History of Migration*(London: Zed Books, 1990), ch.3를 보라.

15   K. Marx, *Capital*, volume III, MECW, vol.37, p.237.

16   D. Stannard, *American Holocaust: Columbus and the Conquest of the New World* (Oxford: Oxford University Press, 1992)를 참조하라.

13.3 유럽 안에서의 그리고 유럽으로부터의 이주

그러나 자본주의 사회관계의 도래는 유럽 내에서도 상당히 규모가 큰 이주 동향을 만들어냈다. 이는 촌에서 도시를 향한 것뿐만 아니라, 유럽 국가들 사이와 유럽으로부터 식민 대륙을 향한 것까지 포함한다. 마르크스는 수십 년에 걸쳐 '아일랜드 문제'를 연구했는데, 이는 수 세기에 걸쳐 영국이 아일랜드를 식민지[17], "영국의 농업지역"으로 축소했다는 가정하에서였다. 이는 주민들의 막대한 출혈을 강요했는데, 만약 영국이 대신 그 고통을 겪었다면 죽음에 이르렀을 것이다. 그러나 영국 부르주아 계급은 어떻게 아일랜드 노동력으로부터 거대한 이윤을 뽑아내는지 알고 있던 반면, 아일랜드 지주 계급은 어떻게 (생산수단을 몰수당해 무일푼으로 남겨진) 국민의 다른 나라로의 이민을 "수출 무역의 가장 수익성이 좋은 분야 중 하나"로 전환시키는지를 알고 있었다.[18]

이는 이웃 영국으로 인간을 수출하는 무역이었다. 영국에서 아일랜드인들은 촌락과 도시에서 "주거지를 찾아야만 했다". 그들은 모멸적인 생활 조건 속에서 일용 노동자로서 가장 불안정한 일자리를 끊임없이 찾아다니며 "쓰레기처럼" 취급받았다.[19] 하지만 멀리 북아메리카에서도, 매우 놀랍게도 아일

---

17 마르크스에게 쓴 1856년 5월 23일 자 편지에서, 엥겔스는 "1100년부터 1850년까지 영국의 정복 전쟁은" 아일랜드를 "완전히 폐허로 만들었다"라고 썼다(MECW, vol.40, p.50). 1641~1652년의 전쟁 이후, 6000명에서 10만 명 사이의 아일랜드인(추정치는 각기 크게 다르다)이 서인도 제도에 노예로 강제 추방되었다. F. Engels, 'Varia on the History of the Irish Confiscations', MECW, vol.21, p.303를 보라.

18 Marx, *Capital*, volume I, p.695. 'Outline of a Report on the Irish Question Delivered to the German Workers' Educational Society in London on December 16, 1867'(MECW, vol.21, pp.194~206)에서 마르크스는 "가족들은 가장 젊고 진취적인 가족을 보내기 위해 갹출했다"라고 적었다(p.201). 같은 일이 오늘날에도 거의 모든 이민 방출 국가, 특히 가장 가난한 국가들에서 벌어지고 있다.

19 Marx, *Capital*, volume I, p.698. 마르크스의 아일랜드인의 해외 이주에 대한 글에서, 청년 엥겔스에게서처럼 동의할 수 없을 만큼 종족차별주의적인 태도와 내용을 발견할 수 있다.

랜드인이 "양과 소에 의해 쫓겨나 바다 반대편에서 페니언으로 다시 나타난다".[20]

영국 스스로도 결코 대양 횡단 해외 이주로부터 면역인 채로 남아 있지 않았다. 그러나 이는 아일랜드의 해외 이주와 농촌 생산자들의 토지 몰수 및 궁핍화로 인한 영국 내에서의 이주와는 성격이 달랐다. 왜냐하면 이는 영국 자본가들이 식민 목적으로 조직했기 때문이다.

> 자본뿐만 아니라 노동자들도 이민 형태로 영국에서 매년 수출된다고 말할 수 있다. …… (이 이주자들의) 대부분은 노동자가 아니다. 그들의 대부분은 차지 농업가의 자식이다. 이자를 벌기 위해 매년 외국으로 나가는 추가 자본이 매년의 축적에서 차지하는 비율은, 매년의 해외 이주가 매년의 인구 증가에서 차지하는 비율보다 훨씬 크다.[21]

(대다수) 비노동자와 가진 것 없는 노동자들이 뒤섞여 북아메리카, 호주, 남아프리카로 이주한 것은 대영제국을 강화하고 확장함으로써 영국 자본의 세계적 우위에 기여했다. 또한 세계시장에서 별개의 중요한 부분인 세계 노동시장의 형성에 기여했다.

13.4 세계 노동시장과 산업예비군

세계 노동시장의 형성은 세계시장의 형성과 밀접히 연관되어 진행되었다. 그러므로 세계 노동시장의 형성은 오랫동안 상업자본과 식민 권력에 의

---

20   같은 책, p.703.
21   같은 책, p.607. 마르크스는 이 장의 각주 5에 인용된 기사 「강제 이주 (등)」(MECW, vol. 11)에서, 소수의 영국 소작농으로 구성된 이러한 해외 이주에 대해 썼다. 그들은 "새로운 나라와 새로운 땅을 찾기 위해 바다를 건너는 것 말고는 다른 대안이 없었다(p.530)".

해 주도되었다. 19세기 중반까지 이어지는 이 역사적 시기 동안, '유색인종' 노동의 활용에서 주된 요소는 경제적인 압박과는 별개의 것으로서 **물리적인 강제**였다. 아메리카 인디언의 노예화와 강제 노동 종속, 아프리카 노예의 인신 매매, 수천만 명의 쿨리 국제 거래, 식민지에 부과된 다양한 형태의 강제 노동, 이 모든 것들이 정부와 사유재산 소유자의 체계적인 폭력 비호 아래 발전했다. 물리적인 폭력은 또한 유럽 내 촌에서 도시 이주에서도 핵심적인 역할을 했다.

이는 오랜 역사적 기간 동안 자본축적 과정이, 특히 식민지에서 임금노동을 단지 노동관계의 예외적인 형태로서만 포함했다는 것을 의미한다. 본국의 고도 문명화된 자본으로 통제하는 가장 일반적인 형태는 노예노동, 강제노동, 자주 이민자들이 수행하는 다양한 혼합 수준의 반(半)노예-반(半)자유 노동이었다. 반대로 유럽에서는 이러한 형태의 노동이 수 세기 동안 계속 존재했지만, 산업혁명의 도래와 함께 상황이 변했다. 이제 수많은 빈민과 방랑자들 사이에서 뿌리내린 것은 현대적인 형태의 노예, 그렇기는 하지만 "신세계에서의 순수하고 단순한 노예제도"의 "받침대" 위에 서 있는 임금 노예였다.[22] 그러나 유럽과 다른 대륙에서 촌과 도시의 직접생산자들에 대한 몰수가 엄청난 비율로 이루어지면서, 이용 가능한 노동력의 가치는 아찔하게 감소했고 그 양은 기하급수적으로 증가했는데, 이로 인해 가장 싸고 편리한 형태의 노동인 임금노동은 자본, 특히 산업자본을 위한 것이 되었다. 이는 자본에 의해 대규모로 사용되는 다른 종류의 노동관계를 위한 자리를, 완전히 사라지게 하지는 않았지만, 닳아 없어지게 만들었다.

유럽 내부의 대규모 이주 그리고 무엇보다 이미 언급한 대규모 국제 이민은 세계 노동시장의 형성과 산업예비군의 구성/재구성에서 결정적인 역할을 했다. 강제당하든 '자유롭든', 이민자가 항상 모든 상황에서 세계 노동시

---

22   Marx, *Capital*, volume I, p.747.

장의 가장 낮고, 가장 착취당하며, 가장 불안정한 층을 이루고 있다고 주장하는 것은 너무 도식적일 것이다. 오랜 기간 동안 미국에서는 그렇지 않았다. 정반대였다. 정주민에 대한 강제 몰수와 몰살은 골드러시와 함께, 많은 유럽으로부터의 이민자로 하여금 거기에서 돈을 벌고, 토지 소유 농민이 되고, 소규모 (때로는 소규모 이상의) 자본축적을 할 수 있게끔 만들어줬다. 이는 미국을 "이민 노동자를 위한 약속의 땅"으로 만들어주었다.[23] 그럼에도 불구하고, 마르크스가 『자본』에서 지적했듯이, 이민자에게 풍요로웠던 그 시절도 끝이 났다.

> 한편으로, 해마다 미국으로 끊임없이 몰려가는 대규모 인간의 흐름은 미국 동부에 정체된 퇴적물을 남겼다. 사람들을 미국 동부의 노동시장에 내던지는 유럽으로부터의 이민 물결 속도가 서부로의 이민 물결이 그들을 쓸어가는 속도보다 더 빨랐기 때문이다. 다른 한편으로, 미국의 남북전쟁은 거대한 국가부채를 가져왔고, 이와 함께 세금 압박, 비열하기 짝이 없는 금융 귀족의 창출, 철도·광산 등의 개발을 목적으로 하는 투기 기업들에 대한 방대한 공유지 허비, 간단히 말하면 매우 급속한 자본의 집중을 가져왔다. 그러므로 대공화국 미국은 이제 이민 노동자를 위한 약속의 땅이길 멈췄다. 미국에서는 임금의 저하와 임금노동자의 종속이 아직도 보통의 유럽 수준에 도달하기에는 멀었지만, 자본주의 생산은 거기에서 급속히 발전하고 있다.[24]

이것은 **일반적 규칙으로서**, 자본이 가장 역동적으로 성장하는 경제와 산업으로 노동자 이민을 증가시키는 근본 이유이다.[25] 이는 직접적인 사용을 위

23　같은 책, p.760.
24　같은 책. 이 점은 이미 마르크스의 『요강』의 캐리의 원칙들에 대한 페이지에서 약간 다른 용어로 언급된 바 있다. Marx, 'Outlines of the Critique of the Political Economy [*Grundrisse*]. First Instalment', pp.499~503.

한 노동력과 고용된 노동자의 임금을 억누르고 인하하는 데 필요한 과잉 노동력을 확보하고, 고용 노동자, 실업 노동자, 반고용(semi-employed) 노동자의 자본에 대한 의존을 강화하기 위함이다. 마르크스는 '자본주의 축적의 일반 법칙'이라는 제목의 장에서 이를 능수능란하게 입증했다. 자본은 "자연적인" 인구 증가에 만족하지 않는다. 자본은 "그 자연적인 한계로부터 독립적인 산업예비군"을 필요로 한다. 자본은 사용 가능한 전체 노동자를 고용할 능력도 없고, 거기에 관심도 없다. 정반대로, 자본의 진행 방식은 일부 노동자에게 "다른 노동자의 과잉 노동"을 통해 강제된 비활동 형(刑)을 선고하는 것이다. 그리고 자기 교정의 가능성이 전혀 없는 상태에서, 이 프롤레타리아 예비군은 "사회적 축적의 진전과 함께" 점점 더 커지고 있다.[26] 오늘날 우리는 눈앞에서 이 명제를 엄청나게 확인하고 있다. 과거에 그리고 우리 시대에는 더욱 더, 이민자가 일반적으로 이러한 예비군, "항상 착취될 준비가 된 인간 무리"[27], 이 임금노동이라는 아수라장의 마지막 인간 집단의 주요 부분이다. 그러나 자본은 이 할당량이 전적으로 경기순환의 여러 국면에 따라 늘어나고 줄어든다고 주장한다.

13.5 자연적이지 않은, 사회-역사적인 과정

그다음으로, 마르크스에게 있어서는 산업화 이전 시대의 거대한 강제 이주와 산업화 시대의 거대한 '자유' 이주 모두, 그리고 추방당한 '유색인종'의 이주와 몰수당한 유럽 '백인'들의 이주 모두 자연적인 현상이 아니라 사회-

---

25 기업가들이 부족한 전문 인력을 확보하거나 산업예비군이 고갈될 위험을 피하기 위해, 이민에 반대하거나 나아가 실질적으로 금지하는 기간이나 특별한 경우는 많다.

26 Marx, *Capital*, volume I, pp.630~631를 보라.

27 같은 책, p.626.

역사적인 현상이었다. 이들은 모두 자본주의적인 사회적 생산관계의 세계적인 규모로의 부상과 자본주의 생산양식이 등장한 이래 전제적인 자본이 모든 형태의 살아 있는 노동에 가한 폭력 및 강제와 뗄 수 없는 밀접한 관련이 있었다. 이 단계에서도, 마르크스는 인구 이동과 이주 흐름을 포함해 자본주의사회와 시장 기능의 모든 측면을 자연화하는 경향이 있는 정치경제학의 관점에 맞서 논쟁했다.

애덤 스미스(Adam Smith, 1723~1790), 리카도, 다른 고전파 경제학자들은 일반적으로 식민주의와 강제 이주, 무엇보다 아프리카 노예무역이 영국과 유럽에서의 대규모 산업 탄생에서 수행한 핵심적인 역할을 무시했다. 그들은 영국에서 스코틀랜드 산악 지방 정주민(Highlanders)의 궁핍화, 몰수, 강제 이주 또한 무시했다. 예를 들어 리카도는 식민지를 독립적인 국가로 간주하는 기념비적인 '오류'에 빠졌고, 이러한 기초 위에서 자본주의 상업 관계의 확산과 마찬가지로 식민지 억압의 영향을 자연화하는 것으로 나아갔다.[28]

자연 과정에서 인구는 기하급수적으로 증가하는 반면 식량 생산은 단지 산술적으로만 증가한다는 맬서스의 공리적인 이론은 리카도에게 또 다른 중요한 영향을 미쳤다. 반대로 마르크스에게는 인구와 과잉인구에 대한 영원한 자연법칙이 없다. 오직 각각의 생산양식에 조응하는, 인구 증가를 좌우하는 각각의 법칙이 있을 뿐이다. 인구 수준은 궁극적으로 사회 생산력 발전을 반영하고 집중적으로 표현한다. 『요강』에서 마르크스는 과잉 노동

---

28 『정치경제학 및 과세의 원리』에서 리카도는 임금이 기본적으로 사람들의 관습과 습관에 달려 있다고 주장했다. 영국과 아일랜드 노동자의 상황을 비교하면서, 그는 아일랜드의 식민지적 지위와 그 나라 저개발의 역사적 뿌리에 대해 아무것도 말하지 않았다. 그는 심지어 아일랜드에서의 영국의 통치로 인한 토지 집중, 인구 감소, 해외 이주의 과정에 대해서나 영국 산업에 대한 아일랜드인의 이민의 핵심적인 중요성에 대해서도 언급하지 않았다. L. Pradella, *Globalisation and the Critique of Political Economy. New Insights from Marx's Writings*(London: Routledge, 2015), p.31을 참조하라.

자의 생산이 자본주의 시대에 특유한 현상이라는 것을 보여줬다. 이는 가치와 잉여가치의 제한 없는 축적 동기 아래 발생한 노동 생산력의 비범한 성장에 달려 있다. 같은 요소가 노동자 대중의 궁핍화, 빈곤의 확산, 이촌향도를 설명한다.[29]

다시 한번 말하자면, 마르크스의 전망은 국가적 경계를 따라 형성되지 않았다. 그는 개별 국가를 다른 국가로부터 고립된 상태로 생각하지 않았다. 그는 식민지 없는 자본주의 중심지를 분석하지도 않았고, 식민지를 중심지로부터 독립된 것으로 다루지도 않았다. 그의 눈에, 자본주의의 역사는 바로 "상업을 품은 세계와 세계를 품은 시장"과 함께 16세기에 시작되었고,[30] "세계시장을 창조하는 경향은 자본 개념 그 자체에 직접적으로 내재한다".[31] 이주에 대한 그의 접근 방식도 비슷했다. 그는 이주를 **강제적인** 것으로 보았는데, 이는 산업자본주의 시대의 형식적으로 '자유로운' 이주의 경우에도 그랬다. 경제적 강제(생산수단의 몰수, 가난 등)의 힘은 경제 외적 강제 못지않게 강력하기 때문이다.

그러나 우리가 마르크스와 정치경제학의 가장 중요한 주창자들 사이에서 끌어내는 유일한 차이가, 그가 16세기부터 19세기까지의 '(국가 또는 유럽_옮긴이) 내부의' 그리고 국제적인 이주의 과학적인 분석을 제공했다는 것뿐이라면 우리는 심각한 실수를 저지르고 있는 것이다. 왜냐하면 그의 과학적 분석은 그의 정치적 입장, 그의 혁명적 공산주의자이자 국제주의자로서의

---

29 마르크스의 『1857-1858 경제학 수고』의 맬서스의 인구와 과잉인구 이론에 대한 페이지를 참조하라. Marx, *Economic Manuscripts of 1857-1858*, pp.524~529. 마르크스에게 있어 "인구의 최대한의 성장"은 자본주의 발전을 위해 필수적이다. 그것만이 "필요노동의 절대적인 최대치와 잉여노동의 상대적인 최대치"의 결합을 허용하기 때문이다 (p.527). 자본주의 생산은 단순히 잉여가치의 생산이 아니다. 이는 잉여노동의 결과인 잉여가치의 생산인 것이다.

30 Marx, *Capital*, volume I, vol.35, p.157.

31 Marx, 'Outlines of the Critique of Political Economy [*Grundrisse*]. First Instalment', p.335.

존재로부터 떼어낼 수 없기 때문이다. 이는 이주에 대한 글에서도 완전히 명백하다. 그는 항상, 한결같이, 세계시장의 모든 영역에서 산업 도시의 노동자로 변형되도록 내몰린 몰수당한 농부들의 **편**, 짐승처럼 농장, 광산, 철도 건설 현장에서 일한 흑인 노예와 쿨리의 **편**, 프롤레타리아이자 아일랜드인으로서 두 배로 억압받은 아일랜드 노동자의 **편**, 중국 반란자, 인도 현지 용병, 자바인, 식민지 초과 착취 체제에 의해 짓눌리고 태어날 때부터 자본의 국제적 예비군에 포함된 '유색인종' 노동자의 **편**, 그리고 그들의 식민주의와 유럽 자본에 맞선 저항, 투쟁, 반란, 폭동의 **편**에 섰다. 이러한 헌신에서, 마르크스의 목표는 지나간 생산 형태를 보존하는 것이 아니라 프롤레타리아의 혁명적 해방을 발전시키는 것이었다. 이는 그가 자본에 의해 발전한 생산력의 전유와 급진적인 변형에 근거해서만 가능하다고 생각한 전망이었다.

13.6 영국 프롤레타리아와 아일랜드 프롤레타리아

마르크스의 생애 전체를 특징짓는 이 전투적 입장은 IWMA 활동에 대한 그의 집중적인 (그리고 영향력 있는) 참여에서 절정에 이르렀다. 이 시기에 그는 '아일랜드의 경우'를 특별히 언급하면서, 이주 문제를 정치적인 측면에서 다루었다. 이러한 측면에서 전형적인 것은 1870년 3월 28일 쿠겔만에게 보낸 그 유명한 총평의회의 「비밀 통신문」이다. 여기에서 그는 '아일랜드 문제'에 대한 해결책으로서 (그의 이전 관점을 뒤집으면서) **새로운** 관점을 표명했다. 여기에서 마르크스는 영국, 아일랜드, 미국 부르주아지가 아일랜드인의 해외 이주를 정치적으로 이용하는 것과는 완전히 대조적으로, 지배관계로 연결된 국가들에 속한 노동자들 사이의 관계에 대해 국제주의 프롤레타리아적인 입장을 최종적인 입장으로서 분명하게 제시했다. 아일랜드에 대한 영국의 억압과 그 억압에 대한 영국 프롤레타리아트의 공모를 비난한 후, 그는 열정적으로 요점을 설명했다.

영국 부르주아지는 가난한 아일랜드인의 **강제 이민**을 통해서 영국 노동계급을 억압하기 위해 아일랜드의 빈곤을 이용했을 뿐만 아니라, 프롤레타리아트를 두 개의 적대적인 진영으로 나누었다. 켈트족 노동자 혁명의 불은 앵글로색슨족 노동자의 견고하지만 느린 성격과 잘 어울리지 않는다. 반대로, 영국의 **모든 거대 산업 중심지에는** 아일랜드 프롤레타리아와 영국 프롤레타리아 사이에 깊은 적대감이 자리 잡고 있다. 일반적인 영국인 노동자는 아일랜드인 노동자를 임금과 생활수준을 낮추는 경쟁자로 여겨 싫어한다. 그는 아일랜드인에게 민족적·종교적 반감을 느낀다. 그는 북미 남부 주의 백인 빈민이 흑인 노예를 보았던 방식과 비슷하게 아일랜드인을 본다. 영국의 프롤레타리아트 사이의 이러한 적대감은 부르주아지에 의해 인위적으로 자양분을 공급받고 유지된다. 부르주아지들은 이러한 분열이 **자신들의 권력을 유지하는 진정한 비결**임을 알고 있다.

게다가 이러한 적대감은 대서양 반대편에서도 재생산된다. 황소와 양에 의해 그들의 모국에서 쫓겨난 아일랜드인들은, 그들이 인구의 계속 증가하는 거대한 부분을 구성하는 미국에서 다시 모인다. 그들의 유일한 생각, 유일한 열정은 영국에 대한 증오이다. 영국과 미국의 정부, 즉 그들이 대표하는 계급은 대서양 양쪽에 있는 노동계급 사이의 진지하고 진실한 동맹과 결과적으로 그들의 공동의 해방을 막는 **국제 투쟁**을 영속화하기 위해서 이러한 감정을 이용한다.

아일랜드는 영국 정부가 **대규모 상비군**을 유지하는 것에 대한 유일한 변명거리이다. 그런데 이 상비군은 만약 필요하다면, 이전에 그랬듯이, 아일랜드에서 군사훈련을 마친 후 영국 노동자들에 대항해 사용될 수 있다. ……

아일랜드 문제에 대한 국제(노동자 _옮긴이)연합의 입장은 매우 분명하다. 그 첫 번째 관심사는 영국의 사회혁명을 진전시키는 것이다. 이를 위해서 아일랜드에서 큰 타격이 가해져야 한다. 아일랜드의 사면에 관한 총평의회의 결의안은, 국제적인 정의와는 별개로, 현재의 **강제적인 연합**, 즉 아일랜드의 노예상태를 가능하다면 **평등하고 자유로운 연합**으로, 필요하다면 **완전한 분리**로 변형시키는 것이 **영국 노동계급의 해방을 위한 전제 조건**임을 확인하는 다른 결의안들을 소개하는 역할을 할 뿐이다.[32]

이 구절은 ('자본의 수도'인) 영국과 아일랜드의 국가 간 관계 그리고 프롤레타리아 간 관계에 대한 국제주의적인 입장의 개요를 서술한다. 영국과 아일랜드의 프롤레타리아는 아일랜드의 노예상태 종식과 아일랜드의 대의를 위해 싸웠던 투사들의 사면 지지를 요구받았다. 또 영국의 부르주아지 및 지주와의 부자연스러운 동맹을 깨고, 자유롭고 평등한 기초 위에서 아일랜드와 영국의 노동계급 사이에 그리고 대서양 양측 사이에 진실하고 진지한 동맹을 구축하도록 요청받았다. 노동계급 사이의 이러한 '깊은 적대감'은 영국 노동자들이 아일랜드의 노예상태에 반대하는 투쟁을 자기 스스로의 대의로 삼는 경우에만 극복할 수 있다. 이러한 동맹만이 영국 프롤레타리아를 아일랜드 프롤레타리아의 눈에 그들의 부르주아 통치자만큼 증오받을 만한 적들의 동맹 대신, **자신들의** 동맹으로서 나타나게 할 수 있다. 그리고 이러한 투쟁에서 아일랜드의 승리와 영국과 아일랜드 프롤레타리아 사이의 적대감 종식만이 진정으로 영국 부르주아지의 무덤을 파고 양국 프롤레타리아 공동의 해방을 위한 길을 닦을 수 있다.[33]

---

32   K. Marx, 'Confidential Communication', MECW, vol. 21, pp. 120~121. 강조는 원문.

33   불행하게도 영국의 평의회는 이러한 관점을 채택하지 않았으며, 그 결과 2년 후에 엥겔스는 아일랜드인들이 IWMA 내에서 자신들의 독자적인 조직을 구성할 권리를 부정하는 총평의회의 일부 영국인 회원들에 맞서 강력하게 개입해야 했다. 1872년 5월 14일 총평의회 회의 연설에서, '영국 노동자 사이에서 너무나 흔한 믿음, 즉 그들이 아일랜드 노동자보다 우월하다는 믿음'을 공격하면서, 그는 자신이 이루어져야 한다고 생각하는 일을 다음과 같이 설명했다. "아일랜드와 같은 경우에, **진정한 국제주의**는 어쩔 수 없이 명백하게 국가적 조직에 기반해야 한다. 아일랜드인과 다른 억압받는 민족은 정복 국가의 회원들과 **동등한 자격으로서만**, 그리고 정복에 대해 항의하면서 연합에 가입할

지배 국가의 프롤레타리아와 피지배 국가의 프롤레타리아 사이, 정주민 프롤레타리아와 이민자 사이의 관계에 대한 이러한 전투적 입장은 이후 수십 년 동안 다양한 형태로 다시 언급되었다. 마르크스가 연합의 목표를 "노동의 해방과 민족적인 반목의 절멸"로 정의한 「국제노동자연합 제5차 연례 의회에 보내는 총평의회 보고서」(1872)[34]나 또는 '가장 좁은 민족적 관점'에 대한 강한 논쟁을 포함한 『고타강령 비판』[35]은 이러한 입장을 암시하고 있다. 입장을 명시한 문서도 있는데, 예를 들어 1880년 5월에 마르크스가 쥘 게드(Jules Guesde, 1845~1922), 폴 라파르그(Paul Lafargue, 1842~1911)와 함께 런던에서 초안을 작성한 프랑스 노동자당 강령이 그것이다. 이 강령은 "프랑스 노동자보다 낮은 임금으로 외국인 노동자를 고용하는 사장에 대한 법적인 금지"를 요구한다.[36]

다른 국적의 프롤레타리아들 사이의 연대, 박애, 엄격한 평등이라는 표어는 지배적인 이데올로기, 민족주의(특히 쇼비니즘, chauvinism), 노동계급 내의 반동적인 인종주의적 정서와 행동의 확산에 대한 도전이었다. 이는 노동자 운동에서 핵심적으로 중요해졌고[37] 오늘날까지 그 힘을 유지하고 있다.

수 있다. 그러므로 아일랜드 분파는 정당화될 뿐만 아니라, 그들의 규약 서문에 아일랜드인으로서 **제일의 가장 긴급한 임무**는 국가적 독립을 확립하는 것이라고 명시해야 할 **필요가 있다**." F. Engels, 'Relations between the Irish Sections and the British Federal Council', MECW, vol.23, p.155. 강조는 추가.

34 'Report of the General Council to the Fifth Annual Congress of the International Working Men's Association, Held at the Hague, from the 2nd to the 7th of September 1872', MECW, vol.23, p.226.

35 K. Marx, *Critique of the Gotha Programme*, MECW, vol.24, p.89.

36 J. Guesde and P. Lafargue, 'Le Programme du Parti ouvrier', in: *Textes Choisis, 1867~1882*(Paris: Editions sociales, 1959), 118.

37 제국주의 시대가 절정에 달했을 때, 볼셰비키 당 내부에 대(great)러시아 정신의 지속에 충격을 받은 레닌은 "압제자 또는, (그 국가들은 오로지 그들의 폭력에 있어서만 위대하고, 깡패로서만 위대함에도 불구하고) 그들이 그렇게 불리듯이, '위대한' 국가들의 국제주의는 국가들 간의 형식적인 평등 준수에 있어야 할 뿐만 아니라 실제 행해지고

13.7 어제, 오늘, 내일

150년 전에 마르크스와 IWMA가 제기한 도전은 오늘날 전 세계적인 규모로 재확인되고 있다. 자본주의 역사에서 이주가 그처럼 광범위하고 깊이 있었던 적은 없다. 현재 일어나고 있는 국제 이주 이동은 예외 없이 전 지구를 포함하며, 앞으로 수십 년 동안 거의 두 배로 증가해 4억 명 이상의 수준이 될 것으로 보인다. 이러한 획기적인 인구 이동의 가장 강력한 원인은 오늘날의 신식민주의가 역사적 식민주의로부터 계승하고 재생산한 대륙과 국가 간의 불균등한 발전이다. 다시 한번 말하자면, 전례 없는 극단적인 형태로 아시아, 아프리카, 남미 시골 지역에서 진행 중인 후기 자본주의 '농업 혁명'은 매년 수천만 명의 몰수당한 농민을 세계시장으로 내던지고 있다. 그리고 그것으로 충분하지 않다면, 특히 아랍-이슬람 세계를 포함해 외관상으로만 지역적인 일련의 전쟁과 생태학적 재해인 새로운 재앙이 이주 이동에 또 다른 거대한 박차를 가하고 있다.

세계 자본주의라는 기계는 이러한 강압적인 요소들에 의해 가장 저렴한 가격으로 자신을 팔 수밖에 없는 수많은 이민자들을 대량생산하고 있으며, 앞으로 수십 년 동안 계속 생산할 것이다. 그들은 노동의 초과 착취와 더불어 모든 종류의 차별과 괴롭힘에 직면할 것이며, 인간다운 삶에 대한 꿈은 종종 바다, 사막, 전 세계적으로 건설되고 있는 요새화된 장벽 중 하나에서 죽음으로써 끝이 난다. 그러나 아일랜드 프롤레타리아나 그들 이전의 아프리카 노예처럼, 우리 시대의 이민자들은 세계시장, 국가의 중앙정부, 미디어 산업이 그들에 맞서 벌이는 끊임없는 전쟁에서 제물로 바쳐진 희생자 역할을 하지 않을 것이다. 어쨌든, 산업 및 금융 자본주의 시대의 '자유로운'

있는 불평등을 보상해야 하는 압제 국가, 위대한 국가의 **불평등**에도 있어야 한다". 'The Question of Nationalities or "Autonomisation"', *Collected Works*, vol.36(Moscow: Foreign Languages Publishing House, 1964 [1922]), p.608. 강조는 추가.

이주는 이주 노동자의 편에서 집단적인 사회적·정치적 행동의 오랜 역사를 만들어냈다. 이는 하루 8시간 노동을 위한 국제적인 투쟁에서, 미국의 독일·폴란드·이탈리아 프롤레타리아들이 수행한 결정적인 역할에서부터, 1968년과 1973년 사이에 유럽을 뒤흔든 노동자 투쟁의 순환에서 이민자의 전위적 입장을 거쳐, 2005년 파리 교외(banlieues)의 이민자 자녀들의 대반란, 2006년 5월 1일 미국의 수백만의 멕시코계 미국인들(Chicanos)의 웅대한 전국적 파업, 유럽의 인종주의적이고 차별적인 정부 정책에 대한 유럽 이민자 공동체의 저항까지 이른다. 또한 우리는 방글라데시, 베트남, 멕시코 및 기타 지역에서 (주로 여성의) 목소리를 낸 7억 4000만 명의 국내 이민자들의 선봉인, 중국의 국내 이주자들이 조직한 파업의 확산을 잊어서는 안 된다.[38]

이주 노동자의 자기-조직화는 시장과 정부의 억압에 반대하는 제일의 가장 필수적인 힘으로 남아 있다. 그러나 목적지 국가의 프롤레타리아들이 그들의 저항을 무조건적으로 지지해야 하고, 이주 노동자에 대한 완전히 평등한 대우와 다른 국적 노동자들 사이의 불평등을 생산하고 재생산할 수 있는 모든 메커니즘의 폐지를 위해 캠페인을 벌여야 한다는 것이 결정적으로 중요하다. 이것만이 노동자들을 국적별로 나누어 그들이 서로의 목을 조르도록 하려는 자본주의 정책을 실패시킬 것이다. 그리고 이 모든 상황에서 '아일랜드의 경우'에 대해 마르크스와 IWMA가 취한 입장은 오늘날의 세계에서 모든 화제성을 유지하고 있다.

---

38   P. Basso and F. Perocco, *Gli immigrati in Europa. Disuguaglianze, razzismo lotte*(Milan: Angeli, 2014), p.42ff.

참고문헌

Basso, Pietro and Perocco, Fabio(2014), *Gli immigrati in Europa. Disuguaglianze, razzismo, lotte,* Milan: Angeli.

Davidson, Basil(1961), *Black Mother. Africa: The Years of Trial,* London: Gollancz.

Engels, Fredrick(1975), *The Condition of the Working Class in England,* MECW, vol. 4, pp. 295~583.

_____(1985), 'Varia on the History of the Irish Confiscations', MECW, vol. 21, pp. 297~306.

_____(1988), 'Relations between the Irish Sections and the British Federal Council', MECW, vol. 23, pp. 154~156.

Guesde, Jules, and Lafargue, Paul(1959), 'Le Programme du Parti ouvrier', in: *Textes Choisis, 1867~1882,* Paris: Editions sociales, pp. 116~119.

Jaffe, Hosea(1978), *Africa. Movimenti e lotte di liberazione,* Milan: Mondadori.

Lenin, Vladimir Ilich(1966 [1922]), 'The Question of Nationalities or "Autonomisation"', in: *Collected Works,* vol. 36, Moscow: Foreign Languages Publishing House, pp. 607~611.

Marx, Karl(1979), 'The Duchess of Sutherland and Slavery', MECW, vol. 11, pp. 486~494.

_____(1979), 'Forced Emigration', MECW, vol. 11, pp. 528~534.

_____(1984), 'The British Cotton Trade', MECW, vol. 19, pp. 19~20.

_____(1985), 'Confidential Communication', MECW, vol. 21, pp. 112~124.

_____(1985), 'Outline of a Report on the Irish Question Delivered to the German Workers' Educational Society in London on December 16, 1867', MECW, vol. 21, pp. 194~206.

_____(1986), 'The British Government and the Slave Trade', MECW, vol. 15, pp. 570~574.

_____(1986), 'Outlines of the Critique of Political Economy [*Grundrisse*]. First Instalment', MECW, vol. 28.

_____(1988), 'Report of the General Council to the Fifth Annual Congress of the International Working Men's Association, Held at the Hague, from the 2nd to the 7th of September 1872', MECW, vol. 23, pp. 219~227.

_____(1989), *Critique of the Gotha Programme,* MECW, vol. 24, pp. 75~99.

_____(1996), *Capital,* volume I, MECW, vol. 35.

_____(1998), *Capital,* volume III, MECW, vol. 37.

Marx, Karl, and Engels, Frederick(1983), *Letters, 1856~1859,* MECW, vol. 40.

Marx, Karl, and Guesde, Jules(1880), *The Programme of the Parti Ouvrier.*

Potts, Lydia(1990), *The World Labour Market: A History of Migration,* London: Zed Books.

Pradella, Lucia(2015), *Globalisation and the Critique of Political Economy: New Insights from*

Marx's Writings, London: Routledge.

Rodney, Walter(1972), *How Europe Underdeveloped Africa*, London: Bogle-L'Ouverture.

Stannard, David(1992), *American Holocaust: Columbus and the Conquest of the New World*, Oxford: Oxford University Press.

14 식민주의
산드로 메자드라, 라나비르 사마다르

14.1 세계적 힘으로서의 자본주의와 식민주의

게르하르트 하우크(Gerhard Hauck, 1939~)는 마르크스가 결코 식민주의라는 주제를 이론적·체계적으로 다루는 데 헌신한 적이 없으며, "항상 식민주의를 격언을 이용해 주변적인 주석으로서 다루었다"라고 썼다.[1] 마르크스의 식민주의 문제 개입에 대한 이와 같은 평가는 마르크스가 다양한 장소들에서의 식민주의 문제에 대해 숙고했다는 사실, 그리고 마르크스가 이론적·정치적·역사적 저술 과정에서 다양한 경우에 식민주의 문제에 관여해야 했다는 사실보다는 서구 마르크스주의가 이 문제에 대해 관심이 부족하고 이 문제를 실질적으로 주변화했다는 사실을 반영한다. 『자본』 1권이 '근대적 식민이론'이라는 장으로 끝나며, 『자본』 1권 8부의 마르크스의 '이른바 본원적 축적'에 대한 조사에서 식민주의가 중요한 역할을 한다는 것은 잘 알려져 있다. 그의 저널리즘 저술, 특히 그가 1850년대에 ≪뉴욕 트리뷴≫에 기고한 기사에서, 인도와 중국의 식민주의 문제는 두드러지게 중요하다.

---

1 G. Hauck, 'Kolonialismus', in: W.F. Haug, F. Haug, P. Jehle, and W. Kuttler(eds.), *Historisch-Kritisches Wörterbuch des Marxismus*, vol.7/II(Hamburg: Berliner Institut fur Kritische Theorie, 2010), p.1160.

다음 10년 동안 근대 식민주의의 구체적 발현(대서양 노예제도)과 유럽 내부 식민화의 중요한 사례(영국의 아일랜드 통치)는 마르크스에게 중요한 정치적 개입의 장이 되었다. 게다가 마르크스는 말년에 비유럽 사회 연구, 특히 식민적 조우 이전에 지배적이던 소유 형태 연구에 점점 더 관심을 갖게 되었다.

지난 수십 년 동안, 식민주의에 대한 마르크스의 저술들은 마르크스학 밖에서 토론과 논쟁의 주제가 되었다. 탈식민 연구의 발전은 자주 '유럽중심주의' 문제를 중심으로, 문제가 많은 새로운 이론적 접근의 출현으로 이어졌다. 특히 1853년도에 발표된 마르크스의 기사 「영국의 인도 통치(British Rule in India)」는 에드워드 사이드(Edward Said, 1935~2003)가 『오리엔탈리즘』에서 그랬듯이 학자들에 의해 역사와 자본주의에 대한 마르크스의 유럽중심주의 시각을 상징하는 것으로 받아들여졌다.[2] 이러한 논쟁은 분명히 의의가 있지만, 마르크스의 '유럽중심주의'에 대한 주목은 마르크스의 인도에서의 식민 통치에 대한 평가 — 더 일반적으로는 식민주의에 대한 평가 — 가 이후 30년 동안 크게 발전했다는 사실에도 불구하고, 그의 식민주의 해석을 앞서 언급한 1853년의 인도에 대한 기사에 외삽된 몇몇 문장 중심으로 동결시키는 경향이 있다.[3]

우선 마르크스의 식민주의 분석에서 세계시장 문제의 역할을 보는 것이 중요하다. 마르크스『요강』에서 "세계시장을 창출하려는 경향"은 "자본 개념 자체에 직접적으로 내재해 있다. 모든 한계는 극복해야 할 장애물로 나타난다"라고 썼다.[4] 마르크스 시대의 다른 어떤 "고전파 경제학자"와도 다르

---

2   E. Said, *Orientalism*(London: Penguin, 1978), pp.153~156을 참조하라. 사이드에 대한 대답으로는 A. Ahmad, *In Theory: Classes, Nations, Literatures*(London: Verso, 1992), chapter 6('Marx on India: A Clarification'), pp.221~242를 참조하라.

3   전체 문제에 대한 균형 잡힌 평가를 위해 K. Lindner, 'Marx's Eurocentrism: Postcolonial Studies, and Marx Scholarship', *Radical Philosophy*, 161(2010)을 참조하라.

4   K. Marx, 'Outlines of the Critique of Political Economy [*Grundrisse*]. First Instalment', MECW, vol.28, p.335.

게, 마르크스는 자본주의 생산양식의 정확한 정의에 대해 이러한 전 지구적 지리 좌표의 관련성을 예리하게 인식했다. 정치경제학 비판에 있어, "세계시장"은 자본의 작동 규모에 대한 경험적인 명칭 이상의 것이다. 이는 "자본의 집중, 노동의 분업, 임금노동 등 부르주아사회의 일반적인 관계"를 "그들의 가장 발달한 형태"로 파악할 수 있게 해주는 본격적인 개념이다. "생산이 그 것의 각 계기와 더불어 총체로서 정립되지만 동시에 그 안에서 모든 모순이 진행되기 때문이다."[5] "증가하는 자율성"으로 특징지어지는 세계시장은 『요강』에서 마르크스에 의해 생산의 "국제적인" 관계와 구별되며, "총체성의 전제 조건이자 그것의 담지자 모두"로 제시된다.[6] 그는 화폐 표준 단위에 관한 이론들을 논의하면서 세계시장에서는 "국가의 국경이 사라진다"라고 썼다.[7]

세계시장 개념은 마르크스의 초기 저술에 이미 존재했으며, 지리학적 유물론과 역사적 유물론의 짜릿한 결합을 예고하며 프롤레타리아 국제주의의 토대를 놓았다.[8] 이는 식민주의 분석으로의 중요한 입구였다. 『자본』 1권에서 마르크스는 세계시장의 창출을 위한 "15세기 말의 위대한 발견"의 중요성을 강조했고,[9] 1858년 엥겔스에게 보낸 편지에서 "부르주아사회의 특유한 임무는 적어도 대략적으로라도 세계시장을 확립하고, 이 세계시장에 기초한 생산을 확립하는 것"이라고 반복했다. 그리고 "세계가 둥글기 때문에, 캘리포니아와 호주의 식민지화 그리고 중국과 일본의 개방이 이 과정을 완

5　　K. Marx, *Bastiat and Carey*, MECW, vol.28, p.8.

6　　Marx, "Outlines of the Critique of Political Economy [*Grundrisse*]. First Instalment", p.97.

7　　K. Marx, "A Contribution to the Critique of Political Economy. Part One", MECW, vol. 29, p.311. "세계시장" 개념에 대해서는 S. Mezzadra and B. Neilson, *Border as Method, or, the Multiplication of Labor*(Durham, NC: Duke University Press, 2013), pp.66~75를 참조하라.

8　　S. Mezzadra, *In the Marxian Workshops: Producing Subjects*(London: Rowman & Littlefield, 2018), pp.86~88을 참조하라.

9　　K. Marx, *Capital*, volume I, MECW, vol.35, p.738.

14. 식민주의 ｜　371

성한 것 같다"라고 덧붙였다.[10] 이와 같이 '식민지 체제'는 '이른바 본원적 축적'에 대한 마르크스의 연구에서 기반을 다지는 하나의 계기로서 나타나기 시작했다. 그러므로 식민주의를 특징짓는 폭력('무차별 폭력')은 자본주의 생산양식의 존재를 가능하게 하는 조건에 새겨졌다.[11] 권력관계와 세계시장에서의 영국의 지배적 위치에 대한 관심과 연결된, 세계시장에 대한 강조를 통해[12] 마르크스가 제국주의에 대한 이후의 마르크스주의적 논쟁의 기초를 놓았다는 사실을 덧붙이는 것은 중요하다. 이 논쟁에는 레닌과 룩셈부르크 같은 중요한 사상가들이 포함되어 있다.[13]

식민 정복과 지배의 '무차별 폭력'은 본원적 축적에 대한 마르크스의 분석을 위한 일종의 청사진으로서 기능한다. 경제 외적 폭력(즉 자본주의 생산양식의 표준 노동을 통해 '자본가에 대한 노동자의 예속'을 확정 짓는 '경제적 관계의 따분한 강요'와는 개념적으로 구별되는 폭력[14])은 자본이 발생하는 과정을 지배한다. 이는 공유지의 인클로저(enclosure)와 관련해, 가난한 농민을 강탈하는 과정, '몰수당한 자들에 대한 피의 입법', 프롤레타리아화를 위한 속도를 정한다. 국가('사회의 집중되고 조직된 힘')의 역할은 '봉건적 생산양식의 자본주의 생산

---

10 'K. Marx to F. Engels, 8 October 1858', MECW, vol.40, p.347.

11 Marx, *Capital*, volume I, p.739를 참조하라. '이른바 본원적 축적'에 대한 마르크스의 분석은 최근 몇 년간 활발한 논쟁의 중심에 있었다. R. Samaddar, 'Primitive Accumulation and Some Aspects of Life and Work in India', *Economic and Political Weekly*, 44 (18): 33~42(2009)와 Mezzadra, In the Marxian Workshops, 'Appendix', pp.101~119의 논의를 참조하라.

12 예를 들어, Marx, *Bastiat and Carey*, MECW, vol.28, pp.8~9와 *Capital*, Volume I, p.642를 참조하라.

13 L. Ferrari Bravo, 'Old and New Questions in the Theory of Imperialism', *Viewpoint Magazine*(2018), www.viewpointmag.com/2018/02/01/old-new-questions-theoryimperialism-1975/를 참조하라. '세계시장'에 대한 마르크스의 개념은 '세계체제이론'의 기초이기도 하다: I. Wallerstein, *World System Analysis: An Introduction*(Durham, NC: Duke University Press, 2004), pp.1~22를 참조하라.

14 Marx, *Capital*, volume I, p.726.

양식으로의 전환'을 촉진하고 '이행을 단축'하기 위해 기능하는 모든 절차에서 두드러진다. 다시 말하자면, 17세기 말 영국에서의 '체계적인 결합'에 도달하기 전까지 스페인, 포르투갈, 네덜란드, 프랑스에 걸쳐 존재한 '본원적 축적의 서로 다른 계기들'의 분포를 강조하는 마르크스 분석의 지리적 예민함을 주목할 수 있다.[15] 그러나 이러한 본원적 축적에 대한 유럽 지리학은 식민주의의 역할에 대한 마르크스의 강조를 통해 복잡해지고 대체되었다. 이는 반식민 지식인들이 지적한 바와 같이[16] 자본주의 생산양식에 대한 진정으로 세계적인 시야를 열어준다. 『자본』 1권의 잘 알려진 구절에서 마르크스는 다음과 같이 썼다.

> 아메리카에서 금과 은의 발견, 원주민 말살, 노예화, 광산에의 매장, 동인도 정복 및 약탈의 시작, 아프리카의 상업적인 흑인 사냥을 위한 사육지로의 전환은 자본주의 생산 시대의 장밋빛 여명을 알렸다. 이러한 목가적인 과정은 본원적 축적의 주요 계기들이다. 그 뒤를 이어 일어난 것은 지구를 무대로 하는 유럽 국민들의 무역 전쟁이다.[17]

따라서 본원적 축적의 전 지구적 지리학에 대한 연구는 마르크스로 하여금 생산자가 생산수단으로부터 분리되는 형태를 이해하게끔 도와줬다는 것에 주의하는 것이 중요하다. 이러한 연구는 정치경제학 비판의 이론적 토대를 위해서도 중요한 함의가 있다. 에드워드 기번 웨이크필드(Edward Gibbon Wakefield, 1796~1862)의 작업으로 예증된 '근대적 식민이론'에 전념한 『자본』 마지막 장에는, 자본주의 생산양식을 이해하는 데 결정적으로 중요한 무언

---

15   Marx, *Capital*, volume I, p.739.

16   예를 들어, W.E.B. Du Bois, *The World and Africa*(New York: International Publishers, 1946), pp.IX and 56~57을 참조하라.

17   Marx, *Capital*, volume I, p.739.

가를 식민지에서 발견할 가능성이 크게 나타난다. 마르크스는 "식민지에 관해 무슨 새로운 것을 발견한 것은 아니지만, 식민지 안에서 본국", 즉 "영국의 자본주의 생산 조건에 관한 진리를 발견한 것"은 웨이크필드의 공적이라고 반어적으로 썼다.[18]

　인도, 중국, 아일랜드에 대한 마르크스 저술을 연구하면서, 그가 자본주의를 세계적 힘이자 세계시장의 지속적 창조자로 제시하는 데서, 우리는 생산자를 생산수단으로부터 강제 분리시키는 것이 핵심인 본원적 축적 과정과 식민지 합병 과정의 접점을 보게 될 것이다.

14.2 자본주의, 식민주의, 이행

　마르크스는 인도의 식민주의 또는 식민지 이전의 과거에 대해 체계적인 논문을 쓰지 않았다. 그러나 그의 방대한 이론적·정치적 성찰의 과정에서 그리고 언론 저술들에서, 인도에 대한 영국의 식민 지배, 영국의 지배에 대항하는 인도의 반란, 식민지 이전 인도의 과거를 반복적으로 언급하며 다루었다. 논평, 주석, 엥겔스에게 보내는 편지의 형태로도 존재하는 이러한 분석들은 상호 연관되어 있으며, 하나로 합쳐서 생각하면 일련의 사고로서 간주될 수 있으며, 또 일련의 사고로서 이러한 분석들은 발달의 흔적을 모두 가지고 있다. 그러나 마르크스가 '식민지 이전(pre-colonial)'을 통해 항상 '전자본주의적(pre-capitalist)', '아시아적', '봉건적'을 의미했는지의 질문에 관해

18　Marx, *Capital*, volume I, p.752. 웨이크필드의 '체계적 식민화(systematic colonization)' 이론에 대한 마르크스의 개입은 최근 정착민 식민주의(settler colonialism) 학자들로부터 주목을 받았다. 예를 들어, G. Piterberg and L. Veracini, 'Wakefield, Marx, and the World Turned Inside Out', *Journal of Global History*, 10: 457~478(2015)을 참조하라. M. Neocleous, 'International Law as Primitive Accumulation; Or, the Secret of Systematic Colonization', *The European Journal of International Law*, 23(4): 941~962(2012)도 참조하라.

374　| 마르크스의 부활

서는 각양각색의 대답이 가능하다. 마르크스는 점점 더 자본주의 이전의 과거와 자본주의의 기원에 대해 다차원적인 견해를 지지했으며, 시간이 지나면서 자본주의와 식민주의의 관계에 대한 그의 견해도 발전했다. 그러므로 전자본주의에서 자본주의로의 이행 문제는 마르크스의 저술에서 엄청나게 미묘한 논의를 수반했다. 식민주의를 통한 자본주의로의 이행 가능성은 그러한 이행 경로 중 하나일 뿐이었다. 이러한 맥락에서 우리는 마르크스가 중국에 대한 식민 강화에도 주목했다는 점을 염두에 두어야 한다. 그러나 중국은 결코 완전히 식민지화되지는 않았다. 이는 '반식민지'였다. 그래서 논의는 약간 다른 내용을 가졌다. 영국의 아일랜드 식민 지배에 대한 논의에서는, 아일랜드 경제를 대지주와 영국에 의해 무자비하게 착취당하는 농민 경제로 보았다. 오늘날 '반봉건제도'라고 부를 수 있는 상황이었다.

그러나 더 중요한 점은 ≪뉴욕 트리뷴≫에 보낸 마르크스의 긴급 보고를 포함해 영국의 인도 지배에 대한 그의 관심이 대부분 상호 관계가 연구되고 있는 일종의 현장이었다는 것이다. 인도는 마치 대안적인 시나리오인 것처럼 유럽에서 일어나고 있는 일을 명확히 하기 위한 목적에 봉사하거나 또는 더 근본적으로 유럽과 다른 곳에서 혁명의 다양한 전망, 예를 들어 점령·병합·식민화한 국가의 혁명과 점령 국가의 혁명 간 관계를 혁명적으로 사고하게 해주며 더 돋보이게 해주었다. 요컨대 식민주의에 대한 성찰은 혁명과 사회주의에 대한 성찰의 일부였다. 여기에 그의 식민주의 분석의 통찰과 역설이 있다. 식민주의에 대한 분석은 자본주의, 자본주의의 세계 지배, 영토·경제·사회에 대해 계속 확대되고 있는 자본주의 정복에 대한 분석의 관점에서 이루어졌다. 마르크스는 식민주의가 없으면 자본주의도 없다고 말하는 것에 가까웠다.[19]

---

19 아마도 이것이 인도에 관한 마르크스의 저술이 인도와 다른 식민지 국가 및 탈식민지 국가의 정치 활동가와 정치 사상가에 의해 계속해서 연구된 이유일 것이다. 특히 인도에서는 마르크스주의 논쟁에서 (식민지 이전의 질서에서 식민 통치와 식민 경제로의

마르크스의 저술에는 서로 다른 식민지 환경 사이의 공명이 풍부하고 이러한 공명은 예를 들어, 영국의 인도에 대한 식민 지배가 끝날 때까지 기근이 지속된 것에 대한 분석적 틀을 제공하는 19세기 아일랜드 기근에 대한 그의 논의에서와 같이 그들의 응답을 형성해 왔다. 아일랜드가 영국 자본주의에 대한 빈곤한 농업적 속국으로 변모하는 과정에 관한 『자본』 1권에서의 마르크스의 논평은 사회주의적인 반식민주의 사상의 유산에 속한다. 아일랜드 혁명(농지 개혁)의 전망과 그것이 유럽 자본주의에 미칠 강력한 영향에 대해 추측하는 것은 그의 끊임없는 추측과 아마도 낙관주의의 문제였을 것이다. 레닌은 그의 '가장 약한 고리' 이론을 발전시키는 동안, 영국과 관련해 아일랜드에 대한 마르크스의 분석에 주목했음에 틀림없다.[20] 중국에 관해서도, 태평천국의 난과 제2차 아편전쟁으로 인해 1853년에서 1860년 사이에 쓴 ≪뉴욕 트리뷴≫에 기고한 기사들에서 그는 중국에서의 급진적 봉기의 가능성과 한계에 대해 논의했다. 어쨌든 우리가 말할 수 있는 것은 식민지에서의 혁명은 마르크스의 식민주의에 대한 고찰에서 중요한 주제였다는 것이다. 전 지구적인 관점을 통한 마르크스의 식민주의 분석은 자본주의의 모순과 복잡성에 대한 분석을 심화하는 데 도움이 된다.

14.3 식민 관계, 계급 문제, 농민

마르크스가 1853년에 쓴 인도에 관한 두 개의 유명한 기사인 「영국의 인

이행뿐만 아니라 식민주의에서 정주민주의적인 미래로의 이행 가능성도 포함해) 이행의 문제가 중요하다. 개요를 위해서는, S. Baru, 'Karl Marx and Analysis of Indian Society', *Economic and Political Weekly*, 18(50): 2102~2108(1983)을 참조하라.

20 J. Rodden, '"The Lever Must Be Applied in Ireland": Marx, Engels, and the Irish Question', *The Review of Politics*, 70: 610(2008)를 참조하라.

도 지배」와 「영국의 인도 지배의 장래 결과」는 식민지에서의 사회 변화와 정치혁명의 필요성이라는 관점에서 식민 지배를 분석하는 문제를 제시했다. 이 문제를 오늘날의 친숙한 용어인 '민족과 계급'으로 이름 붙일 수도 있다. 식민지와 독립이 가져올 식민지에서의 급진적 변화라는 상호 연결된 문제와 계급 문제는 오늘날 명백해 보이지만, 170년 전에는 그 관계가 그렇게 명백하지 않았다. 사회 변화에 대한 마르크스의 관심은 그를 그가 '아시아적'이라고 명명한 그리고 식민주의에 의해 전복된 식민지 이전의 질서 문제로 이끌었다. 그는 다음과 같은 질문에 초점을 맞춰야 했다. 새로운 혁명과 변화의 동력은 어디에서 오는가? 마르크스는 '동양의 전제정치'라는 정치적 틀에 기초해 '아시아적 생산양식'에 대한 자신의 생각을 설명하면서, 「영국의 인도 지배」에서 전제적 통치의 형태를 띤 '아시아적 정부'가 다음의 수행을 필요로 했다고 썼다.

경제적인 기능 …… 공공사업을 추진하는 기능이다. 이와 같은 인공적인 토지 비옥화는 중앙정부에 의존하고 있기 때문에 정부가 관개와 배수를 소홀히 하면 그 즉시 불가능한 것으로 되어버리는 바, 이것을 염두에 두어야만 과거에 훌륭하게 경작되던 지역들이 지금은 보다시피 모두 불모의 황무지로 변해버린 이 기묘한 사실을 이해할 수 있다. …… 또한 이것을 염두에 두어야만, 국토를 황폐하게 만드는 단 한 번의 전쟁이 어떻게 해서 한 나라를 수 세기 동안 주민이 살 수 없는 땅으로 만들고 또 그 문명을 송두리째 없애버릴 수 있는가를 이해할 수 있다. …… 영국이 힌두스탄에서 사회혁명을 불러일으키는 행동을 하게 된 동기로 작용한 것이 천하기 그지없는 이익일 뿐이었고 또 그 이익을 달성하기 위해 취한 방법도 우둔했던 것은 사실이다. …… 문제는 아시아 사회 상태의 근본적인 혁명 없이 인류가 그 사명을 다할 수 있겠는가 하는 것이다. 그렇다면, 영국이 저지른 죄가 아무리 크다 하더라도, 그러한 혁명을 일으킴으로써 영국은 역사의 무의식적인 도구 노릇을 할 수 있다.[21]

따라서 마르크스가 보았듯이 인도는 '동양 전제주의'와 국가 '정체'의 '견고한 토대'로서 촌락 공동체 구조를 가지고 있었다. 그 결과 도심은 고립되어 국가의 사회생활에 거의 기여하지 못했다. 이러한 '아시아적' 체제에서, 영국의 지배는 역동적인 사회의 물질적 토대를 놓을 가능성이 있었다. 철도의 도입은 혹사당한 관개 시스템의 추가적인 개발을 촉진할 수 있었고, 증기로 움직이는 기계의 도입은 농업과 제조업의 분리를 유도할 수 있었다. 무엇보다 사적 토지 소유의 도입은 낡은 촌락 체제를 종식시킬 것이었다. 이러한 식민 개입 방식 모두는 '아시아에서 들어본 적 없는 유일한 **사회**혁명'으로 이어질 것이었다.[22]

여기에서 마르크스가 '아시아적' 체제나 생산양식에 대한 절대적이고 지나치게 단순화된 개념을 갖고 있지 않다는 것을 인식할 필요가 있다. 식민 사회에서의 계급에 대한 적절한 분석을 위해, 그는 '식민지 이전'의 본질을 파악해야 했고, 따라서 전제정치, 잉여, 상품생산, 교환 사이의 관계를 파악해야 했다. "모든 공동체의 공동 통일을 실현하는 많은 공동체의 아버지"인 전제군주와 잉여는 최고의 통일에 해당했다.[23] 그리고 더 나아가 마르크스는 인도에서 토지소유권을 가질 자격이 있는 다양한 주체를 고려했는데, 특히 '유럽의 지주 귀족 및 상류층(gentry)과 유사한 위치를 차지하는 것으로 간주되는 제민다르(zemindar; 지주) 및 탈루크다르(talookdar; 토지 소유 귀족)로 알려진 계급'에 초점을 맞췄다. 그는 그의 기사 「인도에서의 캐닝 경의 공포와 토지 보유권(Lord Canning's Proclamation and Land Tenure in India)」(1858)에서 다음과 같이 썼다.

---

21   K. Marx, 'The British Rule in India'(10 June 1853), MECW, vol.12, p.132.

22   같은 책.

23   Marx, 'Outlines of the Critique of Political Economy [*Grundrisse*]. First Instalment', p.401.

탈루크다르와 제민다르가 주장하는 독점적인 소유권은 정부와 경작자에 대한 강탈에서 비롯된 것으로 간주되어 왔고, 국토의 실제 경작자와 국가의 일반적인 발전에 대한 큰 걱정거리로서 그 독점적인 소유권을 제거하기 위해 모든 노력이 다해졌다. 그러나 이러한 중개인은 그들의 권리 출처가 무엇이든 자신에게 유리한 방안을 요구할 수 있기 때문에, 사람들에게 어느 정도 합법적이지만 불편하고 자의적이며 억압적인 그들의 요구를 인정하지 않을 수 없었다.[24]

무굴 인도의 농업 체제에 대한 유명한 역사가인 이르판 하빕(Irfan Habib, 1931~)은 이러한 관찰의 중요한 함의에 주목했다. 즉 "아시아적 국가는 단순히 한 사람을 대표하거나 심지어는 순전한 '상위 공동체'만을 대표하는 것이 아니었다. 그것은 세금 지대의 기제를 통해 잉여를 전유하는 특정한 사회계급의 존재를 암시했다. 잉여에 대한 청구권이 지역적으로 분산되는 과정에서, 이러한 계급의 외부에서만" 1857년에 반식민 반란의 일부를 형성한 지역 거물을 발전시킬 수 있었다.[25]

게다가 인도 사회의 내적 수동성에 대한 마르크스의 생각 역시 힌두교에 대한 그의 생각에서 나왔다.[26] 한편으로 그는 정복, 병합, 식민화에 종사하는 국가가 공식적으로 '기독교(개신교와 성공회)' 국가라는 것을 알고 있었다. 식민 지배자들도 '야만적인' 땅을 문명화한다는 사실에 이끌렸고, 새로운 선교 종파와 함께 이 임무에 도움을 주기 위한 복음주의가 항상 존재했다. 모든 초기 식민 지배자는, 아마도 웰즐리(Wellesley) 경이 가장 분명하게, 식민지화의 사회적 전략을 연마하기 위해 개신교·천주교와 유사한 '힌두교'라고

---

24 K. Marx, 'Lord Canning's Proclamation and Land Tenure in India'(6 May 1858), MECW, vol.15, p.547.

25 I. Habib, 'Introduction: Marx's Perception of India', in: I. Husain(ed.), *Karl Marx on India*(New Delhi: Tulika Books, 2006), p.XXVII.

26 Marx, 'The British Rule in India', pp.125~126.

불리는 것을 만들어야 했다. 그러나 이 생각은 순수하게 식민지 주민의 개종에 대한 것이 아니라, '힌두교' 종교의 현존하는 관습으로부터 이익을 거두는 문제에 대한 것이었다. 따라서 마르크스는 대규모 순례를 통해 막대한 이윤을 추출하고 동시에 광신도들의 자살과 자기 고문을 수반하는 사원 매춘과 멋진 축제를 조장한 푸리(Puri)의 자간나트(Jagannath) 사원 사제들을 식민 당국이 어떻게 보호했는지 지적했다. 따라서 '힌두교' 종교는 식민 지배에 저항할 수 없었고, 마르크스는 식민 지배에 직면해 촌락 공동체가 무너지면서 식민 사회를 재활성화하는 종교의 강력한 힘이 영원히 상실되었다고 주장했다.[27] 다시 한번 말하자면, 신흥 국가의 종교적 문제 협상에 대한 그의 통찰은 가치가 크다. 종교개혁운동이 19세기 전반부터 시작되었을 뿐만 아니라, 때때로 천년왕국설 사상을 가진 대중 종파도 모순적인 국가형태를 낳는 임무를 맡았다. 그 안에서 특히 달리트(Dalit, 카스트제도에서 최하 계급에 속하는 사람)들이 힌두교 사회의 일부로서나 힌두교의 종교적 우산 아래에서가 아니라, 정당하게 인정받을 가치가 있는 별개의 사회로서 국가에서 그들의 자리와 정의를 요구할지도 모른다.

물론 인용된 것과 같은 구절은 헤겔적인 세계 역사의 흔적을 담고 있으면서도, 동시에 사회변혁의 기반에서 식민주의를 분석하는 문제의 첫 번째 징후를 제시한다. 그리고 우리가 보게 되듯이 사회변혁의 의제를 설정한 마르크스는 이제 사회변혁에서 계급 분석의 문제를 직면해야 했다. 그래서 1853년에도 그는 식민 지배의 탐욕스러운 본질을 눈치 채는 데 실패하지 않았다.[28]

---

27   T. Ling, *Karl Marx and Religion in Europe and India*(London: MacMillan, 1980), pp. 68~80 참조. 마르크스는 1857년에 "세포이 군대가 나라의 격동의 정신을 흡수하는 안전밸브 역할을 했다"라고 하는 "분할 통치의 오래된 원칙"이 "최근에" 새로운 원칙으로 대체되었다고 언급했다. 이는 "국적 파괴라는 원칙"이다. "이 원칙은 정주민 군주들을 강제로 죽이고, 재산 계승을 방해하고, 백성의 종교를 조작함으로써 실현되었다." K. Marx, 'The Indian Question'(28 July 1857), MECW, vol.15, p.311을 참조하라.

28   예를 들어, K. Marx, 'The War Question, Doings of Parliament, India'(19 July 1853),

아마도 우리는 인도에 대한 1853년의 이와 같은 주석과 다른 기사들에서 희미한 탈식민화 이론을 발견할 수 있다. 이 이론은 식민지에서의 변혁뿐만 아니라 제국 내의 사회적 관계에서도 긍정적 함의가 있는 변혁을 암시한다.[29] 한편으로, 빅터 키어넌(Victor Kiernan, 1913~2009)이 인도에 관한 마르크스의 입장을 논의하면서 "국내에서 자유로우려면, 존 불(John bull)은 해외에서 노예를 만들어야 한다"라고 지적한 것처럼 마르크스도 말할 것이다.[30] 다른 한편으로, 그의 자본주의 이론 역시 인종, 야만성, 폭력, 억압의 문제가 이제 자본주의 역사에 포함되면서 점차 바뀔 것이다. 세포이의 항쟁 이후 대규모 처형이 아일랜드 반란 이후 크롬웰식 보복을 상기시켰듯이, 지배계급이 농민 반란에 대한 유혈 진압의 역사를 식민지에서 자주 반복했다면, 압제 국가의 사회변혁을 일으키기 위한 식민지 독립을 달성해야 한다. 그러나 우리는 이 공식에서 탈식민화가 여전히 유럽 부르주아 지배의 운명에 입각하고 있음을 발견하는 반면, 관심사는 곧 식민지 자체의 미래로 이동한다. 마르크스가 점점 더 식민지의 전자본주의 과거와 그 변형에 논의해야 했기 때문이다. 이는 그가 1853년과 1857년에 쓴 것 사이에 배타적인 논리적 연결이 있었다는 것을 암시하는 것이 아니다. 실제로 그 단계는 확실하지 않았으며, 그때에도 그는 "대체로 존 불조차도 그가 군사적 반란이라고 생각하는 것이 실제로 민족적 반란이라고 확신시킬 수 있는 다른 사실이 배어나올 것이다"라고 선언했다.[31] 그러나 분명히 자본주의에 대한 그의 견해는 발전했고 점점 더 신랄하게 비판했으며, 그와 엥겔스가 1848년 『공산당 선언』

MECW, vol.12, pp.209~216을 참조하라.

[29] 그러나 일부 탈식민 학자들은 마르크스가 식민 지배가 어떻게 끝날 것인지 가능한 과정에 대한 분명한 아이디어를 남기지 않았다고 생각한다. 예를 들어 A. Kumar, 'Marx and Engels on India', *The Indian Journal of Political Science,* 53(4): 501(1992)을 참조하라.

[30] V.G. Kiernan, 'Marx and India', *Socialist Register*, 4: 179(1967).

[31] K. Marx, 'Indian News'(31 July 1857), MECW, vol.15, p.316.

과 1853년 인도에 관한 저술에서 부여했던 자본주의의 재생적 역할을 폐기했다.

1857년의 반란을 민족적 반란으로 묘사하기 위해 마르크스는 탈루크다르의 불만, 농민의 빈곤화, 군대에서의 반란, 종교적 불만, 파괴적인 세금 부담, 식민지 행정의 탐욕스러운 성격과 같은 식민지의 다양한 요소들에 주목해야 했다. 사회관계, 즉 계급 측면, 말하자면 제국주의 국가의 부르주아 권력 및 식민지의 프롤레타리아, 반프롤레타리아, 농민, 신생 부르주아지의 권력의 프리즘을 통해 식민지를 보는 것은 어려운 일이다. 마르크스와 엥겔스에 의해 분석 도구가 아직 완전히 개발되지 않았기 때문일 뿐만 아니라, 그 당시에 사회관계도 불명확한 생산관계로 인해 불분명했기 때문이다.[32] 궁극적으로, 마르크스는 1857년에 인도의 반식민 봉기, 중국의 반란, 아일랜드 페니언의 반란에서 식민지 국가의 이행과 사회변혁 문제를 독립 문제와 분리할 수 없다는 것을 발견했다. 이는 독립 후에 정주민 부르주아 지배가 있을 것인지 아니면 인민의 지배가 있을 것인지에 대한 사실과는 무관하다. 마르크스는 아일랜드, 중국, 인도, 심지어 러시아에서 이러한 이행의 다양한 궤적을 가질 수 있다는 것을 충분히 알고 있었다. 그러나 식민지에서의 이행을 역사의 주체로 인식하는 것은 길고 고된 노동을 필요로 했고, 더 큰 정도의 상상력을 필요로 했는데, 이는 식민지가 세계 무대에 정치적 행위자로서 스스로 출현해 주권, 영토, 경제 및 통치 형태를 생산하는 것을 시각화하는 일이다. 사실 특정한 유럽 역사로 환원될 수 없는 미래, 그러나 계급 분석과 계급 시각에 의해 알려질 수도 있는 미래를 상상하는 것은 대단히 어려운 일이었다.

그러므로 인도에서의 식민주의에 대한 마르크스의 저술은 자본주의 또는

---

32 그 명료함을 갖기 위해, 마르크스주의 사상은 마오쩌둥이 『중국 사회에서의 계급 분석 (*Analysis of the Classes in Chinese Society*)』(Peking: Foreign Language Press, 1926)을 쓸 때까지 대략 40~50년을 더 기다려야 했다.

말하자면 중국이나 아일랜드에서의 식민주의 또는 러시아의 경제체제에 대한 그의 생각을 명확히 하는 목적에 그치지 않았다. 케빈 앤더슨(Kevin Anderson, 1948~)이 주장했듯이,[33] 이 저술들은 또한 다양한 변종, 가능성, 모순을 지닌 세계적 힘으로서의 자본주의에 대한 그의 견해를 최종적으로 확립하기도 했다. 자본주의에 대한 그 스스로의 관점은 인도와 다른 식민지에 대한 그의 저술에서도 발전했다. ≪뉴욕 트리뷴≫의 기사는 상상력과 저술 스타일이 큰 역할을 하고, 마르크스와 엥겔스가 유럽에서의 경제적 과정에 대한 현미경으로 보는 듯한 심문에서 벗어나 '세계 역사'에 대해 성찰할 기회를 얻었던 몇몇의 글들로 보인다. 그러나 이 기사들은 연속성과 변화를 통해 서로를 이용하며 '역사의 이중성'을 이야기한다. 만약 전자본주의 소유 형태(공동체적 형태)가 지속되는 것과 서구 식민주의가 그것을 파괴하거나 적어도 훼손하려고 반복적으로 시도하는 것을 고려해, 식민지의 경제적·사회적 상황과 관련해 진보적으로 보이는 것이 자본주의였다면, 마르크스는 반식민 저항이 종종 이러한 많은 비식민 및 전자본주의 형태와 연결되어 있음을 발견했다. 자본주의는 끝없는 고통만을 가져왔다. 이행 문제에 대한 연구는 마르크스가 식민주의 진보성이라는 초기의 개념을 버리도록 이끌었다. 이제 마르크스는 자본주의와 식민주의에 대해 가혹하고 끊임없는 비난을 가할 뿐이었다. 자본주의와 식민주의, 노동자와 식민 농민, 축적 과정에 의한 재산 몰수와 소규모 재산의 존속, 법치와 식민 약탈, '구' 세계의 정치 경제와 '신' 세계의 식민 경제 — 이러한 끊임없이 변화하는 세계 자본주의 질서의 현장, 그리고 그것이 야기하는 이동의 범위는 마르크스의 관심을 사로잡았다. 이는 또 다른 의미에서 역사의 두 배였다. 아마도 이렇게 간헐적인 성찰을 통해서만 자본을 이론화할 수 있었을 것이다. 또는 다른 방식으로, 축적

---

33   K. Anderson, *Marx at the Margins: On Nationalism, Ethnicity, and Non-Western Societies* (Chicago: University of Chicago Press, 2010), pp.237~245.

의 역학에 대한 통찰을 통해서만 마르크스는 식민의 역사와 '세계' 역사에 대해 고찰할 수 있었다.

우리가 알고 있는 바와 같이, 마르크스와 엥겔스는 때때로 '농촌 프롤레타리아트'라는 용어를 사용했는데, 이는 소농과 소작농, 농업 노동자를 의미했다.[34] 아마도 그것은 부유한 농부, 토지 귀족, 소작제도에서의 '전대인 (轉貸人, middlemen)'이 아닌 모든 농부와 농장 노동자를 포함할 것이다. 그러나 그들은 농촌의 계급을 명시적으로 구분한 적이 없었다. 프랑스와 독일에서 사회주의운동이 진보하면서 그들 각자의 삶이 끝날 무렵에야, 마르크스와 엥겔스는 농민, 그들의 프롤레타리아트 및 프롤레타리아 정치와의 관계, 프롤레타리아트 국가가 농민에 대해 취해야 할 입장에 대해 구체적으로 생각하기 시작했다. 식민적 파괴가 맹렬한 속도로 진행되고 새로운 형태의 토지 소유가 최근에 도입되었던 바로 그 시기에, 어떻게 식민 인도의 촌락을 그것 자신의 고유한 역사와 생산수단, 토지, 기타 생산도구에 대한 대다수 농촌인구의 관계하에서 생각할 수 있었을까? 농민 계급은 빈곤, 임금을 위해 일하는 것, 국가로부터의 거리감을 경험하는 것, 기근과 죽음과는 더 많이 동일시되고, 특정한 생산양식과는 덜 동일시될 것인가? 인도의 토지제도에 대한 마르크스의 주목은 눈에 띈다. 왜냐하면 어디에서도 마르크스는 소 (작)농(peasantry)의 최하위 계층을 '농촌 프롤레타리아'로서 언급하지 않기 때문이다. 그렇다면 마르크스와 엥겔스의 생애 대부분을 관통해 그들의 관점에는 '동양 농민'과 '서구 농촌 프롤레타리아' 사이에 차이가 있었던 것일까? 그러나 1860년대에 이르러 마르크스가 농민 내부의 계급 분화라는 일반적인 주제에 더욱 주의를 기울인 것도 사실이다.

아일랜드는 그들의 견해 발전에 중요했다. 1840년대부터 마르크스와 엥

---

34 개요를 위해서는, T.J. Byres, 'The Agrarian Question and the Peasantry', in: *The Elgar Companion to Marxist Economics*(Cheltenham, Northampton, MA: Edward Eglar, 2012), pp.10~15를 참조하라.

겔스가 종종 이주를 통해 이루어진 아일랜드 프롤레타리아의 탄생과 '거대한 청산'에 관심을 갖기 시작했기 때문이다. 이 지점에서, 비록 아일랜드는 마르크스와 엥겔스의 생애 동안 농민의 나라였지만, 마르크스가 자신의 주장을 수정하고 그만큼 인정했던 1867년의 페니언 봉기 전까지는 농민 문제에 관한 어느 저술에서도 그들이 아일랜드에 대해 길게 논의한 적이 없다는 점을 반복해야 한다. 마르크스는 1869년 12월에 엥겔스에게 다음과 같이 썼다. "오랫동안 나는 영국 노동계급의 우세에 의해서 영국 체제를 전복할 수 있다고 믿었다. 더 깊은 연구는 이제 나로 하여금 그 반대의 확신을 갖게 했다. …… 그 지렛대는 아일랜드에서 적용되어야 한다. 이것이 아일랜드 문제가 사회운동 전반을 위해 매우 중요한 이유이다."[35] 존 로든(John Rodden, 1956~)이 지적했듯이, "아일랜드를 혁명을 선동하는 중요한 국가의 지위로 높이는 것은 '자본주의적 축적의 일반 법칙'이라는 제목의 『자본』 1권 25장의 역사유물론에 관한 마르크스의 결론과 일치했다. 이러한 관점에서, 농업 아일랜드의 경우는 '자본주의적 축적의 특수 법칙'으로서 언급될 수 있다".[36] 마르크스는 본원적 축적에 대해 다음과 같이 썼다.

> 자본가 계급 형성에 지렛대로 기능한 모든 변혁이 획기적이었지만, 무엇보다도 획기적인 것은 많은 인간이 갑자기 그리고 폭력적으로 그들의 생존 수단에서 분리되어, 무일푼의 자유롭고 '의지할 곳 없는' 프롤레타리아로 노동시장에 투입되는 순간이었다. 농업 생산자인 농민에게서 토지를 빼앗는 것은 전체 과정의 토대를 이룬다.[37]

---

35 'K. Marx to F. Engels, 10 December 1869', MECW, vol.43, p.398.

36 Rodden, 'The Lever Must Be Applied in Ireland', p.629.

37 Marx, *Capital*, volume I, p.707.

14.4 노예제도

아일랜드의 영국 식민지화는 더 일반적으로 인종 억압 체제를 구축하기 위한 실험실이었다. 시어도어 W. 앨런(Theodore W. Allen, 1919~2005)에 따르면, 아일랜드에서의 인종적 지배의 작동과 대서양 노예제도를 기반으로 한 '영미 식민주의'에서의 인종적 지배의 작동 사이에는 확실한 '유사점'이 있다. 우리가 보았듯이 마르크스가 인도의 사회적 상황을 이해하기 위해 아일랜드를 참조한 반면, 앨런은 우리로 하여금 '백인종의 발명'과 인종, 인종주의, 북미의 노예제도 사이의 관계를 이해하기 위해 '아일랜드 거울'을 사용하도록 한다.[38] 실제로 1870년 4월의 편지에서 마르크스는 '아일랜드 노동자'를 향한 '평범한 영국 노동자'의 증오를 '니거(nigger)'에 대한 '백인 빈민'의 태도와 비교했다.[39] '임금노동과 자본'의 간결한 진술 — "흑인은 흑인이다. 그는 특정 관계하에서만 노예가 된다"[40] — 로, 그는 W.E.B. 두 보이(W.E.B Du Bois, 1868~1963), C.L.R. 제임스(C.L.R James, 1901~1989), 에릭 윌리엄스(Eric Williams, 1911~1981)의 작품을 포함해 인종, 인종주의, 노예제도를 연결하는 흑인의 급진적인 학문의 전통을 예측했다.[41]

『자본』 1권에서 마르크스는 현대 식민주의의 적절성, 특히 본원적 축적의 계기로서 "흑인에 대한 상업적 사냥"[42]에 근거를 둔 대서양 노예제도를 강조했다. 대서양 노예제도는, 역사적으로 대서양 세계 안팎에서의 노예제

---

38   T.W. Allen, *The Invention of the White Race, Volume 1: Racial Oppression and Social Control*(London, New York: Verso, 1994), pp.1~24를 참조하라.

39   'K. Marx to S. Meyer and A. Vogt'(9 April 1870), MECW, vol.43, pp.474~475.

40   K. Marx, *Wage Labor and Capital*, MECW, vol.9, p.212.

41   에릭 윌리엄스는 『자본주의와 노예제(Capitalism and Slavery)』에서 "노예는 인종주의에 유래하지 않는다. 오히려, 인종주의가 노예제도의 결과이다"라고 썼다. Eric Williams, *Capitalism and Slavery*(Chapel Hill: The University of North Carolina Press, 1944), p.7.

42   Marx, *Capital*, volume I, p.739.

도의 발전과 얽혀 있는 다양한 형태의 고용 계약과 더불어, 자본주의하에서의 속박 노동이다. 노예제도는, 마르크스에 따르면 자본과 노동 사이의 관계에 대한 표준 규정이었던 '자유' 임금노동의 식민적 타자라고 말할 수 있다. 예를 들어『자본』1권 6장에서, '자유' 임금노동을 노예제도와 주의 깊게 구별했지만, 가끔 (세계 많은 지역의 초기 노동운동 역사에서 중요한 역할을 한) '임금노예제도'라는 문구를 사용했다.[43] 이는 노예제도의 (식민적) 유령이 계속해서 '자유' 임금노동 제도를 괴롭히고 있다는 사실의 징후로서 간주할 수 있다.

마르크스는 미국에 대해 확고한 관심이 있었고, 내전 기간 동안 자신과 IWMA가 북군 지원에 열정적으로 헌신하도록 한 것은 잘 알려져 있다.[44] 비록 마르크스가 1857년『요강』의 '서문'에서 추상 노동, 노동 일반이 현실이 된 국가로 미국을 묘사한 것에 대해 비판을 받았지만, 그는 북미에서 노동계급 정치의 가능성을 배제하는 데 있어 인종 분열의 관련성을 예리하게 인식하고 있었다.[45] 그가『자본』1권에서 쓴 것처럼, "검은 피부의 노동자에게 낙인을 찍고 있는 곳에서는 흰 피부의 노동자도 스스로를 해방시킬 수 없다".[46] 미국 남부의 노예제도에 대한 마르크스의 분석은 전쟁 중에 그가 쓴 언론 기사와『요강』및『자본』에 흩어져 있는 언급 모두에서 참으로 예리하고 독창적이다. 그는 플랜테이션 체제의 자본주의 성격을 결코 의심하지 않았고, 노예제도의 팽창주의적인 경향을 정확히 파악했다. 그가 1861년 10월

---

43 미국에서 이 문구(와 특히 '백인 노예제도'라는 관련 문구)의 모호성 분석에 대해서는 D. Roediger, *The Wages of Whiteness. Race and the Making of American Working Class*(London, New York: Verso, 1999)를 참조하라.

44 예를 들어 R. Blackburn, *Marx and Lincoln: An Unfinished Revolution*(London, New York: Verso, 2011), pp.1~100을 참조하라.

45 예를 들어 리사 로우는 '미국의 역사에서' '자본은 노동을 "추상적으로" 만드는 것을 통해서가 아니라 정확히 …… 인종, 민족, 지리적 출신, 성별로 표시되는 …… "차이"의 사회적 생산을 통해 이윤을 극대화했다'라고 썼다.' L. Lowe, *Immigrant Acts: On Asian American Cultural Politics*(Durham, NC: Duke University Press, 1996), pp.28~29를 참조하라.

46 Marx, *Capital*, volume I, MECW, vol.35, p.305.

에 썼듯이, "예전의 한계를 넘어서는 지속적인 영토 확장과 노예제도의 확산은 연방 노예 국가의 삶의 법칙이다".[47]

마르크스는『요강』에서 이미 '흑인 노예제도'를 분명히 '순전히 산업적인 형태의 노예제도'라고 썼지만, "어쨌든 그것은 부르주아사회 발전 결과에 따라 양립할 수 없고 사라진다"라고 덧붙였다.[48] 노예제도는 미국의 식민지 기원과 자본의 본원적 축적에 엄밀히 연결되어, '자유로운' 임금노동의 완전한 전개와 노동계급 투쟁 및 정치에 자리를 내주는, 마르크스가 노예제도 소멸의 계기라고 생각한 무언가로서 마르크스에게 포착되었다. 미국에서 자본과 노동의 역사는 마르크스가 예측하고 희망했던 것과는 매우 달랐다. 그 역사는 그 나라의 노동운동을 계속해서 괴롭히는 노예제도의 식민지적 유령의 증식으로 특징지어진다.[49] 이는 어떤 면에서는 마르크스의 작품이기도 하다.

부르주아사회의 발전과 함께 산업적인 노예제도가 사라질 것이라는 마르크스의 믿음은 1853년 인도 관련 초기 기사, 즉 식민주의가 사회혁명을 가져올 것이라는 그의 유사한 희망을 상기시킨다. 그러나 대서양 노예제도에 대해 주목한 마르크스는 동시에 아메리카 정주민의 지속적인 몰살, 즉 진정한 식민지화 과정을 무시했다. 또한 '신세계'에 대한 그의 논평은 그가 정착민 식민주의와 순수한 정복에 기초한 식민주의(인도)라는 두 가지 다른 형태의 식민주의로 고심하고 있었음을 보여주었다. 그러나 적어도 우리는, 그에게 있어 '전자본주의 (사회)구성체 (pre-capitalist formation)' 문제가 미국·호주보다 인도·중국에 대한 고찰에서 더 심각해졌다는 주목해야 한다.

---

47   K. Marx, 'The North American Civil War'(20 October 1861), MECW, vol.19, p.39.

48   Marx, 'Outlines of the Critique of the Political Economy [*Grundrisse*]. First Instalment,' p.157.

49   개요를 위해서는, D. Roediger, *Race, Class and Marxism*(London, New York: Verso, 2017), pp.1~29를 참조하라.

14.5 정치적 주체로서의 식민지 주민

말년에 이를수록 마르크스는 토지 및 기타 농업 생산도구의 소유권 문제로 인해 그에게 제기된 난관을 극복하는 것이 중요해졌다. 그리고 오직 '동양의 농민'과 '서양의 프롤레타리아 및 반프롤레타리아' 사이에 가정되는 차이를 절충함으로써 이 난관을 극복할 수 있었다. 러시아 문제와 식민 문제는 모두 새로운 사고를 위한 계기가 되었다. 사유재산이 없다는 가정은 아시아 양식과 서구 양식을 구별했다. 그러나 만약 이러한 부재가 식민지에서 사회 세력을 재창출하는 식민 권력의 임무와 역할에 아무런 영향을 미치지 않고, 마르크스가 기록한 것처럼 그동안 식민지에서 파괴만 보인다면, 동양의 반식민 혁명은 이러한 난관을 깨는 순간으로 인식되어야 한다. 1857년 인도의 반란과 중국의 반란은 식민주의에 대한 마르크스의 관점에 있어 전환점이었다. 세포이 항쟁과 태평천국 반란에 관해 ≪뉴욕 트리뷴≫에 기고한 인도와 중국에 대한 일련의 글에서 그는 인도의 반란에서의 식민지 군대를 비웃고 중국 반란군의 대의를 공개적으로 지지했다. 1850년대 중반 대략 그가 『요강』을 쓰기 시작했을 때, 식민지 문제의 영향은 분명했다. 예를 들어, 정치경제학 비평 초안을 작성하면서 역사 발전에 대한 다선형적 개념을 제시하려고 시도했지만, 그다음 해에 우리가 보았듯이, 인종과 노예제도는 마르크스에게 중요한 주제가 되었다. 그리고 이 모든 주제들에 더해 폴란드에 점점 더 관심을 갖게 되었고, 이는 그가 **혁명** 문제를 명확히 하는 데 도움이 되었다.

식민지에서 정주민 부르주아지가 등장할 가능성 또는 식민지 농민이 부르주아 계급으로 변모할 가능성에 대한 질문은 점점 마르크스의 사고에서 중요성을 잃었다. 식민 지배에는 더 이상 '이중의 임무' 따위가 없었다.[50] 인

---

50 K. Marx, 'The Future Results of British Rule in India'(22 July 1853), MECW, vol.12,

도의 마르크스주의자가 관찰한 바와 같이, '아시아적 양식'에 대한 언급은 점점 줄었지만, 반식민 봉기와 혁명에 대한 언급은 더 많아졌다.[51] 만약 이것이 인도, 중국, 아일랜드에 관한 것이라면, 폴란드에 대해서는 훨씬 더 그러했다. 마치 혁명이 계급 문제를 재정의할 것처럼 말이다. 1848년부터 마르크스와 엥겔스는 폴란드 문제에 관여했다. 폴란드의 독립 투쟁은 사회의 의미를 규정하는 동력으로서의 혁명이라는 문제에 대해 주기적으로 새로운 관심을 불러일으켰다.[52] 만약 혁명이 역사를 정화시키는 사건이라면, 반식민 봉기와 혁명도 그러했다.

따라서 다음과 같이 말할 수 있다. ① 마르크스가 최초로 검토한 식민 문제는 세계무역과 세계 역사의 관점에서였다. ② 그러나 세계무역 문제는 식민 사회를 더 깊이 들여다보게 했다. 세계무역이 식민지 경제와 식민지인들에게 미치는 영향을 조사한 결과, 그는 식민 지배가 혁명적인 역할을 하기는커녕 식민지인들을 후진성과 파멸로 몰아넣었다는 인식을 갖게 되었다. 따라서 식민지 경제는 식민국 경제의 부속물이 되었다. ③ 반식민 혁명은 식민 질서의 파괴를 위한 전제 조건이었다. 사회의 재생은 내부 세력, 식민지의 반체제적인 사람들에 의해 가능할지도 모른다. 그들은 사회 변화와 사회 재생을 위해 식민 질서를 박살내야만 한다. ④ 마지막은, 바로 마르크스의 '세계 역사'에 대한 관여가 분명히 그를 몇 가지 잘못된 견해로 이끌었다. 그러나 이는 중국, 인도, 아일랜드, 폴란드, 미국 그리고 그보다 정도는 덜하지만 알제리와 그 밖의 다른 곳에서 일어난 사건들을 분석하도록 이끌기도 했다. 이러한 분석으로 마르크스는, 식민주의를 계몽된 자유주의 부르주아 문명이 머지않아 폐기할지도 모르는 우연한 부가물로 보지 않고 자본주의의

---

p.217.

51   S. Ghosh, 'Marx on India', *Monthly Review*, 35(8): 39~53(1984).

52   폴란드 문제에 대한 마르크스의 오랜 성찰에 대해서는 Anderson, *Marx at the Margins*, pp.63~78을 참조하라.

한 방식으로 보게 되었다.

한때 세계의 식민지였고 오늘날 탈식민 세계로 불리는 곳에서 자본주의의 행로가 끝났다고 말할 수는 없다. 자본주의 무역과 세계 자본주의 관계에 얽힌 국가와 지역이 점점 더 많아지면서, 자본주의를 통해 국가의 필수적인 미래 과정을 예측하는 것에 대한 마르크스의 많은 망설임은 역사로 해결되고 있다. 반식민주의 역사가 순전히 민족주의 역사로 귀결되고 탈식민 질서가 이제 완전한 우익 민족주의의 틀 속에서 스스로 드러난 현재, 마르크스의 식민주의 문제 개입에서 아직도 배울 것이 있을지도 모른다. 계급 문제의 지속성을 발견하기 위해 국가/민족 형태에 대해 혁명적인 용어로 자유롭게 얘기하는 것은 식민주의와 자본주의에 대한 마르크스의 개입에서 우리가 이끌어낼 수 있는 불후의 교훈이다. 그렇다면 이상하게도, 아닐 수도 있지만, 정확히는 식민주의에 대한 수없이 많고 종종 흩어져 있는 고찰에서 마르크스가 전략적 사상가로 나타난다. 이러한 성찰을 연구하는 동안 이런저런 잘못된 공식을 발견할 수 있지만, 전략적 사고는 오해의 여지가 없으며 우리에게 교훈적이다.

마르크스 사상에서 식민지가 지식의 대상으로 등장하는 방식은 식민지를 세계적 자본 역사의 일부로 만들고, 식민주의/민족주의 또는 식민지/국가의 일반적인 이분법을 넘어 본원적 축적, 국경, 보편주의, 구체 등 관련 질문을 생각하게끔 한다. 식민지는 국가에 의해서만 세워진 것이 아니다. 그들은 국가형태의 정해진 역사가 기록된, 제국의 시대에 등장했다. 마르크스는 식민주의 시대 자본주의 팽창의 문제를 반복적으로 제기했고, 이러한 맥락에서 식민 통치의 문제를 제기했다. 이런 식으로 그의 식민주의에 관한 글, 예를 들어 인도에서의 영국 식민주의에 관한 글은 강제와 축적 조건의 관리를 결합한 현대적인 통치의 역사를 연구할 필요가 있음을 시사한다. 세계화의 목적인(telos)에 세계무역과 자유무역만 있는 것이 아니다. 국민국가가 최고의 자리를 차지할 뿐만 아니라 흐름, 뚜렷하지 않음, 투과성, 국경의 이동, 기초 없는 자본주의를 특징으로 하는 현재가 있다. 이는 하나의 개념으로서의 제국이 다시 한번 식민지에서 출현한 다른 국가의 타자로서의 역사-이론적인 개념으로 되돌아가는 환경이다.

식민주의에 관한 마르크스의 저술은 더욱이 정치적 주체로서 피식민인이라는 이론을 예견한다. 식민 국가를 넘어설 뿐만 아니라 근대 식민 시대의 정치적 주체의 재현에 대해서도 반성하고 있었다. 계급투쟁의 정치학으로부터 계급이 아니라 식민지가 새로운 주체를 향한 표현으로 등장하는 정치투쟁의 정의로 이동해야 했다.[53] 이것이 그가 식민지의 종교, 수동성의 문제, '천상의' 국가나 마이-밥 사카르(mai-baap Sarkar, 어머니-아버지 정부)에 대한 믿음, 어느 계급이 '민족적' 반란을 주도할 것인지에 대한 어려운 고려, 아직 아무 계급도 준비되지 않았고 그 민족도 준비되지 않았지만 독립전쟁은 조만간 시작돼야 한다는 더 어려운 깨달음에 대해 생각하기 시작한 시점이었다. 답을 찾는 데 내재성의 자리는 없었다. 폐쇄는 정치적 주체로서 식민지인이 발전하는 방식으로만 열릴 것이었다.[54] 이것이 그를 갉아먹는 짜증나는 딜레마였다. 탈식민 세계를 여전히 괴롭히는 것은 계급과 민족의 딜레마였다. 마르크스처럼 우리도 폐쇄가 삶과 죽음의 영원한 투쟁이 될 것임을 알기에 폐쇄와의 투쟁을 계속할 것이다.

---

53 프라바트 파트낙은 인도에서의 식민주의에 관한 마르크스의 저술에 대한 그의 연구에서 다음과 같이 지적한다. **"심지어 인도의 반란이 마르크스로 하여금 쌍둥이 혁명의 개념을 알게 할 수도 있기 전에,** 1853년에 이미 마르크스의 마음속에 그 개념이 있었다는 것은 놀라운 일이다. 그리고 심지어 그 단계에서도 마르크스가 민족해방투쟁을 지지하는 선진 국가 노동자 개념을 선호했다는 것 역시 똑같이 주목할 만하다." P. Patnaik, 'The Other Marx', in: Husain, *Karl Marx on India*, p.lvii.

54 이는 일부 역사가들이 주장하듯이 식민 지배가 지배적이긴 하지만 국민들에 대한 헤게모니를 확립할 수 없었기 때문에 가능했다. 예를 들어 R. Guha, *Dominance without Hegemony: History and Power in Colonial India*(Cambridge, MA: Harvard University Press, 1997), pp.1~99를 참조하라.

참고문헌

Ahmad, Aijaz(1992), *In Theory: Classes, Nations, Literatures*, London: Verso.

Allen, Theodore W.(1994), *The Invention of the White Race, Volume 1: Racial Oppression and Social Control*, London, New York: Verso.

Anderson, Kevin(2010), *Marx at the Margins: On Nationalism, Ethnicity, and Non-Western Societies*, Chicago: University of Chicago Press.

Baru, Sanjay(1983), 'Karl Marx and Analysis of Indian Society', *Economic and Political Weekly*, 18(50): 2102~2108.

Blackburn, Robin(2011), *Marx and Lincoln: An Unfinished Revolution*, London, New York: Verso.

Byres, Terence J.(2012), 'The Agrarian Question and the Peasantry', in: E. Elgar(ed.), *The Elgar Companion to Marxist Economics*, Cheltenham, Northampton, MA: Edward Elgar, pp.10~15.

Du Bois, W.E.B.(1946), *The World and Africa*, New York: International Publishers.

Ferrari Bravo, Luciano(2018), 'Old and New Questions in the Theory of Imperialism', *Viewpoint Magazine*, www.viewpointmag.com/2018/02/01/old-new-questions-theory-imperialism-1975/.

Ghosh, Suniti(1984), 'Marx on India', *Monthly Review*, 35(8): 39~53.

Guha, Ranajit(1997), *Dominance without Hegemony: History and Power in Colonial India*, Cambridge, MA: Harvard University Press.

Habib, Irfan(2006), 'Introduction: Marx's Perception of India', in: I. Husain(ed.), *Karl Marx on India*, New Delhi: Tulika Books, pp.XIX~LIV.

Hauck, Gerhard(2010), 'Kolonialismus', in: W.F. Haug, F. Haug, P. Jehle, and W. Kuttler(eds.), *Historisch-Kritisches Wörterbuch des Marxismus*, vol.7/II(Hamburg: Berliner Institut fur Kritische Theorie), pp.1159~1166.

Kiernan, Victor G.(1967), 'Marx and India', *Socialist Register*, 4: 159~189.

Kumar, Ashutosh(1992), 'Marx and Engels on India', *The Indian Journal of Political Science*, 53(4): 493~504.

Lindner, Kolja(2010), 'Marx's Eurocentrism: Postcolonial Studies, and Marx Scholarship', *Radical Philosophy*, 161: 27~41.

Ling, Trevor(1980), *Karl Marx and Religion in Europe and India*, London: MacMillan.

Lowe, Lisa(1996), *Immigrant Acts: On Asian American Cultural Politics*, Durham, NC: Duke University Press.

Mao Tse Tung(1926), *Analysis of the Classes in Chinese Society*, Peking: Foreign Language Press.

Marx, Karl(1977), *Wage Labor and Capital*, MECW, vol.9, pp.197~228.

_____(1984), 'The North American Civil War'(25 October 1861), MECW, vol.19, pp.32~42.

_____(1986), 'Indian News'(31 July 1857), MECW, vol.15, pp.314~317.

_____(1986), 'The Indian Question'(14 August 1857), MECW,vol.15, pp.309~313.

_____(1986), 'Lord Canning's Proclamation and Land Tenure in India'(6 May 1858), MECW, vol.15, pp.546~549.

_____(1986), *Bastiat and Carey*, MECW, vol.28, p.8.

_____(1986), 'Outlines of the Critique of Political Economy(*Grundrisse*). First Instalment', MECW, vol.28.

_____(1987), 'Outlines of the Critique of Political Economy(*Grundrisse*). Second Instalment', MECW, vol.29.

_____(1987), 'A Contribution to the Critique of Political Economy. Part One', MECW, vol.29, pp.257~417.

_____(1996), *Capital*, Volume I, MECW, vol.35.

_____(2010), 'The British Rule in India'(10 June 1853), MECW, vol.12, pp.125~133.

_____(2010), 'The War Question, Doings of Parliament, India'(19 July 1853), MECW, vol.12, pp.209~216.

_____(2010), 'The Future Results of British Rule in India'(22 July 1853), MECW, vol.12, pp.217~222.

Mezzadra, Sandro(2018), *In the Marxian Workshops: Producing Subjects*, London: Rowman & Littlefield.

Mezzadra, Sandro, and Neilson, Brett(2013), *Border as Method, or, the Multiplication of Labor*, Durham, NC: Duke University Press.

Neocleous, Mark(2012), 'International Law as Primitive Accumulation; Or, the Secret of Systematic Colonization', *The European Journal of International Law*, 23(4): 941~962.

Patnaik, Prabhat(2006), 'The Other Marx', in I. Husain(ed.), *Karl Marx on India*, New Delhi: Tulika Books, pp.lv~lxviii.

Piterberg, Gabriel, and Veracini, Lorenzo(2015), 'Wakefield, Marx, and the World Turned Inside Out', *Journal of Global History*, 10: 457~478.

Rodden, John(2008), '"The Lever Must Be Applied in Ireland": Marx, Engels, and the Irish Question', *The Review of Politics*, 70, pp.609~640.

Roediger, David(1999), *The Wages of Whiteness: Race and the Making of American Working Class*, London, New York: Verso.

_____(2017), *Race, Class and Marxism*, London, New York: Verso.

Said, Edward(1978), *Orientalism*, London: Penguin.

Samaddar, Ranabir(2009), 'Primitive Accumulation and Some Aspects of Life and Work in India',
    Economic and Political Weekly, 44(18): 33~42.

Wallerstein, Immanuel(2004), *World System Analysis: An Introduction*, Durham, NC: Duke
    University Press.

Williams, Eric(1944), *Capitalism and Slavery*, Chapel Hill: The University of North Carolina Press.

15.1 본질적, 지속적, 안정적 요소는 존재하는가?

마르크스의 유산에는 없다고 자주 언급되는 것은, 계급지배의 매개로서의 국가를 포괄적 비판으로 작성하지 못했다는 것이다.

1857~1863년 사이에 마르크스의 연구를 인도한, 『자본』 6부 계획의 일부로 국가에 관한 책이 있다.[1] 이 계획에 따르면, 국가에 관한 글은 자본, 임금노동, 토지 소유에 관한 책을 뒤이을 것이었다. 다시 말해 "노동, 노동 분업, 필요, 교환가치와 같은 단순(개념)에서 …… 국가, 국제적 교환, 세계시장으로"[2] 이동하는 정치경제학의 방법과 일치한다. 국가는 그 이전의 보다 추상적이고 단순한 개념적 분석을 통해서만 이론적으로 이해될 수 있는 구체적이고 복잡한 관계적 앙상블이다. (비록 구성은 다르지만) 첫 세 권의 주제를

---

1   6부 계획에 관해서는 다음을 보라. K. Marx, 'Outlines of the Critique of Political Economy [*Grundrisse*]. First Instalment', MECW, vol. 28, p. 45. 그 계획의 운명에 관해서는 다음을 보라. M. Heinrich, '"Capital" after MEGA: Discontinuities, Interruptions and New Beginnings', *Crisis & Critique*, 3(3): 93~138(2016).

2   Marx, 'Outlines of the Critique of the Political Economy [*Grundrisse*]. First Instalment', pp. 37~38.

탐구하려던 마르크스의 노력은 그가 자신의 미완성된 정치경제학 비판에서 축적의 정치적 동학보다는 경제적인 것에 보다 초점을 맞추었다는 것을 의미했다. 게다가 계획되었던 노동에 관한 책이 사실상 없다는 점을 감안하면,[3] 마르크스는 자본에 보다 초점을 맞추었고, 정치적 주체는 고사하고 능동적인 경제적 주체로서의 노동계급을 간과했다.[4] 이와 관련해 말하자면, 마르크스와 엥겔스의 프로젝트는 이론적인 것만큼 정치적인 것이었지만, 마르크스도 엥겔스도 다음에 관한 일관된 분석을 제공하지 않았다. 정당, 민족, 민족주의, 국민국가, 혁명의 전략과 전술(특히 혁명이 폭력적 형태여야만 할지 아니면 의회주의적 형태를 취할 수 있을지), 자본주의국가 유형을 대체하고 국가와 공동체 간 분리를 폐지할 '프롤레타리아 독재'라는 과도기적 형태이다. 이는 중대한 누락이다.

이것이 마르크스와 그의 평생의 공동 연구자인 엥겔스가 이러한 쟁점을 무시했음을 의미하지는 않는다. 그들은 개별적으로 그리고 함께, 국가 및 국가권력에 관한 성찰이 담긴 출판, 미출판 저술을 풍부하게 썼다. 마르크스는 고전파 정치경제학 및 속류 정치경제학의 경제적 범주에 관한 자신의 비판과 유사한 정치 이론에 관한 비판을 제공했다. 그는 자본주의국가 유형을 분석했다. 비록 자본축적의 고유 논리에 대한 자본주의국가 유형의 형태적 타당성(또는 조응)의 관점에서 주로 분석하기는 했지만 말이다. 마르크스와 엥겔스는 자본주의 이전의 계급 기반 생산 양식에서의, 그리고 유럽·미국 이외의 당대 사회에서의 국가(또는 이와 유사한 지배 형태)에 관한 역사적 분석을 제시했다. 또한 그들은 특정 국가들의 발전, 구조변화, 계급적 성격에 관해 연구했다. 두 사람 모두 서로 다른 정치적 시기 그리고 중요한 사건에

---

3   이 누락된 책에 관해서는 다음을 보라. M. Lebowitz, *Beyond Capital: Marx's Political Economy of the Working Class*(Basingstoke: Palgrave-Macmillan, 2003), pp. 27~50.

4   같은 책, pp. 66~75.

관한 보다 구체적인 정세적 분석과 노동운동에서의 정치적 논쟁에 영향을 주기 위해 구체적 상황에 관한 보다 전략적인 설명에 도전했다. 또한 그들의 연구는 국가 간 관계, 식민주의, 국제적 세력 균형, 전쟁과 평화의 정치학, 정치 분석에서의 일부 핵심 범주의 계보학으로 확장되었다.

접근경로의 다양성은, 국가 및 정치에 관한 마르크스의 저술이 단편적이고 불완전하며 모호하고 일관성이 없다는 위험을 무릅쓰고 특정 목적을 위한 각각의 진입 지점을 선택함으로써, 국가권력의 복잡성을 단순화할 필요성을 부분적으로 반영한다. 또한 접근경로의 다양성은, 그람시가 마르크스와 엥겔스의 모든 저술에 대해 보다 일반적으로 논평했듯, 역사에 대한 유물론적 접근을 발전시키려 했던 미완의 탐구를 나타내는 것일 수도 있다. 이러한 단순화 과정에는 "안정적, 지속적인 것이 될 요소들"의 선정이 포함되었지만, 아직까지 이 과정은 하나의 숙고된 이론적 입장으로 통합되지 않았다. 이 요소들은 이후에 포기할 다양한 사고실험과는 구별해야 한다. 이 요소들은 "사상가(여기에서는 마르크스)가 특정 시기에 그것을 잠정적으로 수용하고 자신의 비판 및 역사적·과학적 창작의 저술에 이용할 정도까지, 어느 정도 동의했을 부분적인 교리와 이론"[5]으로 구성된다. 그람시의 논평은 다음의 질문을 제기한다. 국가 및 국가권력에 관한 이러한 이질적인 분석 집합의 어떠한 측면이 본질적이며, 어떠한 측면이 우발적인 것, 부수적인 것, 불필요한 것인가?

이는 적어도 두 가지 이유에서, 마르크스의 성찰로부터 국가 및 국가권력에 관한 단일한 본질적·보편적 이론을 정제해 낼 수는 없음을 의미한다. 첫째, 원문에 근거할 때 마르크스의 성찰은 이질적이고 단편적이며 모호하고 일관성이 없다. "따라서 마르크스의 저술이 국가 이론 발전을 위한 핵심 참

---

5   A. Gramsci, *Selections from the Prison Notebooks*(London: Lawrence & Wishart, 1971), pp.382~386.

고 문헌으로 남아 있는 한, 다양한 입장들이 마르크스의 지적 저술들 내부에서 옹호될 수 있다는 점, 그리고 마르크스의 지적 저술들 그 자체가 경쟁하는 이론들을 중재할 수 있는 근거를 제공하지 않았다는 점을 인식할 필요가 있을 것이다."[6] 둘째, 보다 중요하게는 초역사적인 일반이론의 대상을 제공할 수 있는 '국가 일반'[7]이란 것이 존재하지 않는다. 기껏해야, 지배적인 생산양식에 또는 다양한 생산양식 및 사회적·사적 노동 형태의 보다 일반적인 접합(articulation)에 구애받지 않고 모든 계급지배 사회에 적용되는 몇몇 일반적인 계급론적 원리가 있을 것이다. 이러한 점에서 마르크스는 국가가 지배계급의 이익을 증진시키는 정치적 지배체제라고 종종 언급했던 것이다. 그러나 이러한 언급은 기본적으로 기술적(descriptive), 즉 전 이론적(pre-theoretical)[8]이었다. 또한 사회적 관계로 간주되는 국가의 특정 **형태**보다는 국가권력의 계급적 **내용**에 초점을 맞추었다. 마르크스의 이론적 기여는 전자의 주제에 관한 것이다.

15.2 국가와 국가권력에 관한 세 가지 본질적 이론

넓은 의미에서, 국가에 관한 세 가지 본질적 설명을 마르크스의 저술에서 확인할 수 있다. 각각은 마르크스의 정치적, 역사적, 이론적 분석에서 특정

---

6 C.W. Barrow, 'The Marx Problem in Marxian State Theory', *Science & Society* 64(1): 88 (2001).

7 생산 일반 또는 일반적 생산이란 것은 존재하지 않는다는, 마르크스의 1857년 "서문"의 언급을 참조하라(Marx, 'Outlines of the Critique of the Political Economy [*Grundrisse*]. First Instalment', p.23).

8 국가에 관해 다룬, 완전히 이론화되지 않은 마르크스의 '기술적 이론'이 갖는 내재적 불안정성에 관해서는 다음을 보라. L. Althusser, *On the Reproduction of Capitalism: Ideology and Ideological State Apparatuses*(London: Verso, 2014), pp.71~73.

한 위치를 차지했다. 이 세 가지 설명은 어떠한 측면에서는 서로 중첩되는 것이었고, 오늘날의 국가에 관한 마르크스의 설명에서 재접합될 수도 있는 것이었다.

몇몇 기술적 설명에서 국가는 경제적으로 지배적인 계급 혹은 계급 분파가 경제적 착취 및 정치적 통제를 유지하기 위한 다양한 방식에 성공함으로써 행사하는 계급지배의 도구로 판단되었다. 이러한 주제는 1842~1843년, ≪신라인 신문≫에 실린 마르크스의 기사에서 처음 제기되었는데, 여기에서 마르크스는 재산 소유의 이익을 증진시키거나 국가 그 자체를 방어하기 위한 법률적, 행정적 권력의 사용에 관한 도덕적 비판을 제시했다.[9] 이 주제는 『공산당 선언』에서 유명하게 (또는 악명 높게) 표현되었다. 이 저서는 "지금까지 존재했던 모든 사회의 역사는 계급투쟁의 역사이다"라고 상정하며, 이를 배경으로 해 "근대국가의 행정부는 부르주아 전체의 공동 업무를 관리하기 위한 위원회일 뿐이다"라고 주장한다.[10] 혁명이 실현가능한 것으로 보였던 당시에 가졌던 수사학적 가치와는 별개로, 유럽과 북아메리카의 당시 제한적이었던 선거권을 고려할 때 이러한 주장은 타당하기도 했다. 사회주의로의 의회주의적 경로를 상정했던 수많은 자본주의 체제에서 이후 선거권이 확대되었지만 국가권력의 **계급적 내용**에 관한 마르크스의 견해를 수정하지는 못했다. 따라서 1840년대부터 그의 삶의 마지막까지 마르크스는 많은 언론 기사와 역사 연구에서 유사한 주장을 발전시켰고, 직접적 혹은 간접적으로 국가 장치를 통제하는 지배적 계급 분파 및 계급에 대해 서술했다.

그러나 다른 역사적 설명에서 마르크스는 국가를 불안정한 계급 세력 균형이 질서를 위협할 때 이에 대응하기 위한 상당한 자유를 쟁취할 수 있는

---

9   예컨대 K. Marx, 'Debates on the Law on the Thefts of Wood', MECW, vol.1, pp.224~ 263; 'Justification of the Correspondent from the Mosel', MECW, vol.1, pp.332~358.

10   K. Marx and F. Engels, *Manifesto of the Communist Party*, MECW, vol.6, pp.482, 486.

자율적인 권위로 봤다.[11] 이 경우 현 정부(혹은 그 후속 정부)는 사회적 질서를 강요하거나 기생적 방식으로 자신의 이익을 추구하기 위해 예외적 권위를 행사할 수 있다. 사례로 카이사르주의, 절대주의, 비스마르크주의를 들 수 있다. 그러나 이러한 견해는 루이 보나파르트 치하의 1850, 1860년대 프랑스에 관한 마르크스의 분석에서 가장 유명하게 나타났다. 루이보나파르트는 경제적, 정치적, 사회적으로 불안정한 시기였던 1851년, 쿠데타를 일으켰고, 제2공화국을 주요 경쟁 계급의 위에서 운영되는 것처럼 보이는 제국으로 대체했다. 그럼에도 불구하고 이 제국은 보수적인 소농에 안정된 계급적 기초를 가진다고 마르크스는 주장했다. 자신의 이름으로는 실질적인 계급 세력으로 조직될 수 없었던 이 고립된 농촌 대중은, 루이 보나파르트의 경제정책이 그들의 장기적 이익을 배신했음에도 불구하고, 황제가 소농의 가치와 나폴레옹 보나파르트에 대한 추억을 수사학적으로 호소하자 이에 반응을 보였다.[12] 심지어 마르크스는, 루이 보나파르트가 "자신의 지배에 대한 일반적 혐오"[13]를 인식하고 황제 자신이 이끄는 군대가 사회 전체에 맞서 스스로를 대표하기 시작한 집정관 국가를 세우려 하고 있다고[14] 한 차례 시사하기도 했다.

두 접근 모두 마르크스주의 이론가들에 의해 일면적으로 발전되었다. 일

---

11   마르크스의 자율화론에 관한 보다 상세한 설명으로는 다음을 보라. H. Draper and E. Haberkern, *Karl Marx's Theory of Revolution: State and Bureaucracy*, Vol. 1(New York: Monthly Review Press, 1977), pp. 311~590.

12   K. Marx, *The Eighteenth Brumaire of Louis Bonaparte*, MECW, vol. 11.

13   K. Marx, 'The Rule of the Pretorians', MECW, vol. 15, p. 466.

14   마르크스는 다음과 같이 썼다. "빼어 든 칼의 지배는 가장 명백한 용어로 선언되고, 보나파르트는 제국의 통치가 제국의 의지가 아닌 60만 총검에 달려 있음을 프랑스가 분명히 이해하기를 원한다. …… 제2제국에서는 군대 그 자체의 이익이 우위에 있다. 군대는 더 이상 인민 일부의 인민의 또 다른 일부에 대한 지배를 유지하려 하지 않는다. 군대는 프랑스 인민 일반에 대한, 자신의 왕조에 의해 인격화된 자신의 지배를 유지하려 한다. …… 그것은 **사회**에 적대하는 **국가**를 표현하려 한다"(같은 책, p. 465).

부는 국가를, 이를 통제하고 있는 계급 혹은 계급 분파의 이익을 증진시키기 위해 이용될 수 있는 수동적 기구로 취급한다.[15] 다른 이들은 지배계급의 경제적, 정치적 이해에 더 잘 봉사하기 위해 자율성이 필요한 국가와 관료의 필수적인 '상대적 자율성'을 강조한다.[16] 그러나 다른 이들은, 첫 번째 설명은 계급투쟁의 보다 일상적 시기에 적용되고 두 번째 설명은 계급투쟁이 교착상태이거나 사회적 파국의 조짐을 보이는 '예외적' 시기에 적용된다고 시사한다.[17]

국가에 관한 세 번째 설명은 다른 두 가지 설명을 규명하고 상대화하는 유용한 이론틀을 제공한다. 이는 마르크스의 『헤겔 법철학 비판』과 그 서문에서 처음 전개되었다. 이러한 본질적, 지속적, 안정적 설명은 국가를 지배자와 피지배자의 분리에 기초한 정치기구의 소외된 형태로 간주했다.[18] 이 분리는 서로 다른 계급 기반 생산양식에서 서로 다른 형태를 취한다. 마르크스는 평생 이러한 설명을 보완하면서, 일부 주장은 폐기하고 일부는 발전시키며 철학적 용어보다는 훨씬 더 유물론적 용어로 이를 제시했다. 이 설명이 가장 분명하게 보완되어 진술된 곳은 마르크스가 1871년 파리 코뮌을 지배자와 피지배자의 분리를 극복하려고 했던, 급진적으로 새로운 형태의

---

15 초기 연구로는 다음을 보라. V.I. Lenin, 'The State and Revolution', in: *Lenin: Collected Works*(Moscow: Progress Publishers, 1964); S.W. Moore, *The Critique of Capitalist Democracy: An Introduction to the Theory of the State in Marx, Engels and Lenin* (New York: Paine-Whitman, 1957). 또한 다음을 보라. B. Jessop, *The Capitalist State: Marxist Theories and Methods*(Oxford: Martin Robertson, 1982).

16 특히 다음을 보라. N. Poulantzas, *Political Power and Social Classes*(London: NLB, 1973), pp.115~117, 132~134, 255~279, 283~289.

17 예컨대 다음을 보라. R.N. Hunt, 1974, *The Political Ideas of Marx and Engels,* vol.1 (London: Macmillan, 1974), pp.121~130; J. Maguire, *Marx's Theory of Politics*(Cambridge: Cambridge University Press, 1978), pp.24~27; R. Miliband, 'Marx and the State', in: *Socialist Register*(London: Merlin Press, 1965).

18 이러한 접근에 관한 확장된 설명은 다음에 제시되어 있다. P. Thomas, *Alien Politics: Marxist State Theory Retrieved*(London: Routledge, 1994), pp.27~84.

정치기구로서 언급한 부분이다. 『프랑스 내전』의 두 번째 초고는 국가권력이 "언제나 질서 유지를 위한 권력, 즉 사회의 현존하는 질서 유지를 위한 권력, 따라서 전유하는 계급에 의한 생산하는 계급의 종속과 착취의 유지를 위한 권력이었다"[19]라고 주장했다. 이는, 마르크스가 근대국가(혹은 부르주아국가)에 관한 저술에서 이러한 분리는 새로운 형태를 취했다고 강조했음을 의미한다. 예브게니 파슈카니스(Evgeny Pashukanis, 1891~1937)는 이를 주권 입헌 국가의 비인격적 지배로 요약했다. 다시 말해서, 계급은 자본주의국가 유형의 노골적인 조직원리로서 존재하지 않는데, 부르주아가 권력의 법률적 독점을 갖지도 않고, 가질 필요도 없기 때문이다.[20] 부르주아는 형식적으로는 종속 계급과 동등한 조건에서 권력을 두고 경쟁해야 한다. 물론, 실질적으로는 사정이 매우 다르다. 왜냐하면 "착취가 교환의 형태를 취하는 곳에서 독재는 민주주의의 형태를 **취할 수 있기**"[21] 때문이다. 마르크스는 이 가능성이 자본주의에서의 착취, 지배의 경제적·정치적 계기의 구체적인 '통일에 내포된 분리(separation-in-unity)'에 근거하고 있다고 했다. 이러한 분석은 자본주의국가의 역사적 특수성에 관한 마르크스의 분석에서 독특한 지속적, 안정적, 본질적 기초가 되었다. 또한 이러한 분석은 이데올로기 및 다른 문제에 관한 역사유물론적 분석에서 엥겔스가 주목했던, "형태는 실체를 위해서 처음에는 항상 무시된다"[22]라는 경향(또는 유혹)을 뛰어넘도록 우리를 인도한다. 간단히 말해서 형태 분석은 국가 및 국가권력에 관한 1840년대부터 1880년대까지의 마르크스의 저술을 독해하는 열쇠이다.

1843년 ≪라인 신문≫이 폐간된 이후, 마르크스는 다음에 관해 연구했

---

19   K. Marx, 'Second Draft Plan of The Civil War in France', MECW, vol. 22, p. 534.

20   E.B. Pashukanis, *Law and Marxism: A General Theory*(London: Ink Links, 1978), p. 185.

21   Moore, *The Critique of Capitalist Democracy,* p. 59(강조는 원문).

22   'F. Engels to Franz Mehring, 14 July 1893', MECW, vol. 50, p. 165.

다. 프랑스, 이탈리아, 폴란드, 잉글랜드, 독일, 스웨덴, 미국에서의 국가 역사 및 국가와 사회발전 간 관계의 역사, 영국 및 프랑스혁명, 정치 이론 및 헌법 이론에 대한 관련 문헌이다.[23] 이러한 집중적 연구는 G. W. F. 헤겔(G. W. F. Hegel, 1770~1831)의 국가 관련 교리에 대한 그의 비판과 국가 형성(과 변화) 및 국가권력에 대한 그의 추가 연구에 영향을 미쳤다. 헤겔과 달리, 마르크스는 새로이 대두되는 부르주아 사회구성이 ① 정치가 공동의 이익을 지향하며 국가를 그 중심으로 하는 '공적영역'과 ② 사유재산 및 개인의 사익이 지배적인 '시민사회'의 제도적 분리로 특징지어진다고 주장했다. 근대국가가 사회 구성원 전체의 공동의, 유기적인 이익을 대변할 수 있고 또 할 것이라는 헤겔의 주장에 대해, 마르크스는 근대국가가 계속되는 적대, 천박한 유물론, 사적 소유·임금노동에 기초한 사회의 이기적 갈등을 아래에 깔고 있는 '환상에 불과한' 이익공동체만을 대변할 수 있다고 응수했다. 헤겔은 현실 세계가 모순적이고 이로 인해 정치적 통합과 사회적 결속을 획득하려는 시도가 약화될 수 있다는 점을 인식하지 못했다. 마르크스에게 진정한 해방과 진정한 이익공동체는 사유재산의 폐지를 요구하는 것이었다. 그는 40년에 걸쳐 이러한 견해를 다듬었지만, 이를 단일한, 포괄적인 글로 제시한 바는 없었다.

1844년 11월, 헤겔의 『법철학(Philosophy of Right)』을 비판한 것에 이어 마르크스는 「근대국가에 관한 저술을 위한 계획 초안(A Draft Plan for a Work on the Modern State)」의 개요를 작성했다.[24] 당시 그의 연구를 반영한 주제는 다음과 같았다. ① 근대국가 기원의 역사 또는 프랑스혁명사, ② 자유, 평등, 통합, 국민주권을 포함하는 인권선언 및 국가 헌법, ③ 국가와 시민사회(여기에서는 사유재산과 시장 관계에 기초한 부르주아사회를 의미), ④ 입헌주의적 대

---

23 이 노트들은 다음을 구성한다. 'Kreuznacher Hefte 1~5', MEGA^2, vol. IV/2, pp. 9~278.
24 K. Marx, 'Draft Plan for a Work on the Modern State', MECW, vol. 4, p. 534.

의제 국가와 민주주의적 대의제 국가, ⑤ 입법 권력과 행정 권력의 분리, ⑥ 입법 권력, 입법부, 정치 클럽, ⑦ 행정부와 지방정부를 포함하는 행정 권력의 중앙집중화 및 위계, ⑧ 사법 권력과 법률, ⑨ 민족성과 인민, ⑩ 정당, ⑪ 국가와 부르주아사회를 폐지하기 위한 싸움이다. 이 계획은 실현되지 않았지만, 이 주제는 국가에 관한 마르크스의 저술 전반에 걸쳐 일관되게 추구되었다. 사실 마르크스는 프랑스혁명에, 그리고 자본주의적 경제 및 정치 발전에서 부르주아 민주주의 체제의 역할(및 그 위기)과 관련해 혁명 이후 프랑스 국가의 발전이 주는 교훈에 강한 관심을 갖고 있었다. 핵심적인 측면에서, (1870~1880년대 마르크스의 관심을 끌었던 미국과 함께) 잉글랜드가 자본주의적 산업 발전의 첫 단계에 대한 마르크스의 모델이었다면,[25] 프랑스는 자본주의국가 유형에 관한 그의 분석에서 중요한 기준을 제공했다.

마르크스의 계획 초고는 근대국가의 형태상 제도 구조 그리고 정치적 투쟁의 형태에 대해 그 구조가 갖는 함의로 시작했지만, 동시에 그는 이것이 부르주아(시민)사회와 국가 간 접합의 측면에서 이해되어야 한다는 암시를 주었다. 이는 『독일 이데올로기』에 그 개요가 서술된 역사에 관한 유물론적 개념에서 핵심적인 주제였다. 여기에서 마르크스와 엥겔스는 정치제도의 역할 그리고 사회적 노동 분업에서 전문화된 정치적 행위자의 역할을 강조했지만, 또한 역사적으로 국가는 소유관계 및 계급지배를 보장하고[26] 육체적·정신적 노동의 분업과 이데올로기적 지배에서 이 분업의 역할을 유지하는 데에[27] 결정적 역할을 수행한다고 주장했다.

『자본』 3권에서 국가형태에 관한 관심을 다음과 같이 요약했다.

25 K. Marx, 'Preface to the First German Edition', MECW, vol.35, p.8.
26 K. Marx and F. Engels, *The German Ideology*, MECW, vol.5, pp.32, 45~48, 89~92.
27 같은 책, pp.59~60.

불불 잉여노동을 직접생산자로부터 뽑아내는 특정한 경제적 형태는 지배자와 피지배자의 관계를 규정하고, 이 관계는 생산 그 자체로부터 직접적으로 발생해 뒤이어 생산 그 자체에 대한 규정 요소로서 반작용한다. 이를 바탕으로 생산관계 그 자체로부터 발생한 경제 공동체의 전체 구성이, 따라서 동시에 그 특정한 정치적 형태가 세워진다. 직접생산자에 대한 생산 조건 소유자의 직접적인 관계는 언제나 …… 전체 사회구조의, 그리고 주권 및 종속 관계의 정치적 형태, 간단히 말해 그에 상응하는 국가의 특정 형태의 가장 내밀한 비밀, 즉 은폐된 토대를 드러낸다.[28]

자본주의적 생산양식에서의 주권 및 종속 관계에 관한 이러한 '형태적' 분석은 사회적 생산관계가 지배 및 예속의 사회적 관계를 형성함을 의미한다. 마르크스는 지배적 정치**형태**가 지배적 경제**형태**에 상응한다고 주장했던 것에 주목하라. 이는 특정한 국가정책을 당시의 경제적 조건을 통해 직접적으로 이해할 수 있음을 의미하지는 않는다. 따라서 법치, 법 앞의 평등, 통일된 주권국가에 입각한 정치 질서는 사유재산, 임금 관계, 이윤 지향적이고 시장 매개적인 교환에 입각한 경제 질서에 자연스럽게 '부합'하거나 '대응'한다. 이는 강화된 이윤 지향적, 시장 매개적 생산양식에 대한 부르주아 민주주의의 '형태적 적절성'을 강조한다. 오직 자본주의적 생산양식에서만 더 폭넓은 제도적 형태(가족, 친족, 정치적 속박, 종교)에서 분리된 생산관계를 통해 계급이 정의된다. 이때 시장력이 지배력을 가질 수 있다. 그리고 자본은 노동과정을 관리하고 잉여노동을 전유하며 다른 자본과의 계약을 집행할 자신의 권리를 주장할 수 있다.

여기에는 이중적 관계가 작용한다. **노동시장**에서 우리는 "인간이 타고난 권리의 진정한 에덴동산을 발견한다. 자유, 평등, 소유, 벤담만이 이곳을 지

---

28   K. Marx, *Capital*, volume III, MECW, vol. 37, pp. 777~778.

배한다".[29] 그러나 **노동과정**에서 우리는 경제적 착취와 자본의 폭정을 발견한다. 유사한 이중성이 법치에 입각한 입헌국가에서도 발생한다. 마르크스는 「근대국가에 관한 저술을 위한 계획 초안」에서 이를 시사하면서, "모든 요소가 시민적 요소와 국가적 요소로서, 중복된 형태로 존재한다"[30]라고 적었다. 따라서 한편에서 입헌국가는 봉건적·길드적 특권의 종식에 기초해, 인간의 타고난 권리를 그의 계급적 위치가 무엇이든 보장한다. 다른 한편에서 입헌국가는 국익을 위한 질서를 유지한다고 주장하지만, 자본 일반의 이익이 위협받았을 때, 방어한다. 이러한 의미에서 계급 갈등은 경제적 영역에서 정치적 영역으로 이동할 수 있지만, 두 영역의 제도적 분리를 반영해 보통 각각의 영역에서 다른 형태를 취한다. 이 점은 다음 절에서 상세히 서술될 것이다.

부르주아가 "근대 [대규모] 산업 및 세계시장을 확립하고, 근대 대의제 국가에서 배타적인 정치적 영향력을 마침내 단독으로 획득하기"[31]까지는 수세기에 걸친 정치적 계급투쟁이 필요했다. 정치적 소외는 사회의 자기조직화를 통해 시민사회와 국가의 분리가 폐지될 때에만 사라질 것이다. 마르크스는 이러한 일이 어떻게 일어날 것인지에 대해서 파리 코뮌이 일어난 해인 1871년까지 명확히 알지 못했다. 이때 그는 지배기구인 현존하는 국가형태(특히 보나파르트주의 국가처럼 집중적, 중앙적, 권위주의적 국가형태)를 해방이라는 목적을 위해서 이용할 수 없다는 것을 발견했다. 따라서 마르크스는 『프랑스 내전』의 두 번째 초고에서 코뮌이 다음과 같은 점을 보여주었다고 썼다. "노동계급은 이미 만들어진 국가 기계를 단순히 장악해 자신의 목적을 위해 이용할 수 없다." "그들을 예속화시키는 정치기구는 그들을 해방시키는 정

---

29   K. Marx, *Capital*, volume I, MECW, vol.35, p.186.

30   Marx, 'Draft Plan for a Work on the Modern State', p.666.

31   Marx and Engels, *Manifesto of the Communist Party*, p.486.

치기구로 사용할 수 없다."[32] 이와 같이 깨달음을 얻은 마르크스는 마침내 프롤레타리아 독재 형태를, 즉 무계급사회로 향하는 예외적이고 과도기적인 국가형태와 "전체 공동체[Gemeinwesen]"의 이익을 옹호할 자기 통치 형태를 발견했다고 선언했다. 그러나 불과 두 달 이후에 코뮌이 유혈 진압되자, 이러한 실험은 어떠한 확실한 정치적 결론을 도출하기 전에 끝나버렸다.

이러한 주목은 형태적 분석이 '단순히 형태적'이거나 피상적인 것이 아님을 나타낸다. 형태적 분석은 '사회적 형태' 및 그것의 물질적 효과에 초점을 맞춘다. 형태가 차이를 만들어내는 것이다! 정치사회가 시민사회의 "공식적 표현"[33]일지라도, 그것은 매개되고 굴절된 표현이다. 계급지배의 경제적 계기와 정치적 계기의 본질적인(그리고 본질적으로 모순적인) '통일에 내포된 분리'는 정치적 영역이 시민사회의 적대를 직접적으로 반영하지는 않는다는 점을 의미한다. 따라서 마르크스는 변화하는 경제 상황, 갈등, 모순, 위기에 대해 언급했을 뿐만 아니라, 정책, 정치, 정치체제가 어떻게 국가형태, 정치체제, 정치 담론, 변화하는 정치적 세력 균형 등등의 잡다한 다양성에 의해 형성되는지 또한 고려했다.

15.3 사회적 관계로서의 국가

『자본』 1권을 쓰면서 마르크스는 자본은 사물이 아니라 "사물의 매개로 확립된, 사람들 사이의 사회적 관계"[34]라고 봤다. 이는 자본축적이 이 관계

32   K. Marx, 'Second Draft of *The Civil War in France*', MECW, vol.22, p.533. 첫 문장은 다음에서 다시 사용된다. *The Civil War in France*(MECW, vol.22, p.328)와 'Preface to the 1872 German Edition of the *Manifesto of the Communist Party*'(MECW, vol.23, p.175).

33   'K. Marx to P. Annenkov, 28 December 1846', MECW, 38, p.96.

의 한계 내에서 발생하는 투쟁뿐만 아니라 이 관계를 보장하기 위한 투쟁에 달려 있었음을 의미한다.[35] 또한 마르크스는 국가는 사회적 관계[36]라고 주장한 것일지도 모른다. 이 관계는 사법적, 정치적 제도와 권력의 물질적 매개체로 매개된 계급 세력 간 관계이다. 이는 국가에 대한 마르크스의 접근에 함축되어 있다. 두 경우 모두에서, 마르크스는 사회적 관계를 물신화하는 경향에 주목했다. 즉 그 경향은 상품 물신성 형태에서, 우발적인 자본 운동 법칙을 영속화하는 것에서도, 또는 국가 물신성 형태에서, 부르주아 헌법 및 법치를 근대 사회의 영구적 법칙으로서 취급하는 것에서도 나타난다. 그는 두 경향 모두에 통렬한 비판을 가하면서 자본주의 사회구성의 경제적·정치적 범주의 역사적 우발성, 이 우발성의 근거가 되는 일시적인 사회적 생산관계, 당대 사회의 이러한 외견상 오래 지속될 것으로 보이는 특징을 약화시키고 전복시키기 위한 계급투쟁의 여지를 강조했다. 계급투쟁과 기타 사회 갈등이 물신화된 제도적 틀의 한계를 넘어 벗어나는 것은 언제나 가능하다.[37]

따라서 근대 대의제 국가가 형태적으로 적절할지라도, 본질적으로 모순적인 그것의 성격은, 제도화된 계급 타협이 정상적 정치 수단을 통해 보장될 수 없을 경우, 근대 대의제 국가 자체를 불안정과 위기에 취약하게 만든다.

---

34 Marx, *Capital,* volume I, p.753.

35 이와 관련된 계급 행위자적 해석에 관해서는 다음을 보라. H. Cleaver, *Reading Capital Politically*(Austin: University of Texas Press, 1979), pp.57~80. 또한 다음을 보라. Lebowitz, *Beyond Capital,* pp.178~196.

36 이러한 주장은 풀란차스에 의해 정교화되었다. 그는 자본과 마찬가지로 국가는 사물 또는 합리적 주체가 아니라고 썼다. 오히려 국가는 "세력 관계, 또는 보다 정확히는 국가 내에서 필연적인 특정 형태로 표현되는 계급 간, 계급 분파 간 세력 관계의 물질적 응축" 이다(*State, Power, Socialism* [London: NLB, 1978], pp.128~129, 원문의 강조는 제거).

37 홀러웨이는 자본 관계 및 국가권력의 물신적 재생산을 비판한다. 이러한 물신적 형태 내에서 노동하는 것을 공개적으로 거부하는 것은 자본주의적 지배를 깨뜨릴 수 있다. 다음을 보라. *Change the World without Taking Power*(London: Pluto, 2010), pp.43~117.

마르크스가 『1848년에서 1850년까지 프랑스에서의 계급투쟁』에서 썼듯이, 민주적 헌법의 핵심에는 근본적 모순이 있기 때문이다. 민주적 헌법은 보통선거권을 통해 프롤레타리아, 소농, 소부르주아에게 정치권력을 부여하는 반면, 이들의 사회적 노예 신분을 영구화하고, 사유재산권을 보장함으로써 부르주아의 사회적 권력을 유지시킨다. "그것은 종속 계급에게는 정치적 해방에서 사회적 해방으로 나아가지 말 것을 요구한다. 다른 계급에게는 사회적 복고에서 정치적 복고로 되돌아가지 말 것을 요구한다."[38] 이는 자본, 지주, 노동자 (그리고 소농과 같은 기타 계급) 간의 적대와 갈등이 국가에 의해 형성된 정치적 통합 내에서 어떻게 유지되는지에 관한 중요한 질문을 제기한다. 앞선 특징을 감안할 때, 가능한 답변은 자본주의적 사회구성에서의 지배의 비인격적 형태가 제도적 동학 및 계급투쟁 양상의 모든 측면에서 경제적인 것과 정치적인 것의 분리에 의존한다는 것이다. 계급지배는 두 가지 조건에서 유지될 수 있다. 첫째, 경제적 계급투쟁은 시장 논리 내로(즉 임금, 노동시간, 노동조건, 가격에 대한 것으로) 국한되어야 하며, 이 투쟁이 자본축적을 위협할 경우 완화 또는 중단되어야 한다. 둘째, 정치적 계급투쟁은 선거로 선출된 다수가 국민의 (환상에 불과한) 일반이익 또는 국익에 합당한 정책에 영향을 미치기 위한 투쟁이라는 논리 내로 국한되어야 한다. 그러나 노동자가 정치적 권위에 도전하기 위해 (예컨대 총파업을 통해) 자신의 경제적 권력을 사용할 때, 노동자가 시장 관계에 도전하기 위해 (예컨대 보상 없는 재산권 몰수를 통해) 자신의 정치적 권력을 사용할 때, 부르주아 계급지배는 근본적으로 위협받는다. 이는 지배계급이 민주적 헌법을 중단시키려 하거나 민주적 통제를 벗어난 행정부에 권력을 집중시키려 하는, 노골적인 계급투쟁 전쟁을 촉발할 수 있다. 마르크스는 다양한 사례에서, 특히 프랑스와 관련된 사례에서 이를 논의했다.

---

38   K. Marx, *The Class Struggles in France, 1848 to 1850*, MECW, vol.10, p.79.

『루이 보나파르트의 브뤼메르 18일』은 이러한 분석 중 가장 유명한 것이다. 이 저술은 근대국가의 지형에서 '정치적 투쟁의 특수성'을 연구한 것이었다. 그 정치적 상황 속에서 직접적이고 명료하게 대표되는 그러한 계급은 없었으며, 마르크스는 서로 다른 정치 세력, 예컨대 정치 분파, 정당, 군대, 준군사조직, 정치 폭력배, 지식인, 언론인 등의 '계급 기반'과 '계급 관련성'을 해독하기 위해 대단한 노력을 기울였다. 마르크스는 이러한 연관성을 투명하거나 간단한 것으로 여기지 않은 대신 매우 문제적이고 매개된 것으로 여겼다. 서로 다른 체제는 계급투쟁에 서로 다른 영향을 미치면서, 서로 다른 이해관계에 특권을 부여하고 경제 안정, 정치 질서, 사회통합의 구축을 더욱 쉽게 또는 더욱 어렵게 만들었다.

루이 보나파르트의 쿠데타는 근본적 모순을 더 이상 억제할 수 없을 때, 그리고 잠재적인 프롤레타리아, 소농, 소부르주아 다수 연합을 저지하기 위한 결정적 행동이 요구되었을 때 일어났다. 1851년 12월 2일, 보나파르트의 쿠데타는 권력을 장악하기 위한 기회주의적 분투였는데, 이는 (경제 위기에 느슨하게 뿌리를 두었을 뿐인) 커져가는 '정치적' 위기, 그리고 피지배계급이 정치적으로 마비된 채 강력한 지도자를 지지하려 했던 시기의 사회질서 붕괴에 관한 광범위한 공포 때문에 수용되었다. 쿠데타는 민주적 헌법의 중단, 보통선거의 일시적 유예로 이어졌고 루이 보나파르트의 사적 통치를 확립했다. 이는 정치적 해방에서 사회적 해방으로 이동하려는 종속 계급을 향해 계급 세력 균형이 기우는 것에 직면하여, 또는 더 비극적으로 "경쟁하는 계급의 공멸"[39]의 조짐이 보이는 상황에 직면하여, 자유주의적 부르주아 민주주의를 중단시키는 예외적 체제를 미리 내다볼 수 있게 만들었다. 루이 보나파르트는 보통선거를 재도입했고, 1852년 국민투표에서 승리해 황제가 되었다. 그의 정권이 정당성을 상실할 위기에 처하자, 보나파르트는 군대를

---

39   Marx and Engels, *Manifesto of the Communist Party*, p.482.

증강해 자신의 권력을 강화하려 했다. 그러나 이는 지배계급의 경제적 이익을 위협했고, 국가부채가 증가해 단기간에 국가권력은 자본주의적 이해관계에 다시 한번 얽매이게 되었으며, 보나파르트주의 국가는 경제적 팽창을 촉진하고 소농을 수탈하며 해외에서의 경제적 모험에 개입하는 데 있어서 핵심적 역할을 수행하게 되었다.

역사에 관한 마르크스의 유물론적 접근을 고려할 때, 그에게 문제는 보나파르트주의가 개인적 독재인지, 관료주의적 또는 군사적 독재인지, 아니면 계급적 독재인지를 이해하는 것이었다. 일반적 차원에서 마르크스의 해답은 루이 보나파르트가 물질적으로는 아니더라도 수사학적으로는 당대 프랑스의 가장 거대한 사회계급, 즉 보수적 소농을 대변했다는 것이다. 보나파르트는 과거에 대한 선동적인 시적 정서, 즉 '나폴레옹 이념(idées napoléoniennes)', 환상, 나폴레옹의 영광 회복이라는 측면과 국가 장치, 특히 군대에서 그들 자녀를 위한 일자리를 제공하는 것과 같은 저렴한 물질적 양보라는 측면에서 그들을 대변했다. 그러나 그는 소농 토지재산의 추가적인 소규모 분할, 담보 부채, 세금 부담, 또는 근대 금융 귀족층의 투기적 약탈에 맞서 소농을 변호하지는 않았다.[40] 따라서 그의 독재는 공중에 붕 뜨지도 않은 반면, 시골에서의 고립, 가족적 생산관계, 고리대금업 자본 및 지역 정치 유지에의 의존 때문에 "자루 속 감자들이 감자 한 자루를 형성하듯"[41] 계급을 형성하는, 따라서 스스로 대표하기보다는 타인에 의해 대표될 필요가 있는 보수적 소농에 의해 상대적으로 제한받지도 않았다. 또 다른 지지 계급은 낙오된 부류인 **룸펜프롤레타리아**로, 이들은 본질적으로 조직되지 않고, 기회주의적으로 이쪽 진영, 저쪽 진영을 지지하며, 따라서 신뢰할 수 없는 협력자로 증명된 이들이었다. 『루이 보나파르트의 브뤼메르 18일』에서 마르크

40　『루이 보나파르트의 브뤼메르 18일』과 『프랑스 내전』에서의 마르크스의 논평을 보라.

41　Marx, *The Eighteenth Brumaire*, p.187.

스는 프롤레타리아가 "모든 사망한 세대의 전통", "과거에 대한 맹신", "이질적이고 별개로 형성된 정서, 환상, 사고 양식과 인생관이라는 상부구조 전체"[42]를 포기해야 한다고 주장했다. 프롤레타리아는 "과거의 시적 정서"를 포기하고, 자신의 계급적 이익을 표현하며 새로운 사회혁명을 위해 다른 세력을 동원하기 위한 새로운 언어를 찾아야만 했다.[43]

또한 마르크스는 경제정책 및 사회정책의 많은 측면에 관해 다소 상세히 분석하거나 논평했다. 그는 스페인, 포르투갈, 네덜란드, 프랑스, 잉글랜드의 국가가 봉건제적 생산양식에서 자본주의적 생산양식으로의 전환을 촉진 및 단축하기 위해 어떻게 효과적이고 강력하게 개입했는지에 대해 서술했다. 그는 17세기 말까지 어떻게 "잉글랜드가 식민지, 국가 채무, 근대적 조세 방식, 보호무역주의 체제를 포괄하는 제도적 결합을 통해 본원적 축적으로의 이러한 진입을 완성"[44]했는지에 관해 주목했다. 이러한 논평은 마르크스의 국가 분석이 세계시장의 발전과 어떻게 관련이 있었는지 또한 보여준다. 마르크스와 엥겔스는 "서로 다른 국가 간의 상호 관계는 각 국의 생산력, 노동분업, 국내 상업의 발전 수준에 달려 있다"[45]라고 썼다. 그러므로 국제 질서는 서로 다른 국가의 기계적 합이 아니라, 특정 (국가의) 계급이 지배하는 지도적 국가를 포함하는 비공식적 위계를 전형적으로 가진다. 예컨대 1849년에 쓴 글에서 마르크스는 "세계시장은 잉글랜드에 의해 지배되고, 잉글랜드는 부르주아에 의해 지배된다"[46]라고 주장했다. 또한 이는 세계질서에서 강대국, 중견국, 약소국 사이의 관계 및 세계화폐의 역할과 연결될 수 있다.[47]

---

42 같은 책, pp.103, 106, 128.

43 같은 책, p.106.

44 Marx, *Capital*, volume I, p.739.

45 Marx and Engels, *The German Ideology*, p.32.

46 K. Marx, 'The Revolutionary Movement', MECW, vol.8, p.215.

47 이 쟁점에 관한 마르크스 저술의 다른 측면에 관해서는 다음을 보라. K.B. Anderson,

경제정책에 관한 그의 논평의 또 다른 사례는 세금에 관한 것이다. 세금은 "경제적 측면으로 표현된 국가 존재이다".[48] 이것이 일반적 명제이지만, 자본주의국가는 세금을 부르주아 지배의 특정 도구로 다듬어왔다. 간단히 말해, 자본주의적 발전에 수반된 입헌 국가는 세금을 ① 명확히 국한된 과제에 연계된 납부에서 어떠한 합법적 과제에라도 자유롭게 이용될 수 있는 정부 수입에 대한 일반적 부담금으로, ② 극도로 단기간에 걸친 임시적, 불규칙적 부과금에서 영구히 부과되는 정기적 세금으로, ③ 군주가 협상을 통해 확보해야 했던 납부에서 사실상 의무가 된 납부로 변화시켰다.[49] 국가의 세금 독점은 조직된 강제력에 대한 국가의 합법화된 독점에 의해 뒷받침된다. 근대국가의 경우, "조세를 통해 점차 재산 소유자에게 매수되고, 국가채무를 통해 완전히 그들의 수중에 떨어졌으며, 그 존재는 증권거래소에서의 국채 가격 상승 및 하락에서 반영되는 바와 같이 재산 소유자, 즉 부르주아가 그것에 부여하는 상업신용에 전적으로 의존하게 되었다".[50] 그렇다면 놀랄 것도 없이 세금, 법정불환지폐, 국가신용, 공공부채는 국가에 고용되거나 세금 및 부채를 통해 돈을 받는 '비생산적' 계급과 함께, 국가에 관한 존재하지 않는 책에서 중요한 주제가 되었을 것이다.[51]

또 다른 맥락에서, 마르크스는 곡물법 폐지와 공장법 발전 모두를 훌륭하

Marx at the Margins: On Nationalism, Ethnicity, and Non-Western Nations(Chicago: University of Chicago Press, 2010); Draper and Haberkern, *Karl Marx's Theory of Revolution;* M. Kratke, *Die Kritik der Staatsfinanzen: Zur politischen Ökonomie des Steuerstaats*(Hamburg: VSA Verlag, 1987); M. Molnar, *Marx, Engels et la politique international*(Paris: Gallimard, 1975).

48   K. Marx, 'Moralising Criticism and Critical Morality', MECW, vol.6, p.328.

49   다음을 참조하라. W. Gerloff, *Die Öffentliche Finanzwissenschaft, Vol. 1 — Allgemeiner Teil*(Frankfurt: Klostermann, 1948), pp.152~154.

50   Marx and Engels, *The German Ideology*, p.90.

51   Marx, 'Introduction', p.45. 이 존재하지 않는 책에서 다룰 다른 주제로 제시된 것은 인구, 이주, 식민지였다(같은 책).

게 분석했다. 후자의 분석은 이후 마르크스주의 국가론에 강한 영향을 미쳤다. 그것은 노동시장 및 노동조건을 조직하는 데 노동계급 가정의 이익뿐만 아니라 자본 자신의 이익을 위해서 국가가 개입해야 할 필요성의 사례로서의, 노동일 길이와 여성 및 아동 고용에 관한 법률과 관련된 것이었다. (상대적 잉여가치보다는 절대적 잉여가치가 경쟁의 지배적 축이었던 시기의) 자본 간 경쟁은 어떠한 개별 자본가도 노동시간을 단축하고 여성 및 아동 노동을 축소하며 노동조건을 개선하는 최초의 인물이 되지 못하도록 가로막았다. 그러나 먹느냐 먹히느냐의 치열한 경쟁은 유아 및 성인 사망률의 증가, 인구 감소, 생산성 저하를 초래했는데, 이 모든 것이 공장 감독관과 기타 국가 관료들에 의해 보고되었다.[52] 따라서 노동조합, "부르주아사회주의자",[53] 박애주의자, (상대적 잉여가치로 이윤을 얻을 수 있었던) 진보적 자본가가 연합해 국가로 하여금 수많은 개별 자본가의 의지에 반하는 법률을 통과시키도록 압력을 가했다. 그럼에도 불구하고 이 법률은 가장 생산력 있는 자본에 이로운 것이었고, 결과적으로는 잉글랜드 제조업의 경쟁성을 향상시켰다. 이는 이후 엥겔스가 "관념상의 총자본가"[54]로서 국가의 역할이라고 부른 것을 잘 보여주는 것이었다.

15.4 마르크스와 오늘날의 국가론

국가에 관한 마르크스의 연구는 역사 해석에 관한 그의 유물론적 접근 일

---

52 다음을 보라. Marx, *Capital*, volume I, pp.283~307, 483~505.

53 다음을 보라. Marx and Engels, *Manifesto of the Communist Party*, pp.513~514.

54 F. Engels, *Socialism: Utopian and Scientific*, MECW, vol.24, p.319. 이 저술은 국가를 "일국 총자본의 관념상 구현"으로 묘사한다. 프랑스어판(1880)과 독일어판(1891)에서는 "관념상의 총자본가"로 나온다(p.319n).

반과 일치하며, "우리는 하나의 과학, 즉 역사과학만을 안다"[55]라는 마르크스와 엥겔스의 주장을 반영한다. 이 점에서 마르크스의 연구 및 설명 방법은 그의 정치경제학 비판 방법을 일반적으로 따른다. 그는 역사와 그에 관련된 이론적 문헌을 정기적으로 연구하면서 발췌 및 논평하고, 이를 정기적으로 갱신했다. 그 결과를 설명하면서, 마르크스는 종종 경제적 착취의 지배적인 형태와는 무관하게, 국가의 계급지배 보장 **기능**에 관한 보편적인 초역사적, 계급론적 주장을 제기했다. 그러나 마르크스가 근대국가에 관해 보다 집중적으로 다룬 연구에서는 국가의 **형태**가 다루어졌다. 그는 국가형태가 자본주의적 생산양식이 지배적인 사회구성에 적합한 것으로 이해될 수 있는지, 만약 그렇다면 어떻게 그렇게 이해될 수 있는지에 관한 의문을 던졌다. 상품 형태 및 자본 관계로부터 자본주의적 국가 유형의 필연적인 형태와 기능을 도출하는 연구는 1970~1980년대 북유럽에서 주요한 이론적 성장을 보였다.[56] 그러나 마르크스 자신은 근대국가의 독특한 성격이 역사적으로 어떻게 나타났는지, 근대국가 및 국가 간 관계가 세계시장의 변화로 인해 어떻게 형성되었는지, 그것들이 정치적 갈등의 형태 및 이해관계에 어떻게 영향을 미쳤고, 사회적 담론과 실천의 과정에서 그리고 그 과정을 통해 어떻게 재생산될 수 있었는지에 더 관심이 있었다.

그의 답변은 자본주의 사회구성에서 경제적인 것과 정치적인 것의 제도적 분리가 어떻게 경제적, 사법·정치적, 이데올로기적 투쟁 형태 사이에 심각한 수준의 괴리를 형성하는지를 강조하는 것이었다. 예컨대 『루이 보나파르트의 브뤼메르 18일』에서 마르크스는 정치적 논쟁 및 투쟁뿐만 아니라

---

55   Marx and Engels, *The German Ideology*, p. 28.

56   가장 훌륭한 예는 독일의 '국가 도출 논쟁'이다. 핵심적인 기여 일부에 관해서는 다음을 보라. J. Holloway and S. Picciotto(eds.), *State and Capital: A Marxist Debate*(London: Edward Arnold, 1978). 폭넓은 비판에 관해서는 다음을 보라. Jessop, *Capitalist State*, pp. 78~141.

정치 용어에 관한 의미론 및 화용론 또한 연구했다. 이는 '기호론적 정치경제학 비판을 위해' 행해진 연구로 독해할 수 있지만, 당연하게도 마르크스는 이를 정치 무대에서 수행된 '정치의 사회적 내용'에 관한 분석과 결합시켰다. 보다 일반적으로 마르크스는 정치적 계급관계를 분석하기 위한 용어를 풍부하게 발전시켰는데, 예컨대 국가를 책임지는 계급, 조연 계급, 문필적 대변자, 정당, 정치 담론의 계급적 타당성 등이 그것이다. 이러한 개념적 어휘들은 정치적으로 특유한 것이며, 경제적 계급관계의 주제로 환원될 수 없다. 폭넓게 해석되는 경제적 '토대'는 정치투쟁의 **사회적** 또는 **물질적** 조건을 형성하는 궁극적 원천으로 남게 되었다. 그러나 사회변혁은 필연적으로 정치적 상상과 실천에 의해 매개된다. 이는 프롤레타리아가 경제구조뿐만 아니라 정치구조의 새로운 형태를 향한 열망을 표현하기 위해 새로운 정치적 언어를 발전시켜야 하는 이유를 설명해 준다.

이 주제는 그람시의 저술, 특히 그의 『옥중 수고』에서 핵심적인 것이었다. 그람시는 이 저술의 자원으로 마르크스, 엥겔스, 레닌의 출판 저작, 프랑스 혁명사와 볼셰비키 혁명사, 이탈리아의 파시즘에 대한 자신의 경험, 전간기 유럽과 미국에 영향을 미친 더 폭넓은 경제적·정치적·사회적 위기를 이용했다. 그람시는 근대국가에 관한 마르크스 고유의 분석을 잘 요약한 논평에서, 국가가 "지배계급이 자신의 지배를 정당화하고 유지할 뿐만 아니라, 그들이 지배하는 이들의 적극적 동의를 얻어내는 실천적 활동과 이론적 활동의 총 집합체"[57]임을 시사했다. 무엇보다도 그는 1870년대 대중이 정치로 진입하게 되면서, 정치가 지배계급의 이익을 환상에 불과한 사회의 일반 이익으로 만들기 위해 국민적·대중적 헤게모니를 위한 투쟁에 집중하기 시작했다는 점을 강조했다.[58] 헤게모니 투쟁이 민주적 헌법의 '근본적 모순'을

---

57   Gramsci, *Selections*, p.244.
58   헤게모니 분석과 관련 있는 『독일 이데올로기』의 포이어바흐 장은 1924년 러시아어

화해시키는 데 필요한 제도화된 계급 타협을 확보하지 못할 경우, 지배계급은 물리력, 사기, 부패, 경찰 및 군사 작전, 또는 종속 계급에 맞선 노골적인 계급투쟁 전쟁을 통해 자신의 권력을 확보하려 할 것이다.[59] 이러한 언급은 20세기 초반에 관한 마르크스의 통찰 및 분석을 정교화하고 발전시킨다. 이러한 논평들은 1937년 그람시 사망 이후의 전개, 특히 세계시장의 더 나아간 통합, 새로운 형태의 통신수단 발전, 일상생활 감시 범위의 확대를 고려해 더욱 수정·보완되어야 한다.

이는 마르크스의 보다 이론적인 분석이 자본주의국가의 형태적으로 적절한 유형(입헌주의적 대의제 국가)에 초점을 맞추었던 반면, 그의 보다 기술적이고 역사적인 분석은 (심지어 단단히 다져진 자본주의 사회구성에서도) 모든 국가가 이러한 배치를 따르는 것은 아니라는 점을 충분히 인식했음을 의미한다. 간단히 말해서, 자본주의사회의 모든 국가가 자본주의적 국가 유형인 것은 아니었다. 이는 결국 국제무역과 세계시장 및 공황에 관한, 존재하지 않는 책에 영향을 미쳤을 것이다. 세계시장은 자본축적의 전제이자 가정(결과)이었다. 세계시장은 마지막 책이 될 것이었는데, 세계시장은 "생산이 총체이자 또한 그 모든 계기로서 정립되지만, 동시에 모든 모순이 운동하기 시작하는"[60] 곳이기 때문이다. 더 나아가, 역사적으로 특수한 국가 유형은 그 '형태의 얼룩덜룩한 다양성'을 통해서 개별 자본과 사회적 총자본의 보다 일반적인 '운동 법칙'을 변형 및 수정시킬 것이다.

국가와 국가권력에 관한 논쟁은 순수하게 학문적인 문제가 아니다. 이론

로, 1926년 독일어로 출판되었다. 아마도 그람시는 이를 몰랐을 것이다. 그러나 그는 『루이 보나파르트의 브뤼메르 18일』은 논의했다(예컨대 *Selections*, pp.166, 190, 211, 219~222, 264, 407).

59   Gramsci, *Selections*, pp.80~82, 95, 105~120, 230~232.

60   Marx, 'Outlines of the Critique of Political Economy [*Grundrisse*]. First Instalment', p.160.

적 분석의 오류는 실천적 결과를 낳는다. 마르크스 자신이 1875년『고타강령 비판』에서 주장했듯, '현재의 국가'에 관련된 분석의 오류는 정치적 실천상의 오류와 연결되기 때문이다.[61] 이러한 문제는 이탈리아 파시즘과 독일 나치즘의 부상에서 정세를 잘못 읽었을 때 훨씬 더 재앙적이었다.[62] 따라서 누구도 정치적으로 매개되고 규정되는 목적을 추구하는 데 있어 국가 장치와 국가권력의 특수성을 무시할 수 없다. 여기에서 사회적 관계로서의 자본 및 국가에 관한 마르크스의 비판과, 특정 정세에서 그 비판이 갖는 중요성을 기반으로 하는 연구가 훨씬 더 진지한 작업을 요구하는 것이다.

---

61 K. Marx, *Critique of the Gotha Programme*, MECW, vol.24, pp.94~96.

62 이에 관해서는 다음을 보라. N. Poulantzas, *Fascism and Dictatorship*(London: NLB, 1974), pp.36~67.

참고문헌

Althusser, Louis(2014), *On the Reproduction of Capitalism: Ideology and Ideological State Apparatuses*, London: Verso.

Anderson, Kevin B.(2010), *Marx at the Margins: On Nationalism, Ethnicity, and Non-Western Nations*, Chicago: University of Chicago Press.

Barrow, Clyde W.(2000), 'The Marx Problem in Marxian State Theory', *Science & Society* 64(1): 87~118.

Cleaver, Harry(1979), *Reading Capital Politically*, Austin: University of Texas Press.

Draper, Hal(1977), *Karl Marx's Theory of Revolution: State and Bureaucracy, Part I, in 2 vols*, New York: Monthly Review Press.

Draper, Hal, and Haberkern, Ernest(2005), *Karl Marx's Theory of Revolution, Vol. V: War and Revolution*, New York: Monthly Review Press.

Engels, Friedrich(1989), *Socialism: Utopian and Scientific*, MECW, vol.24, pp.281~325.

_____(2004), *Letters*, 1892~1895, MECW, vol.50.

Gerloff, Wilhelm(1948), *Die Öffentliche Finanzwissenschaft, Vol. 1 — Allgemeiner Teil*, Frankfurt: V. Klostermann.

Gramsci, Antonio(1971), *Selections from the Prison Notebooks*, London: Lawrence & Wishart.

Heinrich, Michael(2016), '"Capital" after MEGA: Discontinuities, Interruptions and New Beginnings', *Crisis & Critique* 3(3): 93~138.

Holloway, John(2010), *Change the World without Taking Power*, third edition, London: Pluto.

Holloway, John, and Picciotto, Sol(eds.)(1978), *State and Capital: A Marxist Debate*, London: Edward Arnold.

Hunt, Richard N.(1974), *The Political Ideas of Marx and Engels*, vol.1, London: Macmillan.

Jessop, Bob(1982), *The Capitalist State: Marxist Theories and Methods*, Oxford: Martin Robertson.

_____(2007), *State Power: A Strategic-Relational Approach*, Cambridge: Polity.

Kratke, Michael R.(1987), *Die Kritik der Staatsfinanzen: Zur politischen Ökonomie des Steuerstaats*, Hamburg: VSA Verlag.

Lebowitz, Michael A.(2003), *Beyond Capital: Marx's Political Economy of the Working Class*, second edition, Basingstoke: Palgrave-Macmillan.

Lenin, Vladimir Illich(1964), 'The State and Revolution', in: *Lenin: Collected Works*, vol.25, Moscow: Progress Publishers, pp.381~492.

Maguire, John(1978), *Marx's Theory of Politics*, Cambridge: Cambridge University Press.

Marx, Karl(1975), 'Contribution to the Critique of Hegel's Philosophy of Right', MECW, vol.3, pp.3~129.

_____(1975), *Contribution to the Critique of Hegel's Philosophy of Right*, Introduction. MECW, vol.3, pp.175~187.

_____(1975), 'Draft Plan for a Work on the Modern State', MECW, vol.4, p.666.

_____(1976), 'Moralising Criticism and Critical Morality. Contribution to German Cultural History. Contra Karl Heinzen', MECW, vol.6, pp.312~340.

_____(1977), 'The Revolutionary Movement', MECW, vol.8, pp.213~216.

_____(1978), *The Class Struggles in France*, 1848 to 1850, MECW, vol.6, pp.45~145.

_____(1979), *The Eighteenth Brumaire of Louis Bonaparte*, MECW, vol.11, pp.99~209.

_____(1981), 'Kreuznacher Hefte 1~5', MEGA^2, vol.IV/2, pp.9~278.

_____(1986), 'The Rule of the Pretorians', MECW, vol.15, pp.464~467.

_____(1986), *The Civil War in France. Address of the General Council of the International Working Men's Association*, MECW, vol.22, pp.307~359.

_____(1986), 'Drafts of *The Civil War in France*', MECW, vol.22, pp.435~551.

_____(1986), 'Outlines of the Critique of Political Economy [*Grundrisse*]. First Instalment', MECW, vol.28.

_____(1987), 'A Contribution to the Critique of Political Economy. Part One', MECW, vol.29, pp.257~417.

_____(1989), *Critique of the Gotha Programme*, MECW, vol.24, pp.75~99.

_____(1996), 'Preface to the First German Edition', MECW, vol.35, pp.7~11.

_____(1996), *Capital*, volume I, MECW, vol.35.

_____(1998), *Capital*, volume III, MECW, vol.37.

Marx, Karl, and Engels, Friedrich(1975), *The German Ideology*, MECW, vol.5, pp.21~93.

_____(1976), *Manifesto of the Communist Party*, MECW, vol.6, pp.477~519.

_____(1982), *Letters*, 1844~1851, MECW, vol.38.

_____(1988), 'Preface to the 1872 German Edition of the *Manifesto of the Communist Party*', MECW, vol.23, pp.174~175.

Miliband, Ralph(1965), 'Marx and the State', in: *Socialist Register*, London: Merlin Press, pp.278~296.

Molnar, Miklos(1975), *Marx, Engels et la politique internationale*, Paris: Gallimard.

Moore, Stanley W.(1957), *The Critique of Capitalist Democracy: An Introduction to the Theory of the State in Marx, Engels and Lenin*, New York: Paine-Whitman.

Pashukanis, Evgeny B.(1978), *Law and Marxism: A General Theory*, London: Ink Links.

Poulantzas, Nicos(1973), *Political Power and Social Classes*, London: NLB.

_____(1974), *Fascism and Dictatorship: The Third International and the Problem of Fascism*, London: NLB.

_____(1978), *State, Power, Socialism*, London: NLB.

Thomas, Paul(1994), *Alien Politics: Marxist State Theory Retrieved*, London: Routledge.

16 세계화
정성진

16.1 세계화에 대한 마르크스의 용어법

세계화 추세는 2008년 글로벌 경제위기 이후 주춤해졌지만, 그럼에도 불구하고 세계화가 자본주의 운동 법칙의 중심 경향 중 하나임은 부인하기 어렵다. 마르크스는 비록 세계화라는 용어 대신 "세계시장[Weltmarkt]"이라는 용어를 사용했지만, 이로써 이미 150년 전에 오늘날 세계화로 이해되는 현상을 인식했다. 사실 세계화라는 용어는 마르크스 사망 후 한 세기가 지나서야 만들어졌다. 하지만 마르크스가 엥겔스와 공저한 『독일 이데올로기』에서 "외국과의 교류 …… 모험가들의 탐험, 식민화 …… 시장의 세계시장으로의 확장 …… 역사적 발전의 새로운 국면"[1] 이라고 말한 것은 다름 아니라 오늘날의 세계화에 해당한다. 마르크스와 엥겔스는 같은 현상에 대해 『공산당 선언』에서 다음과 같이 말했다.

---

*   이 장은 2018년 대한민국 교육부와 한국연구재단의 지원을 받아 수행된 연구(NRF-2018S1A3A2075204)이다. 초고에 대한 마르셀로 무스토 교수와 그레그 샤르저(Greg Sharzer) 박사의 논평과 조언에 감사드린다.

1   K. Marx and F. Engels, *The German Ideology*, MECW, vol.5, pp.67, 69.

생산품의 판로를 끊임없이 확장하려는 욕구가 부르주아지를 전 세계로 내몬다. 그들은 도처에 둥지를 틀어야 하고 정착해야 하며 관계를 형성해야 한다. 부르주아지는 세계시장을 착취하는 것을 통해 모든 국가의 생산과 소비에 범세계적 성격을 부여했다.[2]

세계시장은 청년 마르크스가 인간주의나 소외라는 말과 함께 가장 빈번하게 사용했던 말 중의 하나이다. 실제로 마르크스는 그의 전 생애에 걸쳐 진정한 세계주의자였다. 그럼에도 불구하고 일부 논자들은, 성숙한 마르크스가 초기의 세계주의적 접근과 거리를 두었고 국가중심주의 혹은 "일국 모델"을 채택했다고 주장한다.[3] 『자본』 1권의 다음과 같은 각주는 그와 같은 주장을 지지하는 것으로 보인다.

문제를 애매하게 하는 모든 부차적 사정을 떠나 연구 대상을 순수한 형태로 고찰하기 위해서는, 상업 세계 전체를 한 나라로 보며, 또 자본주의적 생산이 모든 곳에 확립되어 모든 산업 부문을 지배하고 있다고 가정해야 한다.[4]

하지만 이 장에서는 마르크스의 관련 저술을 재독해함으로써 마르크스가 "세계시장-세계시장공황-세계혁명"이라는 테제로 요약되는 초기의 세계주의적 관점을 그의 전 생애를 걸쳐 견지하고 발전시켰음을 입증할 것이다. 20세기 말 이후 세계화가 가속화하면서 세계시장에 관한 마르크스의 사

---

2   K. Marx and F. Engels, *Manifesto of the Communist Party*, MECW, vol.6, pp.487~488.

3   우노주의자들은 마르크스의 『자본』을 국가뿐만 아니라 외국무역과 세계시장을 모두 사상(捨象)한 "순수 자본주의사회"의 이론으로 간주한다. 다음을 참조하라. T. Sekine, 'An Essay on Uno's Dialectic of Capital', in K. Uno(ed.), *Principles of Political Economy: Theory of a Purely Capitalist Society*(Sussex: Harvester Press, 1980), p.153.

4   K. Marx, *Capital*, volume I(London: Penguin, 1976), p.727.

상도 마르크스 시대보다 오늘날 더 타당하게 되었다. ≪이코노미스트(The Economist)≫ 같은 주류 매체조차도 마르크스가 오늘날의 세계화를 예견했다고 인정한다.[5] 반면, 역설적이게도 마르크스 이후 대부분의 마르크스주의 세계경제론은 마르크스의 사상을 거부하고 그것을 국가독점자본주의론과 같은 단계론 혹은 국가주의론으로 대체했으며,[6] 그 결과 값비싼 대가를 치렀다. 1990년대 이후 이들은 자신들의 이론으로는 설명할 수 없는 세계화라는 "새로운" 현상 앞에 완전히 무장해제했다. 이 점에서 세계시장에 관한 마르크스의 원래 사상을 복원하고 재영유하는 것은 세계 자본주의 대한 좌파의 대안을 부활·발전시키기 위해 필수적이다.

16.2 진보의 변증법

초기 계몽주의 사상가들처럼 마르크스도 세계시장을 거대한 역사적 진보의 형태로 환영했다. 마르크스와 엥겔스는 『독일 이데올로기』에서 다음과 같이 썼다.

> 대공업은 …… 교통수단과 근대적 세계시장을 확립했다. …… 그것은 모든 문명국과 모든 개인 구성원을 자신들의 욕구 만족을 위해 세계 전체에 의존하게 만들었다. 따라서 분리된 민족들의 이전의 자연적 배타성을 파괴함으로써 처음으로 세계사를 만들어냈다.[7]

---

5   다음을 참조하라. The Economist, 'Reconsidering Marx: Second Time, Farce', 427(9090): 79~80(2018).

6   다음을 참조하라. A. Kozlov(ed.), *Political Economy: Capitalism*(Moscow: Progress Publishers, 1977), pp.395~420.

7   Marx and Engels, *The German Ideology*, p.73.

『공산당 선언』에서 마르크스와 엥겔스는 부르주아지가 세계시장을 창출하고 확장한 것의 진보적 성격을 인정했다.

> 부르주아지는 생산도구, 즉 생산관계, 다시 말하면 전체 사회관계를 지속적으로 변혁하지 않고는 존재할 수 없다. …… 민족의 국민적 분리와 대립은 이미 부르주아지의 발전과 더불어 상업의 자유, 세계시장, 공업 생산의 천편일률성 및 그에 상응하는 생활 상태의 천편일률성과 더불어 점점 사라져 가고 있다.[8]

마르크스에게는 세계시장의 확장으로 이뤄진 경제적·문화적 통일이 특히 인상적이었다. 마르크스는 『요강』에서 세계시장의 "선전적(문명화) 경향"을 강조했다. "**세계시장**을 창출하려는 경향은 자본의 개념 그 자체에 직접적으로 내재해 있다. …… 따라서 자본 고유의 **거대한 문명화 영향**이다."[9] 마르크스는 또 자본이 보다 고차적인 사회를 위한 현실적 기초를 창출한다고 주장했는데, 그 기본적 원리는 인격적 혹은 물적 예속 없는 개인들의 보편적 발전이었다. 1850년대 말까지 마르크스는 세계시장이 비자본주의사회를 철저하게 파괴할 뿐만 아니라 이것이 이 사회에 사는 사람들에게 이로운 결과를 가져다줄 것이라고 믿었다.

세계시장의 "거대한 문명화 영향"에 대한 마르크스의 강조는 오늘날 문화적 세계화에 관한 담론을 예견한 것 같다. 마르크스는 1851년 런던 만국박람회에 매료되었으며, 세계의 문화가 동질화되면서 유럽 문화의 세계화에 의해 "야만인들"이 "문명화"될 것이라고 믿었던 듯하다. 하지만 오늘날 유럽중심주의자들과 달리, 마르크스는 유럽의 "세계시민적·박애적·상업적

---

8   Marx and Engels, *Manifesto of the Communist Party*, pp. 488, 503.

9   K. Marx, 'Outlines of the Critique of Political Economy [*Grundrisse*]. First Instalment', MECW, vol. 28, pp. 335~336, 466.

평화의 찬미"에 대해 경탄하면서도 "부르주아 과대망상증 환자들"에 대해
서는 냉소적이었다.[10] 마르크스는 공업국의 부르주아지들이 만국박람회를
이용해 세계의 약소 공동체에 대한 착취와 지배를 고취하고 축하한 것을 비
판했다.[11] 마르크스는 만국박람회에서 세계화의 제국주의적 본질뿐만 아니
라 그 변증법적 **지양**의 맹아를 발견했다.

> 이 만국박람회는 근대 대공업이 도처에서 국가 경계를 무너뜨리고 …… 각 개별
> 국가의 특징을 흐릿하게 하고 있는 집중된 권력을 뚜렷하게 입증했다. …… 부
> 르주아지는 이 거대한 축제를 축하하고 있다. 그 모든 영광의 붕괴가 코앞에 있
> 는 바로 그 순간에 말이다. …… 이 붕괴는 부르주아지가 성취한 권력이 자신의
> 통제를 넘어 커졌다는 것을 그 어느 때보다 더 결정적으로 보여줄 것이다.[12]

마르크스는 스미스와 리카도의 세계시장에 대한 통찰력을 알아차리고는
그들이 "현재보다도 미래에 대해 더 많이 알고 있다"라고 말했다.[13] 그런데
이와 똑같은 말을 마르크스 자신에 대해서도 할 수 있을 것이다. 하지만 마
르크스는 세계시장의 도래에 일면적으로 환호했던 동시대인들이나 이전의
계몽주의 사상가들과는 달리 처음부터 세계시장의 변증법을 인식했다. 마
르크스는 결코 이른바 세계시장의 진보성의 포로가 되지 않았다. 예컨대 마
르크스는 「자유무역 문제에 대한 연설(Speech on the Question of Free Trade)」
에서 세계시장의 진보적 효과를 인정하면서도 그 모순을 강조했다.

---

10   K. Marx to F. Engels, 24 January 1852', MECW, vol.39, p.21.
11   만국박람회에 대한 마르크스의 평가에 대한 논의로는 다음을 참조하라. P. Young,
      Globalization and the Great Exhibition: The Victorian New World Order(New York:
      Palgrave, 2009), pp.89~93.
12   K. Marx and F. Engels, 'Review', MECW, vol.10, p.500.
13   K. Marx, 'Speech of Dr. Marx', MECW, vol.6, p.289.

전 세계적 착취를 보편적 형제애라고 부르는 것은 부르주아지의 머리에서나 생
겨날 수 있는 생각입니다. …… 자유무역 체제는 구래의 민족성을 부수고 프롤
레타리아트와 부르주아지의 적대를 극도로 격화시킵니다. 한마디로 자유무역
체제는 사회혁명을 재촉합니다. 신사 여러분, 이런 혁명적 의미에서만 저는 자
유무역을 찬성합니다.[14]

이 연설에서 마르크스는 자유무역 체제의 확산에 의한 구체제의 파괴를
"혁명적" 사태라고 묘사했다. 하지만 그가 세계시장의 긍정적인 혹은 "혁명
적" 잠재력을 인정한 것은 그것이 "사회혁명"을 통해 자신의 지양을 재촉하
는 한에서였다. 오직 이런 맥락에서만 보호주의에 맞서 자유무역을 지지했
다. 「인도에서 영국의 지배(The British Rule in India)」라는 논설에서는 자유무
역을 사회혁명을 가져다주는 진보적인 "역사의 무의식적 도구"라고 간주했
다.[15] 「인도에서 영국 지배의 장래 결과(The Future Results of British Rule in
India)」라는 또 다른 논설에서 영국의 자유무역이 당시 인도에서 "이중적 사
명"을 수행했다고 썼다. "하나는 파괴적이고, 다른 하나는 재생적 사명, 즉
구래의 아시아 사회의 절멸 및 아시아에서 서구 사회의 물질적 기초 놓기"
이다.[16] 마르크스는 또 엥겔스에게 보낸 편지에서 영국 공업에 의한 인도 수
공업의 파괴를 "혁명적"이라고 묘사했다.[17]
하지만 『자본』 1권 출판 이후 마르크스는 "이중적 사명"이나 세계시장의
혁명적 잠재력에 관해 거의 언급하지 않았다. 그 대신 비자본주의 지역으로
의 세계시장 확장의 귀결에 대해 혹독하게 비판했다. 마르크스는 "베라 자

---

14   K. Marx, 'Speech', MECW, vol.6, pp.464~465.

15   K. Marx, 'British Rule', MECW, vol.12, p.132.

16   K. Marx, 'Future Results', MECW, vol.12, p.218.

17   K. Marx to F. Engels, 14 June 1853', MECW, vol.39, p.346.

술리치에게 보낸 편지의 세 번째 초고"에서 그것을 "반달리즘(vandalism)"이라고 묘사했다. "'예컨대 동인도에 관해 말하자면, 헨리 메인(Henry Maine)경과 그 부류들을 제외한 모든 사람은 토지의 공동소유 폐지가 영국의 **반달리즘** 행위일 뿐이며 원주민들을 전진시킨 것이 아니라 후퇴시켰다는 사실을 알고 있다."[18]

16.3 세계시장과 정치경제학 비판

1840년대 마르크스는 세계시장을 주로 철학적 맥락에서 사고했다. 하지만 마르크스는 1850년대 10여 년에 걸친 고전파 정치경제학에 대한 집중적 연구에 기초해 세계시장을 자신의 고유한 패러다임인 "정치경제학 비판"의 맥락에서 개념화했다. 마르크스는 고전파 정치경제학과 계몽사상가들의 세계시장 개념을 채택했다. 그들에게 세계시장은 새롭지만 이미 친숙한 현상이었다. 실제로 그들의 저작에서 국제무역과 자본의 국제 이동 증대, 세계를 가깝게 끌어당긴 항해와 통신 기술에 대해 언급했다. 예컨대『국부론(Wealth of Nations)』에서 스미스의 세계 상업에 대한 논의는 세계화론과 흡사하다. 하지만 오늘날 신자유주의 세계화론과는 반대로, 스미스는 세계 상업에서 권력의 커다란 불균형, 파괴적인 경제적 비효율, 가공할 잔혹성도 강조했다.[19] 스미스와 비교하면 리카도는 오늘날 세계화 찬미론과 가깝다. 실제로, 리카도는 외국무역의 긍정적 측면을 일면적으로 강조했으며 그것을 자신의 비교우위설로 정당화하려 했다. 1857~1858년 마르크스는 그때

---

18   K. Marx, 'Third Draft', MECW, vol.24, p.365.

19   스미스의 세계화론에 대한 검토는 다음을 참조하라. S. Muthu, 'Adam Smith's Critique of International Trading Companies: Theorizing "Globalization" in the Age of Enlightenment', *Political Theory*, 36: 185~212(2008).

까지 자신의 고전파 정치경제학 연구를 중간 결산하면서 향후 자신의 정치경제학 비판이 모두 여섯 권의 책으로 저술될 것임을 밝히고, 그중 마지막으로 정점을 이룰 책에서는 세계시장이라는 주제를 다룰 것임을 언명했다. 마르크스는 『요강』에서 다음과 같이 썼다.

> 편별 구분은 명백히 다음과 같이 해야 한다 ……. 자본, 임금노동, 토지 소유 …… ③ 부르주아사회의 국가형태로의 총괄, 자기 자신에 대한 관련에서의 고찰 …… ④ 생산의 국제적 관계, 국제분업, 국제적 교환, 수출입, 환율이다. ⑤ 세계시장과 공황 …… 하지만 동시에 모든 모순이 진행되며 종결을 이룬다. 그러면 세계시장은 다시 전체의 전제이자 이것의 담지자를 이룬다. 그러면 공황은 전체의 일반적 초월이자 새로운 역사적 형태를 채택하라는 촉구이다. …… 마지막으로 세계시장, 부르주아사회가 국가를 넘어 확대되는 것, 공황, 교환가치에 입각한 생산양식과 사회형태의 해체이다.[20]

마르크스는 『정치경제학 비판을 위하여』에서 자신의 정치경제학 비판 플랜을 다음과 같이 반복했다. "나는 부르주아 경제체제를 다음 순서로 고찰한다. 자본, 토지 소유, 임금노동, 국가, 외국무역, 세계시장이다."[21] 마르크스에게 세계시장은 외국시장과 동의어가 아니었다. 왜냐하면 "세계시장은 …… 그것의 외부에 존재하는 모든 **외국시장**과의 관계에서는 국내시장이며, 동시에 다시 **국내시장**의 구성 요소로서 모든 **외국시장**의 국내시장이기 때문이다".[22] 마르크스는 세계시장을 무역과 투자의 외적 관계에 의해 결합하는 구별된 국민경제의 총합이 아니라, 국민경제를 포섭하는 하나의 분리된

---

20   Marx, 'Outlines of the Critique of Political Economy [*Grundrisse*]. First Instalment', pp.45, 160, 195.

21   K. Marx, *A Contribution to the Critique of Political Economy*, MECW, vol.29, p.261.

22   Marx, 'Outlines of the Critique of Political Economy [*Grundrisse*]. First Instalment', p.210.

고차적 총체로 개념화했다. 『자본』 1권에서 마르크스는 다음과 같이 썼다. "개별 국가를 그 구성 요소로 하는 세계시장에서는 사정이 달라진다. ······ 각국 국민들이 세계시장의 그물 속에 편입되는 자본주의 체제의 국제적 성격이 점점 대규모로 발전한다."[23] 자본주의를 하나의 단일한 글로벌 체제로 개념화하는 것은 마르크스의 사유에 중심적이다. 그는 자본의 논리가 처음부터 세계적 규모에서 작동한다고 가정했다. 그에게 세계시장은 자본주의의 결과이자 존재 조건이었다. 다시 말해 세계시장은 "자본주의적 생산양식 유년기의 기초"일 뿐만 아니라 "자본주의적 생산양식 자체의 특수한 결과" 이다. 요컨대 세계시장은 "자본주의적 생산양식의 기초이며 생활환경"이다.[24] 마르크스는 "세계시장의 성립"은 "자본주의적 생산의 세 가지 주요한 사실" 중 하나라고 썼다.[25]

16.4 세계시장과 국가

글로벌 관점은 마르크스의 사상에서 처음부터 압도적으로 중요하지만, 마르크스는 결코 국민국가를 추상한 세계시장을 사유하지는 않았다. 이 점에서 마르크스의 접근은 마이클 하트(Michael Hardt, 1960~)와 안토니오 네그리(Antonio Negri, 1933~)의 『제국』과 같은 세계화에 관한 최근의 담론과 결정적으로 구별된다.[26] 마르크스에게 국가는 항상 결정적이었다.[27] 예컨대 마

---

23 Marx, *Capital*, volume I, pp.702, 929.

24 K. Marx, *Capital*, volume III(London: Penguin, 1981), pp.344, 205.

25 Marx, *Capital*, volume III, p.375.

26 M. Hardt and A. Negri, *Empire*(Cambridge, MA: Harvard University Press, 2000), pp.333, 336, 349.

27 다음을 참조하라. W. Bonefeld, 'The Spectre of Globalization: On the Form and Content

르크스와 엥겔스의 저작 중 대표적인 글로벌주의적 저작으로 간주되는 『공산당 선언』에서도, 그들은 세계시장 형성에서 국가의 역할과 세계 자본주의에 대항한 "국민적 투쟁"의 의의를 강조했다. "부르주아지에 대한 프롤레타리아트의 투쟁은 처음에는 국민적 투쟁이다. 각국의 프롤레타리아트는 당연히 맨 먼저 자국의 부르주아지를 끝장내야 한다. …… (그리고) 국가의 수중에 모든 생산수단을 집중해야 한다."[28] 세계시장의 출현을 자기 조절적 자유시장의 산물이라고 상상하는 것은 마르크스와는 거리가 멀다. 마르크스는 세계시장을 오늘날 자유무역주의자들이 흔히 주장하듯이 양합(陽合) 게임 혹은 동질적인 갈등 없는 세계가 아니라, 국가 간의 제로섬 투쟁의 장소로 개념화했다. 마르크스는 리카도의 세계시장에 대한 세계시민주의적 관점을 수용한 적이 결코 없다. "자유무역주의자들은 어떻게 해서 한 나라가 다른 나라의 희생으로 부유해질 수 있는지 이해할 수 없기 때문에, 한 나라 안에서 어떻게 해서 한 계급이 다른 계급의 희생으로 부유해질 수 있는지에 대해서도 이해하기를 거부한다."[29]

마르크스의 정치경제학 비판 플랜에 따르면, 외국무역과 세계시장이라는 주제는 국가 다음에 "수많은 규정의 종합"으로서 혹은 "추상적인 것에서 구체적인 것으로의 상향"에 의한 "수많은 규정과 관계의 풍부한 총체"로서 서술할 계획이었다.[30] "수많은 규정" 혹은 "관계" 중 국가가 결정적인데, 이는 국가가 선행한 보다 추상적인 세 범주, 즉 자본, 토지 소유, 임금노동을 더

of the World Market', in: W. Bonefeld and K. Psychopedi(eds.), *The Politics of Change: Globalization, Ideology and Critique*(Basingstoke: Palgrave, 2000), pp.31~68; R. Desai, 'Marx and Engels' Geopolitical Economy', in: A. Kumar and B.A. Chatterjee (eds.), *Marxism: With and Beyond Marx*(New York: Routledge, 2014), pp.71~91.

28 Marx and Engels, *Manifesto of the Communist Party*, pp.495, 504.

29 Marx, 'Speech', pp.464~465.

30 Marx, 'Outlines of the Critique of Political Economy [*Grundrisse*]. First Instalment', pp.37~38.

구체적 범주인 외국무역과 세계시장으로 매개하는 역할을 하기 때문이다. 마르크스는 국민국가와 국가 간 체제를 세계시장의 존재를 위한 필수 조건으로 간주했다. 세계시장의 형성과 확장은 법, 이데올로기, 전쟁, 외교 등 경제 외적 전제 조건과 사건 없이는 생각할 수 없다.[31] 국민국가는 식민지 정복과 약탈, 외국무역 발전, 세계화폐와 글로벌 분업 창출 등을 통해 자본의 본원적 축적 조건을 확보하는 데 핵심 역할을 수행했다. 마르크스는 『고타강령비판』에서 "오늘날 국민국가의 틀은 …… 국가체제의 틀 속에 존재"하며, 이는 "잡동사니처럼 다양한 형태"를 취한다고 말하고, 이 국가체제는 "다시 그자체 경제적으로 세계시장의 틀 속에 있다"라고 강조했다.[32] 평평한 지구촌을 전망하는 최근의 세계화 담론[33]과는 달리, 하나의 세계시장과 갈등하는 "다수 국가"들의 공존은 마르크스의 세계 자본주의의 중심 개념이다.[34]

16.5 세계적 규모에서 불균등 결합 발전

1850년대 마르크스가 수행한 고전파 정치경제학의 비판적 연구는 그의 세계시장에 대한 관점에도 반영되었다. 무엇보다 세계시장을 자본의 보편적인 문명화 운동으로 구성된 평평한 세계로서가 아니라 불균등 결합 발전 — 이 개념은 트로츠키가 만들어낸 것이다[35] — 의 장소로 재개념화했다. 영국

---

31 B. Jessop, 'World Market, World State, World Society: Marxian Insights and Scientific Realist Interrogations', in: J. Joseph and C. Wight(eds.), *Scientific Realism and International Relations*(New York: Palgrave, 2010), p.191.

32 K. Marx, *Critique of the Gotha Programme*, MECW, vol.24, pp.90, 95.

33 T. Friedman, *The World Is Flat: A Brief History of the Twenty-first Century*(New York: Farrar, Straus and Giroux, 2005).

34 다음을 참조하라. A. Callinicos, *Imperialism and Global Political Economy*(Cambridge: Polity, 2009), pp.73~92.

의 자본이 아일랜드에 미친 영향을 목격하면서 마르크스의 세계시장에 관한 관점은 결정적으로 변화했다. 「독일 노동자교육협회에 제출한 아일랜드 문제에 관한 보고 개요(Outline of a Report on the Irish Question Delivered to the German Workers' Educational Society)」(1867)에서 마르크스는 "1846년 이래의 억압은, 그 형태가 덜 야만적이라 할지라도 결과적으로 파괴적이었으며, 영국의 자발적인 아일랜드 해방이 아니면 생사를 건 투쟁 이외의 다른 대안을 남겨 놓지 않았다". 이런 결론은 다음과 같은 관찰에 기초한다. "아일랜드가 공업적으로 발전하려고 할 때마다, 아일랜드는 **분쇄되고** 완전한 **농지**로 재전환되었다."[36] 마르크스는 이전에는 영국 자본에 의한 인도의 토착 수공업의 파괴를 "혁명적"인 사태라고 간주했다. 하지만 이제 같은 영국 자본에 의한 아일랜드의 토착 공업 파괴를 반동적인 사태로 보게 되었다. 마르크스는 자본주의적 세계화의 "이중적 사명"에 관한 자신의 원래의 전제와 명시적으로 단절했다. 이전에는 영국의 자유무역이 인도와 같은 구래 사회의 틀을 파괴하고 새로운 사회 기초를 놓는 발전을 시동시킬 것이라고 상상했다. 그러나 이제는 이런 견해와 단절하고 구래 사회의 파괴가 반드시 새로운 사회의 물질적 조건을 낳지는 않는다는 점을 인식했다. 그 대신 그는 구래 사회의 세계 자본주의로의 폭력적 통합이 완전한 종속과 쇠퇴를 결과시킬 것이라고 생각했다. 실제로 자본주의적 세계화의 "이중적 사명"이라는 현실은 구래 사회의 파괴와 함께 새로운 사회의 재생을 위한 필수 조건의 억압이었다.[37]

마르크스는 이러한 새로운 이해에 기초해, 자본의 세계시장운동을 유럽 자본주의의 단순한 지리적 확장이 아니라 글로벌 차원에서 불균등 결합 발전의 과정으로 개념화했다. 『자본』 1권에서 마르크스는 상이한 생산양식들

---

35   L. Trotsky, *The History of the Russian Revolution*(London: Pluto Press, 1977), p.27.

36   K. Marx, 'Outline of a Report on the Irish Question Delivered to the German Workers' Educational Society in London on December 16, 1867', MECW, vol.21, pp.194, 200.

37   Cf. K. Mohri, 'Marx and "Underdevelopment"', *Monthly Review*, 30: pp.32~42(1979).

의 접합으로 특징지어지는 세계적 규모에서 "자본주의적 축적의 일반적 법칙"을 정식화했다.

> 기계제 생산은 타국의 수공업 생산을 파멸시킴으로써 타국을 강제해 원료 생산지로 만든다. 예컨대 인도는 영국을 위해 면화, 양모, 대마, 황마, 남색 염료 등을 생산하도록 강요당했다. …… 주요 공업국들의 필요에 적합한 새로운 국제적 분업이 생기며, 이에 따라 지구의 어떤 부분은 공업을 주로 하는 지구의 다른 부분을 위해 농업을 주로 하는 지역으로 전환된다. …… 사실상 유럽의 임금노동자라는 은폐된 노예제도는 신대륙의 노골적인 노예제도를 자기 발판으로 삼고 있다.[38]

마르크스는 동시대의 세계 자본주의를 어떤 지역이 다른 지역에 종속되어 위계적으로 구조화한 국제분업으로 개념화했다. 그는 자본축적이 고도로 통합된 영국 식민지 체제에서 노동착취 형태의 위계를 낳는다는 사실을 확인했다.[39] 『자본』 2권에서 마르크스는 동시대 세계시장에 관철되고 있던 불균등 결합 발전을 다음과 같이 묘사했다.

> 산업자본이 화폐나 상품으로 기능하는 유통과정 안에서는 산업자본의 순환은 …… 매우 다양한 사회적 생산양식들의 …… 상품유통과 뒤섞여 있다. 상품이 노예제의 생산물이든, 빈농(중국인, 인도의 라이오트), 또는 공동체 (네덜란드령 동인도) 또는 국영생산(러시아의 역사에 나타나는 농노제에 의거한 것), 또는 반원시적인 수렵민족의 생산물이든 간에, 그 상품은 산업자본을 표현하는 화폐와 상품에

---

38   Marx, *Capital*, volume I, pp.579~80, 925.

39   이에 관한 더 상세한 논의는 다음을 참조하라. L. Pradella, 'Marx and the Global South: Connecting History and Value Theory', *Sociology*, 51: 146~61(2017).

대해 상품과 화폐로서 상대하고 있다. …… 그러므로 산업자본의 유통과정은 상품들의 출산지의 다양한 성격과 세계시장으로서 시장의 존재에 의해 특징짓는다.[40]

위의 마르크스의 묘사는 마치 오늘날 애플과 같은 글로벌 기업이 조직한 글로벌 가치사슬을 예견한 것 같다. 실제로 마르크스는 세계시장의 확장이 글로벌 동질화가 아니라 "이질적인 글로벌 경제에서 자기 자신의 논리를 갖는 자본주의 변이들의 공존"[41]을 가져올 것이라고 예상했다. 이것은 마르크스가 이른바 "방법론적 민족주의"를 지지했다는 말은 물론 아니다. 오히려 자신의 노동가치론을 세계적 규모에서 적용하는 방식으로 세계 자본주의의 불균등 결합 발전을 설명하려 했다.

16.6 국제적 가치와 착취

세계시장에 대한 접근에서 후기 마르크스를 동시대 다른 사상가들뿐만 아니라 초기 마르크스와 구별하는 것은 그가 세계시장을 단지 변증법적으로 개념화했다는 것만이 아니라, 그가 세계시장을 가치 범주의 엄밀한 적용을 통해 이론화했다는 사실이다. 마르크스는 10년 넘게 고전파 정치경제학을 집중적으로 연구해 자신의 노동가치론을 구축할 수 있었고, 이를 세계시장의 모순적 동학을 설명하는 데 적용했다. 『요강』에서 마르크스는 리카도의 비교우위설을 비판하고 세계시장에서 부등 노동량 교환을 이론화했다. "이윤의 법칙에 따라 교환을 하는 두 나라는 모두 이득을 보면서도 한 나라는 항상 이득을 덜 볼 수 있다. …… 한 나라는 다른 나라의 잉여노동 일부를

---

40   K. Marx, *Capital*, volume II(London: Penguin, 1978), pp.189~190.

41   Jessop, 'World Market, World State, World Society', p.194.

항상 전유하면서도, 그 대가로 아무것도 주지 않는다. 여기에서 척도는 자본가와 노동자 간 교환의 경우와 다르지만 말이다."[42] 「1861~1863년 경제학 초고」에서 마르크스는 가치와 추상 노동과 같은 자본주의적 생산양식의 기본 범주는 세계시장의 기초 위에서만 완전한 의미를 가질 수 있다고 썼다. 마르크스에게 상품은 처음부터 국제적 가치 혹은 세계가치를 갖는데, 이는 국제적·평균적으로 필요한 사회적 노동으로 결정된다. "오로지 **외국무역**과 시장의 세계시장으로의 발전만이 화폐를 세계화폐로 발전시키며 **추상노동**을 사회적 노동으로 발전시킨다. …… 예컨대 면화의 가치척도는 영국의 노동시간이 아니라 세계시장에서 **평균적으로 필요한 노동시간**에 의해 결정된다."[43] 「1861~1863년 경제학 초고」에서 마르크스는 국제적 착취 혹은 국제적 부등가교환, 즉 국가들 간의 부등 노동량 교환의 개념을 만들어냈다. 이에 따르면 노동생산성이 낮은 빈국은 세계시장에서 거래되는 동일한 상품을 생산하는 데 더 많은 노동시간이 소요되는 반면, 노동생산성이 높은 부국은 그 상품을 생산하는 데 노동시간이 덜 소요된다. 하지만 그 상품의 가치는 그것을 생산하기 위해 국제적으로 필요한 노동시간으로 결정된다. 그 결과는 부국과 빈국 간의 부등 노동량 교환이다.

세(Say)는 리카도의 책에 대한 그의 평주에서 …… **외국무역**에 관해 **단 하나**만 올바른 지적을 했다. 이윤은 다른 사람을 속여 다른 사람이 손실을 본 것을 이득으로 취함으로써도 만들어질 수 있다. 일국에서 손실과 이득은 서로 상쇄된다. 하지만 상이한 나라들 간의 무역에서는 그렇지 않다. 리카도의 이론에서조차도 어떤 나라의 3 노동일은 다른 나라의 1 노동일과 교환될 수 있다. 그런데 이 점은

---

42   Marx, 'Outlines of the Critique of Political Economy [*Grundrisse*]. First Instalment', pp.532, 244.

43   K. Marx, Economic Manuscript of 1861~1863, MECW, vol.32, p.388; K. Marx, *Economic Manuscript of 1861~1863*, MECW, vol.33, p.384.

세가 언급하지 않았다. 여기에서 가치법칙은 본질적으로 수정된다. …… 이 경우에는 존 스튜어트 밀이 『미해결의 문제들에 관하여』에서 설명했듯이, 빈국은 교환을 통해 이득을 보는 경우에도 부국은 빈국을 착취한다.[44]

『자본』1권에서 마르크스는 다음과 같이 주장했다.

가치법칙은 국제적으로 적용되는 경우 다음과 같은 사정에 의해서도 수정된다. 즉 노동생산성이 더욱 높은 국민이 자기 상품의 판매가격을 그것의 가치 수준으로 인하하도록 세계시장의 경쟁이 강제하지 않는 한, 생산성이 더욱 높은 노동도 강도가 더욱 높은 노동으로 여겨진다는 사정이 바로 그것이다.[45]

위 문단에서 마르크스가 가치법칙의 "수정"이라고 말했을 때 "수정"의 의미는 중지, 무효화가 아니라 오히려 세계시장에서 완전한 작용이다. 「1861~1863년 경제학 초고」에서 마르크스는 생산가격은 이윤율의 국제적 균등화 경향에 기초해 세계적 규모에서 형성되는 경향이 있음을 시사했다. "산업자본가는 세계시장에 직면한다. 따라서 그는 자신의 비용가격을 단지 **국내**에서의 시장가격뿐만 아니라 **세계 전체 시장에서의** 시장가격과 비교하고 항상 비교해야만 한다. 그는 항상 이 점을 고려해 생산한다."[46] 『자본』3권에서 마르크스는 이를 다시 반복했다. "산업자본가는 끊임없이 세계시장에 직면하며, 그는 자기 자신의 비용가격을 국내의 시장가격과 비교할 뿐만 아니라 세계 전체의 시장가격과 비교해야만 한다."[47] 마르크스는 국민적 이윤율의

44 　Marx, *Economic Manuscript of 1861~1863*, vol.32, p.294.

45 　Marx, *Capital*, volume I, pp.702.

46 　Marx, *Economic Manuscript of 1861~1863*, vol.32, p.467.

47 　Marx, *Capital*, volume III, p.455.

차이는 이윤율이 낮은 국가에서 이윤율이 높은 국가로 자본의 국제적 이동을 결과시키고, 이윤율의 국제적 균등화와 국제적 생산가격의 성립으로 이어진다고 생각했다.[48] 마르크스는 또 자본주의적 세계화의 진전 및 이와 연관된 이윤율의 국제적 균등화 경향에 따라 상품의 국제적 가치 — 이는 그것을 생산하기 위해 국제적으로 필요한 노동시간으로 결정된다 — 는 국제적 생산가격으로 전형될 것임을 시사했다.[49] 마르크스는 또 국제적 가치 및 국제적 생산가격의 형성은 대부분 빈국에 입지한 노동생산성이 낮고 자본의 유기적 구성이 낮은 자본에서 대부분 부국에 입지한 노동생산성이 높고 자본의 유기적 구성이 높은 자본으로 잉여가치 이전을 수반한다고 보았다. 이것은 부국과 빈국 간의 글로벌 불평등의 악화를 초래한다.[50] 마르크스가 앞서 인용한 『자본』 1권 각주에서 왜 자본주의적 생산양식을 한 나라처럼 취급했는지 이유가 이제 분명해졌다. 마르크스는 국민적 자본주의의 집합이 아니라 통합된 세계 자본주의라는 단일체를 자신의 분석 단위로 선택했고, 그 기초 위에서 자신의 노동가치론을 정식화했기 때문이다.

16.7 세계시장공황

마르크스는 항상 자본주의의 세계화를 모순에 가득 찬 과정으로 보았고,

---

48 이윤율의 국제적 균등화에 기초한 마르크스의 국제적 생산가격 이론의 최초의 정식화로는 다음을 참조하라. H. Grossmann, *The Law of Accumulation and Breakdown of the Capitalist System*(London: Pluto Press, 1992), pp.169~173.

49 다음을 참조하라. S. Jeong, 'Marx's Crisis Theory as a Theory of World Market Crisis', in: *Beitrage zur Marx-Engels-Forschung Neue Folge 2013*(Hamburg: Argument, 2014), pp.47~49.

50 다음을 참조하라. G. Carchedi, *Frontiers of Political Economy*(London: Verso, 1991), pp.217~273.

결국 세계적 규모에서 공황의 폭발로 이어질 것이라고 보았다. 『공산당 선언』에서 마르크스와 엥겔스는 자본주의의 세계화의 결과는 다름 아닌 세계적 규모의 공황이라고 말했다.

> 상업 공황은 주기적으로 반복되면서 점점 더 위협적으로 전체 시민사회의 실존을 문제시하고 있다. …… 부르주아지는 이 공황을 …… 한편으로는 대량의 생산력을 어쩔 수 없이 파괴함으로써, 다른 한편으로는 새로운 시장을 정복하고 옛 시장을 좀 더 철저하게 착취함으로써 극복한다.[51]

『요강』은 첫머리부터 세계시장공황의 전망을 전면에 부각한다. 마르크스는 『요강』에 포함된 "바스티아와 캐리"라는 제목의 노트에서 "세계시장의 부조화"는 모든 국지적·추상적 관계의 "부조화"의 정점이라고 지적했다. 그는 부르주아사회의 부조화는 세계시장에서 그 가장 발전된 형태로 나타나며, 세계시장은 자본주의의 모순이 그 완전한 규모에서 작동하는 장소라고 강조했다.

> 일정한 국경 안에서나 부르주아사회의 일반적 관계의 추상적 형태에서 그 (캐리_필자)의 눈에는 조화롭게 보인 모든 관계, 즉 자본의 집적, 분업, 임금노동 등이 가장 발전된 형태로 - 그 세계시장의 형태로 - 출현하는 경우에는 세계시장에서 영국의 지배를 낳는 내적 관계로서 …… 그의 눈에는 부조화스러운 것으로 나타난다. …… 캐리가 이해하지 못한 것은 이 세계시장의 부조화가, 경제학의 범주 가운데 추상적 관계로서 고정되어 있는 부조화의, 혹은 극히 작은 규모로 국지적으로 존재하는 부조화의 궁극적이며 적절한 표현일 뿐이라는 점이다.[52]

---

51   Marx and Engels, *Manifesto of the Communist Party*, pp.489~490.

52   Marx, 'Outlines of the Critique of Political Economy [*Grundrisse*]. First Instalment',

마르크스는 1872~1975년 출판된 『자본』 1권 프랑스어판에 추가한 문단에서 세계시장, 산업순환, 공황 간의 밀접한 관계를 강조했다.

기계제 공업의 덕택으로 해외무역이 국내 상업을 추월하기 시작한 다음에, 세계시장이 신대륙·아시아·오스트레일리아의 광대한 영역을 차례차례 포섭해 버린 다음에, 끝으로 다수의 공업국이 세계시장에서 경쟁에 참가한 다음에, 자기 영속적이며 반복되는 순환이 시작되었다. 그 순차적 국면들은 몇 년을 포괄하며, 순환은 항상 일반적 공황에서 그 정점에 도달하며, 일반적 공황은 하나의 순환의 종결점일 뿐만 아니라 다른 하나의 순환의 출발점이기도 하다.[53]

마르크스는 『자본』 1권에서 기계제 공장 체제에 특징적인 탄력성이 주기적인 세계시장공황의 배후에 있다고 강조했다.

공장제도가 충분히 보급되고 일정한 성숙단계에 도달할 때, 특히 공장제도에 고유한 기술적 기초인 기계 자체가 다른 기계에 의해 생산되기 시작할 때 …… 기계제 대공업은 탄력성 즉 돌발적 비약적 확대 능력을 획득하며, 오직 원료의 이용 가능성과 판매시장의 규모만이 이 확대 능력의 한계를 설정한다. …… 공장제 생산의 방대한 비약적 확장력과 세계시장에 대한 의존성은 필연적으로 다음과 같은 순환을 일으킨다. …… 중간 정도의 활황, 번영, 과잉생산, 공황, 침체이다.[54]

마르크스는 「1861~1863년 경제학 초고」에서 다음과 같이 주장했다.

---

pp.8~9.

53 Marx, *Capital*, volume I, p.786.

54 Marx, *Capital*, volume I, pp.579~580.

세계시장공황에서 부르주아 생산의 모순과 적대는 충격적으로 드러난다. ……
자본주의적 생산의 가장 복잡한 현상은 세계시장공황이다. …… 세계시장공
황은 부르주아 경제의 모든 모순의 현실적 총괄 및 폭력적 조정으로 파악돼야
한다.[55]

마르크스는 『자본』 3권에서 1857년 공황의 전개 과정을 전형적인 세계
시장공황으로 묘사했는데, 이는 2008년 글로벌 경제위기의 주요 양상을 예
견한 듯하다.

1857년 미국에서 공황이 일어났다. 영국에서 미국으로 금이 유출됐다. 그러나
미국에서 거품이 터지자 영국에 공황이 도래했고, 미국에서 영국으로 금이 유출
됐다. …… 일반적 공황의 시기에 국제수지는 어떤 나라에 대해서도, 적어도 상
업이 발전하고 있는 어떤 나라에 대해서도 적자이다. 그러나 언제나 차례대로,
마치 연속발사(volley firing)의 경우와 같이, 지불의 순서가 되면 적자가 된다. 일
단 영국에서 일어난 공황은 이런 지불 기한의 차례가 되면 단기간에 곤경에 처
하고 만다. 여기에서 모든 나라들이 과잉수출(즉 과잉생산)했고 또 과잉수입(따라
서 과잉거래)했으며, 모든 나라에서 물가가 등귀하고 신용이 지나치게 팽창했다
는 점이 명백해진다.[56]

하지만 마르크스에게 세계시장은 공황의 조건일 뿐만 아니라 공황의 해
결책이기도 했다. 마르크스는 『요강』에서 교통수단의 혁신에 뒷받침한 세
계시장의 확장이 "시간에 의한 공간의 절멸"[57]을 통해 자본의 유통과 증식을

---

55 Marx, *Economic Manuscript of 1861~1863*, vol.32, pp.131, 132, 140.

56 Marx, *Capital*, volume III, pp.623~624.

57 Marx, 'Outlines of the Critique of Political Economy [*Grundrisse*]. First Instalment',
    p.463.

가속화한다는 점을 강조했다. 『자본』 3권에서는 세계시장이 이윤율 저하 공황에 대한 강력한 상쇄 요인으로 작동함을 강조했다.

> 외국무역이 불변자본 요소와 필요 생활수단(가변자본이 이것들로 전환된다)을 값싸게 하는 한, 외국무역은 잉여가치율을 높이고 불변자본의 가치를 떨어뜨림으로써 이윤율의 상승에 기여한다. …… 식민지 등에 투자된 자본에 관해 말한다면, 그 자본이 더 높은 이윤율을 얻을 수 있는 이유는 거기에서는 발전수준이 낮아 일반적으로 이윤율이 더 높기 때문이고, 노예와 쿨리 등을 고용하므로 노동착취도도 더 높기 때문이다.[58]

마르크스에게 자본과 국가가 추구하는 세계시장의 확장은 공황의 원인이 아니라 공황을 저지하는 상쇄력이었다. 따라서 세계화를 규제하는 것[59]은 공황에 대처하는 효과적인 수단이 될 수 없다. 하지만 신자유주의자들이 옹호하는 규제받지 않는 세계화의 추구 역시 공황에 대한 해답일 수 없다. 왜냐하면 그것은 심판의 날을 일시적으로 연기시킬 뿐이며 글로벌 규모에서 자본축적의 모순을 더 확대 심화함으로써 장차 더 큰 공황의 폭발을 준비하기 때문이다.

16.8 세계시장에서 세계혁명으로

세계혁명은 마르크스의 글로벌주의적 관점의 필연적인 정치적 결론이다. 자본주의의 운동 법칙을 세계적 차원에서 개념화한 마르크스로서는 반

---

58   Marx, *Capital*, volume III, pp.344~345.

59   J. Stiglitz, *Making Globalization Work*(New York: W.W. Norton, 2007), pp.13~19.

자본주의 혁명도 같은 세계적 차원에서 전망하는 것이 당연했다. 이른바 일국사회주의론은 마르크스와는 거리가 멀었다. 마르크스와 엥겔스는 『독일 이데올로기』에서 다음과 같이 썼다.

> 경험적으로 공산주의는 지배적 민족들의 '일거의' 동시적 행동으로만 가능하며, 이는 생산력의 보편적 발전과 공산주의와 연관된 세계적 교통을 전제한다. …… 공산주의와 그 활동이 "세계사적" 존재만을 가질 수 있는 것처럼 프롤레타리아트는 **세계사적으로만** 존재할 수 있다.[60]

마르크스는 성공적인 공산주의 혁명의 전망을 통합된 세계경제의 존재 위에 기초 지었다. 그는 세계 자본주의를 그 희생자들, 프롤레타리아트와 그 동맹 계급의 세계사적 행동에 의해서만 초월할 수 있다고 생각했다.[61] 마르크스는 "프리드리히 리스트의 『정치경제학의 국민적 체계』에 대한 초고"에서 노동자들이 국적을 갖지 않는다고 주장했다. "노동자의 국적은 프랑스도 영국도 독일도 아니다. 그것은 **노동, 자유 노예, 행상**이다. 노동자의 정부는 프랑스도 영국도 독일도 아니다. 그것은 자본이다. 그의 고향의 공기는 프랑스도 독일도 영국도 아니다. 그것은 공장의 공기이다."[62]

마르크스는 오늘날 세계화에서 확대된 형태로 나타난 특징들 중 많은 것을 식별했다. 하지만 그는 세계시장의 성장을 순수한 경제적 과정의 결과로 간주하는 순진한 세계시민주의자와는 거리가 멀었다. 그는 국가를 여섯 권으로 기획된 자신의 정치경제학 비판의 후반 세 권의 첫 번째 책으로 위치

60　Marx and Engels, *The German Ideology*, p.49.

61　제1 인터내셔널을 세우기 위한 마르크스의 분투에 관해서는 다음을 참조하라. M. Musto 'Introduction' in M. Musto(ed.), *Workers Unite! The International 150 Years Later* (New York: Bloomsbury Publishing, 2014), pp.1~68.

62　K. Marx, 'Herr List and Ferner', MECW, vol.4, p.280.

지웠다. 마르크스는 항상 국가와 세계시장 간의 체계적 상호작용에 예민한 관심을 기울였으며, 세계시장의 창출과 확장이 국가라는 보이는 손의 도움 없이 가능할 것이라고는 조금도 생각하지 않았다. 마르크스는 세계화의 궁극적 종착점이 주권의 종말 혹은 초민족적 글로벌 경제에 의한 국민국가의 지양이 될 것이라고는 전혀 상상하지 않았으며, 그의 글로벌 전망은 이른바 세계화 찬가 혹은 초글로벌주의(hyperglobalism)와는 아무런 공통점도 없다. 마르크스는 세계시장을 항상 변증법적으로 분석했으며, 세계화의 모순과 그것의 궁극적 지양에 초점을 맞추었다. 하지만 불균등 결합 발전 명제와 국제가치론, 세계시장공황론을 핵심으로 하는 마르크스 자신의 세계화론에 근거하지 않은 기존의 마르크스주의 세계경제론 다수는 세계경제에 대한 두 상반된 개념, 즉 국가주의와 초민족주의 간에서 비변증법적으로 동요했다.63 이러한 상황에서 마르크스 자신의 세계화론을 재발견 복원하는 것은 세계 자본주의를 이해하고 극복하려는 모든 진보적 프로젝트에 대해 필수적이다.

---

63 국가주의적 입장으로는 다음을 참조하라. L. Panitch and S. Gindin, *The Making of Global Capitalism: The Political Economy of American Empire*(London: Verso, 2012), pp.1~5. 초민족주의 입장으로는 다음을 참조하라. Hardt and Negri, Empire, pp.206~207, 353 및 W. Robinson, 'Debate on the Global Capitalism: Transnational Capitalist Class, Transnational State Apparatus, and Global Crisis', *International Critical Thought*, 7(2)(2017), pp.171~189.

참고문헌

Bonefeld, Werner(2000), 'The Spectre of Globalization: On the Form and Content of the World Market', in: W. Bonefeld and K. Psychopedi(eds.), *The Politics of Change: Globalization, Ideology and Critique*, Basingstoke: Palgrave, pp.31~68.

Callinicos, Alex(2009), *Imperialism and Global Political Economy*, Cambridge: Polity.

Carchedi, Guglielmo(1991), *Frontiers of Political Economy*, London: Verso.

Desai, Radhika(2014), 'Marx and Engels' Geopolitical Economy', in: A. Kumar and B. Chatterjee (eds.), *Marxism: With and Beyond Marx*, New York: Routledge, pp.71~91.

Friedman, Thomas(2005), *The World Is Flat: A Brief History of the Twenty-first Century*, New York: Farrar, Straus and Giroux.

Grossmann, Henryk(1992), *The Law of Accumulation and Breakdown of the Capitalist System*, London: Pluto Press.

Hardt, Michael, and Negri, Antonio(2000), *Empire*, Cambridge, MA: Harvard University Press.

Jeong, Seongjin(2014), 'Marx's Crisis Theory as a Theory of World Market Crisis', in: *Beitrage zur Marx-Engels-Forschung Neue Folge 2013*, Hamburg: Argument, pp.37~77.

Jessop, Bob(2010), 'World Market, World State, World Society: Marxian Insights and Scientific Realist Interrogations', in: J. Joseph and C. Wight(eds.), *Scientific Realism and International Relations*, New York: Palgrave, pp.186~202.

Kozlov, Genrikh A.(ed.)(1977), *Political Economy: Capitalism*, Moscow: Progress Publishers.

Marx, Karl(1975), 'Draft of an Article on Friedrich List's Book Das Nationale System Der Politischen Oekonomie', MECW, vol.4, pp.265~293.

_____(1976a), *Capital*, volume I, London: Penguin.

_____(1976b), 'Speech of Dr. Marx on Protection, Free Trade, and the Working Classes', MECW, vol.6, pp.287~290.

_____(1976c), 'Speech on the Question of Free Trade delivered to the Democratic Association of Brussels at Its Public Meeting of January 9, 1848', MECW, vol.6, pp.450~465.

_____(1978), *Capital*, volume II, London: Penguin.

_____(1979a), 'The British Rule in India', MECW, vol.12, pp.125~133.

_____(1979b), 'The Future Results of British Rule in India', MECW, vol.12, pp.217~222.

_____(1981), *Capital*, volume III, London: Penguin.(1983a), *Letters 1852~55*, MECW, vol.39.

_____(1983b), *Letters 1856~1859*, MECW, vol.40.

_____(1985), 'Outline of a Report on the Irish Question Delivered to the German Workers' Educational Society in London on December 16, 1867', MECW, vol.21, pp.194~206.

_____(1986), 'Outlines of the Critique of Political Economy [*Grundrisse*]. First Instalment', MECW, vol.28.

_____(1987a), 'Outlines of the Critique of Political Economy [*Grundrisse*]. Second Instalment', MECW, vol.29, pp.1~256.

_____(1987b), *A Contribution to the Critique of Political Economy*, MECW, vol.29, pp.257~417.

_____(1989a), *Critique of the Gotha Programme*, MECW, vol.24, pp.75~99.

_____(1989b), 'Drafts of the Letter to Vera Zasulich', MECW, vol.24, pp.346~369.

_____(1989c), *Economic Manuscript of 1861~1863*, MECW, vol.32.

_____(1991), *Economic Manuscript of 1861~1863*, MECW, vol.33.

Marx, Karl, and Engels, Frederich(1976a), *The German Ideology*, MECW, vol.5.(1976b), *Manifesto of the Communist Party*, MECW, vol.6, pp.477~519.

_____(1978), 'Review: May to October 1850', MECW, vol.10, pp.490~532.

Mohri, Kenzo(1979), 'Marx and "Underdevelopment"', *Monthly Review*, 30(11): 32~42.

Musto, Marcello(2014), 'Introduction', in: M. Musto(ed.), *Workers Unite! The International 150 Years Later*, New York: Bloomsbury Publishing, pp.1~68.

Muthu, Sankar(2008), 'Adam Smith's Critique of International Trading Companies: Theorizing "Globalization" in the Age of Enlightenment', *Political Theory*, 362: 185~212.

Panitch, Leo, and Gindin, Sam(2012), *The Making of Global Capitalism: The Political Economy of American Empire*, London: Verso.

Pradella, Lucia(2017), 'Marx and the Global South: Connecting History and Value Theory', *Sociology*, 51: 146~161.

Robinson, William(2017), 'Debate on the New Global Capitalism: Transnational Capitalist Class, Transnational State Apparatus, and Global Crisis', *International Critical Thought*, 72: 171~189.

Sekine, Thomas(1980), 'An Essay on Uno's Dialectic of *Capital*', in: K. Uno(ed.), *Principles of Political Economy: Theory of a Purely Capitalist Society*, Sussex: Harvester Press, pp.127~168.

Stiglitz, Joseph E.(2007), *Making Globalization Work*, New York: W.W. Norton.

The Economist(2018), 'Reconsidering Marx: Second Time, Farce', 427(9090): 79~80.

Trotsky, Leon(1977), *The History of the Russian Revolution*, London: Pluto Press.

Young, Paul(2009), *Globalization and the Great Exhibition: The Victorian New World Order*, New York: Palgrave.

17 전쟁과 국제관계

베노 테슈케

17.1 뒤늦은 발견

마르크스는 1846년, 파벨 안넨코프(Pavel Annenkov, 1813~1887)에게 보낸 편지에서 "국가의 전체 조직 그리고 국가 간의 모든 국제관계"가 "특정한 노동 분업의 표현 이상의 다른 무엇"일지 의문을 던졌다. "그렇다면 노동 분업이 변화할 때, 이것들 역시 변화해야 하지 않겠습니까?"[1] 몇 년 후인 1853년, 엥겔스에게 보낸 편지에서 크림전쟁에 관해 논평하면서, 마르크스는 "우리는 외교정책 문제에 관심을 충분히 기울이지 않았습니다"[2]라고 말했다. 1877년, ≪조국 잡지≫의 편집자에게 보낸 편지에서는 서유럽에서의 자본주의의 기원에 관한 자신의 역사적 설명을 "그들이 처한 역사적 환경이 어떠하든지 모든 이들에게 숙명적으로 부과되는" 초역사적 철학 이론으로 독해하는 것에 반대했다.[3] 이러한 짧게 인용된 마르크스의 글은 국제관계에

---

* 이 장의 다양한 초고에 관해 마르셀로 무스토, 사무엘 네이포(Samuel Knafo), 스테판 윈-존스(Steffan Wyn-Jones), 클레멘스 호프만(Clemens Hoffmann)으로부터 편집상의 훌륭한 논평을 받았다.

1 'K. Marx to P.V. Annenkov, 28 December 1846', MECW, vol.38, p.95.

2 'K. Marx to F. Engels, 2 November 1853', MECW, vol.39, p.395.

관한 마르크스 사상이 비록 비체계적이기는 하지만, 이에 대한 누락을 인정함으로써 도식적인 공식화에서 비독단적인 개방성으로 진화했음를 보여준다.

마르크스의 연구는 국제관계, 전쟁, 외교정책의 복합적 모순에 관한 비슷한 시사적 언급으로 가득한데, (특히 그의 연구 후반부로 갈수록) 이러한 언급들이 문제를 충분히 고려하지 못했다는 점을 공개적으로 인정한다. 이는 역사에 관한 이론으로서의 역사유물론의 개념이 갖는 분석적 전제에 근본적인 질문을 제기한다. 동조적인 논평가들조차 반복적으로 지적했듯이,[4] 이처럼 역사적 과정에서 국제관계 영역의 유효성에 관한 뒤늦은 인식은 단편적이고 잡다한 통찰을 결코 넘어서지 못했기 때문이다. 그것은 보편적 차원에서 시간의 흐름에 따른 사회적 과정이 가지는 지정학적 차원에 관한 보다 체계적인 의견, 즉 역사유물론의 기본 전제와 조화를 이루어야 할 의견을 생성시키는 데 실패했다. 시공간적으로 발전하고, 상이하게 발전하는 정치적 공동체 간 관계를 분명하게 역사화하고 이론화하는 것의 부재는 마르크스의 보편적인 역사 개념과 특수한 자본주의 이론에 만연한 결함을 드러낸다. 이러한 결함은 최종적인 해결책을 얻지 못한 채 마르크스의 지적 궤도에서 몇몇 변형을 겪었다.

이러한 문제는 관련 문헌에서 세 가지의 폭넓은 반응을 야기했다. 대부분의 논평가는 국제적으로 확장된 역사유물론의 도전 규모가 극복할 수 없는 장애물이 될지도 모르며, 이는 전통의 회복을 넘어서는 것으로 모든 활동을

---

3   K. Marx, 'Letter to Editors of *Otechestvenniye Zapiski*', in: D. Sayer(ed.), *Readings from Karl Marx*(London: Routledge, 1989), p.34.

4   R.N. Berki, 'On Marxian Thought and the Problem of International Relations', World Politics, 24(1)(1971); F. Halliday, *Rethinking International Relations*(London: Macmillan, 1994); D. Harvey, *Spaces of Capital: Towards a Critical Geography*(New York: Routledge, 2001), pp.312~344; H. Soell, 'Weltmarkt — Revolution — Staatenwelt', *Archiv für Sozialgeschichte*, 12(1972).

몰아넣는다고 결론지었다.[5] 다른 이들은 이러한 부재가 마르크스 역사이론의 개념 전체에 대한 상당한 재공식화를 요구한다고 시사한다.[6] 마르크스학 연구에서는 결과적으로 마르크스와 엥겔스의 저술이, 상당한 추가 수정까지는 필요하지 않을 수 있는, 역사에서 국제관계의 역할에 관한 해석상의 재구성을 위해서 요구되는 다채롭고 충분한 자원을 제공한다고 주장한다. 이 자원에는 그간 제대로 인정받지 못했던 반유럽중심적 통찰이 포함된다.[7] 이 장은 국제관계에 관한 마르크스의 사상이 시간이 지남에 따라 어떻게 발전되었는지를 보여주고, (보다 폭넓은 마르크스주의 전통에서 이끌어낸 것이든, 마르크스 저술의 본문에서 이끌어낸 것이든) 마르크스의 국제관계론을 재구성하기 위한 국제관계 영역과 국제정치경제 영역에서의 시도가 불만족스러운 채 남아 있다는 점을 주장한다. 이러한 시도들에는 여전히 문제가 있는데, 이는 그러한 시도들이 보편적인 세계사이든 특수한 자본주의 역사이든, [로버트 콕스(Robert Cox, 1926~)의 역사주의를 부분적으로 제외하고는] 추상적인 이론 구축을 특권화하는 이론 개념에 동의하려 하기 때문이다. 결과적으로 역사는 이미 형성된 보편적인 이론의 공리들을 단지 입증하는 것에 지나지 않는,

---

5   A. Giddens, *The Nation-State and Violence: Volume 2 of the Contemporary Critique of Historical Materialism*(Cambridge: Polity Press, 1985); T. Skocpol, *States and Social Revolutions: A Comparative Analysis of France, Russia, and China*(Cambridge: Cambridge University Press, 1979).

6   R. Cox, *Production, Power, and World Order: Social Forces in the Making of History* (New York: Columbia University Press, 1987); D. Harvey, *The New Imperialism* (Oxford: Oxford University Press, 2003); J. Rosenberg, 'Why Is There No International Historical Sociology?', *European Journal of International Relations*, 12(3)(2006); I. Wallerstein, 'The Rise and Future Demise of the Capitalist World-System: Concepts for Comparative Analysis', *Comparative Studies in Society and History*, 16(1974).

7   K. Anderson, *Marx at the Margins: On Nationalism, Ethnicity, and Non-Western Societies*(Chicago: Chicago University Press, 2010); T.R. Kandal, 'Marx and Engels on International Relations, Revolution and Counterrevolution', in: M.T. Martin and T.R. Kandal(eds.), *Studies of Development and Change in the Modern World*(New York: Oxford University Press, 1989).

부차적인 사례 정도로 강등된다. 보편적인 이론 구축은, 특히 '보편적 추상' 과 같은 지시 아래에서 이해할 때, 역사의 과정을 대상화하면서 행위자를 이미 확립된 법칙과 범주의 수동적인 인격화 상태로 만든다. 마르크스학의 재구성은, 심지어 당대 국제정치에 관한 마르크스의 인상 깊은 이해를 소개할 때조차도, 그의 19세기에 근거한 맥락에 메인 채 남아 있다. 이와는 대조적으로, 마르크스의 초기 프락시스 철학에 따라 대외정책·외교·국제정치를 재통합하는 급진적 역사주의로의 선회는, 구조주의적·법칙론적 마르크스주의에 따라 국제관계를 재이론화할 때 발생하는 물상화 경향에서 벗어날 수 있게 한다.[8]

17.2 마르크스 사상에서 국제관계의 일반적 문제

지정학적 측면에서 마르크스가 지닌 약점은 전기적(biographical)인 원인, 계획상의 원인, 이론의 내재적인 원인으로 거슬러 올라갈 수 있다. 국제관계 및 전쟁 현상에 관한 그의 개입은 그가 지적으로 몰두했던 문제의 중후반 부분, 즉 이미 역사 개념과 정치경제학 비판의 핵심 범주가 발전된 형태로 표현된 이후의 문제에 속한다. 계획상으로는, 『요강』의 1857년 "서문"이 국

---

8   이는 지정학적 마르크스주의의 연구 의제에 관한 서로 다른 인식론적 토대를 시사한다. B. Teschke, *The Myth of 1648: Class, Geopolitics and the Making of Modern International Relations*(London: Verso, 2003). 세계체제론, 불균등 결합 발전의 '보편 법칙', 기업과 국가에 부여된 두 가지의 변함없는 합리성과 더불어 두 가지의 포괄적이고 분석적으로 분리되는 권력 축적 양식(자본주의적 경쟁 논리와 영토적 논리)에 관한 논의는 구조주의, 법칙론, 물상화로 향하는 이러한 경향의 전형적인 예시이다. 이에 관한 비판으로는 다음을 보라. B. Teschke, 'Marxism', in: C. Reus-Smit and D. Snidal (eds.), *The Oxford Handbook of International Relations*(Oxford: Oxford University Press, 2008), pp.163~187; B. Teschke, 'IR Theory, Historical Materialism, and the False Promise of International Historical Sociology', *Spectrum: Journal of Global Studies*, 6 (1)(2014).

가, 식민지, 국제무역, 세계시장에 관한 결코 완성되지 못한 책에서, 비록 단지 암시적일지라도 국제관계 및 전쟁을 다루기로 예정한다.[9] "국제적인 생산관계"와는 달리, 국제정치는 필수적 연구로 나타나지 않는다. 분석적으로 국제관계를 자신의 연구 의제에 보다 직접적으로 통합시키는 것은, 주기적 위기, 내전, 혁명을 야기하는 역사 발전의 중심적 동학으로서의 정치적 공동체 내 수직적 사회 갈등을 설명하는 데 우선성을 부여하는, 연구 조직화의 공리적 전제에 의해 배제되었다. 이러한 수직적·내생적 사회 적대는 정치적 공동체 간의 수평적·외생적 갈등과 충분한 관련이 결코 없었다. 사회적 모순으로부터 완전히 도출될 수도, 부차적이고 부수현상적인 것으로서 즉각 이해될 수도 없는 정체(政體) 간 갈등 및 협력 형태는 분석의 주변부로 밀려나게 된다.

이러한 정체 간 관계(와 변화하는 정치 지형이라는 보다 넓은 문제)에 대한 누락은, 레닌의 제국주의 개념과는 현저하게 대조적으로, 정치경제학 비판의 범주로서의 전쟁 개념이 부재함에 따라 더욱 심각해진다. 보편적인 무계급사회에서의 국가 폐지에 따른 전쟁 폐지라는 유토피아적 이해에도 불구하고, 마르크스는 전쟁 및 평화가 역사 발전에 미치는 영향이라는 측면에서 전쟁 및 평화에 관한 사회적 해석의 필요성으로부터 벗어난 역사 이해를 공동으로 만들었다. 두 현상 모두, 단일한 정치적 공동체의 경계를 영구히 넘어서고 그 경계로 개입하는, 역사적으로 효과적인 연구 대상으로서가 아니라, 주로 일국적 또는 국제적 노동계급 운동의 (때로는 빠르게 변화하는) 전략적 계산에서의 전쟁 및 평화의 중요성이라는 관점에서 도구적으로 개념화한 것이었다. 이러한 도구적 관점이 전쟁의 인과에 관한 보다 면밀한 검토로 이어져야 했지만, 마르크스주의 역사 개념에 대한 함의에서 중심적인 역사 현

---

9   K. Marx, 'Outlines of the Critique of Political Economy [*Grundrisse*]. First Instalment', MECW, vol. 28, p. 45.

452   ㅣ 마르크스의 부활

상으로서의 갈등 및 협력에 관해 보다 진지한 숙고로 이어지지 않았다. 이러한 결점에도 불구하고, 마르크스는 그의 연구 전반을 통해 서로 다른 사회적 관계에 기초한 정치적 공동체 사이의 폭력적 갈등의 형태로서의 전쟁에 관한 역사적·사회학적 독해를 고려했다. 이러한 공리와 같은 전제, 즉 전쟁 및 국제관계의 사회화는 마르크스의 연역적 접근을 전통적인 외교사 또는 현실주의에 유래를 두는 권력정치론의 추상성으로부터 구분한다. 이러한 특정한 의미에서 마르크스의 접근은 비록 정적이기는 하지만, 전쟁 형태의 역사적인 유형 분류 체계(중세 시대의 가문 간 다툼, 농노 전쟁, 식민주의적 중상주의 무역 전쟁, 왕정 및 절대주의에서의 계승 전쟁, 혁명전쟁, 반식민주의 해방전쟁, 게릴라 전쟁)에서 그리고 특히 엥겔스의 연구의 경우 군사사회학과 군사전략의 측면에서 생산적인 것으로 입증되었다.[10]

그럼에도 불구하고, 세계사의 한 차원으로서의 정체 간 관계에 관한 부재는 마르크스주의의 가장 야심찬 프로젝트, 즉 역사에 관한 역사적이면서 동시에 유물론적인 이론에 보다 심각한 도전을 제기하는데, 이는 그 부재가 이후 재구성되지 않은 마르크스 초기 저술의 이론적 전제와 첨예하게 부딪치기 때문이다. 일련의 생산양식에 관한 정통적 모델은 단일한 정치적 공동체가 그것이 가지는 더 넓은 지정학적 맥락으로부터 추상화된 분석 단위로서 기능하는, '일국적인' 발전 궤적을 상정하기 때문이다. 이러한 명제는 국가 간 갈등 및 협력을 지역적 발전 궤적의 공간적, 시간적 변형에 관한 분석에 통합시키는 것(그리고 그 반대도 마찬가지이다)을 묵살하는 비교사적 아포리아로 곧장 이어진다. '방법론적 민족주의' 사상을 전제로 하는 비교사는 역사사회학을 별개의 자기 완비적이고 자기 참조적인 분석 단위, 즉 국가 내의 장기적, 대규모 발전에 관한 통시적이지만 본질적으로 '민족적'이고 단선적인 분석으로 제한시킨다. 이러한 시각은 단일 사회에 관한 역사사회학 또

---

10   B. Semmel, *Marxism and the Science of War*(Oxford: Oxford University Press, 1981).

는, 특히 다양한 외교정책이 조우하는 인과의 측면에서 별개의 국가/사회 집합체 간 관계성에 관한 방법론적 관점을 발전시키지 않고 그 집합체의 상이한 궤적을 대조하는, 비교적이지만 국제적이지 않은 역사사회학을 양산한다.

이러한 (비)공간적 단계 모형 다음으로, 또한 마르크스는『독일 이데올로기』와『공산당 선언』에서 자본주의적 세계시장의 확립에 지리적으로 상응하는 '세계사회[Weltgesellschaft]'를 향해서 스스로를 계속해서 확장시키는, 보편화하는 부르주아사회라는 사상을 구상했다. 그러나 이러한 추론은 왜 자본주의적 '세계사회'가 주권국가 체계의 영토적 틀 내에서 존재해야 하는지, 그리고 어떻게 국가는 자본축적의 다양한 정치 지형을 능동적으로 구축하고 이에 저항하는지에 관한 의문을 억눌렀다. 차이를 활성화하는 매개 사례로 인식되는 (자본주의적) 국제관계의 복합 모순은 이러한 분석적 양극(방법론적 민족주의 대 총체화하는 보편성) 사이에서 사라진다.

이러한 딜레마는 특정한 의문을 낳는다. 어떠한 이론 유형에서는 어떠한 결과가 도출되어야 하는가, 무엇이 역사의 시기적인 구분 모형으로서의 연속적·필연적·역행불가적·상승적 생산양식의 비공간적인 이상적 유형을 본질적으로 제시하는가, 어떠한 추상성(원시사회[Urgemeinschaft], 노예제 사회, 봉건제, 자본주의, 사회주의)이 그것의 지리적으로, 시간적으로 특수한 역사적 표현에도 불구하고 초역사적 도식으로 압축되는가, 무엇이 공간에 대한 시간의 특권을 부여하는가? 마르크스의 항변에도 불구하고 이렇게 역사를 단선적인 목적론으로 환원하는 것은 문제의 규모를 입증하고, 역사의 지정학적 차원을 파악하기 위해 필요한 이론적 수정을 성찰함으로써 역사유물론을 확장 및 재정립할 자원을 제공하기 위해 전쟁 및 국제관계에 관한 마르크스의 산발적 생각을 재구성할 것을 요구한다. 이러한 필수적 연구는 마르크스주의의 고전적인 집성을 뛰어넘는 과제의 일부를 이룬다. 또한 이러한 필수적 연구는 목적론, 구조적 결정론으로부터 지정학과 정치 지형의 사회적 구성을 중심으로 하는, 정체 간 관계에 관한 급진적으로 역사화되고 프락시스 지향적인 비판적 사회과학으로의 패러다임 변경을 전제로 한다.

17.3 초기의 시도: 자본주의의 보편화

마르크스의 초기 입장은 자유주의적 세계시민주의로부터 영향을 받았고, 1848년 『공산당 선언』에서 논의했듯, 국제 상업에 기초한 자본주의의 국가를 초월하는 힘과 "보편적 상호의존"[11]의 평화적 결과를 전제했다. 결과적으로 상업은 생산력의 지역적 불균등 발전으로 지배되는 국제적 노동 분업의 표현으로 여겨졌다. 이러한 가정은 "자본주의 자신의 모습대로의 세계"[12]로의 세계사적 수렴을 궁극적으로 암시했다. 여기서 근대사의 거대한 주제는 자본주의, 즉 세계시장을 완성하기 위해 지리적으로 확대되면서 처음에는 초국적 부르주아를, 이후에는 공산주의적 '국제도시(cosmopolis)'를 창조하는 자본주의였다. 이러한 관점은 『독일 이데올로기』에서 처음 윤곽이 그려졌다. "서로 다른 국가 간의 상호 관계는 각국의 생산력, 노동 분업, 국내 교류의 발전 수준에 달려 있다."[13] 이는 『공산당 선언』에서 다음과 같은 그 표준적 정의를 획득했다.

> 국민적 차이와 국민 간 적대는 부르주아의 발전, 상업의 자유, 세계시장, 생산양식 및 그에 상응하는 생활조건의 균일성으로 인해 매일 점점 더 사라지고 있다.[14]

---

11 K. Marx and F. Engels, *Manifesto of the Communist Party*, MECW, vol.6, p.488.

12 같은 책.

13 K. Marx and F. Engels, *The German Ideology*, MECW, vol.5, p.32.

이러한 과정은 자본주의의 진보적 보편화에 의해 이루어졌는데, 여기서 자본주의는 노동 분업의 발전된 형태에 기초한 자유무역과 동일한 것으로, 비결정적이고 불분명하게 정의되었다. 장거리 무역이 제공하는 상업적 기회는 시간이 흐름에 따라 생산 및 소비에 세계시민주의적 성격을 부여했고, 이러한 성격의 누적적 결과는 자본주의적 세계시장의 창출이었다. 이러한 관점이 국가의 역할을 착취적이고 적대적인 계급분열 사회의 보증인으로 유지했다면, (자본주의국가 간, 자본주의국가와 비자본주의국가 간) 국가적 적대와 전쟁은 '국가 간 보편적 상호의존'으로 인해 축소될 것이었다. 국가 간의 군사화된 갈등은 계급의 병합과 양극화로 점차 대체되었고, 글로벌 차원의 계급투쟁 격화로 이어졌다. 그 변증법적 결과는 보편적 계급으로서의, 그리고 지구적 차원에서 단일하고 동시적인 세계혁명을 촉발할 집단적 주체로서의 세계 프롤레타리아의 형성("노동자에게는 조국이 없다"[15])이라는 측면에서 예상되었다. 『독일 이데올로기』에서 다음과 같이 언급했다.

> 경험적으로 공산주의는 '단 한 번에', 그리고 동시적으로 이루어지는 지배적 인민들의 행위로서만 가능하며, 이는 생산력의 보편적 발전을, 그리고 공산주의와 결부된 세계적 교류를 전제한다. …… 따라서 프롤레타리아는 공산주의, 즉 그들의 활동이 '세계사적' 존재만을 가질 수 있는 것과 마찬가지로, **세계사적으로만** 존재할 수 있다. 개인의 세계사적 존재는 세계사와 직접적으로 연결된 개인의 존재를 의미한다.[16]

여기서는 "세계적 규모의 동시적 발전"[17] 개념이 지배적이다. 이러한 독

---

14   Marx and Engels, *Manifesto of the Communist Party*, p.503.

15   같은 책.

16   Marx and Engels, *The German Ideology*, p.49.

창적 개념은 계급관계를 보편적으로 양극화하는 반면, 계속해서 세계를 지리적으로 통합하고 국가적 차이를 사회정치적으로 동질화하는 자본주의의 수직적 심화 및 수평적 확대를 중심으로 하는 단일한 분석을 제공한다. 이러한 서사는 일련의 특수하고 자기 참조적인 역사로 이때까지 이해되었던 민족사의 폐지로 귀결될 것이고, 비록 의식적으로 계획된 집단적 기획으로서의 '세계사[Weltgeschichte]'라는 용어가 탈자본주의 시대를 위해 예약된 것임에도 불구하고 그 서사는 세계사를 위한 적절한 지형을 준비시킬 것이다.

그러나 마르크스는 국제 노동 분업에 기초해 무역으로 매개되는 자본주의의 확대가 정확히 어떠한 방식으로, 지배적이었던 지역적 비자본주의 계급관계와 전자본주의적 정체를 자본주의적 방향으로 변형시키는지에 관해 결코 명확히 밝히지 않았다. 핵심은 무역으로서의 자본주의에 관한 이러한 초기의 개념화가 초국화 과정, 동질화 과정에 자동성을 귀속시켰다는 점이다. 이 과정은 기존의 국가 간 체제를 통해 자본주의적 관행의 확대가 어떻게 굴절되었는지를 무시한다. 기존의 국가 간 체제는 전자본주의적 국가 및 사회 집합체에서 자본주의적 국가 및 사회 집합체로 (비)이행하면서 서로 경쟁하고 지역적으로 큰 차이를 보이는데, 이때 지정학, 전쟁, 계급 갈등이 저항과 차이를 야기함에도 말이다. **가정에 따르면,** 국가는 세계시장에 흡수될 운명이었으며, 초국적 명령을 수동적으로 수용하는 것으로서 (논리적·연역적으로) 인식되었고 이러한 초국적 명령은 각국의 정치제도와 사회관계를 자본주의적 상업의 요구에 부합하게 만드는 것이었다. 사회정치적 발전의 시공간적으로 통시적이고 서로 다른 지역의 궤적은 시간적으로 동기화되고 지리적으로 동화된다. 동시성의 시간적 차원과 직접성의 공간적 차원은 내적으로 차별화되지 않는 총체성으로서의 획일적이고 탈정치화된 세계시장의 형성을 나타낸다. 발전하는 세계시장 내에서 그리고 그 확장적 동학의

---

17   Soell, 'Weltmarkt — Revolution — Staatenwelt', p.112.

지리적 한계에서의 민족, 종족, 정체는 우월한 물상화된 논리에 종속된 비행위자적 대상으로 여겨졌다. 사회적, 정치적, 지정학적 행위자는 세계시장의 형이상학적 실재로부터 제거되었다. 국가 간 체제가 자본주의 확대 및 재생산에 미치는 매개적 영향의 통합은 마르크스에게 문제가 되지 않았을 뿐만 아니라, 이러한 초기의 경제주의적이고 세계적이고 보편화된 가정으로는 파악할 수조차 없었는데, 국가 간 체제의 영토적 분열은 자본주의적 부르주아를 초국화하는 구성으로부터 도출될 수 없었기 때문이다. 이러한 소박한 개념은 국민적인 것으로부터 보편적인 것을 직접적으로 추론하면서, 국가적인 특수성 및 갈라짐을 규정하고 오늘날까지 어떠한 보편성도 무력화하는 결정적 사례로서의 국가 간 관계를 배제했다. 여기서 분석 단위는 모든 국제정치로부터 해방된 자기 보편화하는 자본주의적 세계시장으로, 또는 그 대신에 부르주아 세계사회로 나타났다. 역사유물론의 이러한 버전에서는 방법론적 민족주의가 목적론적 방법론의 보편주의로 해소되었다. 자본주의적 지정학은 문제가 아닌 것으로 나타났다.

17.4 논리에서 역사로: 1848년과 크림전쟁이 미친 영향

역사 기록으로 검증되지 않은 논리적 연역에 기초한 이러한 초기의 초역사적 추상화는 1848년 혁명의 실패 이후, 그리고 특히 크림전쟁(1853~1856)에 대응해 몇 가지 단서 조항을 얻게 되었는데, 이는 자본주의적 발전, 외교정책, 혁명, 전쟁 간의 연관에 관한 마르크스의 관점을 바꾸었다. 사실, 외교정책은 처음으로 집중적인 관심 대상이 되었다.[18]

---

18 이러한 외교 문제로의 전환은 1853년과 1864년 사이 마르크스(와 엥겔스)가 써낸 (실제 책까지도 포함하지만 주로는 노트, 발췌, 기사, 서신으로 구성된) 여덟 권 분량의 방대한 책으로 편집된 아주 상세한 자료를 만들어냈다. 이 자료의 대부분은 크림전쟁, 영

1848년 이전에 마르크스는 독일 부르주아 혁명의 성공에 따른 진보를 예측했는데, 이 혁명은 후기 절대주의 국가(덴마크, 러시아, 오스트리아)에 맞서는 민주적이고 통일된 독일 공화국을 자리 잡게 할 것이었다. 독일 혁명은 신성 동맹을 종식시키고 유럽의 세력 균형을 진보적 유럽 국가로 이동시킬 것이었다. 이는 유럽을 혁명적 진영과 반혁명적 진영으로 분리시키는 결과를 가져올 것이었다. 이러한 새로운 배열은 두 이데올로기 블록 간 세계 전쟁으로 수행되는, 자유와 전제주의 사이의 투쟁으로 묘사되었다. 1848년 혁명의 실패 이후, '국내 혁명 더하기 전쟁은 국제적 진보와 같다'로 공식화될 수 있었던 국가 간 전쟁을 통한 혁명의 국제화라는 예측은, 이제 '전쟁 더하기 혁명은 국내적 진보와 같다'로 재공식화되었다. 공산주의로의 세계사적 행진은 이제 국내 계급 동학의 급진화로부터 영향을 덜 받게 되었고, 국가 간 전쟁에서의 패배로부터 영향을 받아 국제적 영역으로 확산하게 되었다. 그 결과로 발생한, 패배한 유럽 구체제의 정당성 위기는 그 영향을 받은 국가에서 혁명적 변화를 가능하게 하거나, 외부로부터 새로운 사회정치적 체제의 도입을 야기할 것이었다.

그러나 이러한 개념적 수정조차도 혁명적 시기의 외교적 위기 및 전쟁(미국 독립전쟁, 프랑스 혁명전쟁, 독일 해방전쟁, 제1차 및 제2차 아편전쟁, 제1차 및 제2

국 및 러시아의 외교정책, 이탈리아의 리소르지멘토, 혁명기 스페인, 미국 남북전쟁에 관한 고찰로 구성된 외교사 및 군사사에 초점을 맞추는데, 여기에는 1853년에 작성된 '파머스턴 경'에 관한 일련의 논쟁적 기사와 1856~1857년 작성된 『18세기 비밀 외교사 폭로(Revelations of the Diplomatic History of the 18th Century)』가 포함된다. 이러한 저술은 통찰로 가득 차 있고, 마르크스가 당대 유럽 및 세계의 문제에 관한 열정적이고 통찰력 있는 관찰자이자 비평가임을 보여준다. 그럼에도 불구하고, 이 저술들은 혁명 전략을 위한 교훈을 이끌어내려는 최우선 관심사에 지배되는, 특수한 국면에 대한 상황적 개입의 성격을 띠는 경향이 있다. 1850년대와 1860년대, 국제 문제로의 이러한 전환은 일국의 사회경제적 동학과 관련해 전쟁 및 국제정치가 어떻게 생각되어야 하는지에 관한 보다 깊은 숙고를 형성해내지 못했다. 핵심적으로 말하자면 이 저술들은 마르크스의 역사이론을 수정하는 데 실패했고, 아마도 이보다 더 까다로운 것으로, 역사와 이론 간의 관계에 관한 그의 개념을 명확히 하는 데에도 실패했다.

차 이탈리아 독립전쟁, 크림전쟁, 독일 통일전쟁)이 갖는 복잡성을 이론적으로 세심한 방식으로 파악하는 데 있어서는 충분하지 않았다. 1848년 이전의 빈회의 및 신성동맹은 이미, 자유주의적 민족운동마저도 억제하는 국제적 차원의 범유럽적 반혁명 보수주의 문제에 초점을 맞추고 있었지만, 마르크스는 1848년 이후 서구 강대국의 외교정책으로 관심을 돌렸다.[19] 이러한 점에서 국제관계에 관한 마르크스의 사상적 발전과 한계는, 크림전쟁으로 첨예하게 조명된 복잡한 '동방 문제'를 그 전형적인 예로 들 수 있는데, 가장 발달된 자본주의국가가 주도하는 세계사적 진보라는 그의 이론적 전제로는 해결할 수 없었다. 영국(과 프랑스) 부르주아의 '객관적' 이해관계로부터, 의도에서든 결과에서든 명확하고 분명하게 자유주의적인 진보적 외교정책을 도출하기는 불가능하다는 것이 입증되었기 때문이다. 또한 어떠한 식으로든 국가 간 갈등을 제거하는 초국적 부르주아 계급의 이해관계(『공산당 선언』에 등장하는 초기 마르크스의 부르주아적, 세계시민주의적 '세계사회')를 발견하기도 불가능하다는 것이 입증되었다.

크림전쟁 기간 동안, 제정 러시아에 맞선 자유주의 서구 강대국(및 '반동적' 오스트리아)과 '후진적' 오스만 제국 간 동맹은 영국에 의해 조직되고 1815년 빈회의로 제도화되었던 강대국 간 유럽 협조체제(5대 열강 체제)를 변경시켰다. 크림전쟁 시기의 반러시아·친오스만 동맹이 러시아의 방해로부터 영국의 해외 식민지로 향하는 지중해 무역로를 보호하고, 동구 강대국인 세 왕조 간의 신성 동맹과 5대 열강의 '유럽협조체제'를 약화시켰다. 또한 반러시아·친오스만 동맹은 후기 절대주의 오스만 제국('아시아적 생산양식' 개념을 통해 이해될 수 없는 정체)을 강화했고 유럽 대륙과 발칸반도의 오스만 통치 지역에 (결정적 지지는 없었지만) 민족해방운동을 가져다주었다.[20] 안보 이익(경제

---

19   E. Benner, *Really Existing Nationalisms: A Post-Communist View from Marx and Engels* (Oxford: Oxford University Press, 1995), pp.114~122.

적 형태로 이해될지라도 지정학적 안정성) 및 지경학적 타산(열린 해로)은 여전히 밀접하게 연결되어 있으며, 국내적 계급 상황을 의미하는 것으로 직접적으로 이해되거나 그러한 상황의 결과의 측면에서 반동 또는 진보로 분류될 수는 없었다. 마르크스는 이러한 어려움을 인식하면서 "외교정책에 대해서 '반동적', '혁명적' 같은 문구를 사용함으로써 얻을 수 있는 것은 거의 없다는 점은 두말할 나위도 없습니다"[21]라고 한탄했다.

사실, 파머스턴 경(Lord Palmerston, 1784~1865)의 외교정책에 관한 마르크스의 비판은 19세기 중반 영국의 외교정책이 '부르주아' 국내 계급의 이해와 광범위하게 일치했음을 폭로하면서 '국익'이 계급 중립적 범주가 아님을 보여주었다. 반면 그는 유럽 대륙에서의 입헌주의와 자유주의를 지지하는 영국의 외교정책은 매우 제한적이라고, 아니 사실상 억제되었다고 결론 내렸다. 마르크스는 이것이 부분적으로는 국내에서 사회적 요구가 조성되는 것에 관한 두려움 때문이었고, 부분적으로는 대륙에 대한 영국의 안보 우려가 경제적·이데올로기적 이해관계를 능가한다는 사실 때문이었다고 시사했다. 영국의 외교정책은 국가 안보를 우선으로 하는 관점에서 다양한 유럽 정체를 차별적으로 그리고 기회주의적으로 안정화시키고 불안정화시켰다.[22] 이는 세계사적 진보라는 거대 서사와는 나란히 설 수 없는 전략적 패턴을 드러냈다. 이와는 정반대로, 마르크스는 영국의 핵심적인 외교정책 기술인 세력 균형 과정에 대해서는 실수를 저질렀다. 상황에 따라 변덕스러운 전략적 기회주의는 친입헌주의적 내정간섭을 위한 선별적인 구두상의 지지와 반동적 강대국에 맞선 반동적 강소국에 대한 물질적 지지를 결합한 것으

20   C. Hoffmann, 'The Balkanization of Ottoman Rule: Premodern Origins of the Modern International System in Southeastern Europe', *Cooperation and Conflict,* 43(4): 380~384(2008).

21   'K. Marx to F. Lassalle, 2 June 1860', MECW, vol.41, p.150.

22   K. Marx, 'Lord Palmerston', MECW, vol.12, pp.344~346.

로서, 파머스턴의 유명한 격언인 "우리에게 영원한 동맹은 없고, 끝없는 적도 없다. 우리의 이해관계가 영원하고 끝없는 것이고, 우리가 따라야 할 의무는 바로 그 이해관계이다"[23]에서 솔직하고 명쾌하게 표현되었다. 원칙적으로 비원칙적인 전략으로서의 세력균형에 관한 발상은, 파머스턴을 "신뢰할 수 없는"[24] 영국인의 화신으로 그린 마르크스의 신랄한 성격 묘사에 의해 능변적으로 포착되었다.

마르크스가 외교사에 잠시 체류했던 것이 지역적으로 상이한 발전 궤적의 복합 모순에 관한 예리한 인식을 가져왔고 이제 이 인식은 국가 체제를 구성하는 다양한 정체 간의 불균등성 및 후진성에 관한 인식과 결합되었음에도 불구하고, 외교정책 형성의 실제 과정 연구, 즉 지정학의 사회적 구축으로부터 추상화된 이러한 체류에서는 어떠한 명백한 결론도 도출할 수 없었다.

그리고 이제 세 번째 문제가 시야에 들어왔다. 일찍이 1848년 이전까지, "유럽의 여섯 번째 강대 세력"[25]으로 일컬어지던 국제 노동계급 형성에 관한 자신감 있던 가정과는 대조적으로, 마르크스는 서로 다른 노동계급이 각자의 국민국가로 재국민화될 가능성을 예측하기 시작했다. 사회제국주의 개념은 유럽 노동계급 운동을 분열시키고, 국제 노동계급 연대를 전쟁을 통한 국민적 충성심으로 대체하기 위해서 쇼비니즘적·공격적 외교정책의 수단으로 국내 계급 갈등을 진정시킨다는 발상을 포착하려 했다. 사회제국주의는 식민지 문제 및 새로운 제국주의의 첨예화라는 맥락에서 프리드리히 라첼(Friedrich Ratzel, 1844~1904)에 의해 정치지리학 분야에서 처음 표명된 지정학적 사회진화론의 이데올로기와 자신의 외교정책 사이의 상관관계를 발견

23 Benner, *Really Existing Nationalisms*, p.122.

24 Marx, 'Lord Palmerston', p.345.

25 K. Marx and F. Engels, 'The European War', MECW, vol.13, p.129.

했다. 이는 국제정치를 '생활권[Lebensraum]' 및 독점적 세력권을 위한 투쟁에서의 권력정치적 **적자생존**으로서 생물학적으로 해석했다. 노동계급 민족주의와 국제주의 사이의 이러한 긴장은 제1차 세계대전에 앞서 유럽 사회주의 정당으로 구성된 제2 인터내셔널에서의 논쟁과 제3 인터내셔널에서의 이후 논란을 예견했다. 이는 트로츠키의 영구혁명론과 이오시프 스탈린(Joseph Stalin, 1878~1953)의 일국사회주의 사상에서 표현되었다.[26] 이러한 논쟁은 국가별로 차등적인 산업 프롤레타리아의 사회정치적 구조와 그들의 정당정치적 조직형태 및 이론적 강령의 비대칭적 발전이라는 근본적이고 해결되지 않은 문제로 여전히 가득 차 있었는데, 이는 범 유럽적 차원에서 대등하게 되고 동기화되기 어려운 것으로 판명되었다.

전반적으로 진보 및 반동의 범위 내에서 국가적 발전의 속도를 지체시키거나 가속화시키는, 특정한 사회적·지정학적 갈등의 국가별로 특수한 해결의 다양성에 관한 일반적 통찰은 1850년대에 "세계적 규모의 동시적 발전"이라는 개념으로부터 "불균등성" 개념이 탑재된, 서로 다른 국가적 궤도에 관한 경험적 인식으로의 전환을 이끌었다.[27] 발전 궤도의 지정학적 복선성 (multi-linearity)과 (공간적 직접성에서 공간 간 매개로의 개념적 이행으로 획득된) 그 궤도들의 상호작용에 관한 경험적 인식에도 불구하고, 생산양식의 배열로서의 역사에 관한 단선적 개념은 근본적 수정을 받지 않았고 대체로 온전히 남았다. 국제적 불균등성에 관한 점차 커져가는 인식, 그리고 확대하는 자본주의적 세계시장(러시아, 인도, 중국, 미국, 오스만 제국)의 필수적 요소로서의 전략·외교·전쟁에 관한 점차 커져가는 인식은 일련의 부분적인 평계만을 낳았고, 세계시장 형성, 계급 갈등, 국가, 혁명, 지정학 간의 관계를 설명하는 마르크스의 역사 개념의 자기의식적 수정으로 결코 이어지지 않았다.

---

26   P. Anderson, 'Internationalism: A Breviary', *New Left Review*, 2(14): 14~16(2002).

27   Soell, 'Weltmarkt — Revolution — Staatenwelt', pp.113~115.

게다가, 정치권력이 스스로를 복수의 주권국가 형태로 영토적으로 구성하는 이유 및 이러한 정치적 관할권 간의 동학이 자본주의의 일국적·초국적 재생산과 관련을 맺는 방법에 관한 문제는 필요한 연구로 각색되지 않았다. 보다 근본적으로, 국제적 불균등성으로의 이동은 당연한 것으로 여겨지는 사전적 규정을 필요로 한다. 그것은 지역적으로 다양한 차등적 발전의 전제 조건으로서의 국가 체제의 존재, 따라서 불균등성의 전제 조건이다. 그러나 전체 역사적 과정의 이러한 공간적 파편화는 오직 그 결과, 즉 별도로 존재하는 실재 사이의 차이로서만 포착되었기 때문에, 분석의 중심적 범주로서의 불균등성은 이러한 지정학적인 다원 우주에 관한 설명과 지정학적 동학의 영향 모두를 무시했다. 이러한 점에서 다음과 같은『독일 이데올로기』의 서술은 국가 체제의 영토적 파편화가 국가를 초월하는 자본주의적 시민사회의 형성으로부터 도출될 수 없는 한 정확히 무엇이 이러한 필요조건을 구성하는지에 관한 질문을 정확히 제기한다. "시민사회는 …… 주어진 단계에서의 상업적·산업적 생활 전체를 포괄하고 그러한 한에서 국가 및 민족을 초월하지만, 다시 다른 한편으로는 자신의 외교 관계 속에서 스스로를 민족으로서 주장해야 하며, 내심으로는 스스로를 국가로 조직해야 한다."[28]

　이러한 지정학적 결핍이 마르크스의 언론 및 역사 저술에서 간헐적으로 주목받았던 반면, 그것에의 충분한 도전은 마르크스의 사상이 가장 이론적인 것으로 변하는 곳, 즉 세 권의『자본』에서 가장 극적으로 부상한다. 여기에서 연구의 중심 대상은 추상화된 자본으로, 자신의 내적 모순("자본주의적 축적의 운동 법칙")에 따라 전개되며, 행위자 및 역사를 단순한 예시 및 '경제적 범주'의 인격화로 주변화시키는 변증법적 자기운동으로 인식되는 것이었다.『자본』이 빅토리아시대 영국의 사례를 잘 보여주는 언급으로 꾸며져

28　Marx and Engels, *The German Ideology*, p.89.

있기는 하지만, 본질적으로 이 저서는 정치적·지정학적 공백 속에서 이상적·전형적 방식으로, 즉 역사를 초월해 개념화한 것이었다. 『요강』의 1857년 서문에서의 연구 계획은 (결국 미완성된 채로 남을) 국가 및 국제관계 이론[29]을 예정했지만, 자기 발전적 범주로서의 자본 개념과 역사적·경합적 사회관계로서의 자본주의 사이의 긴장은 수면 속에 감추어진 채 남아 있었다.

전반적으로 지정학에 관한 마르크스의 관심은, 주로 공산주의적 전략에 관해 세계정치의 변화가 갖는 전술적 결과에 얽매인 채 남아 있었고, 따라서 역사의 보편적 과정에 대한 지정학적·사회초월적 관계가 갖는 함의에 관한 일관된 고찰이 적용되기보다는, 매우 직관적이지만 주로 임시변통적 개입으로 제한된 채 남아 있었다. 결국 이론과 국제사 간 관계에서의 긴장이라는 지적 문제는 다루어지지 않고 해결되지 않은 채 남아 있었다.

17.5 이론으로서의 역사주의

마르크스의 연구는 과거와 현재의 분석 목적을 위해 국제관계를 개념화하기 위한 필수적인 자원으로 남아 있다. 마르크스의 연구는 국제관계학/국제정치경제학계 내 영미계 주류 개념을, 그 개념이 고안되기 이전부터, 거부하는 다양한 이론적 조언을 제공한다. 이 주류 개념에서 국가 간 체계는 국내의 사회적 갈등으로부터 추상된 물상화되고 자율적이며 불변의 영역이다. 또한 이에 수반되는 국가 개념은 국가 간 무정부상태라는 단일 논리에 지배받으면서 권력을 극대화하고 합리적이며 단일한 행위자이다. 그러나 국제관계 및 전쟁에 관해 이미 주어진, 일관성 있고 설득력 있는 어떠한 접

---

29 Marx, 'Outlines of the Critique of the Political Economy [*Grundrisse*]. First Instalment', p.44.

근도 마르크스의 저술에 관한 해설에서 직접적으로 도출할 수 없다. 이는 이 문제에 관한 역사적·유물론적 문헌에서 계속 이어지는 문제적인 지적 유산을 남겼다.[30] 마르크스는 역사적 과정에 심오한 논리 및 기능적 요건을 부과하기 위해 주장되는, 전경화(foregrounding)하는 이론적 추상화(특히, 일련의 생산양식에 관한 단일한 세계사적 패턴, 초국화하고 동일화하며 통일하는 자본주의적 세계시장이라는 거대 주제, 또는 자본 개념의 무한한 자기 확장)와 역사적 응결물의 탐구(특수한 지정학적 정세에 관한 일련의 사례 연구) 사이에서 진동했다. 두 연구 양식은 모두 상이한 분석적 음역을 사용하는 데에서 표현되었다. 이론적·논리적 글 대 언론·정치적·역사적 서사의 음역이 그것이다.

이는 현대 마르크스주의의 국제관계 담론을 지속적으로 괴롭히는, 이론과 역사의 관계에 관한 보다 폭넓은 질문을 중심에 위치시킨다. 여기서 이를 사회과학적으로 공식화할 필요성의 인식은, 역사는 사전에 형성된 논리를 단지 예증할 뿐이라는 법칙론적 실증주의로 선회하면서, 보다 높은 법칙·논리에 종속되는 사회적·정치적 (외교를 포함한) 프락시스의 대상화, 그리고 구체적 분석을 위한 역사로의 전환 사이의 대립을 재현했다. 비인격적인 발전의 경향, 논리, 또는 운동 법칙에 부합되는 설명적 강조를 역사적 행위자의 의식적 활동 및 그들의 주체성과 상호주체성에 어떻게 일치시키는지에 관한 수수께끼는 지속적으로 남아 있다. 그러나 마르크스에게 집요하게 나타나는 방법론적 **중심 주제**(leitmotif)가 있었다면, 그것은 영원의 상(相) 아래에서(sub specie aeternitatis) 이론화하는 양식(일반화)에 맞선 저항으로 생각될 수 있다. 왜냐하면 이 저항이야말로, 비록 그가 자본주의의 운동 법칙에 관한 일반화로 되돌아갔다 할지라도, 초역사적 추상화를 **유적차이**(differentiae specificae)(특수성)의 식별 측면에서 사고하겠다는 약속으로 대체하면서 자유주의적 정치경제학의 혼동, 즉 자연화에 맞서 지속적으로 제기했던 과제

---

30   Teschke, 'Marxism', pp.163~187.

였기 때문이다.[31]

　이 장의 시사점은 다음과 같다. 마르크스주의적인 것이든 비마르크스주의적인 것이든 국제관계 모델의 야심 찬 구축에 내재된 물상화로부터 탈출하려면, 역사적 과정을 초개별적으로 규정하는 포괄적 논리 및 법칙(보편적 추상)이 가정되는 법칙론적 이론 개념을 거부해야 한다. 그 논리 및 법칙이 자본주의적 (또는 다른) 구조의 명령에 기초한다고 해도 말이다. 이와는 대조적으로, 『포이어바흐에 관한 테제』, 『헤겔 법철학 비판을 위하여』, 『1844년 경제학 철학 수고』를 포함하는 마르크스의 초기 철학적 저술에서 발전된 개념인 인간의 프락시스에 관한 인식론상으로 연역적인 그의 관념을, 그리고 '보편적 추상'이라는 부르주아적 방법에 관한 『요강』의 비판을 상기하는 것은 역사화라는 관점으로의 이동을 시사한다. 국제관계에 관한 마르크스주의적 접근을 위한 이러한 역사주의의 중심에는 사회정치적 공동체 및 그 공동체 간 외교정책적 조우에 의해 조건 지어진 행위자의 복원, 역사성과 (자본주의적) 지정학 및 세계질서의 가변성을 이해하기 위한 복원이 있다. 이는 '국가 간 무정부 상태의 논리' 및 '자본의 논리'가 특정한 구조적 압력을 행사함을 부인하는 것이 아니고, 행위자(국가, 기업, 계급)가 이러한 압력에 반응하는 방식이 단순히 이러한 맥락에서 이해될 수는 없음을 주장하는 것이다. 이 방식은 역사적으로 확립되어야 한다. 이는 계급 세력 균형, 자기조직화 정도, 헤게모니적 담론 배경, 제도의 동원, 기타 권력 원천을 포함하는 다양한 자원을 통해서, 설명해야 할 대상을 행위자에게 가해진 명령에서 행위자가 제약을 해석 및 처리하고 창조적으로 변화시키며 그 과정에서 혁신한 방식에 관한 평가로 이동시킨다. 이는 보편적 추상을 '이론'으로서 온전하게 유지하는 더 낮은 추상 단계로의 이동을 위한 단순한 연습이 아니라, 행위자

31　Marx, 'Outlines of the Critique of the Political Economy [*Grundrisse*], First Instalment', p.21~24.

중심적이고 변증법적인 역사 접근으로의 보다 포괄적인 이동을 의미하는 것이다. 이는 역사적으로 조건 지어진 행위자, 즉 국내적·국제적 갈등의 역사적으로 특수한 전략적 세력장에서 역사적으로 조건 지어진 행위자에 의한 외교정책 전략의 폭넓게 변화하고 근본적으로 투쟁적인 구축, 다툼, 성취에 설명의 우선성을 부여하는 것이다.

관계적, 행위자 중심적 역사주의로의 이러한 방향 전환은 마르크스의 질문 일부에 답하고, 현존하는 마르크스주의적 국제관계론을 거부하며, 대안적 연구 의제를 암시적으로 가리킬 수 있다. 왜냐하면 팽창하는 세계시장에서 국경을 제거하는 세계시민주의적 세계 국가로 향하는 일련의 직접적 인과는 없고, 자본주의 또는 초국적 부르주아사회가 국가 간 체제를 야기하지도 않으며, 국가 간 체제가 자본주의적 재생산에 기능적 요건도 아니기 때문이다. 오히려, 매우 특수한 사회적 갈등으로 주도되는 역사적으로 매우 특수한 전자본주의적 과정은 시간이 지남에 따라, 사후에 자본주의가 발전하는 공간이 될 국가 간의 영토적 다원 우주를 형성했다.[32] 또한 이는 '국가 간 체제'라는 범주가 구체적인 정세를 잘 파악하기 위한 수단을 창출하기에는 지나치게 조잡하고 몰역사적인 개념임을 의미한다. 따라서 자본주의, 정치지리학, 국제관계 사이의 관계에 관한 어떠한 추가적 고찰도 자본주의의 심층 논리(또는 어떠한 다른 논리)로부터 도출된 기능적 요건의 측면에서 고려되어서는 안 된다. 자본주의와 '국가 간 체제'는 '논리적 확정성'의 관계나 '절대적 우발성'의 관계에 놓여 있는 것이 아니라 역사적 구성의 관계에 놓여

---

32 정치적 마르크스주의에 내재된 역사주의적 조짐에 관해서는 다음을 보라. R. Brenner, 'The Agrarian Roots of European Capitalism', in: T.H. Aston and C. Philpin(eds.), *The Brenner Debate: Agrarian Class Structure and Economic Development in Pre-Industrial Europe*(Cambridge: Cambridge University Press, 1985), pp.213~327; H. Lacher, *Beyond Globalization: Capitalism, Territoriality, and the International Relations of Modernity* (London: Routledge, 2006); B. Teschke, 'Bourgeois Revolution, State-Formation and the Absence of International Relations', *Historical Materialism*, 13(2)(2005).

있는데, 이는 정치지리학 자체가 근대 초기 이래로 대전략의 대상이 되었기 때문이다. 시간이 지남에 따라 두 현상 모두 동일한 채로 유지되지 않았기 때문에, 정세의 구축과 관련된 자본주의사의 재구축은 궁극적으로 외교정책 및 외교로 표현되는 행위자의 영향을 중심에 두는 근본적으로 역사적인 접근을 요구한다. 이는 다양한 정체의 (영토화 전략을 포함하는) 역사적으로 특수하고 가변적인 외교정책 전략을 중심으로 하는 연구 계획을 가리키는데, 이 정체들의 조우는 지정학적 관계로서, 즉 국제정치로서 나타난다.

자본주의, 정치지리학, 국제관계 사이의 관계는 다음과 같이 무한히 연성적이다. 영국의 대양 전략 그리고 위트레흐트 조약(1713년)으로 형성된 유럽 대륙의 균형에서부터 나폴레옹 이후 빈회의 체제(1815년)의 위트레흐트 조약 재편성, 빈 체제의 (신)중상주의 정책과 '팍스 브리타니카(Pax Britannica)'의 자유무역정책, 팍스 브리타니카의 공식 제국 및 비공식 제국에 대한 융통성 있는 대접을 거쳐 미국의 먼로주의와 제1차 세계대전 시기 이전의 신국제국주의까지 이른다. 그리고 독일의 '더 큰 영토적 질서[Grossraum]'라는 국가사회주의적 개념, 이탈리아의 '마레 노스트룸(Mare Nostrum)' 전략 및 일본의 '대동아공영권' 사상에서부터 '팍스 아메리카나'의 다자주의적 헤게모니 그리고 냉전 맥락에서의 탈식민화, 유럽 통합 프로젝트를 거쳐 글로벌 거버넌스 또는 미국의 새로운 제국주의를 향한 활동까지 이른다. 자본주의적이든 아니든 국제관계 및 정세에 관한 역사적 기록은 어떠한 '포괄적 법칙' 아래로 포섭되기에는 너무 다양하다. 이 기록들은 역사적으로 독특한 것이다.[33]

결과적으로 역사주의적 접근은 구조주의의 형태와 보다 근본적인 단절을 상정한다. 역사주의적 접근은, 정치적 공간성 및 지정학적 관계의 역사

---

33 B. Teschke, 'Imperial Doxa from the Berlin Republic', *New Left Review*, 2(40): 133~134(2006).

적으로 다양한 배열을 경쟁하는 관행으로서 파악하고 비환원적·비결정적
방식으로 포착하기 위해, 지정학적 조우의 사회정치적 구축이라는 측면에
서 국제관계에 관한 마르크스주의적 접근을 재구상한다. 이러한 간략한 고
찰은 추가적인 문제화를, 그리고 궁극적으로는 추상적인 이론 구축 및 모형
구성의 거부를 가리킨다. 만약 마르크스가 시사했듯이, "성공은, 초역사적
이라는 데 최고의 미덕이 있는 보편적인 역사철학 이론이라는 만능열쇠와
는 결코 동행할 수 없다"[34]라고 한다면, 이는 우리가 역사에 관한 자명한 전
제에 근거해 판단할 수는 없으며, 역사 그 자체를 사람들이 자신의 현실을
구축하는 주요 영역으로서 인식할 필요가 있음을 의미하기 때문이다. 간단
히 말해서, 국제관계의 역사는 사람들이 만드는 것이다.

---

34 Marx, 'Letter to Editors of *Otechestvenniye Zapiski*', p.34.

참고문헌

Anderson, Kevin(2015), *Marx at the Margins: On Nationalism, Ethnicity, and Non-Western Societies*, Chicago: University of Chicago Press.

Anderson, Perry(2002), 'Internationalism: A Breviary', *New Left Review*, 2(14): 5~25.

Benner, Erica(1995), *Really Existing Nationalisms: A Post-Communist View from Marx and Engels*, Oxford: Oxford University Press.

Berki, Robert N.(1971), 'On Marxian Thought and the Problem of International Relations', *World Politics*, 24(1): 80~105.

Brenner, Robert(1985), 'The Agrarian Roots of European Capitalism', in: Trevor H. Aston and Charles Philpin(eds.), *The Brenner Debate: Agrarian Class Structure and Economic Development in Pre-Industrial Europe*, Cambridge: Cambridge University Press, pp.213~327.

Cox, Robert(1987), *Production, Power, and World Order: Social Forces in the Making of World History*, New York: Columbia University Press.

Giddens, Anthony(1985), *The Nation-State and Violence: Volume 2 of the Contemporary Critique of Historical Materialism*, Cambridge: Polity Press.

Halliday, Fred(1994), *Rethinking International Relations*, London: Macmillan.

Harvey, David(2001), *Spaces of Capital: Towards a Critical Geography*, New York: Routledge.

_____(2003), *The New Imperialism*, Oxford: Oxford University Press.

Hoffmann, Clemens(2008), 'The Balkanization of Ottoman Rule: Premodern Origins of the Modern International System in Southeastern Europe', *Cooperation and Conflict*, 43(4): 373~396.

Kandal, Terry R.(1989), 'Marx and Engels on International Relations, Revolution and Counterrevolution', in: Michael T. Martin and Terry R. Kandal(eds.), *Studies of Development and Change in the Modern World*, New York: Oxford University Press, pp.25~76.

Lacher, Hannes(2006), *Beyond Globalization: Capitalism, Territoriality, and the International Relations of Modernity*, London: Routledge.

Marx, Karl(1975), 'A Contribution to the Critique of Hegel's Philosophy of Law. Introduction', MECW, vol.3, pp.175~187.

_____(1975), *Economic and Philosophic Manuscripts of 1844*, MECW, vol.3, pp.229~346.

_____(1979), 'Lord Palmerston', MECW, vol.12, pp.345~406.

_____(1986), 'Revelations of the Diplomatic History of the 18th Century', MECW, vol.15, pp.25~96.

_____(1986), 'Outlines of the Critique of Political Economy [*Grundrisse*]. First Instalment', MECW, vol.28.

_____(1989), 'Letter to Editors of *Otechestvenniye Zapiski*', in: Derek Sayer(ed.), *Readings from Karl Marx*, London: Routledge, pp.32~34.

Marx, Karl, and Engels, Frederick(1975), *The German Ideology*, MECW, vol.5, pp.19~539.

_____(1976), *Manifesto of the Communist Party*, MECW, vol.6, pp.477~519.

_____(1980), 'The European War', MECW, vol.13, pp.129~131.

_____(1982), *Letters*, 1844~1851, MECW, vol.38.

_____(1983), *Letters*, 1852~1855, MECW, vol.39.

_____(1985), *Letters*, 1860~1864, MECW, vol.41.

Rosenberg, Justin(2006), 'Why is There no International Historical Sociology?', *European Journal of International Relations*, 12(3): 307~340.

Semmel, Bernard(1981), *Marxism and the Science of War*, Oxford: Oxford University Press.

Skocpol, Theda(1979), *States and Social Revolutions: A Comparative Analysis of France, Russia, and China*, Cambridge: Cambridge University Press.

Soell, Hartmut(1972), 'Weltmarkt — Revolution — Staatenwelt', *Archiv für Sozialgeschichte*, 12: 109~184.

Teschke, Benno(2003), *Class, Geopolitics and the Making of Modern International Relations*, London: Verso.

_____(2005), 'Bourgeois Revolution, State-Formation and the Absence of International Relations', *Historical Materialism: Research in Critical Marxist Theory*, 13(2): 3~26.

_____(2006), 'Imperial Doxa from the Berlin Republic', *New Left Review*, 2(40): 128~140.

_____(2008), 'Marxism', in: Christian Reus-Smit and Duncan Snidal(eds.), *The Oxford Handbook of International Relations*, Oxford: Oxford University Press, pp.163~187.

_____(2014), 'IR Theory, Historical Materialism, and the False Promise of International Historical Sociology', *Spectrum: Journal of Global Studies*, 6(1): 1~66.

Wallerstein, Immanuel(1974), 'The Rise and Future Demise of the Capitalist World-System: Concepts for Comparative Analysis', *Comparative Studies in Society and History*, 16: 387~415.

18 종교
질베르 아슈카르

18.1 마르크스의 종교 문제에 대한 개입

    종교는 마르크스 자신이 저술하거나 공동 저술한 글, 즉 마르크스의 문서 자료가 부족한 주제 중 하나이다. 마르크스의 저작에는 종교에 대한 많은 언급이 있음에도 불구하고, 이 주제에 대해 가장 많이 인용된 마르크스의 서술은 그가 청년 헤겔학파와 단절한 초기 지적 궤적의 과도기 단계에 속하는 것이다.

    그러므로 **마르크스의** 종교 이론은 없다. 이러한 이론적 빈틈은 오늘날까지 포괄적인 **마르크스주의** 종교 이론을 제공한다고 간주할 만한 참고서가 없다는 사실의 한 가지 원인이다.[1] 물론 그 주된 이유는 분명한 정치 이념의 문제보다 종교 문제가 더 복잡하기 때문이다. 마르크스가 개발한 이론적 도구

---

[1] *Le Statut de la Religion chez Marx et Engels*(Paris: Editions sociales, 1979), pp.76~77에서 미셸 베르트랑(Michele Bertrand)은 "마르크스와 엥겔스의 종교 분석은 전반적으로 완전히 발달한, 완성된 종교 이론의 형태를 취하지 않는다"라고 올바르게 주장했다. 마르크스주의자로서 그녀는 마르크스주의에서 "종교의 영속성" 문제에 대해 근거 있는 답을 발견하지 못했다(p.184). 서구 마르크스주의와 초월-마르크스주의(para-Marxist)의 종교 문제 개입에 대한 폭넓은 개괄은 R. Boer's five-volume *On Marxism and Theology* (Leiden: Brill, 2007~2014)를 참조하라.

만으로는 종교 문제의 다차원적인 측면을 설명할 수 없다. 역사유물론은 인류학, 사회학, 정신분석학과 같은 모든 주요 인문과학의 투입이 필요한 종교 관련 주제에 필수적이지만 불충분한 설명이다. 게다가 마르크스는 엥겔스보다 종교에 대한 글을 상당히 덜 썼는데, 이는 아마도 개인적으로 엥겔스에 비해 종교적 경험이 적어서 종교 문제에 대한 관심도 제한적이었기 때문일 것이다.

그러나 물론 마르크스의 저작에는 젊은 시절의 유명한 진술 외에도 종교 문제에 대한 수많은 분석적 논평이 있다. 2가지 범주로 분류할 수 있다. 한편으로 유물론적 종교 해석의 요소가 있는데, 완전히 발달한 이론이 아니라 여기저기 흩어져 있는 이론적 통찰이다. 다른 한편으로 종교적인 은유와 비유가 있는데, 가장 유명한 것은 '물신숭배'라는 비유이지만,[2] 다른 것도 있다. 후자는 마르크스의 경제학 저술에 많고, 종교 그 자체를 연구하는 데에는 별 쓸모가 없다.[3]

게다가 마르크스의 저작에는 종교에 대해 일관성 있는 마르크스의 정치적 태도를 구성하는 몇몇 정치적 진술이 포함되어 있다. 종교에 대한 볼셰비키의 정치적 입장에 대체로 포함된, 이러한 차원의 마르크스의 생각은 훨씬 덜 주목받았다.[4]

---

2 상품은 "인간의 눈에는 물건 사이의 관계라는 환상적인 형태로 나타나지만 그것은 사실 인간 사이의 특정한 사회적 관계에 지나지 않는다. 그러므로 그 비슷한 예를 찾아보기 위해 우리는 종교적 세계라는 안개 낀 영역의 도움을 받아야 한다. 거기에서는 인간 두뇌의 산물들이 스스로 생명을 가진 자립적 존재로 등장해 그들 상호 간 그리고 인간과의 사이에서 일정한 관계를 맺고 있다. 마찬가지로 상품 세계에서는 인간의 손으로 만든 산물들이 그와 같이 등장한다. 나는 이것을 물신숭배(Fetishism)라고 부르는데, 이것은 노동생산물이 상품으로 생산되자마자 그것에 달라붙는다", K. Marx, *Capital*, volume I, MECW, vol.35, p.83.

3 F. Bellue, 'Typologie des metaphores religieuses dans Le Capital de K. Marx', in: G. Labica and J. Robelin(eds.), *Politique et Religion*(Paris: L'Harmattan, 1994), pp.61~91 을 참조하라. 이 연구는 마르크스가 사용한 종교적 은유를 다루지는 않고, 단지 종교 그 자체에 대한 마르크스의 역사유물론적 관점의 발전을 추적한다.

18.2 마르크스의 헤겔좌파적 종교 비판

청년 마르크스는 그의 박사 학위 논문(1840~1841)의 헤겔좌파적인 무신론적이고 반종교적인 방향을 서문에서 가장 분명하게 설정했는데, 여기에서 "군중이 숭배하는 신을 부정하는 사람이 아니라, 군중이 신에 대해 믿는 바를 신이라고 인정하는 사람이 정말로 불경스럽다"는 "에피쿠로스의 외침"을 인용한 후, "나는 신 무리를 싫어한다"는 "프로메테우스의 고백"을 "인간의 자의식을 최고의 신성으로 인정하지 않는 천상과 지상의 모든 신들에 맞선" 철학 "자신의 경구"로 제시했다.[5]

그러나 마르크스가 1842년 본에 체류하는 동안 쓴 노트를 근거로 판단했을 때, 그는 학위논문을 마친 후에야 종교에 대한 몇몇 주요 저작들을 읽고 광범위한 주석을 달았다.[6] 두 작품이 그에게 중요한 영향을 미쳤는데, 마르크스가 독일어 번역본으로 읽은 샤를 드브로스(Charles de Brosses, 1709~1777)의 『주물(Fetish) 신의 숭배에 관하여』(1760)와 뱅자맹 콩스탕(Benjamin Constant, 1767~1830)의 『종교의 근원, 형태, 발전에 관하여』(1824~1831)가 그것이다.

드브로스로부터 마르크스는 물신숭배 개념을 차용했다(이 개념은 콩스탕의 저작에서도 비록 다른 용어이긴 하지만 논의되었다).[7] 마르크스가 (그 이후 그의 저작

---

4   볼셰비키와 종교에 대한 두 개의 최근 저작은 R. Boer, *Lenin, Religion and Theology* (New York: Palgrave Macmillan, 2013)와 P. Gabel, *And God Created Lenin: Marxism vs. Religion in Russia, 1917~1929*(New York: Prometheus Books, 2005)이다.

5   K. Marx, *Difference between the Democritean and Epicurean Philosophy of Nature*, MECW, vol.1, p.30. 마르크스는 "그리스 계몽주의의 가장 위대한 대표자"로 묘사되는 젊은 박사과정 학생 에피쿠로스를 찬양하는 루크레티우스(Lucretius)의 공격적인 반종교적 인용으로 그의 논문을 마쳤다(같은 책, p.73).

6   『본에서의 노트(*Bonner Hefte*)』는 MEGA², vol.IV/1에 게재되었다.

7   마르크스의 드브로스로부터의 차용에 대한 논의는 R. Boer, *On Marxism and Theology: Vol. IV, Criticism of Earth*(Leiden: Brill, 2012), pp.177~206와 *On Marxism and Theology: Vol. V, In the Vale of Tears*(Leiden: Brill, 2014), pp.289~309를 참조하라. 콩스탕과 마

에서 되풀이되는 주제인) 물신숭배 개념을 최초로 사용한 것은 1842년 7월 ≪신라인 신문≫에 실린 기사에서였다.[8] 이것은 종교에 대한 마르크스 최초의 폭넓은 공개적 논평이다. 이 기사에서 마르크스는 역사에서 종교의 역할에 대한 관념론적 해석을, 최초로 유물론적으로 역전시켰다. "고대 종교의 몰락으로 고대 국가가 몰락한 것이 아니라, 고대 국가의 몰락으로 고대 종교가 몰락했다."[9] 몇 달 후 루게에게 보낸 편지에서 마르크스는 종교가 결국 사라질 것이라는 확신과 함께 다소 단순한 종교 개념을 보여주었다. "종교 그 자체에는 내용이 없다. 종교는 자신의 존재를 하늘이 아니라 땅에 빚지고 있으며, 그것은 왜곡된 현실의 폐지와 함께 스스로 무너질 것인데, 종교는 그 왜곡된 현실에 대한 **이론**이다."[10]

이러한 유물론적 반전은 '유대인 문제'에 관한 청년 헤겔주의자 브루노 바우어(Bruno Bauer, 1809~1882)의 두 저작을 비판하는 마르크스의 1843년 글의 중심에 있다. 「유대인 문제에 관하여」라는 제목의 이중 반박에서, 마르크스는 아직 종교(이 경우 유대교와 기독교)에 대한 본질주의적 평가와 완전히 단절하지 못했다. 이는 『기독교의 본질(The Essence of Christianity)』이라는 특정 제목이 붙은, 포이어바흐의 어설픈 기독교 평가의 맥락하에 있었다.[11] 그러므로 마르크스는 여전히 '유대인'과 '기독교인'이라는 이상화된 것을 통해 유대교와 기독교 각각의 '본질'을 논의하고 있었다. 그는 화폐 관계로 정의

르크스의 물신숭배 개념 비교에 대해서는 B. Garsten, 'Religion and Case Against Ancient Liberty: Benjamin Constant's Other Lectures', *Political Theory*(2010), 38(1), pp.4~33을 참조하라.

8   K. Marx, 'The Leading Article in No. 179 of the Kölnische Zeitung', MECW, vol.1, p.189.

9   같은 책.

10   'K. Marx to A. Ruge, 30 November 1842', MECW, vol.1, p.395.

11   포이어바흐에 대한 비판적 논의와 초기 마르크스에게 그가 미친 영향에 대해서는 알튀세르(L. Althusser)의 *For Marx*(Harmondsworth: Penguin, 1969)를 참조하라.

되는 '유대인'과 '유대교'의 본질을 보았고, 이러한 본질은 유대교 자체의 결과가 아니라, 그가 이후에 경제학 원고에 쓴 것처럼 유대인들이 중세 유럽 사회의 '틈새에' 실제로 역사적으로 삽입된 결과라고 주장했다.[12]

유대인의 비밀을 그들의 종교에서 찾지 말고, 그들의 종교의 비밀을 현실의 유대인에게서 찾자. …… 유대인은 유대인의 방식으로 자신을 해방했다. 유대인이 재력을 획득했기 때문만이 아니라, 유대인을 통해 그리고 유대인 없이도 화폐가 세계적 권력이 되고 실리적 유대인 정신이 기독교 국가들의 실천적 정신이 되었기 때문이다. 기독교인이 유대인이 되는 한, 유대인은 자기 자신을 해방했다. …… 유대교는 역사에도 불구하고 계속 존재하는 것이 아니라, 역사 덕분에 계속 존재한다. …… 유대인의 신이 세속화되어 세계의 신이 되었다.[13]

이러한 글의 뒤를 따라, 마르크스는 1844년 ≪독불연보(German-French Annals [Deutsch-Französische Jahrbücher])≫에서 출판한, 많이 인용되고 매우 감정적인 「헤겔 법철학 비판을 위하여. 서문」을 썼다.

---

12 여기, 역사에서 유대인이 경제적으로 수행한 역할에 대해 마르크스의 『요강』에서 발췌한 세 가지 진술이 있다(K. Marx, 'Outlines of the Critique of Political Economy [*Grundrisse*]. First and Second Instalment', MECW, vols 28 and 29). "상업 민족은 아직 교환 가치를 자신의 생산양식의 기초로서 전제하지 않는 민족들 사이에서 매개 역할을 할 수 있다. 고대와 훗날의 롬바르디아인들과 고대 폴란드나 일체의 중세 사회에서의 유대인들이 그러했다"(vol.28, p.184). "부는 중세 사회의 유대인처럼 고대 세계의 틈새에 사는 소수의 상업 민족들 — 운송업의 독점자들 — 에게 있어서만 자기 목적으로 나타난다"(vol.28, p.411). "고대 세계의 틈새에 있던 셈족과 중세 사회의 틈새에 있던 유대인, 롬바르디아인, 노르만인이 교대로 …… 순환의 다른 계기 — 화폐와 상품을 대표한다. 그들은 물질의 사회적 교환의 매개자이다"(vol.29, p.481). 마르크스에서 아브람 레온에 이르기까지 '유대인 문제'에 대한 마르크스주의적 논의에 대해서는 E. Traverso, *The Marxists and Jewish Question: History of the Debate(1843~1943)*(Atlantic Highlands, NJ: Humanities Press, 1993)를 참조하라.

13 K. Marx, 'On the Jewish Question', MECW, vol.3, pp.169~172. 여기에서 그리고 이어지는 모든 인용에서, 강조는 원문.

무종교적 비판의 근거는 다음과 같다. **인간이 종교를 만들지**, 종교가 인간을 만드는 것은 아니다. 종교는 아직 자기 자신을 찾지 못했거나 이미 자기 자신을 다시 상실해 버린 인간의 자기의식이고 자기감정이다. 그러나 **인간**은 결코 세계 바깥에 웅크리고 있는 추상적인 존재가 아니다. 인간은 **인간의 세계**, 즉 국가, 사회이다. 이 국가, 사회는 **거꾸로 된 세계**이므로 종교, 즉 **거꾸로 된 세계의식**을 생산한다. 종교는 이 세계에 대한 일반 이론이며, 이 세계에 대한 백과사전적 개요이며, 이 세계에 대한 대중적인 형태의 논리학이며, 이 세계에 대한 유심론의 명예가 걸린 문제이며, 이 세계에 대한 열정이며, 이 세계에 대한 도덕적 승인이며, 이 세계에 대한 엄숙한 보완이며, 이 세계에 대한 위안과 정당화의 보편적 원천이다. 종교는 **인간의 본질**에 진정한 실체가 없기 때문에 인간의 본질을 **환상적으로 현실화**한 것이다. 그러므로 종교에 대한 투쟁은 간접적으로 종교를 영적 **향기**로 갖는 **세계**에 대한 투쟁이다.[14]

이 구절에서 포이어바흐의 종교 비판의 중심 사상('인간이 종교를 만든다')을 다시 언급하면서, 마르크스는 그의 유물론적 비판을 한 걸음 더 나아갔다. '인간은 추상적 존재가 아니다'라는 말은 포이어바흐에 대한 직접적인 반박이다. 그러나 포이어바흐와 마찬가지로 주로 기독교를 염두에 두고 청년 마르크스는 종교가 수행하는 영적 역할과 천박한 '허위의식'으로서의 종교를 완전히 인정했다. 그는 이 통찰력을 훌륭한 용어로 공식화했다.

종교적 고통은 동시에 실제적인 고통의 **표현**이며, 또한 실제적인 고통에 대한 **항의**이기도 하다. 종교는 억압받는 피조물의 한숨이며, 비정한 세상의 감정이며, 정신이 없는 상태의 정신이다. 종교는 인민의 **아편**이다.

14　K. Marx, 'Contribution to the Critique of Hegel's Philosophy of Right. Introduction', MECW, vol.3, p.175. 여기에서 그리고 이후의 인용에서, 독일어 Mensch를 번역하는 데 있어 'man'은 'human'으로 대체되었다.

인민의 **환상적** 행복으로서의 종교를 지양하는 것은 그들의 현실적 행복을 요구하는 것이다. 현 상황에 대한 환상을 포기하라는 요구는 **환상을 필요로 하는 상황을 포기하라는 요구**이다. 그러므로 종교에 대한 비판은 **맹아적으로,** 그 후광이 종교인 **통곡의 골짜기에 대한 비판**이다.[15]

종교를 '실제적인 고통'의 승화된 '표현'이자 그것에 대한 '항의' 모두로 묘사하는 것은 매우 통찰력 있는 진술이었지만, 마르크스는 불행하게도 '항의' 차원을 추구하지 않았다. 그는 엥겔스가 나중에 비록 제한적인 방식일지라도 1850년 『독일 농민 전쟁』에서 인정한 것과는 달리[16] 기독교가 "억압받는 자와 가난한 자의 열망을 짊어질 수 있는 자신의 능력"을 증명했다는 사실 (이는 미셸 베르트랑의 말이다[17])에 대해 생각해 보지 않았다. 따라서 마르크스는 1847년에 그가 공산주의와 완전히 대립되는 것으로 제시한 "기독교의 사회 원칙"에 대해 부적격한 공격을 퍼부었다.[18]

아편 은유는 종교에 대한 마르크스의 견해를 전형적으로 보여주는 것으로 널리 간주된다. 이는 그가 단지 이마누엘 칸트(Immanuel Kant, 1724~1804)에서부터 하인리히 하이네(Heinrich Heine, 1797~1856)에 이르기까지 그 이전의 여러 작가들이 사용한 비유에 기댔을 뿐이지만, 그의 가장 많이 인용되는 구절 중 하나가 되었다. 미카엘 뢰비(Michael Löwy, 1938~)가 강조했듯이, 이

---

15 Marx, 'Contribution to the Critique of Hegel's Philosophy of Right. Introduction', pp. 175~176. 여기에서 그리고 또 하나의 인용에서 독일어 Aufhebung을 번역할 때, 『마르크스-엥겔스 저작집(Marx-Engels Werke)』에서 원문을 확인한 후 'abolition'은 'sublation'으로 대체했다.

16 F. Engels, *The Peasant War in Germany*, MECW, vol.10. 엥겔스의 견해에 대한 비판은 G. Achcar, *Marxism, Orientalism, Cosmopolitanism* (London: Saqi; Chicago: Haymarket, 2013), pp.10~39를 참조하라.

17 Bertrand, *Le Statut de la Religion*, p.34.

18 K. Marx, 'The Communism of the Rheinischer Beobachter', MECW, vol.6, p.231.

는 "전혀 특별히 마르크스주의적이지 않은" 관점을 보여준다.[19] 종교의 위안이라는 미덕에 대한 마르크스의 서술은 또한 콩스탕의 『종교의 근원, 형태, 발전에 관하여』의 첫 번째 장과 조화를 이룬다.[20]

20세기 공산주의가 종교에 맞서 벌인 전쟁의 맥락에서, 이 유명한 말은 의도한 것보다 더 경멸적으로 해석되었다. 이것은 또한 아편이 의학적 진정제로 흔히 사용되었던 19세기에 비해, 아편에 대한 인식이 부정적으로 변한 것과도 관련이 있다.[21] 그러나 역사적 해석의 추는 최근 몇 년간 마르크스가 종교를 '억압받는 자의 한숨'으로 묘사한 겉보기에는 긍정적인 함축 ─ 이는 공감을 나타내는 것으로 보인다 ─ 을 지나치게 강조하는 방향으로 다시 이동했다.

그러나 청년 마르크스는 분명한 사실만을 진술했을 뿐이다. 종교는 현대 세계가 불러일으키는 깊은 불안에 대한 진정제 역할을 한다. 그것은 환상을 불필요하게 만드는 '실제적인 행복'의 실현으로 대체할 수 있는 ─ 그는 그렇게 믿었다 ─ '환상적 행복'을 제공한다. 그러므로 종교에 대한 비판은 현실 세계에 대한 비판으로 이어져야 한다.

> 인간의 자기소외의 **신성한 형태**가 폭로된 뒤에, 그 **신성하지 않은 형태들** 속의 자기소외를 폭로하는 것은 역사에 봉사하는 **철학의** 당면 **과제**이다. 따라서 천상의 비판은 지상의 비판으로, **종교에 대한 비판은 법에 대한 비판**으로, **신학에 대한 비판은 정치에 대한 비판**으로 전환된다.[22]

---

19   M. Lowy, *The War of Gods: Religion and Politics in Latin America*(London: Verso, 1996), p.5.

20   B. Constant, *De la Religion*(Arles: Actes Sud), 1999, 'Du Sentence religieux', pp.39~52.

21   A. McKinnon, 'Reading "Opium of the People": Expression, Protest and the Dialectics of Religion', *Critical Sociology*, 31(1~2): 15~38(2005)를 참조하라.

22   Marx, 'Contribution to the Critique of Hegel's Philosophy of Right. Introduction', p.176. 여기에서 '자기소외(self-estrangement)'로 번역된 독일어 원문에서의 Selbstent-fremdung

마르크스는 그의 예전 동지들이 종교적 소외를 폭로하는 데 필요한 보완책으로서 '신성하지 않은' 소외를 폭로하는 철학적 과제를 한동안 계속 추구했다. 이러한 노력으로 그는 두 가지 유형의 소외 사이의 유사점을 밝혀, 이후에 그의 철학적 비판이 자본주의에 대한 정치경제학적 비판으로 변화하는 실마리를 제공하고 그들 사이의 방법론적 연속성을 강조했다.

> 노동자가 더 힘을 들여 노동하면 할수록, 그가 자신에게 대립되도록 창조한 낯선 대상적 세계는 더욱더 강력해지며 그 자신, 즉 그의 내적 세계는 더욱더 가난해지며, 그에게 그 자신의 것으로 귀속되는 것은 더욱더 적어진다. 이는 종교에서도 마찬가지이다. 인간이 신 속에 가져다 놓는 것이 많으면 많을수록, 그가 자기 자신 속에 지니고 있는 것은 더욱더 적어지게 된다. ⋯⋯
> 종교적 소외 그 자체는 인간적 내면 **의식**의 영역에서 생겨날 뿐이지만, 경제적 소외는 **현실적 생활**의 소외이다. 그러므로 소외의 지양은 두 가지 측면을 모두 포괄한다.[23]

이는 마르크스가 종교에 대한 무신론적 비판을 과거의 국면으로서 대체하도록 이끌었다. 그는 더 이상 그것에 관여할 필요를 느끼지 않았고, 따라서 예전의 청년 헤겔주의 동지들과 거리를 두었다.

> 무신론은 **신에 대한 부정**이며, 이 부정을 통해 **인간의 현존**을 상정한다. 그러나 사회주의로서의 사회주의는 더 이상 그러한 매개를 필요로 하지 않는다. 그것은 **본질**로서의 인간과 자연의 **이론적으로 실천적으로 감각적인 의식**에서 출발한다. 사회주의는 더 이상 종교의 지양을 통해 매개되지 않는, 인간의 **적극적인 자기의식**이다.[24]

은 소외(alienation, Entfremdung) 개념을 나타낸다.

23 K. Marx, *Economic and Philosophic Manuscripts of 1844*, MECW, vol. 3, pp. 272, 297.

마르크스가 엥겔스와 공동으로 쓴 첫 번째 저작인 『신성 가족』에서 바우어는 종교 영역에 대한 논쟁을 계속했다는 이유로 공격받았다. 이 책은 마르크스의 글 「유대인 문제에 관하여」에 대한 유용한 보완책으로서, 후자의 주장을 명확히 하고 그것의 반유대주의(antisemitism) 혐의에 유용한 해명을 제공했다. 바우어는 시민으로서의 유대인에 대한 적대감이 전혀 없는 헤겔 유형의 반유대주의(anti-Judaism)와 기독교를 절대적인 종교로 보는 헤겔의 견해를 공유했다. 그는 '유대인 문제'를 이러한 종교적-철학적 용어로 다룬 반면, 마르크스와 엥겔스는 이 문제를 물질적 결정 요인의 땅으로 끌어내리기 위해 노력했다.

> 바우어 씨는 현실의 **세속적** 유대인들, 따라서 **종교적** 유대인들도 **오늘날의 시민사회 생활**에 의해 끊임없이 생산되고 있으며, 자신의 최종적인 발전을 **화폐제도**에서 발견한다는 사실을 전혀 깨닫지 못하고 있다. …… **기독교 신앙**의 신학자인 바우어 씨에게는 유대인의 **세계사적** 중요성이 기독교가 **태어난 그 순간** 사라졌어야 했다. 이런 이유로 그는 유대인이 역사에 **굴하지 않고** 자기 자신을 유지해왔다는 낡은 정통 견해를 반복해야 했다.[25]

『신성 가족』은 마르크스의 글의 핵심 테제를 보다 명료한 형태로 복원했다. 이 책은 '신학적 광신주의'로 특징지은 바우어의 '신학적' 접근 방식에 의

---

24 같은 책, p.306. "무신론이 이미 그들에게 그 유용성을 다했다. 이러한 신에 대한 순수한 부정은 그들에게 더 이상 적용될 수 없다. 왜냐하면 그들은 더 이상 신에 대한 모든 믿음에 이론적으로 대립하는 것이 아니라 실천적으로만 대립하기 때문이다. 그들은 **간단하게 신과 관계를 끊고**, 현실 세계에서 생활하고 사고한다. 그러므로 그들은 유물론자들이다"라는 "독일 사회민주주의 노동자들"에 대한 엥겔스의 훨씬 나중의 주장과 비교해 보라(F. Engels, 'Programme of the Blanquist Commune Refugees', MECW, vol.24, pp.15~16).

25 K. Marx and F. Engels, *The Holy Family*, MECW, vol.4, p.109.

해 선발된 유대인들을 표적으로 삼기보다는, 기독교 사회 내에서 유대인들이 갖는 역사적 특수성의 물질적 기초, 즉 화폐 경제의 행위자로서 그들의 기능이 보편화되었다고 주장했다.

> **오늘날** 유대인의 존재는 그의 종교로 설명되지 않는다. 마치 이 종교가 독립적으로 존재하는, 별개의 무언가인 것처럼 말이다. 그러나 유대교의 끈질긴 생존은 그 종교에 **환상적으로** 반영된 시민사회의 실제적인 특징에 의해 설명된다. 그러므로 유대인이 인간으로 해방되는 것, 즉 유대인의 인간적 해방은 바우어 씨가 말한 것처럼 유대인의 특수한 과제가 아니라, 철저히 **유대인(유대교)다운** 오늘날 세계의 일반적인 실천 과제로서 이해된다. 유대인의 본질을 없애는 과제는 실제로는 **시민사회의 유대인다운 성격**을 없애는 과제, 즉 **화폐제도**로 가장 극단적으로 표현되는 오늘날 생활 관행의 비인간성을 없애는 과제이다.[26]

마르크스는 그의 정치적 급진화가 진행됨에 따라 청년 헤겔주의자들과 거리를 두었다. 혁명적 실천에 대한 그들의 결론 – "혁명적, 실천적-비판적, 활동" – 을 담은, 그의 1845년 『포이어바흐에 관한 테제』는 포이어바흐의 "관조적 유물론"에 내재된 본질주의를 극복하는 방향으로 나아가는 새로운 단계에 해당했다.

> 포이어바흐는 종교적 자기소외라는 사실, 종교적인 세계와 세속적인 세계로의 세계의 이원화라는 사실에서 출발한다. 그의 작업은 종교적 세계를 그것의 세속적 기초로 해소하는 것으로 구성된다. 그러나 세속적 기초가 자기 자신으로부터 떨어져 나와 위로 올라가 구름 속에 하나의 독립적인 영역으로 스스로를 수립하는 것은 이 세속적 기초의 내적 불화와 본질적인 모순에 의해서만 설명될 수 있

---

26 같은 책, pp. 109~110.

다. 그러므로 세속적 기초 자체가 자기 자신의 모순 속에서 이해되어야 할 뿐만 아니라 실천적으로 혁명화되어야 한다.[27]

18.3 종교의 유물론적 해석을 향해

마르크스와 엥겔스는 청년 헤겔주의자들과의 단절을 완성했고, 그들이 1845~1846년에 초안을 작성하고 출판을 포기한 『독일 이데올로기』에서 그들의 새로운 유물론적 역사 개념의 주요 교리를 설명했다. 종교 문제는 예전 동료들에 대한 마지막 개입에서 여전히 핵심적이었다.

> 청년 헤겔주의자들은 모든 것을 종교적 관념이라고 깔아뭉개 버리거나 신학적이라고 선언함으로써 그 모든 것을 **비판했다**. 청년 헤겔주의자들은 현존 세계에서의 종교, 개념, 보편적 원칙의 지배를 믿는다는 점에서 노년 헤겔주의자들과 일치한다. 단지 한쪽은 이 지배를 찬탈이라고 공격하는 반면, 다른 쪽은 이 지배를 정당하다고 찬양했을 뿐이다.[28]

그러나 이번에는 두 명의 공동 사상가가, 그들이 비꼬아 명명했던, 그들의 철학적인 "비판적 비판의 비판(critique of critical criticism)"을 넘어 역사적 유물론의 정교화로 이어지는 급진적인 관점의 전환으로 그들의 새로운 역사 개념의 기초를 놓는 데로 나아갔다.

> 인간의 두뇌에서 형성되는 환상은 …… 필연적으로, 경험적으로 검증 가능하고

---

27   K. Marx, *Thesis on Feuerbach*, MECW, vol.5, p.4.

28   K. Marx and F. Engels, *The German Ideology*, MECW, vol.5, p.30.

물질적 전제에 구속되는 인간들의 물질적인 생활 과정의 승화물이다. 그러므로 도덕, 종교, 형이상학 및 그 밖의 모든 이데올로기와 그에 상응하는 의식 형태는 더 이상 자립성의 모습을 유지하지 못한다.[29]

따라서 **유물론적 역사 개념**은 자신의 변증법적 차원과 함께 태어났다.

그러므로 이러한 역사 개념의 근거는 현실적인 생산과정을 삶 자체의 물질적인 생산으로부터 출발해 설명하고, 이러한 생산양식에 연결되어 창출된 교류 형태, 즉 다양한 단계의 시민사회를 모든 역사의 기초로서 이해하는 것이다. 또 시민사회를 그 행동에 있어서 국가로서 표현하고, 의식, 종교, 철학, 도덕 등의 모든 다양한 이론적 산물과 형태가 어떻게 시민사회로부터 발생하는지 설명하고, 그러한 기초에서 그들의 형성 과정을 추적하는 것이 이러한 역사 개념의 근거이다. 그러므로 모든 것은 당연히 시민사회의 총체성 속에서 표현될 수 있다. (따라서 이러한 다양한 측면의 서로에 대한 상호작용도 마찬가지이다).[30]

원고에는 "종교는 애초부터 **현실적으로 존재하는** 세력들로부터 발생한 **초월성의 의식**이다"라는 종교에 대한 흥미로운 통찰이 포함되어 있다. 저자들은 불행하게도 이를 자신들이 의도한 대로 "더 대중적으로" 발전시키지 못했다.[31] 그들이 종교에 대한 유물론적 해석으로 제공한 것은 본질적으로 하나의 연구 프로그램으로 가는 실마리였다.

산업과 교류의 특정한 관계는 필연적으로 특정한 형태의 사회·국가·종교의식

---

29   같은 책, pp.36~37.
30   같은 책, p.53.
31   같은 책, p.93.

과 연결되어 있다. 만약 [막스] 슈티르너가 중세의 실제 역사를 살펴보았다면, 기독교인의 세계관이 왜 중세에 바로 이러한 형태를 취했는지 그리고 이러한 형태가 그 뒤에 어떻게 다른 형태로 넘어가게 되었는지 알아낼 수 있었을 것이다. 또 '**기독교**'에는 **역사가 전혀** 없으며, 여러 시기에 시각화된 모든 다양한 형태는 '종교적인 정신의' '자기 결정'이나 '더 나아간 발전'이 아니라, 결코 종교적 정신의 영향에 의존하지 않는 전적으로 경험적 원인으로 야기된다는 것을 알아낼 수 있었을 것이다.[32]

『공산당 선언』에서 마르크스와 엥겔스는 의식의 한 형태로서의 종교와 사회의 물질적 조건의 긴밀한 연결에 대한 견해를 더 논의했다. 그들은 종교와 다른 이데올로기적 형태의 역사적 지속에 대한 다소 조잡하긴 하지만 체험적인 설명을 공식화했다. 이는 종교의 지속을 계급 분열 지속의 결과로 보는 것이었다. "의심할 여지없이", 사람들은 말할 것이다.

> 종교적, 도덕적, 철학적, 법적 사상은 역사적 발전 과정에서 변화되어 왔다. 그러나 종교, 도덕, 철학, 정치학, 법학은 이러한 변화에서 끊임없이 살아남았다. …… 지금까지의 모든 사회의 역사는 계급 적대의 발전에 있는데, 이러한 계급 적대는 각 시대마다 각기 다른 형태를 취했다.
> 그러나 그것이 어떤 형태를 취하든 간에, 사회의 일부에 의한 다른 일부의 착취는 지나간 모든 시대에 공통적인 사실이다. 그러므로 과거 시대의 사회적 의식이, 그것이 보여주는 모든 잡다함과 다양성에도 불구하고, 계급 적대가 완전히 사라지지 않는 한 완전히 사라질 수 없는 특정한 공통의 형태 또는 일반적인 사상 내에서 움직인다는 것은 놀라운 일이 아니다.[33]

---

32 같은 책, p.154.

33 K. Marx and F. Engels, *Manifesto of the Communist Party*, MECW, vol.6, p.504.

종교적 영속성과 변화의 변증법, 즉 종교가 종교의 역사적 영속성의 열쇠인 일부 형식을 유지하면서 물질적 조건의 역사적 변화를 따라 변화하는 것은 두 공동 사상가의 특히 기독교에 대한 논평에서 되풀이되는 주제이다. 그러므로 게오르그 프리드리히 다우머(Georg Friedrich Daumer, 1800~1875)의 『새로운 시대의 종교(The Religion of the New Age)』(1850)에 대한 날카로운 비판에서, 그들은 "게르만 침공 이후 '새로운 세계의 상태'가 기독교에 적응하지 못했지만, 기독교 자체는 이러한 세계 상태의 새로운 국면마다 변화했다"라고 강조했다.[34]

마르크스의 후기 경제 저술에서, 기독교는 훌륭한 자본의 종교로 묘사된다. 그는 1861~1863년의 경제학 원고에서 다음과 같이 자본주의를 반어적으로 표현했다.

기독교만큼 진정으로 국제적이다. 이것이 기독교가 또한 자본의 특별한 종교인 이유이다. 둘 다에서 중요한 것은 인간뿐이다. 추상 속의 한 인간은 딱 다음 인간만큼 가치가 있다. 한 경우에는 모든 것이 그 인간이 믿음을 가지고 있는지 여부에 달려 있고, 다른 경우에는 그 인간이 신용을 가지고 있는지 여부에 달려 있다. 그러나 또한 한 경우에는 운명 예정설이 추가되어야 하고, 다른 경우에는 한 인간이 은수저를 입에 물고 태어나는지 아닌지의 우연이 추가되어야 한다.[35]

마르크스는 『자본』의 '상품에 대한 물신숭배'라는 유명한 절에서 이 생각을 확장했다.

---

34 K. Marx and F. Engels, 'Reviews from the Neue Rheinische Zeitung. Politisch Okonomische Revue No. 2', MECW, vol.10, p.244.

35 K. Marx, *Economic Manuscript of 1861~1863*, MECW, vol.33, p.369.

종교 세계는 현실 세계의 반영에 지나지 않는다. 그리고 생산자 일반이 자신의 생산물을 상품과 가치로 취급해 자신의 개인적 사적 노동을 동질적 인간 노동으로 환원함으로써 서로 사회적 관계를 맺는 상품생산 사회에서는, 추상적인 인간에게 예배하는 기독교, 특히 그것의 부르주아적 발전 형태인 개신교나 이신론(理神論) 등이 가장 적합한 형태의 종교이다.[36]

『자본』의 한 각주는 마르크스가 자세히 설명하지 않은 간단한 방법론적 진술도 포함하고 있다.

기술학은 인간이 자연을 다루는 방식, 인간이 자신의 생명을 유지하는 생산과정을 밝혀주는 동시에, 인간 생활의 사회적 관계들과 이로부터 발생하는 정신적 관념들의 형성 방식을 밝혀준다. 이런 물질적 기초를 고려하는 데 실패한 모든 종교의 역사는 무비판적이다. 실제로, 안개처럼 몽롱한 종교적 환상의 세속적인 핵심을 분석에 의해 찾아내는 것은, 현실의 생활 관계들로부터 그 관계에 상응하는 천상의 형태를 발전시키는 것보다 훨씬 더 쉬운 일이다. 후자의 방법이 유일하게 유물론적인, 따라서 유일하게 과학적인 방법이다.[37]

마르크스의 경제 저술에는 이러한 관점에서 얻은 통찰이 흩어져 있다. 그들은 대부분 막스 베버(Max Weber, 1864~1920)가 『프로테스탄트 윤리와 자본주의 정신』에서 유명하게 논의한 역사적 유물론적 맥락에서 자본주의와 상관관계가 있는 기독교 버전으로서의 개신교를 주로 다룬다. 여기에 두 가지 그러한 언급이 있다.

---

36   Marx, *Capital*, volume I, p.90.
37   같은 책, p.375, note 2.

화폐 숭배는 상응하는 금욕주의, 절제, 자기희생 — 절약과 근검, 세속적이고 일시적이며 무상한 향락의 멸시, **영원한 보화의 추구**이다. 따라서 영국의 청교도주의 또는 네덜란드의 개신교는 돈벌이(money-making)와 관련이 있다.[38]
화폐제도는 기본적으로 천주교적인 제도이고, 신용제도는 기본적으로 개신교적인 제도이다. "(개신교도인) 스코틀랜드인은 금을 싫어한다." 지폐 형태 안에서 상품들의 화폐적 존재는 순전히 사회적 존재일 뿐이다. 구원을 받는 것은 **믿음**에 달려 있다. 상품에 내재하는 영혼으로서의 화폐 가치에 대한 믿음, 생산양식과 그것의 예정된 질서에 대한 믿음, 자기 증식적인 자본의 단순한 인격화로서의 개별 생산 담당자에 대한 믿음이다. 그러나 개신교가 천주교의 토대로부터 해방되지 못하는 것과 마찬가지로, 신용제도도 화폐제도의 토대로부터 해방되지 못한다.[39]

개신교의 자본주의 기능의 한 측면은 그것이 "**잉여노동을 증가시키는 하나의 수단이기도 했다**"는 것이다.[40] "개신교는 거의 모든 전통적 휴일을 일하는 날로 만들어 버림으로써 자본의 발생사에서 중요한 기능을 했다."[41] 마르크스는 맬서스주의와 개신교의 상관관계를 강조하기도 했다. "인간의 경제적인 타락, 아담의 사과, 절실한 욕망 …… 이 섬세한 문제가 개신교 신학 또는 개신교 교회의 목사들에 의해 독점되었다."[42] 그는 가난한 사람들에 대한 개신교의 공감 부족을 조롱했다. "베니스의 수도승은 빈궁이 영구화될 수밖에 없는 운명 속에서 기독교적 자선의 존재 이유를 발견했다면 …… 개신교 목

---

38 Marx, 'Outlines of the Critique of Political Economy [*Grundrisse*]. First Instalment', p.164.
39 K. Marx, *Capital*, volume III, MECW, vol.37, p.587.
40 Marx, *Economic Manuscript of 1861~1863*, p.300.
41 Marx, *Capital*, volume I, p.281, note 2.
42 같은 책, p.612.

사는 거기에서 법을 비난할 구실을 발견했다. 그러나 이 법 덕분에 빈민들이 쥐꼬리만 한 공적 구호라도 받을 권리를 갖게 되었다."[43] 이를 마르크스는 "개신교의 '정신'"이라고 불렀다.[44]

다른 종교에 대한 논평은 마르크스의 저술들에서 훨씬 적고, 훨씬 덜 흥미롭다.[45] 이와 관련해 그의 가장 적절한 논평은, 그가 1853년 엥겔스에게 보낸 편지에서 동양에 대해 공식화한, 그렇게 "쉽게 대답할 수 있"지 않은 질문이다. "종교에 관한 한, 질문은 일반적이고 그러므로 쉽게 대답할 수 있는 것으로 환원된다. 동양의 역사가 종교의 역사로 **나타나는** 이유는 무엇인가?"[46] 여기에서 마르크스가 '나타나는'을 강조한 것은 그 문제가 주로 동양에 대한 서양의 인식에 있다는 사실, 즉 에드워드 사이드(Edward Said, 1935~2003)에 의해 대중화된 의미에서 오리엔탈리즘 문제에 있다는 사실에 대한 단서를 제공하는 것처럼 들린다. 이것이 마르크스의 의도였을 가능성은 거의 없다.[47]

18.4 종교에 대한 마르크스의 정치적 태도

종교에 대한 마르크스의 정치적 태도는 두 가지 영향의 합류 지점에서 형성되었다. 그가 청년 헤겔주의자 시절부터 물려받은 반성직자적 무신론은 그가 콩스탕에게서 발견한 자유주의-세속적 태도로 인해 완화되었다. 콩스

---

43   같은 책, p.641.

44   같은 책, p.712, note 2.

45   K. Anderson, *Marx at the Margins: On Nationalism, Ethnicity, and Non-Western Societies, second edition*(Chicago: Chicago University Press, 2016)을 참조하라.

46   'K. Marx to F. Engels, 2 June 1853', MECW, vol.39, p.332.

47   Achcar, *Marxism, Orientalism, Cosmopolitanism*, pp.68~102를 참조하라.

탕의 마르크스에 대한 영향은, 만약 조금이라도 언급된다면, 일반적으로 과소평가된다.[48] 청년 마르크스가 1842년 검열에 관한 기사에서 기독교를 포함한 종교를 비판할 자유를 옹호했다는 것은 놀라운 일이 아니다.[49] 그는 이 자유를 자유주의-세속적 맥락에서 일반적인 의견의 자유의 일부로 이해했다. 그가 종교 문제에 대한 그의 최초의 긴 개입에서 어떠한 교리나 신조에 대한 어떠한 특권도 거부했던 것처럼 말이다.[50]

마르크스는 "종교를 헌법 이론으로 만들기" 원하는 사람들을 강력하게 비난하며, 종교와 국가의 엄격한 분리를 강력히 주장하는 것으로 발전해 나갔다.[51]

진정으로 종교적인 국가는 신정 국가이다. 그러한 국가의 수장은 유대 국가에서처럼 종교의 신인 여호와 자신이거나, 티베트에서처럼 신의 대리자인 달라이 라마여야 한다. 마지막으로 …… 모든 기독교 국가는 '무오류의 교회'인 교회에 종속되어야 한다. 개신교에서처럼 교회의 최고 수장이 없는 곳에서, 종교의 지배는 지배의 종교, 정부의 의지에 대한 숭배일 뿐이다. 한 국가가 동등한 권리를 가진 여러 신조를 포함하면, 특정 신조의 권리를 침해하지 않고서는, 다른 신조의 신봉자를 모두 이단으로 선고를 내려 빵 한 조각도 신앙에 의존하게 만들고, 개인들과 그들의 국가 시민으로서의 존재 사이의 연결 고리를 교리로 만드는 종교 없이는, 더 이상 종교적인 국가가 될 수 없다.[52]

---

48 하나의 거의 기밀에 가까운 예외는 P. Higonnet, 'Marx, disciple de Constant?', *Annales Benjamin Constant*(1986), 6, pp.11~16이다.

49 K. Marx, 'Comments on the Latest Prussian Censorship Instruction', MECW, vol.1, especially pp.116~119.

50 K. Marx, 'The Leading Article in No. 179 of the Kölnische Zeitung', MECW, vol.1, p.191.

51 같은 책, p.198.

52 같은 책, p.199.

그러나 1842년 말까지 공산주의적인 정치적 견해가 성숙하고 있던 마르크스는 일부 청년 헤겔주의자들의 종교에 대한 집착으로부터 분명히 거리를 두고 있었다.[53] 그는 '자유(The Free)'라는 베를린 서클의 저명한 회원, 에두아르트 메벤(Eduard Meven, 1812~1870)의 질문에 대한 답변을 루게에게 보고했다.

나는 즉시 답장을 하고, **자유로운**, 즉 독립적이고 심오한 내용보다는 오히려 음란하고 과격 공화파 같은, 동시에 편리한 형식에서 자유를 찾는 그들의 글의 결함에 대한 나의 의견을 솔직하게 표현했습니다. …… 나아가 정치적 상황을 종교의 틀에서 비판하기보다는 오히려 종교를 정치적 상황에 대한 비판의 틀에서 비판할 것을 요청했습니다. …… 마지막으로 나는 철학에 대해 이야기할 일이 있다면 '무신론'이라는 **이름을 덜 가지고 놀기**를 바랐습니다. [그것은 그들의 말을 들을 준비가 되어 있는 모든 사람들에게 자신이 귀신(bogy man)을 무서워하지 않는다는 것을 확인시켜주며, 아이처럼 구는 사람을 연상시킵니다.] 그리고 그 대신 철학의 내용이 사람들에게 전달되기를 바랐습니다.[54]

어떠한 단일 종교의 권력에 대항하는 가장 효과적인 보장으로서의 종교의 자유, 조금도 제한받지 않는 개인의 종교적 자유에 대한 콩스탕의 열정적인 옹호는 청년 마르크스에게 강한 영향을 미쳤다.[55] 프랑스혁명 중에 나타

---

53 A. Toscano, 'Beyond Abstraction: Marx and the Critique of the Critique of Religion', *Historical Materialism*(2010), 18, pp.3~29를 참조하라.

54 'K. Marx to A. Ruge, 30 November 1842', MECW, vol.1, pp.394~395.

55 이것은 콩스탕의 『종교(De la Religion)』에서 강력한 결론이었다. "모든 시대에 우리는 무제한의, 무한의, 개인적인 종교의 자유를 요구해야 한다. …… 그것은 종교의 형태를 증가시킬 것이다. …… 단일 종파는 언제나 무시무시한 경쟁자이다. …… 급류를 가르거나, 더 정확하게는 수천 개의 줄기로 분할하자. 그들은 급류가 황폐화할 토양을 비옥하게 할 것이다(pp.576~577)."

난 "폭력주의적인 태도"에 대한 거부를 포함해, 『신성 가족』에서 바우어와의 논쟁에 대한 설명은 이러한 영감을 확인시켜 주었다.

> 바우어 씨는 유대인이 자유를 요구하면서도 그의 종교를 포기하기를 거부할 때, 그가 '정치에 참여'하고 있으며 정치적 자유에 반대되는 어떠한 조건도 설정하지 않는다는 것을 알게 되었다. 바우어 씨는 인간을 비종교적인 개인과 종교적인 사적 개인으로 나누는 것이 결코 정치적 해방에 위배되지 않는다는 것을 알게 되었다. 그는 국가가 스스로를 국가 종교로부터 해방시키고 종교를 시민사회 내의 종교 스스로에게 맡김으로써 스스로를 종교로부터 해방시키는 것처럼, 개인은 종교를 이제 공적인 문제가 아니라 사적인 문제로 간주함으로써 스스로를 종교로부터 정치적으로 해방시킨다는 것을 알게 되었다. 마지막으로, 종교에 대한 프랑스혁명의 폭력주의적인 태도는 이러한 개념을 반박하기는커녕 그것의 옳음을 증명하고 있다.[56]

따라서 마르크스와 엥겔스는 "자신이 원하는 것을 믿을 권리, 어느 종교든 실천할 권리는 명백히 보편적인 인권으로서 인정된다"라고 강조했고, 바우어에게 자크 에베르(Jacques Hebert, 1757~1794)의 분파가 프랑스혁명 동안 "종교의 자유를 공격함으로써 인권을 공격했다"는 혐의 아래 패배했다고 상기시켰다.[57] 게다가 『독일 이데올로기』에서 마르크스와 엥겔스는 신랄한 반어법을 통해 바우어가 종교와 국가를 "박살낸" 척하는 것을 조롱했다.[58]

그러나 마르크스와 엥겔스는 종교 등의 외피를 입고 있는 부르주아 이데올로기의 정체를 폭로하기 위한 공산주의 운동 내의 끊임없는 투쟁을 계속

---

56 Marx and Engels, *The Holy Family*, p.111.
57 같은 책, p.114.
58 Marx and Engels, *The German Ideology*, p.94.

옹호했다. "법, 도덕, 종교는 (프롤레타리아에게 있어) 그 배후에 수많은 부르주아적 이해관계가 매복하고 있는, 그만큼 많은 부르주아적 편견이다."⁵⁹ 그러나 마르크스는 1847년 11월 런던 독일 노동자교육협회(London German Workers' Educational Society)에 보내는 자신의 보고서에서 그가 저지른 실수를 몹시 후회했을 것이다. 이는 그가 다우머의 책 『고대 기독교의 비밀(Secrets of Christian Antiquity)』(1847)을 칭찬했다는 것이다. 3년 후 마르크스와 엥겔스가 혹독하게 비판한 바로 그 저자인 다우머⁶⁰는 박해받는 초기 기독교인들이 식인 의식을 행했다는 고대 로마의 전설을 새롭게 퍼뜨리려고 시도했다. 마르크스는 그의 독자들에게 "이 이야기는 다우머의 저작에서 제시되는 바와 같이 기독교에 최후의 일격을 가한다. …… 그것은 우리에게 낡은 사회가 종말을 고하고 있고 사기와 편견의 구조가 무너지고 있다는 확신을 준다"라고 설명했다.⁶¹

종교에 대한 마르크스와 엥겔스의 태도는 여전히 근본적으로 이중적이었다. 국가의 간섭에 맞서 아무 방해를 받지 않는 개인의 신앙의 자유를 옹호하는 것과 종교적 믿음에 맞서 노동자 정당이 해방적인 투쟁을 벌이는 것이 결합된 것이다. 이는 마르크스가 1875년 『고타강령 비판』에서 강력히 되풀이한 것과 같은 입장이다.

> **'양심의 자유'**! 만약 문화투쟁(Kulturkampf)의 이 시기에 자유주의로 하여금 자신의 낡은 표어를 명심하게 하려 한다면, 이는 다음과 같은 방식으로만 이루어질 수 있었을 것이다. 각자는 경찰의 참견 없이 자신의 종교적 및 육체적 필요를 채울 수 있어야 한다. 그러나 노동자당은 어쨌든 이 기회에 부르주아적 '양심의 자

---

59   Marx and Engels, *Manifesto of the Communist Party*, pp.494~495.

60   같은 책.

61   'Minutes of Marx's Report to the London German Workers' Educational Society on November 30, 1847', MECW, vol.6, p.631.

유'는 가능한 모든 종류의 **종교적 양심의 부자유**(religious unfreedom of con-science)에 대한 용인일 뿐이라는 사실과 노동자당은 오히려 양심을 종교의 마력으로부터 해방시키려고 노력한다는 사실에 대한 자신의 인식을 표명했어야 한다.[62]

그러나 마르크스와 엥겔스는 사적영역에서의 종교적 신념과 실천에 대한 국가의 강압에 대한 자유주의적 거부를 확고하고 일관되게 지지했다. 이는 종교 탄압을 옹호하는 다른 급진 좌파 경향에 대한 그들의 비판에서 가장 분명하게 드러났다. 1868년에 마르크스는 "종교의 폐지, 신앙의 과학으로의 대체, 신적 정의의 인간적 정의로의 대체"를 약속하는 바쿠닌주의 강령의 한계에 대해 논평했다. "마치 법령에 의해 신앙의 폐지를 선언할 수 있는 것처럼 말이다!"[63] 그는 1879년 ≪시카고 트리뷴(Chicago Tribune)≫과의 인터뷰에서 이러한 의견을 반복했다. "우리는 …… 종교에 맞선 폭력적인 조치가 터무니없는 생각이라는 것을 알고 있다. 그러나 이것은 하나의 의견이다. 사회주의가 성장함에 따라, 종교는 사라질 것이다. 종교의 소멸은, 교육이 큰 역할을 해야 하는 사회적 발전에 의해 이루어져야 한다."[64]

마르크스가 구상한 사회주의는 20세기에 성장하지 않았다. 사회주의의 이름을 붙이고 전 세계적으로 마르크스의 이름을 들먹였던 체제들은 양쪽

---

62 K. Marx, *Critique of the Gotha Programme*, MECW, vol. 24, pp. 97~98.

63 K. Marx, 'Remarks on the Programme and Rules of the International Alliance of Social-ist Democracy', MECW, vol. 21, p. 208. 엥겔스는 1874년 "모든 종교 의식, 모든 종교 조직은 금지되어야 한다"라고 규정한 블랑키주의 공동체 난민의 강령을 비판하면서 같은 견해를 표명했다. 그는 "박해는 달갑지 않은 신념을 강화하는 가장 좋은 방법"이며 "오늘날에도 여전히 하나님께 드릴 수 있는 유일한 예배는 무신론을 강제적인 교리로 만드는 것"이라고 강조했다(Engels, 'Programme of the Blanquist Commune Refugees', p. 16).

64 'Account of Karl Marx's Interview with the *Chicago Tribune* Correspondent', MECW, vol. 24, p. 576.

모두에게 큰 피해를 줬고, 대부분은 비참하게 붕괴했다. 종교는 사라지지 않고, 20세기의 마지막 수십 년 동안 극적인 급증을 목격했는데, 가장 두드러진 것은 근본주의 버전이었다. 어떤 관찰자가 그렇게 부른 이 "신의 복수"를 이해하기 위해서,[65] 종교에 대한 마르크스의 성찰은, 에밀리 뒤르켐(Emile Durkheim, 1857~1917)의 아노미(anomie) 개념과 같은 사회과학의 다른 핵심 조언들과 함께, 필수적인 실마리들을 제공한다.[66] 유물론적 역사 개념은 우리로 하여금 그 현상이 널리 명명된 '종교적인 것의 귀환'이 일어난 사회경제적 배경을 탐구하도록 이끈다. 사실, 세계 자본주의의 신자유주의적 전환과 '현존 사회주의'의 최종적 종말 위기 및 뒤따른 붕괴 모두에 의해 야기된 사회적 조건의 심각한 악화와 '종교적인 것의 귀환'의 병존은 확실히 순전한 우연의 일치가 아니다. 이러한 점에서, 사회경제적 소외와 종교적 소외 사이의 관련성에 대한 청년 마르크스의 헤겔 좌파적인 개념화와 공식화조차 유용하다.

계속되는 종교적 급증은 종교에 대한 마르크스의 정치적 태도에 새로운 중요성을 부여한다. 유럽의 계몽주의 심장부는 그들의 경우 문제의 종교가 억압받는 이민자 출신 주민의 종교인 이슬람교라는 사실에 의해 복잡해진 이 문제를 다시 직면하고 있다. 종교에 대한 마르크스의 태도는 그의 일반 이론을 고수하는 사람들에게 다시 영감의 원천이 되어야 한다. 소수 종교를 가진 사람들에 대한 인종 차별적인 증오로 인해 종교의 자유가 축소될 때, 종교의 자유는 더욱 강력하게 수호되어야 한다. 이러한 조건하에서 종교의 자유 수호는 일반적인 정치적 자유를 위한 투쟁의 구성 요소가 되는 것에 더

---

65   G. Kepel, *The Revenge of God: The Resurgence of Islam, Christianity, and Judaism in the Modern World*(London: Polity, 1994).

66   20세기 후반에 일어난 종교적 근본주의의 급증을 이해하는 데 있어 마르크스와 뒤르켐을 모두 사용한 것으로는 G. Achcar, *The Clash of Barbarisms: The Making of the New World Disorder*, second edition(Boulder, CO: Paradigm; London: Saqi, 2006)을 참조하라.

해, 인종 차별에 반대하는 투쟁의 필수 구성 요소가 된다.

그러나 마르크스가 독일 동지들에게 상기시켰듯이, 종교적인 양심의 자유를 수호하는 것은 종교적인 양심의 부자유와 육체적 필요를 충족시키는 것에 대한 종교적인 부자유에 대항하는 투쟁을 가리면 안 된다. 이는 그것이 여전히 많은 국가에서 그러하듯이 국가가 부과한 부자유의 문제인지 아닌지 여부와 관련이 없고, 높은 수준의 가부장제와 여성 억압 또는 신자유주의 시대의 불안정한 사회 조건으로 인해 발생하는 불안을 달래기 위한 필사적인 시도로서 스스로 부과한 종교적 사슬 중 하나인지 아닌지 여부와도 관련이 없다. 종교와 국가의 세속적 분리를 위한 투쟁, 그리고 이것이 달성되는 경우 이러한 분리를 방어하기 위한 투쟁은, 반동적인 정치적 목적으로 광범위하게 종교를 이용하는 것에 대항하는 투쟁에서와 마찬가지로, 21세기에도 여전히 직접적으로 타당하다.

참고문헌

Achcar, Gilbert(2006), *The Clash of Barbarisms: The Making of the New World Disorder*, second edition, Boulder, CO: Paradigm; London: Saqi.

_____(2013), *Marxism, Orientalism, Cosmopolitanism*, London: Saqi; Chicago: Haymarket.

Althusser, Louis(1969), *For Marx*, Harmondsworth: Penguin.

Anderson, Kevin(2016), *Marx at the Margins: On Nationalism, Ethnicity, and Non-Western Societies*, second edition, Chicago: Chicago University Press.

Bellue, Francoise(1994), 'Typologie des metaphores religieuses dans Le Capital de K. Marx', in: Georges Labica and Jean Robelin(eds.), *Politique et Religion*, Paris: L'Harmattan, pp.61~91.

Bertrand, Michele(1979), *Le Statut de la Religion chez Marx et Engels*, Paris: Editions sociales.

Boer, Roland(2007~2014), *On Marxism and Theology*, five vols, Leiden: Brill.

_____(2012), *On Marxism and Theology: Vol. IV, Criticism of Earth*, Leiden: Brill.

_____(2013), *Lenin, Religion and Theology*, New York: Palgrave Macmillan.

_____(2014), *On Marxism and Theology: Vol. V, In the Vale of Tears*, Leiden: Brill.

Constant, Benjamin(1999), *De la Religion considérée dans sa source, ses formes et ses développements,* Arles: Actes Sud.

Engels, Frederick(1978), *The Peasant War in Germany*, MECW, vol.10, pp.397~482.

_____(1989), 'Programme of the Blanquist Commune Refugees', MECW, vol.24, pp.12~18.

Gabel, Paul(2005), *And God Created Lenin: Marxism vs. Religion in Russia, 1917~1929*, New York: Prometheus Books.

Garsten, Bryan(2010), 'Religion and the Case against Ancient Liberty: Benjamin Constant's Other Lectures', *Political Theory*, 38(1): 4~33.

Higonnet, Patrice(1986), 'Marx, disciple de Constant?', *Annales Benjamin Constant*, 6: 11~16.

Internationalen Marx-Engels-Stiftung(eds.)(1976), *Marx-Engels-Gesamtausgabe, IV/1M/E: Exzerpte und Notizen. Bis 1842*, Berlin: Walter de Gruyter.

Kepel, Gilles(1994), *The Revenge of God: The Resurgence of Islam, Christianity, and Judaism in the Modern World*, London: Polity.

Lowy, Michael(1996), *The War of Gods: Religion and Politics in Latin America*, London: Verso.

Marx, Karl(1975), *Difference between the Democritean and Epicurean Philosophy of Nature*, MECW, vol.1, pp.25~108.

_____(1975), 'Comments on the Latest Prussian Censorship Instruction', MECW, vol.1, pp.109~131.

_____(1975), 'The Leading Article in No. 179 of the Kolnische Zeitung', MECW, vol.1, pp.184~

202.

_____(1975), 'To Arnold Ruge. November 30, 1842', MECW, vol.1, pp.393~395.

_____(1975), 'On The Jewish Question', MECW, vol.3, pp.146~174.

_____(1975), *Economic and Philosophic Manuscripts of 1844*, MECW, vol.3, pp.229~346.

_____(1975), *Thesis on Feuerbach*, MECW, vol.5, pp.6~8.

_____(1976), 'The Communism of the Rheinischer Beobachter', MECW, vol.6, pp.220~234.

_____(1985), 'Remarks on the Programme and Rules of the International Alliance of Socialist Democracy', MECW, vol.21, pp.207~282.

_____(1986), 'Outlines of the Critique of Political Economy [*Grundrisse*]. First Instalment', MECW, vol.28.

_____(1987), 'Outlines of the Critique of Political Economy [*Grundrisse*]. Second Instalment', MECW, vol.29.

_____(1989), *Critique of the Gotha Programme*, MECW, vol.24, pp.75~99.

_____(1989), 'Account of Karl Marx's Interview with the *Chicago Tribune* Correspondent', MECW, vol.24, pp.568~579.

_____(1991), *Economic Manuscript of 1861~1863*, MECW, vol.33.

_____(1996), *Capital*, volume I, MECW, vol.35.

_____(1998), *Capital*, volume III, MECW, vol.37.

Marx, Karl, and Engels, Frederick(1975), *The German Ideology*, MECW, vol.5, pp.19~539.

_____(1975), *The Holy Family, or Critique of Critical Criticism. Against Bruno Bauer and Company*, MECW, vol.4, pp.5~211.

_____(1976), *Manifesto of the Communist Party*, MECW, vol.6, pp.477~519.

_____(1983), *Letters, 1852~1855*, MECW, vol.39.

_____(1987), 'Reviews from the Neue Rheinische Zeitung. Politisch-Okonomische Revue No. 2', MECW, vol.10, pp.241~256.

McKinnon, Andrew(2005), 'Reading "Opium of the People": Expression, Protest and the Dialectics of Religion', *Critical Sociology*, 31(1~2): 15~38.

Toscano, Alberto(2010), 'Beyond Abstraction: Marx and the Critique of the Critique of Religion', *Historical Materialism*, 18: 3~29.

Traverso, Enzo(1993), *The Marxists and the Jewish Question: The History of a Debate(1843~1943)*, Atlantic Highlands, NJ: Humanities Press.

교육
로빈 스몰

19.1 교육 문제에 대한 마르크스의 기여

20세기 말 공산주의 국가 체제 붕괴로 서구가 승리에 의기양양해하는 짧은 순간이 있었지만, 뿌리 깊은 경제적·정치적 문제들이 다시 나타나면서 새로운 불확실성에 자리를 내주었다. 그렇기는 하지만, 더 광범위한 문제들이 있음에도, 사회생활의 영역에는 자신의 이미지대로 사회를 창조하려는 자본의 노력이 제대로 작동하기 어려운 영역이 있다. 그중 하나가 교육이다. 이제 마르크스가 오늘날의 세계에 대한 통찰력의 원천으로서 추천 도서 목록에 다시 올라왔으므로, 마르크스가 우리의 학교와 대학에 대한 논의에 유용한 기여를 한 바가 있는지 알고 싶다. 교육에 대한 견해의 흔적은 그의 경력 전반에 걸친 문서들에서 나온다. 이는 엥겔스와 함께 쓴 『공산당 선언』과 『자본』 1권의 잘 알려진 구절들뿐만 아니라 그의 작품으로 알려진 IWMA의 문서도 포함한다.[1]

---

1   특히 관심을 끄는 것은 교육에 관한 두 개의 '연설'이다. 사실 이것은 서기 회의록에 기록된 IWMA 총평의회에서의 마르크스의 개입일 뿐이다. 이들은 흥미롭게 읽히는데, 다수가 다른 급진 사상가들의 영향을 받고 있는 여러 노동조합원 및 사회개혁가 그룹들과 실제적으로 교류하는 유능한 정치 활동가로서의 마르크스를 보여주기 때문이다. 이

마르크스는 경제적으로 발전한 사회가 공립학교 체제를 도입하기 전에 활동했고, 그의 생각 대부분은 역사적 변화에 의해 추월당했다. 한 가지 예로 아이들의 학교교육과 노동을 결합하기 위해 그가 신중하게 생각해 낸 계획을 들 수 있다. 『고타강령비판』에서 언급한 바와 같이 아동노동의 폐지는 "대규모 산업의 존재와 양립 불가능하고, 그러므로 공허하고 경건한 체하는 바람"에 불과하다는 가정에 기초한다.[2] 그러나 이는 그렇지 않은 것으로 드러났다. 그럼에도 불구하고 마르크스의 접근은 항상 유익하다. 이는 어떻게 그의 거대한 사상 — 계급사회의 분석, 생산수단과 사회적 생산관계 사이의 긴장 등등 — 이 교육에 대한 특정한 물음들과 관련을 맺는지를 보여준다.

다음 논의에서는 마르크스의 생각이 오늘날의 관심사와 공명하는 세 가지 영역을 살펴본다. 첫째, 교육의 경제적 역할과 공공정책에 미치는 영향에 대한 견해, 둘째, 노동계급을 위한 학교교육에 대한 견해, 마지막으로, 사회집단으로서의 교사와 노동으로서의 교직에 대한 견해가 그것이다.

19.2 교육의 정치경제학

마르크스의 『잉여가치학설사(Theories of Surplus Value)』에서 학교의 경제적 역할은 간결하게 정의된다. "교육은 노동 능력을 생산한다."[3] 누군가는 이 과정을 '훈련'이라고 부르는 것을 선호할지 모른다. 그러나 이는 학교와 대학이 다른 활동 중에서 그들 스스로가 하는 것으로 보는 것이다. 의학과

러한 상황에서, 마르크스는 그의 출판된 작품에서 훨씬 더 거칠게 다루어지는 견해들을 표현하는 것을 참는다. 같은 이유로 그가 총회 회의에서 말하는 것은 학교교육에 대한 그의 결정적 진술은 아니다.

2   K. Marx, *Critique of the Gotha Programme*, MECW, vol.24, p.98.

3   K. Marx, *The Economic Manuscript of 1861~1863*, MECW, vol.31, p.104.

마찬가지로, 교육은 "노동 능력을 훈련하고, 유지하고, 수정하는 등, 한 마디로 노동 능력에 전문적인 형태를 부여하거나 심지어는 단지 유지만 하는" 서비스 중 하나이다.[4] 현대 생산은 일반지식과 실용 기술 그리고 기술혁신을 보조하는 다재다능함을 지닌 노동자를 필요로 한다. 20세기에, 선진사회에서 졸업 연령이 잇따라 증가하는 것은 국가경제의 필요에 부응하는 것을 통해 정당화되어 왔다.

이 점은 제조업 및 공업 분야를 넘어 적용된다. 『자본』 3권에서 상업적 직업의 지위에 대해 논하면서, 마르크스는 "과학과 대중교육의 진전과 함께 자본주의 생산양식이 점점 더 교수방법을 실용적인 목적을 향해 겨냥할수록 상업 관행 및 언어 등에 대한 필수적인 훈련과 지식이 점점 더 빠르고 쉽고 보편적이고 저렴하게 재생산되고 있다"라고 지적했다.[5] 사실상 이러한 노동자의 훈련은 공립학교에 위탁되었고 공동체 전체에 의해 비용이 지불되었다. 마르크스는 이러한 동기가 교과과정과 심지어 교수방법에까지 결정적인 영향을 미친다는 점에 주목했다. '실용적인 목적'은 그러나 숨은 뜻이 있는 표현이다. 이러한 관행은 누구의 이해관계에 도움이 되었는가?[6]

지식의 전수뿐만 아니라 새로운 지식의 생산도 자본주의에서 매우 중요하다. 마르크스는 『요강』에서 자본주의가 의존하는 현대 기술이 단지 "생산에 대한 과학의 적용"이라고 주장했다.[7] 그는 산업혁명이 과학적 원리에 기초한 기계 설계의 발전으로 가능했다는 스코틀랜드 작가 앤드루 유어(Andrew Ure, 1778~1857)의 주장에 깊은 인상을 받았다. 반대로 유어는 기술

---

4   같은 책, pp.22~23.

5   K. Marx, *Capital*, volume III, p.299.

6   자율성 감소와 검증 가능한 기준을 충족시켜야 한다는 요구를 포함해, 교사 업무의 변화에 대한 오늘날의 논쟁은 '책임성'이라는 말로 차려 입은, 동일한 외부 압력에 의해 주도된다.

7   K. Marx, 'Outlines of the Critique of Political Economy [*Grundrisse*]. Second Instalment', MECW, vol.29, p.90.

을 통해 많은 과학을 배울 수 있다고 생각했다. 예를 들어, 열의 속성은 "유럽의 어떤 대학에서 한 학년 동안 배우는 것보다 랭커셔(Lancashire)에서 일주일 동안 사는 것을 통해 더 잘 연구할 수 있다".[8] 이러한 관점에서 과학적 지식은 그 자체로 생산력이며, 현대 경제의 필수적인 요소이다.

그러나 이 지식은 어디에서 와서, 누구에게 속하는가? 『요강』에서 마르크스는 "일반 지성"이라는 표현을 사용했다.[9] 이 불확실한 기원의 영어 문구는 주어진 사회에 속하는 유용한 지식의 집합체를 나타낸다. 사실상 이 자산('일반 지성')은 중세의 공유지가 담으로 에워싸여(enclosed) 사적 소유(권)의 사회적 지배를 위한 경제적 기초가 된 것과 같은 방식으로, 자본주의에 의해 사유화된다. 마르크스는 "이 지점에서 발명은 사업이 되고, 직접적인 생산에 대한 과학의 적용 그 자체가 과학을 결정하고 요청하는 요인이 된다"라고 썼다.[10]

자본주의사회의 또 다른 지속적인 특징은 공교육을 필요로 한다는 것과 이를 가능한 한 최소화해야 하는 간접비용으로 취급하려는 욕구 사이의 긴장이다.[11] 이와 별개로, 교육은 '이용자 부담' 원칙에 따라 배분되는 사유재로 나타나는데, 여기에서 '이용자'는 공동체가 아니라 개인이나 가족이다. 애덤 스미스(Adam Smith, 1723~1790)조차 이러한 결론을 유보했다. 그는 적당한 양의 학교교육이 갖는 공적 이익을 인정했다. 적당한 양의 학교교육은 사람들을 "더 품위 있고 질서 있게", "정부 조치에 악의적인, 불필요한 반대"를 덜하게 만들었다.[12] "부르주아는 도덕 교육에 의해 부르주아 원리의 가르

---

8   A. Ure, *The Philosophy of Manufactures*(London: Charles Knight, 1835), p.25.

9   K. Marx, 'Outlines of the Critique of Political Economy [*Grundrisse*]. First Instalment', MECW, vol.28, pp.92, 84.

10 같은 책, p.90. 오늘날의 대학에서 일하는 사람은 누구라도, 잇따른 정부들에 의해 계약 연구 수입에 대한 의존도가 높아져서, 여기에서 익숙한 행동 양식을 알아보는 데 실패할 수 없다.

11 R. Small, *Karl Marx: The Revolutionary as Educator*(Dordrecht: Springer, 2014), pp.77~80.

침을 이해한다"[13]라는 마르크스의 말은 논평으로 받아들여질 수도 있다. 이후의 정치적 개입에서 마르크스는 문법, 산수, 체육 같은 기초적인 것들로 축소되어 "다른 결론을 인정하는 과목" 또는 "당과 계급의 해석을 인정하는 과목"을 제외한 학교 교과과정을 옹호했다.[14] 이는 아이들에게 '노동의 가치'를 가르쳐야 한다는 좋은 뜻에서의 요구에 직면한 전술적 변화였을 수도 있고, 자본주의 체제의 "이데올로기적 카스트"[15]의 하나로서 역할하는 교직원에 대한 의혹을 표현한 것일 수도 있다.

마르크스는 대중 학교교육을 지지했지만, 19세기 말에 의무교육이 도입되면서 당연하게 여겨져 온 성년 이후 직장생활에서 아이들을 분리하지 않았다. 한 가지 이유는 실용적인 것이다. 교육에 대한 그의 논평 중 많은 것들이 공장법을 언급하는데, 이 법은 고용주가 아이들에게 시간제 학교교육을 제공하도록 요구했다. 마르크스는 정책 실행의 결함에 주의를 기울였지만, 노동과 학교교육의 결합을 지지했다. 그의 이유는 아이들에게 '노동의 가치'를 가르쳐야 한다는 요구에 대한 대답을 포함했다.[16] 그는 이러한 학습은 교실에서 이루어질 수 없고, 오직 실제로 일하는 경험을 통해서만 이루어질 수 있다고 믿었다.

분명한 노동관이 마르크스의 사상을 관통한다. 그는 "전반적인 근면"의 확립을 자본주의 성취의 하나이자, 미래 세대를 위한 이득으로 간주했다.[17] 이러한 성향은 그가 교육으로 눈을 돌렸을 때에도 나타난다. 그는 미래의

---

12   A. Smith, *The Wealth of Nations*(New York: Modern Library, 1937), p.740.

13   K. Marx, "Wages", MECW, vol.6, pp.427~428.

14   K. Marx, 'Record of Marx's Speeches on General Education. From the Minutes of the General Council Meetings of August 10 and 17, 1869', MECW, vol.21, pp.399~400.

15   Marx, *The Economic Manuscript of 1861~1863*, p.197.

16   Marx, 'Record of Marx's Speeches on General Education', p.399.

17   Marx, 'Outlines of the Critique of Political Economy [*Grundrisse*]. First Instalment', p.250.

어린 시절에 대해 이상주의 개혁가 푸리에의 유토피아적인 묘사에 어느 정도 공감했지만,[18] 우리가 현대의 진보적 또는 '아동 중심' 교육의 선구자로 보게 될 당대의 교육자들을 비판했다.[19] 마르크스는 공장뿐만 아니라 교실에서도 아이들을 위한 노동의 가치를 믿었다. 예술적·지적 창의성에서 볼 수 있듯이, 어떠한 종류의 진정한 성취도 우리 자신의 정신적 능력의 한계를 포함해 실제 물질세계의 주어진 것과 저항에 성공적으로 대처하는 것을 의미한다고 믿었다.

교육적 진보주의에 대한 마르크스의 부동의에는 또 다른 측면이 있다. 그는 무엇보다 과거에 교육 기회를 박탈당하고, 심지어 사회적 지위 유지에 필요한 최소한의 금액만을 받았던 사회계급의 요구에 관심을 가졌다. 그는 중간계급 아이들의 학교교육에 관심이 없었고, 그들의 문제를 무뚝뚝하게 묵살했다. "만약 중간계급과 상층계급이 그들의 자손에 대한 그들의 의무를 무시한다면, 이는 그들 자신의 잘못이다. 이 계급의 특권을 공유하는 아이는 그 계급의 편견으로 고통받도록 되어 있다."[20]

19.3 교육, 국가, 사회

공교육은 마르크스가 태어난 독일의 지적 전통의 일부이다. 헤겔은 『법

---

18   K. Marx and F. Engels, *The German Ideology*, MECW, vol.5, p.512.

19   K. Marx, *Capital*, volume I, MECW, vol.35, p.491n.

20   K. Marx, 'Instructions for the Delegates of the Provisional General Council. The Different Questions', MECW, vol.20, pp.188~189. 우리가 마르크스를 옹호하기 시작한다면, 이는 경제학자 나소 시니어(Nassau Senior, 1790~1864)의 중간계급 교육을 옹호하는 1863년 대중 연설에 대한 응답으로 읽힐지도 모른다. 중간계급 교육 옹호에도 불구하고 마르크스는 이 연설에서 수업 시간 단축 제안을 차용했다. Marx, *Capital*, volume I, p.486.

철학』에서, 아동들이 시민사회의 일원이 될 것임을 고려해, 아동 양육에 대한 가족의 통제권을 인계받을 시민사회의 권리를 옹호했다. "여기에서 사회의 권리는 부모의 임의적이고 우발적인 선호보다 중요한데, 이는 특히 교육이 부모가 아닌 다른 사람에 의해 완료되는 경우에 그렇다."[21] 헤겔은 8년 동안 학교장이었고 부모를 다루는 것에 대해 어느 정도 알고 있었다.

부모는 보통 교육 문제에서 그들이 완전한 자유를 갖고 그들이 원하는 대로 모든 것을 조정해도 된다고 생각한다. 모든 형태의 공교육에 대한 가장 큰 반대는 보통 부모로부터 오며, 교사와 학교에 대해 말하며 격렬한 반응을 보이는 것도 부모들이다. 그들은 교사와 학교에 대해 변덕스러운 혐오를 갖고 있기 때문이다. 그럼에도 불구하고 사회는 경험에 의해 검증된 원칙에 따라 행동하고, 부모들로 하여금 자녀들을 학교로 보내고 예방접종 받도록 하는 등의 권리가 있다.[22]

마르크스는 시민사회에 대한 그의 견해가 헤겔과 매우 달랐음에도 불구하고, 이러한 견해에 쉽게 동의했을 수 있다. 그는 어떠한 경우에도 '국가'에서의 더 높은 형태의 사회생활을 통해 대립적인 계급이해가 화해될 수 없다고 본다. 반대로 국가권력의 형태와 그것의 이데올로기적 표현을 결정하는 것은 시민사회이다. 교육 정치에 대한 함의는 『공산당 선언』의 논쟁적인 구절에 설명되어 있다.

당신들은 우리가 가정에서의 교육을 사회에 의한 교육으로 대체함으로써 가장 신성한 관계를 파괴한다고 말한다. 그러면 당신들의 교육! 그것은 사회적이지 않은가? 당신들이 교육하는 사회적 조건에 의해, 학교 등을 매개로 한 사회의 직

---

21   G.W.F. Hegel, *Philosophy of Right*(Oxford: Clarendon Press, 1952), p.148.
22   Hegel, *Philosophy of Right*, p.277.

접적 또는 간접적 개입에 의해 결정되지 않는가? 공산주의자들은 교육에 대한 사회의 개입을 발명하지 않았다. 그들은 개입의 성격을 변화시켜, 교육을 지배계급의 영향으로부터 구하려고 할 뿐이다.[23]

20년 후, 마르크스는 아동의 의무적인 학교 출석을 포함한 사회개혁을 위해 기존의 국가 권한 사용을 옹호할 때, 이 마지막 주장을 반복했다. "그러한 법을 집행함에 있어서, 노동계급은 정부 권력을 강화하지 않는다. 반대로 그들은 지금 자신들에게 불리하게 사용되는 그 권력을 자신들의 대리인으로 변형시킨다."[24]

마르크스 주장의 논리는 충분히 명확하다. 현대의 학교는 자본주의사회에서 아이들의 이해관계보다 자본의 필요와 더 많은 관련이 있는 이유에서 생겨났다. 그러나 마르크스의 생산수단과 사회적 생산관계 사이의 구별과 같은 것이 여기에서도 적용된다. 현대의 학교는 공장과 마찬가지로 미래 사회에 자신의 목적을 위해 사용할 수 있는 자원이다. 그동안 학교는 경쟁하는 이해관계가, 특히 공공정책을 어떤 방향으로 몰아가려고 경쟁할 때 서로 만나는 곳이었다. 『공산당 선언』은 다음과 같이 설명한다. "그러므로 부르주아지는 프롤레타리아트에게 부르주아지 자신의 정치교육 및 일반교육을 위한 요소를 스스로 공급한다. 다시 말해서, 부르주아지와 싸우기 위한 무기를 프롤레타리아트에게 제공한다."[25]

그러나 교육에서 국가의 역할에 대한 마르크스의 생각은 이후에 진화했다. 그는 여러 차례에 걸쳐 미국의 여러 지역에 존재하는 지역에 기반을 둔 종류의 학교 시스템이, 프로이센 버전으로 가장 잘 알려진 모델인 중앙정부

---

23   K. Marx and F. Engels, *Manifesto of the Communist Party*, MECW, vol.6, pp.501~502.

24   Marx, 'Instructions for the Delegates of the Provisional General Council', p.189.

25   Marx and Engels, *Manifesto of the Communist Party*, p.493.

가 운영하는 학교보다 더 낫다는 의견을 표명했다. 미국 시스템하에서 공립 학교는 지방세제로 자금을 조달하고 지역에서 선출한 교육위원회가 운영했다. 정부의 유일한 역할은 영국 공장 감독관(마르크스는 이들의 작업을 칭찬했다)과 유사한 감독관을 임명해 지역 간의 과도한 편차를 막는 것이었다. 그의 관점에서, 이는 교육이 "관영적"이지 않으면서 "국가적"일 수 있음을 보여줬다.[26]

단순히 정부가 운영하는 학교교육을 지지하는 것을 꺼리는 태도는 1870년대에 더욱 심해졌다. 파리 코뮌의 경험은 결과적으로 국가권력과 교육에 대한 마르크스의 생각에 큰 영향을 미쳤다. 짧은 생애 동안, 코뮌은 새로운 종류의 학교를 포함해 민주주의적인 행정을 시행했다. "모든 교육기관은 인민에게 무상으로 개방되었고, 동시에 교회와 국가의 모든 간섭을 없앴다."[27] 이 말에서 알 수 있듯이, 마르크스는 사회개혁을 수행하기 위해 국가에 의존하는 것에 그 어느 때보다도 더 반대했다. 이는 (나중에 사회민주당이 되는) 새로 결성된 독일 사회주의 노동자당의 교육정책에 대한 그의 논평을 통해 드러난다. 『고타강령 비판』으로 알려진 1875년의 글에서, 마르크스는 다음과 같이 썼다.

'국가에 의한 인민 교육'은 전적으로 부적절하다. 일반법에 따라 초등학교의 비용, 교원의 자격, 교육 과목 등을 규정하고, 미국에서와 같이 주 감독관이 이러한 법적 항목의 이행을 감독하는 것은 국가를 인민의 교육자로 임명하는 것과는 매우 다른 것이다! 정부와 교회는 오히려 학교에 어떤 영향도 미칠 수 없게 똑같이 배제되어야 한다. 특히 실제로 프로이센-독일 제국에서 국가는 정반대로 인민에

---

26   Marx, "Record of Marx"s Speeches on General Education", p.398.

27   K. Marx, *The Civil War in France. Address of the General Council of the International Working Men"s Association*, MECW, vol.22, p.332.

의한 매우 엄격한 교육을 필요로 한다(그리고 우리는 '미래의 상태'에 대해 말하고 있다는 썩은 속임수에서 위안을 구하면 안 된다. 우리는 이러한 측면에서 실상을 보았다).[28]

사실 국가의 역할에 대한 마르크스의 입장은 여전히 사회주의운동 내에서 반대되는 경향들 사이의 중간 정도에 있는 무언가인데, 이는 마르크스가 각각 다른 시기에 맞서 싸우도록 강요받은 라살과 바쿠닌의 지지자들에 의해 대표된다.[29] 국가에 대한 수사학적 공격에도 불구하고, 그가 옹호한 정책은 예산 편성, 학교 교육과정, 교원 구성 등 교육의 여러 측면에 대한 중앙집중식 통제를 유지했다. 이는 마르크스가 특별한 관심을 가졌던, 그리고 더 자세히 검토할 가치가 있는 견해를 제공했던 주제들이다.

19.4 마르크스의 교과과정

헤겔에 대한 마르크스의 지속적인 친밀성은 그가 교육의 목표로 균형 잡힌 다면적 인격이라는 인본주의적 이상을 호소했을 때 분명했다. 여러 면에서 그는 (자주 '교육'이나 '문화'로 번역되지만, 인격의 형성이라는 의미가 함축되어 있는) **교양**(Bildung)이라는 독일 개념에 기초한 전통의 전형적인 산물이었다.[30] 교육에 대한 그의 생각과 이 모델 사이의 연속성은 개념적 어휘가 계급사회의 맥락으로 이동함으로써 위장된다. 스미스와 마찬가지로, 마르크스는 공립학교가 현대 작업장과 공장에서 강화된 분업의 효과를 상쇄하기를 원했

---

28 Marx, *Critique of the Gotha Programme*, p.97.

29 R. Small, *Marx and Education*(Aldershot: Ashgate, 2005), pp.148~152.

30 마르크스는 트리어 김나지움(Trier Gymnasium)에서의 그의 경험을 결코 언급하지 않았고, 프로이센 교육을 "단지 훌륭한 군인을 만들기 위해 계산된" 것으로 폄하했다. Marx, 'Record of Marx's Speeches on General Education', p.399.

다. 스미스가 말하길, 하루 종일 몇 개의 단순 작업을 수행하는 노동자는 "일반적으로 멍청하고 무지해지는데, 이는 인간이 멍청하고 무지해질 수 있는 최대한도로 그렇게 된다".[31] 스미스는 어떻게 이를 피할 수 있는지 설명하지 않았지만, 마르크스는 프랑스 작가 클로드-앙팀 코르봉(Claude-Anthime Corbon, 1808~1891)을 인용했다.[32] 마르크스는 그의 기술교육에 관한 책을 흥미롭게 읽었다.[32] 코르봉은 직업 전문화 대신에 유연한 작업 기술을 촉진하는 훈련을 주장했다.[33] 마르크스는 그의 과학과 기술의 연결 그리고 그의 이론과 실천의 통일이라는 철학적 개념과 일관성 있는 이론적 차원을 덧붙였다. 그러므로 그는 『자본』에서 계급사회의 종말과 함께 "이론적 및 실천적 기술교육[technologischen Unterricht]은 노동계급 학교에서 적절한 자리를 차지할 것"이라고 주장했다.[34]

『자본』의 주요 구절은 미래 사회의 학교에 대한 전망에서 이러한 생각들을 결합한다.

로버트 오언이 자세히 보여준 것처럼, 공장 체제로부터 미래 교육의 싹이 나오고 있다. 이 교육은 일정한 나이 이상의 모든 아동들에게 생산적 노동을 학업 및 체육과 결합시키게 하는 교육이다. 이는 생산의 효율성을 높이는 방법의 하나일 뿐만 아니라, 전면적으로 발달한 인간을 키우기 위한 유일한 방법이기도 하다.[35]

---

31 Smith, *The Wealth of Nations*, pp.734~735; Marx, *Capital*, volume I, p.367도 보라.

32 Small, *Marx and Education*, pp.116~118.

33 C.A. Corbon, *De l'enseignement professionnel*(Paris: Imprimerie de Dubuisson et cie, 1859), p.145.

34 Marx, *Capital*, volume I, p.491.

35 같은 책, p.486.

이 구절을 쓰면서, 마르크스는 정치 활동으로 돌아와, 런던에 기반을 둔 IWMA 총평의회의 일원이 되었다. 1866년, '미래의 교육'에 대한 이러한 생각에 현실적인 형태를 제공할 기회가 생겼다. 제네바에서 열린 IWMA의 제1차 회의는 아동의 학교교육에 대한 정책이기도 했던 '(양성 모두의) 청소년과 아동의 노동'에 대한 결의안을 통과시켰다. (특이한 독일어 표현 방식과 함께) 영어로 쓰인 이것은 분명히 마르크스의 작품이다.[36] 이는 아동노동을 지지하는 것으로 시작한다.

> 우리는 남녀 아동과 청소년이 사회적 생산이라는 대업을 위해 협동하도록 하는 현대 산업의 경향을, 비록 자본하에서는 혐오스러운 것으로 왜곡되었지만, 진보적이고 건전하고 정당한 경향으로 간주한다. 합리적인 사회 상태에서 몸이 건강한 성인은 자연의 일반 법칙, 즉 먹기 위해 일하고 뇌뿐만 아니라 손으로도 일해야 하는 것에서 면제받을 수 없는 것과 같은 방식으로, **모든 아동은** 9세부터 생산적인 노동자가 되어야 한다.[37]

이 결의안은 매일 일정 시간 일하는 아이들이 다니는 '공장학교'의 영국 시스템 버전을 개괄하고, 계속해서 세 가지 요소를 포함하는 학교교육과정을 명시한다. 처음 두 가지는 충분히 익숙한 것이다. 기초적인 읽고 쓰는 능력과 산술 능력에 중점을 둔 '지육(智育, mental education)'과 체조 및 (아마도 더 놀랍게도) '군사훈련'을 포함하는 '체육(體育, bodily education)'이다.

마르크스가 제안한 교과과정 중 교육 사상에 대해 가장 독창적으로 기여한 부분은 세 번째이다. "모든 생산과정의 일반 원리를 알려주고 동시에 아동과 젊은이들이 모든 직업의 기초 도구를 실제 사용하고 다루기 시작하는

36 Small, *Marx and Education*, p.106.

37 Marx, 'Instructions for the Delegates of the Provisional General Council', p.188.

기술 훈련"이다.[38] 이후의 작가들은 똑같이 적절한 이름표인 '종합기술교육 (polytechnical education)'을 사용했다. 이 개념은 교양(Bildung)의 인본주의적 이상을 현대 산업과 노동계급의 현실로 대담하게 바꾸어 놓은 것이다. 마르크스는 그가 『자본』에서 "노동 분업에 대해 매우 이단적인 견해를 가지고 있었다"라고 언급한 헤겔을 전적으로 신뢰했다.[39] 그러나 그는 두 가지 핵심적인 문제 — 공장에서의 노동 분업 증가와 기계 사용에서의 지식과 노동의 분리 — 가 자본주의적인 사회적 생산관계에 의해 훨씬 더 악화되었다고 확인했다. 그의 결론은 해결책의 적어도 일부는 두 분과를 동시에 다루는 학교교육 모델에서 나올 수 있다는 것이었다.

제네바회의의 교육정책이 이후 총회에서 논의되었을 때, 마르크스는 그의 종합기술교육 원칙의 사회주의적 성격을 강조하기 위해 애썼다.

> 프롤레타리아 문필가들이 옹호한 기술 훈련은 도제가 자신의 업무에 대한 완전한 지식을 습득하는 것을 방해하는 노동 분업에 의해 발생한 결함을 보완하기 위한 것이었다. 그러나 이는 중간계급이 기술교육이라고 이해한 것으로 완전히 잘못 이해되어 왔다.[40]

결의안 자체에서는 마르크스가 이러한 새로운 교육 모델의 이점에 대한 자신의 예측에 있어 훨씬 더 낙관적이었다. "유급의 생산 노동, 지식 교육, 신체운동 및 종합기술훈련의 결합은 노동계급을 상층 및 중간계급의 수준 이상으로 끌어올릴 것이다."[41]

---

38   같은 책, p.189.

39   Marx, *Capital*, volume I, p.368.

40   Marx, 'Record of Marx's Speeches on General Education', p.399.

41   Marx, 'Instructions for the Delegates of the Provisional General Council', p.189.

19.5 교사와 노동

　마르크스의 교육사상은 노동계급의 아이들에게만 국한되지 않았다. 그는 직장 생활을 학교에서 하는 어른들에 대해서도 할 말이 있었다. 가르친다는 것은 어떠한 직업인가? 그것이 전문직이라는 주장은 최근에 이루어졌으며, 불안정하고 논쟁의 여지가 있다. 오래된 전문직과 비교하면 분명히 유사점이 있다. 가르친다는 것은 전문적인 지식과 기술이 필요하다. 현대사회에서는 이를 공식적인 훈련으로 획득하고 자격증으로 확인한다. 요즘에는 학문적 연구를 통해 지식 기반을 확대하는 곳인 대학에서 이루어진다. 교육은 실무자가 그들의 일상 업무에서 결정을 내리는 방식에 있어 전문직의 전형적 특징을 보여준다. 자율성과 함께 전문직 전체를 신뢰하는 공동체에 대한 책임감이 따라오며, 윤리 규범과 교사들 사이의 협력관계가 강조된다.

　전문직 노동 모델에 대한 마르크스의 태도는 무엇인가? 『공산당 선언』은 이 전통에 대한 자본주의의 적대감에 주의를 끈다. "부르주아지는 지금까지 존경받았던, 사람들이 경외심을 갖고 바라보았던 모든 직업으로부터 그 신성한 후광을 벗겨 버렸다. 부르주아지는 의사, 법률가, 성직자, 시인, 학자를 유급 임금노동자로 바꿔 버렸다."[42] 저자들이 이러한 사실과 이와 관련된 사회적 변화를 분명히 승인하는 것은 놀랍다. 그들은 이를 감상주의와 미신을 일소하는 것으로 여긴다. 그러나 상황이 그렇게 단순하지는 않다. 이는 완전히 발달한 현대성에서 오래된 가치와 이상이 상실된 것을 도발적으로 축하하는 척하는, 수사적인 구절이다. 『공산당 선언』 서두는 자본주의의 물질적 성취뿐만 아니라 자본주의하 사회생활의 급진적 단순화와 합리화 역시 칭찬한다. 그러나 이는 다음의 것을 준비한다. 다른 사람들이 향유하는 혜택에 대해 일부가 지불하는 대가가 자세히 제시된 그림의 어두운 면이다.

42　Marx and Engels, *Manifesto of the Communist Party*, p.487.

이러한 맥락에서, 앞선 '감상주의'의 기각을 액면 그대로 받아들일 필요는 없다.

가르치는 것이 전문직이라면, 그 종사자들은 대체로 최상위 특권계급 출신은 아니다. 교사가 된다는 것은 종종 사회적 신분 상승에 대한 협상을 의미한다. 마르크스는 "이전에는 그러한 직업에 접근할 수 없었던 계급에서" 뽑힌, 대중 교육을 받은 사무직 노동자에 대해서도 비슷한 지적을 했다.[43] 20세기 중반, C. 라이트 밀즈(C. Wright Mills, 1916~1962)는 교사의 사회적 지위를 가혹한 언어로 정의했다. "학교 교사, 특히 중학교와 고등학교 교사들은 전문직 중에서 경제적 프롤레타리아트이다."[44] 그는 교사가 수없이 많다고 지적했다. 교사는 전문직 중에서 가장 큰 단일 그룹이며, 더 중요한 것은 그들이 수수료를 부과하는 더 오래된 전문직에 비해 상대적으로 고용주의 통제를 더 많이 받는 봉급생활자라는 것이다.

이후에 마갈리 사르파티 라슨(Magali Sarfatti Larson, ?~)과 같은 마르크스주의자들은 전문직 노동 개념의 이데올로기적 기능을 강조했다.[45] 라슨의 분석이 발표되자, 현대사회에서 전문직의 역할에 대한 비판이 보편화되었다. 같은 해에 이반 일리히(Ivan Illich)의 『우리를 불구로 만드는 전문가들(Disabling Professions)』이 등장했다.[46] 이 글에서 일리히는 그의 영향력 있는 책 『학교 없는 사회(Deschooling Society)』[47]의 정규교육 분석을 보다 광범위하게 적용했다. 그는 전문가주의를 실무의 독점과 동일시했고, 모든 논리적 근거를

---

43 Marx, *Capital*, volume III, p.299.

44 C.W. Mills, *White Collar: The American Middle Classes*(New York: Oxford University Press, 1956), p.129.

45 M.S. Larson, *The Rise of Professionalism: A Sociological Analysis*(Berkeley: University of California Press, 1977).

46 I. Illich, 'Disabling Professions', in: I. Illich, I.K. Zola, J. McKnight, J. Caplan, and H. Shaiken(eds.), *Disabling Professions*(London: Marion Boyars, 1977), pp.11~39.

47 Ivan Illich, *Deschooling Society*(Harmondsworth: Penguin Books, 1971).

514 | 마르크스의 부활

억압적인 온정주의에 대한 변명으로서 묵살했다. 40년 후, 우리는 상황이 그렇게 간단하지 않다는 것을 알게 되었다. 교실에서의 업무를 경영상으로 압력을 가하는 데 대한 교사의 저항은 종종 전문가 모델의 여러 측면에 좋은 영향을 미친다. 라슨의 분석 같은 구식 마르크스주의는 이러한 가능성과, 교사를 순종적인 직원으로 만들려는 시도와의 피할 수 없는 대결에서 교사들을 유용한 자원 없이 남겨둘 위험을 폄하한다.

새뮤얼 볼스(Samuel Bowles, 1939~)와 허버트 긴티스(Herbert Gintis, 1940~)는 『자본주의 미국의 학교교육(Schooling in Capitalist America)』에서 교육에 대한 연구 효과로, 실무자로부터 관리자 및 행정가로의 권력 이동을 정당화하는 것일 수 있다고 주장한다. 그들은 이것이 20세기 교사들의 업무에서 발생했다고 시사한다.

> 과학적 관리를 위해 교육과정, 평가 방식, 상담 방식, 교재 선정, 교수방법의 통제가 전문가의 손에 맡겨졌다. 많은 전문가들이 교사 업무의 미세한 부분을 다루기 시작했다. 교육의 목표를 생각하고, 결정하고, 이해하는 작업은 고위 관리자의 손에 맡겨졌다.[48]

이는 노동 분업의 앞선 변화, 특히 기계 도입과 관련된 탈숙련화에 따른 교육과정의 합리화이다. 여기에서 전문 지식이, 말하자면 기계 내부에 갇히게 된다. 시스템 내부에서 일하는 사람들에게 더 이상 속하지 않는 지식을 포함하는 시스템에서도 유사한 일이 발생한다. 기계의 문제가 기술 그 자체가 아니듯이, 교사의 문제도 교육에 대한 연구 그 자체에 있는 것이 아니라 그것이 권력의 지렛대로 오용되는 것에 있다.

---

48 S. Bowles and H. Gintis, *Schooling in Capitalist America*(London: Routledge and Kegan Paul, 1976), pp.204~205.

조직화된 집단으로서 교사들이 반대하는 또 다른 신자유주의적 계획은 학교교육의 사유화이다. 밀턴 프리드먼(Milton Friedman, 1912~2006)이 제안한 바우처 제도는 공립학교뿐만 아니라 사립학교에도 공적 자금을 제공하기 위해 고안되었으며,[49] 그 순수한 형태로서는 '자신의' 학교를 훼손하는 것으로 알려진 대중에게는 너무 급진적인 것으로 판명되었지만, 더 최근의 차터스쿨(charter school) 운동도 본질적으로 동일한 목표를 추구했다. 다시 말하지만, 이러한 프로그램이 교사의 일상 업무뿐만 아니라 직업으로서의 교육에 미치는 영향은 뜨거운 논쟁의 대상이다.

19.6 마르크스와 오늘날의 교육

교육에 관해 마르크스를 읽는 것은 그의 정치경제학 비판의 중심 주제들에 초점을 맞출 때 제쳐 두게 되는 그의 사상의 일부 측면을 주목하는 데 있어 쓸모가 있다. 한편으로, 그의 학교교육에 대한 정치적 의제는 매우 실용적이고, 영국의 공장학교에 실재하는 관행에 확고하게 기반을 두고 있다. 다른 한편으로, 그의 실리적인 냉정함은 계급사회와 인류의 미래 상태 사이의 단절 너머를 바라보는 유토피아적인 시각을 배제하지 않는다. 이러한 극단 사이에서, 자본주의사회에 대한 마르크스의 계급 분석은 현대 세계의 교육 문제에 접근하기 위한 효과적인 틀을 제공한다.[50]

이러한 현재의 문제를 이해하는 데 있어 마르크스는 무엇을 기여하는가? 다른 곳에서와 마찬가지로 교육 문제에 있어서도 그의 전략은 사회적 관계

---

49 M. Friedman, 'The Role of Government in Education', in: R.A. Solo(ed.), *Economics and the Public Interest*(New Brunswick, NJ: Rutgers University Press, 1955), pp.123~144.

50 Small, *Karl Marx*, pp.69~85.

의 총체로서 사회를 좀 더 넓게 살펴보고, 이 구조의 지속적인 유지 및 재생산을 검토하는 것이다. 그는 권력관계를 사회계급의 상충하는 이해관계와 동일시하는 것으로 정책 문제에 접근한다.[51] 물론 오늘날의 세계는 매우 다르다. 그러나 ― 한 가지 예를 들자면 ― 1848년에 마르크스와 엥겔스가 묘사한 자본주의의 세계화는 21세기에도 여전히 진행 중이며, 자본의 끊임없는 새로운 시장 탐색에 따른 사회적·정치적 혼란이 진행 중이다. 교육은 특히 대학 수준에서는 그 자체로 국제적인 사업이며, 다른 형태의 산업 및 상업과 마찬가지로 치열한 경쟁, 재산의 변동, 위치의 이동이 특징이다. 국민국가 내에서 학교와 학교에서 일하는 교사는 확립된 생산 체제를 유지하고 재생산하기 위한 정책으로부터 새로운 압력을 받고 있다. 이 모든 것이 마르크스의 작업에서 인식되어 있다. 학교교육에 대한 그의 전망을 브라이언 사이먼(Brian Simon, 1915~2002)은 "대중적이고, 지역적이며, 민주적"이라고 적절하게 요약했다.[52] 이는 전망으로 남아 있지만, 오늘날의 교육 현실에 대해 효과적으로 분석하고 비판할 수 있는 전망이다.

---

51   우리는 이러한 접근 방식을 후대의 독자들이 종종 간과하는 마르크스의 언론 기고들에서 찾아볼 수 있으며, 오늘날의 사건에 부합하는 논평을 상상할 수 있다.

52   B. Simon, 'Popular, Local and Democratic: Karl Marx's Formula', *Education*, 11(March: 186~187)(1983).

참고문헌

Bowles, Samuel, and Gintis, Herbert(1976), *Schooling in Capitalist America*, London: Routledge and Kegan Paul.

Corbon, Claude-Anthime(1859), *De l'enseignement professionnel*, Paris: Imprimerie de Dubuisson et cie.

Friedman, Milton(1955), 'The Role of Government in Education', in: Robert A. Solo(ed.), *Economics and the Public Interest*, New Brunswick, NJ: Rutgers University Press, pp. 123~144.

Hegel, G.W.F.(1952), *Philosophy of Right*, Oxford: Clarendon Press.

Illich, Ivan(1971), *Deschooling Society*, Harmondsworth: Penguin Books.

_____(1977), 'Disabling Professions', in: Ivan Illich, Irving K. Zola, John McKnight, Jonathan Caplan, and Harlan Shaiken(eds.), *Disabling Professions*, London: Marion Boyars, pp.11~39.

Larson, Magali Sarfatti(1977), *The Rise of Professionalism: A Sociological Analysis*, Berkeley: University of California Press.

Marx, Karl(1976), 'Wages', MECW, vol.6, pp.415~437.

_____(1985), 'Instructions for the Delegates of the Provisional General Council. The Different Questions', MECW, vol.20, pp.185~194.

_____(1985), 'Record of Marx's Speeches on General Education. From the Minutes of the General Council Meetings of August 10 and 17, 1869', MECW, vol.21, pp.398~400.

_____(1986), *The Civil War in France. Address of the General Council of the International Working Men's Association*, MECW, vol.22, pp.307~359.

_____(1986), 'Outlines of the Critique of Political Economy [*Grundrisse*]. First and Second Instalment', MECW, vols 28 and 29.

_____(1989), *Critique of the Gotha Programme*, MECW, vol.24, pp.75~99.

_____(1989), *The Economic Manuscript of 1861~63*, MECW, vol.31.

_____(1996), *Capital*, volume I, MECW, vol.35.

_____(1998), *Capital*, volume III, MECW, vol.37.

Marx, Karl, and Engels, Frederick(1975), *The German Ideology*, MECW, vol.5, pp.19~539.

_____(1976), *Manifesto of the Communist Party*, MECW, vol.6, pp.477~519.

Mills, C. Wright(1956), *White Collar: The American Middle Classes*, New York: Oxford University Press.

Simon, Brian(1983), 'Popular, Local and Democratic: Karl Marx's Formula', *Education*, 11(March): 186~187.

Small, Robin(2005), *Marx and Education*, Aldershot: Ashgate.

_____(2014), *Karl Marx: The Revolutionary as Educator*, Dordrecht: Springer.

Smith, Adam(1937), *The Wealth of Nations*, New York: Modern Library.

Ure, Andrew(1835), *The Philosophy of Manufactures*, London: Charles Knight.

20 예술

이자벨 가로

20.1 예술과 소외

마르크스는 특별히 예술에 관한 저술을 쓴 적이 없다. 그러나 그의 최초 프로젝트 중에는 비록 결실을 맺지는 못했지만, 기독교 예술에 관한 짧은 글이 있으며, 예술 문제는 그의 관점에서 완전히 사라진 적이 없었다. 실제로 예술 문제는 그의 저술 처음부터 끝까지 시간의 흐름에 따라 변화된 관점의 접근을 통해 주기적으로 등장했다. 그의 관심을 끈 것은 주로 사회적 활동으로서의 예술이었다. 예술로 한편으로 개인의 발전 정도를, 다른 한편으로는 개인의 소외 정도를 측정할 수 있는 한, 예술적 역량의 수준은 주어진 역사적 구성 내에서 해방의 역사적 과정에 관한 지표로 간주할 수 있다. 따라서 예술은 마르크스가 끊임없이 몰두한 주제였다고 말할 수 있다.[1]

예술에 관한 마르크스의 사고는 크게 두 가지 분석 축으로 구분할 수 있

---

[1] 우리는 다음과 같이 덧붙여야 한다. 마르크스는 문학에 몇 차례 손대다가 이를 중단한 이후, 자신의 분석을 강화하는 데 이용하기 위해 글 중간중간에 시, 희곡, 소설의 수많은 인용구를 포함시켰다. 이러한 인용구는 그의 폭넓은 교양을, 그리고 무엇보다도 다양한 저자들이 그린 세계의 모습에 관한 그의 관심을 증명한다. 다음을 보라. S.S. Prawer, *Karl Marx and World Literature*(London: Verso, 2011), chs 7, 9, and 11.

다. 그러나 이 두 축이 급격한 단절로 분리되는 것은 아니며, 각각의 기여에 서로 보태고 영향을 미친다. 1842년에서 『1844년 경제학 철학 수고』까지의 첫 시기에 청년 마르크스는, 1830년대와 1840년대 프로이센에서 전개된 활발한 미학적 논쟁의 맥락에서 예술을 성찰하기 시작했다. 1840년대 후반에서 생애 끝까지의 두 번째 시기에는 자신의 자본주의 분석과 정치경제학 비판의 틀로, 따라서 소외와 착취의 극복이라는 관점을 상기시키면서, 예술적 활동의 문제에 관해 고심했다.

1840년대 초 마르크스는 청년 헤겔학파에 속했는데, 바우어는 이 학파의 주도적 인물이었다. 본에서 바우어의 강의를 들은 마르크스는 그와 함께 「신앙의 관점에서 고찰한 헤겔의 종교 및 예술 교리(The Hegelian Doctrine of Religion and Art Considered from the Point of View of Faith)」(1842)라는 제목의 저술을 공저하기로 합의했다. 이 저술에 포함시키기로 한 예술에 관련된 글은 결국 빛을 보지 못했지만, 마르크스는 이 글을 위해 열정적으로 노력했으며 예술 및 종교사 관련 학술 저작에 관한 방대한 메모를 남겼다.[2] 게다가, 비록 완성하지는 못했지만 이 준비 작업은 청년 마르크스의 보다 폭넓은 지적·정치적 여정에서 적지 않은 역할을 했다. 바우어의 우선순위가 기독교 비판이었다면, 정치적 혁명을 가능케 만들 지적 혁명을 획득하기 위한 것으로서 마르크스의 예정된 글의 운명은, 그의 관점이 바우어의 관점과는 꽤 달랐음을 증명한다. 마르크스는 이 준비 작업의 주제를 확장하는 것으로 출발했는데, 이는 이후 「종교와 예술, 특히 기독교 예술에 관해(On Religion and Art, with Special Reference to Christian Art)」라는 글이 되었다.[3]

『1844년 경제학 철학 수고』에서, 예술적 활동은 인간 본질의 포기 및 상

---

2   다음을 보라. M.A. Rose, *Marx's Lost Aesthetic: Karl Marx and the Visual Arts*(Cambridge: Cambridge University Press, 1984), part one, ch.3.

3   K. Marx, 'Letter to Arnold Ruge, 20 March 1842', MECW, vol.1, p.385.

실로 이해되는 인간소외에 관한 분석과 직접적으로 관련된다. 그러나 마르크스의 관점은 청년 헤겔학파의 일원으로서 소외 개념을 발전시킨 최초의 철학자, 포이어바흐의 관점과는 달랐다. 마르크스가 보기에, 종교적 소외에 관한 포이어바흐의 비난은 일방적이고 오해의 소지가 있는데, 포이어바흐는 예술적 창조성을 포함해 인간 능력의 발전을 허용하거나 가로막는 것의 원인을 다루지 않기 때문이었다. 마르크스 자신은, 비록 겉보기에는 그 무엇보다도 가장 적게 매개되는 것으로 보이지만 실제로는 사회적으로 매개되면서 동시에 매개하는 활동이기도 한 인간 감각 활동에서도, 인간세계를 구성하는 개인의 능력을 강조하면서 인간 감각의 발전과 교육에 관해 자세히 서술했다. '사회적 신체 기관'으로서의 눈, 그리고 대상을 인간화하는 활동으로서의 시각에 관한 페이지에서 마르크스는 다음과 같이 썼다. "조야한 실제적 필요에 사로잡힌 감각은 제한된 감각만을 가진다."[4] 그리고 그는 자신이 계속해서 사용할 용어법을 통해 시장적 부, 즉 유용성을 진정한 인간적 부, 즉 풍부하고 복잡한 사회적 인식을 발전시킬 활동력과 "음악적 귀, 형식미적 눈"[5]을 배양하는 데 요구되는 교육에 대치시킨다.

　보다 폭넓은 이론적 프로젝트의 체계에서 (그것을 수행하는 사람의 관점에서 볼 때의) 예술적 활동은 마르크스로 하여금 포이어바흐에게서 벗어나, 역량 및 잠재력으로 구성되고 사회적으로 정의된 인간 본질을 이론화할 기회를 주었다. 예술적 창작은 이러한 역사적 인간 본질이 스스로를 나타내는 형태 중 하나이며, 반대로 피착취 노동의 일상적 소외 정도를 측정할 수 있게 하는 것이었다. 마르크스에게, 이 점은 예술가와 대중 모두에게 해당되는 것이었다. 물론 누구나 예술 작품을 살 수 있지만, "당신이 예술을 향유하고자 한다면, 당신은 예술적 교양을 갖춘 사람이 되어야 한다".[6] 결과적으로 주체

---

4 K. Marx, *Economic and Philosophic Manuscripts of 1844*, MECW, vol.3, p.302.
5 　같은 책, p.301.

와 대상의 상호 규정은 정치경제학 비판의 중심에 있었다. 마르크스는 개인의 발전 문제에 관한 시각을 결코 잃지 않았다. 이러한 점으로 인해, 우리는 마르크스가 초기의 숙고 끝에 획득한 예술에 관한 새로운 접근이 그의 후기 저술 전체에도 그 흔적을 남겼다고 말할 수 있다. 그가 예술 문제를 다시금 제기한 것에는 아름다움 또는 취미판단에 관한 칸트적 영감을 받은 미학뿐만 아니라 관념론적 역사철학과 밀접한 관련을 지닌 헤겔식의 예술철학 모두에 대한 포기가 포함되어 있었다. 이를 위해 마르크스는 개인 능력의 발전을 가능케 하는 사회적 활동일 뿐만 아니라 (사회적으로 생산되고 수용되는) 재현 기능에 관한 변증법적 분석으로서 예술적 창작에 관한 유물론을 대용했다.

이러한 새로운 방향은 1845년 마르크스가 발전시키기 시작했던, 포이어바흐에 관한 근본적인 비판으로 더욱 그 깊이를 더하게 되었다. 포이어바흐가 활동을 감각으로 환원한 반면, 마르크스는 감각을 여러 사회적 실천 중 하나로 재고할 것을 목표로 삼았다. 『포이어바흐에 관한 테제』(1845)의 다섯 번째 테제에서 지나치게 편협하다고 여긴 비판에 대해 스스로 제시하고자 한 새로운 방향을 간략히 설명했다. 포이어바흐의 비판은 그것의 사회-역사적 차원을 인식하지 않고 감각에 대한 옹호에만 갇혀 있었기 때문이었다. 포이어바흐는 "감각을 실천적인, 인간의 감각활동으로 이해하지 않는다".[7] 따라서 『독일 이데올로기』에서 예술은 완전히 해방된 활동의 예외적 성격을 더 이상 지니지 않았다. 예술은 더 이상 해방의 모델이 아니었고, 마르크스가 발전시키려 했던 역사적 이해 대상의 하나로 보다 완화되면서, 노동 분업 내에 새롭게 위치했다. 그는 예술을 상부구조의 영역에 포함시켰고, 따라서 청년 헤겔주의자들에게 중요했던 사상의 절대적 자율성 테제에

---

6   같은 책, p.326.

7   K. Marx, *Thesis on Feuerbach*, MECW, vol.5, p.7.

서 탈피했다. 실제로 그는 이때 다음과 같이 주장했다. "정치, 법률, 과학 등의 역사, 예술, 종교 등의 역사란 존재하지 않는다."[8]

당시 마르크스는 생산양식을 본질적으로 규정하는 것이 무엇인지를 찾고 있었고, 계급구조와 관련된 노동 분업에 관한 그의 분석은 이러한 방향에 있어서 중요한 디딤돌이었다. 의미심장하게도, 그는 막스 슈티르너(Max Stirner, 1806~1856)를 격렬히 비판하는 장의 중간에서 다음과 같이 썼다. "라파엘로(Raphael) 같은 개인이 자신의 재능을 개발하는 데 성공하느냐의 여부는 노동 분업과 그로부터 기인한 문화적 조건에 달려 있다."[9] 독일의 나사렛파가 라파엘로를 가장 탁월한 화가로서 숭배했다는 점을 염두에 둔다면, 마르크스의 비판은 슈티르너뿐만 아니라 그가 이미 논쟁을 벌인 바 있는 지배적 미학 역시 겨냥했다는 점이 분명해질 것이다. 아주 간단히 말해, 이때 그가 겨냥했던 것은 특정 유형의 예술적 생산이 아니라 천재성이 절대적 예외로 정의되는 예술적 생산의 개념이었다. 이제 예술이 마르크스에게 있어서 보다 부차적인 문제가 되었다면, 예술은 특정한 역사적·사회적 맥락에 위치해야 하며, 예술가가 주연도 주요 전달자도 아닌 혁명적·해방적 실천과 연결되어야 한다고 그가 생각했기 때문이었다(후자는 자본주의적 생산에서 기인해 인류가 입는 피해로부터 예술가가 누리는 상대적 보호 때문이다). 다른 한편으로 그는, 예술가가 그러한 실천 속에 자리 잡고 있다고 생각했다.

바로 여기서 마르크스 미학의 역설이 분명한 형태로 나타난다. 예술은 그 시대에 따라 좌우되지만, 동시에 부분적으로는 지배적인 생산관계와 동떨어진다. 호레이스 베르네(Horace Vernet, 1789~1863)와 같은 유명 화가의 작품이 갖는 집단적 성격을 강조하고, 보드빌 및 소설 생산, 천문 관측의 이면에 놓인 협력 시도에 주목한 몇 줄 아래에서 마르크스는 '특정 개인의 예술 재

---

8   K. Marx and F. Engels, *The German Ideology*, MECW, vol.5, p.92.
9   같은 책, p.393.

능에 배타적인 집중, 그리고 이와 밀접히 관련된 광범위한 대중의 예술 재능 억압'[10]을 강하게 비판했다. 따라서 두 가지 주제가 서로에 대한 상대적 긴장 속에서 중첩되어 있다. 한편에서는 예술가의 노동이 다른 어떠한 것과 마찬가지로, 생산조직 전체에 종속되어 있다. 그러한 면에서 예술가는 어떠한 특권도 누리지 못한다. 그러나 동시에 마르크스는 예술가를 (자신의 창조력을 개발하는 극소수의 사람 중 하나로서) 예외로 여겼고, 따라서 그의 비판은 인간 능력의 일부에만, 무엇보다도 인간성의 일부에만 관련된, 예술가의 재능에서 협소하고 특화된 성격만을 다루었다.

그럼에도 불구하고, 다음의 두 논증은 결코 동일한 것이 아니다. 첫째, 예술가는 다른 이들과 마찬가지로 노동자이다. 둘째, 예술가는 『독일 이데올로기』부터 마르크스의 저술에 등장하기 시작하는 완전한 개인에, 적어도 그 대강에는 해당한다.[11] "공산주의사회에 화가는 없고, 여타의 활동 중 특히 그림 그리기에 종사하는 사람만이 있을 뿐이다."[12] 마르크스는 소외의 폐지로 나아가는 길을 닦는 데 일조하면서도 소외를 겪는 이러한 사회적 실천의 모순적 성격을 이보다 더 잘 표현할 수 없었을 것이다. 요약하자면 마르크스가 새로운 방향을 제시한 이 두 번째 시기의 마지막에, 예술은 규정받는 것이자 자율적인 것으로, 소외된 것이자 해방적인 것으로, 즉 현실의 모순과 그 초월을 갈망하는 메아리로서 자신을 표현한다. 분명 이 역설은 진정한 변증법과 주로 관련이 있는데, 이 변증법은 오직 정치경제학 비판이라는 보다 일반적인 틀 내에서만 명확해질 수 있는 것이다.

---

10 같은 책, p.394.
11   같은 책, p.46.
12   같은 책, p.394.

20.2 예술과 정치경제학 비판

마르크스는 첫 번째 접근에서 인간 역량의 발전 및 소외에 중점을 둔 것에 이어, 1857년부터 수행한 보다 엄밀한 자본주의 분석과 예술 문제를 연관시켜 다루었다. 예술과 노동의 관계는 더욱 밀접해졌지만, 결코 동일한 것이 되지는 못했다. 반대로 예술적 활동의 두 요소 간 긴장은 마르크스로 하여금 예술가의 예외적 특성으로 재현되는 소외에 관한 구체적인 내재적 비판에 근거해, 소외와 착취의 폐지가 어떠한 모습일지 명확하게 밝히도록 요구하는 듯 보였다. 여기서 다음의 두 글을 인용할 수 있다. 바로 『요강』(1857~1858)과 『잉여가치 학설사』이다. 이 두 글에서 예술에 관한 성찰은 극히 간략하게 나타나지만, 이 문제의 분석에 관한 언급은 생산과 상품의 성격에 관한 문단 사이사이에 빈번하게 등장하며, 마르크스에게 이러한 성찰이 진정으로 중요했음을 증명한다. 마르크스의 사고에서 이 중요성은, 특별한 기능을 부여받았지만 그 기능의 고유한 모순으로 인해 고통받는 사회적 현실로서의 재현에 관한 일반적 문제와 연결되어 있다.

1857년부터 마르크스의 정치경제학 비판과 상부구조에 관한 관심은 체계적으로 발전했고, 이는 그로 하여금 차별화된 모순적 총체성으로서의 자본주의적 사회경제 구성을 분석하도록 이끌었다. 이러한 총체성의 다양한 단층은 계급관계를 재생산하고 자본축적을 보장하는 특정 기능을 맡는다. 마르크스는 자본주의적 구성의 이러한 근본적인 통일성 때문에 경우에 따라서는 예술적 활동이 세계를 의식적으로 회복하고, 따라서 특정 작품이 진정한 비판적 의미를 획득하는 것이 가능하다고 생각했다.

더 나아가, 과거 시대의 예술을 상실된 조화로움의 표현으로서 수용하는 것은 역사에 관한 근본적으로 변증법적인 이해 및 그 다양한 갈망과 공명한다. 이것이 우리가 수세기 전 그리스 예술에 여전히 관심을 갖는 데 관한 1857년 "서문"의 유명한 구절을 이해하는 방법이다. "그러나 그리스 예술과 서사시가 사회 발전의 특정 형태와 결부되어 있다는 점을 이해하는 데 어려움이 있는 것이 아니다. 어려움은 그것들이 여전히 우리에게 미적 즐거움을 주고, 어떠한 면에서는 표준적이고 도달 불가능한 모델로서 여겨진다는 점에 있다."[13] 마르크스는 "물질적 생산과 예컨대 예술의 불균등 발전"[14]을 언급한 후, 그리스인들이 "결코 되돌아갈 수 없는" 시대와 사회적 조건 속에서 피어난 "평범한 사람들"[15]이었다는 점을 강조했다. 포스트 자본주의적 생산양식을 구축하려는 목표는 사라진 세계에 대한 이러한 향수를, 그것이 미래의 예시라는 의미에서 그리고 그 지점까지, 양식으로 삼을지도 모른다. 여기서의 마르크스의 분석은 자본주의 이전 사회에 고유한 전통적 사회형태에 관한 그의 후기 연구, 그리고 자본주의 단계 및 그 사회적·식민적 만행을 거치지 않고 공산주의 건설에 제공되는 자원에 관한 분석을 앞서는 것으로 여겨질 수도 있다.[16]

마르크스가 예술 문제를 다룰 때마다, 그의 목표는 어떠한 종류의 미적 모델 조성이 아니라 인간 개인을 형성하는 것으로서 예술 활동의 이론화였다. 이러한 점에서 예술은 그 나름의 특성을 가지고 있음에도 노동과 동일했다. 마르크스는 자신의 분석에, 예술품이 그것을 바라보는 사람들(그들이 발달된 미적 감각에 열린 감성적 존재인 한)에 미치는 영향을 포함시키려 했다. "오브제(objet d'art)는 다른 어떠한 생산물과 마찬가지로 예술적 감각을 가지고 아름다움을 즐길 줄 아는 대중을 창조한다. 따라서 생산은 주체를 위한 대상뿐만 아니라 대상을 위한 주체 역시 생산한다."[17] 이는 예술이 무기력한

---

13 K. Marx, 'Outlines of the Critique of Political Economy [*Grundrisse*]. First Instalment', MECW, vol. 28, p. 47.

14 같은 책, p. 46.

15 같은 책, p. 48.

16 다음을 보라. K.B. Anderson, *Marx at the Margins: On Nationalism, Ethnicity and Non-Western Societies*(Chicago: University of Chicago Press, 2010).

반영이 아니라, 넓은 의미에서의 어떠한 재현과 같이 자신의 방식으로 표현하면서 동시에 구조화하는 사회적 기능이라고 말하는 것과 같다. 예술품은 그 관객으로 하여금 행위자와 대상의 상황에 놓이게 함으로써, 그들의 안목, 음감, 지성을 형성하는 데 도움을 준다. 그러나 마르크스는 동시에, 서로 다른 사회 영역의 불균등 발전과 예술 창작이 갖는 독특한 시간성을 강조했다.

예술과 관련해서는, 예술이 번성한 특정 시기는 결코 사회의 일반적 발전에, 따라서 물질적 토대, 즉 그 조직의 골격에 대응하지 않는다는 점은 널리 알려져 있다. 예컨대 현대인과 비교된 그리스인 아니면 셰익스피어를 생각해 보자. 예술의 특정 형태, 예컨대 구전된 서사시는 그러한 예술 생산이 시작된 이후 더 이상 신기원을 이루는 고전적인 형태로 생산될 수 없다는 점, 다시 말해서 예술의 범위 내에 있는 특정한 주요 창작물은 그 발전의 초기 단계에서만 가능하다는 점조차 인정되고 있다. 이는 예술 영역 내에서 서로 다른 예술에 관한 것이라면, 사회의 일반적 발전과 관련해 예술 영역 전체에 관한 것이기도 해야만 한다는 것은 그다지 놀라운 것이 아니다.[18]

따라서 마르크스가 예술가의 예외적 성격과 그들 활동의 상대적인 사회적 '치외법권'을 확언하면서도 모든 사회경제적 구성의 본질적 (모순적) 응집력에 관한 생각을 유지하는 것이 가능해졌다. 예술가는 현재 작동하는 모순을 극복할 필요성을 미리 나타내 보이는 개인적·집단적 발전의 잠재성에 기초해 미래를 내다볼 뿐이다. 여기서 우리는 마르크스가 초기 저술에서 이미 다루었던 노동과 인간 능력의 발전에 관한 문제를 다시금 발견한다. 푸리에가 '휴식'을 찬사한 것과 달리, 그리고 『독일 이데올로기』에서 자신이

17   Marx, 'Outlines of the Critique of Political Economy [*Grundrisse*]. First Instalment', p.30.
18   같은 책, p.46.

제기한 테제와도 다르게, 이제 마르크스는 "진정으로 자유로운 노동, 예컨 대 음악 작곡은 가장 지독하게 어렵고 최고의 집중력을 요구한다"[19]라고 썼 다. 이러한 이유에서 예술은 착취 및 소외에서 자유로운 노동에, 다시 말해 서 "특정한 방식으로 조련된 자연력"으로서가 아닌 "주체로서의 노동자의 분투"에 비유해야 한다.[20]

예술은 노동과 마찬가지로 시간의 흐름에 따라 발전한 기술에 맞춰 외부 세계를 변화시키고 그 소재를 빚어낸다. 그러나 여기서 기술적 발전은 생산 과 달리, 더 높은 생산성과 사회적 필요노동시간의 절약 요구에 의해 주도되 는 것도, 업무를 강화시키거나 기계화하려는 경향에 의해 주도되는 것도 아 니다. 그러므로 어떠한 의미에서 예술은 자연으로부터 인간 해방을 보여주 는 전조인 완전하고 진정한 노동이다. 이러한 생각은 새로운 것이 아니다. 반면 여기서 독창적인 것은, 오랜 관습을 자본주의적 재구성에 종속시키는 실질적 포섭 과정[21]에서 예술가의 노동이 지속적으로 탈출한다는 마르크스 의 생각이다. 이러한 의미에서 예술가는 노동자가 아니다. 그보다 예술가 는, 가치법칙이 지배하는 노동의 세계를 특징짓는 자아 상실을 모면한 노동 자라는 역설적 모습을 노동자들에게 제공한다.

이는 두 가지 질문을 제기한다. 첫째, 소유자에게 있어서 그 내용이나 실 질적인 예술적 중요성과 무관하게 가치 축장에 지나지 않는 경향을 가진, 매 매되는 예술품의 현대적 위상을 어떻게 생각해야 하는가? 형식적 포섭 과정 은 지배적 생산관계에 의해 피해를 면하게 된 선별적 활동에 대한 보다 큰

---

19   Marx, 'Outlines of the Critique of Political Economy [*Grundrisse*]. First Instalment', p.530.

20   같은 책.

21   '포섭'이라는 용어는 우리로 하여금, 자본주의가 물려받은 생산 형태를 인계 받는 과정 인 단계를 구분할 수 있도록 한다. 그 첫 단계는 물려받은 형태를 합병하는 것(형식적 포섭)이고, 두 번째 단계는 그 형태를 완전히 재구성하는 것(실질적 포섭)이다. 다음을 보라. K. Marx, *Capital*, volume I, MECW, vol.35, p.511.

자본주의적 식민화로 이어지지 않는가? 둘째, 기껏해야 부분적 특권에 지나지 않는 순전히 상대적인 해방, 이제는 사방을 둘러싼 집단적 소외를 훨씬 더 명백하게 만들 뿐인 인문학이 아주 오래전 지녔던 위상의 흔적에 지나지 않는 해방, 다시 말해 해방 투쟁에서 비롯되지도 않고 혁명적 변화의 전망을 지닌 (프롤레타리아와 같은) 사회적 계급을 구성하지도 않는 이 해방을 우리는 무엇으로 생각해야 하는가?

첫 번째 질문은 예술가를 생산적 노동자로 정의하는 것이 지닌 문제적 성격을 비춘다. 마르크스가 강조했듯, 이러한 정의는 부르주아 경제학자의 시야에 자신의 존재에 대한 유일한 정당성을 제공한다. "이들은 자신들의 확고한 부르주아 사상에 지나치게 지배되어, 만약 아리스토텔레스(Aristotle, BC 384~322)나 율리우스 카이사르(Julius Caesar, BC 100~44)를 '비생산적 노동자'라고 부른다면 그것은 그들을 모욕하는 것이라고 생각할 것이다."[22] 사실 예술적 생산은 다른 어떠한 것과 마찬가지로 잉여가치를 창조할 수도 있을 것이다. 그러나 그것은 예술의 기능이 아니며, 예술 활동은 완전히 소실되지 않는 이상 생산력으로의 통합에 적어도 부분적으로는 저항한다. 이러한 자본주의 생산양식의 실질적 포섭에 대한 본질적 저항은 예술 활동을 향한 불신과, 이와는 반대로 마르크스의 눈에 보였던 예술의 중요성을 정확히 설명한다. 그가 언급했듯, "자본주의적 생산은 특정 분야의 지적 생산, 예컨대 미술과 시에 적대적이다".[23] 예술이 내용상 항상 혁명적인 것은 아니지만, 기본적으로 자유로운 활동으로서 예술은 상품 세계에 완전히 합병되는 것에 반대한다. 마르크스 당대에 예술 시장은 범위가 여전히 제한되었고, 문화 산업은 존재하지 않았다. 더욱이 예술품에 응고된 추상 노동량은 가치를 규정하는 것이 아니다. 리카도가 시장은 벗어나지 않으면서 가치법칙은 벗

---

22   K. Marx, *The Economic Manuscript of 1861~1863*, MECW, vol.31, p.184.
23   같은 책, p.182.

어나는 '복제 불가능한' 재화의 이러한 특성을 이미 지적한 바 있었다.[24]

마르크스는 이러한 특성을 설명하기 위해서 '프락시스(praxis)', '포이에시스(poiesis)' 개념에 의지했다는 점, 그리고 그가 이 개념에 의지한 것은 그리스 예술이 아니라 활동에 관한 아리스토텔레스적 범주를 언급할 때였다는 점은 주목할 만한 가치가 있다.[25] 실제로 아리스토텔레스가 사용한 용어는 이러한 맥락에서 나타나지 않지만, 우리는 다음과 같은 글을 확인할 수 있다. "몇몇 서비스와 사용가치, 즉 특정 활동 혹은 갖가지 노동의 결과물은 상품에 포함되어 있다. 그러나 그 밖의 것은 사람 그 자신과 별개인 유형으로 결과물을 남기지 않는다. 또는 판매 가능한 상품을 낳지 않는다."[26] 시장이 장악한 물질적 결과물이 없는 '순수한' 활동이 존재한다는 주장(마르크스가 예로 든 것은 노래이다)은 그로 하여금 그 자체가 목적인 인간 능력의 자유로운 발전을 다시 한번 강조할 수 있도록 허용한다.

그렇다면 '부'라는 용어는 그 근본적인 모호함에 따라 의미가 변화한다. 부의 비상품적 정의는 우리가 가치법칙으로부터 해방된 세계를 인식할 수 있도록 해준다. 왜냐하면,

> 편협한 부르주아적 형태를 탈피했을 때, 부가 보편적 교환에서 생산되는 개인의
> 필요, 능력, 기쁨, 생산력 등등의 보편성이 아니라면 무엇이겠는가? 부가 자연
> 력, 즉 자연의 힘과 인간 본성의 힘에 대한 인간 통제의 완전한 발전이 아니라면
> 무엇이겠는가? 부가 이전의 역사적 발전 이외의 어떠한 전제 조건도 갖지 않는
> 인간 창조력의 완전한 전개가 아니라면 무엇이겠는가? 여기서 이전의 역사적

---

24 D. Ricardo, *On the Principles of Political Economy and Taxation*(New York: Dover Publications Inc., 2004), section 1, ch.1.

24 D. Ricardo, *On the Principles of Political Economy and Taxation*(New York: Dover Publications Inc., 2004), section 1, ch.1.

25 다음을 보라. Aristotle, *Nicomachean Ethics*(Oxford: Oxford University Press, 2009), book 1, ch.1.

26 Marx, *Economic Manuscript of 1861~1863*, p.139.

발전은 그 자체가 목적인 발전, 즉 사전에 주어진 어떠한 척도로도 측정될 수 없는 모든 인간의 힘의 발전의 총체성을 형성하며, 이러한 형성은 인간이 자신을 어떠한 특정 성격으로 재생산하지 않되 자신의 총체성을 생산하고, 자신이 이미 된 무엇으로 남으려 하지 않되 무엇이 되려는 절대적 움직임으로 존재하는 이 과정을 통해 이루어진다.[27]

요컨대 체계화된 적이 없지만 점차 명백해진 마르크스의 이 낯선 미학은 예술 작품과 그것을 수용하는 사회적 조건에 관한 분석으로부터 돌아서서, 그 대신 예술 작품의 생산 및 자유로운 개인들의 연합 구성과 밀접히 연관된 사회인류학적 과정에 집중했다. 마르크스의 미학은 노동 해방이, 그 자체로 소외에 관한 능동적 비판의 담지자인 노동의 (부분적으로 혹은 잠재적으로) 비소외적 형태 일부에 이미 기초하고 있다는 통찰을 우선시했다. 따라서 예술은, 마르크스가 유토피아주의에 빠지지 않고 노동 및 노동자의 미래 해방을 위한 현실적 기원을 검증하고 제시하는 예외적 사례가 되었다. 이러한 시각에서 볼 때, 그가 예술에 기울인 관심은 분명 산발적이었지만 결코 부차적이지는 않았다. 예술에 대한 마르크스의 관심은 그로 하여금 "모두의 자유로운 발전을 위한 조건"으로서 "각각의 자유로운 발전"[28]이라는 공산주의에 관한 자신의 정의를, 그리고 "인간의 사회적 역사는 인간 개인 발전의 역사일 뿐이다"[29]와 같은 주장을 입증할 수 있도록 했기 때문이다. 또한 예술에 대한 마르크스의 관심은 역사적 토대가 사회경제적 구성의 총체성을 조건 짓고 개성의 역사적 발전을 한계 짓는다는 그의 생각과도 일치했다.

이로부터 도출할 수 있는 결론은 어떠한 의미에서는 놀랍다. 이 결론이

---

27   Marx, 'Outlines of the Critique of Political Economy [*Grundrisse*]. First Instalment', pp. 411~412.

28   K. Marx and F. Engels, *Manifesto of the Communist Party*, MECW, vol.6, p.506.

29   K. Marx, 'Letter to P.V. Annenkov, 28 December 1846', MECW, vol.38, p.96.

노동은 "삶의 주된 욕구"[30]라는 신념과 노동은 단순히 폐지되어야 한다는 강령[31]을 종합하는 한, 마르크스에게 예술 활동은 자본주의의 철폐라는 관점과 분리될 수 없다. 이 결론은 현재에도 자본주의 철폐의 관점에 근거하며 자유로운, 동시에 지불받지 않고 사심 없는 프락시스에 관한 기준 및 참고를 제공한다. 그러나 이러한 미덕은 결점이기도 했다. 그것은 비자본주의적 생산양식의 사회적·정치적 구축에 관한 의문을 해결되지 않은 것으로, 그리고 심지어는 회피된 것으로 불가피하게 남겨두었다. 그것은 계급투쟁의 중심성, 생산 재조직의 필요성, 국가권력과의 대결을 우회했다. 예술 활동 자체가 지배 및 착취 관계의 폐지를 위한 유일한 동력인 사회적 갈등의 주변부에 위치하는 것이 바로 예술 활동의 특성이기 때문이다.

20.3 마르크스 예술 분석의 현대적 적절성

예술에 관한 마르크스의 생각은, 많은 마르크스주의 이론가들이 매우 다양한 방향에서 이 주제에 관한 사상을 발전시켰다는 점에서 중요한 유산을 남겼다. 동시에, 20세기의 대중 혁명을 통해 생성된 정치체제는 마르크스주의를 주장하는 미학적 처방을 제시했다. 그러나 예술 이론과 실천이 마르크스의 저술에서 출처를 찾았음에도 불구하고(이것이 반드시 논리 부정합적인 것은 아니었지만), 마르크스의 분석은 그러한 전개에는 근본적으로 이질적인 것이었다. 이 점이 바로 마르크스의 예술론이 오늘날 여러 차원에서 다시 효과를 입증할 수 있는 이유이다. 그중 세 가지를 언급하고자 한다.

첫 번째 차원은 개인 능력의 발전이다. 마르크스의 분석은 규범적 미학으

---

30   K. Marx, *Critique of the Gotha Programme*, MECW, vol.24, p.87.

31   Marx and Engels, *The German Ideology*, p.77.

로 이어지지 않을 뿐만이 아니라, 암시적으로 직업적 예술가 집단을 넘어, 예술의 내용 및 과업에 관한 어떠한 정치적 명령에서도 예술 활동을 해방시킨다. 예술 활동의 유일한 기능은 바로 그 활동이 노예화되지 않는 것과 어떻게 하면 그렇게 남을 수 있는지를 아는 것에 있다. 이 기능은 분명 '사회주의 리얼리즘'으로는 실현되지 않는다. 그것은 개성의 발전에 물질적 토대를 부여하는 감각 능력에 대한 예술의 호소력으로, 눈과 귀의 순수한 즐거움으로 실현된다. 실제로 마르크스는 예술의 창조와 수용을 유희와 이상의 차원으로, 유년의 회복으로, 자본주의의 본질인 '인간의 시간 도둑질하기'에 반대되는 시간 해방으로 봤다. 역설적이게도 마르크스는 자유와 공산주의로 향하는 미적 경로의 관념을 완전히 거부하면서도, 칸트적인 "능력의 자유로운 유희"[32]에 거의 근접했고, 보다 역설적으로는 그럼에도 프리드리히 실러(Friedrich Schiller, 1759~1805)[33]의 미학에도 거의 근접했다. 자본주의에서 벗어나는 길은 정치적인 것, 즉 혁명의 형태일 수밖에 없다고 확신한 마르크스는 예술 활동을 그러한 출구가 가능하다는 증거로 여겼지, 출구를 가능케 하는 도구로는 여기지 않았다. 오늘날의 예술 활동은 개인의 일생을 그 어느 때보다도 더 엄청나게 병합하려는 자본주의 논리에 대한 하나의 잠재적 저항 형태로서, 이러한 암묵적 비판의 요지를 간직하고 있다고 생각할 수 있다.

두 번째, 예술과 문화는 자본주의에서 완전히 발달한 영역이 되었는데, 그 정도를 마르크스는 겨우 일별했을 뿐이었다. 그러나 자본주의의 논리 및 본래 자본주의에 이질적인 활동을 장악할 수 있는 자본주의의 능력에 관한 그의 분석은 여전히 매우 적절하다. 예술적·문화적 활동이 가치법칙에 종속되는 다른 활동에 이전보다 더 가까워지고 있지만, 부분적으로 그 법칙에

---

32 I. Kant, *Critique of Judgement*, trans. J.C. Meredith(Oxford: Oxford University Press, 2008), part one, first book, §9.

33 F. Schiller, *On the Aesthetic Education of Man*(New York: Dover Publications Inc., 2004).

복종하는 순간에도 그것에서 계속해서 탈출하기도 한다. 이러한 모순은 자본주의의 근본적인 모순 중 하나, 즉 노동력이 상품으로 결코 생산될 수 없음에도 불구하고 노동력을 가능한 한 완전히 편입시키려는 자본주의의 동력과 직접적으로 관련이 있다. 실제로 마르크스가 당대에 연구했던 예술과 노동 간의 복잡한 근접성에 관한 분석은 그 어느 때보다도 오늘날 더욱 적절하다.[34] 이 분석은 모든 정치적 개입의 특징인 비판 인식을 부각시킴으로써 자본주의 논리에 저항하는 다양한 형태를 위한 정치 공간을 열어준다.

세 번째 차원은 인간 해방의 사회적·정치적 과정에 참가하는 예술가가 생산하고, 바로 그 내용에 개입하는 비판적 예술의 복잡성에 관한 것이다. 이러한 예술은 20세기 내내 존재해 왔다. 오늘날 그러한 예술이 무엇을 할 수 있고 무엇을 생산할 수 있는지에 관한 의문은 서로 다른 수많은 경로를 따라 탐구되고 있으며, 이 과정에서 비판적 예술의 특수한 자율성을 당파적 책무와 결합시키는 문제는 지속적으로 다루어진다. 이러한 책무의 조건을 계속해서 다시 고민하고 고안하는 동시에, 창조적 생산능력을 갱신하는 것은 창의력이 있는 예술가들에게 달려 있다. 그러나 갱신의 필요성은 자본주의에 대한 이론적 비판자들과 함께 예술 관객과도 관련이 있다. 마르크스는 이러한 방식으로 탐구하지 않았지만, 다른 경우와 마찬가지로 이 경우에도 그의 저술을 문자 그대로 반복하기보다는 독창력을 갖는 것이 그의 접근에 보다 충실한 것이다.

---

34 다음을 보라. D. Beech, *Art and Value: Art's Economic Exceptionalism in Classical, Neo-classical and Marxist Economics*(Leiden: Brill, 2015), part 2; I. Garo, *L'or des images: art, monnaie, capital*(Montreuil: La Ville Brule, 2013), part 4.

참고문헌

Anderson, Kevin B.(2010), *Marx at the Margins: On Nationalism, Ethnicity and Non-Western Societies*, Chicago: University of Chicago Press.

Aristotle(2009), *Nicomachean Ethics*, Oxford: Oxford University Press.

Beech, Dave(2015), *Art and Value: Art's Economic Exceptionalism in Classical, Neoclassical and Marxist Economics*, Leiden: Brill.

Garo, Isabelle(2013), *L'or des images: art, monnaie, capital*, Montreuil, La Ville Brule.

Kant, Immanuel(2008), *Critique of Judgement*, trans. J.C. Meredith, Oxford: Oxford University Press.

Marx, Karl(1975), 'To Arnold Ruge, 20 March 1842', MECW, vol.1, pp.383~386.

_____(1975), *Economic and Philosophic Manuscripts of 1844*, MECW, vol.3, pp.229~346.

_____(1975), *Thesis on Feuerbach*, MECW, vol.5, pp.6~8.

_____(1986), 'Outlines of the Critique of Political Economy [*Grundrisse*]. First Instalment', MECW, vol.28.

_____(1989), *Critique of the Gotha Programme*, MECW, vol.24, pp.75~99.

_____(1989), *The Economic Manuscript of 1861~1863*, MECW, vol.31.

_____(1994), *The Economic Manuscript of 1861~1863*, MECW, vol.34.

_____(1996), *Capital*, volume I, MECW, vol.35.

Marx, Karl, and Engels, Frederick(1975), *The German Ideology*, MECW, vol.5, pp.19~539.

_____(1976), *Manifesto of the Communist Party*, MECW, vol.6, pp.477~519.

_____(1982), *Letters*, 1844~1851, MECW, vol.38.

Prawer, Siegbert Salomon(2011), *Karl Marx and World Literature*, London: Verso.

Ricardo, David(2004), *On the Principles of Political Economy and Taxation*, New York: Dover Publications Inc.

Rose, Margaret A.(1984), *Marx's Lost Aesthetic: Karl Marx and the Visual Arts*, Cambridge: Cambridge University Press.

Schiller, Friedrich(2004), *On the Aesthetic Education of Man*, New York: Dover Publications Inc.

21 기술과 과학
에이미 E. 웬들링

21.1 과학과 기술에 대한 마르크스의 연구

마르크스는 기술에 대해 새로운 비판적 개념을 종합했다. 마르크스는 보편적이고 중립적이라는 법·정치의 규범이 부르주아적이라고 밝혀냈듯이, 어떻게 기술이 자본주의적인지 보여주었다. 『자본』 1권에서는 자본주의가 일반적으로 기술을 발전시키기 위해 작동하지 않는다고 주장했다. 오히려 자본주의는 오로지 자신의 경제적, 사회적, 정치적 이익에 부합하는 종류의 기계만 발전시킨다. 심지어 그렇지 않은 기술의 발전을 방해하기도 한다. 그러나 자본주의는 일반적으로 기술을 발전시킨다고 주장되기도 하며, 그럼으로써 비자본주의적 기술을 상상할 수 있는 우리의 능력을 제한한다.

마르크스가 1845년 후반과 1846년 초반에 기술이라는 주제에 대한 작업을 시작했을 때, 그는 아직 이러한 (기술에 대한 _옮긴이) 비판적 개념을 채택하지 않았다. 사실, 그는 기계 자체를 그것의 사용과 분리할 수 있다는 기술에 대한 순진한 개념으로 시작했다. 이는 1846년 12월 28일 파벨 안넨코프 (Pavel Annekov, 1813~1887)에게 보낸 편지에 매우 분명하게 나타나는데, 이 편지에서 마르크스는 다음과 같이 썼다. "기계는 쟁기를 끄는 소와 마찬가지로 경제적 범주가 아닙니다. 오늘날의 기계 사용은 현재 경제 제도의 관계 중 하나이지만, 기계를 이용하는 방식은 기계 자체와는 전혀 다른 것입니다. 화약이 사람에게 부상을 입히는 데 사용되든 부상자의 상처 치료에 사용되든 화약인 것은 변함이 없습니다."[1] 이미 이 구절에서 기술과 기술 사용의 구분은 뚜렷하다. 그러나 기술을 개발하고 사용하는 자본주의적 방식은 어떠한 기술이 개발되고 사용되는지를 조건 짓는다는 사실을, 마르크스가 아직 이해하지 못했던 시기의 것이기 때문에 전비판적(pre-critical)이다.

대조적으로, 『자본』 1권에서 마르크스는 다음과 같이 썼다. "노동자들의 저항을 진압하는 무기를 자본에게 제공한다는 유일한 목적에서 출현한, 1830년 이래의 발명에 대해 역사책 한 권은 쓸 수 있을 것이다. 이 중에서 자동 뮬 방적기가 무엇보다 중요한데, 이 방적기가 자동 체계의 신기원을 열었기 때문이다."[2] 기술 발명에 대한 비판적 개념의 관점에서 보자면, 마르크스는 1846년 편지의 마지막 문장을 다음과 같이 고쳐 썼을지도 모른다. "화약은 상처를 치료하는 데 가장 자주 사용될 것인데, 이는 화약이 이미 부상을 입히는 데 사용되었기 때문입니다."

마르크스의 기술에 대한 전비판적 개념이 비판적 개념을 전환한 것은, 과학과 기술이 어떻게 자본의 잉여가치 추구와 함께 발전되었는지를 연구하면서 이루어졌다.

과학[Wissenschaft]은 마르크스에게 영어 용법보다 더 넓은 의미인데, 영어 용법에서 과학은 마르크스가 거부한 경험적 인식론과 실증주의적 방법론을 수반하기 때문이다. 무엇보다 과학은 마르크스의 유물론적 설명을 사실로 만드는 바로 그것이었다. 과학에 대조되는 용어는 이데올로기였다. 마르크스의 초기 작업에서 헤겔 사상과 그의 후기 작업에서 자본주의 이데올로기가 바로 그것이다. 다시 말하면, 간결함이 과학적 설명 가치인 영어와 달리,

---

1   'K. Marx to P. Annenkov, 28 December 1846', MECW, vol.38, p.99.

2   K. Marx, *Capital*, volume I, MECW, vol.35, p.439.

과학적[wissenschftlich]이기 위해서는 일정한 복잡함과 개념적 깊이가 필요하다. 그렇기 때문에 마르크스는 1872년 『자본』 프랑스어판 서문에서, "과학에는 지름길이 없다"라는 유명한 경고를 했다.[3]

일찍이 1845년에 시작해 1851년에 이 주제에 집중한 후 1860년대까지 계속해서 관심을 가지고서, 마르크스는 기술 발전의 역사를 상당히 자세하게 연구했다.[4] 독어로 된 자료들 중에서, 마르크스는 특히 요한 하인리히 모리츠 폰 포프(Johann Heinrich Moritz von Poppe, 1776~1854)의 작품을 연구했다.[5] 포프는 요한 베크만(Johann Beckmann, 1739~1811)의 괴팅겐 제자였다.[6]

귀도 프리슨이 설명했듯이, 마르크스가 포프와 베크만에게 물려받은 기술 개념은 자연과학의 방법론, 특히 자연물의 사회적 용도 전환을 연구한 리네이우스의 방법론을 모방했다.[7] 그 결과로 생겨난 발명의 역사는 사물의 목록으로 나타나는데, 그중 일부만이 오늘날 기술로 인정될 수 있을 것이다. 베크만의 『고대 제도에 대한 약사: 과학과 기계 기술의 발명과 발견(A Concise History of Ancient Institutions, Inventions, and Discoveries in Science and Mechanic Art)』에는 재봉틀과 리본 직조기뿐만 아니라 파인애플과 벌에 대한 항목도 있었기 때문이다.[8]

---

3   Marx, *Capital*, volume I, p.23.
4   역사가 라이너 빈켈만(Rainer Winkelmann)과 한스-피터 뮐러(Hans-Peter Muller)는 이 자료의 일부를 (각각 1982년과 1981년에) 기록했다. 이는 MEGA²에는 수록되지 않았지만, 4번째 시리즈의 제10권에 수록되기로 계획되어 있다. 특히 뮐러의 설명은 포프에 대한 발췌문을 온전히 포함하고 있다(H. Muller, *Karl Marx: Die Technologisch-Historischen Exzerpt* [Frankfurt: Ullstein Materialien, 1981], pp.3~148).
5   같은 책, p.47.
6   F. Yoshida, 'J.H.M. Poppe's History of Technology and Karl Marx', *Hokudai Economic Papers*, 13:25(1983).
7   G. Frison, 'Linnaeus, Beckmann, Marx and the Foundation of Technology. Between Natural and Social Sciences: A Hypothesis of an Ideal Type', *History and Technology*, 10:152(1993).
8   J. Beckmann, *A Concise History of Ancient Institutions, Inventions, and Discoveries in*

1851년, 마르크스는 베크만의 성숙한 작업을 연구했다. 여기에서 베크만은 이러한 항목을 분류했는데, 그가 조사한 다양한 기술에 사용된 절차의 동일성 또는 유사성에 따라 자료를 정렬하고 분류 방식을 확립해, 간단한 작업부터 복잡한 작업의 순서로 나아갔다.[9] 이는 어떻게 기술이 보다 일반적인 연구 주제가 되었는지, 어떻게 기술이 특정 행위로부터 분리되고, 그것들 사이에서 이동했는지 보여준다. 베크만과, 마르크스를 포함해 그를 뒤따랐던 이들은 이를 '일반 기술(general technology)'이라고 불렀다. 일반 기술은 과학의 새로운 분야, 응용 산업 기술 또는 이후에 공학이라고 불린 분야와 동일시되었다. 19세기에 일반 기술은 또한 기계적 발견을 중앙 집중된 엔진에 흡수한 물체, 즉 기계와 동일시되었다.

후미카즈 요시다(Fumikazu Yoshida; 吉田 文和, 1950~)가 기록했듯이, 마르크스는 포프로부터 적어도 네 가지 중요한 개념을 끌어냈다. ① 일반 기술의 개념, ② 제분소, 직조 및 시계 제작에 대한 구체적인 사실들, ③ 수공업에서 공장 단계로 도구 사용의 이행에 관한 논의, ④ 역학과 관련된 화학의 중요성이다.[10] 이 네 가지 개념은 모두 마르크스가 『자본』과 그 원고에서 제시한 기술에 대한 논의에서 분명하게 보이며, 마르크스가 피터 개스켈(Peter Gaskell), 앤드루 유어, 찰스 배비지(Charles Babbage, 1791~1871)의 영어 자료를 통해 이루어낸 증기기관 연구와 통합된다.

그러나 마르크스는 포프와 베크만에 대한 연구에서, 그의 비판적 기술 개념과 훨씬 더 관련이 깊은 다른 무언가를 받아들였다. 프리슨에 따르면, 프로이센 국가는 일반 기술의 개념을 낳은 대학에 자금을 지원해 왔고, 일반 기술의 발견이 프로이센 국가의 이익을 증진하는 데 복무할 수 있도록 요구

Science and Mechanic Art(London: G. and W.B. Whittaker, 1823), pp.xi~xvi.

9   Frison, 'Linnaeus, Beckmann, Marx and the Foundation of Technology', p.163.

10   Yoshida, 'J.H.M. Poppe's History of Technology and Karl Marx', pp.24~26.

했다.[11] 그러므로 프로이센 국가와 기술 발전 사이의 연관성은 기술이 – 실제로는 그렇지 않았지만 – 정치적으로 더 중립적으로 보였던 영어 사용 국가에서와는 달리 명시적이었다. 만약 마르크스가 영국의 산업혁명에서 작동하는 기술 발전의 정치학을 알아챌 수 있었다면, 부분적으로는 그가 기술 정치학을 발견하도록 훈련받았기 때문이다.

특정 국가에 대한 마르크스의 비판은 모든 현대 국가의 자본주의적 형성에 대한 비판으로 발전했다. 이는 곧 자본주의가 일반 기술의 발전을 형성했다는 통찰에 이르렀다. 특정 국가의 욕망이 아니라 오히려 자본주의의 이윤추구 규범이 새로운 기술 발전의 정치학이었다.

이러한 걱정은 화약이 치료의 목적 대신 사람을 불구로 만드는 목적으로 사용되는 것처럼, 그 자체로는 중립적인 기술이 폭력적인 방식으로 사용될 수 있다는 전비판적인 개념과는 다른 것이었다. 오히려 마르크스는 자본주의 이윤 추출 체제의 어떤 특징이 기술 그 자체에 구축되어 그 형태에 영향을 미친다는 것을 깨달았다. 앤드루 핀버그(Andrew Feenberg, 1943~)의 예시에 따르면, 오직 아이들만이 기계를 작동할 수 있다고 주장하기 위한 목적으로 아이들의 몸에 맞게 만들어진 기계가 사용되었다.[12] 이는 아동노동이 이윤 추출의 핵심 요소였기 때문이다.

이윤 추출 체제는 어떤 기술이 개발되는지에만 영향을 미친 것이 아니라, 어떤 기술이 개발되지 않는지에도 영향을 미쳤다. 『자본』에서 마르크스는 다음과 같이 썼다.

공장주 자신의 아이들이 공장의 조수로서 수업을 받게 될 때, 비로소 아직 개척되지 않은 기계학의 [몇몇] 영역이 크게 발전할 것이다. "기계류 중에서, 자동식

---

11   Frison, 'Linnaeus, Beckmann, Marx and the Foundation of Technology', pp.144~145.
12   A. Feenberg, *Questioning Technology*(New York: Routledge, 1999), pp.86~87.

뮬 방적기는 아마 다른 어떤 종류보다도 더 위험할 것이다. 사고의 대부분은 어린 아동들에게 일어나는데, 왜냐하면 그들이 바닥을 청소하기 위해 뮬 방적기가 움직이는 동안 그 아래로 기어 들어가기 때문이다. …… 만약 기계제작자가 자동청소기를 발명해 이 어린 아동들이 기계 밑에 기어 들어갈 필요를 없애기만 한다면, 우리들의 사고 방지 대책에 크게 기여할 것이다"(「공장감독관 보고서」, 1866년 10월 31일, 63쪽).[13]

마르크스는 또한, 만약 기술이 바로 국가 운영 기술의 한 분야로서 공산주의의 아주 훌륭한 정치적 목표를 위해 사용된다면, 이는 노동계급과 전체 인류 모두에게 이익을 주고 개선하는 방식으로 발전할 것임을 깨달았다. 우리는 '기계에 대한 단상'이라고 알려진 마르크스 『요강』의 기술 관련 텍스트에서, 기술의 이러한 긍정적인 모습을 가장 강하게 엿볼 수 있다.[14]

21.2 『요강』과 공산주의 기계

자본주의 기술과 공산주의 기술의 비교는 사실 『요강』의 특징이다. 마르크스가 계속해서 자본주의 과학과 기술에 대한 비판적 설명을 발전시키는 동안에도, 여전히 자본을 약화시키기 위해 과학과 기술이 발전할 수 있는 경로를 강조하고자 했다. 따라서 『요강』에서 마르크스는 기술 발전의 부정적인 측면과 잠재적으로 긍정적인 측면 사이를 왔다 갔다 했다.

---

13   Marx, *Capital,* volume I, pp.424~425.

14   K. Marx, 'Outlines of the Critique of Political Economy [*Grundrisse*]. Second Instalment', MECW, vol.29, pp.79~98. A. Negri, *Marx beyond Marx: Lessons on the Grundrisse* (New York: Autonomedia, 1992), pp.139~147와 M. Postone, *Time, Labor, and Social Domination: A Reinterpretation of Marx's Critical Theory*(Cambridge: Cambridge University Press, 1993), pp.24~36은 이 문서에 대한 설득력 있는 해석을 제공한다.

예를 들어, 마르크스는 "전체 과학이 자본에 복무하도록 잡혀 있으며, ……
그러면 발명은 사업이 되고, 직접적인 생산에 과학을 응용하는 것 그 자체
가 과학을 규정하고 과학을 요청하는 요인이 된다"라고 썼다.[15] 그러나 과학
에 대한 이러한 새로운 동기는 마르크스가 연구한 역사에서의 과학의 기원
그리고 마르크스가 과학의 참된 동기여야 한다고 주장한 것 모두와 상반된
다. 기계과학은 노동자의 세부 동작을 연구한 후 그것을 대체해 왔고, 따라
서 자본가가 아니라 노동자에게 올바르게 소속되었다. 나아가 과학의 동기
는 이윤추구를 포함한 생산 규범이 아니라 인류의 존엄을 위한 것이어야 했
다. 마르크스가 보여준 것은 기술이 가치 체계에서 헤어나지 못하며, 필연
적으로 그렇다는 것이다. 만약 이 체계가 인류의 존엄을 목표로 한다면, 기
술은 매우 다르게 보일 것이다.

마르크스가 『요강』에서 보여주었듯이, 자본주의하에서 기계는 잉여노동
의 축적을 촉진하기 위해 더 긴 노동시간을 강제하는데, 이는 기계에 고정된
자본이 감가되거나 수익을 낼 수 없게 되기 전에 가능한 빨리 사용되어야 하
기 때문이다.[16] 그러므로 한 명의 노동자가 이전에는 10명이 만들었던 만큼
리넨을 만들 수 있는 것이 사실이지만, 이것이 그 노동자가 1/10시간만 일
해도 된다는 것을 의미하는 것은 아니다. 오히려 모든 노동자의 대량생산은
그들이 "거대한 양"을 생산하면서도 이전보다 더 오래 일하게 되었다는 것
을 의미할 뿐이다.[17]

이러한 장시간 노동의 문제는, 마르크스가 언급했듯이 "개인의 모든 시간
이 노동시간으로 간주되고, 이에 따라 개인은 노동에 포섭된 단순한 노동자
로 격하된다"는 것이다.[18] 자본주의 기계는 또한 노동자로부터 기술과 물리

---

15 K. Marx, 'Outlines of the Critique of Political Economy [*Grundrisse*]. First Instalment',
    MECW, vol. 28, p. 90.

16 같은 책, p. 89.

17 같은 책, p. 84.

적 힘을 모두 박탈하기 때문에[19], 이 긴 노동시간 동안 노동자의 역할을 "감독관 및 조정자"로 축소한다.[20] 이러한 이유로 노동자는 일종의 이익을 가져다줄 어떠한 노동에도 포함되지 않는다. 그 대신 노동자는, 마르크스가 썼듯이 "노동이 노동과정을 지배하는 통일체로서 노동과정을 총괄한다는 의미에서의 노동과정이기를 중지한" 생산과정에 종속된다.[21]

　공산주의 기계는 마침내 필요노동을 최소한으로 줄이는 기계의 일반적인 능력을 수행하게 될 것이다.[22] 잉여가치를 생산하지 않아도 된다는 것의 결과는 모두를 위한 자유 시간일 것이다. 마르크스는 부 그 자체가 처분 가능한 시간으로 정의될 것이라고 주장했다.[23] 마르크스는 그 결과의 개요를 다음과 같이 훌륭하게 제시했다.

> 노동시간의 절약은 자유 시간의 증대와 같다. …… 직접적인 생산과정의 관점에서 볼 때, 이는(개인의 완전한 발전은 _옮긴이) **고정자본**의 생산으로 간주될 수 있는데, 이 고정자본은 인간 자신이다. …… 여가시간이자 보다 고차원의 활동을 위한 시간인 자유 시간은 그 보유자를 자연스럽게 다른 주체로 전환시키고, 그러면 그는 다른 주체로서 직접적인 생산과정에도 들어가는데 …… 이 주체의 두뇌는 사회의 축적된 지식의 보고(寶庫)이다.[24]

마르크스가 염두에 두었던 지식의 종류는 특히 노동자들이 자본주의에

18　같은 책, p.94.
19　같은 책, p.82.
20　같은 책, p.91.
21　같은 책, p.83.
22　같은 책, p.91.
23　같은 책, p.94.
24　같은 책, p.97.

의해 체계적으로 배제되었던 과학적이고 기술적인 지식이었다.[25]

그래서 『요강』에서 마르크스는 공산주의 기술의 미래에 대해 희망적이었다. 마르크스가 인정했듯이 기계가 고정자본의 가장 적절한 형태라고 할지라도,[26] "자본의 사회적 관계로 포섭되는 것이 기계류 사용을 위해 가장 적절하고 가장 좋은 사회적 생산관계라는 결론이 도출되는 것은 아니다".[27] 마르크스는 자신 있게 "예를 들어 기계가 연합한 노동자들의 소유가 되어도 사회적 생산의 동인(agent)이기를 중단하지는 않을 것이다"라고 결론지었다.[28] 이 노동자들은 공산주의 가치 체계에 따라 이러한 기계를 소유하고 작동하고 발전시키는 데 새롭게 숙련될 것이다.

이러한 희망은 「1861~1863년의 경제학 초고」에서 여전히 살아 있다. 여기서 마르크스는 심지어 "영국 노동계급의 육체적, 도덕적, 지적 개선을 위한 (생산 발전의) 보기 드문 유익한 결과"에 대해 쓰기까지 했다.[29] 그러나 『자본』 1권에서는 해방된 사회에서의 기계 사용에 대한 추측이 거의 없다. 이러한 생각은 단지 '기계와 대공업' 장에서 마르크스가 다음과 같이 쓴 단 하나의 각주에서 유지될 뿐이다. "공산주의사회에서는 기계가 부르주아사회에서와는 전혀 다른 사용 범위를 가질 것이다."[30]

---

25   『공산당 선언』 말미에서의 보편적인 공교육에 대한 요구와 특히 '교육의 산업 생산과의 결합'(MECW, vol.6, p.505)에 대한 조항은 이러한 의견에 비춰볼 때 가장 잘 이해된다.

26   Marx, 'Outlines of the Critique of Political Economy [*Grundrisse*]. First Instalment', p.84.

27   같은 책, p.85.

28   같은 책, p.211.

29   K. Marx, *The Economic Manuscript of 1861~1863*, MECW, vol.33, p.386.

30   Marx, *Capital*, volume I, p.396.

21.3 『자본』과 기술의 모순

마르크스가 잉여가치와 잉여가치 생산에 있어서 기계의 역할을 명료하게 이해하면서 『자본』 어조에 변화가 나타났다. 기계와 잉여가치 사이의 관계에 대한 강조는, 마르크스가 『자본』에서 기계를 몇몇 가능성 있는 생산양식에서 개발되고 사용될 수 있는 것으로서 이야기하지 않았다는 것을 의미한다. 그는 기계를 특별히 자본주의 생산양식에서 개발되고 사용되는 것으로서 이야기했다. 그리고 전비판적 기술 이론은 기존의 기계가 노동계급의 이익에 해로운 방식으로 사용되었다고 주장하는 반면, 비판적 기술 이론은 더 강하게 주장한다. 자본주의는 오로지 자신의 사회적·정치적 이익을 진전시키는 기계만을 발전시킨다. 모든 기계는 자본주의 기계이다. 모든 기술은 자본주의 기술이다.

마르크스가 말하는 잉여가치의 의미는, 노동자의 일상적 필요를 충족시키는 데 필요한 것 이상으로 노동자에게서 추출되는 노동이라는 것을 상기하라. 노동일의 연장은 마르크스가 절대적 잉여가치라고 부른 것에 기여한다. 예를 들어 노동자는 자신에게 그날 필요한 음식, 주거지, 다른 필수품을 공급하기에 충분한 가치를 창출하기 위해 3시간을 일해야만 한다. 그러나 그녀는 12시간 교대로 일한다. 남은 9시간 동안 창출한 가치는 그녀가 일하는 자본주의 기업의 이윤이다. 왜냐하면 이 기업은 단지 그녀의 최소한의 하루치 필요를 충족하는 데 충분한 가치로 그녀의 총(노동)시간을 보상하기 때문이다.

마르크스는 상대적 잉여가치라는 범주를 추가함으로써 설명을 더 복잡하게 만들었다. 상대적 잉여가치는 하루 중에서 최소한의 하루치 필요 가치를 회수하는 데 사용되는 시간 부분을 단축시킨다. 심지어 더 많은 하루치 필요 가치를 회수하는 경우에도 그렇다. 이는 노동과정의 생산성을 증가시켜 이 가치가 더 빨리 생산되게 함으로써 가능하다. 이제 같은 노동자가 이전에는 3시간 동안 생산한 양의 가치를 2시간 만에 생산해, 유사하게 강화된 가치 생산물 10시간 치를 자본가를 위한 이윤으로서 남겨둘 수 있다. 노동의 분업은 생산성을 증가시킬 수 있는 수단의 간단한 예이다.

마르크스는 자신의 연구에서 얻은 자료를 바탕으로 공장 노동에서의 기계 사용을 노동 분업 역사의 정점으로 이해했다. 이 정점은 노동 생산력의 증가를 새로운 정점으로 몰아갔고, 동시에 상대적 잉여가치 생산을 강화했다. 마르크스는 이러한 업적을 달성한 기계를 다음과 같이 정의 내렸다.

완전히 발달한 기계는 어느 것이나 본질적으로 서로 다른 세 부분, 즉 동력기, 전동장치, 도구 또는 작업기로 이루어진다. 동력기는 전체 기계장치를 움직이게 하는 부분이다. 동력기는 증기기관, 열기관, 전자기 기관과 같이 자체 동력을 발생시키기도 하며, 물레방아가 물로부터, 풍차가 바람으로부터 받는 것처럼 외부의 기존 자연력으로부터 자극을 받기도 한다. 전동기는 (회전)속도 조절 바퀴, 축(shafting), 톱니바퀴, 도르래, 피대(strap), 로프, 벨트, 작은 톱니바퀴 및 각양각색의 전동장치로 이루어진 것인데, 이는 운동을 조절하고 …… 운동을 작업기 사이에 나누어 분배한다. 전체 기계장치 중 이 첫 두 부분은 오직 작업기를 운동시킴으로써 작업기로 하여금 노동 대상을 꼭 붙잡아 그것을 원하는 형태로 변화시키기 위한 것이다. 18세기 산업혁명은 기계장치의 이 마지막 부분, 즉 도구 또는 작업기와 함께 시작되었다. 그리고 오늘날까지도 수공업 생산 또는 매뉴팩처 생산이 기계에 의해 수행되는 산업 생산으로 옮겨갈 때 거듭해서 도구 또는 작업기가 출발점으로서 기능한다.[31]

마르크스는 동력기, 그중에서도 특히 증기기관의 새로운 혁신을 설명하는 데 관심이 있었다. 그것의 사용은 바람이나 수력에 의존할 필요성을 제

---

31   Marx, *Capital*, volume I, p.376.

거했고, 지속적인 생산 활동을 방해할 수 있는 모든 자연적 장애물을 제거했다. 이러한 이유로 자본주의 기계 그 자체는 새로운 동력 기제, 더 정확하게는 작업기에 부착됨에 따라 새로운 동력 기제가 동력을 증폭하는 것으로 정의되었다.

이 구절에서 마르크스는 수공업 생산에서 매뉴팩처 생산으로의 이행 역시 강조했다. 기계가 이전에 인간 노동에 의해 수행되었던 기능과 과정을 흡수하는 것은 마르크스의 유명한 노동의 탈숙련화에 대한 논의의 기초가 되었다. 그리고 실제로 이 장의 어조는 기계작업이 노동자를 약화시키는 효과를 강조하면서 기술적인(descriptive) 것에서 규범적인(normative) 것으로 빠르게 이동한다.

> 기계가 인간의 도움 없이 원료의 가공에 필요한 모든 운동을 수행하고 오직 노동자의 존재만을 필요로 하게 되면 기계의 자동 체계가 이루어진 것이며, 그 세부사항은 모두 끊임없이 개량될 수 있다. …… 그 몸통은 공장 건물 전체를 차지하며, 그 악마 같은 힘은 처음에는 그 거대한 팔다리의 느릿느릿하고 절도 있는 운동에 의해 은폐되지만, 마침내 그 무수한 작업 기관의 정신없이 빨리 전개되는 운동을 시작하는 기계적 괴물이다.[32]
>
> 기계로 일하려면, 노동자는 자동장치의 규칙적이고 연속적인 운동에 자기 자신의 운동을 적응시키기 위해 어려서부터 가르침을 받아야 한다.[33]
>
> 노동자가 노동수단을 사용하는 것이 아니라 노동수단이 노동자를 사용하며, 오로지 공장 체계에서만 이 역전은 비로소 처음으로 기술적인 현실성, 뚜렷한 현실성을 얻게 된다. 자동장치로 전환됨으로써 노동수단은 노동과정의 진행 중에 자본의 형태로, 즉 살아 있는 노동력을 지배하며 흡수하는 죽은 노동의 형태로

---

32 같은 책, p.384.
33 같은 책, p.423.

노동자와 대립한다. 육체노동으로부터 생산에 있어서의 지적 권력을 분리시켜 노동에 대한 자본의 지배력으로 전환시키는 것은, 이미 앞에서 보여줬듯이, 기계의 토대 위에 세워진 현대 공업에 의해 마침내 완성된다.[34]

특히 세 번째 구절은 탈숙련화 문제를 기계가 노동자의 작업 과정뿐만 아니라 정치적·사회적 권력을 놓고 경쟁하는 능력까지 약화시키는 효과와 연결한다.

사실 노동자들을 그들의 자리에서 그대로 있도록 하기 위해 고안된 장치는 자본주의 기술 발전의 노골적인 목표가 될 것이다. 예를 들어, 톰슨(E. P. Thompson, 1924~1993)이 감동적으로 묘사한 내면화된 시간 규율[35]과 푸코가 냉담하게 연대순으로 기록한 패놉티콘(panoptical, 모든 것이 한눈에 보이는 _옮긴이) 감시 체제[36]가 있다. 절대적 잉여가치의 증가는 생산과정에 기계를 도입하는 표면적인 이유일 수 있다. 그러나 또 다른 이유가 있는데, 이것 없이는 잉여가치의 증가가 의미 없거나 불가능할 것이다. 기계는 산업 노동자를 규율하기 위해, 그들의 교섭 지위를 약화시키기 위해, 그들을 자기 감시에 참여하도록 유인하기 위해 도입되었다. 상대적 잉여가치를 생산할 가능성이 가장 높은 종류의 일자리를 기꺼이 취하는 노동자가 없다면, 자본주의는 그야말로 불가능할 것이다.

이제 이상적으로는 자본주의 기술이 효율성과 지배라는 두 가지 목표를 동시에 충족시킬 수 있다. 기계는 생산 효율성을 높일 뿐만 아니라 노동자를 규율할 수도 있다. 그러나 이 두 가지 목표는 아마도 서로 충돌할 때 가장

---

34   같은 책, p.426.

35   E.P. Thompson, 'Time, Work-Discipline, and Industrial Capitalism', *Past & Present*, 38: 56~97(1967).

36   M. Foucault, *Discipline and Punish: The Birth of the Prison*(New York: Random House, 1977), pp.195~228.

흥미로울 것이다. 이런 일이 발생하면, 효율성은 종종 그것을 좌우하는 정치적 지배에 자리를 양보한다.

여기에서 기술적 기반시설의 정치적 차원과 의미에 특별한 관심을 기울이기 위한 마르크스의 훈련이 결실을 맺는다. 이에 대해 마르크스를 따라 자동화 이론가 조지 프리드만(Georges Friedmann, 1902~1977)은 기술 사상가들이 때때로 가정하듯이 자본주의가 항상 기술을 개발하는 것은 아닐 뿐만 아니라 기술 변화가 노동자를 위한 안락 또는 안전 상태를 향상시킬 수 있는 곳에서 기술 발전을 저해하기도 한다는 통찰을 제공했다. 이러한 기술 발전의 구속은 심지어 더 큰 안락과 안전 상태를 도입하면 궁극적으로 이윤도 증가시킬 수 있는 때조차 발생한다. 프리드만은 이를 특정 산업의 '반동적인' 측면이라고 부른다.[37] 이와 같은 이유로 자본주의하에서 개발된 기술이 그들이 주장하는 것처럼 반드시 생산체계를 더 효율적으로 만드는 것은 아니다. 오히려 그것들은 자본주의 권력의 강화와 지배를 위한 직접적인 정치적 기제이다.

효율성과 지배 사이에서 발발할 수 있는 경쟁에 덧붙여, 자본주의 기술에 내재해 있는 매우 중요한 모순이 한 가지 더 있다. 자본주의는 인간 노동의 필요성을 없애려는 기계의 경향과 매우 양가적인 관계에 있다. 기계가 확실히 상대적 잉여가치를 증가시킬 수 있는 반면, 상대적 잉여가치를 스스로 생산할 수는 없다. 그 대신에 기계는 인간 중개인들을 필요로 하며, 이들의 생존을 위한 상품의 가치를 떨어뜨린다. 그러나 기계의 본질은 인간 노동의 필요성을 줄여, 자본주의가 이윤을 끌어내는 바로 그 중개인들을 무효화하는 것이다. 그러므로 자본주의에는 기술을 개발하고 사용해야 하는 강력한 내적 이유가 있음에도 불구하고, 기술의 개발과 사용 모두를 제한해야 하는 강력한 내적 이유도 있다.

---

37   G. Friedmann, Industrial Society: *The Emergence of the Human Problems of Automation*(Toronto: Collier-Macmillan, 1955), pp.173~190.

이러한 모순이 낳는 몇몇 과잉을 언급하면서, 마르크스는 다음과 같이 썼다.

더 오래된 나라에서는, 기계가 몇몇 산업 부문에서 사용되었을 때 다른 부문에 노동 과잉을 낳고, 그 결과 후자의 부문에서는 임금이 노동력의 가치 이하로 하락하게 되어 기계 사용을 방해한다. 또 자본가의 관점에서 보면, 노동력 고용 감소가 아닌 지불노동 감소에서 이윤이 발생하기 때문에 기계의 사용은 불필요하거나 흔히 불가능하게 된다. …… 영국에서는 아직도 운하에서 배를 끄는 일에 때때로 말 대신 여성을 사용하는데, 이는 말과 기계를 생산하는 데 필요한 노동은 정확히 알려진 크기이지만, 과잉인구 중 여성들을 부양하는 데 필요한 노동은 계산할 수 없을 정도로 적기 때문이다. 바로 이 때문에 다른 어느 나라에서보다도 기계의 나라인 영국에서 가장 비열한 목적으로 인력을 수치스럽게 낭비하고 있다는 것을 발견할 수 있다.[38]

마르크스는 '기계'라는 용어와 비교해 '기술'이라는 용어를 『자본』 1권에서 매우 드물게만 사용했다. 그러나 그 용어가 나타날 때, 그것은 항상 마르크스의 비판적 기술 개념에 대한 우리의 이해와 매우 관련이 깊다. 이러한 점에 있어서, 마르크스가 다음과 같이 쓴 구절이 상징적이다.

현대 산업이 추구하는 원리, 즉 인간의 손이 그 구성 운동을 실행할 수 있는지 없는지에 대한 고려 없이 각 생산과정을 그 구성 운동으로 분해하는 것은 새로운 현대 기술공학을 낳았다. 산업 과정의 다양하고 언뜻 보기에 관련이 없는 듯한 고정된 형태는 이제 주어진 유용 효과를 얻는 데 자연과학을 의식적이고 체계적으로 응용하기 위해 분해되었다. 기술공학은 또한 사용되는 도구의 다양성에도 불구하고, 인체의 모든 생산적 활동이 필연적으로 취하게 되는 소수의 주요 기

---

38   Marx, *Capital*, volume I, p.397.

본 운동 형태를 발견했다. 이것은 마치 기계가 아무리 복잡하다 하더라도 그것
은 모두 단순한 기계적 과정의 끊임없는 재현에 지나지 않는다는 것을 기계공학
이 이해하고 있는 것과 마찬가지이다.[39]

이 구절에서 마르크스가 단순히 기술이 아니라 '새로운 현대 기술공학'에
대해 말하고 있음을 주목하라. 이는 그가 특별히 베크만과 포프가 발전시킨
분야에 대해 말하고 있다는 신호이다. 마르크스가 '주요 기본 운동 형태들'
이라고 부른 것의 발견이 베크만과 그의 뒤를 따라 포프가 '일반 기술'이라
고 부른 것에 속하기 때문에, 이 구절은 그 증거가 된다.

비판의 흔적은 기술과학이 '인간의 손에 의한 실행 가능성을 고려하지 않
은 채' 수행된다는 마르크스의 주장이 있는 구절에서도 나타난다. 인체의
생산적 활동을 모방하기 위해 기계를 발명함에 있어서, 기술과학은 인간 육
체노동의 생산적 활동을 마치 그저 단순히 기계의 동작인 것처럼 여긴다.
이러한 관찰에서 마르크스의 비판적 기술이론은 완전한 발전에 도달한다.
마르크스는 기술과학이 정확히 자본주의적으로 인간 노동의 기계 모델에의
흡수를 요구한다는 것을 보여준다. 마르크스는 이러한 흡수가 인간 노동에
대한 심각한 환원주의적 견해를 가능하게 하기 때문에 이를 거부했다.

21.4 마르크스 기술 해석의 사용

마틴 하이데거(Martin Heidegger, 1889~1976)는 자신의 유명한 논문 「기술
에 대한 물음(The Question Concerning Technology)」에서 기술은 단 하나의 본
질을 갖는다고 주장했다. 대상이나 과정을 '틀 짓고(enframe)' 그들을 단지

---

39   같은 책, p.489.

다른 대상과 과정을 위한 '예비'로만 본다는 것이다.[40] 어떤 실질적인 속성도 대상에 남아 있지 않다. 이는 단지 다른 목적을 위한 수단일 뿐이고, 이 목적도 차례대로 하나의 수단일 뿐이다. 모든 것에 대한 이러한 도구적인 취급은 확대되고, 모든 것의 가치는 검토되지 않은 채 그대로 유지되는데, 이는 사용되고 있는 특유의 효율성이 의제로 오를 때까지 그렇다. 장기적인 결과에 대한 고려가 없고, 효율성 뒤에 있는 실질적인 목표도 없다.

이러한 주장은 사용가치가 교환가치에 예속되고 자본이 형식적 포섭에서 실질적 포섭으로 이동하는 데 대한, 마르크스 주장의 전례와 유사성이 있다. 마르크스는 또한, 이미『자본』에서, 하이데거를 걱정시킨 초과 착취에 대한 감각이 있었다. 유스투스 리비히의 농화학에서의 발견을 언급하면서, 마르크스는『자본』1권의 기계에 대한 장을 "자본주의 생산은 …… 모든 부의 원천인 토지와 노동자를 약화시키는 것을 통해서만 …… 기술을 발전시킨다"라는 논평으로 끝마친다.[41]

그러나 하이데거의 분석과 마르크스의 분석은 중요한 부분에서 갈라진다. 만약 마르크스가 옳다면, 일반적인 기술의 발전은 없다. 단지 주어진 정치적, 경제적, 사회적 환경의 맥락에서 기술 발전이 있을 뿐이다. 이러한 이유로 기술 그 자체에는 본질이 없다. 마르크스주의적 관점에서 하이데거의 분석은 일반적으로 기술의 발전에 대한 매우 정확한 평가는 아니지만, 특별히 기술의 자본주의적 발전의 특징을 적절하게 묘사한다.

이러한 통찰에서 출발해, 하이데거가 어떻게 기술에는 단 하나의 소외시키는 본질이 있다고 생각하게 되었는지 설명하는 데 마르크스를 사용할 수 있다. 마르크스는 자본이 자신의 표식을 지우기 위해 노력해 우리로 하여금

---

40   M. Heidegger, 'The Question Concerning Technology', in: D. Krell(ed.), *Martin Heidegger Basic Writings*(New York: Harper & Row, 1977), pp.307~341.

41   Marx, *Capital*, volume I, pp.507~508.

그 결과를 피할 수 없는 것으로 받아들이게 한다는 것을 보여줬다. 하이데 거는 '틀 짓기(enframing)'를 자본주의 기술의 본질이라기보다는 기술의 본질 이라고 해석해 왔다. 자본주의 생산양식의 역사성을 사라지게 함으로써 자 본주의 생산양식과 결탁했다.

허버트 마르쿠제(Herbert Marcuse, 1898~1979)는 마르크스의 이러한 교훈을 매우 잘 이해했다. 『기술, 전쟁, 파시즘(Technology, War, and Fascism)』에서 그는 다음과 같이 썼다. "과학기술은 희소성을 영구화하는 사회적 장치에 묶여 있는 한에서만 개인의 발전을 방해하며, 이 동일한 장치는 기술이 사용 되는 특수한 역사적 형태를 산산조각 낼 수 있는 힘을 실현했다. …… 반기 술적 성격의 모든 프로그램은 …… 인간의 필요를 (현재의) 기술 활용의 부산 물로서 간주하는 사람들에게만 도움이 된다."[42]

이 경고에서 마르쿠제는 마르크스의 비판적 기술 개념을 표현했다. 그러 나 어떤 기술이 특히 마르쿠제가 강조한 자본주의적 사회 장치에 결부되어 있는가?

아마도 가장 좋은 예는 화석연료 기술의 과잉 발전일 것이다. 화석연료 기술은 엄청난 이윤율을 가능하게 하기 때문에, 착취를 위한 잠재력이 낮은 다른 기술에 비해 불균형하게 개발이 많았다.[43] 시추와 자동차 같은 화석연 료 기술은 바이오 연료 같은 다른 에너지 기술에 비해 과잉 발전되었을 뿐만 아니라, 심각한 생태 위기를 일으켜 왔고, 마르크스가 예측한 주기적 경제 위기를 촉발시키는 것을 거들어왔다.

『요강』의 예지력 있는 구절에서와 같이, 다른 방식으로 작동하는 기술 개

---

42 H. Marcuse, *Technology, War, and Fascism, Collected Papers of Herbert Marcuse*, vol.1 (New York: Routledge, 1998), p.63.

43 J.B. Foster, B. Clark, and R. York, *The Ecological Rift: Capitalism's War on the Earth* (New York: Monthly Review, 2010), pp.121~150은 그 결과를 조사했다. 20세기에 내 연기관은 탁월한 자본주의적 동력 기관으로서 증기기관을 대체했다. 이는 생산과 소비 기술 모두에서 아주 성공적이었던 것 같다.

넘을 형성하는 것은 다른 방식으로 기술을 상상하고, 다른 가치 체계의 관점에서 기술을 발전시킬 수 있도록 하는 것이다. 이는 단지 아주 짧은 기간에 부자들뿐만 아니라 지구와 그 안의 모든 인간을 보호한다는 매우 기본적 의미에서 공산주의적이다.

참고문헌

Beckmann, Johann(1823), *A Concise History of Ancient Institutions, Inventions, and Discoveries in Science and Mechanic Art,* London: G. and W.B. Whittaker.

Feenberg, Andrew(1999), *Questioning Technology*, New York: Routledge.

Foster, John, Clark, Brett, and York, Richard(2010), *The Ecological Rift: Capitalism's War on the Earth*, New York: Monthly Review.

Foucault, Michel(1977), *Discipline and Punish: The Birth of the Prison*, New York: Random House.

Friedmann, Georges(1955), *Industrial Society: The Emergence of the Human Problems of Automation*, Toronto: Collier-Macmillan.

Frison, Guido(1993), 'Linnaeus, Beckmann, Marx and the Foundation of Technology. Between Natural and Social Sciences: A Hypothesis of an Ideal Type', *History and Technology*, 10: 139~173.

Heidegger, Martin(1977), 'The Question Concerning Technology', in: David Krell(ed.), *Martin Heidegger Basic Writings, New York: Harper & Row*, pp.307~341.

Marcuse, Herbert(1998), *Technology, War, and Fascism, Collected Papers of Herbert Marcuse*, vol.1, New York: Routledge.

Marx, Karl(1976), *Marx Engels Collected Works Volume 6: Marx and Engels 1845~1848*, London: Lawrence & Wishart.

_____(1982), *Letters, 1844~1851*, MECW, vol.38.

_____(1986), 'Outlines of the Critique of Political Economy [*Grundrisse*]. First Instalment', MECW, vol.28.

_____(1989), *The Economic Manuscript of 1861~1863*, MECW, vol.32.

_____(1996), *Capital*, volume I, MECW, vol.35.

Muller, Hans-Peter(ed.)(1981), *Karl Marx: Die technologisch-historischen Exzerpte*, Frankfurt: Ullstein Materialien.

Negri, Antonio(1992), *Marx beyond Marx: Lessons on the Grundrisse*, New York: Autonomedia.

Postone, Moishe(1993), *Time, Labor, and Social Domination: A Reinterpretation of Marx's Critical Theory*, Cambridge: Cambridge University Press.

Thompson, E.P.(1967), 'Time, Work-Discipline, and Industrial Capitalism', *Past & Present*, 38: 56~97.

Winkelmann, Rainer(1982), *Exzerpte über Arbeitsteilung, Machinerie, und Industrie: Historisch kritische Ausgabe*, Frankfurt: Ullstein Materialien.

Yoshida, Fumikazu(1983), 'J.H.M. Poppe's History of Technology and Karl Marx', *Hokudai Economic Papers*, 13: 23~38.

22 여러 마르크스주의
이매누얼 월러스틴

22.1 마르크스주의의 상이한 버전

　모든 중요한 사상가들은 대개 지적 반대자들뿐만 아니라 추종자와 사도들이 있는데, 이들은 사상가의 사유를 특수한 방식으로 정의하려 한다. 이는 그 자체로 정상적인 사태로서 개탄하거나 칭송할 필요가 없다. 저술을 생산한 사상가는 배에서 모종의 텍스트가 담긴 유리병을 갑판 밖으로 던져버린 사람과 같다. 그가 일단 그것을 갑판 밖으로 던져버리면, 그는 바다가 그것을 어디로 가져갈지, 누가 그것에 대한 소유권을 주장할지; 누가 그것을 건져서 변화시킬지, 누가 그것을 파괴하거나 감출지 통제할 수 없다. 잘 알려져 있고 종종 인용되듯이 마르크스는 이른바 합법 마르크스주의자들을 언급하면서 "확실한 것은 내가 마르크스주의가 아니라는 것이다!"[1]라고 언급했다.

　게다가 평생 많은 저술을 생산한 사상가들은 누구라도 대부분 관점의 진화를 반드시 드러낼 것이다. 어떤 이들의 저술은 상대적으로 일관될 것이지

1　마르크스가 라파르그에게 한 말인데, 이는 1882년 11월 2~3일 엥겔스가 베른슈타인에게 보낸 편지에 보고되어 있다. MECW, vol.46, p.356.

만, 어떤 이들의 저술은 덜 그럴 것이다. 하지만 사상가 생애의 상이한 시점에서, 저술 간에 약간의 차이가 있게 마련이다. 마르크스도 이런 단순하고 진부한 관찰에서 예외는 아니다.

어떤 경우, 사상가들의 저작은 그들의 사상을 선전하거나 그것을 지적·사회적 목적의 성취를 위해 사용하려는 운동 – 지적 운동, 사회운동 – 의 출현으로 점철되어 있다. 일반적으로 말해서 인도-유럽어권에서는 (언어에 따라 다양한 변이가 있지만) 사상가의 이름 다음에 "주의"라는 접미사를 추가하는 것으로 이어진다. 마르크스의 경우도 그러했다. 오늘의 과제는 "마르크스주의"의 의미를 역사화하는 것이다.[2]

문헌을 검토해 보면 누구라도 마르크스주의의 수많은 버전이 존재한다는 것을 알 수 있을 것이다. 그것은 서로 다를 뿐만 아니라 종종 서로 아주 모순된다. 마르크스주의의 많은 버전은 연결되는 단어나 수식하는 형용사를 추가한다. 수정주의적 마르크스주의, 마르크스주의-레닌주의, 마르크스주의 페미니즘 등등이다. 마르크스주의는 또 세계 체제의 상이한 지역에서 상이한 방식으로 해석되었으며, 이로부터 "마르크스주의"라는 용어 앞에 간혹 지리적 형용사가 추가되는 경우도 있다. 이 장에서는 "마르크스주의"를 복합적이고 서술적인 명칭으로 유지함으로써 의도되는 바를 분석한다.

누구는 찬양할 목적으로 또 누구는 비난할 목적으로 다른 사람들을 마르크스주의자라고 묘사하거나 혹은 마르크스주의자가 아니라고 묘사한다. 그런데 무엇을 찬양하고, 또 무엇을 비난하는가? 우리가 "마르크스주의"를 "마르크스주의"라는 딱지 없이 서술적 명칭으로 사용하지 않고 이를 복합적인 명칭 속에 포함시킨다면, 그것은 사용자들이 그렇게 사용함으로써 뭔가 상당한 이점이 있다고 믿기 때문이다. 혹은 사용자들이 그렇게 사용하는 것

---

2 이 장에서 마르크스가 주장하려 했던 또 하나의 버전을 제공하려는 것은 아니다. 이 장의 목적은 오히려 "마르크스주의"가 지난 150여 년 동안 상이한 집단에서 무엇을 의미했고, 혹은 무엇을 의미하기 위해 사용되었는지를 밝히는 것이다.

에 뭔가 부정적인 어감 — 일반화된 비난의 형태 — 이 있다고 생각하는 것을 보여준다. 분명히 두 경우 모두에서 "마르크스주의적"이라는 딱지가 특정한 이미지, 세계에 관한 특정한 주장을 연상케 한다고 가정된다. 이러한 이미지, 이러한 주장은 마르크스의 저작에서 직접적으로 유래할 수도 있지만 그렇지 않을 수도 있다.

나아가 마르크스주의라는 개념이 역사적으로 진화했다는 것은 분명해 보인다. 우리는 마르크스주의라는 용어 사용에서 몇 개의 핵심적 단절점을 확인할 수 있다. 1883년 마르크스의 사망, 러시아 혁명, 1945년과 냉전의 시작, 1968년 세계혁명, 공산주의의 붕괴, 특히 1989~1991년 소련의 붕괴이다. 마르크스의 사망을 예외로 하면, 이들은 모두 주요한 정치적 전환점이기도 하다. 그래서 마르크스주의에 대한 정의의 진화는 지정학적 현실의 변화와 밀접한 연관이 있어 보인다. 여기에서 마르크스주의에 대한 지적 정의는 원인이라기보다 결과일 수 있다. 이전에 알려지지 않았던 마르크스의 텍스트 "발견"에 대해서도 마찬가지로 이야기할 수 있다.

22.2 엥겔스의 마르크스주의

마르크스는 생존 동안에 다른 사람이 자신의 이름을 사용하는 데 대해 분명히 대응할 수 있었다. 마르크스의 유명한 언명, 즉 "나는 마르크스주의자가 아니다"라는 언명이 그 한 예이다. 마르크스는 엄청난 분량의 글을 썼다. 마르크스는 또 게걸스런 독서가였다. 이런 의미에서 마르크스는 진정한 지식인이었으며, 혼신의 힘을 바쳐 세계 전반과 사회적 세계, 특히 자본주의를 이해하려고 노력했다. 물론 마르크스의 견해는 진화했고 혹은 성숙했다 (당신이 성숙이라는 표현을 선호한다면 말이다). 청년 마르크스와 후기 마르크스에 관해 말할 수 있을 정도로 진정한 휴지의 계기가 존재했는지에 대해 그동안 많은 논쟁이 있었다.[3] 사람들의 사유가 더 많은 독서와 성찰, 세계 현실에 대한 더 많은 관찰에 따라 진화하는 것은 정상적이다. 자신들의 사상에서 휴지가 존재한다고 주장한 사상가들은 흔하지만, 마르크스는 자신에게 그와 같은 휴지가 존재한다고 주장한 적이 없다. 마르크스가 그런 주장을 하지 않았다는 사실은 최소한 우리가 고려해야 할 사항이다.

마르크스는 그저 학술적 지식인이었던 것만은 아니다. 마르크스는 정치활동가였으며, 많은 방식에서 훗날 그람시가 명명한 유기적 지식인의 모델이었다.[4] 『공산당 선언』은 정치조직의 문건으로 쓰였다. 마르크스는 IWMA의 주요 인물이었다. 『고타강령 비판』에서 보듯이, 마르크스는 스스로를 "마르크스주의자" 혹은 적어도 "사회주의자"라고 여기는 조직의 입장에 대해 자주 논평했다. 요컨대 마르크스는 분석가로서 자신의 역할과 정치 활동가로서 자신의 역할 간에 결코 어떤 종류의 분리가 존재한다고 주장한 바가 없다. 그럼에도 불구하고 스스로 마르크스주의자라고 부르는 사람들이 분석과 헌신 간의 불가분성에 관해 마르크스와 동일한 입장을 가졌는지는 확실하지 않다.

마지막으로 마르크스 자신이 "마르크스주의"에 대해 말한 바가 없으며, 자신의 사유에 대해 어떤 추상적인 딱지를 고집하지도 않았다는 점을 강조하는 것은 중요하다. 물론 마르크스는 자신을 공산주의자로 간주했다. 비록 대문자 공산주의자로서 간주하지는 않았다고 할지라도 말이다. 마르크스에게 공산주의자가 된다는 것은 자신의 사유와 행동에 의해 공산주의 세계에 도달하는 개연성 — 이것은 마르크스에게는 실제로는 필연적인 것이었지만 — 을 진전시키기 위해 노력하는 사람이 되는 것을 뜻한다. 따라서 이데올로기

---

3   다음을 참조하라. L. Althusser, *For Marx*(Harmondsworth: Penguin, 1976), pp.51, 53; I. Fetscher, *Marx and Marxism*(New York: Herder and Herder, 1971), p.314.

4   다음을 참조하라. A. Gramsci, *Selections from the Prison Notebooks*(London: Lawrence & Wishart, 1971), pp.131~161.

와 운동으로서의 "마르크스주의"는 1883년 마르크스 사망 이후에 존재하게 되었다고 보는 것이 타당하다.

마르크스 사망 이후, 엥겔스가 마르크스의 정신적 후계자이며 마르크스의 유산에 대한 도덕적 권리를 갖는다는 점은 널리 인정되었다. 엥겔스는 거의 40년 동안 마르크스의 전우였다. 엥겔스는 마르크스 저작 중 가장 널리 읽히는 저작의 공저자이기도 했다. 엥겔스는 유산을 훌륭하게 받아들였다. 엥겔스는 여러 분야에 걸쳐 폭넓게 썼다. 엥겔스는 당의 논쟁에 늘 개입했다. 엥겔스는 의심할 나위 없이 마르크스주의 최초의 공식적 버전을 확립했다. 훗날 일부 저자들은 엥겔스의 마르크스주의 버전이 마르크스 자신의 사상과 다르며, 심지어 전혀 다르다고 주장했다. 이는 그럴 수도 있지만 그렇지 않을 수도 있다. 그럼에도 불구하고 엥겔스의 버전은 마르크스주의의 최초 버전이 되었고 이 버전은 이후 계속 영향을 미쳤다.

엥겔스의 버전은 19세기말 가장 중요한 "마르크스주의" 정당 – 독일사회민주당(SPD) – 의 초석이 되었다. SPD는 많은 이유로 그렇게 간주할 수 있다. ① SPD는 이 시기 모든 사회주의운동 중에서 상대적으로 가장 큰 정치적 성공을 거두었다. 혹심한 억압에도 불구하고 말이다. ② SPD는 독일에서 관련된 많은 부속 운동들을 후원할 수 있었으며 그럼으로써 넓은 범위에서 "시민사회"의 강력한 네트워크 구조를 창출했다. ③ SPD는 약 30~40년 동안 전 세계의 마르크스주의 정치 전략에 관한 가장 중요한 논쟁들의 장소가 되었다.

SPD는 그 강력함 덕분에 기존의 의회제도 참여 문제를 진지하게 접근할 수 있었던 최초의 마르크스주의 혹은 사회주의 정당이었다. 우리가 알고 있듯이, SPD에서 베른슈타인과 카우츠키 간에 격렬한 논쟁이 벌어졌다. 베른슈타인의 입장은 명료했다. 그는 모종의 봉기에 의해서만 기존 질서가 전복되고 사회주의사회가 창출될 수 있다는 이론적 입장의 "수정"을 요구했다.[5] 베른슈타인은 그 대신 노동자들은 인구의 다수이므로 일단 (성인 남자들의)

보통선거가 이루어지면 투표를 통해 간단히 권력을 장악할 수 있다고 주장했다.

베른슈타인의 분석의 타당성을 의심할 만한 많은 이유가 있다. 실제로 "노동자들"이 선거권을 가진 사람들 중 수적으로 다수를 구성하는가? 그들이 실제로 그렇다고 할지라도 그들이 상당수의 예외 없이 사회주의당에 투표할 것인가? 우리는 이제 베른슈타인의 원래 주장이 지탱될 수 없는 이유를 모두 알고 있다. 하지만 우리는 그것이 SPD의 정치적 기반에 먹혀들었던 것도 이해할 수 있다. 당시 SPD를 구성하고 있던 사람들 다수는 자신들을 옥죄고 있는 사슬 이상으로 잃을 것이 많은 사람들, 그리고 혁명적 범법자가 된다는 생각에 흥미를 갖기보다 19세기 말 번영하고 성장하는 공업국에서 상방으로 계층 이동에 참여하려는 사람들이었다.

대안적 입장 ─ 카우츠키의 입장 ─ 은 사실상 훨씬 덜 명료했다. 카우츠키는 텍스트에서 더 전통적인 혁명적 수사를 사용했다. 그러나 당에서 카우츠키 분파는 혁명적 전위를 조직하려는 노력은 전혀 하지 않았다.[6] 그들은 베른슈타인의 입장에 정교한 언어로 강력하게 반대했다. 하지만 카우츠키 분파는 실제로는 수정주의 관점에 궁극적으로 굴복했는데, 이는 제1차 세계대전이라는 중대 상황이 발발하면서 드러났다. 수정주의적 마르크스주의는 1918년 이후 시기의 SPD를 지배했으며 ─ 바이마르 공화국에서 나치 시기를 거쳐 1945년 이후 시기까지 ─ 1945년 바트 고데스버그에서 당이 "마르크스주의"라는 가식을 모두 폐기할 때까지 계속되었다.

같은 시기에 유럽의 다른 사회주의 정당도 대부분 유사한 논쟁에 휘말려들었는데, 결과는 독일과 대동소이했다. 제1차 세계대전이 빠른 결정을 강

---

5   다음을 보라. E. Bernstein, *Evolutionary Socialism*(New York: Schocken, 1961).

6   다음을 보라. K. Kautsky, *The Road to Power*(Atlantic Highlands: Humanities Press, 1996). 또한 다음도 참조하라. E. Matthias, 'Kautsky und der Kautskyanismus', *Marxismusstudien*, II: 151~197(1957).

요했다. 전쟁이 터지기 바로 전날까지도 제2 인터내셔널의 모든 사회주의 정당이 노동자들의 관심사가 아닌 전쟁에 반대하기로 맹서했던 것은 아주 유명하다. 그리고 전쟁이 발발하고 하루 이틀 뒤에 바로 이 정당들은 자신들의 의회에서 전쟁에서 자국을 지지하기 위한 법안에 만장일치로 투표했다.[7]

이 시점에서 유럽의 "마르크스주의" 정당이 국제주의가 아니라 민족주의 정당이었음은 분명했다. 그들에게 마르크스주의란 공산주의 세계를 성취하는 것이 아니었다. 혹은 적어도 그들의 우선순위는 아니었다. 그들은 주로 자국 내에서 "노동자"의 정치·경제·사회적 지위를 개선하기 위해 노력했다. 실제로 그들에게 "노동자"란 본질적으로 산업, 상업, 공공서비스 부문에 고용된 남자 노동자들, 그리고 주로 해당 국가에서 지배적인 종족 집단에 속한 사람들을 뜻했다. 마르크스주의는 이런 의미에서, 즉 당의 고객에 대해 물질적 개선을 추구한다는 의미에서 매우 "개혁주의적"이었다. 따라서 "마르크스주의"라는 딱지는 주로 "경제주의"와 "국가주의"에 대한 강조를 의미했다. 그리고 이는 엥겔스의 마르크스주의 버전에 쉽게 근거할 수 있는 입장이었다.

유럽에서 이러한 수정주의 시나리오의 두 가지 주요한 예외가 있었는데, 이는 영국과 러시아였다. 영국의 노동당은 한 번도 마르크스주의라는 딱지를 채택한 적이 없다. 어떤 의미에서 영국 노동당은 의회 과정에 매우 조기에 통합되었기 때문에, 영국 노동당판 베른슈타인 입장인 페이비언주의는 처음부터 그들의 관점을 지배했다.

러시아는 유럽에서 다른 극단을 대표한다. 러시아의 공업 노동계급은 상대적으로 적었으며 그들의 의회제도도 매우 저발전 상태였기 때문에 베른슈타인 입장의 논리는 거의 먹혀들지 않았다. 일찍이 1902년에 당의 다수

---

7   W. Abendroth, A *Short History of the European Working Class*(New York and London: Monthly Review Press, 1972).

. 여러 마르크스주의 ｜   **563**

입장인 볼셰비키는 그와 같은 "개혁주의"를 거부하고 권력을 장악할 수 있는 규율 잡힌 전위들 — 즉 "개혁가"가 아닌 "혁명가" — 의 당 창건을 고수했다.

22.3 소비에트 마르크스주의

1917년까지 이러한 볼셰비키의 입장은 권력 획득 전략으로서는 멘셰비키의 수정주의 입장만큼이나 그럴싸해 보이지 않았다. 하지만 갑자기, 1914년 이전의 러시아 이론 논쟁에서는 거의 예상되지 못했고 토론되지도 않은 사태가 터졌는데, 그것은 제1차 세계대전이다. 러시아는 이 전쟁에서 고전했고, 지배체제는 평화와 빵, 토지에 대한 인민들의 요구에 직면했다.[8] 차르 체제가 붕괴했다. 그리고 이는 9개월 동안 알렉산드르 케렌스키(Alexander Kerensky, 1881~1970)의 임시정부로 이어졌는데, 이 임시정부는 전쟁을 계속하기로 했다.

케렌스키 체제는 러시아에서 결코 견고한 권위를 확립할 수 없었다. 레닌의 유명한 말이지만, 10월 혁명 당시, 권력은 거리에 널려 있었고 볼셰비키는 그것을 줍기만 하면 되었다. 그들은 이때부터 1991년까지 권력을 유지했다. 볼셰비키의 권력 장악은 마르크스주의 의미에 대한 중요한 재검토로 이어졌는데, 이는 마르크스주의의 재정의라고 할 만하다.

볼셰비키 권력의 초기(1917~1925)에 네 가지 중요한 계기가 있었다. 볼셰비키는 처음에는 어쨌든 그와 같은 혁명이 러시아에서 처음 일어나서는 안 되었다고 생각했다. 그들은 여전히 최초의 사회주의 혁명은 경제적으로 가장 선진적인 나라에서 일어나야 한다는 엥겔스 버전의 분석을 고수했다. 그

---

8   E.H. Carr, *The Bolshevik Revolution 1917~1923*, vol.1(New York: W.W. Norton & Company Inc., 1985).

리고 이때 선진적인 나라는 영국이 아니라 독일을 뜻했는데, 이는 주로 SPD의 정치적 강대함 때문이었다. 그래서 권력을 잡은 볼셰비키는 처음에 독일 혁명이 일어나기를 기다렸다. 하지만 이는 고도(Godot) 기다리기로 판명되었다.

둘째는 1919년 제3 인터내셔널(혹은 코민테른)을 세우기로 한 정치적 결정이다.[9] 그것은 봉기라는 목적에 헌신하는 "혁명 정당"만으로 구성되어, 자기 폐지적 국가의 과도기로서 국제 소비에트 공화국으로 나아갈 것이었다. 그 직접적 결과 세계의 마르크스주의 정당 대부분이 이러한 방식으로 자신들을 헌신할 준비가 되어 있는 정당·분파와 이를 거절하는 정당·분파로 분열되었다.

하지만 유럽의 다른 나라에서 봉기가 전혀 일어나지 않았거나 일부 시도조차 실패로 끝났을 때, 볼셰비키당은 동방으로 향해 1920년 바쿠에서 동방민족대회를 열었다. 그들은 이 대회에 아시아의 공산당들뿐만 아니라, 반드시 명시적으로 마르크스주의적이라고 할 수 없는 다양한 민족 혁명운동 세력들도 초청했다. 이 대회의 중심 주제는 민족적 계급투쟁이 아니라 식민지 및 "반식민지" 나라들에서 반제국주의였다. 이것은 바로 한 해 전 선진 공업국에서 노동자 주도 봉기에 대한 강조와 사실상 현저한 차이를 보였다.

이 세 번째 계기는 1925년 네 번째 계기에 의해 확인되었다. 이제 소련공산당(CPSU)이라고 불리게 된 볼셰비키는 "일국사회주의" 교의를 선언했다. "국제 소비에트 공화국"에 관한 논의는 모두 사라졌으며, 실제로 유럽에서 노동자 주도 봉기에 관한 논의는 배경으로 밀려났다.

이제 우리는 마르크스주의의 새로운 버전을 갖게 되었다. 그것은 "사회주의" 국가로서 소련, 정말이지 이 시점에서는 세계에서 유일한 사회주의국

---

9   코민테른이 점차 모스크바의 정책으로 변질되었던 방식에 대해서는 다음을 보라. H. Gruber, *Soviet Russia Masters the Comintern: International Communism in the Era of Stalin's Ascendancy*(Garden City: Anchor Press, 1974).

가로서 소련의 보호에 집중되었다. "프롤레타리아트의 독재" 체제라고 정의된 소련은 집중적·위계적·규율적인 당이 지배했다. 이 당은 소련을 지배했을 뿐만 아니라 코민테른과 연계된 모든 정당의 정책 및 실천을 실제로 지배했는데, 이 정당의 사령부는 모스크바에 위치했다.

1919년과 1945년 사이에 적어도 두 개의 경쟁하는 마르크스주의 버전이 있었는데, 하나는 제2 인터내셔널이, 다른 하나는 코민테른이 지지했다. 이 두 집단이 서로의 차이를 묘사하기 위해 사용한 언어는 사회주의를 향한 "개혁주의적" 길과 "혁명적" 길 간의 차이에 관한 것이었다. 하지만 현실은 달랐다. 점차 이들의 차이는 실제로는 제2 인터내셔널 정당들이 자국의 정치에서 중도주의적 자유주의 규범을 수용한 것과 코민테른에 연계된 정당들이 소련의 일당 체제에 대해 무비판적으로 충성한 것의 차이였다.

그럼에도 불구하고 이 두 인터내셔널의 마르크스주의는 중요한 공통점이 있었다. 이들은 모두 기본적으로 민족적 경제발전에 헌신했다. 이들이 이 공통적 목적으로부터 끌어낸 근본적으로 대립하는 정치적 귀결은 세계경제의 중심 지역 나라들과 주변부 및 반주변부 지역 나라들 간에 민족적 경제발전 가능성의 차이로부터 도출된 것이었다. 중심 지역에서 사회민주주의 정당들의 결론은 복지국가에 대한 요청이었다. 비중심 지역에서 공산당들의 결론은 가속화된 자본투자 프로그램과 상당한 보호주의를 추진하는 강력한 국가에 대한 요청이었다.

민족적 발전에 대한 집중은 또 다른 문제를 낳는다. 누가 민족을 구성하는가? 이 문제에 관한 마르크스의 초기 논의로는, 예컨대 아일랜드 민족주의에 대한 고찰과 베라 자술리치에게 보낸 유명한 편지가 있다.[10] 그런데 인

---

10 K. Marx to V. Zasulich, 8 March 1881. 이 편지의 초고는 세 벌이 있는데, MECW vol. 24, pp. 346~69에 수록되어 있다. 이 초고들 간에는 상당한 변화가 있는데, 이는 마르크스가 이 문제를 정확하게 정식화하는 데서 겪었던 어려움을 보여준다. 실제로 보낸 편지가 가장 짧다.

도에 관한 마르크스의 저술에서는 강조점이 상당히 다르다. 마르크스의 관점은 전체적으로 일관되지 않으며, 공정하게 말하자면 완전히 숙고하지 않았다. 하지만 시간이 흘러 사회주의·마르크스주의 정당들이 강력해지자, 이는 갈수록 초미의 문제가 되었다.

대부분의 유럽 국가의 민족문화는 다분히 자코뱅적이다. 그들은 단일민족을 창출하려 했고 언어, 종족, 종교까지 다른 "소수" 집단을 통합하거나 동화하려 했다. 마르크스주의·사회주의 정당들은 대부분 이 같은 정치적·문화적 전제를 수용했으며, '소수자'의 집단적 권리 주장은 ("문화적" 권리조차도) 모두 노동자계급을 분열시키고 부르주아지에 대항한 프롤레타리아트의 계급투쟁의 우위에 도전하는 것으로 간주했다. 이 같은 자코뱅적 입장을 유지하기가 가장 어려웠던 유럽의 두 나라가 오스트리아-헝가리와 러시아였다. 이들은 "제국"인 동시에 전형적인 "다민족" 국가였다.

오스트리아-헝가리에서 이른바 오스트로-마르크스주의자들은 이 문제를 공공연하게 토론했고, 집단적인 문화적 권리를 개인적이며 비지역적 선택으로 인정함으로써 이를 계급투쟁과 조화시키려 했다. 그들의 토론은 치열하고 중요했다.[11] 하지만 오스트리아-헝가리는 제1차 세계대전에서 패전 후 붕괴되었다. 제국이 사라지자, 모든 계승국들에서 자코뱅 모델을 추구하는 운동이 시작되었다. 러시아에서 이 문제를 다룬 가장 중요한 이론적 시도는 스탈린이 혁명 직전에 쓴 문건이다.[12] 스탈린이 제시한 해법은 소련 내에 민족적 및 준민족적 구조들의 복합적 네트워크의 창출을 허용하는 것이었는데, 이는 CPSU가 사실상의 자코뱅적 해법을 자신의 절대적인 집중적 권위를 통해 강요하는 것이었다.

---

11 오스트로-마르크스주의자들의 저술 및 이들에 관한 문헌은 방대하다. 훌륭한 요약으로는 다음을 보라. T. Bottomore, *A Dictionary of Marxist Thought*, second edition(Oxford: Blackwell, 1991), pp.39~42.

12 J.V. Stalin, *Marxism and the National Question*(New York: International Publishers, 1942).

하지만 오스트로-마르크스주의적 "해법"이든 스탈린주의적 "해법"이든 어느 것도 "민족문제"라고 불리기 시작한 것을 진지한 방식으로 해결하지 못했다. 결국 "민족문제"라는 지니(genie)가 19세기 동안 갇혀 있던 상자에서 뛰쳐나왔다. 복수의 마르크스주의들 안에서 이 문제에 대한 논쟁이 갈수록 더 격렬하게 계속되었으며, 현재까지도 수그러들지 않고 있다.

22.4 미국의 헤게모니와 냉전

제2차 세계대전의 종전은 세계의 지정학적 상황을 변화시켰으며 마르크스주의의 정의에 대해서도 큰 영향을 미쳤다. 전쟁의 결과에서 가장 중요한 귀결은 미국이 세계 체제에서 절대적 헤게모니를 장악하게 되었다는 것이다. 동시에 종전과 함께 러시아의 적군은 유럽의 절반을 오데르-나이세 선(Oder-Neisse line)에 따라 점령했다. 그리고 미국과 소련 간의 이른바 냉전이 시작되었다.

미국과 소련 간의 얄타협정은 세 가지 은유적 조항을 포함했다. 첫째는 세력권의 사실상의 분할로서, 세계의 3분의 1은 소련의 영향 아래 들어갔고, 나머지 3분의 2는 미국의 영향을 받게 되었다. 어느 쪽도 이 분할의 경계를 변화시키지 않는다는 암묵적인 이해가 있었으며, 이 협정은 (여러 번의 "위기"에도 불구하고) 1991년 소련의 해체까지 기본적으로 지켜졌다.

둘째 조항은 두 진영 간의 경직된 경제적 분리였는데, 이는 1970년대까지 계속되었다. 셋째 조항은 끊임없는 (그러나 본질적으로 의미 없는) 상호 비난이었다. 이러한 이데올로기적 고성의 기능은 다른 편을 변혁하려는 것이 아니라, 각 진영의 지도자들에 대한 동맹/위성국들의 끊임없는 충성을 유지하기 위한 것이었다.

이러한 새로운 지정학적 상황이 마르크스주의의 정의에 미친 충격은 과

소평가될 수 없다. 그 최초의 신호는 1943년 코민테른의 해산이었는데, 이는 세계의 공산당들이 정치 전략으로서 핵심 지역에서 혁명적 봉기를 구두선(口頭禪)으로조차도 최종 폐기했음을 알리는 것이었다.[13] 이것은 제2 인터내셔널과 제3 인터내셔널, 즉 코민테른의 정치 전략 간의 본질적 구별이 해소되었음을 의미했으며, 이는 SPD와 다른 사회민주주의 정당들이 "마르크스주의"라는 딱지를 폐기하는 것을 허용했다. 나아가 이는 핵심 지역의 공산당들이 "수정주의적 마르크스주의" — 훗날 유로코뮤니즘으로 불리게 된 마르크스주의 버전 — 의 역사적 역할을 택하는 방향으로 밀려 나갔음을 의미한다. 하지만 그 결과 유럽 나라들 선거에서 공산당들의 세력은 크게 줄어들었다.

중동부 유럽 위성국가에서 공산당이 권력을 잡게 된 것은 고전적인 의회적 방식이나 봉기를 통해서가 아니다. 그들은 막강한 소련 군대의 힘으로 권력을 잡았다. 이러한 이상한 사태를 설명하기 위해 그들은 새로운 단계의 이론적 혁신을 발명했는데, 체제 성격을 "인민민주주의"라고 정의하는 것이었다. 마르크스주의 교의의 공식은 끝없이 뒤틀렸다. 서유럽 정당처럼 이들도 "수정주의" 방향으로 이동했으며, "시장 사회주의"에 대해 언급하기 시작했는데, 실은 소련의 이론가들도 그렇게 했다.

1956년 CPSU 20차 당대회에서 니키타 흐루쇼프(Nikita Khrushchev, 1894~1971)가 시작했던 "탈스탈린주의화"의 정치적 과정은 이전의 이론적 구성의 정당성을 폭파시켰지만, 그것을 어떤 일관된 대안으로 대체하지는 못했다. 그 결과 전 세계적으로 "무엇이 마르크스주의인가"라는 문제가 다시 제기되었다. 이는 두 가지 형태로 이루어졌다. 하나는 "사회주의"와 시장의 관계에 대해 끊임없이 계속되는 토론이다. 또 다른 하나는 "아시아적 생산양식"에 관한 훨씬 치열했던 토론이다.

---

13 소비에트 시대부터 냉전까지 국제 공산주의 운동의 변화하는 동학에 대한 상세한 검토로는 다음을 보라. F. Claudin, *Communist Movement: From Comintern to Cominform* (New York and London: Monthly Review Press, 1975).

아시아적 생산양식은 마르크스주의 병기고에서 항상 가장 궁금하고 모호한 개념 중 하나였다. 스탈린은 아시아적 생산양식 개념의 정치적 함의를 좋아하지 않았으며 그것에 관한 토론을 금지했다. 이것은 스탈린이 감행했던 가장 공공연한 마르크스 저작 다시 쓰기였다.[14] 1956년 이후 토론의 재개가 가능해졌고, 이는 소련, 중동부 국가, 서방의 공산당이 시작했다.

아시아적 생산양식 개념에 대해 어떤 형태로든 신빙성을 인정하는 것은 이론상 두 가지로 귀결된다. 그것은 원시공산주의에서 미래 공산주의 세계로 이어지는 것으로 상정되는 생산양식의 계기적 발전의 자동성에 대해 의문을 제기한다. 이는 그럼으로써 계몽사상의 불가피한 단선적 "진보"라는 개념의 타당성에 대한 토론이 가능해진다. 장기적으로는 이것이 가장 중요한 귀결일 것이다.

두 번째 귀결은 더 직접적인 것으로서, "민족문제"에 대한 토론의 계기를 제공했다. 만약 모든 나라가 아니라 어떤 나라(혹은 사회나 사회구성체)만이 아시아적 생산양식(혹은 그것과 동등한 것)을 통과했다면, 이것은 모든 나라가 통과해야 하는 어떤 단일한 경로 같은 것이 더 이상 존재하지 않음을 의미한다. 이것은 세계의 특정 부분에 대한 "마르크스주의적" 사회 분석은 그 부분의 역사적 특수성에 기초해야 함을 뜻했다. 고전적 마르크스주의는 본질적으로 법칙 정립적(nomothetic)이었다. 이 토론은 우리를 개성 기술적(idiographic)

---

14 스탈린이 이 개념에 반대했던 것은 분명하다. 하지만 언제 또 왜 그 개념의 사용이 "금지"되었는지의 문제는 복잡하다. 1992년 아나톨리 카자노프(Anatoly Khazanov, 1937~)가 전한 ≪고대사 헤럴드(Herald of Ancient History)≫ 편집장 우트첸코(S.L. Utchenko, 1908~1976)의 증언에 따르면, "아시아적 생산양식 개념의 사용이 공식적으로 금지되었던 것은 아니다. 하지만 그 개념이 자신의 학술지에서 언급된 적은 없는데, 이는 그 주제가 공식적인 허가를 받은 바가 없었기 때문이다." A. Khazanov, 'Soviet Social Thought in the Period of Stagnation', *Philosophy of the Social Sciences*, XXII(2): 232 [1992]. 어네스트 겔너(E. Gellner, 1925~1995)는 자신의 책, 『소비에트 사상에서의 국가와 사회(State and Society in Soviet Thought)』(Oxford: Basil Blackwell, 1988) 제3장에서 소련 사상에서 자신이 "아시아적 트라우마"(p.232)라고 부른 것의 복잡한 역사를 추적했다.

인식론의 방향으로 인도했다.

　이 논쟁이 진행된 같은 시기에 또 하나의 지정학적 현실이, 마르크스주의라는 용어가 무엇을 뜻하는지에 대한 논쟁에 영향을 미쳤다. 얄타협정은 당시 제3세계라고 불렸던 민족해방운동의 취향과 전혀 합치하지 않았다. 이런 운동 중 일부는 자신들이 마르크스주의자라고 자칭했지만, 일부는 그렇지 않았다. 하지만 그렇지 않은 이들도 몇 가지 의미에서 "친마르크스주의적(Marxisant)" 요소가 있는 것으로 보였다. 그들은 마르크스주의에서 (혹은 적어도 마르크스주의라고 믿어지는 것에서) 세 가지를 취했다. 첫째, 레닌이 정의했던 반제국주의로서, 세계 체제에서 미국의 헤게모니와 (자신들이 식민 지배를 경험한 경우) 자신들의 직접적 식민 지배자들에 동시에 반대했다. 둘째, 민족적 발전주의로서, 이는 "정통" 마르크스주의의 SPD적 및 CPSU적 변종들에서 모두 발견된다. 셋째, 전위당의 역할 및 다른 사회운동에 대한 전위당의 관계에 관한 레닌주의적 개념이 그것이다.

　운동의 이런 친마르크스주의 성격의 이론적 귀결은 두 가지 형태를 취했다. 하나는 "반식민지" 나라들에서, 또 하나는 1945년 이후도 여전히 식민지인 나라들에서였다. 중국공산당(CCP)은 "반식민지" 나라들 상황에서 최상의, 또 가장 중요한 사례이다. CCP는 마르크스주의라는 딱지를 유지했지만, 세계 공산당들에 대한 소련의 중앙 의사결정 연계와는 단절했다. 그들은 명시적으로 마르크스주의의 새로운 버전을 구성하고, 여기에 마르크스주의-레닌주의-마오쩌둥사상이라는 공식 명칭을 부여했다.

　마오의 저술은 농촌 지역을 상당히 강조하는 계급투쟁의 새로운 버전을 옹호했다. 하지만 실제로는 국내 계급투쟁은 이데올로기 측면에서 민족적 발전주의("대약진")보다 덜 중요했다. 문화대혁명 때에야 마오는 국내 계급투쟁에 대한 강조로 회귀했다. 하지만 이런 국내 계급투쟁은 생산관계에서의 위치보다는 CCP 당원들, 특히 그 최고 지도부의 정치적 목적 ("주자파" 대 "사회주의 노선")과 연관되는 것이었다. 어쨌든 마오의 사망 이후, "마오쩌둥

사상"은 "시장 사회주의"로 급속하게 또 급진적으로 진화했으며, 마오쩌둥 사상의 특수성을 제거했다.

"식민지" 국가의 민족해방운동에서 벌어진 사태들은 마르크스주의를 다시금 재정의하게 했다. 소련의 정책은 식민지에 관한 정치적 의사결정을 식민 본국의 공산당에게 이양하는 것이었다. 이 당들은 식민지의 독립이라는 개념이 계급투쟁의 정신을 위반하는 것이라고 간주하는 경향이 있었다. 그리고 이것은 식민지에서 마르크스주의적 혹은 친마르크스주의적 당원들의 반란을 불러일으켰는데, 프랑스와 포르투갈의 경우가 가장 현저한 사례이다.

프랑스의 경우 마르티니크의 시인이자 정치지도자인 에메 세세르(Aimé Césaire, 1913~2008)는 프랑스 공산당을 탈당하며 '모리스 토레즈에게 보내는 편(Letter to Maurice Thorez)'(1956)을 썼다.[15] 그는 흐루쇼프의 폭로에 대해 실망하면서 프랑스 공산당이 식민지 문제, 특히 알제리의 경우에 취했던 입장에 대한 자신의 불만을 공표했다. 그는 식민지 민중의 정치적·문화적 권리가 거대 중심 프랑스의 국내 계급투쟁에 비해 이론적으로 부차적인 지위를 갖는다는 생각을 받아들일 수 없다고 말했다. 이런 세세르의 입장을 다른 식민지의 마르크스주의 및 친마르크스주의 당원들이 널리 모방했다.

포르투갈의 상황도 기본적으로 비슷했다. 프랑스와 마찬가지로 포르투갈에서도 대략 같은 시기에 마르크스주의 및 친마르크스주의 지식인 그룹이 포르투갈 공산당에서 탈당하고 자신들의 운명을 여러 식민지의 민족해방운동과 함께했다. 영국 식민지에서 영국 공산당의 역할은 항상 아주 미미했으며 식민지 출신 지식인 당원 수도 적었다. 하지만 콰메 은크루마(Kwame Nkrumah, 1909~1972)와 골드코스트/가나에서 인민의회당(Convention Peoples' Party)의 투쟁의 역사는 영국의 운동과 단절을 보여준다. 마지막으로 남아프리카에서 오래전부터 존재했던 남아프리카 공산당은 CPSU와 공식적으로

---

15   A. Césaire, *Lettre à Maurice Thorez*(Paris: Présence Africaine, 1956).

단절하지는 않았다. 하지만 아프리카민족회의와 공식적으로 동맹을 맺고, 보통 선거권을 갖는 "비인종적" 남아프리카를 위한 민족해방투쟁에 주요한 역할을 부여했다.

결과적으로 1945년 이후, 특히 1956년 이후 제3세계의 민족해방운동은 모두 국내 계급투쟁보다 민족해방을 우선해야 한다고 주장했다. 그들이 마르크스주의자로 남아 있었던 동안, 혹은 최소한 친마르크스주의자로 남아 있었던 동안 그들은 이것이 마르크스주의의 의미라고 주장했다. 이를 설명하는 한 가지 방법은 이 정당들이 고전 엥겔스 버전의 마르크스주의가 아닌 레닌주의였다고 말하는 것이다.

22.5 1968년의 세계혁명

이상의 사태로 마르크스주의의 의미는 이미 상당히 혼란스러워졌지만, 1968년의 혁명은 불에 기름을 끼얹었다.[16] 이 세계혁명은 실제로는 1966년부터 1970년까지 진행되었다. 그것은 세계 체제의 세 정치 지역, 즉 범유럽 "북측", "사회주의" 나라, "제3세계" 모두에서 발발했다는 점에서 세계혁명이었다.

각국의 정치 상황은 상이했고, 따라서 이 세계혁명의 표현은 나라마다 상이한 얼굴로 나타났지만, 기저에서는 두 가지 테마가 모든 지역에서 공명했다. 첫째는 미국 제국주의/헤게모니 및 그것과 소련의 "공모"에 대한 보편적 비난이었다. 이 테마의 가장 놀라운 주장은 중국 문화대혁명 시기에 제출되는데, 이에 따르면 양대 "초강대국"들이 세계의 다른 모든 나라와 운동에 맞서고 있다는 것이다.

---

16   D. Singer, *Prelude to Revolution: France in May 1968*(London: Cape, 1970).

두 번째 주제는 이보다 더 도발적이었는데, 그것은 세계 도처에서 벌어진 구좌파에 대한 비난이었다. 여기에서 구좌파란 공산당, 사회민주주의 정당 혹은 그와 동등한 것들 및 민족해방운동의 트리오를 뜻한다. 1968년 봉기에서 활동가들이 구좌파에 대해 주장한 것은, 그들은 거의 모든 곳에서 이런저런 형태로 국가권력을 장악하고 있지만, 그들이 약속한 바, "세계를 변화"시키지는 못했다는 것이다. 오히려 그들 자신이 세계의 병폐들에 대한 해답이 아니라 문제의 일부가 되고 말았다는 것이다.

이 두 주제는 모두 마르크스주의가 무엇을 의미하는 지에 대해 심대한 충격을 가했다. 이는 두 가지 상이한 결과로 이어졌다. 그 하나는 일련의 "마오주의" 정당들이 즉각적으로 번창한 것인데, 이들은 1917년 이전 볼셰비키의 혁명적 봉기에 대한 호소를 다시 주장하는 듯했다. 그런데 여기에는 두 가지 문제가 있다. 첫째, 중국 외부에서는 이들 정당 중 어느 것도 강력하지 못했을 뿐만 아니라, 대부분의 나라들 경우 경쟁하는 복수의 "마오주의" 운동들이 존재했다. 두 번째 문제는 더 심각했다. 마오쩌둥의 사망과 함께 중국 문화대혁명도 막을 내렸으며, 중국은 더 이상 이 교의를 주장하지 않았다. 그러자 세계 나머지 지역의 다양한 마오주의 정당들도 점차 사그라들었다.

이와 다른 두 번째 충격이 마르크스주의의 정의에 가해졌다. 이것은 여러 가지 상이한 신좌파 운동과 정당에 의해 거부되었는데, 그 이유는 그것이 엥겔스 버전의 주장들 — 경제주의와 국가주의 — 을 옹호했기 때문이다. 이러한 거부에는 상이한 버전들이 있다. 그 하나는 마르크스주의의 고전적 관심사에 다른 관심사들 — 예컨대 페미니즘, 생태, 다양한 섹슈얼리티의 정당성 등 — 을 "추가"하는 것이다. 두 번째 버전 — 포스트모더니즘의 버전 — 은 더 급진적이었다. 그것은 경제주의와 국가주의 모두 "거대 서사"이며, 이런 거대 서사들은 복수의 상이한 현실 독해를 위해서 거부되어야 한다고 주장했다.

두 가지 반응 — 신좌파 운동과 포스트모더니즘 — 은 그 조직적 표현을 "잊힌 사람들" — 여성, "소수" 민족, 성적 "소수자" — 의 운동에서 발견했다. 모든 종류의 고전적 마르크스주의(및 민족해방운동)에 대한 그들의 불만은 구좌파 전체가 이러한 "잊힌 사람들"에 대해 부차적 지위를 부여한다는 것이다. 정말이지 구좌파는 그들에게, 그들의 관심사를 만족시키는 것은 "주요" 투쟁 — 계급투쟁 혹은 민족투쟁 — 의 결과를 지켜본 다음에야 가능하다고 말했다.

이런 억압받는 사람들의 운동은 자신들의 투쟁이 계급투쟁이나 민족투쟁만큼이나 긴급하며, 이를 뒷전으로 밀어 넣으려는 것은 부당하다고 주장했다. 이들 운동이 강력해지면서, 이들의 주장은 잔존한 마르크스주의 정당과 포스트모더니즘 운동에 큰 영향을 주었다. 이 주장은 다음과 같은 종류의 내부 논쟁을 야기했다. 여성들의 이해관계는 모두 동일한가, 혹은 백인 여성과 유색인종 여성의 이해관계 간에는 차이/갈등이 존재하는가? 이와 비슷한 종류의 논쟁이 모든 운동 내부에서 벌어졌다. 십년 이상 걸친 이 논쟁의 결과는 "인종-젠더-계급"의 삼위일체로서, 이는 이후 지적·정치적 분석을 지배할 것이었다. 삼위일체에 계급을 포함시킨 것은 모종의 마르크스주의 버전을 이런 집단의 분석적·정치적 관심사에 재도입하는 방식이었으며, 삼위일체의 주창자들과 삼위일체의 정당성을 받아들이려 하지 않는 포스트모더니스트들 간의 거리를 만들어냈다.

동시에 이런 운동의 압력과 관심사의 삼위일체 출현은 마르크스주의라는 딱지를 사용해 자신들을 묘사하는 정치 운동의 마르크스주의에도 영향을 미쳤다. 그들은 마르크스주의를 계급만이 아니라 인종-젠더-계급의 삼위일체 전체에 대해 관심(심지어 동등한 관심)을 갖는 것으로 정의하기 시작했다.

22.6 공산주의의 붕괴

그리고 공산주의가 붕괴했다. 중동부 유럽 이전의 공산주의 체제와 CPSU 간의 연계가 해체되었고, 1991년 소련 해체와 CPSU 해산이 잇따랐다. "사회주의" 체제가 성립한 다음에도 역전되어 전복될 수 있다는 생각은 CPSU와 그 지도를 따랐던 정당의 마르크스주의가 안주해 온 역사적 불가역성의 확고한 가정을 무너뜨렸다.

마르크스주의 정당과 친마르크스주의 지식인들의 초기 실망은 분석 방식으로서 마르크스주의에 대한 심각한 의문으로 이어졌다. 자신을 여전히 마르크스주의자라고 부르는 사람들과 정당조차도 공공연하게 신자유주의적 주장, 혹은 기껏해야 포스트 마르크스주의적 사회민주주의적 입장을 채택하기 시작했다. 그러나 다시 한번 현실이 앞서 나갔다. 1990년대 중반부터 민족적 발전의 정치경제적 양식으로서 시장의 마법은 빛이 바래기 시작했다. 1994년 치아파스에서 네오 자파티스타 운동의 극적 행동이 출범했으며, 마르크스주의가 지구의 남측에 위치한 나라에서 가장 빈곤한 지역인 마야족/농민들의 500년 이상 계속된 투쟁과 어떻게 관계되는지에 관해 전 세계적 토론이 시작되었다.

이때부터, 오늘날 지구 정의 운동이라고 불리는 것이 세계무대에 출현했으며, 이는 세계사회포럼(WSF)의 창설이라는 구체적 형태를 취했다. WSF는 "잊힌 사람들"의 운동과 여러 갈래의 마르크스주의 정당을 포함한 다양한 종류의 운동 집회 장소가 되었다.

이 지점에서 마르크스와 마르크스주의는 특히 상이한 운동 ─ "지구 정의"에 헌신하면서도 자신들을 마르크스주의자라고 부르지 않는 운동 ─ 에서 활동하기 시작한 청년들에 의해서 재발견되기 시작했다. 이것은 역설적 상황이다. 왜냐하면 공식적으로는 여전히 마르크스주의를 자칭하는 몇몇 정당은 마르크스주의를 더 이상 언급하지 않는 반면, 자신들을 마르크스주의자라고 부르지 않는 사회운동들은 마르크스의 견해와 그것이 자신들의 투쟁에 대해 갖는 의미를 기꺼이 읽고 토론하고 논쟁하려는 것으로 보이기 때문이다.

21세기 최초 10년 동안 일련의 라틴아메리카 나라들에서 좌파 혹은 중도 좌파 정당들이 권력을 장악했다. 베네수엘라의 우고 차베스는 자신이 21세기 사회주의를 위한 투쟁이라고 부른 것을 시작했으며, 제5 인터내셔널을 결성하려 했다. 이것이 마르크스주의에 어떻게 관계되는지의 문제는 차베스의 사망 이후, 아직 두고 봐야 한다.

2008~2009년 세계경제가 "금융위기"에 빠졌다고 공식적으로 정의되었을 때, 갑자기 마르크스주의 사상이 다시 토론의 주된 초점이 되었는데, 이는 주류권에서도 그러했다.[17] 그렇게도 여러 번 사망 선고를 받았던 마르크스주의가 다시 한번 분석적으로도 정치적으로도 살아난 것으로 보인다.

이제 문제는 다시 한번 살아난 이 마르크스주의가 무엇인지에 대한 것이다. 현재의 논쟁에는 몇몇 불분명한 측면이 있는 것으로 보인다. 마르크스는 자신의 저작에서 역사적 체제로서 자본주의가 어떻게 기능하며, 또 그가 생각하기에는, 왜 자본주의의 내적 모순이 자신의 불가피한 종말을 의미하는지를 설명하려 했다. 마르크스주의의 엥겔스 버전 시대에는 자본주의의 종언은 더 좋은, 또 보다 합리적인 사회의 불가피한 도래를 의미하는 것으로 항상 가정되었다.

오늘날에도 어떤 마르크스주의자들은 여전히 이 가정을 믿고 있지만, 마르크스주의자들 다수는 "사회주의인가, 혹은 야만인가"라는 오랜 공식을 부활시키고 새로운 힘을 불어넣었다. 이 공식은 엥겔스 버전과 아주 다른데, 이는 "혹은"이라는 단어 하나 때문이다. "혹은"이라는 단어를 사용하는 것은 "진보"가 불가피하지 않으며, 단지 가능하기만 할 뿐이라는 것을 시사한다. 그리고 진보가 단지 가능하기만 할 뿐이라면, 어떤 전략을 쓰고 어떤 행위 주체들과 함께해야, 그것이 "덜"이 아니라 "더" 가능하게 될 것인가?

신고전파 경제학자들은 항상, 더 효율적인 기술로 가능해진 성장의 경제학을 설교한다. (SPD 및 CPSU의) 당 마르크스주의는 이와 동일한 성장의 경

---

17   다음을 참조하라. E. Hobsbawm, *How to Change the World: Tales of Marx and Marxism*(New Heaven, CT and London: Yale University Press, 2011), pp.5~15.

제학을 옹호했다. 아직 마르크스주의자라고 자처하는 다수의 정당이 여전히 성장의 경제학을 옹호한다. 하지만 세계 환경 위기는 마르크스주의자들 중 일부도 포함해 성장을 목적으로 두는 것에 의문을 제기하고 있다. 라틴아메리카와 기타 지역에서 "정주민주의(indigenist)"는 대안적 경제학으로서 "좋은 삶(buen vivir)"의 경제학을 주장하고 있는데, 이는 제한적일 뿐만 아니라 미래 세대의 복지와 지구의 보존을 위해 제한되어야 하는 자원의 평등한 배분에 대한 합리적 계획을 의미한다. 이들 그룹은 이러한 목적을 고취하는 것으로 보이는 마르크스의 저작을 탐구하고 있다.

인종, 젠더, 계급의 삼위일체 관계는 마르크스주의의 재정의에서 중심적 문제이다. 한 세기 전 마르크스주의의 암묵적인 세계 자코뱅주의는 이제는 한 줌도 안 되는 사람들 속으로 사라졌다. 그러나 이것으로 문제가 해결된 것은 아니다. 그것은 다만 그것의 논쟁을 허용했을 뿐이다. 미래의 사회주의사회에서 보편의 것과 특수한 것을 어떻게 융화시킬 것인지는 전혀 자명하지 않다. 그럼에도 불구하고 그것은 오늘날 정치 전략에 엄청난 충격을 주었다.

마르크스의 저작은 분석적·정치적 통찰을 위한 엄청나게 풍부한 보물을 계속 제공하고 있다. 그러나 마르크스는 1883년 사망했다. 세계는 마르크스가 씨름했던 문제에 더해 추가 문제를 제기하기 시작했으며, 우리는 마르크스의 이론에 그 후 다른 사람들이 동일한 분석적·도덕적·정치적 정신으로 쓴 저술을 추가해야 한다. 내일의 마르크스주의는 진전된 분석과 실천의 산물일 것이지만, 그 기본적 전제 중 하나는 마르크스를 명석하고 주의 깊게, 비판적으로 읽는 것이다. 마르크스의 **저작**은 여전히 역사 사회과학의 가장 풍부한 원천을 제공하고 있으며, 이 자원을 우리는 무시하거나 왜곡할 여유가 없다.

참고문헌

Abendroth, Wolfgang(1972), *A Short History of the European Working Class*, New York and London: Monthly Review Press.

Althusser, Louis(1976), *For Marx*, Harmondsworth: Penguin.

Bernstein, Eduard(1961), *Evolutionary Socialism*, New York: Schocken.

Bottomore, Tom(1991), A Dictionary of Marxist Thought, second edition, Oxford: Blackwell.

Carr, Edward Hallett(1985), *The Bolshevik Revolution 1917-1923*, vol.1, New York: W.W. Norton & Company Inc.

Césaire, Aimé(1956), *Lettre à Maurice Thorez*. Paris: Présence Africaine.

Claudin, Fernando(1975), *Communist Movement: From Comintern to Cominform*, New York and London: Monthly Review Press.

Fetscher, Iring(1971), *Marx and Marxism*, New York: Herder and Herder.

Gellner, Erenst(1988), State and Society in Soviet Thought, Oxford: Basil Blackwell.

Gramsci, Antonio(1971), *Selections from the Prison Notebooks*, London: Lawrence & Wishart.

Gruber, Helmut(1974), *Soviet Russia Masters the Comintern: International Communism in the Era of Stalin's Ascendancy*, Garden City: Anchor Press.

Hobsbawm, Eric(2011), *How to Change the World: Tales of Marx and Marxism*, New Heaven, CT and London: Yale University Press.

Kautsky, Karl(1996), *The Road to Power*, Atlantic Highlands: Humanities Press.

Khazanov, Anatoly(1992), 'Soviet Social Thought in the Period of Stagnation', *Philosophy of the Social Sciences*, XXII(2): 231~237.

Marx, Karl(1989), *Critique of the Gotha Programme*, MECW, vol.24, pp.75~99.

_____(1989), 'Drafts of the Letter to Vera Zasulich', MECW, vol.24, pp.346~369.

_____(1989), 'Letter to Vera Zasulich', MECW, vol.24, pp.370~371.

Marx, Karl, and Engels, Frederick(1976), *Manifesto of the Communist Party*, MECW, vol.6, pp.477~519.

Matthias, Erich(1957), 'Kautsky und der Kautskyanismus', *Marxismusstudien*, II: 151~197.

Singer, Daniel(1970), *Prelude to Revolution: France in May 1968*, London: Cape.

Stalin, Joseph V.(1942), *Marxism and the National Question*, New York: International Publishers.

옮긴이의 말

이 책은 2020년 케임브리지 대학교 출판사에서 출간된 *The Marx Revival: Key Concepts and New Interpretations*를 번역한 것이다. 정구현이 서문과 3, 6, 9, 10, 11, 12, 15, 17, 20장을, 조영태가 4, 7, 8, 13, 14, 18, 19, 21장을, 정성진이 1, 2, 5, 16, 22장을 번역했다(이 중 16장은 정성진이 원저자이다).

이 책에서 세계적으로 저명한 학자들은 핵심 개념 22가지를 선별해 200년 전 탄생한 마르크스의 사상과 오늘날 사회를 연결시켜 준다. 그리고 이 연결은 명칭에 걸맞지 않던 소위 '사회주의' 국가의 방식과는 사뭇 다른 새로운 관점에서 이루어진다. 이러한 관점은 한편으로는 소련 붕괴 이후 마르크스에 대한 '정통적'(또는 갖가지 오류를 품은) 해석이 힘을 잃고 대안적인 해석으로의 길이 열리면서, 다른 한편으로는 새로운 마르크스, 엥겔스 저작 전집인 MEGA^{2}의 출판을 두고 세계의 연구자들이 마르크스, 엥겔스의 저술을 재검토하게 되면서 탄생했다. 또한 이 관점은 소련 붕괴 이후 20~30년간 짧은 승리감을 누리다가 지금은 복합적 위기 앞에서 그 무능력함에 몸 둘 바를 모르는 오늘날의 자본주의로부터 그 필요성이 요청되었다. 이 책은 마르크스를, 익숙하지만 낯설게 이해될 필요가 있는 이 인물을 학계의 최첨단 논의를 가지고 부활시키는 작업인 것이다. 옮긴이들은 국내 독자들이 마르크스에 대한 이러한 재해석의 열기를 느낄 수 있도록, 세부 내용에 대한 동의 여부를 떠나서 이 책을 번역, 소개, 추천하는 바이다.

경상국립대학교 SSK 연구단 연구조교 고민지 씨는 11장 번역에 큰 도움을 주었다. 감사를 표한다. 문장을 바로잡고 가다듬으며 번역 원고를 정리해 준 한울엠플러스(주) 편집부 직원분들에게도 감사드린다. 이 번역서는 2021년 대한민국 교육부와 한국연구재단의 지원을 받아 수행된 연구(NRF-2021S1A3A2A02096299)임을 함께 밝힌다.

자유, 번영, 공존과 같은 인류 공동의 대의에 공감하면서도 세계 현상 곳곳에서 그러한 역사적 진전의 가능성, 현실성을 확인하고 기꺼이 그 일부가 되고자 하는 국내 독자에게, 이 책이 마르크스의 사상적 힘을 살펴볼 수 있는 하나의 참조로 기능할 수 있다면, 이 책이 번역된 목적은 완수되었다고 할 수 있겠다.

2022년 6월
정구현·정성진·조영태

편저자

마르셀로 무스토(Marcello Musto)는 캐나다 토론토에 위치한 요크 대학교의 사회학 이론 교수이며, 지난 10년간 마르크스 연구의 부활에 상당한 공헌을 한 저자 중 한 명으로 세계적으로 인정받고 있다.

저서로 『마르크스와 마르크스주의들을 다시 생각한다』(한울엠플러스, 2013), *Another Marx: Early Manuscripts to the International* (Bloomsbury, 2018), 『마르크스의 마지막 투쟁』(산지니, 2018)이 있다. 편저서로 *Karl Marx's Grundrisse: Foundations of the Critique of Political Economy 150 Years Later* (Routledge, 2008), *Marx for Today*(Routledge, 2012), *Workers Unite! The International 150 Years Later* (Bloomsbury, 2014), *Marx's Capital after 150 Years: Critique and Alternative to Capitalism* (Routledge, 2019), *Karl Marx's Life, Ideas, and Influences: A Critical Examination on the Bicentenary* (Palgrave, 2019), *The Marx Revival: Key Concepts and New Interpretations* (Cambridge University Press, 2020), *Karl Marx's Writings on Alienation*(Palgrave, 2021), *Rethinking Alternatives with Marx: Economy, Ecology and Migration*(Palgrave, 2021) 등이 있다.

무스토의 글은 세계 25개 언어로 출판되었으며, www.marcellomusto.org에서 찾아볼 수 있다. 또한 그는 도서 시리즈 *Marx, Engels, Marxisms*(Palgrave Macmillan)와 *Critiques and Alternatives to Capitalism* (Routledge)의 편집자이기도 하다.

지은이

라나비르 사마다르(Ranabir Samaddar)

인도 콜카타의 캘커타 연구 그룹, 이주 및 강제이주 연구의 명예회장이다. 저서로 *Memory, Identity, Power: Politics in the Junglemahals, 1890~1950* (Orient Longman, 1998), *The Marginal Nation: Transborder Migration from Bangladesh to West Bengal* (Sage, 1999), Karl Marx and the Postcolonial Age (Palgrave MacMillan, 2017) 등이 있다.

또한 *Beyond Kolkata: Rajarhat and the Dystopia of Urban Imagination* (with Ishita Dey and Suhit K. Sen, Routledge, 2014)을 공동 편집했다.

로빈 스몰(Robin Small)

뉴질랜드 오클랜드 대학교의 명예교수이다. 저서로 *Marx and Education* (Ashgate, 2005), *Nietzsche and Rée: A Star Friendship* (Oxford University Press, 2005), *Karl Marx: The Revolutionary as Educator* (Springer, 2013), *Friedrich Nietzsche: Reconciling Knowledge and Life* (Springer, 2016) 등이 있다.

편저서로 *A Hundred Years of Phenomenology: Perspectives on a Philosophical Tradition* (Ashgate, 2001)이 있다.

마르셀로 무스토(Marcello Musto)

캐나다 토론토 요크 대학교의 사회학 이론 부교수이다. 저서로 *Another Marx: Early Manuscripts to the International* (Bloomsbury, 2018), *The Last Years of Karl Marx: An Intellectual Biography* (Stanford University Press, 2020)가 있다.

마르셀 판 데르 린덴(Marcel van der Linden)

네덜란드 암스테르담 국제사회사연구소의 명예회원이다. 저서로 *Western Marxism and the Soviet Union: A Survey of Critical Theories and Debates since 1917* (Brill, 2007), *Workers of the World: Essays toward a Global Labor History* (Brill, 2008) 등이 있다.

편저서로 *Beyond Marx: Theorising the Global Labour Relations of the Twenty-First Century* (with Karl Heinz, Brill, 2014), *Capitalism: The Reemergence of a Historical Concept* (with Jurgen Kocke, Bloomsbury, 2016), *Marx's Capital: An Unfinishable Project?* (with Gerald Hubmann, Brill, 2018) 등이 있다.

모이셰 포스톤(Moishe Postone)

미국 시카고 대학교 역사학 교수였다. 저서로 *Time Labor and Social Domination* (Cambridge University Press, 1993), *Marx est-il devenu muet* (La Tour-d'Aigues, 2003), *Deutschland, die Linke und der Holocaust Politische Interventionen* (ca ira, 2005)이 있다.

편저서로 *Bourdieu: Critical Perspectives*(with Craig J. Calhoun and Edward LiPuma, Polity Press, 1993), *Catastrophe and Meaning*(with Eric Sentner, University of Chicago Press, 2003)이 있다.

미셸 뢰비(Michael Löwy)

프랑스 파리 프랑스 국립 과학연구센터의 명예 연구원장이다. 저서로 *Morning Star: Surrealism, Marxism, Anarchism, Situationism, Utopia* (University of Texas Press, 2000), *Romanticism Against the Tide of Modernity* (with Robert Sayre, Duke University Press, 2001), *The Theory of Revolution of the Young Marx* (Brill, 2003), *Fire Alarm: Reading Walter Benjamin's 'On the Concept of History'* (Verso, 2005), *La Cage d'acier: Max Weber et le marxisme wéberien* (Editions Stock, 2013), *Rosa Luxemburg, l'étincelle incendiaire* (Le Temps des Cerises, 2018)가 있다.

미하엘 R. 크레트케(Michael R. Krätke)

영국 랭커스터 대학교의 사회학 교수이다. 저서로 *Kritik der Staatsfinanzen: zur politischen Ökonomie des Steuerstaats* (VSA Verlag, 1984), *Kritik der Politischen Ökonomie heute. Zeitgenosse Marx* (VSA Verlag, 2017)가 있다.

밥 제숩(Bob Jessop)

영국 랭커스터 대학교의 사회학 석좌교수이다. 저서로 *The Capitalistic State: Marxists*

Theories and Methods (Martin Robertson, 1982), *Nicos Poulantzas: Marxist Theory and Political Strategy* (Macmillan, 1985), *State Theory: Putting the Capitalist State in Its Place* (Polity, 1990), *The Future of the Capitalist State* (Polity, 2002), *State Power: A Strategic-Relational Approach* (Polity, 2007), *The State: Past, Present, Future* (Polity, 2016). 편저서로 *Karl Marx's Social and Political Thought: Critical Assessments*, volumes 1, 2, 3, and 4 (Routledge, 1990), *Karl Marx's Social and Political Thought: Critical Assessments*, volumes 5, 6, 7, 8 (with Wheatley Russell, Routledge, 1999)이 있다.

베노 테슈케(Benno Teschke)

영국 브라이턴 서식스 대학교의 국제관계학 교수이다. 저서로 *The Myth of 1648: Class, Geopolitics and the Making of Modern International Relations* (Verso, 2003)가 있다.

산드로 메차드라(Sandro Mezzadra)

이탈리아 볼로냐 대학교 정치 이론 부교수이다. 저서로 *La condizione postcoloniale. Storia e politica nel presente globale* (Ombre Corte, 2008), *In the Marxian Workshops: Producing Subjects* (Rowman & Littlefield, 2018), *The Politics of Operations: Excavating Contemporary Capitalism* (Duke University Press, 2019)이 있다.

편저서로 *Border as Method, or, the Multiplication of Labor* (with Brett Neilson, Duke University Press, 2013)가 있다.

앨릭스 캘리니코스(Alex Callinicos)

영국 킹스 칼리지 런던의 유럽학 교수이다. 저서로 *The Revolutionary Ideas of Karl Marx* (Bookmarks Publications, 1983), *Against Postmodernism* (Polity Press, 1989), *An Anti-Capitalist Manifesto* (Polity, 2003), *The Resources of Critique* (Polity, 2006), *Imperialism and Global Political Economy* (Polity, 2009), *Deciphering Capital: Marx's Capital and Its Destiny* (Bookmarks Publications, 2014)가 있다.

에이미 E. 웬들링(Amy E. Wendling)

미국 오마하 크레이튼 대학교의 철학 교수이다. 저서로 *Karl Marx on Technology and*

Alienation (Palgrave-Macmillan, 2009), *The Ruling Ideas: Bourgeois Political Concepts* (Lexington Books, 2012) 등이 있다.

엘런 메익신스 우드(Ellen Meiksins Wood)

캐나다 토론토 요크 대학교의 정치 이론 교수였다. 저서로 *The Retreat from Class: A New 'True' Socialism* (Verso, 1986), *Democracy against Capitalism: Renewing Historical Materialism* (Cambridge University Press, 1995), *The Origin of Capitalism* (Verso, 2002), *Empire of Capital* (Verso, 2003), *Citizens to Lords: A Social History of Western Political Thought*, volumes 1 and 2 (Verso, 2008 and 2012) 등이 있다.

이매누얼 월러스틴(Immanuel Wallerstein)

미국 뉴헤이븐 예일 대학교의 사회학 교수였다. 저서로 *World-Systems Analysis: An Introduction* (Duke University Press, 2004), *The Modern World-System*, volumes I, II, III, and IV (Academic Press, 1974, 1980, 1989, and University of California Press, 2011), *The Capitalistic World-Economy* (Cambridge University Press, 1979), *Historical Capitalism with Capitalist Civilization* (Verso, 1983), *Unthinking Social Science: The Limits of Nineteenth-Century Paradigms* (Polity Press, 1991), *Race, Nation, Class: Ambiguous Identities* (with Etienne Balibar, Verso, 1991), *After Liberalism* (The New Press, 1995), *Does Capitalism Have a Future?* (with Randall Collins, Michael Mann, Georgi Derluguian, and Craig Calhoun, Oxford University Press, 2013) 등이 있다.

이자벨 가로(Isabelle Garo)

프랑스 파리 샤프탈 중등학교에서 강의를 맡고 있다. 저서로 *Marx. Une critique de la philosophie* (Seuil, 2000), *L'idéologie ou la pensée embarquée* (La Fabrique, 2009), *Foucault, Deleuze, Althusser et Marx. La politique dans la philosophie* (Demo polis, 2011), *Marx et l'invention historique* (Syllepse, 2012), *L'or des images. Art, monnaie, capital* (La Ville Brule, 2013), *Communisme et stratégie* (Amsterdam, 2019)가 있다.
또한 *Marx politique* (with Jean-Numa Ducange, La Dispute, 2015)를 공동 편집했다.

정성진(Seongjin Jeong)

한국 진주 경상국립대학교의 경제학 교수이다. 저서로 『마르크스와 한국경제』(책갈피, 2005), 『마르크스와 트로츠키』(한울엠플러스, 2006), 『마르크스와 세계경제』(한울엠플러스, 2015)가 있다.

편저서로 *Marxist Perspectives on South Korea in the Global Economy* (with Martin Hart-Landsberg and Richard Westra, Routledge, 2016), *Varieties of Alternative Economic Systems: Practical Utopias for an Age of Global Crisis and Austerity* (with Richard Westra and Robert Albritton, Routledge, 2017)가 있다.

존 벨러미 포스터(John Bellamy Foster)

미국 유진 오리건 대학교의 사회학 교수이다. 저서로는 Monthly Review Press에서 출판된 *The Vulnerable Planet* (1994), *Marx's Ecology* (2000), *Ecology Against Capitalism* (2002), *Naked Imperialism* (2006), *The Ecological Revolution: Making Peace with the Planet* (2009), *The Great Financial Crisis* (with Fred Magdoff, 2009), *The Ecological Rift* (with Brett Clark and Richard York, 2010), *The Endless Crisis* (with Robert W. McChesney, 2012)가 있다. 또한 Marx and the Earth (with Paul Burkett, Brill, 2016)도 저술했다.

질베르 아슈카르(Gilbert Achcar)

영국 런던 대학교 동양 및 아프리카학 대학의 발전학 및 국제관계학 교수이다. 저서로 *Perilous Power: The Middle East and U.S. Foreign Policy* (with Noam Chomsky, Routledge, 2007), The Arabs and the *Holocaust: The Arab-Israeli War of Narratives* (Macmillan, 2010), *Marxism, Orientalism, Cosmopolitanism* (Haymarket, 2013), *The People Want: A Radical Exploration of the Arab Uprising* (University of California Press, 2013), *Morbid Symptoms: Relapse in the Arab Uprising* (Stanford University Press, 2016) 등이 있다.

케빈 B. 앤더슨(Kevin B. Anderson)

미국 캘리포니아 대학교 산타바바라의 사회학 교수이다. 저서로 *Lenin, Hegel, and Western Marxism: A Critical Study* (University of Illinois Press, 1995), *Marx at the Margins: On Nationalism, Ethnicity, and Non-Western Societies* (University of Chicago Press, 2010) 등이 있다.

편저서로 *The Rosa Luxemburg Reader*(with Peter Hudis, Monthly Review, 2004), *Dunayevskaya-Marcuse- Fromm Correspondence* (with Russell Rockwell, Lexington, 2012), *Karl Marx* (with Bertell Ollman, Routledge, 2012) 등이 있다.

피에트로 바소(Pietro Basso)

이탈리아 카 포스카리 베네치아 대학교의 사회학 조교수이다. 저서로 *Modern Times, Ancient Hours: Working Lives in the Twenty-First* Century (Verso, 2003), *Le racisme europé en. Critique de la rationalité institutionnelle de l'oppression* (Syllepse, 2016)이 있다.

편저서로 *Razzismo di stato. Stati Uniti, Europa, Italia*(Angeli, 2010), *The Science and Passion of Communism: Selected Writings of Amadeo Bordiga 1912~1965*(Brill, 2019)가 있다.

피터 후디스(Peter Hudis)

미국 일리노이 데스플레인스 오크턴 커뮤니티 대학교의 철학, 인문학 교수이다. 저서로 *Marx's Concept of the Alternative to Capitalism* (Brill, 2012), *Frantz Fanon, Philosopher of the Barricades*(Pluto, 2015)가 있다.

편저서로 *The Rosa Luxemburg Reader*(with Kevin B. Anderson, Monthly Review Press, 2004), *The Letters of Rosa Luxemburg*(Verso, 2011), *The Complete Works of Rosa Luxemburg*, volumes 1, 2, 3(Verso, 2013, 2015, and 2019)가 있다.

헤더 A. 브라운(Heather A. Brown)

미국 매사추세츠 웨스트필드 주립대학교의 정치학 조교수이다. 저서로 *Marx on Gender and the Family: A Critical Study*(Brill, 2012)가 있다.

히카르두 안투네스(Ricardo Antunes)

브라질 캄피나스 대학교의 사회학 교수이다. 저서로 *Adiós al trabajo? Ensayo sobre lasmetamorfosis y la centralidad del mundo del trabajo* (Cortez, 2001), *The Meanings of Work: Essay on the Affirmation and Negation of Work*(Brill, 2013), *O novo proletariado de serviço na era digital*(Boitempo, 2018)이 있다.

편저서로 *Riqueza e Miséria do Trabalho no Brasil*, volumes I, II, III, IV(Boitempo, 2014, 2013, 2014, and 2019)가 있다.

옮긴이

정구현
경제학 박사이며, 현재는 경상국립대학교 SSK 연구단 선임연구원으로 일하고 있다. 마르크스의 경제지표로 한국 경제를 분석하는 작업을 하고 있다. 다른 번역서로는『마르크스의 주변부 연구』(공역, 2020)가 있다.

조영태
SOAS(School of Oriental and African Studies), University of London에서 경제학을 공부하고 있다. 마르크스주의 관점에서 사회불평등이론, 노동이론, 여성이론 등을 공부하는 데 관심이 있으며, 그 일환으로 "Youth Non-employment in South Korea: Capitalist Development, Labour Market Segmentation and Social Reproduction Crisis"라는 제목의 박사논문을 작성 중에 있다.

정성진
경상국립대학교 경제학부 교수이며, SSK '포스트자본주의와 마르크스주의의 혁신' 연구단장을 맡고 있고,『21세기 마르크스 경제학』(2020) 등의 저서가 있다.

한울아카데미 2380

마르크스의 부활
핵심 개념과 새로운 해석

편저자 ㅣ 마르셀로 무스토
옮긴이 ㅣ 정구현·정성진·조영태
펴낸이 ㅣ 김종수
펴낸곳 ㅣ 한울엠플러스(주)

편집책임 ㅣ 최진희

초판 1쇄 인쇄 ㅣ 2022년 6월 10일
초판 1쇄 발행 ㅣ 2022년 6월 30일

주소 ㅣ 10881 경기도 파주시 광인사길 153 한울시소빌딩 3층
전화 ㅣ 031-955-0655
팩스 ㅣ 031-955-0656
홈페이지 ㅣ www.hanulmplus.kr
등록 ㅣ 제406-2015-000143호

Printed in Korea.
ISBN 978-89-460-7380-7 93330 (양장)
　　　978-89-460-8191-8 93330 (무선)

* 책값은 겉표지에 있습니다.
* 무선제본 책을 교재로 사용하시려면 본사로 연락해 주시기 바랍니다.